WERELD REISGIDS

Florida

Inhoud

De Sunshine State – in het teken van de zon 8
Bestemming Florida 10
Hulp bij het plannen van uw reis 13
Suggesties voor rondreizen 16

Land, volk en cultuur

Florida in het kort 20

Natuur en milieu 22
Het ontstaan van het schiereiland 22
Florida en het water 22
De planten en hun leefomgeving 23
De fauna van Florida 24
Natuur- en milieubescherming 28

Economie, maatschappij en politiek 32
Het toerisme als economisch wonder 32
Landbouw 33
Visserij 35
Bodemschatten 35
Financieel en hightechbeleid 36
Bejaardenhuis Florida? 36
Politiek en trends 37

Geschiedenis 40
Indiaanse kolonisatie 40
Het Spaanse koloniale bewind 41
De oorlogen van de 19e eeuw 42
Economische voorspoed 46
Verstedelijking 46
Jaartallen 48

Maatschappij en dagelijks leven 50
Migrantencultuur 50
Casual – Florida's way of life 51

Architectuur, kunst en cultuur 52
Decoratieve architectuur 52
Kunst op gebouwen en in musea 54
Volkskunst en kunstnijverheid 54
Literatuur, muziek 55

Film en televisie 59
Hall of Fame 59

Reisinformatie

Reis en vervoer 62
Overnachten 66
Eten en drinken..69
Outdoor...75
Feesten en evenementen..79
Reisinformatie van A tot Z 81

Onderweg in Florida

Hoofdstuk 1 – Miami en de Gold Coast

In een oogopslag: Miami en de Gold Coast 102
Miami en Miami Beach...104
Geschiedenis van Miami...104
Downtown Miami 107
Little Haiti, het noorden en Hialeah 113
Little Havana 115
Coral Gables...118
Coconut Grove 119
Virginia Key en Key Biscayne 123
Zuidelijke stadsrand 126
Miami Beach 127
Actief: Wandeling door het Art Deco District 134

Gold Coast en Treasure Coast 146
Van Miami naar Fort Lauderdale 146
Fort Lauderdale...148
Boca Raton 156
Delray Beach 157
Loxahatchee Wildlife Refuge 157
Palm Beach..159
West Palm Beach 161
Treasure Coast..163
Uitstapje naar Lake Okeechobee....................................171

Hoofdstuk 2 – Everglades en Florida Keys

In een oogopslag: Everglades en Florida Keys 174
Everglades en Biscayne National Park 176
Everglades National Park 176
Actief: Nine Mile Pond Canoe Trail..................................184
Omgeving van het nationale park 189
In het noorden en westen van de Everglades 190
Big Cypress National Preserve..192
Fakahatchee Strand State Park 193
Collier-Seminole State Park 195
Everglades City 195
Biscayne National Park..197

Florida Keys..200
Overseas Highway..200
Key Largo en Upper Keys 200
Actief: Duiken en snorkelen bij het Florida Keys Reef.................204
Middle Keys 211
Lower Keys 213
Key West 217
Actief: Diepzeevissen – in het kielzog van Hemingway...............230

Hoofdstuk 3 – Tampa Bay en de Golfkust

In een oogopslag: Tampa Bay en de Golfkust..................234
Rond Tampa Bay 236
Geschiedenis van Tampa Bay 236
Tampa 237
St. Petersburg...244
De kust van het Pinellasschiereiland 249
Actief: Wandelen en zwemmen in het Fort de Soto Park............250
Actief: Fietstocht over de Pinellas Trail 258

De Golfkust 262
Tussen Tampa en Cedar Key 262
Cedar Key 269
Van Tampa Bay naar Sarasota 272
Sarasota 275
Omgeving van Sarasota 278
Onderweg naar Fort Myers 279
Fort Myers en omgeving..282
Fort Myers Beach 285
Actief: Kajaktocht op de Estero River 286
Sanibel en Captiva Islands 287
Naples...293
Omgeving van Naples..296

Hoofdstuk 4 – Orlando en Midden-Florida

In een oogopslag: Orlando en Midden-Florida 300
Orlando en omgeving 302
Geschiedenis 302
Walt Disney World 303
Universal Orlando Resort 318
SeaWorld, Discovery Cove en Aquatica 323
Andere pretparken 325
Kissimmee 327
Downtown Orlando 329
Ten nooren van de stadsgrens van Orlando 330
Lake Wales 331

Ocala, Ocala National Forest en omgeving 340
Van Orlando naar Ocala 340
Ocala 344
Ocala National Forest 345
Actief: Kanotocht in het Ocala National Forest 348
Van DeLand naar Sanford 350

Space Coast 352
Cape Canaveral 352
Merritt Island National Wildlife Refuge 354
Canaveral National Seashore 355
Actief: Wandelen in het Merritt Island National Wildlife Refuge 356
Uitstapje naar het zuiden 358
New Smyrna Beach 359
Actief: Surfen bij Cocoa Beach 360
Daytona Beach 361
Ten noorden van Daytona Beach 365

Hoofdstuk 5 – Noord-Florida

In een oogopslag: Noord-Florida 368
Noordelijke Atlantische kust 370
St. Augustine 370
Ten zuiden van St. Augustine 380
Onderweg naar Jacksonville 381
Jacksonville 381
Amelia Island 390
Actief: De Okefenokee Swamp verkennen 394

Gainesville en Tallahassee 396
Gainesville 396
Ten zuiden van Gainesville 397
Ten noorden van Gainesville 398

Ten westen van Gainesville 401
Tallahassee 402
Ten oosten van Tallahassee 404
Ten zuiden van Tallahassee 405

Panhandle 406
Apalachicola 406
Actief: Fietstocht langs de Apalachicola Bay 408
Apalachicola National Forest..409
Panama City/Panama City Beach...410
Florida Caverns State Park...413
Langs de Gulf Islands National Seashore 413
Actief: Grottenrondleiding in het Florida Caverns State Park...........414
Pensacola 416
Alabama komt in zicht...419

Culinaire woordenlijst..420
Toeristische woordenlijst...422
Register 424
Fotoverantwoording...431
Colofon...432

Thema's

Manatee & Co. – zeldzame en bedreigde diersoorten 26
Chokoloskee en Tamiami Trail – plaatsnamen in Florida 44
Moord door horrorvissen – misdaadliteratuur uit Florida 56
Hispanics – Latijns-Amerikaans ritme in Florida..........................116
Langs Hurricane Alley – wilde stormen rond Florida....................124
Art deco in Miami Beach – architectuur van de schone schijn 130
Jai-Alai – de snelste balsport ter wereld 154
Zora Neale Hurston – strijdbare schrijfster en antropologe 168
Koraalriffen – wondertuinen van de zee................................202
Op naar de zon – gaytoerisme als economische factor 224
Snowbirds – seniorenparadijzen in de Sunshine State.................260
Thomas Alva Edison – in het laboratorium van de uitvinder 280
In het land van de Calusa – voor de komst van de blanken............290
De entertainmentindustrie van Florida................................304
Hightechstad Orlando...332
Over harddravers en Derbywinnaars – paarden fokken in Florida 342
Florida Aquifer – ondergrondse watertanks 346
Flagler en Plant – de spoorwegpioniers van Florida 382
Fort Caroline en de hugenoten – Frankrijks mislukte kolonie 386

Alle kaarten in een oogopslag

Miami en de Gold Coast: overzicht 103
Miami 108
Miami Beach 128
Art Deco District, stadskaart......................................134

In een oogopslag: Everglades en Florida Keys.................175
Everglades en aangrenzende beschermde natuurgebieden............180
Nine Mile Pond, routekaart..184
Florida Keys Reef...204
Key West 220

In een oogopslag: Tampa Bay en de Golfkust.................235
Tampa..240
St. Petersburg...246
Fort de Soto Park, routekaart......................................250
Pinellas Trail, routekaart 258
Fort Myers en Pine Island Sound 283
Estero River en omgeving, routekaart 286

In een oogopslag: Orlando en Midden-Florida.................301
Orlando 308
Omgeving van Ocala en Ocala National Forest 341
Ocala National Forest, routekaart.................................348
Merritt Island National Wildlife Refuge, routekaart 356

In een oogopslag: Noord-Florida 369
St. Augustine 376
Okefenokee-moeras, routekaart...................................394
Apalachicola Bay, routekaart 408
Florida Caverns State Park, routekaart 414

De Sunshine State – in het teken van de zon

Zacht wuivende palmbomen langs witte stranden, een turquoise zee, alligators in ondoordringbare mangrovemoerassen, hypermoderne entertainmentcentra – de naam Florida wordt direct geassocieerd met unieke natuurlandschappen en ongeëvenaard vertier. Toch heeft de meest zuidoostelijk gelegen staat van de VS veel meer te bieden, zoals koraalriffen en het grootste ruimtevaartstation van Amerika.

Als een enorme vinger wijst het schiereiland vanaf het vasteland in zuidelijke richting naar de Caraïben. Dit zeer vlakke, zonovergoten land kent veel gezichten. In het noorden, tussen Jacksonville en de hoofdstad Tallahassee, worden katoen en pinda's verbouwd. Ten opzichte van de rest van de staat zijn hier veel overeenkomsten te zien met de overige zuidelijke staten. De tropische zuidpunt, de Everglades en de archipel Florida Keys behoren echter al tot het Caribisch gebied. De door beschaving en klimaatveranderingen getroffen Everglades vormen een habitat voor tal van bedreigde diersoorten, met duizenden alligators, flamingo's, de zeldzame rode lepelaar en enkele exemplaren van de vrijwel uitgestorven floridapanter.

De eerste Europeanen die in Florida voet aan land zetten, hadden het getroffen met het seizoen, met zomerse temperaturen en vrijwel geen neerslag. Ponce de León, officier van de Spaanse kroon, had al wekenlang door de archipel van de Bahama's gezeild. Het volgende vermeende eiland dat ze op 2 april 1513 zagen liggen, werd door de Spanjaarden vernoemd naar het ophanden zijnde paasfeest, het 'feest der bloemen', *Pascua Florida*. De droom van Ponce de León om hier de Fontein van de Eeuwige Jeugd te ontdekken, ging helaas niet in vervulling. Hij stierf door een pijl van de Calusa-indianen. Toch wordt de droom van een aangenaam leven in een warm klimaat nog altijd door velen beleefd.

Zo'n 97 miljoen toeristen bezoeken jaarlijks de *Sunshine State* en zijn tropische stranden in het zuiden. Hiervan komen er ongeveer 11,5 miljoen van overzee – de meeste bezoekers komen dus uit eigen land. De kustlijn met eilanden en baaien strekt zich uit over een lengte van 8400 km. De enige staat van de VS met een langere kustlijn is Alaska, waarvan het ijskoude water echter een stuk minder uitnodigend is om in te zwemmen dan dat van Florida. Het hoogseizoen valt tussen Kerstmis en Pasen, als de brandende zon boven Florida een onweerstaanbare aantrekkingskracht uitoefent op vakantiegangers uit het koude noordoosten. Toch worden ook de bloedhete zomers, wanneer het vaker bewolkt is en een namiddagse stortbui even voor aangename verkoeling kan zorgen, steeds populairder als reisperiode. Een krant in St. Petersburg kan zonder zorgen reclamemaken dat die op zonloze dagen gratis wordt uitgedeeld.

De stranden behoren weliswaar tot de grootste attracties van Florida, toch heeft de Sunshine State nog veel meer in petto – moerassen, marsland, mangroven en subtropische bossen met een onvoorstelbare rijkdom aan planten en dieren. Het door de oprukkende beschaving bedreigde Everglades National Park strekt zich samen met het aangrenzende State Park en overige natuurgebieden uit over het gehele zuidelijke deel van het schiereiland Florida. Dit unieke natuurlandschap staat op de Werelderfgoedlijst van de UNESCO en geniet daardoor bescherming.

Voor de zuidelijke Atlantische kust ligt tussen Palm Beach en Key West het enige levende koraalrif van Noord-Amerika. Het Biscayne National Park, het aangrenzende John Pennecamp Coral Reef State Park, enkele kleine natuurgebieden en ten slotte het Dry Tortugas National Park ten westen van Key West in de Golf van Mexico trachten de kleurige rijkdom van de deze onderwaterwereld in stand te houden. Sportliefhebbers kunnen in Florida topwedstrijden in alle takken van sport bekijken. Tijdens tennis, honkbal, American football, pelote, golf, polo, paardenrennen en motorsport nemen de beste profs ter wereld het tegen elkaar op.

Ook cultureel ingestelde toeristen kunnen hun hart ophalen met enkele uitzonderlijke kunstcollecties. In St. Petersburg bevindt zich het op Figueras in Catalonië na belangrijkste Salvador Dalí-museum, met schilderijen en ander werk. In Winter Park bij Orlando valt de grootste tentoonstelling met glaswerk van de art-nouveaukunstenaar Louis Comfort Tiffany te bewonderen en in South Miami Beach staat een ensemble van honderden gebouwen in art-decostijl.

De grote amusementsparken in Midden-Florida – Walt Disney World, Sea World, Busch Gardens en de Universal Studios – zijn uitgegroeid tot enorme trekpleisters, waar vaak bezoekers op afkomen die de rest van Florida laten voor wat het is. Niet ver hiervandaan is de lanceerbasis van het ruimtevaartstation Cape Canaveral niet alleen boeiend voor bezoekers die geïnteresseerd zijn in de nieuwste technische snufjes.

In Florida kan iedereen zijn of haar droomstrand vinden – of het nu het drukke Lummus Park Beach aan de rand van de art-decowijk van Miami Beach is, het pittoreske, door palmbomen omzoomde strand van Bahia Honda op de Florida Keys, de schelpenstranden van Sanibel Island of de heerlijke witte kwartszandstranden van Santa Rosa Island bij de Panhandle.

De schrijver

Axel Pinck

Axel Pinck schrijft voor magazines en kranten, werkt voor radio en televisie en publiceerde meer dan veertig boeken. Pinck reist al vijfentwintig jaar met grote regelmaat door Florida. Hij kanode door de Everglades, zwom in de bronnen van Ocala, fietste over voormalige spoortrajecten en bedwong de golven bij Miami Beach met een jetski. Een aantal door Pinck geschreven reisgidsen over Noord-Amerika, zoals de *Wereldreisgids Verenigde Staten Zuid* en de *Fotoatlas Californië*, is uitgegeven door de ANWB.

Bestemming Florida

Het 'feest der bloemen', zo doopte de Spaanse Ponce de León in 1513 het net ontdekte land. Ook marketingexperts van nu hadden geen betere naam kunnen bedenken. Vooral wanneer de mensen verder naar het noorden rillen van de kou, trekken vakantiegangers ook 500 jaar later als door een magneet aangetrokken naar de *Sunshine State*. De eindeloze stranden worden aangevuld door een indrukwekkende natuur met subtropische bossen, enorme artesische bronnen en de Everglades.

Met de pretparken in Midden-Florida zijn daar weersonafhankelijke vakantieattracties bijgekomen en net als in de rest van het land zijn in Florida tal van culturele bezienswaardigheden te ontdekken.

Koloniaal erfgoed, wilde natuur en pretparken

Noord-Florida
Samen met het Castillo San Marcos en het Spanish Quarter laten in **St. Augustine** gekostumeerde acteurs de Spaanse koloniale tijd weer tot leven komen. Op **Amelia Island** met de hoofdstad Fernandina Beach in het noordoosten gaan getuigenissen van de geschiedenis samen met lange, verlaten stranden. Verder in het westen, ten zuiden van de hoofdstad **Tallahassee**, heeft de zwemkampioen en latere acteur Johnny Weissmuller als film-Tarzan in 1941 met krachtige crawlslagen door de subtropische **Wakulla Springs** gezwommen. De witte stranden van kwartszand van de **Gulf Islands National Seashore**, bijvoorbeeld op Santa Rosa Island, zijn fantastisch mooi.

Midden-Florida
Walt Disney World, de Universal Studios en Sea World zijn de bekendste themaparken van **Orlando**, die alleen al vele miljoenen bezoekers naar Florida trekken. Ten noorden van deze themaparken geldt het reusachtige artesische-bronnengebied in de dichte subtropische vegetatie van het **Ocala National Forest** al meer dan een eeuw lang als een toeristische attractie.

Westkust
Op **Sanibel Island** met enkele van de mooiste schelpenstranden ter wereld, heerst een ontspannen vakantiesfeer. Het Salvador Dalí Museum van **St. Petersburg** toont een buitengewone collectie werken van de wereldberoemde Catalaanse surrealist. Aan de stranden van **St. Petersburg Beach** en **Clearwater** brengen veel Amerikaanse gezinnen hun vakantie door. In **Sarasota** verrast het Venetiaans aandoende paleis van de vroegere circuskoning Ringling met zijn voortreffelijke collectie Rubensschilderijen.

Atlantische kust

Het **Kennedy Space Center,** waarvandaan net als vroeger weer raketten de ruimte in worden geschoten, is uitgebouwd tot grote publieksattractie. Het stijlvolle **Palm Beach** is zowel een winkel- als een strandparadijs. De voormalige villa van de spoorwegmagnaat Flagler kan nu als museum bezichtigd worden. **Miami Beach** met zijn art-decodistrict en de hippe strandscene van South Beach zijn zowel voor nachtvlinders als kunstliefhebbers een reis naar de Atlantische kust waard.

Zuid-Florida

In het **Everglades National Park**, het unieke natuurlandschap op de zuidelijke punt van Florida, is een ontmoeting met een alligator nagenoeg gegarandeerd. In het **John Pennekamp Coral Reef State Park** kunt u bij het duiken, snorkelen of bij een tocht met een glasbodemboot het enige levende koraalrif voor het vasteland van de VS verkennen. Ook de reis verder naar het zuiden via de eilandenketen **Florida Keys** tot aan **Key West**, met zijn, naar men zegt, een tikkeltje vreemde bewoners, is een bijzondere ervaring.

Op eigen houtje onderweg

Een **eigen vervoermiddel** is in Florida eigenlijk wel een must, omdat het openbaarvervoernetwerk behoorlijk te wensen overlaat. Autoverhuurbedrijven rekenen over het algemeen (vraag er dus altijd naar) geen toeslag als u uw *rental* op een andere plek inlevert dan waar u hem hebt opgehaald. Als beide plaatsen maar binnen de staat liggen. U kunt uw roadtrip dus zonder extra kosten beginnen in Miami en eindigen in Orlando.

Uitermate geschikt voor een rondreis zijn de in de VS *recreational vehicle* (RV) genoemde **campers**. Wie veel wil zien, maar niet steeds wil in- en uitpakken, neemt gewoon zijn kamer mee. Zo krijgen reizen met kinderen (comfortabele) campingromantiek. Op deze manier kan ook een tocht met kleinere kinderen, die bij rondreizen met de auto en het steeds veranderen van standplaats snel onrustig worden, met een camper een positieve gezinsbelevenis worden.

Ideaal voor een trip naar Florida zijn individuele reizen volgens het **bouwsteenprincipe**. Veel reisbureaus, zowel on- als offline,

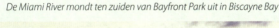
De Miami River mondt ten zuiden van Bayfront Park uit in Biscayne Bay

bieden deze mogelijkheid. Zo kunt u bijvoorbeeld vooraf de vlucht, de huurauto en het hotel voor de eerste nacht boeken, en de rest op de bonnefooi doen. Of juist vooraf een busreis boeken voor een deel van de vakantie en snel een fly-drivevakantie op maat maken, die meestal minder kost dan als u alles ter plekke zou regelen.

Een paar steden in Florida kunt u overigens wél met het **openbaar vervoer** verkennen. De wereldberoemde maatschappij Greyhound bedient een twintigtal ervan, zoals Miami, Orlando, Tampa, Gainesville en Jacksonville. Wilt u Florida en zijn inwoners echt leren kennen, bent u flexibel en zit u ruim in de tijd, dan is de staat per bus verkennen een mooi avontuur, waar u nog lange tijd over zult vertellen.

Spoormaatschappij Amtrak speelt in Florida niet echt een rol van belang. Althans, niet in de kleinere steden. Er loopt een spoorlijn vanuit Jacksonville langs de Atlantische Oceaan richting Miami en een via Orlando en Tampa naar Fort Meyers. Voor wie liever met de trein dan met de auto of bus reist, bieden deze lijnen stressvrije en comfortabele alternatieven.

Het alternatief: all-inclusivereizen

De reisbestemming Florida staat bij de meeste reisbureaus op het programma. Bij deze bureaus zijn busreizen van verschillende lengte of een soortgelijk programma met de personenauto en hotels te boeken.

Wie Walt Disney World en andere pretparken in Midden-Florida wil bezoeken, vindt in de aanbiedingen van de reisbureaus meestal interessante packages, waarbij de toegangskaartjes voor een of meer parken met een kort verblijf in hotels van verschillende categorieën voor aantrekkelijke prijzen zijn gecombineerd.

Het is de moeite waard om de vele attracties van Florida op een rondreis te ontdekken en daarbij lekker op het strand liggen combineren met het bezichtigen en verkennen van de natuur en van de steden. Wie twee weken alleen maar op het strand ligt, heeft misschien wel het idee dat-ie een mooie vakantie heeft gehad, maar heeft ook veel gemist wat de reis misschien tot een specialere ervaring gemaakt zou hebben.

BELANGRIJKE VRAGEN OVER DE REIS

Welke **documenten** heb ik nodig om de VS binnen te komen? Zie blz. 62.

Is een **creditcard** belangrijk in Florida? Zie blz. 86.

Welke **vaccinaties** worden aangeraden, welke **medicijnen** moet ik meenemen? Zie blz. 86.

Kan ik mijn **huurauto** beter vooraf boeken of pas na aankomst? Zie blz. 64.

Kan ik in Florida goed reizen met het **openbaar vervoer**? blz. 64.

Is Florida ook een leuke reisbestemming voor **kinderen**? Zie blz. 88.

Met wat voor **weer** moet ik rekening houden? In welke periode is de kans op een **orkaan** het kleinst? Zie blz. 88.

Wat voor **kleding** moet ik inpakken? Zie blz. 88.

Kan ik mijn **mobiele telefoon** gebruiken? Hoe bel ik het voordeligst? Zie blz. 97.

Hoe zit het met de **veiligheid** in Florida? Zie blz. 96.

Hulp bij het plannen van uw reis

Planning van uw reis

Bij de onderstaande reisplanningen is rekening gehouden met reizigers die over een beperkte hoeveelheid tijd beschikken.

1. Miami en de Gold Coast

Miami is de grootste stad van Florida. Ook al verloopt het leven hier in een ander ritme dan bij ons in Noord-Europa, de stad heeft, in tegenstelling tot Miami Beach, niet de uitgesproken sfeer van een vakantieoord. Wel zijn er tal van interessante musea, kent Miami een zeer levendige kunstscene en kunt u zich in Little Havana onderdompelen in een min of meer authentiek Cubaans stadsdeel. In probleemwijken als Opa-Locka en Overton kunt u aan de andere kant beter niet komen, althans niet te voet. In het zuiden, aan de Atlantische kust tus-

De hoofdstukken in deze gids

1. Miami en de Gold Coast: zie blz. 101
2. Everglades en Florida Keys: zie blz. 173
3. Tampa Bay en de Gulf Coast: zie blz. 233
4. Orlando en Midden-Florida: zie blz. 299
5. Noord-Florida: zie blz. 367

sen Palm Beach en Key Biscayne, ligt een aantal van de mooiste stranden van Florida.

- *Miami Beach*
- *Palm Beach*

Goed om te weten: wie Miami beter wil leren kennen, zou daar ook moeten logeren. Bijvoorbeeld in het leuke Coral Gables. Veel toeristen kunnen de verleiding van het strand echter niet weerstaan en bezoeken de attracties van de metropool sporadisch.

Tijdsplanning:
Miami en Miami Beach:	4 dagen
Fort Lauderdale:	2 dagen
Gold Coast:	2 dagen

Extra excursies: vanuit Miami en Fort Lauderdale worden korte tripjes aangeboden naar de Bahama's (Nassau en Grand Bahama). Het bij de meeste bezoekers onbekende Lake Okeechobee ligt niet ver van Palm Beach.

2. Everglades en Florida Keys

Bij Flamingo in het zuiden en Everglades City in het meest westelijke puntje van het uitgestrekte Everglades National Park kunt u het eilandrijke waterlandschap en de mangrovekust met kajaks verkennen. Key West en de eilandketen de Florida Keys zijn met het vasteland verbonden door de Overseas Highway en een groot aantal bruggen. Het enige koraalrif in het oosten van ee Verenigde Staten strekt zich uit voor de kust van Biscayne National Park ten zuiden van Miami tot aan Dry Tortugas National Park ten westen van Key West in de Golf van Mexico.

 Key West   *Everglades National Park*

Goed om te weten: de weg naar Key West heet dan wel een Highway, u moet er zeker niet met oogkleppen op rijden zoals op een snelweg. Steeds weer zijn links en rechts schitterende vergezichten te ontdekken, de onderwaterwereld is zeer divers en hier en daar kunt u een verlaten strandje op.

Tijdsplanning:
Everglades:	1 dag
Florida Keys:	3 dagen

Extra excursies: een leuke dagtocht vanuit Key West is het Dry Tortugas National Park in de Golf van Mexico. Dit bereikt u per boot of met een watervliegtuigje.

3. Tampa Bay en Gulf Coast

Tampa, het economisch epicentrum van de westkust, heeft een mooie skyline in het centrum. De lange stranden langs de Gulf Coast ten westen van St. Petersburg hebben alle hun eigen charme. Op een paar eilanden vol natuurpracht, zoals Caladesi Island en Lover's Key, is het strand- en duinlandschap nog volledig vrij van hotel- en appartementencomplexen. In Tarpon Springs, het centrum van sponsduikers, zijn veel afstammelingen van Griekse immigranten, en Sarasota's troef is een prachtige kunstcollectie. Bij Sanibel Island ten slotte spoelt de zee regelmatig tienduizenden schelpen het strand op.

- *Tampa*
- *St. Petersburg*
- *Sarasota*

- *Cedar Key*
- *Sanibel en Captiva Islands*

Goed om te weten: tussen Cedar Key in het noorden en Fort Myers Beach in het zuiden is, vooral in het voorjaar, de kans groot dat u *manatees*, lamantijnen, kunt zien. Deze tot wel 4,5 m lange zeezoogdieren voeden zich met zeegras in het mondingsgebied van de Caloosahatchee River.

Tijdsplanning:
Tampa:	1 dag
St. Petersburg en de Gulf Coast:	3 dagen
Bradenton/Sarasota:	2 dagen

Extra excursies: de eilanden van het Fort de Soto State Park voor Tampa Bay zijn door middel van bruggen met elkaar en met het vasteland verbonden. Heerlijke stranden en een meer dan 100 jaar oud kustfort maken deze excursie tot een ware belevenis.

Daarnaast kunt u met terreinwaardige *Swamp Buggies* rijden door het ongerepte landschap van de Babcock Wilderness. U ziet een savanne met bizons en rijdt langs een cipressenmoeras.

4. Orlando en Midden-Florida

Orlando behoort met Walt Disney World, de Universal Studios, Sea World en diverse andere kleine pret- en themaparken tot de wereldwijd populairste bestemmingen voor gezinnen met kinderen. Maar de metropool in Midden-Florida en het uitgestrekte gebied eromheen hebben veel meer te bieden: het hoofdkwartier van de ruimtevaart Kennedy Space Center, de subtropische oerwouden van het Ocala National Forest met de enorme artesische bronmeren van Silver Springs, Daytona en zijn racebaan en Legoland Florida bij Winter Haven.

• Orlando
• Kennedy Space Center

Silver Springs

Goed om te weten: al is de vochtige, hete zomer niet bepaald de ideale reistijd voor Midden-Florida, ook Amerikaanse gezinnen zijn gebonden aan de schoolvakanties en stromen in de zomer in groten getale naar Disney en de andere parken. Omdat de meeste feestdagen in de VS op een maandag vallen, gebruiken veel Amerikaanse families de zo ontstane lange weekends voor een bezoekje aan Orlando, waar het dus meerdere keren per jaar hoogseizoen is.

Tijdsplanning:
Orlando en de pretparken: 3 dagen
Kennedy Space Center: 1 dag

Extra tijdverdrijf: als u het oponthoud in Orlando wilt combineren met een strandvakantie tussen Cocoa en Daytona Beach, moet u een paar dagen extra incalculeren.

5. Noord-Florida

Het noorden van Florida grenst aan Alabama en Georgia en heeft ook de sfeer van die zuidelijke staten. Voor de lange kust van de Panhandle aan de Golf van Mexico stikt het van de eilandjes, waarvan de meeste onder natuurbeheer staan. Van Pensacola helemaal in het westen tot St. Augustine aan de Atlantische kust vindt u veel herinneringen aan de lange periode van de Spaanse kolonisatie.

• St. Augustine
• Pensacola

Amelia Island

Goed om te weten: in de zomermaanden is het hoogseizoen aan de kust. Niet alleen de temperaturen zijn dan hoog, maar ook de prijzen. In het late voorjaar, tussen april en mei, is het weer meestal aangenamer – zonnig, maar niet te heet. Ook de kamerprijzen van de hotels gaan dan richting voorseizoensniveau. In de herfst kunnen orkanen het vakantiegenoegen verpesten, ook al komen ze meestal niet zo noordelijk. In de winter is de temperatuur niet erg hoog, maar vanaf half maart is het op de stranden van de Golf van Mexico meestal alweer warm genoeg om te zwemmen.

Tijdsplanning:
St. Augustine: 1 dag
Amelia Island: 2 dagen
Pensacola/Panhandle: 3 dagen

Extra excursies: het noordoosten van Florida grenst aan het zuiden van de staat Georgia. Vanuit Jacksonville en Amelia Island rijdt u in slechts twee uurtjes naar Savannah, waar u zich kunt verlekkeren aan het romantische cliché van de zuidelijke staten, zoals villa's met door imposante eiken omzoomde oprijlanen.

Suggesties voor rondreizen

▬ Miami – Keys – Sanibel Island (2 weken)

Dag 1-3: Miami en Miami Beach. Verken de bezienswaardigheden en musea in Miami, geniet op het strand en dompel uzelf onder in het nachtleven van Miami Beach. Overnachting in Miami Beach.
Dag 4: Rijd naar het zuiden richting Everglades National Park en maak een tussenstop in Flamingo. Kajak door de mangrovebossen, wandel door de natuur op de Anhinga Trail en de Gumbo Limbo Trail. Overnachting in Homestead of Florida City.
Dag 5: Rijd verder naar Key Largo. Bezoek het John Pennecamp Coral Reef State Park. Zwem, surf en snorkel, en onderneem een boottochtje naar het koraalrif.
Dag 6: Rijd via Islamorada naar Long Key. Dagtocht naar het koraalrif, met of zonder snorkelen. Bezoek het Theater of the Sea en wandel door Long Key State Park.
Dag 7-8: Rijd over de Seven Mile Bridge naar Key West. Stop even om te zwemmen bij het Bahia Honda State Park. Wandel door Key West – er is van alles te zien en beleven. U kunt uw rondreis eventueel met **een dag verlengen** om een boottochtje naar het Dry Tortugas National Park te ondernemen. Overnachting in Key West.
Dag 9: Via de Overseas Highway rijdt u terug tot vlak voor Miami. Draai de de US 41 (Tamiami Trail) naar het westen op en wandel door Skark Valley in het Everglades National Park. Ontspan op het strand van Naples, waar u ook overnacht.
Dag 10: Rijd richting Fort Myers. Bekijk daar het Edisons Winter Estate. Rijd vervolgens over de tolbrug naar Sanibel Island.
Dag 11-12: Verken Sanibel Island en Captiva Island. Maak een excursie van een halve dag door het J. N. Darling Wildlife Refuge. Vaar vanuit Captiva met de rondvaartboot naar de eilanden in de Pine Island Sound. Ontspan en verzamel schelpen op de strandjes.
Dag 13: Via de SR 80 naar het oosten. Bij Fort Myers Shores buigt u even af naar het noorden voor een bezoekje aan de Babcock Wilderness, waar u een Swamp Buggy Tour kunt ondernemen. Via Clewiston rijdt u daarna naar Lake Okeechobee, waar een museum geheel aan het meer is gewijd. Rijd verder naar Palm Beach, waar u ook overnacht.
Dag 14: Bezichtig Whitehall met het Flagler Museum en, afhankelijk van uw interesse, het Playmobil Funpark in Palm Beach Gardens of het Norton Museum of Art. Maak een wandeling door het plaatsje, waar het schitterende Hotel The Breakers een hoogtepunt is.
Dag 15: Rijd terug naar Miami.

▬ Orlando – St. Augustine – St. Petersburg – Sarasota (2 weken)

Dag 1-3: Orlando en omgeving. Ga naar twee pretparken, bijvoorbeeld Magic Kingdom in Walt Disney World en de Universal Studios.

Maak een boottocht door het merenlandschap van Winter Park en bezoek de Tiffany-tentoonstelling.

Dag 4: Rijd naar Cape Canaveral en bekijk het ruimtevaartcentrum. Bezoek in Daytona Beach, na een wandeling over het strand, het beroemde International Speedway-circuit.

Dag 5-6: Rijd verrder naar het noorden tot St. Augustine en maak een tussenstop bij het Fort Matanzas National Monument. Bekijk het historische centrum uit de Spaanse tijd, zwem bij St. Augustine Beach in de Atlantische Oceaan en bezoek de *alligator farm*. Overnachting in St. Augustine.

Dag 7: Rijd door het Ocala National Forest met zijn enorme bronmeren, waarin u ook kunt zwemmen (Juniper Springs). Maak een glasbodemboottocht in Silver Springs.

Dag 8: Bezichtig in Tampa de historische wijk Ybor City en de Busch Gardens. Overnachting in Tampa.

Dag 9: Rijd naar St. Petersburg en bekijk daar het Dalí Museum en de Chihuly Collection.

Dag 10-11: Excursie naar Clearwater en St. Petersburg Beach, ontspan op het strand en bezichtig de Suncoast Seabird Sanctuary in Indian Shores. Bezoek het Clearwater Marine Aquarium. Ontdek het Fort de Soto Park en de mooie stranden.

Dag 12: Via de Sunshine Skyway Bridge rijdt u weer naar het zuiden. Bij Bradenton kunt u de historische Gamble Plantation en het South Florida Museum bezichtigen. Overnachting in Holmes of Bradenton Beach.

Dag 13: Rijd via Longboat Key verder naar Sarasota, waar het Palazzo Ca' d'Zan en het Ringling Museum of Art de moeite waard zijn.

Dag 14: Het Myakka River State Park is een mooie plek om te kajakken. In de namiddag rijdt u terug naar Orlando.

Kajakexcursies zoals hier in het Crystal River Wildlife Refuge zijn bijzondere natuurbelevenissen

Land, volk en cultuur

'The miracle of the light pours over the green and brown expanse of saw grass and of water, shining and slow-moving below, the grass and water that is the meaning and the central fact of the Everglades of Florida. It is a river of grass.'

Marjory Stoneman Douglas, The Everglades: River of Grass, 1947

In Miami Beach zijn niet alleen hotels, maar ook twee strandwachtershuisjes in art-decostijl uitgevoerd – zoals hier, ter hoogte van 10th Street

Florida in het kort

Feiten en cijfers

Oppervlakte: 170 304 km²

Hoofdstad: Tallahassee (188.400 inwoners)

Officiële taal: Amerikaans Engels. Officieus in het zuidoosten afgewisseld met Spaans.

Inwoners: 19,9 miljoen

Bevolkingsgroei: 6% (laatste 4 jaar)

Levensverwachting: Mannen 76,7 jaar, vrouwen 82,6 jaar

Munteenheid: US-dollar ($). De dollar is onderverdeeld in 100 cents. Er bestaan biljetten van 1, 2, 5, 10, 20, 50 en 100 dollar.

Tijdzones: Eastern Standard Time (MET -6 uur), in het westen van de Panhandle geldt Central Time (MET -7 uur)

Landnummer: 001

Internetextensies: overwegend .com, maar ook .org en .gov

Vlag: De rode en witte banen staan voor de dertien staten die de unie ooit hebben opgericht, de vijftig witte sterren op de blauwe achtergrond symboliseren de huidige vijftig staten van de VS, waarbij wit voor puurheid, rood voor moed en blauw voor gerechtigheid staat.

Geografie

Van alle Amerikaanse staten ligt Florida het zuidelijkst. In het noordwesten strekt zich een smalle landstrook (*Panhandle* = pannensteel) met een eilandenketen uit langs de Golf van Mexico. In het noorden grenst Florida aan de staten Alabama en Georgia. Hier ligt ook de Walton County Hill, met 105 m de hoogste heuvel van de staat.

De vegetatie varieert van gemengde en naaldbossen in het noorden tot tropische wouden en moerassen in het zuiden. Aan de kust liggen langgerekte stranden. Onder de uiterste zuidpunt ligt de eilandenketen Florida Keys, die zich 180 km in zuidwestelijke richting uitstrekt in de Golf van Mexico en waarvan de eilanden door bruggen met elkaar verbonden zijn.

Miami ligt op de 26e breedtegraad en bevindt zich daarmee op gelijke afstand van de evenaar als Dubai.

Geschiedenis

De eerste jagers en nomaden uit het noorden bereikten rond 14.000 v.Chr. Florida. Toen de Spaanse Ponce de León in 1513 als eerste Europeaan aan land kwam bij het huidige St. Augustine, woonde de ongeveer 100.000 koppen tellende indiaanse bevolking dicht bij de kust en langs waterlopen, en leefde van visserij, jacht en landbouw.

Gedurende de Spaanse koloniale tijd, die met tussenpozen van 1565 tot 1821 duurde, ontwikkelde het land zich uitsluitend in het toegankelijkere noorden. In 1845 trad Florida als 27e staat toe tot de unie. De Seminolen werden na drie bloedige oorlogen verslagen en hoofdzakelijk gedeporteerd naar Oklahoma. Ten tijde van de Amerikaanse Burgeroorlog (1861–1865) stond Florida aan de zijde van de zuidelijke staten (Confederatie). Met de aanleg van het spoor tegen het eind van de 19e eeuw werd het lucratief om meer naar het zuiden citrusvruchten, suikerriet en groente te verbouwen, en kreeg het toerisme een kans zich te ontwikkelen.

In 1958 werd de ruimtevaartorganisatie NASA opgericht en een jaar later, na de overwinning van Fidel Castro tijdens de Cubaanse Revolutie, begon een toestroom van immigranten uit Cuba. In 1971 opende Walt Disney World in Orlando, waarmee Florida op slag uitgroeide tot het vakantiedoel van miljoenen mensen. Door de explosie kort na de lancering van het ruimteveer Challenger in 1986 kreeg de bemande ruimtevaart een zware klap te verduren.

Tijdens de presidentsverkiezingen wordt in Florida altijd fel strijd gevoerd. In 2008 en 2012 won Barack Obama deze zogeheten *swing state*, in 2016 trok Donald Trump er aan het langste eind.

Zowel het aantal inwoners als het aantal bezoekers blijft maar stijgen, ondanks terugkerende problemen als natuurrampen, rassenonlusten en gewelddadige criminaliteit.

Staat en politiek

In 1845 trad Florida als 27e staat toe tot de VS. De gouverneur, sinds 2011 de republikein Rick Scott, wordt telkens voor een termijn van vier jaar direct gekozen. Florida beschikt over een eigen wetgeving en een parlement, dat bestaat uit twee kamers (een Senaat met 40 leden en een Huis van Afgevaardigden met 120 leden). De staat is opgedeeld in 67 *counties* (bestuursdistricten).

Evenals op landelijke niveau is ook hier het tweepartijenstelsel met Republikeinen en Democraten van kracht. Zowel de sheriff als diverse andere gemeentefunctionarissen worden direct door het volk gekozen. Toekomstige verkiezingen zijn dan ook van grote invloed op de uitoefening van de functie.

Economie en toerisme

Twee derde van de inwoners van Florida werkt in de dienstverlenende sector, vaak voor bedrijven die profiteren van het toerisme of daarvan afhankelijk zijn. Het aantal toeristen dat Florida jaarlijks bezoekt loopt tegen de 100 miljoen. De landbouw met citrus-, groente- en suikerrietplantages en koeien- en paardenranches in Midden-Florida, dragen samen met de visserij flink bij aan de economie van de staat, evenals de industriële sector met bedrijven in de softwarebranche, elektronica en luchtvaarttechniek. De financiële draagkracht van veel oudere burgers die zich in Florida hebben gevestigd, steunt inmiddels veel takken van de economie.

Bevolking en religie

Het inwoneraantal van Florida is gestegen tot bijna twintig miljoen en neemt elke dag gemiddeld met ruim achthonderd toe. De zwarte gemeenschap maakt hiervan 16,6% uit, het percentage hispanics ligt rond 23,2. In de regio Miami/Fort Lauderdale wonen ruim 5,8 miljoen mensen, in de agglomeratie Orlando ruim 2,2 miljoen en rond Tampa/St. Petersburg ca. 2,8 miljoen.

Het aandeel 65-plussers is in Florida ruim 17% en ligt daarmee 4 procentpunt hoger dan het landelijk gemiddelde. De toestroom van gepensioneerden uit het hele land houdt het aandeel blanke, niet uit Latijns-Amerika afkomstige inwoners op constant peil.

Van de totale bevolking in Florida hangt 84% een geloof aan. Hiervan is 48% protestant, met als grootste gemeenschappen baptisten, methodisten en leden van de pinksterbeweging. 26% is rooms-katholiek, 3% joods, met name in en rond Miami, 1% moslim, 1% Jehova's getuige en 2% behoort tot kleine geloofsgemeenschappen.

Natuur en milieu

Florida lag tijdens de prehistorie nog geheel onder water. Door kalksteenafzettingen onstond een tot 6000 meter dik plateau, dat 20 miljoen jaar geleden gestaag uit zee omhoog begon te komen. Tijdens de ijstijden lag de zeespiegel 120 meter lager en was Florida tweemaal zo groot als tegenwoordig. Na het einde van de laatste ijstijd steeg het water weer en slonk de Sunshine State geleidelijk tot zijn huidige omvang.

Het ontstaan van het schiereiland

Ongeveer 1600 km van de gehele kustlijn van Florida bestaat uit zandstrand. Aan de Atlantische kust liggen voornamelijk stranden van stevige koraalkalk, waarop in de regio van Daytona en St. Augustine zelfs met de auto kan worden gereden. Aan de zuidelijke Golfkust vindt u brede stranden van muller schelpen- en koraalkalkzand, en langs de Panhandle fijnkorrelig kwartszand. Deze zijn in de loop van duizenden jaren ontstaan uit geërodeerd gesteente van de Appalachen.

Een archipel van kalk- en koraaleilanden, de Florida Keys, strekt zich over een lengte van ca. 180 km in een boog naar het zuidwesten uit in de Golf van Mexico.

Het gebied tussen Tallahassee, de hoofdstad van Florida, en de grens met Georgia is een weelderig heuvellandschap. De centrale heuvelrug en het merengebied reiken tot aan Lake Okeechobee. Duizenden grote en kleine meren liggen verspreid door het grotendeels glooiende heuvellandschap.

De Everglades en de Okefenokee Swamp vormen de twee grootste moerasgebieden van Florida. De weids uitgerekte slenk van de Everglades vormt een 80 km breed en slechts centimeters diep watergebied, dat van Lake Okeechobee naar de Florida Bay in de Golf van Mexico stroomt. Pas helemaal in het zuiden voegen zich er enkele rivieren bij.

De Okefenokee Swamp ligt maar voor een tiende in Florida, het overige deel ligt in de in het noorden aangrenzende staat Georgia. Dit moerasgebied voedt de St. Marys River, de grensrivier met Georgia, en vormde ooit een belangrijke handelsroute, evenals de Suwannee River, die uitmondt in de Golf van Mexico.

Florida en het water

Geen enkel punt in Florida ligt meer dan 100 km van de Atlantische Oceaan of de Golf van Mexico verwijderd. Bovendien bevinden zich onder de grond uitgestrekte zoetwaterreservoirs. Regenwater, dat door de bovenste aardlagen sijpelt, verzamelt zich in de kalksteenholtes. Toestromend water uit de hogergelegen gebieden in het noorden stuwt het verzamelde water via artesische putten naar het oppervlak. Ruim twintig van deze bronnen stoten per seconde ruim 2500 liter kristalhelder water uit (zie blz. 346).

Veel van de bijna achtduizend meren in Florida zijn gevormd in de zinkgaten van ingestorte ondergrondse grotten en enkele, zoals Lake Okeechobee, in ondiepe pannen in de vroegere zeebodem. Het met bijna 1900 km^2 op een na grootste zoetwatermeer van de VS is gemiddeld slechts 6 m diep.

Tientallen, vaak korte rivieren verzamelen het regenwater, dat vooral 's zomers in grote

De planten en hun leefomgeving

In het waterlabyrint van de Florida Keys lijken de donkergroene eilanden als schotsen rond te drijven

hoeveelheden naar beneden komt, en transporteren dat met het water uit de overvloedig bruisende bronnen naar zee. De St. John's River, die zich ook voedt met artesische putten, mondt bij Jacksonville uit in de Atlantische Oceaan en meet daar van oever tot oever ca. 3 km. Dat is meer dan de benedenloop van de Mississippi, terwijl hij toch maar 1% van diens waterhoeveelheid naar zee vervoert.

Het ondergrondse kalkgrottensysteem met zijn vele spelonken, zinkgaten en tunnels, zijn tot op heden slechts voor een fractie onderzocht. Door de vondst van dierenbotten uit de ijstijd, sporen van nederzettingen en de ontdekking van nieuwe krabbensoorten in de volledig duistere diepten worden steeds weer expedities op touw gezet om verder door te dringen in dit mysterieuze grottenlabyrint.

Het water dat Florida van het Antilleneiland Cuba scheidt, heet de Straits of Florida, Straat Florida. Hierdoorheen stroomt met ongeveer 5 km/u de warme Caribische Golfstroom in noordelijke richting.

De planten en hun leefomgeving

Beschermde natuurgebieden en nationale parken als de Everglades, Canaveral National Seashore, Ocala National Forest en Wakulla Springs geven een indruk hoe Florida er waarschijnlijk uitzag voordat de massale kolonisatie begon. In de Everglades gedijen zo'n tweeduizend verschillende plantensoorten, rietgrassen en oeverriet, maar ook pijnbomen, mahoniebomen en altijdgroene eikenbomen.

Langs de westelijke en zuidelijke kuststroken van Florida komen drie bijzondere

Natuur en milieu

mangrovesoorten voor, die op hun zeer dunne wortels als op stelten in het zoute water staan en in staat zijn om daaruit zoetwater te filteren.

In het wetland gedijen diverse cipressensoorten, zeven- tot achthonderd jaar oude, hoge moerascipressen zijn te zien rond Big Cypress en Corkscrew Swamp ten noordoosten van Naples. In het dichte Ocala National Forest groeien varens, lelies en wilde orchideeën.

Op de *hammocks*, de loofboomeilanden en -bossen van Zuid-Florida, zijn allerlei tropische boomsoorten te zien. Daar groeit ook het giftige *poisonwood*, een klimopsoort, waarvan de bladeren bij mensen huiduitslag kunnen veroorzaken, evenals pokhoutbomen, ofwel *Guaiacum officinale*. De naam heeft betrekking op de heilzame werking tegen de 'Spaanse pokken' (syfilis). Nog altijd worden de etherische oliën en de hars van deze bomen gebruikt als medicatie bij lever- en nierfunctieproblemen, evenals bij reumatische klachten.

Spaans mos hangt sierlijk aan de takken van eikenbomen en andere hardhoutbomen in Centraal- en Noord-Florida. Het is echter noch Spaans van oorsprong noch mos, maar verwant aan de ananasplant. De op borstelige baarden lijkende luchtwortels kunnen grote hoeveelheden vocht opslaan en mineralen opnemen.

Voor wie geen tijd genoeg heeft om alle verschillende landschapsfacetten tijdens een enkele reis te verkennen, kan een bezoek brengen aan een van de schitterende botanische tuinen, bijvoorbeeld de Leu Gardens in Orlando (zie blz. 324) en de Fairchild Tropical Gardens (zie blz. 128) in Miami. Daar valt ook de inheemse *gumbo-limbo*-boom te bewonderen, die regelmatig zijn schors vernieuwt. Door dit gedrag heeft hij de bijnaam *peeling tourist tree* gekregen.

Het gebied rond Orlando en de vruchtbare velden ten zuiden van Lake Okeechobee hebben zich bovendien in de afgelopen decennia ontwikkeld tot een van de belangrijkste landbouwregio's van de VS voor fruit, groente en suikerriet (zie blz. 33).

De fauna van Florida

Alligators, slangen en schildpadden

De ongeveer 1,3 miljoen alligators doen soms denken aan prehistorische tijdreizigers, maar deze dieren zijn simpelweg perfect gebouwd om te kunnen overleven in het wetland en de moerassen van het huidige Florida. Hun vroegere prooidieren en jachtconcurrenten – kamelen, sabeltandtijgers en mammoeten – zijn allang uitgestorven. De wijfjes leggen hun eieren in juni in de warme

De fauna van Florida

Het inmiddels uiterst zeldzame symbool van Florida: de roze flamingo

zon. Als de temperatuur 32°C of hoger is, kruipen mannetjes uit het ei en bij minder dan 30°C worden het vrouwtjes. Van alle in Florida voorkomende slangensoorten zijn er maar zes giftig, waarvan de watermocassinslang de gevaarlijkste is.

De reusachtige, tot wel 1 m grote waterschildpadden leggen tussen mei en augustus hun eieren op het strand om ze daar door de zon te laten 'uitbroeden'. In deze periode worden delen van het strand afgezet om de eieren te beschermen. Liefhebbers kunnen de dieren nog steeds bewonderen, maar dan wel van een veilige afstand en in stilte.

Zoogdieren

In de bossen op het schiereiland leven knaagdieren – wezels, muizen, beverratten, visotters en moeraskonijnen. Het gordeldier (*armadillo*) komt net als de wasbeer en de lynx in bijna heel Florida voor. Dat kan niet meer worden gezegd van de floridapanter. Nog maar een paar exemplaren van deze grote goudbruine kattensoort leeft in de Everglades en het gebied van Big Cypress. Voor de zeekoeien dreigt een soortgelijk lot. Deze zwaarlijvige dieren zijn herbivoren en voorzien in hun voedselbehoefte door het afgrazen van waterplanten in de baaien en riviermondingen (zie Thema blz. 26).

Manatee & Co. – zeldzame en bedreigde diersoorten

Muizen en ratten, mollen, vleermuizen, eekhoorns, konijnen en hazen zijn niet ongebruikelijk, ook de dolfijn Flipper en zijn soortgenoten, die ronddobberen in de wateren rond het schiereiland Florida, maar ook in enkele bassins van dierentuinen, zijn al ver voor vertrek bij de meeste toeristen bekend. Toch weten maar weinig mensen dat Florida ook het leefgebied is van veel zeldzame zoogdieren, die zelfs in dierentuinen slechts sporadisch te bewonderen zijn.

Nog maar zo'n 100-160 exemplaren van de floridapanter leven er in het wild in het zuiden van het schiereiland. Vroeger schoten ranchers de dieren af, omdat ze een bedreiging vormden voor hun runderkuddes en daarbij vormde hun dikke zandkleurige pels een begeerde jagerstrofee. Sinds 1978 bepaalt een wet dat de jacht op deze met uitsterven bedreigde wilde katten streng wordt bestraft. De grootste bedreiging voor het roofdierenbestand wordt echter gevormd door de toenemende inperking van hun leefgebied door de oprukkende bevolking. In 1995 werd kruisbestuiving met Texaanse panters toegepast, omdat de destijds twintig à dertig nog in Florida levende panters te weinig was om de voor overleven noodzakelijke genetische verscheidenheid te bewerkstelligen.

Een groots opgezet programma probeert nu te redden wat er te redden valt. De dieren worden door jachtopzieners opgespoord, verdoofd, onderzocht en indien nodig verpleegd. De dieren krijgen een *radio collar* om, een halsband met een zender, die informatie geeft over hun verblijfplaats en gewoonten. Langs drukke wegen zijn hekken geplaatst en talloze tunnels lopen om de paar kilometer onder de highways door, op plekken waar voorheen veel dieren werden aangereden. Enkele exemplaren van deze dieren worden gehouden in de dierentuinen van Tampa, Miami en Palm Beach.

Witstaartherten zijn met 16 ondersoorten in de hele VS vertegenwoordigd. Ze onderscheiden zich door hun formaat en leefwijze en zijn vernoemd naar het witte puntje aan hun korte staart, die als een plumeau uitsteekt. Canadese mannetjesherten kunnen soms wel ruim 150 kg zwaar worden, terwijl de kleine soort die in Florida voorkomt *(key deer)*, vaak niet eens 30 kg weegt. Tegenwoordig leven ongeveer duizend van deze miniherten met een schofthoogte van 60 tot 75 cm in het National Key Deer Refuge, met name op Big Pine Key (zie blz. 216), het na Key Largo grootste eiland van de Florida Keys, evenals op het veel kleinere buureiland No Name Key. Tegen het einde van de ijstijd, toen de zeespiegel weer steeg, werden de miniherten weer van het vasteland afgesneden.

Voordat het beschermde natuurgebied in 1957 werd ingericht, was het hertenbestand al tot 26 geslonken. De overlevingskans van de herten wordt bemoeilijkt door het drukke verkeer op de Overseas Highway, dat regelmatig slachtoffers eist. Omdat de dwergherten zo schattig zijn, geven toeristen, hoewel het verboden is, vaak langs de kant van de weg voer aan de dieren. Op de wegen door het beschermde natuurgebied kunnen de herten ook worden gespot in hun natuurlijke leefomgeving, met name 's ochtends vroeg of aan het eind van de middag.

Sierlijk zijn zeekoeien zeker niet. De logge zeezoogdieren, die in de wateren rond Florida, het Caribische gebied en langs de noordelijke kusten van het Zuid-Amerikaanse continent zijn te

De imposante zeekoeien behoren tot de grootste zeezoogdieren

vinden, kunnen tot 1600 kg wegen en 4,5 m groot worden. De Amerikanen noemen ze *manatees*. Ze hebben een grijsbruine leerhuid, hun voorste ledematen lijken op twee peddels en de brede platte, beverachtige staart dient ter voortbeweging en als roer.

Zeekoeien voeden zich per dag met tot wel 30–40 kg waterplanten, die ze met hun flexibele bovenlip en hun tanden afgrazen en met schelpen en slakken en al verorberen. 's Winters, wanneer het zeewater weer afkoelt, trekken ze graag naar warmere plaatsen, zoals de bronmeren van de artesische putten in Florida. In Blue Springs (zie blz. 351) ten noordoosten van Orlando zijn elke winter vijftig tot honderd zeekoeien te zien, in Crystal River (zie blz. 268) aan de Golf van Mexico zijn al eens meer dan tweehonderd van deze zachtaardige reuzen geteld.

In totaal leven er een kleine vierduizend zeekoeien in Florida. Bijna allemaal vertonen ze littekens, veroorzaakt door rompen van boten en scherpe scheepsschroeven. De goedaardige zeekoeien, die bijvoorbeeld in het mondingsgebied van de Crystal River aan de Golfkust zelfs mensen met zich mee laten zwemmen, kennen geen angst, ook niet voor de vaak dodelijke buitenboordmotoren van schepen met roekeloze amateurkapiteins. Drastische strafmaatregelen zouden bestuurders van motorboten tot meer voorzichtigheid moeten manen.

De vereniging die zich inzet tot bescherming van de zeekoeien heeft in Florida inmiddels een enorme aanhang. De extra toeslag op nummerborden met het opschrift 'Save the Manatees' gaat naar een fonds, waarmee de oprichting van beschermde zones wordt gefinancierd. Het zeekoeienbestand lijkt nu stabiel te blijven. De inwoners van Florida hebben net als veel vakantiegangers deze bijzondere dieren in hun hart gesloten.

Natuur en milieu

Een stuk sneller en behendiger zijn dolfijnen, die in de kustwateren van Florida vaak met spectaculaire sprongen rond excursieboten door het water duiken. Tegen het eind van de laatste ijstijd werden de slechts 60 cm grote *key deer*-herten door het stijgende water afgezonderd van de rest van het schiereiland en zijn daarmee een ware rariteit geworden, want ze komen nu uitsluitend voor op de Florida Keys.

De meeste bezoekers aan de *Sunshine State* zijn niet bekend met de enorme rundveeranches tussen Kissimmee, Lake Okeechobee en Fort Myers, die samen het grootste runderfokkerijgebied ten oosten van de Mississippi vormen. Ten noorden van Orlando, tussen Ocala en Gainesville, is het klimaat ideaal voor volbloedpaarden als de arabier (zie ook Thema blz. 342).

Vogels

John James Audubon, een gedreven Amerikaanse vogelaar en de auteur van het standaardwerk *Birds of America*, raakte al 170 jaar geleden tijdens zijn Floridareizen, die hem tot het zuidelijke Key West voerden, in de ban van de inheemse vogelwereld. De witte ibis, de kleine blauwe reiger en de zilverreiger, de kaalkopooievaar, de kraanvogel, de rode lepelaar en de roze flamingo behoren alle tot de grotere steltlopers, die in de talloze ondiepe wateren volop voedsel kunnen vinden.

De moerassen vormen het leefgebied van de *Anhinga anhinga* of slangenhalsvogel. Deze behendige duiker spiest onder water vissen aan zijn snavel, werpt zijn prooi vervolgens in de lucht en vangt die dan met een geopende bek op om ze uiteindelijk te verslinden. Omdat zijn verenpak geen vetlaag heeft, moet hij na iedere duik zijn vleugels eerst weer laten drogen in de zon.

Vanaf het strand zijn met regelmaat bruine pelikanen te zien, die vlak boven het wateroppervlak in een rij achter elkaar vliegen en zich zo nu en dan met een plons in het water storten om even later weer boven te komen met een gevangen vis in de snavel. Insecticiden hebben er inmiddels voor gezorgd dat het materiaal van de eierschalen van pelikanen verzwakt is. Daardoor komen de eieren veel te vroeg uit, al voordat de kuikens zijn volgroeid. Het bestand van bruine pelikanen in Florida is weliswaar nog 35.000, maar wordt wel gestaag kleiner.

Bijzondere profiteurs van het ecosysteem

Voor een andere diersoort dient de mens als voedingsbron. 'I gave my blood to the Everglades' valt te lezen op een sticker, die te koop is in de *general store* van Flamingo. Wie 's zomers ooit in een wolk bloeddorstige vrouwtjesmuskieten is terechtgekomen, kan daarover slechts lachen als een boer met kiespijn. De enorme hoeveelheden muskieten vormen echter wel een belangrijke schakel in het ecosysteem van de moeraslandschappen. In de herfst is met een beetje geluk een bijzonder schouwspel te zien, wanneer grote zwermen monarchvlinders uit de Grote Merenregio in het noorden van de VS en het Canadese Ontario komen aanvliegen en net als trekvogels in Florida een pauze inlassen om vervolgens via de Golf van Mexico verder te vliegen naar het zuidwesten.

In Florida leven niet alle dieren in de vrije natuur. De Apalachicola Bay, waarin de waterrijke Apalachicola River uitmondt, vormt een uitgelezen locatie voor de oesterteelt. De voedselrijke combinatie van zoet- en zoutwater zorgt ervoor dat de schelpdieren snel groeien en staan garant voor een uitstekende kwaliteit.

Natuur- en milieubescherming

Florida telt drie National Parks (Everglades, Biscayne en Dry Tortugas), twee National Sea-shores (Cape Canaveral en de Gulf Islands), evenals verscheidene National Monuments en andere instellingen die onder het parkbeheer vallen. Daarnaast zijn er

Natuur- en milieubescherming

diverse State Parks en andere beschermde natuurgebieden. Met name de kwetsbare ecosystemen van de koraalriffen en de Everglades vereisen intensieve bescherming en belanden bij onachtzame omgang met de natuur al snel in de gevarenzone. Ook de olieboringen in de Golf van Mexico kunnen al snel tot een ecologische catastrofe leiden, zoals de ramp met het booreiland *Deepwater Horizon* in 2010 liet zien. Het groeiende bewustzijn van de risico's van de opwarming van de aarde leidt tot controverses: tegenstanders hebben geen zin in de extra kosten en verplichtingen die beter gedrag met zich meebrengt, zoals op het gebied van watergebruik.

Everglades Restauration Plan

Het in 2000 begonnen Everglades Restauration Plan werpt zijn vruchten af (www.evergladesplan.org). In het plan wordt verder gekeken dan alleen het National Park op de zuidpunt van Florida en ziet de waterkring-loop van de Everglades in samenhang met de neerslag, de ondergrondse wateropslag in de aquifer (zie blz. 346), de niet te stuiten waterstroom naar het zuiden en het belang van de mangrovekust als paaigrond van vissen en andere zeedieren. Met deze gedachte in het achterhoofd zijn enkele complexe sluissystemen aangelegd, waardoor veel plaatsen waar voorheen dammen het water tegenhielden weer van stromend water werden voorzien. Bovendien zijn grote stukken land onttrokken aan de landbouw als uitbreiding van de natuurgebieden in het zuiden van het schiereiland. Daarnaast kunnen ze tijdens overstromingen onder water worden gezet en dienen ze ter behoud van de soortenrijkdom.

De op veel plaatsen in de staat steeds verder oprukkende woon- en toeristengebieden tonen echter aan dat het conflict over de natuurrijkdommen zal voortduren. Vijf van de grootste steden in Florida staan in de top twintig van snelstgroeiende agglomeraties in de VS. Daarnaast zijn de gevolgen van de langzaam stijgende zeewaterspiegel merkbaar; de druk van het zoute water op het grondwater neemt meetbaar toe.

Milieubewuste burgers

De internetpagina van het publiek-private samenwerkingsverband Sustainable Florida (www.sustainableflorida.org) en het programma van het Florida Sustainability Institute van de Florida Earth Foundation (www.floridaearth.org) tonen aan dat het gevaar van de stijging van de zeespiegel en de vervuiling door rioolwater steeds meer onder de aandacht komen. De milieu-instanties van Florida somt een lijst op van allerlei initiatieven in de staat en geeft tips aan ondernemingen, de overheid en particulieren (www.dep.state.fl.us/green).

Kleinere programma's zijn meer gericht op uitbreiding van het milieubewustzijn onder de bevolking, waarbij veel inspanning wordt geleverd om de afvalproductie te reduceren, traditionele gloeilampen te vervangen voor led-verlichting en daken te voorzien van zonnepanelen, om op die manier het beoogde doel van 20% duurzame energie te halen.

Een groeiend aantal (inmiddels meer dan tweehonderd) hotels doet intussen mee aan het staatsprogramma *Green Lodging*. De aangesloten resorts hebben bijvoorbeeld katoenen handdoeken, die met hoge water- en energiekosten zijn geproduceerd, vervangen door producten die tot 70% van bamboe zijn gemaakt, of gebruiken uitsluitend papieren handdoeken, mits die voor minstens 40% uit gerecycled materiaal bestaan. Zwembaden worden gereinigd met zout in plaats van chloor, afval gescheiden en gerecycled, piepschuimproducten vervangen door bijvoorbeeld composteerbare borden van bamboe en sensoren dragen bij aan een drastische daling van het waterverbruik. Dit mogen misschien kleine initiatieven met beperkte resultaten lijken, toch wakkeren ze duidelijk het milieubewustzijn aan, ook in de bouwsector en het toerisme (zie ook blz. 34).

De Everglades: een uniek leefgebied voor de meest uiteenlopende reptielensoorten

Economie, maatschappij en politiek

De snelle opkomst van Florida in 20e eeuw heeft veel redenen. De aanleg van spoorlijnen aan het eind van de 19e eeuw maakte kolonisatie, goede handelsbetrekkingen en toerisme mogelijk. In Florida werd in 1914 de eerste lijndienst ter wereld begonnen op het traject St. Petersburg–Tampa. Nu beschikt Florida over twintig grote luchthavens, jaarlijks goed voor het transport van meer dan 76 miljoen passagiers.

Het toerisme als economisch wonder

De aanleg van infrastructuur door de gehele staat, en dan met name de ontsluiting van het schiereiland door verkeerswegen, heeft ervoor gezorgd dat heel Florida voor toeristen bereikbaar werd. Vervolgens arriveerden de welgestelde reizigers, die in de luxehotels van de spoorwegmagnaten Flagler en Plant (zie Thema blz. 372) verbleven.

Aan het begin van de 20e eeuw verdiende de gemiddelde Amerikaanse arbeider anderhalve dollar per dag; voor een verblijf van vijf weken in een van de Flaglerhotels moest $ 350 worden neergeteld. Met de massaproductie van auto's in de jaren 20 trokken steeds meer Amerikanen met caravans *(tin cans)* naar Florida.

Vooral in het zuiden van de staat ontstond een onstuitbare bouwhausse. In Miami Beach werden in slechts één kalenderjaar 418 hotels en appartementencomplexen gebouwd, en was daarmee waarschijnlijk de grootste bouwplaats in de gehele VS. Speculanten in onroerend goed konden destijds op een vervijfvoudiging van hun kapitaal rekenen, totdat orkanen in 1926 het prutswerk in de bouw van de in sneltreinvaart opgerichte huizen aan het licht brachten en vervolgens de beurskrach van 1929 de soms zeer avontuurlijke financieringsconstructies als een kaartenhuis ineen lieten storten.

Toch werd er tijdens de wereldwijde economische crisis in Miami Beach verder gebouwd. Er ontstonden kleinere appartementen- en hotelcomplexen in de moderne art-decostijl van die tijd. Alleen al in 1936 werden in slechts een jaar honderd hotels opgeleverd. Tegenwoordig geven de jaarlijks bijna 95 miljoen bezoekers aan de *Sunshine State* ruim $ 70 miljard uit aan accommodatie, eten en drinken, en vrijetijdsbesteding. Meer dan 1 miljoen arbeidsplaatsen zijn direct afhankelijk van het toerisme. Daartoe worden ook de bijbaantjes in hotels en pensions gerekend.

De populairste reisperioden en -bestemmingen in Florida zijn in de loop der jaren veranderd. Door schoolvakanties en de verkoelende werking van airconditioning komen tegenwoordig ook hartje zomer veel gasten naar Florida, een periode die vroeger werd gemeden vanwege de soms zeer hoge temperaturen. Miami en met name Orlando kennen inmiddels helemaal geen laagseizoen meer. Zelfs het zuidwesten van de staat, tussen Fort Myers en Naples, is niet meer uitsluitend een overwinteringsgebied van Europeanen. De brede stranden worden nu ook in de hete zomermaanden druk bezocht. Aan de voornamelijk door Amerikanen uit de zuidelijke staten bezochte stranden van de Panhandle geldt de zomer als het hoogseizoen.

Nadat in 1971 ten zuiden van Orlando het Magic Kingdom van Walt Disney World zijn deuren opende en daarmee een nog niet eerder vertoonde bezoekersstroom op gang bracht, kwam ook Midden-Florida direct op de kaart te staan als een belangrijke toeristische trekpleister. Het aantal van 140.000 hotelbedden in de agglomeratie Greater Orlando werd in de VS slechts door Las Vegas overtroffen.

De cruisehavens van Florida in Miami, Fort Lauderdale, Port Canaveral en Tampa maken van Florida een belangrijk knooppunt van wereldwijde cruisetochten. De meeste schepen vertrekken naar de Bahama's en de Caribische eilanden.

Natuurbescherming en toerisme?

Slechts weinigen zijn zo radicaal als de voormalige 'Florida League Against Progress', die alle immigranten en bezoekers aan de staat vervloekt en een veronderstelde landschappelijke idylle van weleer als ideaalbeeld voorstaat. De natuurbescherming in Florida tracht een balans te vinden tussen economische belangen voor de korte termijn, de noodzaak om unieke natuurgebieden als de Everglades en het koraalrif voor de Atlantische kust ook voor toekomstige generaties in stand te houden, en om te voorzien in de water-, energie- en woonbehoeften van de mensen in de dichtbevolkte agglomeraties.

Van de leidinggevenden in de toerismebranche gaat wat betreft natuurbescherming een tegenstrijdig signaal uit. Enerzijds is er openlijk veel animo voor schone stranden, ongerepte landschappen, behoud van bedreigde diersoorten en bescherming van de broedgebieden van zeeschildpadden, maar aan de andere kant draait het ook om de lucratiefste besteding van investeringen, meer gasten in kortere tijd en meer accommodatieplaatsen – wat wederom gepaard kan gaan met aanzienlijke belastingen voor het milieu (zie ook het kader 'Duurzaam reizen' op blz. 34).

Vakantiewoningen

Een bijzondere inkomstenbron van het toerisme is de investering in onroerend goed voor vakantiedoeleinden. Niet alleen Amerikanen, Canadezen en in ballingschap levende Cubanen kopen huizen en onroerend goed in de *Sunshine State*. Ruim honderdduizend Europeanen hebben hetzelfde gedaan en geïnvesteerd in woningen, vakantiehuizen en percelen met of zonder villa. Vooral het aangename, warme klimaat zonder sneeuw en ijs, en daarmee de lage kosten voor levensonderhoud, is een aantrekkelijke factor. De zwakkere dollar speelt ook een rol, net als de lage belastingen, met name die over inkomsten uit verhuur moeten worden afgedragen.

Omdat dit soort financiële avonturen gepaard gaat met tal van risico's, zoals fluctuerende wisselkoersen, een onrustige conjunctuur en – zoals sinds 2008 – wereldwijde haperingen in het bancaire stelsel, kan zo'n investering in het zonnige klimaat ook heel slecht uitpakken. Wie zich daarnaast niet tegen een hoge premie heeft verzekerd, loopt bovendien het risico niet uitgekeerd te krijgen als een van de onweersbuien of incidentele orkanen schade aanricht.

Landbouw

Landbouw speelt de op een na grootste rol in de economie van Florida. De hoge temperatuur, de vruchtbare grond en het alom aanwezige water hebben ervoor gezorgd dat de staat tot de belangrijkste citrusproducent van de VS is uitgegroeid. Wintergroenten ten zuiden van Lake Okeechobee, pluimvee, eieren, rund- en kalfsvlees van de ranches ten zuiden van Kissimmee, tabak, pinda's en katoen van de plantages tussen Tallahassee en Jacksonville in het noorden en hout uit de uitgestrekte bossen behoren tot de belangrijkste inkomstenbronnen.

Sinds de Spanjaarden in de 16e eeuw de sinaasappel in Florida hebben ingevoerd, zijn de bomen met de sappige vruchten niet meer weg te denken uit het landschap. Een

Economie, maatschappij en politiek

kwart van de wereldwijde sinaasappelsapproductie is tegenwoordig afkomstig van de enorme plantages tussen de Indian River ten zuiden van Daytona en de Golfkust bij Naples. De sinds het begin van de 19e eeuw in de regio verbouwde grapefruits zijn zelfs goed voor de helft van de totale wereldproductie.

De vruchtbare velden ten zuiden van Lake Okeechobee zijn op San Joaquin Valley in Zuid-Californië na het belangrijkste gebied van de VS voor groente- en fruitteelt. Palmharten, bananen, stervruchten *(carambolas)*, vijgen, guaves, papaja's, aardbeien en mango's, maar ook paprika's en tomaten worden hier geoogst. Op de uitgestrekte velden gedijt bovendien gras, waarvan de zoden worden gebruikt voor de aanleg van grote grasvelden in privétuinen en openbare parken.

Na de Cubaanse Revolutie, toen ook Amerikaanse bedrijven op het Caribische eiland onteigend werden en de VS het opstandige Castroregime een economische boycot oplegde, werd met aanzienlijke staatssteun in Zuid-Florida moerasgebied ontgonnen voor de suikerrietteelt. Sindsdien steekt Clewiston aan de oever van Lake Okeechobee de traditionele 'suikerpot' in de Mississippidelta bij New Orleans naar de kroon als 'zoetste regio van de VS'. De suikerrietmonocultuur en het gebruik van grote hoeveelheden kunstmest en onkruidverdelgingsmiddelen, die via de velden in de waterkringloop van Zuid-Florida terechtkomen, zijn al geruime tijd niet meer uitsluitend een doorn in het oog van milieuactivisten.

Al in de 16e eeuw werd het noorden van Florida door Spanjaarden gekoloniseerd. In deze streek tussen Jacksonville en Marianna klopt het dixiehart van Florida. Atlanta, de hoofdstad van Georgia, ligt niet alleen qua afstand dicht bij Orlando, Tampa en zelfs Miami.

DUURZAAM REIZEN

Het milieu beschermen, de lokale economie stimuleren, intensieve contacten mogelijk maken, van elkaar leren – wie verantwoord reist voelt zich verantwoordelijk voor het milieu en de maatschappij. Hieronder leest u een paar tips over reizen op verantwoorde wijze.

Accommodatie: van de organisatie Green Lodging maken hotels deel uit die zich onderscheiden door een duurzamer bedrijfsvoering met bewezen aandacht voor het milieu. Een lijst met deelnemende accommodaties vindt u op www.dep.state.fl.us/greenlodging/lodges.htm. Soortgelijke organisaties zijn er voor 'groene hotels' (www.greenhotels.com) en 'milieuvriendelijke hotels' (www.enironmentallyfriendlyhotels.com).

Eco Tours: veel enorme natuurgebieden, ook in Florida, vallen onder de Nature Conservancy. Wilt u deelnemen aan een van de georganiseerde *Field Trips* of assisteren bij praktische milieubescherming, dan kunt u contact opnemen via www.nature.org. Nonprofitorganisatie Earthwatch Institute biedt dolfijn- en zeekoeienexcursies aan in de buurt van Sarasota (www.earthwatch.org).

Outdooractiviteiten: wilt u er zeker van zijn dat uw outdoorexcursie de principes van ecotoerisme aanhangt, waarbij het natuurlijke evenwicht geen geweld wordt aangedaan, dan kunt u op de Keys het best een snorkel- of duiktocht boeken bij een bedrijf met een 'Blue Star'-certificaat. Aanbieders die zich hebben aangesloten bij 'Dolphin SMART', hebben de verplichting de zeezoogdieren behoedzaam te naderen.

Florida Smart: op www.floridasmart.com/attractions/outdoors_ecotour.html vindt u tientallen links naar natuurbelevenissen, attracties en milieubeschermingsprojecten die u tijdens uw vakantie in Florida kunt bezoeken.

Andere websites over duurzaam reizen: www.fairtourism.nl, www.mvonederland.nl/mvo-netwerktoerisme, www.duurzaam-toerisme.com.

Nog altijd wordt hier katoen geteeld en op de uitgestrekte plantages liggen de balen van dit 'witte goud' tussen zakken pecannoten en pinda's.

Paarden- en runderfokkerijen

Het heldere, verfrissende water, de goede weiden en het gematigde klimaat in Marion County in de omgeving van het stadje Ocala ten noordwesten van Orlando vormen ideale omstandigheden om paarden uit de noordelijk gelegen fokregio's een goed winterverblijf te bieden (zie Thema blz. 342). Diverse derbywinnaars uit Florida hebben inmiddels ook de vakwereld overtuigd en de staat samen met Kentucky, Virginia en Californië laten uitgroeien tot een van de belangrijkste paardenfokregio's van de VS, waarin de dieren het hele jaar door in de weide kunnen blijven staan. Grote weiden liggen ook ten zuiden van Orlando, tot aan Lake Okeechobee en bijna tot aan de Atlantische kust bij Jupiter. Dit is het gebied van de enorme rundveeranches, het grootste ten oosten van de Mississippi. De Florida Cattlemen's Association levert tijdens de Silver Spurs Rodeo de allerbeste cowboys van de staat (zie blz. 322).

Visserij

Met de waterrijkdom van Florida is het niet verwonderlijk dat de rivieren, beekjes, meren en vanzelfsprekend de zee door zowel professionele vissers als hobbyhengelaars als een waar eldorado worden beschouwd. Alleen al in de binnenwateren leven ruim 200 verschillende vissoorten, waaronder snoeken, diverse zoetwaterbaarzen en meervallen. Barracuda's, dolfijnvissen (mahi-mahi), marlijnen, haaien, snappers en pijlstaartroggen zwemmen rond in het warme water van de Atlantische Oceaan, dat rijk is aan voedingsstoffen. Daarnaast leven er garnalen, krabben, oesters en talloze andere schaal- en schelpdieren. De bergen schelpen die door indiaanse beschavingen zijn achtergelaten, deden dienst als bouwmateriaal voor ceremonie- en woonterpen, en in latere perioden ook als wegverharding, bodemversteviging van kanalen en voor de huizenbouw, als stille getuigen van de overvloed aan voedsel die de zee al duizenden jaren voortbrengt. In de haven van Monroe County op de Florida Keys ligt met 360 commerciële boten een van de grootste visserijvloten van het land. In totaal zijn er in Florida ruim 5000 bedrijven werkzaam in de beroepsvisserij. De visserijbranche en de visverwerkingsindustrie van Florida zorgen voor ca. $ 5,2 miljard omzet.

Bodemschatten

Behalve het alom aanwezige water biedt de grond van Florida nauwelijks bodemschatten. Het gebied ten oosten van Tampa is in een maanlandschap veranderd, de nalatenschap van meer dan honderd jaar winning van fosfaathoudend erts. Deze fosfaten worden voornamelijk gebruikt om kunstmest te produceren. Florida is goed voor een kwart van de wereldwijde fosfaatproductie. Het fosfaathoudende gesteente wordt in open groeves met behulp van waterkanonnen gewonnen en vervolgens verscheept vanuit de haven van Tampa. De aardolie- en aardgasbronnen ten noorden van Pensacola en in het achterland van Naples en Fort Myers zijn van minder betekenis. Voor de Atlantische kust liggen waarschijnlijk meer aardolie- en aardgasvelden, maar er zijn tegenwoordig veel bezwaren tegen de exploitatie daarvan, omdat bij het eventuele wegvloeien van aardolie het koraalrif voor de kust zou worden verwoest, wat een ecologische ramp zou zijn en een enorme economische klap zou toedienen aan de toeristische industrie.

In Florida is ook fulguriet te vinden, een natuurlijk kwartsglas dat door blikseminslagen in het kwartsrijke zand langs de kust is ontstaan. Tijdens zo'n inslag van soms wel 100.000 ampère en een temperatuur van 30.000°C smelt op het inslagpunt het zand, dat daarna direct weer afkoelt. Omdat fulguriet vanbinnen hol is en de binnenwand

Economie, maatschappij en politiek

glasachtig, wordt het ook wel 'bliksembuizen' genoemd. Fulguriet heeft weliswaar een verzamelwaarde, maar wordt niet gebruikt voor sieraden of gebruiksvoorwerpen.

Financieel en hightechbeleid

Jacksonville, Tampa, Orlando en in het bijzonder Miami behoren met hun banken en verzekeringsmaatschappijen tot de grootste financiële centra van de VS. Daarbij is Miami uitgegroeid tot een spil in de handelsbetrekkingen met de Latijns-Amerikaanse landen, wat weerspiegeld wordt in de indrukwekkende skyline van het Brickell Financial District aan de zuidoever van de Miami River. Aan deze eer kleefde echter het nadeel dat met name in de jaren 80 een groot deel van de illegale drugshandel via deze metropool in Zuid-Florida liep. In Midden-Florida, in de omgeving van Orlando en Cape Canaveral aan de Space Coast, hebben zich door de aanwezigheid van het NASA-ruimtevaartstation en luchtmachtbases diverse elektronica- en telecommunicatiebedrijven gevestigd. In de schaduw van de entertainmentindustrie rondom Disney World en de Universal Studios is de twee miljoen inwoners tellende metropool Orlando uitgegroeid tot een van de belangrijkste hightech- en virtual-realitybroedplaatsen van Noord-Amerika (zie blz. 332).

Orlando is een jonge stad met ruim 100.000 studenten aan een groot aantal hogescholen, en is aantrekkelijk door het ruime aanbod aan banen en vrijetijdsbesteding. Aangesloten bij de University of Central Florida is het Central Florida Research Park met 75 ondernemingen, die samenwerken met nog eens 150 gespecialiseerde bedrijven. Daarnaast zijn er militaire instituten en interdisciplinaire onderzoeksinstellingen. Dit alles vormt een cluster van hightechindustrie, met name op het vlak van de simulatietechnologie. Ten zuiden van de luchthaven wordt een nieuw biomedisch complex aangelegd, waarmee Orlando moet uitgroeien tot een centrum van het *Life-Science*-onderzoek met daarop ingestelde productieplaatsen, die samen met de virtual-realitybedrijven een technologische corridor moeten vormen.

Bovendien neemt Florida, wederom met Orlando voorop, na Californië en New York inmiddels de derde plaats in als belangrijkste producent van speelfilms, reclamespots en muziekvideo's in de VS, goed voor ongeveer een half miljard dollar per jaar aan belastinginkomsten. Omdat ook de elektronische entertainmentbranche met zijn grote omzetcijfers intussen prominent is vertegenwoordigd in Midden-Florida, komen de van het toerisme afhankelijke bedrijven en de dienstverlenende sector steeds meer in balans.

Bejaardenhuis Florida?

In Florida wonen ruim drie miljoen 65-plussers, die 17% van de totale bevolking van de staat uitmaken. Dit percentage ligt 4% boven het gemiddelde van de hele VS. Ondanks een aanzienlijke stijging van het geboortecijfer, vooral onder gezinnen met een Latijns-Amerikaanse achtergrond, is sinds 1990 de gemiddelde leeftijd in Florida met bijna vier jaar gestegen tot 40,7 jaar. Dit is niet alleen te wijten aan een hogere levensverwachting, maar ook aan de voortdurende toestroom van ouderen uit de overige Amerikaanse staten, die zich in verschillende plaatsen, verspreid door de hele staat hebben gevestigd.

Citrus County aan de westkust ten westen van Orlando geldt met een gemiddelde leeftijd van 53 jaar als een van de 'oudste' regio's. In Charlotte County ten noorden van Fort Myers is een op de drie inwoners een 65-plusser. Het vooruitzicht op een oude dag zonder sneeuw en kou, omringd door leeftijdsgenoten met dezelfde interesses, evenals een op ouderen afgestemde infrastructuur met een goede dienstverlening en uitstekende vervoersmogelijkheden hebben van Florida in het zuidoosten, naast Arizona in het zuidwesten, zowel een reisbestemming als een ouderenwoonplaats voor veel Amerikaanse staatsburgers gemaakt. Voor de vele ouderen die het zich niet goed kunnen veroorloven, zijn er *adult communities* opgezet, wooncomplexen voor ouderen met zeer uiteenlopende kostenplaatjes, van *trailer parks* tot luxe villa's met een eigen toegang tot het strand en de golfbaan. Voor zowel de staat als de talloze gemeenten zijn de uitgaven van de renteniers inmiddels een belangrijke economische factor (zie Thema blz. 260).

Politiek en trends

Het politieke stelsel van Florida berust op de trias politica van de wetgevende, uitvoerende en rechtsprekende macht, net zoals in de overige staten van de VS en in Washington. De gouverneur wordt door de burgers gekozen voor de duur van vier jaar, met de optie tot verlenging met één ambtsperiode. Sinds januari 2011 regeert de republikein Richard Scott in de hoofdstad Tallahassee in het noorden van de staat. Het tweekamerparlement van Florida bestaat uit een 40-koppige Senaat en een Huis van Afgevaardigden met 120 leden. In beide kamers zijn de Republikeinen momenteel met een ruime meerderheid vertegenwoordigd. Het Hooggerechtshof van de staat bestaat uit een opperrechter met daarnaast zes rechters. Florida is opgedeeld in 67 districten, zogeheten *counties*.

Behalve de afgevaardigden, de gouverneur en de luitenant-gouverneur worden op verschillende niveaus posten ingevuld via directe verkiezingen. Daaronder vallen onder meer rechters, openbaar aanklagers, sheriffs, leden van kiescommissies en verantwoordelijken voor de belastinginning.

Als voormalig lidstaat van de zuidelijke Confederatie was Florida van huis uit een Democratisch bolwerk, maar door de politieke veranderingen binnen het partijenstelsel kregen de Republikeinen gestaag de overhand. Met name de grote stroom Cubanen die na de revolutie op het eiland in 1958 naar Florida trok, kreeg het conservatisme steeds meer voet aan de grond. De twee grootste groepen 'nieuwe' burgers, gepensioneerden uit de noordelijke staten en immigranten uit Latijns-Amerika, hebben geen uitgesproken voorkeur voor een van de twee grootste politieke kampen. De net als voorheen sterke bevolkingsgroei heeft ervoor gezorgd dat Florida tijdens de presidentsverkiezingen van de VS een steeds belangrijkere plaats inneemt. Hoewel de Democraten hier in de afgelopen vijftig jaar slechts een paar maal (in 1964 Lyndon B. Johnson, in 1976 Jimmy Carter, in 1996 Bill Clinton en in 2008 en 2012 Barack Obama) de overwinning wisten binnen te slepen, is Florida vanwege de altijd minieme verschillen in de uitslag een van dezogeheten *swing states* en speelt de verkiezingsstrijd dus een heel belangrijke rol.

Deze sleutelrol van Florida werd vooral duidelijk in 2000, toen George W. Bush na de omstreden officiële verkiezingsuitslag, die door het Hooggerechtshof moest worden bevestigd, met een voorsprong van slechts 537 stemmen won en daarmee het presidentschap van de VS in zijn voordeel kon beslissen. Na twee overwinningen van Barack Obama verraste Donald Trump in 2016 vriend en vijand met een overwinning in Florida. Met een verschil van iets meer dan honderdduizend stemmen (op ruim negen miljoen) versloeg hij Hillary Clinton.

Omdat het toerisme nog altijd de belangrijkste inkomstenbron van Florida is, hebben een lage conjunctuur en eventuele politieke onrust een groot effect op de algehele economie en de werkgelegenheid in de staat. Zo trof de wereldwijde financiële crisis van 2008 en de jaren daarna Florida dubbel zo hard. De onroerendgoedmarkt, de sector die de hardste klappen te verduren kreeg, is in de *Sunshine State*, waar in het verleden veel mensen hebben geïnvesteerd in vakantiehuizen, van grote betekenis. De *for sale*-borden prijken dan ook nog altijd in de voortuinen van talloze huizen in de voorsteden en bij vakantiewoningen. Hoewel het economische klimaat sindsdien is verbeterd, zien veel Amerikaanse gezinnen in verband met de onzeker economische vooruitzichten toch nog steeds af van een vakantie in Florida.

Vrijwel geen andere regio ter wereld biedt ouderen zulke aantrekkelijke omstandigheden als Florida

Geschiedenis

Florida was al duizenden jaren bewoond gebied, ver voor de ontdekking door Europeanen. De Spanjaarden hadden al snel door dat ze hier geen bodemschatten zouden vinden. Het waren de spoorwegpioniers Plant en Flagler die de infrastructuur realiseerden om ook het zuiden van het schiereiland te ontsluiten. Na de Cubaanse Revolutie trokken honderdduizenden emigranten naar Florida.

Tegenwoordig is de *Sunshine State* de populairste vakantiebestemming in de VS en een groeiende hightechbroedplaats. Toch was het niet het warme klimaat, maar de zoektocht naar vlees die de eerste mensen veertienduizend jaar geleden naar Florida dreef. Kleine groepen rondtrekkende jagers volgden de prooidieren, die vanuit het bevroren noorden waren uitgeweken naar het zuiden. Ze jaagden vooral op mammoeten, bizons en paarden. Hun houten speren met gekartelde stenen punten waren nog bijzonder primitief, toch moeten de Paleo-indianen, die hun prooi meestal bij drinkplaatsen opwachtten, daarmee zeer succesvol zijn geweest, want veel van hun prooidieren – de mastodont (een olifantensoort), de mammoet, reuzenluiaarden, wolven, beren en tijgers – stierven in korte tijd ook in Florida uit.

Indianen

De leefwijze van de mensen veranderde in de eerste zesduizend jaar van de bewoonde historie van het schiereiland niet veel. De planten en met name slakken langs de rivieren zorgden samen met oesters en andere schelpdieren langs de kust voor voedsel. De overgebleven schalen en schelpen werden gebruikt als kommetjes, werktuigen en bouwmateriaal. Op indrukwekkende heuvels van mosselschelpen, de *Indian mounds*, werden ceremoniële hutten en woongebouwen opgetrokken, later werden de verzamelde schelpen gebruikt om verbindingswegen te verharden, maar ook voor het kalkbranden. De vorm en decoratie van het aardewerk tonen aan dat ook vanuit Cuba, de Bahama's en Mexico mensen naar Florida zijn gekomen. Vondsten van geïmporteerde stenen potten bewijzen dat er handelsbetrekkingen met stammen aan de Mississippi waren. Rond 1000 v.Chr. leefden tot wel veertigduizend indianen langs de rivieroevers en aan de kust.

Resten van eenvoudige irrigatiesystemen en dammen, zoals bij Lake Okeechobee, tonen de vooruitgang in de landbouw aan. Grafheuvels voor opperhoofden en hun bedienden, waardevolle grafgiften, waaronder koperkralen uit het gebied van de Grote Meren en zelfs aarden koppen voor tabakspijpen geven aan hoe welvarend de indianenstammen destijds waren. De florerende handel en de ontwikkelingen op zowel het politieke als het sociaal-maatschappelijke vlak werden abrupt een halt toegeroepen met de komst van de eerste Europeanen. Waarschijnlijk leefden er ten tijde van hun 'ontdekking' zo'n honderdduizend indianen in Florida.

De veertigduizend Timucuan in het noorden waren onderverdeeld in veertien à vijftien stammen, die taalkundige, sociale, politieke en religieuze overeenkomsten hadden, maar verschillende aardewerken voorwerpen en gereedschap maakten. Ze waren jagers, die ook mais, bonen, pompoenen en tabak verbouwden, en in allerlei dorpjes woonden met elk een opperhoofd aan de leiding. De 25.000 Apalachee in het noordwesten van

Florida leefden in de omgeving van de latere hoofdstad Tallahassee, een vruchtbaar gebied dat zich uitstekend leende om dichtbevolkt te worden. De twintigduizend Calusa die rond Lake Okeechobee in Zuidwest-Florida leefden, moeten goede zeelieden zijn geweest, want ze kenden het bestaan van Cuba. De grote bergen schelpen, die later zijn gebruikt voor de aanleg van kanalen en wegen, doen vermoeden dat deze stam zich voedde met vis en schelpdieren. Rondom de Tampa Bay woonden ca. zevenduizend Tocobaga, van wie de offerplaatsen en opperhoofdsverblijven ook op heuvels waren gebouwd. Zij leefden van akkerbouw en van visserij. Ook zo'n vijfduizend Tequesta gingen voor de kust bij Miami op visvangst.

Spaanse kolonie

De Italiaanse zeevaarder Giovanni Caboto, die onder de naam John Cabot in 1497 en 1498 in opdracht van koning Hendrik VII van Engeland langs de Noord-Amerikaanse Atlantische kust is gevaren, moet Florida op zijn minst hebben zien liggen. Op zijn kaart uit 1502 wordt het enorme schiereiland vermeld. Ook lijken slavenjagers uit nabije Spaanse vestigingen al vóór de officiële ontdekkers in Florida te zijn geweest, omdat die wel heel vijandig werden onthaald en soms in het Spaans werden uitgescholden. De officiële ontdekking wordt toegeschreven aan Ponce de León. In opdracht van zijn koning om op zoek te gaan naar het legendarische eiland Bimini, een paradijselijke verjongingsbron, zette hij vanuit Puerto Rico een expeditie op touw.

Op 27 maart 1513, eerste paasdag *(pascua florida)*, kreeg hij land in zicht, op 2 april bereikte hij de kust van Florida en zette ten slotte voet aan land bij het latere St. Augustine. Hij doopte deze wildernis 'Florida', ging snel weer aan boord van zijn schip, rondde de Keys en voer terug naar Puerto Rico. In 1521 wilde hij met tweehonderd mensen bij het huidige Charlotte Harbor aan de westkust van Florida een nederzetting stichten, maar hij faalde hierin en raakte tijdens een indianenaanval dodelijk gewond.

Van de in totaal 242 kolonisten die in 1528 onder Panfilo de Narvaez in de Tampa Bay een kolonie wilden stichten, wisten acht jaar later slechts vier overlevenden te voet Mexico te bereiken. Van de zeshonderd strijders van Hernando de Soto, die in 1539 bij de monding van de Little Manatee aan land gingen om in een jarenlange trektocht door de latere zuidelijke staten van de VS vergeefs naar edelmetalen te zoeken, overleefde slechts de helft.

Ook missionarissen wisten geen potten te breken en stootten overal op agressief verzet. Tot aan 1599 kostten deze meestal mislukte missies tweeëntwintig priesters het leven. De talloze Spaanse slavenhandelaren konden daar echter hun voordeel uit halen, want volgens een koninklijk decreet mocht elke indiaan die driemaal het christelijke geloof had afgewezen tot slaaf worden gemaakt. In de 16e eeuw werden vanuit Florida ruim twaalfduizend indianen als slaven aan het werk gezet in de goud- en zilvermijnen op de Caribische eilanden.

Fransen en Engelsen

Spanje hechtte steeds minder waarde aan het vasteland van Florida, dit in tegenstelling tot de scheepvaartroutes voor de galjoenen, die waren volgeladen met schatten uit de Midden- en Zuid-Amerikaanse nederzettingen. Toen Franse calvinisten zich aan de monding van de St. John's River wilden vestigen en daar een fort bouwden, kreeg de Spaanse admiraal Menéndez in 1565 opdracht dit probleem met geweld op te lossen. Zijn vloot landde bij de monding van de Matanzas River in de Atlantische Oceaan, in de buurt van het latere St. Augustine, en doodde vervolgens alle gereformeerde mannen.

Ook na de vernietiging van de Franse nederzetting spande Spanje zich niet echt meer in om de kolonie Florida uit te breiden. Er werd weliswaar een reeks missieposten gesticht, maar in 1702 had de wereldmacht nog maar 323 soldaten in Florida gestationeerd. Deze halfhartige en lichtzinnige instelling wekte de hebzucht op van de opkomende wereldmacht Engeland.

Geschiedenis

Al in 1586 hadden de Engelsen onder leiding van Sir Francis Drake St. Augustine bestormd, een kwart van de inwoners gedood, de nederzetting geplunderd en platgebrand. Een goede eeuw later begonnen de Engelsen samen met hun indiaanse hulptroepen steeds vaker Florida aan te vallen en de Spaanse missieposten te vernietigen.

De Fransen trokken vanuit hun kolonie Louisiana in het westen Florida binnen en veroverden in 1719 het kort daarvoor gestichte Pensacola. Bovendien bleven in het binnenland indianen opstandig. In 1763 was het dan ook voor de Spanjaarden geen lastige beslissing om tijdens de Vrede van Parijs Florida tot aan de Mississippi af te staan aan Engeland en daarvoor het door de Engelsen veroverde Cuba terug te krijgen.

Toch wist ook Engeland niet veel aan te vangen met Florida. Het verdeelde het land in twee koloniën: Oost-Florida met de drieduizend inwoners tellende hoofdstad St. Augustine en West-Florida met de hoofdstad Pensacola, waar achthonderd mensen woonden. Pogingen om kolonisten naar het niet door blanken bewoonde gebied tussen de twee steden te lokken, waren vrij vruchteloos. Ondanks grootschalige landdonaties kwam de landbouwproductie nauwelijks boven het eigen gebruik uit. Terwijl Noord-Amerika onafhankelijkheid van het Engelse moederland afdwong, bleef Florida trouw aan de Britse kroon, bood rijke Engelsen asiel aan en liet poppen van Amerikaanse revolutieleiders verbranden.

Deze toewijding bleek niet genoeg. Na de nederlaag in de Onafhankelijkheidsoorlog gaf Engeland Florida in 1783 terug aan Spanje, in ruil voor de Bahama's en Gibraltar. De Britse royalisten trokken weg uit Florida en verhuisden hun plantages, samen met de slaven, voornamelijk naar de Bahama's. Daar ging het echter slecht met de plantages vanwege de ongeschikte grond en al na enkele jaren vertrokken de grondbezitters weer, terug naar Engeland of naar andere koloniën. De slaven lieten ze achter op de Bahama's. Toch ontbrak het Spanje aan zowel strijd- als wilskracht om Florida te behouden. Bij de eerste de beste gelegenheid (1819) schonk het de kolonie aan de VS tegen kwijtschelding van een schuld van $ 5 miljoen.

De oorlogen van de 19e eeuw

De eerste Seminole-oorlog

Vanaf 1720 hadden zich op uitnodiging van de Spanjaarden Seminole (afgeleid van het Spaanse *cimarrone* – wilde, ontvluchte), uit Georgia en Carolina verdreven Creek-indianen, in het noorden van Florida gevestigd. De meesten van hen woonden in vaste nederzettingen tussen de Apalachicola en de St. John's River en bedreven vee- en graanteelt. Maar ze bezetten daarmee vruchtbaar land en verleenden onderdak aan gevluchte slaven.

Andrew Jackson, een 'indianenkiller' pur sang en door de Seminole 'Scherp Mes' genoemd, drong in 1817 met zijn troepen het Seminolegebied binnen om de indianen en de zwarte bevolking te straffen voor hun ongehoorzaamheid. Hij vermoordde iedereen die hij te pakken kreeg en brandde hun huizen plat. Deze eerste, vanuit Amerikaans oogpunt gewonnen Seminole-oorlog leidde ertoe dat hij in 1821 werd benoemd tot de eerste gouverneur van Florida.

In plaats van de rivaliserende grote plaatsen Pensacola en St. Augustine werd als compromis het nietige Tallahassee tot hoofdstad uitgeroepen. Binnen enkele jaren ontwikkelde de kleine nederzetting zich tot het centrum van een florerende katoenproductie. Jackson wachtte de inwijding van de nieuwe hoofdstad niet af. Al na drie maanden verliet hij met zijn vrouw Rachel de 'reusachtige huilende wildernis' en vertrok naar Washington, waar hij in 1824 de zevende president van de Verenigde Staten zou worden. Met de verkiezing van Tallahassee tot hoofdstad werd duidelijk dat de Amerikanen ook het binnenland in hun macht wilden krijgen.

De tweede en derde Seminole-oorlog

Via onderhandelingen en door omkoping van hun leiders was het de bedoeling dat de Seminole zouden wegtrekken naar het zuiden of

De oorlogen van de 19e eeuw

direct over de staatsgrenzen zouden worden gezet. Terwijl enkele opperhoofden het aanbod accepteerden, werd het voorstel afgewezen door Billy Powell, een krijger die zichzelf Osceola noemde en door zijn rossige haardos, een erfenis van zijn Schotse overgrootvader, een Europees uiterlijk had. Hij deed dit met een groots gebaar, door zijn mes in het voorgelegde verdrag te steken en te zweren er nooit mee akkoord te zullen gaan. Binnen korte tijd groeide hij uit tot de held van de indianen en werd de grootste vijand van de blanken, nadat op dezelfde dag de Amerikaanse generaal Wiley Thompson werd vermoord en twee legereenheden van majoor Francis Dade in een hinderlaag van de Seminole liepen en werden afgeslacht.

De VS stuurde vervolgens veertien compagnieën naar Florida en de bloedige oorlog werd zonder inachtneming van conventies voortgezet. Toen Osceola in 1837 onder bescherming van de witte vlag in St. Augustine arriveerde voor onderhandelingen, liet generaal Jesup hem samen met tachtig andere Seminole evengoed arresteren en afvoeren naar South Carolina. Begin 1838 stierf Osceola in de gevangenis van Fort Moultrie. De gevangenisarts schijnt zo onder de indruk te zijn geweest van zijn uiterlijk dat hij het hoofd zonder pardon afsneed, mee naar huis nam en later aan een medisch college verkocht.

De tweede Seminole-oorlog duurde van 1835 tot 1842 en was zowel de langste als de duurste van alle Amerikaanse indianenoorlogen, waarbij 2500 soldaten, talloze kolonisten en een ongeregistreerd aantal indianen sneuvelden. Het uiteindelijke doel van de oorlog, om Florida indianenvrij te krijgen, werd nagenoeg bereikt toen 3824 indianen in 1842 naar Oklahoma werden gedeporteerd en een groep van zo'n driehonderd Seminole naar de Everglades vluchtte, waar ze vervolgens met rust werden gelaten. Op 3 maart 1845 werd de wet waarmee Florida officieel toetrad tot de unie ondertekend door de aftredende president John Tyler.

De derde Seminole-oorlog duurde van 1853 tot 1858 en was niet veel meer dan een strafexpeditie, waarbij premiejagers eenënveertig indianen gevangen konden nemen en nog eens honderdtwintig Seminole naar kampen in het westen werden gedeporteerd. Nu was voor de blanke kolonisten de weg vrij om het land verder te ontsluiten met stoomschepen en met de aanleg van spoorwegen.

De Amerikaanse Burgeroorlog

In 1820 was het inwonertal van Florida nog 15.000, maar toen het land in 1845 toetrad tot de VS was dit aantal al gestegen tot 87.445, van wie 39.000 zwarte slaven, die eigendom waren van zo'n drieduizend slavenhouders. Daarmee was het volgende conflict een kwestie van tijd. Na zestien jaar stapte Florida, onder aanvoering van zijn plantage-eigenaars, alweer uit de unie. Tijdens de Amerikaanse Burgeroorlog werd in Florida slechts één veldslag geleverd – tijdens de Slag bij Olustee vielen in zes uur tijd 295 doden en ongeveer 2500 gewonden – toch had de Burgeroorlog desastreuze gevolgen voor Florida.

Florida had behalve soldaten – vijftienduizend vochten er voor de Confederatie en 1290 in het leger van de unie – en enkele exportproducten, zoals zout om te conserveren, maar weinig te bieden. Daardoor resulteerde de effectieve zeeblokkade met oorlogsschepen van de unie erin dat de economie vrijwel stil kwam te liggen.

Na de overwinning van de noordelijke staten werd Florida in 1865 voor drie jaar onder militair toezicht gesteld en werd de slavernij formeel afgeschaft. Ook na de Burgeroorlog waren grote delen van het land nog onbewoond. Omdat de zuidelijke helft van Florida ongeschikt werd geacht voor kolonisatie, werd dit land voor spotprijzen aan een ieder verkocht die beloofde het gebied droog te leggen of het op het ontwikkelde noorden aan te sluiten via spoorbanen en wegen. In 1880 was twee derde van Florida in handen van vijf spoorwegmaatschappijen, een ontwateringsbedrijf en de financier Hamilton Disston, die 1,6 miljoen hectare land, dat hij voor $ 1 miljoen had gekocht, na drooglegging met grote winst kon doorverkopen.

Chokoloskee en Tamiami Trail – plaatsnamen in Florida

Beroemde en inmiddels vergeten personen, natuurverschijnselen en bijzondere gebeurtenissen in de geschiedenis van Florida: indiaanse woorden en overleveringen gaven namen aan steden, rivieren, bossen, eilanden en straten. Daarnaast zijn er culturele bijdragen te ontdekken van de vele immigranten. De plaatsnamen van Florida vormen een levende encyclopedie over de geschiedenis van de staat.

Boca Raton: De naam van deze stad in Palm Beach County stamt van het Spaanse *boca de ratones* (rattenbek). In zeemanstaal werden met deze uitdrukking de verscholen rotsige riffen bedoeld die een schip tot zinken konden brengen.
Bradenton: In 1837 vestigden de gebroeders Hector en Joseph Braden uit Tallahassee zich ten zuiden van Tampa Bay. Ter ere van hun pioniersprestaties werd de plaats Bradens Town genoemd, wat later verbasterde tot Bradenton.
Cape Canaveral: De naam stamt uit het Spaans en duidt een plaats aan waar het riet groeit.
Captiva Island: Piraat José Gaspar, wiens mysterieuze bestaan wordt omgeven door legendes, zou op dit 'eiland der vrouwelijke gevangenen' elf mooie jonge meisjes gevangen hebben gehouden, die hij tijdens overvallen op schepen zou hebben buitgemaakt.
Chokoloskee: De naam van een eiland, een waterloop en een baai in de regio van de 10.000 eilanden grijpt terug op de Creekbegrippen *chuka*, huis, en *liski*, oud. Vroeger werd de naam ook wel geschreven als *chokliska*, wat dus 'oud huis' betekent.
Clearwater: Deze stad heette vroeger Clear Water Harbor, omdat een bron vlak voor de kust altijd voor helder water in de haven zorgde.
Crystal River: Dit is een vertaling van de naam Weewahiiaca uit de taal van de Creek en de Seminole, en is een samentrekking van de woorden *wiwa* (water) en *haiyayaki* (kristalhelder).
Dade County en Dade City: Beide plaatsen zijn vernoemd naar majoor Francis Langhorne Dade, een officier in het Amerikaanse leger die tijdens een Seminole-aanval om het leven kwam. Deze zogeheten 'Dade Massacre' leidde tot de tweede Seminole-oorlog in de VS.
Fort Lauderdale: Tijdens de tweede Seminole-oorlog stichtte het Amerikaanse leger ook in het zuiden van Florida fortificaties. Uit het fort dat majoor William Lauderdale in 1838 aan de monding van de New River liet bouwen, ontwikkelden zich een handelspost en een nederzetting.
Fort Myers: In 1839 vernoemde het Amerikaanse leger hun vestingwerk aan de zuidwestkust van de Golf van Mexico naar generaal Abraham Charles Myer, een verdienstelijk officier van de jonge staat.
Green River Swamp: Het is niet de rivier, die door het moeras loopt, die groen is. *Green River* was het meest gedronken whiskeymerk onder de jagers van een populair jachtkampement aan de oever van de rivier.
Homosassa Springs: De naam stamt uit de taal van de Muskogee en betekent 'waar de wilde peper *(homo)* groeit *(sasi)*'.
Immokalee: Waarschijnlijk ligt de oorsprong van deze plaatsnaam in de taal van de Miccosukee, waarin het 'mijn volk' of 'mijn thuis' betekent.
Jacksonville: Generaal Andrew Jackson, de eerste militaire gouverneur van Florida en de latere VS-president, gaf zijn naam aan de stad aan de monding van de St. John's River, die tot 1821 Cowford heette, naar een oversteekplaats voor runderkuddes door de rivier.

Nomen est Omen: de Tamiami Trail voert van Tampa naar Miami

Key Biscayne: De Tequesta noemden het voor Miami gelegen eiland vroeger *Bischiyano*, 'lievelingsweg van de opkomende maan'.

Kissimmee: De naam komt uit de taal van de Calusa, waarin het zoveel betekent als 'hemel op aarde'.

Miami: In de taal van de Tequesta betekent *mayaime* 'groot water'. Daarmee werd het brede, traagstromende watertapijt van de Everglades bedoeld, dat zich vanaf Lake Okeechobee door het zuiden uitstrekte tot aan Florida Bay.

Naples: John S. Williams, een generaal van de zuidelijke staten, stichtte deze kustplaats, die al snel naar het Italiaanse Napels werd vernoemd, vanwege de gelijkenis van de baai.

Osceola County: De provincie ten zuiden van Orlando met de bestuurszetel in Kissimmee draagt de naam van de strijder Osceola, die in de tweede Seminole-oorlog een groot leider van de indianen was en door het Amerikaanse leger op weg naar een vredesbespreking werd gevangengenomen. Osceola stierf een jaar later in Fort Moultrie, South Carolina.

St. Augustine: Op 8 september 1565, voor de katholieke Kerk de dag van de H. Augustinus, stichtte de Spaanse admiraal Pedro de Menéndez een vestingplaats aan de noordelijke Atlantische kust van Florida, waaruit zich al snel de hoofdstad van de Spaanse kolonie zou ontwikkelen.

St. Petersburg: In 1887 legde de Russische emigrant Pjotr Dementjev, die zichzelf in zijn nieuwe thuisland Peter Demens noemde, een spoorlijn aan op het schiereiland Pinella naar Disston City, het huidige Gulfport. Een van de halteplaatsen, die hij naar zijn geboortestad in Rusland had vernoemd, groeide uit tot een metropool aan de Tampa Bay.

Tallahassee: Deze naam is afgeleid van het woord van de overigens ook vaak als Creek aangeduide Muskogee voor 'oude nederzetting'.

Tamiami Trail: Deze wegverbinding tussen Tampa en Miami dankt zijn naam aan een samensmelting van de twee plaatsnamen.

Tampa: De naam van deze stad stamt uit de taal van de Calusa en betekent 'brandende stok'.

Weeki Wachee Springs: In de taal van de Muskogee betekent *wekiwa* 'bron' en *chee* 'klein', en dus staat de naam voor 'kleine bronnen'.

Geschiedenis

Toerisme is in Florida al vele jaren een belangrijk aanjager van economische voorspoed

Economische voorspoed

Vooral de aanleg van het spoor opende voor Florida de deur naar economische groei en welvaart. Toen in 1894 en 1895 de citrusteelt in Midden-Florida door vorst in gevaar kwam en Flagler werd gewezen op de schitterende flora in het zuiden, besloot hij tot de aanleg van de Florida East Coast Railway. Allereerst liep de spoorweg naar Miami, een plaats met destijds 343 stemgerechtigde burgers, en later werd hij doorgetrokken naar Key West.

De kolonisatie van Zuid-Florida volgde de spoortrajecten en het toerisme – in 1885 werd Pinellas Point bij St. Petersburg door de American Medical Association uitgeroepen tot de gezondste plaats van de VS – zorgde voor publieke bekendheid. Vervolgens kwamen de immigranten. Cubaanse sigarenmakers trokken in het kielzog van Vincent Ybor na het uitbreken van de Cubaanse Revolutie eerst naar Key West en later naar Tampa, waar in 1885 grote sigarenmakerijen ontstonden. Ybor City groeide uit tot een exterritoriaal centrum van de Cubaanse onafhankelijkheidsstrijd tegen de Spaanse koloniale heersers. De dichter en revolutionair José Marti zamelde in Tampa geld en wapens in.

Toen in 1898 de USS Maine in de haven van Havana explodeerde, was voor de Amerikanen de maat vol en ze besloten in te grijpen. Tampa werd de centrale commandopost van het leger, waar de Amerikaanse troepen zich verzamelden en van waaruit ze werden verscheept naar Cuba. Soldaten keerden ook via Tampa terug naar hun woonplaats. Onder hen ook de latere president Theodore Roosevelt, die als bevelhebber van een bereden militie op Cuba oorlogsfaam verwierf. Zijn verslagen over de recreatieve waarde van Florida bleken effectieve gratis reclame.

Verstedelijking

De ontwikkeling van Florida van een onbeduidend randgebied tot een van de rijkste regio's van de VS in de 20e en 21e eeuw, waar de bevolking meer geld uitgeeft dan in welke andere staat ook, is spectaculair. Aan het be-

Verstedelijking

gin van de 20e eeuw woonden er in Florida nog maar 528.542 mensen, tegenwoordig zijn dat er al 19,9 miljoen. Deze gigantische bevolkingsgroei is vrijwel uitsluitend het gevolg van immigratie.

Jacksonville was oorspronkelijk een door farms omgeven dorp met in 1900 ongeveer 28.000 inwoners, gevolgd door de plaatsjes Pensacola, Key West en Tampa met elk ca. 17.000 burgers. Miami Beach was eerst een met verlies draaiende kokosnotenfarm, die ook niet door avocadoteelt gered kon worden, totdat Carl Fisher in 1912 het landgoed opkocht en het liet verkavelen om er huizen en hotels neer te zetten. In de zestiende editie van de Grosse Brockhaus-encyclopedie uit 1954 staat Jacksonville zelfs nog te boek als de grootste stad van Florida en Miami als een luxe overwinteringsplaats. Tegenwoordig heeft de agglomeratie Miami met ca. 6 miljoen mensen meer inwoners dan bijvoorbeeld Berlijn.

Tijdens de Tweede Wereldoorlog werden in enorme militaire kampen in het zuiden van Florida soldaten getraind voor hun gevechtsmissies in Europa. Na de oorlog keerden velen vrijwillig terug als vakantieganger en spraken tot ver in het noorden van de VS vol lof over het heerlijke klimaat. Bovendien vormde Florida een aantrekkelijke locatie vanwege het wegennetwerk en voldoende energie om koelkasten en airconditioning aan te drijven. In 1844 had John Gorrie uit Apalachicola al een voorloper van de airconditioning uitgevonden en hoewel deze installaties bijna niet meer zijn weg te denken uit het moderne dagelijkse leven, was destijds niemand geïnteresseerd. Het patent liep af, waardoor Gorrie nooit belastingvrij heeft kunnen genieten van het winstaandeel, want in de grondwet van Florida stond uitdrukkelijk dat het heffen van inkomstenbelasting was verboden. Vervolgens arriveerden honderdduizenden mensen uit het Caribisch gebied en Midden-Amerika, die in eerste instantie op zoek waren naar werk en welvaart, maar na de Cubaanse Revolutie in 1959 kwamen ze ook als politiek vluchteling. Burgeroorlogen in tal van Midden-Amerikaanse en Caribische landen hebben de stroom immigranten sindsdien niet doen afnemen. Bijna 70% van de inwoners van Miami is van Latijns-Amerikaanse komaf. In de gehele VS ligt dit percentage al boven de 20. Een groot aantal Spaanstalige kranten, radio- en televisiestations heeft er toe bijgedragen dat in veel gebieden, met name in het zuidoosten, Engels niet langer de meest gesproken taal is. De zwarte gemeenschap maakt 16% uit van de gehele bevolking van Florida en bestaat hoofdzakelijk uit gevluchte Cubanen. Deze groep heeft echter veel minder politieke en economische invloed dan de Hispanics.

Veel van deze Afro-Amerikanen voelen zich dan ook achtergesteld. Onder hen is de werkloosheid groter dan onder de Hispanics en vaak komen ze alleen in aanmerking voor de slechtstbetaalde baantjes. Hun onvrede heeft in de afgelopen jaren in Liberty City en andere wijken met een grote Afro-Amerikaanse gemeenschap al verscheidene malen tot onlusten geleid.

De laatste indianen vonden een bron van inkomsten in de dienstensector. Langs de Tamiami Trail leven buiten de reservaten, maar sinds 1962 in een eigen, officieel erkende gemeenschap ongeveer 360 Miccosukee, die evenals de Seminole afstammen van de Creek, maar een eigen taal spreken en een afzonderlijk volk vormen. Traditionele gerechten met vis, kalkoen, alligator en roodwild spelen nog altijd een grote rol, toch is hun belangrijkste bron voor levensonderhoud niet meer de jacht in de Everglades, maar het toerisme. Voor de tweeduizend Seminole van tegenwoordig, van wie de voorvaderen in de Everglades moesten overleven, werden aan het begin van de 20e eeuw geheel belastingvrije reservaten met zelfbestuur aangewezen. In 1957 verenigden ze zich in de *Seminole Tribe of Florida*. Hun belangrijkste bron van inkomsten zijn de winsten uit de gokindustrie, waarmee ze in 2007 zelfs wereldwijd alle filialen van het Hard Rock Café konden opkopen. In 1990 werden de Seminole eindelijk door de Amerikaanse overheid gecompenseerd: voor het 120.000 km² grote stuk land dat sinds 1823 van hen was afgenomen. Ze kregen $ 50 miljoen uitgekeerd.

Jaartallen

Vanaf 14.000 v.Chr.	De eerste indianen bereiken Florida.
Tot 1000 n.Chr.	Opperhoofden geven leiding aan het leven in de grotere nederzettingen en stichten bouwwerken op schelpen- en aardhopen.
1500	Florida telt 100.000 indiaanse inwoners.
2 april 1513	De Spaanse conquistador Juan Ponce de León bereikt Florida. Spaanse expedities stranden in Florida. Duizenden indianen sterven aan ziekten die uit Europa zijn meegebracht.
1565	De Spaanse admiraal Menéndez verwoest het Franse Fort Caroline aan de St. John's River en sticht aan de oostkust St. Augustine, de oudste onafgebroken bewoonde plaats op Amerikaans grondgebied.
1566–1703	Spaanse monniken stichten missieposten in het noorden van Florida.
1756–63	Aan het eind van de Zevenjarige Oorlog draagt Spanje Florida over aan de Engelsen, die zich op hun beurt terugtrekken uit Cuba.
1817–18	De eerste Seminole-oorlog: troepen van generaal Andrew Jackson vernietigen indiaanse nederzettingen en Spaanse stellingen.
1819	De VS koopt Florida van de Spanjaarden voor $ 5 miljoen.
1823	Tallahassee, de toekomstige hoofdstad van de staat, wordt gesticht.
1835–42	De Amerikaanse president Andrew Jackson laat alle indianen ten oosten van de Mississippi naar Oklahoma deporteren. Het gewapende verzet is het begin van de tweede Seminole-oorlog.
1845	Florida wordt met 65.000 inwoners de 27e staat van de Unie.
1861–65	Na de nederlaag van de zuidelijke staten in de Amerikaanse Burgeroorlog wordt Florida drie jaar lang bestuurd door het leger.
1883–85	Met de aanleg van spoorlijnen ontsluiten Henry B. Plant en Henry M. Flagler het westen en oosten van het schiereiland.
1895	De spoorlijn wordt doorgetrokken naar Miami en creëert aldaar een bouwhausse.
1926–29	Twee orkanen verwoesten de kust en zowel de onroerendgoedmarkt als de beurs in New York storten volledig in.

De Labor Day Hurricane eist 408 slachtoffers op de Keys en verwoest het spoorwegtracé over de eilanden.	**1935**
De Everglades worden een nationaal park.	**1947**
De eerste Amerikaanse satelliet, de Explorer, wordt vanaf Cape Canaveral in een baan om de aarde gelanceerd. NASA (National Aeronautics and Space Administration) wordt opgericht.	**1958**
Na de staatsgreep van Fidel Castro op Cuba begint een tot op heden durende toestroom van Cubaanse immigranten naar Florida.	**1959**
Met hulp van de CIA proberen gevluchte Cubanen Castro ten val te brengen. Ze stranden echter in de Varkensbaai op Cuba.	**1961**
De maanvlucht Apollo 11 wordt gelanceerd van Cape Canaveral.	**1969**
Het Walt Disney World Resort wordt geopend. De regio rondom Orlando ontwikkelt zich tot een reisdoel voor miljoenen toeristen.	**1971**
Vlak na de start explodeert het ruimteveer Challenger.	**1986**
Ter verbetering van het economische klimaat in de indianenreservaten worden gokvergunningen afgegeven.	**1992**
Na omstreden stemmentellingen in Florida wint George W. Bush de presidentsverkiezingen van Al Gore.	**2000**
De terroristische aanslagen van 11 september 2001 hebben een desastreus effect op het toerisme in Florida.	**2002**
Met vier verwoestende orkanen beleeft Florida het zwaarstse *hurricane season* uit de geschiedenis.	**2004**
Met dank aan de latinogemeenschap wint Barack Obama de presidentsverkiezingen in Florida. Het Obamaeffect treedt op: ondanks de economische crisis stijgen de bezoekersaantallen.	**2008**
Na de explosie van een booreiland in de Golf van Mexico verontreinigt de lekkende olie ook de kust van de Panhandle.	**2010**
De ontspanning van de betrekkingen tussen de VS en Cuba bieden nieuwe mogelijkheden voor de regio. Tijdens de presidentsverkiezingen wint Donald Trump enigszins verrassend van Hillary Trump, ook in *swing state* Florida.	**2016**

Maatschappij en dagelijks leven

Het maatschappelijk leven van Florida heeft veel gezichten. Het turbulente grootstedelijke leven met Caribische elementen rondom Miami en landelijke idyllen met dorpse sferen in het toeristisch nauwelijks ontwikkelde noorden. Ontspannen strandrecreatie langs de lange kusten en het toeristisch sterk ontwikkelde Orlando, een van de belangrijkste wetenschappelijke en technologische metropolen van Noord-Amerika.

Migrantencultuur

Er bestaan geen directe afstammelingen meer van van de indianen die Florida oorspronkelijk bevolkten: de Calusa, Timucuan of Tequesta. Zij werden al bijna tweehonderd jaar geleden verdreven, vermoord of door besmettelijke ziekten gedood. De Seminole en Miccosukee, die tegenwoordig in verschillende reservaten in Florida leven, zijn uit eigen beweging vanuit het noorden de staat binnengetrokken (zie blz. 42).

Ook van de eerste Spaanse kolonisten zijn er geen nakomelingen overgebleven. Nadat Spanje Florida aan de jonge VS had verkocht, trokken zijn soldaten, kolonisten en priesters naar Cuba. Hun afstammelingen kwamen pas vele generaties later als politieke en economische vluchtelingen van het Caribische suikereiland naar Florida terug. De migratie uit het Caribisch gebied, die een hoge vlucht nam na de Cubaanse Revolutie, heeft de *American way of life* in met name het zuiden van Florida met Caribische invloeden verrijkt. Veel Spaanstalige kranten, radio- en televisiezenders zorgen ervoor dat het Engels in grote delen van Florida een tweede taal is geworden. Het mengsel van Spaans en Engels dat zich veelal tot de spreektaal heeft ontwikkeld, noemt men *Spanglish*.

De tweede 'migratiegolf' komt uit het noorden. Het gaat hierbij echter niet om een etnische groep. Vele tienduizenden senioren uit met name de Amerikaanse Oostkust verruilen na hun pensioen, voor zover ze zich dat kunnen veroorloven, de koude wintertemperaturen in het noorden voor het lenteachtige weer in het zuidelijke Florida. Hoewel Florida een grote populariteit geniet onder pensionado's is het zeker geen bejaardenoord. Zowel gepensioneerden als toeristen zijn afhankelijk van diensten die worden geleverd door jonge mensen. Hun aandeel – 56% van alle werknemers werkt in de dienstensector – draagt samen met de vele studenten aan de universiteiten van Florida en de kinderrijke families van de Spaanstalige migranten voor een gelijkmatige leeftijdsverdeling. Florida behoort zowel tot de staten met de snelste bevolkingsgroei als tot de staten met het hoogste aantal oudere immigranten.

Maatschappelijke verscheidenheid

De staat in het zuidoosten van Noord-Amerika heeft vele gezichten. In het landelijke noorden lijkt Florida op de aangrenzende staten Georgia en Alabama, zowel wat betreft landschap als de bedachtzame levensstijl van de bewoners. In de steden Jacksonville, Orlando, Tampa of Miami verloopt het leven in een veel sneller tempo, maar ook hier wordt het zelden hectisch. De Gold Coast tussen Boca Raton en Palm Beach of de Lee Island Coast in het zuidwesten, van Captiva Island tot voorbij Naples, bezitten een zeer subtropische atmosfeer. Hier dragen de met palmen omzoomde brede zandstranden, de villadorpen en de

Casual – Florida's way of life

Little Havana in Miami: Cubaans-Amerikaanse way of life

elegante vakantieresorts zeker aan bij. In Miami Beach, Fort Lauderdale en met name Key West, allemaal plaatsen waar relatief veel homoseksuelen leven, heerst een zeer tolerante sfeer, die regelmatig in een feest- en vakantiestemming uitloopt.

Casual – Florida's way of life

Het is voor de meeste inwoners van Florida belangrijk om het hele jaar door snel buiten in de vrije natuur te kunnen zijn: bij het barbecueën op de picknickplaats, bij het zoeken naar mosselen op het strand, tijdens het met de kano verkennen van de waterwegen en met fietstochten over verlaten spoorlijnen en bij het vissen op zee of in de talrijke andere watergebieden. Wat dat betreft zijn de programmeur van het softwarehuis in Orlando, de bankier uit het financiële district van Miami en de serveerster in het café op Key West het met elkaar eens. Op maar een paar minuten van het werk of huis ligt vaak al een rustig strand, een subtropisch bos of een door een natuurlijke bron gevoede rivier.

De ontspannen levensstijl laat zich samenvatten met het woord *casual*, wat staat voor ongedwongen en informeel. Men noemt elkaar snel bij de voornaam en ook de meeste Europese toeristen weten de ongecompliceerde omgangsvormen te waarderen die gepaard gaan met grote hulpvaardigheid. *Small talk* in de hotelbar of op de camping komt snel tot stand. Men vraagt u vriendelijk waar u vandaan komt en waar u naartoe gaat, en wat u van het land vindt. Wie zich bij zijn antwoord niet beperkt tot enkele indrukken, maar een doorwrochte uiteenzetting begint, zal afstandelijk bejegend worden. Ook zij die in de waan verkeren dat de begroeting *How are you today?* ('Hoe gaat het vandaag met u?') wordt ingegeven door welgemeende belangstelling voor uw welbevinden en deze begroeting daarom niet beantwoordt met het optimistisch-vrolijke *Just great, and how are you?* ('Heel goed, en hoe gaat het met u?'), zal zich verbazen over de koele reactie. *Casual* mag in geen geval worden vertaald met 'vrijblijvend'. Zelfs wanneer men elkaar bij de voornaam aanspreekt, gelden op het werk strenge regels. En als men die overtreedt, zal ene Jim de werknemer net zo snel ontslaan als ene Mr. Smith dat zou hebben gedaan.

Architectuur, kunst en cultuur

Omdat met name het zuiden van Florida pas sinds het begin van de 20e eeuw werd bevolkt, heeft het gebied nog maar recentelijk een eigen culturele identiteit ontwikkeld. Nabij de grens met Georgia en Alabama ligt de Deep South dichterbij dan het zuiden van de eigen staat. Rond Miami beginnen kunstenaars met wortels in Cuba zich meer te richten op hun huidige situatie en minder op het verleden in Cuba.

Decoratieve architectuur

Interessante culturele stipjes op de landkaart van Florida hebben vooral betrekking op architectuur. In St. Augustine zijn de laatste overgebleven Spaanse koloniale gebouwen geconserveerd of gerestaureerd. Hun fundamenten zijn vaak opgetrokken uit de destijds gebruikelijke schelpenkalk-*tabby*. Bij de hoofdstad Tallahassee reconstrueerden archeologen een Spaans missiestation met een ernaast gelegen nederzetting van de oorspronkelijke Indiaanse bevolking.

De in de zogenaamde conchstijl met een houten raamwerk en open veranda's fraai gebouwde huizen op Key West verraden de ooit nauwe banden met de Engelse kolonisten op de Bahama's. De Moorse bouwstijl met zijn bogen, torentjes en andere versieringen is alleen gebruikt bij de luxehotels die rond 1900 door de spoorwegmagnaten Plant en Flagler werden gebouwd.

Aan het begin van de jaren 20 was aan de zuidelijke Atlantische kust tussen Palm Beach en Miami Beach korte tijd de *mediterranean style* in zwang. Dit is een mengeling van mediterrane bouwstijlen. *Boca Raton Resort and Club*, in 1926 gebouwd als Cloister Hotel, geldt nog altijd als het hoogtepunt van deze stijl, net als de door George Merrick in deze tijd gebouwde stadswijk Coral Gables in Miami. In de jaren 30 begon ondanks de internationale economische crisis de bloeitijd van de art deco in Miami Beach. Dankzij geluk, toeval en een hardnekkige inzet van burgers kon een hele stadswijk van de sloophamer worden gered.

Fantasierijke bouwmeesters hebben in de korte architectuurgeschiedenis van Florida steeds opnieuw mogelijkheden weten te vinden om hun inspiratie om te zetten in bouwwerken, zoals in Opa-Locka. Dit is de op de verhalen uit Duizend-en-een-nacht geïnspireerde wijk die de luchtvaartpionier Glenn Curtiss in het noorden van Miami liet verrijzen. Een ander mooi voorbeeld is Coral Gables, dat even ten zuiden van het centrum van Miami ligt. In deze wijk stichtte de bouwmeester en architect George Merrick in de jaren 20 zijn 'City Beautiful'.

De uit ter plaatse gewonnen kalksteen en rode bakstenen, in mediterrane stijl opgetrokken woningen staan langs tropische boulevards. Deze boulevards komen bij elkaar op fraaie pleinen waar vaak een sierlijke fontein spuit. Andere voorbeelden zijn Ca' d' Zan, de kasteelachtige residentie van de circusfamilie Ringling in Sarasota, een mengeling van een Venetiaans dogepaleis en de oude toren van de Madison Square Garden in New York, en het appartementencomplex Atlantis uit 1982 in Miami, met een hoge binnenplaats op de elfde verdieping. Andere voorbeelden zijn de Disneyhotels Dolphin en Swan van de

Het Performing Arts Center in Miami, ontworpen door de Argentijn César Pelli

Architectuur, kunst en cultuur

architect Michael Graves met tot wel 17 m hoge decoraties.

Kunst op gebouwen en in musea

Florida bezit geen alomvattende kunstmusea zoals bijvoorbeeld het Metropolitan Museum of Art in New York. Met het glaswerk van Louis Comfort Tiffany in het Charles Hosmer Morse Museum of American Art in Winter Park (zie blz. 331), de wereldberoemde Rubensverzameling in het Ringling Museum in Sarasota (zie blz. 276) en het uitstekende Salvador Dalí Museum van St. Petersburg (zie blz. 245) bezit de staat niettemin grootse kunstschatten van internationale betekenis, die men zelfs in de grote cultuurmetropolen niet zal vinden.

Het prachtige Morikami Museum in Delray Beach (zie blz. 157) toont Japanse kunst, het Wolfsonian in Miami Beach (zie blz. 136) is gewijd aan de relatie tussen moderne kunst en propaganda. En in het Wynwood Arts District van Miami (zie blz. 111) tonen talrijke eigentijdse kunstenaars in musea wat het openstapelen van verschillende culturen en levensstijlen kan voortbrengen. In totaal telt de lijst van de Florida Association of Museums meer dan zeshonderd verschillende musea die over de hele staat verspreid liggen.

Het past in dit plaatje dat de exclusieve Zwitserse kunstbeurs Art Basel Miami Beach elk jaar aan het begin van december met diverse objecten uit zijn winterexpositie naar het zuidoosten van Florida trekt om ze ten toon te stellen in Miami Beach en het Art & Design District. Verzamelaars uit Amerika en andere delen van de wereld komen dan in groten getale naar de galeries en de tot expositieruimten omgebouwde vrachtcontainers op het strand.

Enkele kunstmusea in Florida promoten met name beeldende kunstenaars uit Florida zelf, zoals Anthony Ackrill, Rima Jabbur en Jack Thursby, of organiseren, zoals het Museum of Florida Art in DeLand, dat halverwege Orlando en Daytona Beach is gelegen, jaarlijks in de herfst een *Festival of Arts*, waar ongeveer 200 veelbelovende, aanstormende Floridaanse talenten de kans krijgen om zich te presenteren.

Tijdens de internationale economische crisis in de jaren 30 kregen werkloze kunstenaars overal in de VS opdrachten van de staat. In Florida zijn uit deze dagen muurschilderingen overgebleven in postkantoren, zoals bijvoorbeeld in Miami Beach, Tallahassee of Fort Pierce. Het gaat daarbij om motieven uit het dagelijks leven of de geschiedenis van de streek. In het postkantoor van West Palm Beach is het bekendste van de nog bewaard gebleven schilderingen te zien, waar de kunstenaars destijds $ 700 voor betaald kregen. Het schilderij *The Barefoot Mailman* illustreert het dagelijks leven van een postbode die in 1880 en daarmee dus nog voor de aanleg van de spoorlijn blootsvoets drie dagen lang van Palm Beach naar Miami onderweg was om de post te bezorgen.

De levendige traditie om openbare gebouwen te verfraaien met werken van lokale kunstenaars wordt ook vandaag de nog in ere gehouden om gebouwen te versieren. Voorbeelden zijn het Metrorail Station van Hialeah in Miami, dat een lichtkunstwerk van Fernando Garcia bezit, en de Marina Square van Fort Pierce met het bronzen beeld *Naval Cocoon* van Robert Fetty.

Volkskunst en kunstnijverheid

In de multi-etnische maatschappij van Florida wordt men overal geconfronteerd met volkskunst en kunstnijverheid, of het nu gaat om rieten manden uit het landelijke Noord-Florida, naïeve schilderkunst van Spaanse immigranten op de Keys, rituele maskers van de Seminole of musicerende cowboys uit Kissimmee. Tijdens tentoonstellingen en festivals als de *International Folk Fair* in maart in St. Petersburg of het *Florida Folk Festival* in mei in White Springs kunt u de kunstenaars ontmoeten.

Literatuur

Ernest Hemingway en de toneelschrijver Tennessee Williams zijn weliswaar niet in Florida geboren, maar hebben beiden lange tijd in Key West geleefd en gewerkt. Reden genoeg om een ereplaats voor hen in te ruimen op de festivalagenda van de stad. Hemingways roman *The old man and the sea* over een oude visser die na maandenlang niets te hebben gevangen een grote vis aan de hengel krijgt, die hij na een lang en uitputtend gevecht weer aan de zee kwijtraakt, geldt als het een hoogtepunt in de vertelkunst. Met haar verhalen over het plattelandsleven in de jaren 30 stak Marjorie Kinnan Rawlings lange tijd met kop en schouders uit boven de schrijvers die de mensen en de natuur van Florida tot thema hebben gekozen.

De hedendaagse misdaadliteratuur brengt stilistisch interessante en expressieve werken voort die handelen over de Floridaanse maatschappij en haar vaak wonderlijke uitwassen. Enkele van de topauteurs in het genre, zoals Dave Berry, Elmore Leonhard, Brian Antoni, Carl Hiaasen, John Dufresne en anderen, vertellen in de verzamelbundel *Naked came the Manatee* (New York 1998) de geschiedenis van de lamantijn (zeekoe) Booger, die in de Biscayne Bay ten zuiden van Miami leeft en op wonderlijke wijze kennismaakt met moordenaars, verliefde stelletjes en Cubaanse drugshandelaars.

Back to Blood (Nederlandse vertaling: *Terug naar het bloed*) van een van Amerika's grootste schrijvers, Tom Wolfe, beschrijft de verschillende bevolkingsgroepen in Miami.

Ook in de tijd van de moderne media worden nog altijd boeken gelezen. Dat blijkt tijdens de jaarlijkse internationale boekenbeurs in Miami en in Florida's vele uitstekende boekwinkels of de drukbezochte openbare bibliotheken, waar men gratis gebruik van kan maken.

Na de opening van het Coconut Grove Playhouse in het zuiden van Miami in 1926 verrezen in Florida meer dan 30 professionele theaters, en daarnaast een veelvoud aan semiprofessionele, universitaire en amateurtoneelgroepen. Daarnaast treden er reizende toneelgroepen op in evenementencentra. Het uit publieke middelen gefinancierde Florida's State Touring Program ondersteunt tournees van de beste gezelschappen van Florida, die ook in kleine theaterzalen op het platteland hun kunsten tonen.

Muziek

Naast de professionele orkesten die de grote shows in de pretparken van Orlando muzikaal ondersteunen, heeft Florida bijna vijftig symfonieorkesten, kamermuziekensembles en jeugdorkesten die de muziek verzorgen voor zestig ballet- en dansgezelschappen en een zevental operagezelschappen.

Daarnaast is er in Florida ook een folk- en een countryscene. Liedjes als *Down where the S'wanee River flows*, *My Florida Home* of *Florida Glide Waltzes* zijn vaak meer dan honderd jaar oud en stammen uit een tijd dat het zuiden van Florida nog nauwelijks was ontsloten. Circa honderd professionele country-bands vertolken in Florida liedjes over het plattelandsleven, de liefde, het verlangen en andere romantische gevoelens. Ook de jazzwereld is goed vertegenwoordigd in de *Sunshine State*. Niet zozeer dankzij de aanwezigheid van landelijk bekende groepen en muzikanten, maar vooral dankzij tal van jazzfestivals, waaronder het door topmuzikanten bezochte *Clearwater Jazz Holiday*, dat half oktober ten noorden van St. Petersburg wordt gehouden, het *Sarasota Jazz Festival* dat in maart plaatsvindt en het *Lakeside Jazz Festival* dat half april in Port Orange nabij Daytona Beach wordt georganiseerd.

De pop- en rockmuziekscene van Florida is zeer heterogeen, zonder een nadrukkelijke eigen stijl. Jimmy Buffet, een zanger en bandleider uit Key West, werd met liedjes als *Cheeseburger in Paradise* en *Margaritaville* –

Moord door horrorvissen – misdaadliteratuur uit Florida

In de Verenigde Staten vinden verhoudingsgewijs veel roofovervallen, verkrachtingen en moorden plaats. Nergens anders zijn zo veel particulieren in het bezit van vuurwapens. De VS zijn daarmee een goede voedingsbodem voor schrijvers van misdaadromans. Het is eigenlijk verontrustend dat Florida, vergeleken met andere Amerikaanse staten, zoveel eersteklas misdaadschrijvers telt.

Het was een heldere, warme morgen in augustus, het begin van een gemoedelijke dag, typisch zo'n dag waarop niets slechts kon gebeuren.' Aldus begint de roman *Mean High Tide* van James W. Hall, en natuurlijk ligt een paar bladzijden later de eerste dode in zijn eigen bloed. Een nieuwe, gekweekte variant van de baarsachtige cichliden dreigt de oceanen van de wereld in ecologische woestijnen te veranderen. De dropout en gepassioneerde hengelaar Thorn bindt de strijd aan met een psychopathische CIA-agent. Hoe het afloopt kunt u op het strand lezen. Hall studeerde Engels en creatief schrijven aan de Florida International University. De thrillerauteur behoort tot de topklasse van de Amerikaanse *hardboiled* schrijvers. Hun helden worstelen vaak meer met hun eigen gebreken dan dat ze misdaad bestrijden. Mensen komen op een smerige manier aan hun einde, er wordt met scherp geschoten en dit alles wordt van cynisch commentaar voorzien.

De thriller *Just Cause* van John Katzenbach is verfilmd met Sean Connery in de hoofdrol. In dat boek redt de verslaggever Matthew Cowart door middel van zijn onderzoek en zijn artikelen in de Miami Journal een zwarte uit de dodencel en zorgt dat in diens plaats een geesteszieke seriemoordenaar wordt veroordeeld. Maar dan vindt een volgende moord plaats, waarna Cowart weer op onderzoek gaat en terechtkomt in een web van corruptie en omkoperij. Katzenbach beschrijft de actie zonder opsmuk, maar ook zonder onnodige uitweidingen.

Ook *Miami Psycho* van Edna Buchanan speelt zich af in kringen van journalisten. De met een Pulitzerprijs bekroonde schrijver berichtte vroeger als misdaadverslaggever over de gevaarlijkste plaatsen in Miami. Haar hoofdpersoon Britt Montero jaagt als verslaggeefster tegelijkertijd op een verkrachter en een seriemoordenaar, die veroordeelde moordenaars vermoord op de manier waarop zij zelf ooit hebben gemoord. Buchanan schrijft zeer gedetailleerd en zeer geloofwaardig over het politiewerk. Vanuit het perspectief van de personages leert men interessante wetenswaardigheden en achtergrondinformatie over de stad, waarin niets is wat het op het eerste gezicht lijkt.

Elmore Leonard behoorde tot de beste misdaadschrijvers van de Verenigde Staten. Zijn met scherpe dialogen doorspekte romans spelen zich niet alleen af in Florida, maar ook op andere locaties. Dankzij het Hollywoodkassucces *Get Shorty* werd de in 1925 in New Orleans geboren Leonard een internationale bestsellerauteur. Aan het eind van de roman *Alligator*, waarin een rechter uit Palm Beach County verstrikt raakt in een onontwarbare kluwen van economische, politieke en privéproblemen, lijken alleen de alligators nog betrouwbaar.

Carl Hiaasen schreef met *Native Tongue* een bijtende en amusante ecothriller over een denkbeeldig pretpark op Key Largo. Als columnist voor de Miami Herald bekritiseerde Hiaasen op

De probleemwijken van Miami vormen een lastig werkterrein voor de politie

intelligente wijze de Amerikaanse lifestyle, en hij schreef een flink aantal bestsellers waarin hij de Amerikaanse maatschappij en haar uitwassen in Florida op de korrel neemt. Dankzij de dialogen en de satirische beschrijvingen van de realiteit is *Native Tongue* een waar genoegen om te lezen. Het verhaal van een opgebrande reclameschrijver die zijn werkgever ruïneert omdat deze een moord heeft begaan, kent voortdurend nieuwe wendingen. Snel, pakkend en steeds verrassend vertelt de schrijver over milieuvervuiling en onroerendgoedspeculatie, zonder vermanend vingertje en met veel gevoel voor humor.

De in 1988 overleden Charles Willeford is een cultschrijver voor liefhebbers van misdaadromans uit Florida. Zijn teksten zijn koud en precies als de trompet van Miles Davis. *Miami Blues* geldt terecht als een klassieker. Hoofdpersoon Hoke Moseley figureert in vier romans als verloederde en tragikomische politieman met overgewicht. Het ene boek is beter en veelzijdiger dan het andere. Op laconieke en tegelijk choquerende wijze beschrijft de voormalige soldaat en literatuurprofessor Willeford de jacht op psychopaten, moordende vertegenwoordigers van farmaceutische concerns of doorgedraaide grootgrondbezitters. Het eindresultaat: waanzinnig en sfeervol, briljant en vrij van illusies – zeer onderhoudende informatie over de donkere kanten van de *Sunshine State*, die men als toerist gelukkig in het beste geval slechts vermoeden kan.

Marion 'Doc' Ford, protagonist van een succesvolle serie Florida-thrillers, was ooit geheim agent, nu marien bioloog, avonturier en privédetective. Hij woont in een fictieve jachthaven op het eiland Sanibel. De spannende lectuur is ideaal voor toeristen. Niet alleen omdat het lekker wegleest, maar ook omdat auteur Randy Wayne White, die oorspronkelijk uit het midwesten komt, maar lang in Florida woont, Docs spannende avonturen laat afspelen op verschillende plekken in de Sunshine State.

Architectuur, kunst en cultuur

tevens de naam van zijn bar-restaurantketen – beroemd in de VS en het Caribisch gebied. Zijn fans in heel Florida beschouwen hem als de belichaming van het *Easy-livin'*-levensgevoel van de Florida Keys. De culturele invloed van Latijns-Amerika is het sterkst in het zuidoosten, met de salsaster Gloria Estefan als bekendste zangeres.

Ook in Miami Bass, een hip-hopstijl met Latino en Afro-Amerikaanse invloeden, is duidelijk de invloed van de Caraïben te horen. Voor de vertolkers van de Southern rap, een stijl die afkomstig is uit de wijk Liberty in Miami, is de staat Florida niet alleen de *Sun- shine*, maar ook de *Gunshine State*. Heavy metal, punk en andere vormen van hard rock zijn goed vertegenwoordigd in Fort Myers, Tampa en de universiteitsstad Gainesville. De Southern-rockband Lynyrd Skynyrd, die in 1964 uit een highschoolband in Jacksonville ontstond, is afkomstig uit het noordoosten van Florida. In Orlando werden in de jaren 90 diverse boybands van naam gevormd, waaronder de Backstreet Boys en N'Sync, de groep waar Justin Timberlake deel van uitmaakte.

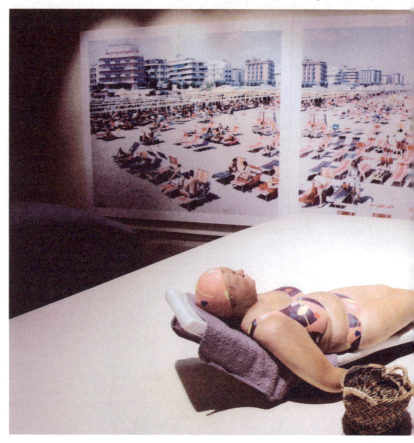

Duane Hanson leefde overwegend in Florida; met zijn uiterst realistische Sculptures of the American Dream houdt hij de maatschappij een kritische spiegel voor

Film en televisie

Film- en televisieproducenten zijn vooral actief in de regio's Orlando en Miami. De Universal Studios en de Disney Hollywood Studios fungeren niet alleen als pretparken die zijn gebaseerd op films, maar worden tegelijkertijd ook gebruikt voor opnamen van televisieseries en speelfilms. Een groot aantal productiebedrijven en studio's produceert alles van commercials, reclamefilms voor mode en andere producten, tot succesvolle televisieseries als *CSI Miami*, *Dexter*, *American Idol*, programma's voor de jeugdzender Nickelodeon en speelfilms als *Beowulf*, die vanwege de combinatie van echte en met computeranimatie gecreëerde figuren speciale motion-capturestudio's, zoals het House of Moves in Orlando, moeten worden opgenomen. In dit deel van Florida leeft en werkt Clyde Butcher, een van de bekendste hedendaagse fotografen van de VS. Het werk van de witgebaarde fotokunstenaar wordt vaak vergeleken met dat van Ansel Adams. De grote zwart-witfoto's van de ogenschijnlijk ongerepte landschappen in met name Zuid-Florida zijn te zien in diens galeries in Ochopee en Venice en in internationale musea.

Hall of Fame

In de Florida Artist's Hall of Fame in het nieuwe Capitool van Tallahassee (22ste verdieping) worden op zijn minst enkele van de kunstenaars en mecenassen geëerd die zich voor de schone kunsten en hun verbreiding in Florida hebben ingezet. Hemingway en Tennessee Williams zijn natuurlijk vertegenwoordigd, maar ook muzikanten als Ray Charles, die opgroeide in Greenville ten oosten van Tallahassee, en Jimmy Buffett, die zijn muzikale doorbraak beleefde in Key West. Er zijn ook beeldend kunstenaars vertegenwoordigd, zoals Clyde Butcher en de beeldhouwer Duane Hanson (zie foto links), die het grootste deel van zijn leven in Davie in het zuidoosten van Florida doorbracht

Zora Neale Hurston (zie Thema op blz. 168), een van de belangrijkste schrijfsters van de Afro-Amerikaanse beweging, die in 1960 anoniem op de armenbegraafplaats van Fort Pierce werd bijgezet, en Marjory Stoneman Douglas, de literaire voorvechtster voor het behoud van de Everglades, die in 1998 op 108-jarige leeftijd in Coconut Grove stierf, worden er ook geëerd. Dat geldt tevens voor de filmster Burt Reynolds uit de plaats Jupiter, en Ralph H. Norton, verzamelaar en mecenas uit West Palm Beach, die zijn naam gaf aan het fraaie kunstmuseum in deze stad.

Reisinformatie

Reis en vervoer
Accommodatie
Eten en drinken
Outdoor
Feesten en evenementen
Praktische informatie van A tot Z

Universal Studios: nostalgische cultdiner

Opgepast: overstekende gopherschildpadden

Niets voor mensen met gevoelige oren: de airboats met hun enorme propellers, hier ten noorden van de Everglades

Reis en vervoer

Reizen naar Florida

Voor een verblijf van maximaal negentig dagen volstaat voor Nederlandse en Belgische staatsburgers van alle leeftijden een geldig, met de computer leesbaar **paspoort**. Verder moet u beschikken over toereikende **financiële middelen** en een **ticket voor de retourvlucht**. De reserveringsgegevens moeten naast de naam ook de geboortedatum en het geslacht van de passagier inhouden. Bij de aankomstcontrole worden biometrische gegevens (elektronische vingerafdruk, iriscopie) vastgelegd.

ESTA-vergunning

Reizigers hebben een zogeheten ESTA-vergunning ($ 14) nodig. Deze moet u tijdig via internet aanvragen (esta.cbp.dhs.gov), omdat de luchtvaartmaatschappij reislustigen anders niet mag meenemen. Het online in te vullen formulier bevat in essentie dezelfde vragen die op het oude inreisformulier stonden. Aanvraag via derden (bijvoorbeeld via een reisbureau) is mogelijk. De eenmaal verleende inreisvergunning is geldig voor zoveel reizen als u wilt binnen twee jaar.

Wie in de Verenigde Staten wil gaan werken of studeren, of langer dan negentig dagen wil blijven, moet een visum aanvragen. Actuele informatie verstrekken de consulaten of de ambassade.

Reisbagage

Bij lijnvluchten in de economy class is één stuk bagage van maximaal 23 kg zwaar toegestaan. Een stuk handbagage met een gewicht van, afhankelijk van de luchtvaartmaatschappij, 5 tot 8 kg mag worden meegenomen in de passagiersruimte, verder een handtas of een laptop. Wapens of scherpe voorwerpen als een nagelschaar zijn niet toegestaan in de handbagage, net als flessen met meer dan 100 ml vloeistof, bijvoorbeeld flessen water of parfum. Uitzonderingen zijn taxfree-inkopen met een speciale sluiting. Aangezien de bagagevoorschriften op het laatste moment kunnen worden veranderd, kunt u het best de bepalingen kort voor het begin van de reis controleren.

Voor katten en honden hebt u een verklaring van de dierenarts nodig en ze moeten in Florida voor langere tijd in quarantaine.

Douanebepalingen

Deviezenbeperkingen bestaan niet, wie meer dan $ 10.000 in contanten wil invoeren, heeft een vergunning nodig van de Amerikaanse douane. Per persoon mogen maximaal 200 sigaretten en 1 l sterkedrank vrij van invoerrechten worden meegenomen. Vooral in Miami letten de autoriteiten streng op de invoer van drugs. Visitatie aan het lichaam is niet zeldzaam. Wie een grote hoeveelheid medicijnen meeneemt, moet een doktersattest (in het Engels) kunnen overleggen. Het is verboden om explosieve stoffen, levensmiddelen of planten in te voeren.

Reis

Met het vliegtuig

Sinds eind 2016 vliegt KLM (www.klm.com) weer, drie keer per week, rechtstreeks van Schiphol naar Miami. TUI (voorheen Arkefly, www.tui.nl/vliegtickets) maakt tweemaal per week het rondje Amsterdam–Orlando–Miami–Amsterdam. Dat betekent dus dat u op de heenreis naar Miami een tussenlanding maakt in Orlando en op de terugweg vanuit Orlando een paar uur aan de grond staat in Miami. Vanuit Brussel maakt Jetair (www.jetairfly.com, ook TUI) hetzelfde rondje. De rechtstreekse vluchtduur is iets meer dan 10 (terug een kleine 9) uur. Met andere maatschappijen moet u altijd overstappen. Afhankelijk van het seizoen en de luchtvaartmaatschappij kost een retourtje Florida tussen ca. € 450 en € 1100. U kunt vaak zonder of met een gering prijsverschil vertrekken van een andere luchthaven dan waar u bent aangekomen – erg handig voor een rondreis. Verschillende reisbureaus bieden vluchten in een fly-drivepakket aan in combinatie met een voordelig huurautotarief.

Veel hotels en bijna alle autoverhuurders beschikken over shuttlebussen die hun klanten op de luchthaven afhalen en naar het verhuurkantoor of hotel vervoeren. Wie een taxi neemt, moet er zeker van zijn dat het een officiële taxi is en geen privéauto, die op de plaats van bestemming een verrassend hoge prijs vraagt. Ook minibussen kunnen een alternatief voor het vervoer naar het hotel zijn, die als Airport Shuttle fungeren in de vorm van een verzameltaxi.

Met de boot

De tijd van de trans-Atlantische lijndiensten behoort tot het verleden. Desondanks bereiken passagiers aan boord van een cruiseschip vanuit verschillende West-Europese havens (zoals Antwerpen, Rotterdam, Hamburg, Southampton) de Amerikaanse oostkust en incidenteel ook Fort Lauderdale of Miami. Dichter in de buurt van de oude zeevaartromantiek komen vaarten met vrachtschepen die op hun tocht enkele passagiers mee aan boord nemen. Informatie kunt u opvragen bij gespecialiseerde bureaus als Sea Travel Holidays (www.seatravel.nl) en Cargo Shop Cruises (www.cargoshipcruises.com).

Binnenlands vervoer

Vliegtuig

Reizen met het vliegtuig is binnen de Verenigde Staten niet meer goedkoper dan in Europa, zoals vroeger. Talrijke budgetmaatschappijen proberen de markt overhoop te gooien, maar de concurrentie in deze markt, waar hard om wordt gevochten, is hevig. Miami beschikt over tal van vliegtuigverbindingen binnen de staat. Op de website www.cheapflights.com vindt u de voordeligste vliegtuigverbinding tussen twee steden en ook een opsomming van alle prijsvechters. De vliegtuigen van Southwest Airlines (www.southwest.com) vliegen naar verhouding op veel steden in Florida: Jacksonville, Orlando, de Tampa Bay, West Palm Beach, Fort Lauderdale en Naples. Van de 'normale' luchtvaartmaatschappijen bezit American Airlines (www.aa.com) het dichtste netwerk binnen Florida.

Trein

De nationale spoorwegmaatschappij Amtrak verbindt met comfortabele treinen de grotere steden. Vanuit Jacksonville rijdt een trein via Ocala, Orlando, West Palm Beach en Fort Lauderdale naar Miami. Er is ook een treinverbinding van Jacksonville via Palatka, Kissimmee, Tampa, St. Petersburg en Sarasota met Fort Myers. Vanuit Jacksonville kunt u overstappen naar Washington D.C., New York en Los Angeles.

De **USA Rail Pass** is geldig voor uiteenlopende perioden en trajecten van verschillende lengte (een directe verbinding geldt als één traject, een verbinding met overstappen als twee of meer). De pas kost voor 15 dagen/8 trajecten $ 495, voor 30 dagen/12 trajecten $ 689, voor 45 dagen/18 trajecten $ 899 (informatie op www.amtrak.com).

Een overzicht en de mogelijkheid om kaartjes en Rail Passes te boeken, plus info over korting voor kinderen biedt ook Nova Vakantiereizen, Dorpssingel 12, 6641 BE Beuningen, tel. 024- 677 87 50, www.ustravel.nl.

Bus

De goedkope Greyhoundbussen rijden op een twintigtal bestemmingen in Florida. Wie ouder is dan 16 jaar en onbegeleid mag reizen, maar nog geen 21 jaar oud is en een rijbewijs bezit, kan zo ook zonder huurauto rondreizen. Langere ritten in langeafstandsbussen kunnen soms inspannend zijn, maar zitten vol afwisseling. Op de website www.greyhound.com kunt u een route boeken.

Veerboot

Ondanks de lange kuststrook zijn er in Florida maar weinig mogelijkheden om met een veerboot te varen. Afgezien van lokale scheepvaart als het autoveer van Mayport naar Fort George over de St. John's River bij Jacksonville (www.stjohnsriverferry.com) of de watertaxiverbinding in Fort Lauderdale (www.watertaxi.com) varen alleen nog de catamarans van de Key West Express (www.seakeywestexpress.com) in het seizoen dag. in 3,5 uur van Fort Myers en Marco Island naar Key West (en terug).

Huurauto

Huurauto's zijn in Florida goedkoper dan elders in de Verenigde Staten. Als u via een reisbureau een fly-drivevakantie boekt, is de auto vaak nog voordeliger. Het is sowieso verstandig om de auto vooraf te reserveren. Dat kan rechtstreeks bij de verhuurmaatschappij, bijvoorbeeld Alamo (www.alamo.com), Dollar (www.dollar.com), Hertz (www.hertz.com) en Thrifty (www.thrifty.com), maar ook via een online 'makelaar' als Sunnycars (www.sunnycars.nl) of Expedia (www.expedia.nl). U hebt al een kleine auto, inclusief een onbeperkt aantal kilometers en alle noodzakelijke verzekeringen en belastingen, voor zo'n € 150 per week. De minimumleeftijd voor het huren van een auto is 21 jaar, huurders jonger dan 25 jaar moeten een extra vezekering afnemen. Een internationaal rijbewijs is niet nodig, wel dient u een creditcard te hebben. Hiervan wordt een bepaald bedrag gerserveerd als borg.

Binnen Florida kost het bij de meeste verhuurders niets extra als u de auto op een andere plek terugbrengt dan waar u hem hebt gehuurd, een zogenaamde *one-way rental*.

Bij het tekenen van de papieren wordt u meestal ook gevraagd of u de auto met een volle of lege tank wenst terug te brengen. In het laatste geval worden de kosten van het vullen van een volledig lege tank toegevoegd aan de prijs, ook als u uw auto met een halfvolle tank inlevert. Het is verstandiger de auto zelf vol te tanken voor u hem inlevert – rond de *rental returns* stikt het van de tankstations.

Kiest u voor een kleine auto, let er dan wel even op dat uw bagage volledig in de kofferbak past. Koffers op de achterbank vormen een rechtstreekse uitnodiging voor het dievengilde.

Camper

De Verenigde Staten kennen drie grote camperverhuurders. die ook in Florida vertegenwoordigd zijn. Vanwege de goed berekende packagedeals, die ook het aansprakelijkheidsrisico minimaliseren, is het nuttig de camper via een reisbureau in Nederland of België te boeken dat de plaatselijke verhuurders vertegenwoordigt. El Monte komt eigenlijk uit een voorstad van Los Angeles, de goed onderhouden voertuigen wachten in Miami en Orlando op huurders; Cruise America is de marktleider in de Verenigde Staten en Canada, met vestigingen in Miami, Orlando, Tampa en Fort Lauderdale. Andere maatschappijen, zoals Britz, Escape en Sunshine, hebben over het algemeen slechts één vestiging.

De prijzen zijn sterk afhankelijk van het seizoen, extra kosten en het formaat van de camper, die ligt tussen 6,70 en 10,65 m, en beginnen bij ca. € 1400 voor twee weken huur. Bij de beslissing over de grootte van de camper moet u bedenken dat voldoende ruimte belangrijk kan worden wanneer u twee of meer weken in een beperkte ruimte bij elkaar bent. Aan de andere kant zijn grotere campers vooral in de steden slechter te besturen en ze zullen ook beduidend meer brandstof gebruiken (vanaf 22 l/100 km).

Kampeerterreinen zijn in de regel goed afgestemd op de behoeften van camperreizigers, met aansluitingen voor elektriciteit, drinkwater en sanitair *(hook ups)*. Wildkamperen is bijna nergens geoorloofd.

Motorfiets

Motorrijders hoeven ook tijdens hun Floridavakantie geen afstand te doen van hun geliefde vervoermiddel. In het land van de Harley-Davidson biedt onder andere EagleRider in Orlando, Fort Lauderdale, Miami en nog drie steden in Florida zware machines te huur aan (www.eaglerider.com). Het dragen van een helm is in Florida niet verplicht, maar uiteraard wel aan te raden. Ook via www. usamotorreizen.nl kunt u een motor huren in elke klasse.

Verkeersregels

De afstanden die in de Verenigde Staten met de auto worden afgelegd, zijn aanzienlijk langer dan bij ons. Op de highways en interstates bedraagt de **maximumsnelheid** 55 mijl/uur (88 km/uur) tot 70 mijl/uur (112 km/uur) en binnen de bebouwde kom 25 mijl/uur (40 km/uur) tot 35 mijl/uur (56 km/uur).

Het is zeer aan te raden om u te houden aan deze maximumsnelheden, want de *Highway Patrol* bestraft te hard rijden met een hoge boete. Wie door de politie wordt aangehouden, moet niet in woede ontsteken, maar rustig in de auto blijven zitten en de handen op het stuur leggen.

Ook in Florida heeft verkeer van rechts voorrang. Wanneer verscheidene auto's bij een **kruispunt** staan, mag diegene het eerst wegrijden die er het eerst was. Bij een rood stoplicht mag u rechts afslaan, behalve wanneer een *No turn on red*-bord oplicht.

Let vooral goed op bij **schoolbussen**, waarvan het wegrijden met een rood stopbord bekend wordt gemaakt. Omdat de kinderen alle kanten uit kunnen rennen, mogen de bussen in geen geval worden ingehaald wanneer ze gaan stoppen of wanneer ze stilstaan, ongeacht van welke kant u komt.

Op wegen met meerdere rijstroken wordt rechts en links ingehaald. *Car Pool Lanes* zijn op sommige snelwegen in de buurt van grotere steden met noemenswaardig beroepsverkeer met een ruit aangegeven. Ze zijn voorbehouden aan voertuigen met ten minste één bijrijder.

In de steden zijn parkeermeters alomtegenwoordig; overdag worden auto's die hun parkeertijd hebben overschreden zonder pardon weggesleept. De *tow away zones* geven aan dat parkeertijden hier overdag niet mogen worden overschreden. Voor het besturen van een personenauto of een camper is uw nationale rijbewijs voldoende.

Tolwegen

Slechts voor een paar wegen, zoals de Florida Turnpike, en een aantal bruggen (*causeways* of *tollbridges*) bent u tol verschuldigd. U ziet op de borden hoeveel u moet betalen. Als u gepast met kleingeld kunt betalen, kunt u sneller door de tolpoortjes. De grote autoverhuurbedrijven nemen deel aan het Toll-by-Plate-programma van Sun Pass, dat zorg draagt voor de betaling bij bijna alle tolwegen en -bruggen in de staat. Is uw auto hiermee uitgerust, dan wordt het kenteken gescand bij de tolpoort, gaat de slagboom omhoog en wordt de tol automatisch van uw creditcard afgeschreven. Vraag bij het afhalen van uw huurauto of u hiervan gebruik kunt maken. U mag dan bij de tolpoorten kiezen voor de speciale *Non-Cash*-banen.

Tanken

De Amerikaanse benzineprijzen bij de pompstations stijgen en dalen, afhankelijk van de economische situatie. Intussen liggen de prijzen in Florida op ongeveer $ 2,25 per gallon (3,785 l). Daarmee is de prijs omgerekend ca. € 0,55 per liter, wat voor ons nog altijd een aantrekkelijk bedrag is. Bij tal van benzinestations kunt u direct aan de pomp betalen met een creditcard, maar soms is de prijs lager wanneer u cash afrekent.

Openbaar stadsvervoer

De VS is een autoland bij uitstek en Florida is daarop geen uitzondering. Toch is er in de steden wel degelijk een openbaarvervoersysteem. In Miami slingert de op afstand bediende People Mover op een hooggelegen monorail door het centrum. De Metrotrain, een soort metro, stopt op 22 haltes in Miami-Dade County. Tussen Miami en Palm Beach rijdt een forensentrein, Tri-Rail (www.trirail.com).

In een aantal steden, waaronder Tampa, Jacksonville, Miami Beach en Orlando, rijden stadsbussen. In de amusementsmetropool pendelt de I-Ride Trolley elke 20 min. op en neer over International Drive. De SunRail rijdt langs 12 haltes van het 50 km verderop gelegen DeBary naar Church St. in Orlando.

Overnachten

Florida heeft een veelzijdig aanbod aan accommodatie in elke prijsklasse te bieden, van hostels met meerpersoonskamers tot villa's met een eigen butler en een aanlegplaats voor een boot. Billboards, grote reclameborden langs de highways, maken de automobilist al kilometers van tevoren attent op speciale aanbiedingen van veel hotels. Voor de afritten van de interstates laat meestal een klein bord zien welke accommodatie er in de onmiddellijke omgeving te vinden is. De meeste hotels in Florida staan aan de kust tussen Miami en Fort Lauderdale en ook aan de stranden van St. Petersburg. Met meer dan 110.000 hotelkamers speelt Midden-Florida met zijn megapretparken rond Orlando een bijzondere rol wat betreft het aanbod aan accommodatie; de regio wordt in de Verenigde Staten en wereldwijd alleen nog door de kansspelmetropool Las Vegas in Nevada net overtroffen. In het noordoosten en noordwesten van Florida zijn ook talrijke en voor een deel zeer luxueuze hotels te vinden.

De basisinrichting van de hotelkamers bestaat in de regel uit twee brede bedden, een telefoon en soms een kitchenette. Voor kinderbedden *(cribs)* wordt soms een toeslag gevraagd. *Queensize*-bedden zijn ca. 140 cm, *kingsize*-bedden tot 200 cm breed. In de meeste hotels staat een ijsmachine op de verdieping, die gewoonlijk gratis ijs voor het koelen van drankjes produceert. Vaak ook staan er automaten voor blikjes frisdrank of snacks als cho-

Het Colony Hotel – een van de diverse in stijlvolle, nostalgische art-decostijl uitgevoerde hotels aan Ocean Drive in South Miami Beach

colade- of mueslirepen. Wie langere tijd onderweg is, kan zich verheugen op een wasmachine, die eveneens tegen een vergoeding in werking treedt. Een ontbijt is maar zelden bij de overnachtingsprijs inbegrepen, soms kunt u 's ochtends in de lobby gratis koffie, bagels of donuts met verpakte kwark of marmelade krijgen.

De bezettingsgraad voor accommodatie ligt over het hele jaar gerekend op 70%. Hierbij zijn slappe perioden inbegrepen, maar ook hoogseizoenperioden als Kerstmis/Nieuwjaar en korte vakanties wanneer een feestdag in het weekend valt. Aangezien het bij de laatste in geliefde vakantieoorden snel druk wordt, is het in ieder geval voor deze perioden zeer raadzaam om te reserveren. Wie het hotel per telefoon of e-mail reserveert, wordt dringend verzocht voor de zekerheid een creditcardnummer op te geven. Hiervan wordt bij afzegging op het laatste moment (vraag naar voorwaarden) of bij niet opdagen *(no show)* ten minste de prijs van een overnachting afgetrokken.

> ## TIP VOOR DE EERSTE NACHT
>
> In het algemeen is het aan te raden om ten minste de eerste nacht op de dag dat u vertrekt vooruit te boeken, om niet vermoeid en een tikkeltje verward van de jetlag in uw plaats van aankomst op zoek naar een kamer te moeten gaan. Bovendien is dan het antwoord op de vraag naar het onderdak in de Verenigde Staten op het inreisformulier (zie blz. 62) gemakkelijk te geven.

Hotels en motels

Luxehotels en resorts beschikken over een lobby, restaurants, een bar, een zwembad en fitnessapparaten, vaak ook over een wellness-afdeling. Op de receptie is 24 uur per dag iemand aanwezig. De kamerdeuren liggen aan gangen in het hotel. In dit segment biedt een hele reeks grote hotelketens kamers aan, zoals Hyatt (www.hyatt.com), Sheraton, Westin en St. Regis (www.starwoodhotels.com), Marriott (www.marriott.com), Hilton (www.hiltonbenelux.com/nld/), Radisson (www.radisson.com), Crowne Plaza (www.crownplaza.com) en andere. Daarnaast bestaat er nog steeds een groot aantal particuliere hotels, die nog niet door een keten zijn overgenomen. Vele van de stijlvolle hotels in art-decostijl aan Ocean Drive in Miami Beach behoren tot deze categorie.

Ook het domein van de **middenklassenhotels** wordt gedomineerd door hotelketens. Best Western Hotels zijn hoofdzakelijk in privébezit, maar worden gezamenlijk op de markt gebracht (www.bestwestern.nl); veel Holiday Inn Hotels (www.ihg.com/holidayinn), de Embassy Suites (www.embassysuites.com) en de hotels van de Ramadaketen (www.ramada.com) behoren ook tot deze categorie.

Voordelige alternatieven voor vakantiehotels zijn de kleine **motels** aan de uitvalwegen, die voor prijzen tussen $ 40 en 70 acceptabel onderdak bieden. Motels zijn meestal niet hoger dan twee lagen, de deuren en ook de ramen liggen meestal aan gangen buiten het gebouw. Bijna overal hebben tegenwoordig ketens als Super 8 (www.super8.com), Days Inn (www.daysinn.com), Comfort Inn (www.comfortinn.com), Rodeway Inn (www.rodewayinn.com), Quality Inn (www.qualityinn.com), Sleep Inn (www.sleepinn.com), Econo Lodge (www.econolodge.com) en Motel 6 (www.motel6.com) de vroeger particuliere motels vervangen.

Bed and breakfast

Ook Florida telt vele **bed and breakfasts**, maar anders dan in Groot-Brittannië meestal in het hogere prijssegment. Ze zijn dan ook niet zelden in villa's uit de victoriaanse tijd ondergebracht; u kunt een verzorgde sfeer en vaak met antiek ingerichte kamers op een mooie locatie verwachten. Zoals de naam aangeeft, wordt er een bij de kamerprijs inbegrepen ontbijt geserveerd, met eieren, spek en worstjes, toast, muffins of pannenkoeken, marmelade, met daarbij sinaasappelsap, koffie, vruchten en cereals.

Een overzicht met meer dan honderd B&B's wordt geboden door **Florida Bed & Breakfast Inns (FBBI)**, 106 South 4th Ave., Wauchula, FL 33873, tel. 877-303-3224, www.florida-inns.com. Informatie over het B&B-aanbod in Florida krijgt u ook via Bed & Breakfast Inns Online, www.bbonline.com/united-states/florida.

Vakantiewoningen en vakantiehuisjes

In verscheidene regio's van Florida worden appartementen en vakantiehuizen aangeboden. Wie een week of langer in een plaats wil blijven, zou deze mogelijkheid in overweging kunnen nemen. Met een groot gezin of een groep komt u bij deze meestal met verscheidene slaapkamers en baden toegeruste accommodatie ook vergeleken met hotels niet slecht uit. Vaak beschikt u ook over een eigen zwembad op het terrein en kunt u dankzij een volledig ingerichte keuken voordelig zelf voor eten zorgen.

Langs de Atlantische kust tussen Miami Beach en Fort Lauderdale staan talloze grote appartementencomplexe. Wanneer u een van de units daarvan huurt, hebt u in elk geval een weids uitzicht over zee.

Verscheidene bureaus bieden vakantiewoningen in de Sunshine State aan. U kunt een vakantiehuis onder andere vinden via de websites www.villa.com, www.homeaway.nl, www.villatravel.nl, www.interhome.nl, www.villasintl.com, www.wyndhamvacationrentals.com, met interessante aanbiedingen in heel Florida. Ook op www.airbnb.com staan tal van woningen in Florida, in alle soorten en maten.

Jeugdherbergen en hostels

Een 'klassieke' jeugdherberg, die is aangesloten bij Hostelling International, is er momenteel in Florida niet te vinden, maar wel een hele reeks voordelige hostels of backpackerhotels.

Hostels komen voor een deel overeen met hotels, behalve dat gewoonlijk naast hotelkamers ook gemeenschappelijke slaapzalen voor mannelijke of vrouwelijke reizigers worden aangeboden. Deze zijn goedkoper dan een eigen hotelkamer en worden vaak geboekt door jongeren die alleen reizen. Daarmee zijn de hostels meestal ook geschikte plaatsen om sociale contacten met mensen van dezelfde leeftijd aan te knopen. Bijzonder nuttige bronnen voor dergelijke adressen op internet zijn bijvoorbeeld de websites www.hostelhandbook.com, www.hostelz.com en www.hostels.com, die een overzicht geven van beschikbare hostels in Florida, maar ook verspreid over de hele wereld.

Kamperen

Veel goedkoper dan hotels zijn de talrijke **kampeerterreinen**. De meeste liggen in een zeer aantrekkelijk landschap en zijn met sanitaire voorzieningen en aansluitingen op de elektriciteit ook toegerust voor campers. Gedetailleerde informatie over de ligging, grootte en toerusting van meer dan driehonderd campings vindt u in de *Camping Directory* van de **Florida Association of RV Parks and Campgrounds**, 1340 Vickers Rd., Tallahassee, FL 32303, tel. 850-562-7151, www.campflorida.com.

KOA (Kampgrounds of America), een keten van particulier geleide campings met zeer goede uitrusting, is met een twintigtal kampeerterreinen tussen Pensacola en Sugarloaf Key in Florida aanwezig. Via internet kunt u het aanbod doornemen en plaatsen voor tenten of campers of desgewenst een cabin reserveren (www.koa.com). Sommige KOA Campgrounds beschikken naast kampeerplaatsen over chalets, eenvoudige, kleine blokhuizen, waarin stellen of gezinnen in een rustieke sfeer en nauw verbonden met de natuur verblijven en ook zonder eigen tent of camper de campingsfeer kunnen opsnuiven.

Eten en drinken

In het cultureel veelzijdige Florida komen culinaire invloeden uit talrijke landen samen. En ook de trend naar lichtere en versere gerechten doet zich in Florida gelden. Met name de liefhebbers van zeevruchten zullen in deze staat aan hun trekken komen. Vooral in de restaurants die het zichzelf niet te gemakkelijk maken door de vis enkel te frituren, kunt u heel smakelijk eten.

Florida culinair

Veel immigranten, veel invloeden

Florida is een multi-etnische staat, wat ook is te zien op zijn de menu- en drankkaarten. De tijden dat restaurants in de Verenigde Staten vooral bestonden uit fastfoodketens en *steak & potatoe*-restaurants zijn voorbij. Immigranten uit vele landen hebben hun recepten meegebracht naar de zuidelijkste staat van de Verenigde Staten, niet alleen de Engelsen, maar ook Spanjaarden uit Menorca en de Canarische Eilanden, Grieken uit de Dodekanesos, Italianen uit Venetië en Campania, Joden uit tal van Europese landen en immigranten uit Latijns-Amerika en het Caribisch gebied. Vruchten uit de Caraïben, kruiden uit Grenada en Jamaïca en de vissen uit de rijke visgebieden van de Caribische Zee en de Golfstroom worden gecombineerd met culinaire invloeden uit het oude Europa.

Vooral de Cubanen en de immigranten uit Midden-Amerika hebben hun culinaire stempel op de keuken van Florida gedrukt. Dat is niet verwonderlijk, want er hebben zich in de afgelopen vijftig jaar meer dan zevenhonderdduizend Cubanen in het zuiden van Florida gevestigd. Bijna nergens anders worden kip met gele rijst, *arroz con pollo*, of een eenpansgerecht met rundvlees, *ropa vieja*, beter bereid dan in Miami, en de *café cubano* wordt hier net zo sterk gezet als in een bar in Havanna. Veel restaurants, vooral die rond de Calle Ocho van Miami bereiden *tortilla cubana* (omelet met rundvleesworstjes en uien), *picadillo* (eenpansgerecht met rundvlees, peper, rozijnen en olijven) of Cubaanse rijstpudding net als dat op Cuba wordt gedaan.

's Avonds neemt men daarna nog een *medianoche*, een kleine versie van de Cubaanse sandwich, maar ook met ham, kaas, ingemaakte augurken en mosterd op wit brood, of een *pan con bistec*, met een dunne snee gemarineerd rundvlees, gekruid met knoflook en uien.

Daarbij komen nog de invloeden van de creoolse en de cajunkeuken uit Louisiana, met rijke gumbo's en jambalaya's. Andere invloeden zijn de stevige, landelijke keuken van de zuidelijke staten, enkele recepten van de kampvuren van de Seminole, schnitzel van *gator tail* (alligatorstaart) of gebakken maniokwortels.

Alligatorstaart, in dunne plakjes gesneden en gepaneerd als een schnitzel of aangebraden en als goulash in een pan gekookt, bezit overigens geen sterke eigen smaak. Het smaakt eigenlijk nog het meest naar iets dat het midden houdt tussen kippen- en kalfsvlees.

Veel kruiden, waaronder gember, piment, komijn, koriander, kaneel, venkelzaadjes, laurierbladeren en mosterdzaadjes, tijm, oregano, rode en zwarte peper, zijn afkomstig uit Haïti, de Dominicaanse Republiek, Cuba, Jamaica, Grenada en andere eilanden uit het Caribisch gebied. Vanwege de nabijheid van de Caraïben kunnen ze in de keuken van Florida vers worden verwerkt.

De invloeden van de zuidelijke staten en de culinaire invloed van het ooit Franse New Orleans zijn vooral merkbaar in het noorden van Florida, langs de grens met Georgia en Alabama en in het westen van de Panhandle. Maar met name de creoolse en cajunkeuken worden tot in Orlando en Miami vertegenwoordigd door toprestaurants, zoals die van Emeril Lagasse.

Vers op het bord

Buiten de fastfoodketens met hun geprefabriceerde maaltijden kunt u in Florida uitstekend eten. Tenslotte komen de meeste ingrediënten vers uit de nabije omgeving. In de rivieren en het enorme Lake Okeechobee worden meerval, baars en rivierkreeft gevangen. In de lagune van Apalachicola liggen rijke oesterbanken. Op de grasweiden van de meer dan duizend ranches tussen Kissimmee en Fort Myers grazen de grootste kuddes ten oosten van de Mississippi.

Vruchtbare akkers, helder, mineraalrijk water en het milde klimaat zorgen ervoor dat ten zuiden van Lake Okeechobee behalve avocado's, tomaten en paprika's ook aardbeien en suikerriet goed kunnen gedijen, en op de akkers tussen Jacksonville en Tallahassee worden pecannoten en pinda's verbouwd. In de omgeving van Orlando en in het gebied tussen Orlando en Miami worden op uitgestrekte plantages sinaasappels, grapefruits en limoenen gekweekt.

Natuurlijk is in bijna elke straat een fastfoodrestaurant te vinden, maar beter eten vindt u in de zogenaamde deli's, delicatessenwinkels in winkelstraten en op talrijke markten. Daar verkoopt men vlees, kaas, salades en snacks. Vaak kan men hier zelf een sandwich of een salade samenstellen voor de lunch.

In de restaurants van de kustplaatsen smaken vis, kreeft, krab, mosselen en oesters, die vers worden gevangen en meteen worden bereid, overheerlijk. In authentieke fish-camp-restaurants langs de Intracoastal Waterway of andere, meer landinwaarts gelegen visgebieden serveert men grote porties *catfish* (meerval), alligatorschnitzel of kikkerbilletjes. Dit alles wordt genadeloos gefrituurd, maar is wel bijzonder vers. Als bijgerecht serveert men *hush puppies*, zachte broodjes van maismeel. Liefhebbers van kundig bereide zeevruchten reizen van ver uit het noorden en van de oostkust van Florida naar het Seafood Festival, dat begin februari in Everglades City wordt gehouden. In tientallen stalletjes wordt gedurende twee dagen alles wat in water zwemt en goed smaakt gefrituurd, gebraden, gestoomd, gerookt en gemarineerd. In november vindt er een vergelijkbaar evenement plaats in Apalachicola. In de uitgestrekte lagune voor deze vissersplaats aan het begin van de Panhandle liggen miljoenen oesters te rijpen. Tijdens het *Seafood & Oyster Festival* kunnen bezoekers op verschillende wijzen bereide oesters met pikante sauzen proeven, die niet alleen door restaurants, maar ook door vissers en zelfs plaatselijke kerkgemeentes volgens speciale recepten worden bereid en in stalletjes geserveerd.

Op de menukaart van de betere visrestaurants staan in oktober en april als bijzondere delicatesse *stone crabs*, de gekookte wintercha-

De nabije ligging van de zee is niet alleen merkbaar op de menukaart

ren van een in Florida levende zoutwaterkrab. Fijnproevers laten elke kreeft graag staan voor het zachte, lichtzoete vlees van de scharen, die overigens weer aangroeien.

Het zachte vlees van de vers gekookte roze scharen van de *stone crab* smaakt heerlijk met gesmolten boter of een pikante mosterdsaus. Gebakken *grouper*, een zaagbaars, met mango-salsa staat als de volgende gang op het menu. Als toetje volgt daarna een mousse van witte chocolade en aardbeien met zoete lemmetjes. Bij de vis serveert men een goed gekoelde droge witte wijn genaamd Lake Emerald, die afkomstig is van de wijngaard Eden Vineyards bij Fort Myers.

Floribbean Cuisine

Innovatieve chef-koks hebben de culinaire tradities van Florida aangepast aan de moderne smaak door lichtere gerechten te bereiden en zich nog meer open te stellen voor Caribische invloeden. Er ontstond een culinaire richting die tegenwoordig *Floribbean cuisine* of *Tropical fusion* wordt genoemd. *New World Cuisine* beschrijft de poging van innovatieve koks om ook Zuid-Amerikaanse, Aziatische en

Pacifische recepten en ingrediënten in hun fantasievolle creaties te verwerken. Voorbeelden hiervan zijn Florida Hummer met artisjokken in een alsem-safraansaus, *dolphin* (geen dolfijn, maar een goudmakreel) gebakken in een mantel van bananen met mandarijnenremoulade of visfilet van *red snapper*, gemarineerd in het sap van een bittersinaasappel (pomerans) met geroosterde jamaicapeper, groene chili en sjalotten. Wie wil genieten van dergelijke gerechten, komt niet alleen aan zijn trekken in Miami of Orlando, maar intussen in talloze restaurants verspreid over heel Florida.

Een bijzonder element van de *Floribbean cuisine* is het gevarieerde gebruik van scherpe paprika, waarvan de hete onderdelen worden verzacht met honing, vanille, kokosnotenolie of Key-lemmetjes. Een hoofdrol is in deze keuken weggelegd voor tropische vruchten, zoals de op Europese markten zeldzame vrucht mamey sapote, maar ook mango, passievrucht, papaya of carambola. De voorvechters van de nieuwe keuken van Florida worden daarom ook wel gekscherend de *mango gang* genoemd.

Met name Miami en Miami Beach hebben zich ontwikkeld tot het culinaire epicentrum van een nieuwe restaurantscene, die inmiddels op een vergelijkbaar niveau staat als de restaurantscenes van New York en San Francisco. De fijnproeverstempels van de *New-Wave*-koks steken met kop en schouder boven de circa zesduizend restaurants in de regio uit. Douglas Rodriguez met zijn moderne interpretaties van Cubaanse culinaire traditis, en Allen Susser en Norman van Aken, behoren tot de pioniers van de fusionkeuken in Zuidoost-Florida.

Natuurlijk zijn de kleine kunstwerken met hun ongewone smaakcombinaties die de topkoks op de borden toveren niet goedkoop. Maar wie niet alleen wil lezen over de avontuurlijke creaties maar ze ook wil eten, zal zichzelf toch zeker een keer dat genoegen moeten gunnen. Wees evenwel gewaarschuwd: ondanks de hoge prijzen zijn de restaurants van de bekende sterkoks meestal volgeboekt. Het is daarom noodzakelijk om vroegtijdig te reserveren.

Dranken

Frisdrank

Naast de wereldwijd bekende alomtegenwoordige frisdranken (*softdrinks*) en de in de zuidelijke staten van de VS onvermijdelijke ijsthee beschikt Florida ook over een eigen merk dorstlesser: Gatorade. Deze oorspronkelijk door scheikundigen van de universiteit van Florida voor hun footballteam Gator ontwikkelde powerdrink, is in Florida zeer populair. Daarnaast voorziet de staat met de oogst van zijn citrusvruchtenplantages half Noord-Amerika van sinaasappel- en grapefruitsap.

Bier

De Amerikaanse biermerken – vaak opgericht door uit Duitsland afkomstige brouwers – brouwen hun bier intussen al lang niet meer op de traditionele wijze. Bovendien zijn hun bieren naar Europese begrippen zeer licht. In de regel drinken Amerikanen *lager* (lichtgekleurd bier), met vaak nog de vermelding *light*. Het Busch-concern, een van de grootste brouwerijen van de VS, heeft in Florida ook vele miljoenen in de amusementsindustrie geïnvesteerd (Busch Gardens en SeaWorld), en belangrijke productiefaciliteiten gebouwd in Tampa en Jacksonville.

Ook in Florida zijn *micro breweries* in de mode geraakt. Ze produceren – vaak in overeenstemming met het beroemde Duitse Reinheitsgebot – goed drinkbare bieren voor de regionale markt.

Wijn

Ook de Californische wijnen uit Sonoma Valley en Napa Valley en de beste wijnen uit Oregon en de staat Washington, die zich kunnen meten met Franse of Italiaanse wijnen, krijgen steeds meer liefhebbers in Florida. Met de druiven- en vruchtenwijnen van de Eden Vineyards ten oosten van Fort Myers beschikt Florida over het zuidelijkste wijnbouwgebied van de VS. Populaire aperitiefjes zijn Scotch of bourbon whiskeys, droge martini (met meer gin dan vermout) of een longdrink zoals gin-tonic, wodka-lemon of een margarita.

De culinaire dagindeling

Ontbijt

Het *breakfast* (ontbijt) is zeer uitgebreid. Men combineert zoet met stevig; zoete *waffles with maple syrup* (wavels met ahornsiroop) worden gegeten in combinatie met stevige *scrambled eggs with bacon* (roerei met spek). Slechts weinig Amerikanen eten bij hun ontbijt een gekookt ei, velen prefereren *eggs sunny side up* (spiegeleieren) of *over easy* (aan beide kanten gebakken) met *hash browns* (geraspte gebakken aardappelen). Daarnaast is er een keur aan gebraden worstjes *(sausages)*, ontbijtspek *(bacon)* en ham. Bij het ontbijt worden meestal *orange juice* (sinaasappelsap) en *coffee* gedronken. De koffiekopjes worden bijna altijd door het personeel bijgevuld *(refill)*. Cafeïnevrije koffie staat als *decaf* op de menukaart vermeld.

Als alternatief voor dit *American breakfast*, dat is afgeleid van het klassieke Engelse ontbijt, staat vaak een *Continental breakfast* op de kaart. Dit ontbijt beperkt zich tot toast en muffins met boter, roomkaas en marmelade, waarbij koffie wordt gedronken. Ontbijten is het minst duur in een *coffee shop*. Bij het ontbijtbuffet van hotels, maar intussen ook in vele ontbijtrestaurants of cafés, onder andere bij Starbucks, worden eveneens lichtere varianten aangeboden, met fruitsalade en *cereal* (cornflakes enzovoort).

Lunch

De 's middags genuttigde lunch is veel minder uitgebreid. De Amerikanen eten dan vaak alleen maar een sandwich, een salade of een *burger* met *french fries* (patat). Wie graag wat stevigers eet, gaat naar een Italiaans restaurant en bestelt pasta of probeert bij een Japans restaurants sushi of sashimi. Bij de lunch is het vooral belangrijk dat hij snel kan worden genuttigd, want de middagpauzes zijn kort.

Diner

Het diner begint om 18.00 uur, zeer vroeg naar Europese maatstaven. De inwoners van Florida nemen de tijd voor een uitgebreid avondmaal.

ALCOHOL – NIET ALLEEN EEN KWESTIE VAN SMAAK

Het tijdperk van de Drooglegging van 1919 tot 1933, toen alcohol verboden was en de gangstersyndicaten floreerden, werkt hier en daar nog altijd na. Afhankelijk van de meningen in het betreffende overheidsdistrict *(county)* staat men daar 'nat' of 'droog'. In de stofdroge counties zijn zelfs de op apotheken lijkende *liquor stores* verboden. Daar is alleen ijsthee toegestaan. In de vakantiegebieden van Florida zullen bezoekers evenwel nauwelijks met deze extreme regelgeving te maken krijgen. In deze gebieden geldt over het algemeen (uitzonderingen bevestigen de regel): geen alcohol achter het stuur, verkoop en schenken van alcohol aan jeugdigen onder de 21 jaar is niet toegestaan, evenals de consumptie van alcohol in de openbare ruimte. Wijn en bier zijn in veel supermarkten verkrijgbaar, maar sterkedranken worden alleen verkocht in de liquor store. In restaurants die het predikaat *fully licensed* voeren, kunt bij het eten alcoholhoudende dranken bestellen. Een bord met het opschrift BYOB (*bring your own bottle*) betekent dat gasten hun eigen wijn of bier mee moeten nemen als ze dat bij het eten willen drinken (zie ook blz. 81).

Omdat in de meeste restaurants de keuken tussen 21 en 22 uur sluit en hierdoor elke tafel 's avonds maar een enkele keer bezet wordt, is het met name bij populaire restaurants aan te raden om enkele dagen van tevoren te reserveren.

Goed om te weten – enkele gedragsregels

Het is in de Verenigde Staten niet gebruikelijk om op een vrije tafel af te stormen, maar u dient

Tijdens het jaarlijkse South Beach Food and Wine Festival kunnen bezoekers kennismaken met het nieuwste op culinair gebied

te wachten tot een *host* of een *hostess* u een tafel toewijst. Borden met het opschrift *Please wait to be seated* geven ook aan dat dit de bedoeling is. Uitzonderingen zijn fastfoodrestaurants als bijvoorbeeld McDonalds. IJswater wordt gratis aangeboden. Het is geen probleem wanneer gasten niets anders te drinken bestellen. Al snel zal iemand van de bediening zich aan u voorstellen en u de menukaart aanbieden.

Als u een noemenswaardig deel van het bestelde eten niet op krijgt en u dit zou willen meenemen, dan zal dit vanzelfsprekend voor u in een *doggiebag* worden ingepakt. In een dergelijke doos van piepschuim, die overigens niets met een hond thuis te maken heeft, doorstaat het eten het transport zeer goed, zodat het later in de magnetron kan worden opgewarmd.

Het is overigens nergens in de VS gebruikelijk om na het eten gezellig met een glas bier of wijn aan tafel te blijven zitten. Als het bedienend personeel vraagt of men nog iets voor de gasten kan betekenen, dat wil zeggen of deze nog iets willen bestellen, en u antwoordt daarop ontkennend, dan zult u snel de rekening gepresenteerd krijgen. Als gasten na het eten ontspannen bij elkaar willen zitten, dan gaan ze naar een bar of een lounge.

In enkele zeer stijlvolle restaurants kan het gebeuren dat u de toegang wordt ontzegd omdat u geen colbert of das draagt. In restaurants en in restaurantgidsen wordt daarvoor gewaarschuwd: *casual* betekent gemakkelijke kleding, waarbij het overigens niet de bedoeling is dat u in korte broek of in badkleding verschijnt. Bij veel restaurants in de buurt van een strand staat duidelijk aangeven: *no shoes, no shirt – no service*. *Formal* betekent met jasje en stropdas. Soms zal de hostess, die de gasten naar de tafels leiden, in geval van nood een stropdas aan u uitlenen.

Ten slotte nog iets over fooien. De *tip* vormt bij de lage tarieven in de gastronomie een wezenlijk en vast ingecalculeerd onderdeel van het inkomen van het bedienend personeel. Daarom moet u altijd enkele dollarbiljetten bij u hebben. Het is gewoonlijk om ongeveer 18-20% bij het bedrag van de rekening op te tellen omdat het bedrag vaak exclusief bediening is. Bij de meeste restaurants waar u met creditcard kunt betalen is het ook mogelijk om een bedrag voor de fooi in te vullen.

Outdoor

Vissen

Wie in de voetsporen van Ernest Hemingway wil treden, moet op Key West of een ander eiland een zeewaardige boot charteren of op een boottocht meevaren en de strijd met de zwaardvis aangaan (zie Actief blz. 230). Ook langs de oostkust echter, aan de Golf van Mexico en op de meren in de Panhandle is vissen een volkssport. Forellen en baarzen gaan in de zoetwatermeren het vaakst aan de hengel; aan de kust kan het weleens een tonijn, zwaardvis of vliegende vis zijn.

Vissers ouder dan zestien jaar hebben voor zoetwatermeren een vergunning nodig, om te vissen op volle zee moet u ofwel zes maanden in Florida gewoond hebben of aan een georganiseerde chartertocht deelnemen. Op pieren en bruggen mag u gratis vissen. Vergunningen zijn tegen een geringe vergoeding in sportwinkels te krijgen. De consumptie van in afwateringskanalen gevangen vis is vanwege de hoge belasting door schadelijke stoffen dringend af te raden. Fishing Florida geeft een overzicht van aanbieders van vistochten in zoet en zout water (www.fishing-florida.com).

Golfen

Florida telt meer dan duizend golfbanen, waarvan sommige tot de mooiste van de VS behoren (zie ook blz. 378). Veel hotelresorts beschikken over hun eigen 18-holesbaan of hebben afspraken met nabijgelegen golfbanen. Het is aan te raden om al voor vertrek via het geboekte hotel of via het netwerk WorldGolf, dat op de website www.teetimes.com een lijst van golfbanen bijhoudt, *tee times* te reserveren. Bij Tee Times USA krijgt u een overzicht van bijna alle golfbanen van Florida, kunt u *tee times* reserveren of ook all-inaanbiedingen om te golfen boeken (P.O. Box 641, Flagler Beach, FL 321 36, tel. 386-439-0001, www.teetimes usa.com). Beginners kunnen vaak deelnemen aan driedaagse basiscursussen om deze sport te leren kennen.

Een uitvoerige lijst van de *fairways* in Florida is te krijgen bij de Florida Sports Foundation (2930 Kerry Forest Pkwy, suite 101, Tallahassee, FL 32309, tel. 850-488-8347, www.flasports.com); www.visitflorida.com/golfing is in een samenwerking van het verkeersbureau met de PGA en de Florida Sports Foundation ontstaan.

Kanoën en kajakken

Duizenden meren, diverse rivieren en de kustwateren vol baaien nodigen uit om door het water te peddelen. Het **Office of Greenways and Trails** van het Florida Department of Environmental Protection (DEP, MS 795, 3900 Commonwealth Blvd., Tallahassee, FL 32399-3000, tel. 850-245-2052, www.dep.state.fl.us) beschikt over informatie over het uitgestrekte waterwegennet en ook over aanbieders en verhuurders van boten en tochten. De website www.paddleflorida.org biedt uitgebreide informatie over het kanoën en kajakken. Een goed overzicht van verscheidene kano- en kajakroutes over zoet water en in zee vindt u op de website www.visitflorida.com/trails.

Fietsen en inlineskaten

Rails to trails, het in de VS populaire idee om opgeheven spoorwegtracés in wandel- en fietspaden te veranderen, heeft ook in Florida tientallen *bike trails* in de wereld geholpen, vooral rond de Tampa Bay. De 75 km lange Pinellas Trail over het gelijknamige schiereiland is een van de verharde en bekendste fietstrajecten door bewoond gebied. In sommige vakantieplaatsen, bijvoorbeeld op Sanibel Island, behoren de elders zeldzame fietspaden langs de wegen al tot het gewone beeld.

Het vlakke terrein maakt het ook voor ongeoefende mensen gemakkelijker om uitstapjes per fiets of inlineskates te ondernemen. Zelfs de binnenstad van Orlando is inmiddels op de fiets te verkennen, ook in de Everglades loopt een fietspad. Veel toeristenbureaus hebben informatie over hun plaats paraat, die ook van nut is voor fietsers en inlineskaters. Op de website van het verkeersbureau van Florida kunt u zich vertrouwd maken met interessante fietspaden en reeds uitgewerkte fietstochten (www.visitflorida.com/biking) en bovendien een e-brochure met informatie en ongeveer dertig trails downloaden.

Zeilen en windsurfen

Florida bezit na Alaska de langste kustlijn van alle Amerikaanse staten. Deze biedt talloze mogelijkheden om met een zeilboot kleine of grotere tochten te ondernemen. In de jachthavens aan de kust zijn boten te huur; ook grote charterondernemingen als Moorings (www.themoorings.com) uit Vero Beach of de Florida Yacht Group (www.floridayacht.com) hebben vestigingen in Florida met zeewaardige boten. In veel plaatsen met beschermde lagunes, zoals in de Biscayne Bay of op Key Largo, worden ook surfplanken verhuurd.

Duiken en snorkelen

Florida is een paradijs voor watersporters. De populairste snorkel- en duikgebieden liggen voor de Keys, die door koraalriffen worden beschermd. Hier opent zich een bonte onderwaterflora en -fauna. Duikorganisaties bieden duiktochten naar gezonken schepen aan. Uitrustingen om te snorkelen of scubaduiken worden verhuurd door de driehonderd *dive shops* van hotels en duikscholen.

Enkele van de mooiste duikgebieden zijn het John Pennekamp Coral Reef State Park op Key Largo, het Biscayne National Park en het Looe Key National Marine Sanctuary voor Big Pine Key (zie blz. 216). Verder zijn voor verscheidene kusten afgedankte schepen als kunstmatig rif tot zinken gebracht. (zie Actief, blz. 204).

Een bijzondere belevenis bieden de duikexcursies naar het vertakte grottenstelsel van de Florida Aquifer (zie Thema blz. 346). U moet echter wel bedenken dat zonder begeleiding en ervaring zo'n duiktocht levensgevaarlijk kan worden.

Tennis

Honderden tenniscomplexen met bijna achtduizend banen geven aan hoe populair tennis

In zee of in de heldere bronmeren in het binnenland – Florida biedt de optimale omstandigheden om te snorkelen en te duiken

is, dat in Florida het hele jaar door gespeeld kan worden. Wie zelf wil spelen, kan op veel particuliere terreinen een baan en rackets huren. Wie geïnteresseerd is in tennistoernooien van professionals, kan bij onder andere **USA Tennis Florida** informeren waar en wanneer deze toernooien worden gehouden (tel. 386-671-8949, www.florida.usta.com).

Wandelen

Florida heeft dan geen bergen, de staat biedt tientallen wandelroutes door fantastische landschappen, langs rivieren en meeroevers en door subtropische bossen als het Everglades National Park. In het e-book *Florida Hiking Trails* van www.visitflorida.com zijn talloze interessante wandelroutes uitgestippeld. Op de website www.dep.state.fl.us/gwt van het milieuagentschap van Florida staan nog meer trails door de natuur.

De Florida Trail Association onderhoudt, geholpen door talloze vrijwilligers, de meeste openbare wandelroutes. Onder deze organisatie valt ook de 1300 mijl lange Florida National Scenic Trail. Op de website www.floridatrail.com vindt u behalve informatie over de trail ook een in trajecten onderverdeelde interactieve kaart, speciale tips, nabijgelegen campings en eventuele omleidingen.

De County Fair van Miami biedt in maart en april pret voor groot en klein

Art Basel Miami Beach is een van de belangrijkste kunstbeurzen ter wereld

Feesten en evenementen

Januari

Miami: Orange Bowl (Nieuwjaarsdag, www.orangebowl.org). Het BCS National Championship Game, de finale van het college-footballseizoen.
Miami: Art Deco Weekend (half januari, www.mdpl.org). Tentoonstellingen, rondleidingen en meer dan zestig evenementen, waaronder het *Moon over Miami-bal*.

Februari

Tampa: Gasparilla-piratenfeest (eind januari/begin februari, www.gasparillapiratefest.com). Grote optocht van schepen met feest ter ere van de vrijbuiter José Gaspar, die ook (korte tijd) de macht over de stad grijpt.
Daytona Beach: Speedweeks (eind januari tot half februari, www.daytonainternationalspeedway.com). Autorace-evenement met een serie NASCAR stockcarraces. Het hoogtepunt wordt gevormd door de Daytona 500 NASCAR Sprint Cup van meer dan 500 mijl, oftewel tweehonderd rondjes.
Kissimmee: Silver Spurs Rodeo (ook in juni, www.silverspursrodeo.com). Grootste rodeo ten oosten van de Mississippi, met alle klassieke rodeodisciplines.

Maart

Sarasota: Jazzfestival (begin maart, www.jazzclubsarasota.com). Een van de belangrijkste jazzevenementen van het land, altijd met artiesten van topniveau.
Daytona Beach: Bike Week (tweede week van maart, www.officialbikeweek.com). Met meer dan tweehonderdduizend deelnemers en duizenden motorfietsen. Er worden motorraces gehouden op de snelweg.

Miami: Winter Party (begin maart, www.winterparty.com). Tijdens dit meerdaagse evenement van de homoseksuele en lesbische gemeenschap met feesten en concerten, komen jaarlijks duizenden bezoekers uit het binnen- en buitenland naar Miami. De opbrengsten komen ten goede aan het mensenrechtenfonds van Dade County.
Sanibel: Shell Show (begin maart, sites.google.com/site/thesanibelcaptivashellclub/annual-shell-show). Festival met tentoonstellingen van kleurige en bizarre mosselen.
Miami: International Film Festival (begin tot half maart, www.miamifilmfestival.com). Met een grote selectie Noord-Amerikaanse, Latijns-Amerikaanse en internationale films, waaronder onafhankelijke producties.
Miami: Calle Ocho Festival (half maart, www.carnavalmiami.com). Bruisend feest van de Cubaanse gemeenschap, ook wel Miami Carnaval genaamd, langs 8th Street met optochten, feesten en Cubaans eten.

April

Key West: Conch Republic Independence Celebration: (tweede helft april). Feest ter ere van de 'Onafhankelijkheidsverklaring' van Key West, www.conch-republic.com.

Mei

Fort Lauderdale: Lauderdale Air Show (www.lauderdaleairshow.com). Zeer populaire vliegshow (bij goed weer), ook met militaire vliegtuigen.
West Palm Beach: (begin mei, www.sunfest.com). Grootste strandfeest van Florida in Downtown West Palm Beach met bijna driehonderdduizend bezoekers.
White Springs: Florida Folk Festival (Memorial-Day-weekeinde, www.floridastate

parks.org/folkfest/). In het Stephen Foster State Park aan de Suwannee River worden de culturele tradities, de muziek en de kunstnijverheid van het platteland van Florida getoond.

Juni

Pensacola: Fiesta of Five Flags (eind mei tot midden juni, www.fiestaoffiveflags.org). De geschiedenis van de stad wordt op levendige wijze uitgebeeld met optochten, bals en historische toneelvoorstellingen, ook evenementen voor kinderen.

Juli

Independence Day (4 juli). Feest ter gelegenheid van de Amerikaanse onafhankelijkheid met vuurwerk op tal van plaatsen, In Orlando is het dubbel feest: traditioneel bij *Fireworks over the Fountain* in het centrum (www.cityoforlando.net) en bij Walt Disney World met muziek en toneel (www.disneyworld.com).
Key West, Hemingway Days (midden juli, www.fla-keys.com/hemingwaymedia). Literatuurfeest met verkiezing van Hemingway look-a-likes, een viswedstrijd en diverse literaire evenementen.
Looe Key Marine Sanctuary: Lower Keys Underwater Music Fest (half juli, www.lowerkeyschamber.com). Onderwaterconcert voor duikers (en vissen).

Oktober

Daytona: Biketoberfest (half oktober, www.biketoberfest.org). Sportwagen- en motorraces, optochten en concerten.
Clearwater: Jazz Holiday (half oktober, www.clearwaterjazz.com). Topmuzikanen uit de hele Verenigde Staten spelen vier dagen lang in het Coachman Park. Gratis toegang.

Key West: Fantasy Fest (laastste week van oktober, www.fantasyfest.com). Heftig verkleedfeest met veel jeugdige bezoekers en optocht door de Duval Street.

November

Apalachicola: Seafood Festival (begin november, www.floridaseafoodfestival.com). Bij dit culinaire evenement spelen oesters in alle varianten een hoofdrol. Daarnaast is er een langeafstandsloop door de oude stad.
Deland: Festival of Arts (half november, www.delandfallfestival.com). Kunstfestival waaraan circa tweehonderd aanstormende kunstenaars deelnemen.
Miami: Book Fair (half november, www.miamibookfair.com). Belangrijkste boekenbeurs van de Verenigde Staten, talrijke lezingen van bekende schrijvers.
Miami: White Party Week (Thanksgivingweekeinde, www.whiteparty.org). Benefietvoorstelling ter bevordering van aidsonderzoek.

December

Miami Beach: Art Basel Miami Beach (begin december, www.artbasel.com/miamibeach). Illustere kunstbeurs met tientallen vernissages, verkooptentoonstellingen, concerten en andere evenementen in Miami Beach en het Art District van Miami.
Orlando: Christmas at Walt Disney World (geheel december, www.disneyworld.com). Kleurige kerstoptocht van Disneyfiguren in het Magic Kingdom, enorme kerstboom, veel verlichting. Kortom kermis op zijn Amerikaans, in al zijn denkbare en ondenkbare verschijningsvormen.
Fort Lauderdale: Seminole-Hard Rock Winterfest (half december, www.winterfestparade.com). Optocht van feestelijk verlichte boten op de Intracoastal Waterway.

Reisinformatie van A tot Z

Alcohol

De verkoop van alcohol is aan strenge regels onderhevig. Jongeren onder 21 jaar krijgen principieel geen sterkedrank, ook mogen zij zich niet ophouden in bars waar alcohol wordt geschonken, al gelden 18-jarigen in Florida inmiddels als meerderjarig. Volwassenen moeten zich – soms na het tonen van een paspoort, waarin de geboortedatum staat – in *liquor stores* voorzien.

Op straat is het gebruik van alcohol verboden; sommigen verstoppen daarom de fles of het blikje bier in een papieren zak. Ook alcohol achter het stuur is verboden. Dit verbod geldt voor het gehele interieur van de auto, dus ook de bijrijder mag geen fles alcohol in zijn of haar handen hebben. Zelfs een fles alcoholische drank op de achterbank is strafbaar, deze moet in de kofferruimte worden opgeborgen.

De meeste *liquor stores* zijn 24 uur per dag geopend, maar zondags pas vanaf 13 uur – een erfenis van puriteinse tijden, want om die tijd waren de mensen naar de kerk geweest. In veel supermarkten zijn bier en wijn te koop. Restaurants hebben een vergunning nodig om alcohol te schenken (zie blz. 81).

Diplomatieke vertegenwoordigingen van de VS

In Nederland
Amerikaanse ambassade
Lange Voorhout 102
2514 EJ Den Haag
tel. 070-3102209
nl.usembassy.gov

Consulaat-generaal van de VS
Museumplein19
1071 DJ Amsterdam
tel. 020-5755309
nl.usembassy.gov

In België
Amerikaanse ambassade
Regentlaan 27
1000 Brussel
tel. 02-8114000
belgium.usembassy.gov

Consulaat van de VS
Regentlaan 25
1000 Brussel
belgium.usembassy.gov
Vooral voor visumaanvragen

Diplomatieke vertegenwoordigingen in Florida

... van Nederland
Consulaat (honorair)
1101 N Lake Destiny Road, Suite 120
Maitland (Orlando), FL 32714
tel. 407-956-6071
www.nlconsulateorlando.org

701 Brickel Avenue, Suite 500
Miami, FL 33133
tel. 786-866-0480
mia@minbuza.nl
miami.the-netherlands.org

... van België
Ereconsulaat
100 N Biscayne Blvd., Suite 500
Miami, FL 33132
tel. 305-600-0982 en 305-318-9788
consulmiami@gmail.com

Drugs

Afgezien van de daarmee verbonden gezondheidsrisico's is het kopen of gebruiken van drugs in Florida strafbaar. Omdat Florida als een van de belangrijkste overslagplaatsen voor de drugsmaffia uit Zuid-Amerika geldt, zijn verdekt opgestelde agenten van de politie of van de antidrugsautoriteit DEA (Drug Enforcement Agency) vaak sneller ter plaatse dan iemand lief is. Om kort te zijn: blijf van de drugs af, anders kan een vakantie in het paradijs veranderen in een *holiday in hell*.

Fooi

U moet niet vreemd opkijken wanneer de ober tijdens het eten verscheidene malen informeert of alles *okay* of *fine* is. Dat is een vorm van algemene beleefdheid en vooral van attente bediening. Het is in restaurants

Elektriciteit

Europese stekkers passen niet in de platte Amerikaanse stopcontacten. De netspanning bedraagt 110 volt. Apparaten moeten om te schakelen zijn. Neem van huis een wereldstekker mee.

Feestdagen

New Year's Day: 1 januari, nieuwjaarsdag.
Martin Luther King's Day: derde maandag van januari. Feest ter herdenking van de geboortedag van Martin Luther King.
President's Day: derde maandag van februari. Geboortedag van George Washington.
Memorial Day: laatste maandag van mei. Feest ter ere van de gevallen soldaten, begin van het zomerseizoen.
Independence Day: 4 juli. Feest ter gelegenheid van de Amerikaanse onafhankelijkheidsverklaring.
Labor Day: eerste maandag van september. Dag van de arbeid, einde van het zomerseizoen.
Columbus Day: tweede maandag van oktober. Feest ter herinnering aan de 'ontdekking' van Amerika.
Veteran's Day: 11 november. Eerbetoon aan oorlogsveteranen.
Thanksgiving: 4de donderdag van november. Tijdens het dankfeest voor de oogst wordt traditioneel de hele familie uitgenodigd om kalkoen te eten. De vrijdag na Thanksgiving is vaak eveneens een vrije dag.
Christmas Day: 25 december. Kerstmis.

gebruikelijk ongeveer 18-20% van het bedrag op de rekening als fooi te geven. Hetzelfde geldt voor taxichauffeurs. Het basisinkomen in de dienstverlenende sector is schamel, daarom is de *tip* een belangrijk bestanddeel van het loon. Steeds meer restaurants gaan echter over tot het betalen van een hoger minimumloon om de vaak absurd hoge fooi-'verplichting' tegen te gaan. Hier staan dan ook bordjes met 'no tipping please!'

De kruier in het hotel verwacht $ 1 per stuk bagage, ook de kamermeisjes verheugen zich als de gast bij vertrek $ 1 fooi per nacht achterlaat. Bij taxi's rondt u net als bij ons af.

De vlakke stranden van Daytona zijn ook een populair reisdoel voor automobilisten en motorrijders – ze mogen hier zelfs op het strand rijden

Fotograferen

In fotozaken zijn geheugenchips voor digitale fototoestellen te koop. Wie video's koopt, moet thuis over over een apparaat beschikken dat ook NTSC-cassettes kan afspelen. Uw dvd-speler thuis moet de landcode 1 accepteren. Sinds de terroristische aanslag van 11 september 2001 is het niet toegestaan om kantoren van een overheidsinstantie te fotograferen, met uitzondering van bezienswaardigheden als het State Capitol of andere representatieve gebouwen.

Geld

Een dollar is gelijk aan 100 cent. Er zijn munten van 25 *(quarter)*, 10 *(dime)*, 5 *(nickel)* en 1 cent. De biljetten van $ 1, 2, 5, 100, 500 en 1000 zijn groen, het biljet van $ 10 heeft rode tinten, dat van $ 20 gele en dat van $ 50 blauwe.

Wisselkoers (herfst 2016, kijk voor actuele koersen op www.oanda.com/currency/converter): $ 1 = € 0,90, € 1 = $ 1,12

Contant geld haalt u met een van een pincode voorziene creditcard uit een automaat *(ATM = automated teller machine)* of bij een bank (ma–vr 9–17 uur) tegen tamelijk hoge kosten. Met uw pinpas kunt u ook geld opnemen bij een automaat met het Cirrus- of Maestrologo, in de winkel kunt u er echter niet mee betalen.

Nuttig zijn **travellercheques in dollars** (bijvoorbeeld travellercheques van American Express, de Bank of America of Thomas Cook), waarmee u in veel winkels of restaurants kunt betalen en die verzekerd zijn wanneer u ze verliest. U krijgt ze via uw eigen bank.

Grotere bedragen worden door Amerikanen en toeristen overigens meestal met een van de gangbare creditcards (MasterCard of Visa, minder vaak American Express) betaald. Bankbiljetten in euro's worden alleen op de internationale luchthavens en bij enkele wisselkantoren en grotere banken gewisseld. U kunt dollars beter al in Nederland of België opnemen.

Het kan voorkomen dat winkels geen biljetten van $ 100 accepteren. Het is aan te raden om cash in kleine coupures bij u te hebben. Het grootste deel van uw uitgaven is mogelijk door middel van een creditcard. Een creditcard is bijna onontbeerlijk, bijvoorbeeld voor het huren van een auto of het boeken van een hotelkamer.

BLOKKEREN VAN PINPAS EN CREDITCARD

Bij diefstal of verlies kunt u vanuit Amerika 24 uur per dag en 7 dagen per week de onderstaande nummers in Nederland bellen. U krijgt dan zo snel mogelijk een nieuwe pas toegezonden. Geef de vermissing van uw pas ook aan bij de politie!

Creditcards
American Express: 0031-20 504 86 66
Diners Club: 0031-20 654 55 11
Mastercard: 0031-30 283 75 00
Visa: 0800-022 31 10

Bankpassen
ABN-Amro: 0031-20 651 59 27
SNS: 0031-30 633 30 51
ING: 0031-30 283 53 72
Rabo: 0031-88 722 67 67

Houd u creditcardnummer en rekeningnummer bij de hand!

Gezondheid

Voor reizigers uit West-Europa die naar Florida gaan, zijn geen inentingen verplicht. Vanwege de vooral in de zomer krachtige zonnestraling moet u een zonnebrandcrème met hoog uv-filter gebruiken. Airconditioning, die overal in Florida op hoge toeren draait, is vaak de oorzaak van een verkoudheid.

Wie op bepaalde, alleen op recept verkrijgbare medicijnen aangewezen is, moet daarvoor een doktersattest, indien mogelijk in het Engels, bij zich hebben. Ook moet u niet meer meenemen dan voor persoonlijk gebruik. Nederlandse recepten kunnen in de Verenigde Staten niet worden verwerkt. Het is nuttig om van belangrijke medicijnen de samenstelling te kennen, opdat een medicijn met een combinatie van dezelfde werkzame stoffen in geval van nood door een medicus uit Florida kan worden voorgeschreven

In Florida voelen ook miljoenen muskieten zich prima, die vooral in de vochtige, warme zomer bij stilstaand water op een prooi loeren. Net als de op sommige stranden voorkomende zandvlooien – omdat ze zo klein zijn, worden ze *no-see-ums genoemd* – veroorzaken zij alleen jeuk, maar dragen geen malaria of andere ziekten over. Speciale middelen tegen insectenbeten zijn bij de plaatselijke drugstores verkrijgbaar.

Een paar jaar geleden zijn enkele gevallen van infectie met het West-Nijlvirus opgetreden, dat door muskieten wordt overgedragen en per jaar circa vijftig mensen treft. In de zomer van 2016 zijn in Zuid-Florida ook de eerste mensen besmet met het zika-virus. Dit is vooral gevaarlijk voor zwangere vrouwen.

Medische verzorging

De medische zorg in de Verenigde Staten is voortreffelijk, zij het duurder dan bij ons. Dokters- en ziekenhuisrekeningen dienen meteen betaald te worden; een creditcard is bijzonder nuttig bij grotere ziekenhuisrekeningen.

De Yellow Pages van de telefoonboeken bevatten een lijst van de plaatselijke artsen en ziekenhuizen. Ook bij de hotelreceptie of de lokale Chamber of Commerce (kamer van koophandel) kunt u adressen en telefoonnummers van artsen en ziekenhuizen krijgen. In dringende noodgevallen kunt u via het alarmnummer 911 de politie, brandweer of een ziekenauto laten komen.

Het is aan te raden u bij uw eigen verzekering te laten inlichten over eventueel te dekken kosten en indien nodig een aanvullende ziektekostenverzekering voor het buitenland met vervoer naar huis af te sluiten.

Apotheken

Medicijnen zijn in de Verenigde Staten te koop in *drugstores* met een speciale afdeling *Prescriptions* of in een *pharmacy*. Enkele ketens, zoals CVS of Walgreen, zijn zeer lang of zelfs doorlopend geopend.

In supermarkten is een ruime keus aan pijnstillers en middelen tegen verkoudheid te koop; bij speciale recepten is het aan te raden ofwel voldoende medicijnen van huis mee te nemen of de erin werkzame stoffen te laten opschrijven, zodat een apotheker in Florida u een vergelijkbaar middel kan verschaffen.

Internet

In hotels, cafés (zoals bijvoorbeeld alle vestigingen van Starbucks), op luchthavens en in *shopping malls* is meestal wifi voorhanden. Soms wordt daarvoor een kleine vergoeding gevraagd, meestal is het gratis.

Sommige hotelketens vragen echter een dagtarief tot wel $ 12. Ook is het in hotels mogelijk via een netwerkkabel verbinding met internet tot stand te brengen. Daaraan zijn meestal kosten verbonden. Wie de noodzakelijke tussenkabel niet bij zich heeft, kan er soms een bij de receptie lenen.

De **internetcafés** of cybercafés die in talrijke, ook kleinere plaatsen in Florida gevestigd zijn, maken toegang tot het internet mogelijk. Verschillende portals geven een overzicht van alle internetcafés in de Verenigde Staten, ook die in Florida (onder andere www.worldof internetcafes.de/north_america/usa en www. cybercafes.com).

Bovendien is in veel filialen van het kantoorartikelen- en expeditiebedrijf FedEx Office toegang tot het internet mogelijk (www.fedex.com/us/office); vaak zijn deze filialen tot zeer laat geopend.

Als u verbinding maakt met een gratis wifinetwerk, kunt u uiteraard ook gratis telefoneren via bijvoorbeeld Skype of Facetime.

Kaarten

De wegenkaarten van Rand McNally, die ook in Europa in sommige gespecialiseerde boekhandels verkrijgbaar zijn, worden aanbevolen. In de Verenigde Staten zijn bij alle toeristenbureaus, Chambers of Commerce en Welcome Centers gratis kaarten van de betreffende staat te krijgen. Daarnaast kunt u uiteraard gebruikmaken van diverse internetkaartdiensten zoals Google Maps.

Kinderen

Florida is een zeer kindvriendelijke staat; bijna overal wordt goed voor de kleintjes gezorgd. Met zijn lange stranden, de aangename temperatuur van de zee plus de pretparken en andere attracties is de *Sunshine State* een populaire vakantiebestemming voor gezinnen met kinderen.

Voor ritten met de bus of de trein krijgen kinderen afhankelijk van de leeftijd tot 50% korting. Bijna alle hotels beschikken over kinderbedden *(cribs)*. In veel hotels mogen kinderen tot zeventien jaar gratis op de kamer van hun ouders overnachten. In sommige hotels hoeft zelfs een klein ontbijt voor kinderen niet betaald te worden. Grotere hotels bieden een speciaal programma voor kinderen aan en regelen een oppas wanneer de ouders een keer alleen op stap willen.

Wie één kamer voor een gezin met twee kinderen te klein en twee kamers te duur vindt, moet ten minste voor een deel van de vakantie de huur van een camper overwegen. Appartementencomplexen en rijtjeshuizen aan de oosten westkust zijn een ander alternatief. Beide hebben het bijkomende voordeel dat u zelf voor het eten kunt zorgen en na een uitstapje naar uw vertrouwde basis kunt terugkeren.

Wanneer een gezin met kleine kinderen een restaurant binnenkomt, komt meestal prompt en ongevraagd een medewerker een kinderstoel *(booster chair)* aanbieden. In de regel krijgt u een speciale kaart voor kinderen aangereikt. *Family restaurants* van verschillende ketens hebben kleurpotloden of andere dingen om de kinderen bezig te houden paraat, of zelfs een speelhoek of een bewaakte speeltuin.

Kinderen houden vooral veel van de talrijke pretparken ten zuiden van Orlando. Daar zijn voor een gering bedrag buggy's *(stroller)* te huur, die er vaak uitzien als een dier, zoals een olifant of een dolfijn. Bij sommige achtbanen of andere attracties wordt in plaats van een minimumleeftijd een minimumlengte aangegeven. Dit om de kinderen te beschermen, want centrifugale of andere krachten kunnen angsten teweegbrengen of zelfs schadelijk voor de gezondheid zijn.

Ondanks grote oplettendheid van de ouders raken er altijd weer kinderen 'zoek' in de drukte. Het toverwoord is dan *lost and found*. In dit depot voor gevonden voorwerpen, meestal bij de hoofdingang van een attractie, wachten ook door oplettende parkmedewerkers opgepikte kinderen tot hun ouders hen hier komen ophalen.

De lange stranden als reusachtige zandbakken oefenen natuurlijk een grote aantrekkingskracht uit op kinderen. Ouders moeten absoluut voldoende zonnebrandolie meenemen, die ook van groot belang is wanneer de zon achter de wolken schuilgaat. Het is aan te raden erop te letten, niet alleen als het om kleine kinderen gaat, dat het water niet te snel diep wordt en of er geen aflandige stromingen gevaar kunnen veroorzaken. Het is in Florida niet gebruikelijk dat kinderen naakt zwemmen in het zwembad of in zee of naakt rondlopen. Hier werkt de puriteinse nalatenschap van de Amerikaanse Founding Fathers door tot in het heden.

In de auto moeten kinderen tot de leeftijd van drie jaar in speciale kinderzitjes *(child safety seat)* reizen, voor het overige geldt de algemene verplichting om de veiligheidsgordel om te doen.

Kleding en uitrusting

Lichte katoenen kleding is in het subtropische klimaat van Florida aan te raden. De kleding in Florida is behalve op officiële gelegenheden altijd sportief ontspannen – casual. Wie echt chic gaat eten, moet voor alle zekerheid een colbert en een stropdas meenemen. De meeste fijnproeversrestaurants hechten echter geen waarde aan uiterlijk vertoon. In de wintermaanden volstaat een trui voor koelere avonden.

Klimaat en reistijd

Florida is van het noorden tot aan de zuidpunt 720 km lang. Terwijl in de omgeving van Tallahassee en Jacksonville een warme klimaatzone met hete zomers en zelden ijskoude winters de overhand heeft, heerst ten zuiden van Fort Myers en Palm Beach al een tropische weersgesteldheid. In Tallahassee is het in de koudste maand januari ca. 12°C. In de maanden november tot en met februari worden in Key West gemiddelde temperaturen tussen 21 en 23°C gemeten, in juli tot september ongeveer 8°C hoger. In Midden-Florida mengen de beide klimatologische invloedssferen zich tot een gematigd subtropische weerzone, met wintertemperaturen rond 16°C en 's zomers gemiddeld 28°C.

Florida behoort in de Verenigde Staten tot de regio's met de grootste hoeveelheid neerslag. De meeste regen valt in de zomerperiode tussen mei en oktober. In het midden en zuiden van Florida heerst dan bij temperaturen tot 40°C tegelijk een hoge luchtvochtigheid. Het verkoelende middagbuitje waarmee u 's zomers om de twee dagen rekening moet houden, is overigens bijzonder aangenaam. Aan de kust gaat het strandseizoen het hele jaar door. In de wintermaanden heersen aan de zuidelijke kusten aangename zwemtemperaturen.

De zomer, vooral de maanden juli en augustus, is ook de tijd van het onweer. In het gebied ten zuiden van Lake Okeechobee dondert en bliksemt het negentig dagen per jaar op zijn minst kort, wanneer de vochtige, warme lucht in turbulentie geraakt. Van half augustus tot half oktober bestaat de grootste kans op een orkaan. De windsnelheid ligt dan tussen 120 en 250 km/uur, waarbij enorme golven en stormvloeden vaak grotere schade aanrichten dan de storm zelf.

Het klimaat van Miami

Orkanen

Wie een orkaan wil mijden, moet aan het eind van de zomer en in de herfst niet naar Florida reizen. De komst van een orkaan wordt altijd ruim van tevoren gemeld. Neem in zo'n geval de aanwijzingen van de autoriteiten in acht. Omdat de gevaren en de schade in de buurt van de kust het hoogst zijn, voeren *evacuation routes*, gemarkeerd met blauwe borden, naar veilige gebieden in het binnenland. De politie regelt het verkeer. Wie geen auto heeft, kan zich bij *Hurricane Evacuation Bus Stops* gratis laten ophalen. Het Weather Channel, een ook in veel hotels te ontvangen televisiekanaal, toont 24 uur per dag weerinformatie, ook voor de regio. De website www.weather.com biedt uitgebreide informatie over het weer overal ter wereld.

De beste tijd om te reizen

Florida is het hele jaar door een aantrekkelijk vakantiegebied. Het aangenaamst is het in Zuid-Florida in het voorjaar, wanneer de temperaturen nog niet zo hoog zijn en de zomerse korte en heftige regenbuien niet optreden.

Ook een bezoek aan de Everglades is dan zeer de moeite waard. Ten eerste zoemen er nog niet tienduizenden muggen door de lucht en ten tweede zijn de kansen groter om alligators en vele andere wilde dieren in het park te zien.

Van half december tot Pasen is het in de zuidelijke helft van Florida hoogseizoen, met de bijbehorende hogere prijzen voor de accommodatie. Hartje zomer is het in het noorden heet, maar droger dan in het subtropische zuiden. Dan is het daar hoogseizoen.

Links en apps

Links

Behalve de websites van de verschillende informatiebureaus en ambassades (zie blz. 81) kunnen de volgende sites van dienst zijn:

www.nps.gov: Informatie over alle nationale parken. Links naar ieder *National Park* of *National Monument*.

www.floridastateparks.org: Alles over Florida's *State Parks*, hun precieze locatie, de weg ernaartoe, toegangsprijzen, de verschillende bezienswaardigheden en openingstijden.

www.semtribe.com: Officiële website van de Seminole-indianen uit Florida, met links naar hun verschillende ondernemingen en attracties.

www.scubanews.com: Adressen en links over duiken, website van het duiktijdschrift Scubanews met de nadruk op Florida.

www.floridasmart.com: Veel Floridalinks op alle mogelijke terreinen, van zip codes tot het weer of de laatste winnende combinaties van de Florida Lottery.

www.dep.state.fl.us: Alles over het 'groene Florida', informatie van het Florida Department of Environmental Protection.

www.discoveramerica.com: Officiële reisen toerismesite van de VS, met informatie over alle belangrijke steden en gebieden.

www.gocampingamerica.com: Alles over campings en informatie over kampeerplekken.

www.usa.nl: Algemene, vooral historische, informatie over de Verenigde Staten, met toeristische links.

www.koa.com: Homepage van de KOA-campings, die verspreid zijn over de hele VS.

www.aaa.com: American Automobile Association, de Amerikaanse ANWB.

Apps

Het aantal Florida-apps stijgt snel. De meeste zijn beschikbaar voor zowel Apple's iOs als Android.

Visit Florida: officiële reisapp van het toeristenbureau, met links, video's en tips, gratis.

Florida Keys Guide: de officiële reisapp van de VVV van de eilandenketen, met informatie, foto's en diverse webcams, gratis.

Florida Offline Road Map: gratis.

Florida Travel Guide - TOURIAS: met navigatiefunctie (online), gratis.

Florida Travel Guide by Triposo: ook offline te gebruiken, inclusief City Guides van Orlando, Miami en Key West, gratis.

Florida State Parks Guide: informatie on woord en beeld over 160 State Parks, gratis.

HelloGayFlorida: informatie, evenementen en links voor de LGBT-gemeenschap, gratis.

Florida Grapefruit League: informatie over de trainingskampen van de honkbalprofs van de Major League, gratis.

Orlando Travel Guide: tips, weer, restaurants en hotels, gratis.

Kissimmee Travel Guide: attracties, restaurants en het weer, gratis.

Pcola: info, restaurants, hotels en het weer in de regio Pensacola, gratis.

Visit Sarasota County: stranden, restaurants, hotels, attracties, gratis.

Universal Orlando: kaarten van het park om te bekijken en te downloaden, gratis.

Universal Orlando Wait Times: info over de wachttijden voor de diverse attracties van het park, gratis.

My Disney Experience: park-informatie, kaartverkoop, Fast Pass+- en restaurant-reserveringen, gratis.

Disney World Waiting Times: info over de wachttijden voor de diverse attracties van het park, gratis.

SeaWorld Discovery Guide: openingstijden, showtijden, aanbiedingen, link naar webcams in het park, en een handige 'Car Finder'-functie om uw auto weer te vinden op het gigantische parkeerterrein, gratis.

Literatuur

Lynne Barrett: *Magpies*, 2011. Bekroonde korte verhalen over relaties, intriges en misdaden, die zich afspelen in Florida. In 2011 bekroond met de Florida Book Award.
Joy Fielding: *Missing Pieces*, 1997. De succesvolle gezinstherapeute Kate Sinclair uit Palm Beach is radeloos: haar dochter is opstandig geworden, haar moeder terroriseert haar omgeving en haar halfzuster maakt bekend dat ze met een man wil trouwen die wordt verdacht van de moord op dertien vrouwen. Plotseling ziet Kate zichzelf en haar gezin binnengetrokken in de wereld van een onberekenbare psychopaat.
James W. Hall: *Mean High Tide*, 1995. De alternatieveling en hartstochtelijk visser Thorn Boot gaat vanuit zijn boot op de Keys de strijd aan met een psychopathische CIA-agent, die de wereld angst en schrik aanjaagt doordat hij haar met gemuteerde 'killerbaarzen' tracht te vernietigen.
Ernest Hemingway: *To Have and Have Not*, 1937. Deze klassieker van de Nobelprijswinnaar speelt op Key West, waar de schrijver jarenlang heeft gewoond en waar tegenwoordig het Ernest Hemingway Home alle bewonderaars en geïnteresseerden een kijkje biedt in het leven van de beroemde schrijver.
Carl Hiaasen: *Scat*, 2009. Wanneer de onverschrokken lerares Mrs. Stark bij een bosbrand verdwijnt, blijkt snel dat niets is wat het lijkt. De bijzondere humor van Hiaasen is ook te vinden in zijn andere Florida-bestsellers.
John Katzenbach: *Just Cause* (Ned. *De veroordeelden*), 1992. De verslaggever Matthew Coward redt een zwarte man uit de dodencel. Nadat er een nieuwe moord heeft plaatsgevonden, duiken er echter weer twijfels op.
Alison Lurie: *The Last Resort*, 1998. Door zijn inzet voor bedreigde diersoorten is Wilkie Walker wereldberoemd geworden. Wanneer hij 70 is, beseft hij dat hij zelf met uitsterven wordt bedreigd. Zijn jongere vrouw Jenny stelt hem een verandering van omgeving voor: Key West in Florida, beroemd om de kleurrijke bewoners van het eiland. Deze verandering blijkt echter onverwachte gevolgen te hebben.
Ana Menendez: *In Cuba I was a German Shepherd*, 2001. De dochter van Cubaanse immigranten en voormalige journalist van de Miami Herald vertelt over de tegengestelde werelden van Cubanen en Cubaanse emigranten, over familiebanden en mooie herinneringen aan haar vroegere vaderland.
Karen Russell: *Swamplandia!*, 2011. Na de dood van haar moeder is haar dertienjarige dochter Ava Bigtree verantwoordelijk voor het nu failliete alligatorpark van de familie bij Everglades City en tegelijk probeert zij haar in het moeras verdwenen zus te vinden.
Randy Wayne White: *Deep Blue*, 2016. Marien bioloog en voormalig NSA-agent Doc Ford wordt wederom in een dodelijk avontuur gezogen. Heeft zijn verleden hem eindelijk bijgehaald? Randy Wayne White heeft dik twintig boeken geschreven over Doc Ford – de ideale vakantielectuur. Ze spelen zich allemaal af in het merengebied ten noorden van Orlando, langs de Gulf Coast, in Tampa of in andere regio's van Florida.
Charles Willeford: *Miami Blues*, 1984. Hoke Mosely van de politie van Miami is een moordenaar en rover op het spoor en is af en toe zelf degene die achtervolgd wordt. De meerdere malen verfilmde Hoke Mosely-romans hebben inmiddels cultstatus bereikt.
Tom Wolfe: *Back to Blood* (Ned. *Terug naar het bloed*), 2012. Nestor, politieagent met Cubaanse roots, arresteert een Cubaanse vluchteling en opent de jacht voor Miami. Tom Wolfe ontleedt op pakkend satirische wijze de American Dream.

Maten en gewichten

De meest gangbare maten

1 inch (in of ') – 2,54 cm
1 foot (ft) – 12 in – 30,48 cm

Een bezoekje aan Magic Kingdom ... *... of toch liever relaxen aan het strand?*

Pelikanen laten zich bewonderen op de Anhinga Trail in het Everglades National Park

1 yard (yd – 3 ft) – 91 cm
1 mile (m) – 1,609 km
1 square foot (sq.ft) – 0,093 m²
1 acre (ac) – 0,405 hectare
1 square mile (sq.mi.) – 640 ac – 2,59 km²

Gewichten

1 ounce (oz) – 28,35 g
1 pound (lb) – 453 g
1 ton – 907 kg

Vloeistoffen

1 pint (pt) – 0,473 l
1 quart (qt) – 0,946 l
1 gallon (gal) – 3,785 l

Temperaturen

De omrekening van de temperaturen gaat volgens de formule: Fahrenheit min 32 gedeeld door 1,8 = Celsius:

32°F – 0°C
50°F – 10°C
68°F – 20°C
86°F – 30°C
104°F – 40°C

Media

Radio en televisie

Tientallen **radiozenders** zijn grotendeels op een lokale doelgroep met een bepaalde muzieksmaak gericht. De uitzendingen worden zeer vaak onderbroken door reclameblokken. Alleen op het non-commerciële televisienetwerk PBS (Public Broadcasting Service) krijgt u nieuws over politiek, economie en cultuur te horen.

De grote nationale **televisiezenders** (CBS, ABC, NBC) zijn overal in Florida te ontvangen. Daarnaast biedt het aanbod winkelkanalen, regionale omroepen en enkele Spaanstalige zenders.

Hotels bieden vaak extra kabelzenders als HBO (speelfilms), ESPN (sport) of CNN (nieuws) gratis aan. Bovendien is er gewoonlijk tegen betaling ook een keus aan speelfilms en televisieseries.

Kranten en tijdschriften

Europese kranten en tijdschriften zijn met heel veel geluk en met behoorlijk wat vertraging te koop op internationale luchthavens als die van Miami of Orlando.

De *Miami Herald* is de grote, in het weekend bijna een kilo zware krant die in het zuidoosten wordt verspreid. De krant verschijnt tevens in een Spaanstalige versie, *El Nuevo Herald*.

Ook de *St. Petersburg Times* en de *Gainesville Sun*, die al een Pulitzer Prize in de wacht hebben gesleept, genieten een uitstekende reputatie.

Enkele andere in Florida verschijnende dagbladen zijn *Orlando Sentinel*, *Naples Daily News*, *Key West Citizen*, *Palm Beach Daily News* en *The St. Augustine Record*. Het landelijke dagblad *USA Today* verschijnt ook met een Floridaanse editie.

De bekende Amerikaanse dagbladen als *The New York Times* en *The Washington Post* zijn in de meeste kiosken te koop. Weekbladen als *Time*, die verschijnen in de hele Verenigde Staten, kennen geen regionale concurrentie in Florida.

Noodnummers

Telefoon: 911

Het centrale alarmnummer geldt voor de gehele Verenigde Staten. De centrale verbindt u door met de politie, een ambulance of de brandweer.

Openingstijden

Wettelijk voorgeschreven openingstijden zijn in Florida onbekend. Zo zijn levensmiddelensupermarkten vaak elke dag tussen 8 en 22 uur geopend, maar enkele grotere sluiten nooit. De grote shopping malls aan de uitvalswegen van de steden zijn in de regel ma-za 10–21 en zo 10–18 uur geopend. Andere winkels sluiten al om 17 uur. Veel musea zijn 's maandags gesloten.

Post

In bijna elke plaats in Florida is wel een postkantoor te vinden, ze zijn in de regel ma.–vr. 8–17 en za. 10–13 uur geopend. Een eventueel telegram kan ook vanuit uw hotel of per telefoon (tel. 0 voor de *operator*) worden opgegeven. Postzegels worden behalve op postkantoren ook in hotels en *drugstores* verkocht, maar meestal met toeslag.

Brieven en ansichtkaarten naar Europa zijn ongeveer vijf tot tien dagen onderweg. Op een ansichtkaart en een brief tot één ounce (31 g) moet een postzegel van $ 1,15 worden geplakt. Een overzicht van de actuele tarieven (klik op *calculate a price*) en de postcodes (zip code) vindt u op de website van de US Postal Service: www.usps.com. Naast gewone postzegels worden in de meeste postkantoren ook verpakkingsmateriaal en speciale postzegels verkocht.

Wie een pakje naar Nederland of België wil sturen, moet de invoerbepalingen nakomen en een declaratie over de inhoud van de verzending invullen. De medewerkers van de Postal Service helpen u om het voordeligste tarief vast te stellen.

Prijsniveau

Wanneer de wisselkoers beter is dan $ 1 = € 0,90, zijn de Verenigde Staten een voordelige reisbestemming. Huurauto's, benzine, een sportuitrusting en kleding zijn meestal duidelijk goedkoper, ook als de brandstofprijzen in de Verenigde Staten sterk gestegen zijn.

Prijsvoorbeelden: een rit met de Greyhoundbus van Miami naar Key West (*one way*, 257 km) hebt u vanaf ca. $ 31, voor 1 l benzine moet u momenteel (zomer 2016) ca. € 0,55 neertellen.

Voor een eenvoudig ontbijt in een coffee shop (koffiebar, cafetaria) betaalt u ca. $ 5, voor enkele ontbijtbuffetten moet u echter ook $ 25 betalen. Een middagsnack met een frisdrank krijgt u al vanaf ca. $ 8, voor een diner met drankjes moet u rekening houden met een prijs vanaf ca. $ 20. Een beker koffie bij Starbucks krijgt u vanaf $ 1,75, een *caffe latte* vanaf $ 2,75. Een pakje sigaretten kost afhankelijk van het merk tussen $ 5 en 7.

Reizen met een handicap

In de Verenigde Staten is reizen voor gehandicapten aanzienlijk eenvoudiger dan bij ons; veel gebouwen beschikken over rolstoelen en sanitair voor mensen met een handicap. Dit gaat ook op voor tal van commerciële ondernemingen. Disneyworld bijvoorbeeld heeft zelfs een eigen handboek voor gehandicapte bezoekers uitgegeven. Autoverhuurbedrijven bieden auto's met stuurversnelling of speciaal voor bepaalde handicaps toegeruste auto's aan, die overigens wel vroeg gereserveerd moeten worden.

De website goflorida.about.com/od/plan ningforspecialneeds/ss/disabled_guide.htm is een voortreffelijke onlinereisgids voor gehandicapten, speciaal voor Florida. De site biedt een grote hoeveelheid informatie en links voor mensen met een handicap die graag op reis willen.

Roken

Ook in openbare gebouwen, op luchthavens en in de restaurants en bars van Florida is een rookverbod van kracht. Enkele uitzonderingen – informeer telkens – zijn vrijstaande bars of cafetaria's met voldoende afstand tussen de tafels. Op straat of in de auto is roken normaliter toegestaan.

Bij het kopen van tabaksartikelen geldt net als bij alcohol een minimumleeftijd van achttien jaar. Sigarettenautomaten zijn er niet. In supermarkten worden tabaksartikelen meestal aan aparte counters verkocht. In geval van twijfel bij het personeel moet u ook hier uw identiteitsbewijs laten zien om uw leeftijd aan te tonen. Aangezien indianenreservaten zijn vrijgesteld van bepaalde belastingen, zijn tabakswaren daar meestal beduidend goedkoper dan in 'normale' winkels.

Stranden

Op het strand liggen behoort niet tot de erkende sporten, maar aan het strand en in het water kunt u heel goed talrijke soorten sport beoefenen. En stranden bezit Florida in overvloed: goed bezochte stranden, zoals Clearwater Beach, het favoriete strand van studenten aan de universiteit van Clearwater, de vlakke zandstranden tussen Daytona Beach en St. Augustine, en de in Europa weinig bekende, fantastische stranden van de Emerald Coast. Meestal gaan de stranden vlak het water in, zodat ook voor kinderen geen groot gevaar ontstaat. Het grootste gevaar van liggen op het strand is dat u zich niet beschermd door voldoende zonnebrandmiddelen aan de zon blootstelt.

In de VS met zijn puriteinse wortels geldt naakt zonnen als het toonbeeld van een losse moraal en is het meestal verboden. Op een paar stranden wordt topless zonnen getolereerd. De stranden van de Canaveral National Seashore en delen van Haulover Beach gelden als enclave van de *clothes optional* zonaanbidders – dit zijn dus naaktstranden.

Telefoneren

Het telefoonnet van de VS is in handen van particuliere bedrijven. Voor lokale telefoontjes toetst u het zevencijferige nummer, voor interlokale gesprekken moet u eerst een 1 en dan de driecijferige *area code* kiezen. De meeste nummers worden direct gekozen, het is echter tegen een meerprijs ook mogelijk de *operator* (tel. 0) of de *overseas operator* (tel. 00) in de arm te nemen.

Telefoonnummers die met 800 of 888 beginnen, zijn gratis. Talrijke hotels en de meeste autoverhuurbedrijven gebruiken zo'n nummer. De nummers die met 700 en 900 beginnen, zijn niet gratis en de prijs van een telefoontje met zo'n nummer kan flink oplopen.

In veel winkels, ook bij benzinestations of op het postkantoor, kunnen *prepaid phone cards*, **telefoonkaarten**, voor bepaalde bedragen in dollars worden gekocht. Deze kaarten bieden meestal de voordeligste manier om een interlokaal gesprek te voeren, ook met Europa. Een eenvoudige gebruiksaanwijzing vindt u op de achterkant van zo'n telefoonkaart, die zo groot is als een pinpas.

Bij een **collect call** betaalt de opgebelde persoon de kosten van het gesprek. Hotels vragen voor interlokale gesprekken vaak een zeer hoge toeslag.

Internationale netnummers
Om naar het thuisfront te bellen, toetst u eerst het internationale toegangsnummer 011, dan het landnummer (31 voor Nederland, 32 voor België), dan het netnummer zonder de eerste 0, dan het abonneenummer. Voor een telefoontje van Florida naar Amsterdam kiest u dus 011-31-20-abonneenummer.

Mobiel bellen
Uw smartphone werkt gewoon in de Verenigde Staten. Wie geen voordelige Amerikaanse *prepaid card* gebruikt, moet rekening houden met een hogere telefoonrekening voor het verblijf in de VS, omdat de telefoonmaatschappij aanvullend zogeheten roaming-kosten berekent. Wie langer verblijft, kan de aankoop van een mobiele telefoon met beltegoed overwegen, die in veel telefoonzaken (zoals Best Buy, Radio Shack en Circuit City) en bij aanbieders van mobiele telefonie (onder andere T-Mobile, Verizon) te koop is. Een mobiele telefoon wordt in de Verenigde Staten overigens *cell phone* of *mobile phone* genoemd.

Tijd

In Florida is de *Eastern Time* van kracht, die zes uur achterloopt op de Midden-Europese Tijd; in het westelijke deel van de Panhandle *(Central Time)* is het tijd tijdsverschil zeven uur. Wanneer het in Amsterdam 18 uur is, is het in Miami 12 uur 's middags. Amerikanen verdelen de tijd in *a.m.* (van 0 tot 12 uur) en *p.m.* (van 12 tot 24 uur); van de tweede zondag in maart tot de eerste zondag in november geldt de Amerikaanse zomertijd; dan worden de klokken één uur vooruitgezet.

De schrijfwijze van de data is overigens anders dan bij ons: eerst komt de maand, dan de dag en dan het jaar: 01/15/1948 is dus 15 januari 1948.

Toeristeninformatie

In Nederland/België

Alles over Florida in het algemeen en de verschillende regio's in het bijzonder vindt u, in het Nederlands, op de Florida-pagina van de officiële website van Visit USA, www.visitusa.nl/bestemmingen/staten/florida. Gedetailleerde toeristeninformatie over een aantal steden vindt u op www.visitusa.nl/bestemmingen/steden/miami c.q. steden/orlando en steden/st-petersburg-clear water. VisitUSA is ook te bereiken via tel. 06 10 24 77 33 en center@visitusa.nl.

In Florida

In hotels, toeristenbureaus en de plaatselijke Chambers of Commerce (kamers van koophandel) vindt u gratis informatiebrochures,

De Prive Nightclub in Miami Beach – uitgaanstip voor liefhebbers van een verzorgde loungesfeer

folders en wegenkaarten met informatie over nationale parken, bezienswaardigheden, straten, hotels, restaurants, sportmogelijkheden en evenementen. Wie lid van de ANWB/TCB is, krijgt in de kantoren van de American Automobile Association (AAA) gratis wegenkaarten en hotel- en motellijsten.

Als lid van de ANWB/TCBA kunt u met behulp van een al in Nederland/België aangevraagde 'Show Your Card & Save'-kaart in verscheidene hotels aanspraak maken op korting. Adressen via www.aaa.com en invoer van een postcode/zip code. De Welcome Centers bij de grens van Florida met de omringende staten en op de grote (internationale) luchthavens zijn meestal ook ruimschoots voorzien van informatiemateriaal over de staat.

Uitgaan

In de grotere steden en vakantiecentra zijn discotheken en bars te vinden, en treden 's avonds bands op. In het idyllische binnenland heerst 's avonds rust, tenzij u de weg weet of op stap gaat met een local.

Het uitgaansleven in Orlando beperkt zich inmiddels niet alleen tot de pretparken en hun filialen voor het avondlijke vermaak, zoals Pleasure Island van Walt Disney World of de CityWalk van de Universal Studios, met zijn enorme Hard Rock Café en andere clubs.

Ook in het eind vorige eeuw 's avonds 'schoongeveegde' centrum van de stad zijn nu bars, restaurants en clubs te vinden. Het gemeentelijke initiatief om de binnenstad tot leven te wekken, heeft tot successen geleid. Intussen zijn zelfs tienduizenden bewoners teruggekeerd naar de voorheen in de avonduren volledig uitgestorven city.

In Miami Beach gaat het leven door tot in de kleine uurtjes, vooral op straat, op Ocean Drive, en in de vele clubs. Iedereen in een feeststemming verkeert of in een dergelijke stemming wil raken, komt hier bijeen.

Het derde epicentrum van het Floridaanse nachtleven ligt op Key West, wanneer de elke avond plaatsvindende bewondering van de zonsondergang op Mallory Square haar einde nadert.

Multiplexbioscopen, bioscopen met verscheidene zalen, zijn in Florida, zoals elders in de Verenigde Staten, meestal in de grote malls te vinden. Daar worden in de regel uitsluitend de actuele Hollywoodproducties getoond, vaak maanden voor ze bij ons te zien zijn.

Mensen die jonger zijn dan zeventien jaar, mogen zich volgens de wet in Florida van zondag tot donderdag na 23 uur en vrijdag/zaterdag na 24 uur niet zonder begeleiding van volwassenen op straat begeven.

BESPAARTIPS

Huurauto: als u uw huurauto of camper (RV, *recreational vehicle*) al thuis boekt (online of bij een gespecialiseerd reisbureau), is de prijs meestal inclusief verzekeringen en belastingen. Als u ter plekke een auto huurt, komen die vaak nog bovenop de prijs.

Automobielclub: wie lid is van de ANWB/TCBA, kan bij de kantoren van de Amerikaanse evenknie, de American Automobile Association (AAA), terecht voor gratis wegenkaarten en hotel- en motellijsten. Als lid van de ANWB/TCBA kunt u met behulp van een al in Nederland of België aangevraagde 'Show Your Card & Save'-kaart in verscheidene hotels aanspraak maken op korting.

Hotelkamers: het maakt voor de prijs meestal niets (of nauwelijks wat) uit of u nu met twee of vier personen in een kamer verblijft. En veel kamers zijn uitgerust met twee bedden van 1,40 tot 2,00 meter breed. Zeker met kinderen kunt u prima uit de voeten met één kamer.

Ontbijt: bij motels is soms *breakfast included,* maar stel u daar vooral niet te veel van voor. Koffie, crackers of bagels en jam en *cream cheese*, dat is het wel zo'n beetje. Bij hotels moet u voor het uitgebreide buffet vaak diep in de buidel tasten. U bent stukken goedkoper uit in de coffee shop om de hoek. Meestal is het daar ook lekkerder!

CityPASS: de kortingen op entreegelden kunnen met deze pas oplopen tot wel 50%. De kaart is niet goedkoop, maar als u van plan bent meerdere attracties in één stad te bezoeken, dan is hij de moeite waard. In Florida is er tot op heden slechts een CityPASS voor één stad, en wel Tampa-Bay (www.citypass.com).

Seniorenkorting: diverse attracties en musea geven korting aan *senior citizens*, meestal vanaf 60 jaar.

Veiligheid

Al voor de terroristische aanslagen op het World Trade Center en het Pentagon in 2001 en de aangescherpte douaneprocedures die daarop volgden, maakten vakantiegangers zich zorgen over hun veiligheid in de Verenigde Staten. Zeer verontrustend is de wijdverbreidheid van vuurwapens, die ook in de plaatselijke Walmart worden verkocht alsof het de gewoonste zaak van de wereld is. Nadat in 1993 in Miami zelfs Europese toeristen slachtoffer werden van overvallen en schietpartijen, liep het aantal internationale toeristen uit met name Europa tijdelijk terug. Maar sindsdien besteden de autoriteiten in Florida meer aandacht aan veiligheid, onder andere met meer politiepatrouilles, duidelijkere verkeersborden langs de highways en minder opvallende kentekens voor huurauto's.

De Verenigde Staten zijn in principe geen onveilig land om te bezoeken. De kans dat u in Florida wordt bestolen of overvallen is niet groter dan in Amsterdam, Rome of Parijs. De hoger dan gemiddelde criminaliteit in enkele wijken van Miami, zoals Opa-Locka of Liberty City, en elders wordt veroorzaakt door een slechte economische situatie of het drugsmilieu. Natuurlijk kunt u deze wijken beter niet te voet bezoeken.

Grotere sommen geld kunt u het best in de hotelsafe *(safety deposit box)* in bewaring geven. Als u toch wordt bedreigd, is het veiligst om het geld af te geven en mee te werken. Om die reden is het aan te raden om voorzichtigheidshalve een klein bedrag bij u dragen. Neem geen lifters mee. Rijd alleen in taxi's met een vergunning. De medewerkers van veel benzinestations en supermarkten helpen u verder als u de weg kwijt bent. Camera's, portefeuilles en handtassen moet u niet op de autobank laten liggen en het is af te raden om een portemonnee in uw achterzak bij u te dragen. Wie zijn legitimatiepapieren kwijt is, moet zich onmiddellijk wenden tot het Nederlandse of Belgische honorair consulaat (zie blz. 81) om vervangende papieren te ontvangen.

Winkelen

De Verenigde Staten gelden als winkel- en consumptieparadijs, met een enorm goederenassortiment voor – als de koers van de dollar meewerkt – betaalbare prijzen. Shopping, blijkt uit enquêtes, behoort inmiddels tot een van de belangrijkste vakantiegenoegens. Vakantiestaat Florida gaat bereidwillig in op de winkelbehoefte van de toerist – zowel uit het binnen- als het buitenland – en heeft voor elke smaak en elk budget verleidelijke winkelgalerieën, *malls* en *factory outlets* laten verrijzen.

De beduidend lagere prijzen dan thuis en misschien ook wel de ontspannen vakantiesfeer laten u gemakkelijker naar uw creditcard grijpen. Bedenk echter wel dat alle inkopen weer naar huis moeten worden vervoerd en dat boven op de prijs van de goederen zoals die op het prijskaartje staat nog een omzetbelasting *(sales tax)* van 6 tot 8% komt. De belastingvrije voet bedraagt € 430, voor reizigers jonger dan 15 jaar maar € 175. Wanneer dit bedrag wordt overschreden, zal ook de douane nog met een heffing komen. En dan wordt die goedkope iPhone ineens een stuk duurder dan thuis.

Factory Outlet Malls

Populair zijn de *factory outlet malls,* met verkooppunten van diverse merkfabrikanten, die u regelmatig langs uitvalswegen kunt aantreffen. Artikelen met kleine gebreken of van het voorbije seizoen worden vaak met grote korting aangeboden. Toch moet u in uw koopwoede niet het prijsniveau van de winkels thuis vergeten. Ten zuiden van Miami, bij Fort Lauderdale, aan de Tampa Bay en natuurlijk in en om Orlando zijn de meeste *outlet centers* te vinden. Omdat ze intussen ook bij ketens horen, die vaak in de hele Verenigde Staten vertegenwoordigd zijn, kunt u ook op internet naar een mall in de buurt van uw vakantieresort zoeken en bovendien kunt zien welke winkels daar gevestigd zijn.

Premium Outlets zijn in Orlando (verscheidene filialen), St. Augustine, Ellenton en Florida City vertegenwoordigd (www.premiumoutlets.com), Tanger Outlets zijn te vinden bij Fort Myers (www.tangeroutlet.com), Miromar Outlets vindt u eveneens bij Fort Myers (www.miromaroutlets.com) en met het oog op de vele (ca. 350) zaken van de Sawgrass Mills bij Fort Lauderdale kunnen ook ervaren shoppers gemakkelijk het overzicht verliezen (www.simon.com).

Koopjesjagers kunnen in de outlet malls nog extra kortingen in de wacht slepen. Ofwel op internet ofwel bij het kantoor *(management/office)* van de betreffende mall liggen bij bijzondere verkoopacties boekjes met coupons klaar, die bij de deelnemende winkels en bepaalde goederen nog eens extra korting opleveren.

Souvenirs

Reproducties uit musea, kunstnijverheid uit de indianenreservaten, zonnebrillen die in Europa pas volgend jaar op de markt komen, T-shirts met originele opdruk en de legendarisch goedkope jeans – de lijst van mogelijke souvenirs om uit Florida mee te nemen is lang. Fijnproevers kunnen bij het zien van palmhoning in vervoering raken, gadgetfreaks door elektronicakoopjes en liefhebbers van exotische geuren door oranjebloesemparfum.

Dvd's met de regiocode 1 zijn bestemd om in de Verenigde Staten te worden afgespeeld en kunnen voor het overige alleen op zogeheten *region free players* worden afgespeeld. Alleen wanneer de code '2' (Europa) of '0' *(worldwide)* luidt, kunnen de schijfjes ook thuis afgespeeld worden. Bij blu-rayschijven zien veel filmproductiebedrijven af van regiocodes (ca. 70% kent geen beperking).

Pelzen, huiden of botten van exotische dieren zijn mogelijk onderworpen aan de Conventie van Washington (Convention on International Trade in Endangered Species of Wild Fauna and Flora, CITES), die betrekking heeft op de handel in bedreigde diersoorten.

Onderweg in Florida

'Ik kan overal werken, maar hier lukt dat het beste.'
Tennessee Williams

Vanaf Key Biscayne heeft u het mooiste uitzicht op de skyline van Miami

Hoofdstuk 1

Miami en de Gold Coast

Er leven meer dan zes miljoen mensen in de regio Groot-Miami, de enige grote Amerikaanse stad waar de Hispanics in de meerderheid zijn. Op de zuidpunt van Florida wonen alleen al negenhonderdduizend mensen die uit het socialistische Cuba zijn geëmigreerd. Daarnaast fungeert de stad als het economische, financiële en culturele knooppunt bij uitstek tussen Noord- en Latijns-Amerika. Het bezit een Financial District met glimmende wolkenkrabbers van glas en staal, de grootste cruisehaven ter wereld en een restaurantscene die op opwindende wijze de keukens van Latijns-Amerika en andere etnische groepen met elkaar verbindt.

Coral Gables, Coconut Grove en Little Havanna zijn wijken met een bijzondere flair. Miami Beach is een aparte gemeente op de voor de stad gelegen eilanden, die door middel van diverse bruggen met het vasteland zijn verbonden. De brede, lange zandstranden langs de Atlantische Oceaan en het drukke nachtleven in South Beach oefenen een magnetische aantrekkingskracht uit op duizenden toeristen. In het noorden ligt Fort Lauderdale, een gunstig gelegen vakantieoord met een verzorgde Atlantische kust en talloze kanalen, waardoor het zich als het Venetië van Amerika kan presenteren. De goudgele, door stijlvolle hotels omzoomde stranden van de Gold Coast strekken zich via het mondaine Boca Raton uit tot het chique Palm Beach. De verder noordwaarts gelegen Treasure Coast met zijn hoofdstad Port St. Lucie dankt zijn naam aan de schatten van de diverse Spaanse galjoenen die tijdens de terugreis over de Atlantische Oceaan hier op de klippen liepen.

De brede stranden van Miami Beach trekken jaarlijks miljoenen toeristen

In een oogopslag: Miami en de Gold Coast

Hoogtepunten

⭐ **Miami Beach:** Brede zandstranden, bijzondere architectuur, spectaculair nachtleven en amusement – velen raakten al in de ban van deze combinatie. Maar Miami Beach biedt ook cultuur, zoals het indrukwekkende Holocaust Memorial (zie blz. 127).

Fort Lauderdale: De stad dankt zijn bijnaam als het 'Venetië van Amerika' aan zijn tientallen grachten en meer dan 500 km aan bevaarbare waterwegen. Toeristen kunnen ze met een watertaxi verkennen (zie blz. 148).

⭐ **Palm Beach:** De begrippen 'exclusief' en 'mondain' zijn Palm Beach op het lijf geschreven. De ooit door spoorwegpionier Flagler gestichte plaats wordt gekenmerkt door luxueuze villa's en chique boetieks (zie blz. 159).

Fraaie routes

Het zuiden van Miami: Deze route voert van de Bayside Marketplace (zie blz. 110) naar het zuiden, waarbij bezoeken worden gebracht aan Key Biscayne, de Villa Vizcaya, Coconut Grove en Coral Gables. Via 8th Avenue keert u terug naar de kust.

Miami Beach en het noorden van Miami: Deze route loopt via de McArthur Causeway naar Miami Beach. Vanaf het Bass Museum of Art (zie blz. 137) trekt u naar de stijlvolle Bal Harbour en noordwaarts naar het klooster St. Bernard en Opa-Locka.

Van Fort Lauderdale naar Fort Pierce: Ten noorden van Fort Lauderdale (zie blz. 148) ligt de Butterfly World. Via Boca Raton bereikt u het Japanse Morikami Park. Het exclusieve Palm Beach biedt kunst en cultuur. Deze route voert langs de vuurtoren van Jupiter naar het Jonathan Dickinson State Park, dat uitnodigt tot een kanotocht op de Loxahatchee River.

Tips

Venetian Pool: Het openbare zwembad in Coral Gables is aangelegd in een verlaten koraalsteengroeve en verrast met een Venetiaans decor, tropische groenvoorzieningen en watervallen (zie blz. 118).

The Barnacle: U=In het indrukwekkende huis van de Floridapionier Ralph Munroe wordt de geschiedenis van Miami tot leven gewekt. De vele historische foto's dragen hiertoe bij (zie blz. 122).

Loxahatchee National Wildlife Refuge: Door dit enorme natuurreservaat met moerassen, mangrovebossen en cipressen lopen plankenpaden en kanoroutes (zie blz. 157).

Surfparadijs South Beach

Wandeling door het Art Deco District: Een wandeling door het zuidelijke deel van Miami ontpopt zich tot aanschouwelijk onderwijs in de architectuurgeschiedenis. Hier staat de grootste verzameling art-decogebouwen van Noord-Amerika. Terzakekundige gidsen informeren over de afwisselende geschiedenis van de gebouwen (zie blz. 134).

Miami en Miami Beach

▶ 3, C–F 18–21

In de multiculturele metropool in het zuidoosten van Florida zetten de Hispanics de toon. Behalve honderdduizenden Cubanen hebben zich immigranten uit El Salvador, Haïti, de Dominicaanse Republiek en de Bahama's in Miami gevestigd. De regio trekt meer dan elf miljoen bezoekers per jaar, die er genieten van de cultuur, de stranden en het aangename klimaat met een gemiddelde temperatuur van 24,4°C. U vindt er een levendige culturele scene en wijken met een uniek karakter.

Geschiedenis van Miami

Spaanse conquistadores, Tequesta (een indianenstam), Yankees en Cubanen, kantoortorens en architectuur – in Miami komen veel dingen samen. In een kleine eeuw tijd heeft een door muskieten geteisterd moerasgebied zich tot een tropische metropool ontwikkeld. Ineens ging alles heel snel. Excentrieke visionairs ontsloten stukken grond en legden er golfbanen en strandhotels aan voor vermogende vakantiegangers uit het noordoosten van de Verenigde Staten.

Een stad voor zonaanbidders

Ponce de León, de lange en magere Spaanse conquistador, die op zoek naar goud en de bron van de eeuwige jeugd reeds in 1513 was gestuit op de door Tequesta bewoonde en door mangrovebossen omzoomde kust, achtte de omgeving ongeschikt voor het stichten van een steunpunt. Hij noemde het gebied Miami, naar *Mayaime*, het Tequesta-woord voor 'groot water'.

In juli 1896 besloten de inmiddels 343 kolonisten die in de buurt van de voormalige leger- en handelspost Fort Dallas aan de Biscayne Bay leefden om een stad te stichten. Hieraan vooraf ging de beslissing van spoormagnaat Henry Flagler om het spoor van zijn *Florida East Coast Railway* van Palm

Geschiedenis van Miami

Beach door te trekken naar Miami. Julia Tuttle, een energieke, rijke weduwe, had daar voortdurend bij hem op aangedrongen. Maar pas toen een verwoestende vorst, die in de winter van 1894/1895 de sinaasappeloogst in Midden-Florida deed mislukken, enkele plantage-eigenaren ertoe dreef om verder zuidwaarts nieuwe plantages aan te leggen, was Flagler eindelijk bereid om zijn spoorlijn naar het zuiden door te trekken. In april 1896 reed de eerste trein uit Palm Beach Miami binnen. Flagler begon meteen daarop met de bouw van een luxueus hotel. Reeds in 1897 verwelkomde het Royal Palm aan de monding van de Miami-rivier de eerste gasten uit het noorden (zie thema blz. 382).

Het warme klimaat trok niet alleen vakantiegangers. Rond 1900 kocht een zekere John Collins uit New Jersey een kokosplantage op het voor Miami gelegen eiland Barriere, waarop ook al snel avocado's en mango's werden verbouwd. Daarna startte hij met de aanleg van een brug naar het vasteland. Toen in 1913 zijn geld op was, schoot Carl Fisher, de eigenaar van de Indianapolis Speedway, hem te hulp en nam de schulden van Collins over in ruil voor een deel van diens grond. Hij liet straten, hotels en golfbanen aanleggen en verkocht stukken grond aan rijke mensen uit het Noorden.

Aan het begin van de jaren 20 beleefde Miami zijn eerste bouwhausse. Het aantal

De fraaie skyline van Miami laat zich vooral goed bewonderen vanaf het water

Miami en Miami Beach

inwoners steeg binnen vijf jaar van dertig- naar honderdduizend. Na de koortsachtige oververhitting van de onroerendgoedmarkt volgde de crash, die werd veroorzaakt door een orkaan, die in 1926 aan meer dan honderd mensen het leven kostte en grote delen van de nieuwe bebouwing en daarmee hun wankele financiering met de grond gelijk gemaakte. De beurskrach van 1929 maakte de ramp compleet.

Maar al aan het begin van de jaren 30, nog tijdens de economische crisis, verrees in het zuiden van Miami Beach een wijk in art-decostijl, met huizen met vloeiende lijnen en gestucte gevels die waren versierd met gestileerde palmen, flamingo's en andere tropische motieven. De intrede in 1941 van de VS in de oorlog maakte een abrupt einde aan de vakantiestemming. In de hotels werden soldaten ondergebracht, die zich in Florida voorbereidden op hun missies. De luchtmacht alleen al had zeventigduizend bedden in gebruik.

Tussen 1945 en 1955 werden in Miami en Miami Beach meer hotels in gebruik genomen dan in de rest van de Verenigde Staten. In representatieve complexen zoals het vroegere Fontainbleau Hilton werden wereldberoemde sterren als Frank Sinatra en Bob Hope ingezet om de geldadel van de Amerikaanse Oostkust in de wintermaanden te vermaken.

Bezoekersstromen en immigranten

De eerste commerciële straalvliegtuigverbinding tussen Miami en New York leidde in 1959 tot nieuwe bezoekersstromen. In hetzelfde jaar bracht Fidel Castro met zijn guerilleros het regime van de dictator Fulgencio Batista ten val en trok zegevierend de Cubaanse hoofdstad Havanna binnen. De vluchtelingenstroom die daarop volgde en nog altijd aanhoudt, leidde tot een drastische toename van de Spaanstalige bevolking van de stad en zette de maatschappelijke verhoudingen in Miami onder druk.

Zwarte Amerikanen kijken jaloers naar de aandacht die de verbannen Cubanen kregen zonder dat daar een burgerrechtenbeweging aan te pas kwam. Bovendien wedijverden Cubaanse en andere Caribische migranten succesvol met hen om de slecht betaalde arbeidsplaatsen. Steeds opnieuw opflakkerende rassenrellen waren het gevolg.

Vakantie- en drugsparadijs

De ambitieuze Cubanen, die deels afkomstig waren uit de goed opgeleide midden- en bovenklasse van het eiland, leverden een belangrijke bijdrage aan de economische ontwikkeling van Miami. In het midden van de jaren 80 had de metropool in het zuidoosten van Florida zich tot een belangrijk financieel centrum ontwikkeld en tot het knooppunt van de handel tussen de VS en de Latijns-Amerikaanse landen. Dankzij televisieseries als *Miami Vice* werd Miami in woonkamers over de hele wereld voor het voetlicht gebracht als een stijlvol, relaxed vakantieparadijs vol prikkelend avontuur.

De televisiekijkers werden tegelijkertijd geconfronteerd met Colombiaanse drugskartels die de Amerikaanse markt via Miami van drugs voorzagen en de drugsgelden witwasten met investeringen in de plaatselijke infrastructuur. Veel prachtige hotel- en kantoorpaleizen werden gefinancierd met drugsgeld, dat tot het begin van de jaren 90 op grote schaal in Zuidoost-Florida werd verdiend.

De groei van de drugswereld, de toestroom van nog meer vluchtelingen uit Midden-Amerika, die veel groter was dan de toename van de werkgelegenheid, en onopgeloste maatschappelijke problemen zorgden voor een klimaat waarin ook buitenlandse toeristen het slachtoffer werden van roofovervallen. Tussen 1992 en 1994 werden enkele West-Europese toeristen het slachtoffer van geweldsmisdrijven en liep het aantal toeristen flink terug.

Hierna werden de veiligheidsmaatregelen aangescherpt en opende men de jacht op criminelen. Na een tijdelijke bloei raakte het toerisme opnieuw in het slop door de terreuraanslagen in New York en Washington in september 2001, de oorlog van de VS in Irak en de algehele economische malaise. Inmiddels

Downtown Miami

zoeken recordaantallen toeristen opnieuw de prachtige stranden, het cultuuraanbod, de goede restaurants, de chique hotels en de aangenaam hoge temperaturen weer op.

Downtown Miami

Kaart: blz. 108

Als u de weg zoekt in de metropool, dan moet u twee straatnamen in uw achterhoofd houden. **Flagler Street** deelt de stad in een noordelijke en een zuidelijke helft, en de van noord naar zuid lopende **Miami Avenue** verdeelt de stad in een kleiner oostelijk en een groter westelijk deel. De meeste avenues, courts en places lopen van noord naar zuid, streets en terraces lopen daarentegen van oost naar west. Bij Brickell Avenue ten zuiden van de Miami River begint de bankenwijk met futuristische kantoor- en banktorens, waaraan Brickell Avenue zijn bijnaam Wall Street van het Zuiden te danken heeft. De brug van Brickell Avenue over de Miami River naar Brickell Village is versierd met een bronzen beeld van een Tequesta-indiaan.

De Metromover, een volautomatische spoorweg, rijdt over een 7 km lang spoorwegviaduct in twee lussen door Downtown Miami. Hij verbindt hotels, musea en kantoortorens met het Bayside Park en het cultuurcentrum van de stad, Metro-Dade.

The Olympia Theater [1]

174 E. Flagler St., tel. 1-305-374-2444, www. olympiatheater.org

In **The Olympia Theater at the Gusman Center for the Performing Arts**, in 1925 in oosterse stijl als bioscooppaleis voor de Paramount Studios aan Flagler Street gebouwd en voorzien van een mooie binnentuin, vinden tegenwoordig naast klassieke concerten ook popconcerten en balletuitvoeringen plaats. Daarnaaast worden er theatervoorstellingen gegeven. Tijdens het internationale filmfestival in maart wordt de grote zaal weer als bioscoop gebruikt. Flagler Street is vooral overdag zeer druk. Voor een avondwandeling zijn er leukere locaties.

Miami-Dade Cultural Center [2]

W. Flagler St./Ecke S. W. First Avenue

De architect Philip Johnson ontwierp de drie met rode dakpannen en ronde bogen in Spaanse stijl opgetrokken gebouwen van het **Miami-Dade Cultural Center** op de hoek van W Flagler Street en SW First Avenue. Ze zijn gegroepeerd rond een plaza met bankjes, waarop de werknemers uit de omringende kantoren elkaar treffen voor de lunch.

In de Main Library, de openbare bibliotheek van het cultureel centrum, wachten meer dan vier miljoen boeken, documenten en foto's op gratis uitlening of bestudering (tel. 1-305-375-2665, www.mdpls.org, ma.–za. 10–18 uur, toegang gratis).

In het aanbevelenswaardige **Museum History Miami** worden niet alleen de laatste honderd jaar, maar ook de laatste tienduizend jaar van de culturele geschiedenis van Zuid-Florida gedocumenteerd met archeologische vondsten, diorama's en foto's. Ook aan de recente geschiedenis wordt aandacht besteed: bijvoorbeeld met kanonnen van oorlogsschepen van Spaanse zilvervloten, een verzameling Cubaans-Floridaanse sigarenbandjes en een originele tramwagon die aan het begin van de 20e eeuw door Miami reed. De liefdevol gepresenteerde permanente tentoonstelling heet *Tropical Dreams: A People's History of South Florida*. Zij toont Zuid-Florida als een land dat wordt gekenmerkt door immigranten van verschillende culturen en een gebied met een natuur die de kolonisten ertoe dwong om zich voortdurend aan te passen (tel. 1-305-375-1492, www.historymiami.org, ma.–za. 10–17, zo. 12–17 uur, volwassenen $ 8, kinderen 6–12 jaar $ 5).

Miami Tower

100 S. E. 2nd St.

Ten zuiden van dit museum staat de 52 verdiepingen hoge Miami Tower. Met name 's nachts, wanneer de door de Amerikaanse sterarchitect I.M. Pei ontworpen wolkenkrabber wordt verlicht door honderden 1000-watt-lampen, vormt hij een van de symbolen van de stad. De door de gerenommeerde lichtdesigner Douglas Leigh (1907–1999)

Miami

Bezienswaardig

1. The Olympia Theater at the Gusman Center for the Performing Arts
2. Miami-Dade Cultural Center
3. Pérez Art Museum
4. Margulies Collection at the Warehouse
5. Rubell Family Art Collection
6. Wynwood Warehouse Art Project
7. Ancient Monastery St. Bernard de Clairvaux
8. Museum of Contemporary Art (MOCA)
9. Opa-Locka
10. Hialeah Race Track
11. Little Havana
12. Venetian Pool
13. Lowe Art Museum
14. CocoWalk
15. Coconut Grove Playhouse
16. Botanische tuin Kampong
17. The Barnacle
18. Miami City Hall
19. Patricia and Phillip Frost Museum of Science
20. Villa Vizcaya
21. Miami Seaquarium
22. Crandon Park
23. Marjory Stoneman Douglas Biscayne Nature Center
24. Bill Baggs Cape Florida State Park
25. Fairchild Tropical Garden
26. Deering Estate at Culter
27. Zoo Miami
28. Monkey Jungle
29. Jungle Island
30. Miami Children's Museum
31. Port Miami
32. – 37. zie kaart blz. 128

Overnachten

1. Ritz-Carlton Key Biscayne
2. The Biltmore
3. Mayfair Hotel & Spa
4. Silver Sands Beach Resort
5. Courtyard Miami Coconut Grove
6. Place St. Michel
7. La Quinta Inn
8. Miami – Everglades Campground
9. Fisher Island Club Hotel
10. – 13. zie kaart blz. 128

| 14 | Circa 39
| 15 | – | 16 | zie kaart blz. 128
| 17 | Casa Claridge
| 18 | zie kaart blz. 128
| 19 | The Freehand

Eten & drinken
| 1 | Azul
| 2 | The Oceanaire Seafood Room
| 3 | Capital Grille
| 4 | Las Culebrinas in the Grove
| 5 | Michael's Genuine Food & Drink
| 6 | George's Italian Restaurant

vervolg zie blz. 110

Miami en Miami Beach

- [7] Versailles
- [8] El Exquisito Restaurant
- [9] The Fish House
- [10] Here comes the Sun
- [11] Jimmy's East Side Diner
- [12] Hakkasan
- [13] Las Vacas Gordas
- [14] – [20] zie kaart blz. 128

Winkelen
- [1] Dadeland Mall
- [2] Florida Keys Outlet Center
- [3] Fashion District
- [4] Miracle Mile
- [5] Books & Books
- [6] Barnes & Noble
- [7] Sweat Records
- [8] Cuba Tobacco Cigar Co.
- [9] – [11] zie kaart blz. 128

Uitgaan
- [1] Adrienne Arsht Center for the Performing Arts
- [2] Churchill's
- [3] Tobacco Road
- [4] Club Space
- [5] – [13] zie kaart blz. 128

Actief
- [1] Miami Marlins Baseball
- [2] Miami Dolphins Football
- [3] Miami Heat NBA
- [4] Casino Miami Jai-Alai
- [5] Blue Moon Outdoor Center
- [6] Sailboards Miami
- [7] Crandon Park Golf Course
- [8] Kelley Fishing Fleet
- [9] – [11] zie kaart blz. 128

---

ontwikkelde verlichting hult de wolkenkrabber tijdens speciale gelegenheden in een toepasselijk gekleurd licht. Zo wordt hij bijvoorbeeld tijdens de Ierse feestdag St. Patrick's Day groen verlicht en tijdens Valentijnsdag rood of roze. Tijdens kantooruren vervoert een lift bezoekers naar de **Sky Lobby** op de elfde verdieping, waar een van de best bewaarde geheimen van Downtown Miami op u wacht: een groots aangelegde daktuin met gezellige zithoekjes onder de schaduw van bomen, een waterlandschap en een fantastisch panoramisch uitzicht over Downtown Miami en de Biscayne Bay.

Pérez Art Museum [3]

1103 Biscayne Blvd., tel. 1-305-375-3000, www.miamiartmuseum.org, di.–zo. 10–18, do. tot 21 uur, volwassenen $ 16, kinderen 7–18 jaar $ 12

Het Pérez Art Museum Miami (PAMM) geniet een uitstekende reputatie als expositieruimte voor wisselende kunsttentoonstellingen. Daarnaast toont het museum werken van klassieke, moderne en hedendaagse kunstenaars. Ter gelegenheid van de tiende verjaardag sinds zijn stichting ontving het jonge museum belangrijke schenkingen, die bestonden uit zowel Europese als hedendaagse Latijns-Amerikaanse en Caribische schilderijen en beelden. De door de Zwitserse architecten Herzog & de Meuron ontworpen museumgebouwen en de bijbehorende beeldentuin liggen in het **Museum Park** ten zuiden van de Mc Arthur Causeway.

Bayside Marketplace en Bayfront Park

In het amusements- en winkelcentrum **Bayside Marketplace** ten zuiden van het Museum Park en de American Airlines Arena ziet u rondom de fraaie Marina van het City Yacht Basin honderden recreatieboten en luxe jachten. Hier zijn ook bars, restaurants en allerlei souvenirwinkels. Hiervandaan stuiven watertaxi's naar de voor de kust gelegen eilanden en de pieren langs de Bay. De opvallende letters van het Hard Rock Café zijn al op grote afstand te herkennen, zodat liefhebbers van de *Original Legendary Burger* weten waar ze heen moeten.

Op een podium treden af en toe pop- en salsabands op. Grotere concerten vinden plaats in het amfitheater in het direct ten zuiden gelegen **Bayfront Park**. De abrikooskleurige **Freedom Tower** aan Biscayne Boulevard ten noordwesten van de Bayside Marketplace, in 1925 nog het symbool van het dagblad *Miami News & Metropolis*, fungeerde van 1962 tot 1974 als opvangplaats voor Cubaanse vluchtelingen. De in een mengeling van mediterrane bouwstijlen opgetrokken toren is tegenwoordig een beschermd monument en wordt onder meer gebruikt voor tentoonstellingen en evenementen.

Wynwood Arts District

Het gebied ten noorden van 20th Street is dankzij meer dan zeventig kunstinstellingen – galeries, musea en collecties – en een grote verscheidenheid aan werkplaatsen en ateliers bekend geworden als Wynwood Arts District. Elke tweede zaterdag van de maand zijn alle culturele instellingen in de wijk tussen 19 en 23 uur geopend ter gelegenheid van de *Gallery Walk*. De **Wynood Walls**, door internationale graffitikunstenaars in een gebied ter grootte van een aantal huizenbokken gemaakte muurschilderingen, ontstond ter gelegenheid van Art Basel 2009. Elk jaar worden hier tijdens de beurs nieuwe muurschilderingen aan toegevoegd – op dit moment zijn het er achttien (informatie over de werken is te vinden op www.thewynwoodwalls.com).

De **Margulies Collection at the Warehouse** [4] exposeert eveneens eigentijdse kunst, van Keith Haring tot Jeff Koons, en daarnaast foto's, video's, installaties en beeldhouwwerken. Het staat bekend om het informatieve evenementenprogramma met diverse lezingen en discussies (591 N. W. 27th St., tel. 1-305-576-1051, www.margulieswarehouse.com, eind okt.–eind april wo.–za. 11–16 uur, volwassenen $ 10 als gift aan de daklozen).

De **Rubell Family Art Collection** [5] exposeert in het bunkerachtige, voormalige pakhuis van de anti-drugspolitie eigentijdse kunst, onder anderen van Keith Haring, Damien Hirst, Anselm Kiefer, Jean-Michel Basquiat, Kerry James Marshall en Paul McCarthy (95 N. W. 29th St., tel. 1-305-573-6090, www.rubellfamilycollection.com, dec.–aug. wo.–za. 10–18 uur, volwassenen $ 10, kinderen tot 18 jaar $ 5).

Het **Wynwood Warehouse Project** [6] exposeert het werk van jonge, aanstormende kunstenaars uit Zuid-Florida. Regelmatige

De bars en restaurants rondom Bayside Marketplace zijn populair

UITSTAPJE NAAR DE BAHAMA'S

In het turqoise water van de Atlantische Oceaan, die enkel door de Straat Florida van Florida is gescheiden, strekt zich een wereld van drieduizend eilanden uit. De Bahama's, sinds 1973 een onafhankelijke staat binnen het Britse Gemenebest, vormen een paradijs voor watersporters, zeilers, duikers en snorkelaars. De Bimini-eilanden liggen slechts 80 km voor de kust van Miami.

Toen de Engelsen de onafhankelijkheidsoorlog tegen hun dertien Noord-Amerikaanse koloniën in 1783 hadden verloren, vluchtten vele loyalisten die de Engelse kroon trouw bleven eerst naar Florida en daarna naar de Bahama's. De houten huizen in *Conch*-stijl op Key West en in Nassau bezitten duidelijke overeenkomsten. Zwarte inwoners van de Bahama's, tegenwoordig ongeveer 80% van de bevolking, kwamen honderd jaar geleden al naar Florida om te helpen bij de oogst. Hun kolonie in Coconut Grove in het zuiden van Miami is in de zomer medeorganisator van het uitgelaten Goombay Festival.

De hoofdstad Nassau

Er zijn veel manieren om van Miami naar **Nassau** te reizen. Cruiseschepen maken *Fun Trips* van twee tot zeven dagen door de eilandenwereld. Moderne winkelcentra, de chique boetieks langs Bay Street en de *Straw Market* van Nassau zijn met hun grote assortiment tolvrije merkartikelen en gesneden, gevlochten en geweven kunstnijverheid geheel voorbereid op de regelmatige toestroom van rijke klanten.

Tijdens een rondwandeling door de sympathieke eilandmetropool met zijn pastelkleurige huizen in koloniale stijl blijkt al snel dat de hoofdstad van de Bahama's meer heeft te bieden dan strohutten en dure Zwitserse horloges voor haastige cruisetoeristen.

In de **Junkanoo Expo** aan de haven worden kleurige carnavalskostuums en -versieringen tentoongesteld die tijdens Kerst en Nieuwjaar bij optochten op Bay Street in Nassau worden gepresenteerd. In drie gerestaureerde gebouwen op de hoek van King en George Street vindt u een andere bezienswaardigheid van Nassau: het **Piratenmuseum** (www.pirates-of-nassau.com). In dit interactieve museum kunnen bezoekers de piraten van weleer in een taveerne bespieden tijdens het feestgedruis en de onder de doodshoofdvlag varende *Revenge* enteren.

Een kleine wandeling voert u van het plein voor het parlements- en gerechtsgebouw met een standbeeld van de jonge koningin Victoria langs Elizabeth Avenue naar de sierlijke stenen trap genaamd **Queen's Staircase**, die aan het eind van de 18e eeuw door slaven in een rotsspleet werd uitgehouwen. Wie na het beklimmen van de 65 treden bovenop de Bennet's Hill nog de kracht heeft, moet de voormalige **watertoren** beklimmen.

Paradise Island

Op het ervoor gelegen eilandje **Paradise Island** vindt u het fabuleus gigantische hotelcomplex **Atlantis** met een casino en enkele verlaten zandstranden die door palmbossen worden omzoomd. Duikers en snorkelaars zijn enthousiast over de kleurenrijkdom van de koralentuin en de talrijke tropische vissen. Schepen met glazen bodem vervoeren passagiers naar spectaculaire koralen, scheepswrakken en tot de rand van het continentaal plat, waarachter de eindeloze diepte van de Atlantische Oceaan donkerblauw glinstert.

Informatie
Bahamas Tourist Office: postbus N-3701, Nassau, Bahamas, tel. 242-302-2000, www.bahamas.com.

Vervoer
In Miami en Fort Lauderdale starten korte cruisetochten naar de Bahama's. Aanbiedingen tegen gereduceerd tarief vindt u bij www.vacationstogo.com. American Airlines, Air Bahama, Spirit Airlines en Jet Blue onderhouden luchtverbindingen, eveneens van Miami en Fort Lauderdale. Op de websites van de verschillende luchtvaartmaatschappijen vindt u informatie over de prijzen en de dienstregeling.

---

tentoonstellingen, ook tijdens Art Basel, workshops, projectruimten en een klein café verschaffen de mogelijkheid tot artistieke communicatie (450 N. W. 7th St., tel. 1-786-709-1842, www.theartplacewyn wood.com).

Little Haiti, het noorden en Hialeah

Kaart: blz. 108

De wijk ten noorden van 36th Street heette vroeger, toen hier nog citroenen werden verbouwd, Lemon City. Tegenwoordig staat het vooral bekend als **Little Haiti**. Tussen de I-95 en de Biscayne Bay leven enkele tienduizenden Haïtianen, die erin geslaagd zijn om in de loop der decennia te emigreren of gevlucht zijn. Anders dan hun Cubaanse lotgenoten hebben de Haïtianen in Florida geen sterke lobby en bovendien moeten ze een aanzienlijke taalbarrière overwinnen omdat hun moedertaal Frans is.

Met een gemiddeld gezinsinkomen van minder dan $ 20.000 per jaar behoort de wijk tot de armste van de stad. De slechte tijden in de jaren 80 en 90, toen velen de wijk vanwege de toenemende drugscriminaliteit verlieten, lijkt voorbij te zijn, maar pogingen om *La Petite Haïti* als kleurige etnische wijk te ontwikkelen, komen moeizaam op gang.

Fans van Caribische ritmes vinden een rijke verscheidenheid aan Haïtiaanse Compas Music, kleine galeries verkopen kleurige naïeve schilderkunst. Door de nabijheid van het in het zuiden aangrenzende Art District zijn de grondprijzen in deze wijk flink gestegen, waardoor vele van de vroegere inwoners werden vedreven.

Klooster St. Bernard [7]
16711 W. Dixie Hwy, North Miami Beach, tel. 1-305-945-1461, www.spanishmonastery.com, ma.–za. 10–16, zo. 11–16 uur, volwassenen $ 8, kinderen tot 5 jaar gratis

Een in 1141 in het Spaanse Zamora gebouwd cisterciënzerklooster staat na een odyssee rond de halve wereld nu in het noorden van Florida. De Californische mediatycoon William Randolph Hearst had het in de jaren 20 oorspronkelijk voor een kasteel in het Californische San Simeon aangeschaft en voor het transport volledig uit elkaar laten halen. De quaderstenen kwamen in tienduizend met stro beklede, genummerde kisten uiteindelijk aan in de haven van New York. Daar liet de douane het stro vanwege de dreiging van mond- en klauwzeer vernietigen, waarna men de uitgepakte ongenummerde quaderstenen en de genummerde maar nu lege kisten aan hun lot overliet.

Pas na de dood van de mediamagnaat werd de ongesorteerde, cultuurhistorische belangrijke stenen burcht weer in elkaar gepuzzeld als het Ancient Monastery St. Bernard de Clairvaux. Het tegenwoordig als kerk en museum gebruikte gebouw behoort tot de populairste adressen voor een romantisch bruiloftsfeest in Miami.

Miami en Miami Beach

Museum of Contemporary Art (MOCA) 8

770 N. E. 125th St., North Miami, www. mocanomi.org, di.–vr. 11–17, wo. 13–21, zo. 11–17 uur, volwassenen $ 5, kinderen tot 12 jaar gratis

In de grote zalen van het Museum of Contemporary Art (MOCA) in het noorden van Miami wordt eigentijdse kunst van John Baldessari, Dan Flavin, Alex Katz, Ed Ruscha, Julian Schnabel en anderen geëxposeerd. Regelmatig zijn er speciale tentoonstellingen waarbij ook minder bekende kunstenaars een forum wordt geboden. Er zijn plannen voor een uitbreiding voor de vaste collectie en een eigen galerie voor lokale kunstenaars.

Opa-Locka 9

De straten dragen namen als Ali Baba en Aladdin Avenue of Sharazad Boulevard, de omgeving doet denken aan een filmdecor. De luchtvaartpionier Glen Curtiss, die grond bezat in het noorden van Miami, liet in de jaren 20 zijn droom over de vertellingen uit Duizend-en-een nacht in vervulling gaan. In Opa-Locka, in het gebied van de vroegere indianennederzetting Opatishawockalocka, liet hij oosters aandoende sprookjesgebouwen

In Calle Ocho in de wijk Little Havanna spelen veel Cubanen een potje schaak

verrijzen. Het stadhuis en het spoorwegstation, even ten oosten van de Opa-Locka Airport, beide uitgerust met pastelkleurige koepels en een door een halve maan bekroonde minaret, behoren tot de best bewaarde fantasiegebouwen. Tegenwoordig heeft deze woonwijk geen beste reputatie vanwege hoge misdaadcijfers.

Hialeah Race Track 10
Op de in 1925 geopende Hialeah Race Track, een voormalige paardenrenbaan iets verder ten westen van Miami, wordt na een pauze van vele jaren nu weer om prijzengeld geraced. U kunt uw geluk hier ook beproeven aan een van de eenarmige bandieten (www.hialeahparkracing.com). Het met klimop begroeide clubhuis, dat tegenwoordig een beschermd monument is, en de in de omgeving levende flamingo's zijn een geliefde achtergrond voor het schieten van modereportages. De naam van de met veel Latijns-Amerikaanse flair gezegende gemeente Hialeh is van indiaanse oorsprong en betekent zoiets als 'mooie prairie'.

Little Havana

Kaart: blz. 108

De eerste Cubaanse vluchtelingen vestigden zich in eerste instantie vanwege de lage huren in de wijk Riverside aan weerszijden van SW 8th Street. Latere vluchtelingen gingen hier wonen omdat er al anderen uit het vroegere vaderland zaten. Het centrum van de Cubaanse immigranten kreeg al snel de bijnaam **Little Havana** 11 en 8th Street heet hier Calle Ocho. Voor het overige heeft de woonwijk langs de lange, lawaaiige, door benzinestations en allerlei winkels omzoomde doorgangsweg geen overeenkomsten met de Cubaanse hoofdstad. Niettemin heeft zich hier een eigen kleine wereld ontwikkeld.

Little Havana is ook voor veel Cubaanse families inmiddels een nostalgische herinnering geworden. De meeste immigranten uit het Caribische eiland leven sinds lang in betere omstandigheden in andere wijken. *Yucas (young up-scale Cuban Americans)*, die het in Miami tegenwoordig economisch en politiek voor het zeggen hebben, wonen tegenwoordig nog maar zelden in de voormalige traditionele Cubaanse wijk. In hun plaats kwamen immigranten uit andere Latijns-Amerikaanse staten, zodat de voormalige Cubaanse enclave tegenwoordig net zo goed Little Bogota, Little Quito of Little Caracas kan worden genoemd.

Tijdens het **Calle Ocho Festival** half maart, wanneer meer dan een miljoen mensen vrolijk feestvieren op de hoofdstraat van

Hispanics – Latijns-Amerikaans ritme in Florida

Er bestaan veel vooroordelen over Hispanics: ze gebaren wild, huilen snel, dragen het hart op de tong, steken hun hemd niet in hun broek, praten luidruchtig en kussen en omarmen elkaar bij elke gelegenheid. Niettemin zijn de temperamentvolle Hispanics in Florida zeer succesvol. Ze geven in Zuid-Florida leiding aan meer dan twintigduizend bedrijven, variërend van meubelmakerijen tot grote banken.

De *Sunshine State* en zijn latino-minderheid gelden als voorbeeld voor het succesvolle integratievermogen van de Verenigde Staten. Dat betekent natuurlijk niet dat er geen sociale verschillen bestaan tussen de al lang gesettelde Cubanen van de eerste generatie immigranten en de arme mensen die hedentendage in hun voetsporen naar de VS trekken. Deze spanningen vallen evenwel in het niet bij de spanningen tussen Spaanse immigranten en de al eeuwen in de Verenigde Staten gevestigde Afro-Amerikanen, die menen dat zij door de *Hispanics* in het nauw worden gedreven. De vaak straatarme vluchtelingen uit het door crises geteisterde Haïti, die zich in het Engels noch Spaans goed kunnen uitdrukken, staan op de onderste trede van de maatschappelijke ladder.

In Miami behoren *Hispanics* al geruime tijd tot de economische en geestelijke elite. Het Engelstalige Noord-Amerika en het Spaanstalige Zuid-Amerika groeien in de twee miljoen inwoners tellende stad in Florida aan elkaar vast. Meer dan de helft van de inwoners stamt oorspronkelijk uit Midden- en Zuid-Amerika, het grootste deel van hen is afkomstig van het nabije socialistische Caribische eiland Cuba. Miami is samen met Los Angeles de belangrijkste vestigingsplaats voor immigranten uit Zuid-Amerika.

In de koloniale geschiedenis speelden de Spanjaarden al een grote rol. De Castiliaanse ontdekker en veroveraar Ponce de León was in 1513 waarschijnlijk de eerste *Hispanic* in Florida. In 1521 werd hij bij een tweede kolonisatiepoging dodelijk verwond door een indianenpijl. Ook andere Spaanse expedities en nederzettingen waren van korte duur. Meer succes hadden Spaanse jezuïeten en later fransiscanen, die vanaf het einde van de 16e eeuw in met name het noorden van het schiereiland een keten van missieposten stichtten. Ze hadden als doel om de indianen tot het christendom te bekeren en de route van de zwaarbeladen schepen met schatten uit de Spaanse koloniën te verdedigen.

Het land kwam pas echt tot bloei na 1896, toen de spoorwegmagnaat Henry M. Flagler het zuiden van Florida met een spoorweg ontsloot. Na de aanleg van de infrastructuur volgde de economische opleving. Hierna stroomden ambitieuze mensen uit het noorden van de VS en Latijns-Amerika Florida binnen. In het binnenland en het zuidwesten van het schiereiland vestigden zich vooral Mexicanen, aan de oostkust Puerto-Ricanen en aan het midden van de westkust Nicaraguanen, Panamezen en Costa-Ricanen.

De opmars van Miami begon vanaf de jaren 60. De stad werd behalve het op een na belangrijkste financiële centrum van de VS ook een verkeersknooppunt, een mediastad en de handelsmetropool van de Caraïben. Na de Cubaanse Revolutie volgde een massale migratiegolf naar Florida. In eerste instantie kwamen vooral de handlangers van dictator Fulgencio Batista, maar al snel daarna volgden vele welvarende Cubanen die hun tot het *socialismo tropical* bekeerde

In Florida profiteert iedereen die dat wil van de levenslust van de Hispanics

vaderland de rug toekeerden. Ook delen van de goed opgeleide middenklasse voelden zich niet op hun gemak in de heilstaat. Niet veel later trokken ook ambachtslieden, industriearbeiders en vissers naar Florida. Tot op de dag van vandaag verlieten waarschijnlijk meer dan een miljoen Cubanen hun eiland. Meer dan de helft van hen vestigde zich in Zuid-Florida, omdat ze hier carrière konden maken en tegelijk Cubaan konden blijven.

In Miami is dat het duidelijkst te zien in Little Havana. De wijk tussen Flagler Street en Calle Ocho (8th Street) met zijn vele winkels geldt als het hart van de stad. De bioscopen vertonen Spaanse en Latijns-Amerikaanse films, die altijd Engels worden ondertiteld. Op de Plaza de la Cubanidad staat een standbeeld van de Cubaanse onafhankelijkheidsstrijder José Martí. In het Parque Antonio Maceo staan net als in Havanna tafels waar vooral ouderen domino spelen en schaken. Een monument herinnert aan de mislukte invasie in de Varkensbaai op Cuba en andere vergeefse pogingen van in ballingschap levende Cubanen om Castro ten val te brengen. Tot op de dag vandaag stemmen veel ouderen trouw Republikeins, omdat de Democraat John F. Kennedy hun landingspoging niet militair wilde ondersteunen. Veel *Hispanics*, vooral de economisch succesvolle *Yucas (young upscale Cuban Americans)* zijn er in geslaagd om volledig te integreren en hebben vol overtuiging gekozen voor de *American Way of Life*.

Sinds onder president Obama de diplomatieke betrekkingen tussen de Verenigde Staten en Cuba in 2015 uit de diepvries zijn gehaald, zijn de kaarten opnieuw geschud. Of dit een positieve ontwikkeling is of een negatieve, daar is men het binnen de Cubaanse gemeenschap niet over eens. De status als geprivilegieerde Caribische immigranten, die slechts één voet op Amerikaanse bodem hoeven te zetten om een verblijfsvergunning voor de Verenigde Staten binnen te slepen, zou weleens heel snel verleden tijd kunnen zijn.

Little Havana, is de stemming uitgelaten en feestelijk.

Net als op Hollywood Boulevard in Californië zijn in het plaveisel tussen 13th en 17th Avenue sterren aangebracht ter ere van pop- en filmsterren. Het gaat hierbij uitsluitend om beroemdheden van Latijns-Amerikaanse afkomst, zoals Gloria Estefan en Jennifer Lopez. Votiefbeeldjes op huisaltaren getuigen van de weldadige werking van heilige gebeden en aanrakingen.

Calle Ocho en omgeving

Het **Máximo Gómez Park** op de hoek van Calle Ocho en 15th Avenue is genoemd naar een militaire leider die meer dan honderd jaar geleden tijdens de Cubaanse onafhankelijkheidsoorlog tegen de Spaanse koloniale overheersing streed. Het park staat bekend als **Domino Park**, omdat hier veel mannen zitten die domino spelen en schaken, en tegenwoordig ook enkele vrouwen.

Aan Cuban Memorial Boulevard, hoek SW 13th Avenue en Calle Ocho, herinneren het **Brigade 2506 Memorial** en andere gedenkstenen aan de gestrande invasie in de Varkensbaai in 1961 en andere mislukte pogingen om Fidel Castro op Cuba ten val te brengen. In Calle Ocho zijn kantoren van militante ballingenorganisaties en Cubaanse en uiteenlopende Latijns-Amerikaanse restaurants gevestigd.

Op elke hoek kunt u een *café cubano* of *cafecito*, een soort espresso, krijgen en zelfs de traditionele Amerikaanse *hotdog* heet hier *perro caliente*. De **boekhandel La Moderna Poesia** draagt precies dezelfde naam als zijn tegenhanger in Havanna (5739 N. W. 7th St., tel. 1-305-262-1975). In de omgeving zijn galeries gevestigd die lokale kunst exposeren.

In kleine werkplaatsen worden dikke Havanna-sigaren gedraaid. Alleen al in de **Cigar Boutique of Little Havana,** voorheen de El Credito Cigar Factory (1106 S. W. 8th St.), worden jaarlijks tienduizenden Cubaanse en Dominicaanse sigaren verkocht (van tabaksbladeren uit Mexico en de Dominicaanse Republiek).

Coral Gables

Kaart: blz. 108

De ruim 45.000 inwoners van de zelfstandige gemeente **Coral Gables** leven als in een grote country club. George E. Merrick, wiens ouders in 1899 van New England naar Zuid-Florida waren getrokken, begon in 1921 op het terrein van de citrusplantage van zijn vader met de verwezenlijking van zijn droom, de bouw van een mediterrane stad: The City Beautiful. Brede boulevards en bochtige, door bomen, tuinen en plaza's afgewisselde straten die zijn genoemd naar mediterrane plaatsen en streken, bieden een ontspannen atmosfeer die aangenaam contrasteert met het doorgaans strikte schaakbordpatroon van andere Amerikaanse steden. Acht stadspoorten in de stijl van triomfbogen moesten de toegang tot de gemeente vormen. Drie ervan, de Granada Entrance, de Douglas Entrance en de Prado Entrance, werden verwezenlijkt en zijn bewaard gebleven.

Biltmore Hotel en Venetian Pool

In Coral Gables zijn kleine nederzettingen, *Villages* in de stijl van Chinese, Franse of Nederlandse koloniale architectuur ingevoegd. Reeds van verre herkent men het monumentale **Biltmore Hotel** 2 met zijn 90 m hoge toren die moet herinneren aan de Giralda, de toren van de kathedraal en symbool van het Andalusische Sevilla.

In een voormalige steengroeve is de **Venetian Pool** 12 aangelegd; een door natuurlijke bronnen gevoed openbaar zwembad met speelse bruggen, een kleine lagune met strand en een klaterende waterval (2701 De Soto Blvd., tel. 1-305-460-5306, www.coralgablesvenetianpool.com, april–okt. wisselende openingstijden, ca. 10–16.30 uur, volwassenen $ 12, kinderen tot 13 jaar $ 7, zie foto blz. 120).

Miracle Mile 4

De hoofdslagader van de wijk wordt gevormd door de met winkelgalerijen en bedrijven omzoomde Coral Way (SW 22nd Street), die van oost naar west door The Gables loopt. Het tussen SW 37th Avenue en 42nd Avenue gelegen deel van deze prachtige straat wordt ook wel **Miracle Mile** genoemd. Dit dankzij de golfbanen zeer groene stadsdeel is een populaire woonwijk, waar vooral welvarende Hispanic families leven. Bovendien zijn er veel internationale bedrijven gevestigd. Eveneens een korte bezichtiging waard is de door Merrick in de toentertijd populaire *mediterranean revival*-stijl gebouwde **Coral Gables Congregational Church** met neobarokke elementen (3010 De Soto Blvd., Coral Gables). Ook de in dezelfde tijd gebouwde representatieve **Coral Gables City Hall** (405 Biltmore Way), met zijn decoratieve halfronde zuilengalerij, is een bezoek waard.

Merrick, die zelfs nog nooit in het Middellandse Zeegebied was geweest en zich had laten inspireren door illustraties en boeken, maakte het late succes van zijn grootse plannen niet meer mee. In 1926 maakte een orkaan een einde aan zijn bouwlust. Kort daarna raakte hij door de grote depressie en onroerendgoedcrisis in financiële problemen. Na zijn faillissement dreef Merrick gedurende enkele jaren een club op de Florida Keys. De rest van zijn leven tot zijn dood op 55-jarig leeftijd sleet hij vervolgens als werknemer bij de postdienst van Miami. Het huis van zijn ouders, waarin hij zijn kindertijd en jeugd doorbracht, is tegenwoordig als **Coral Gables Merrick House** met meubels uit de jaren 20 ingericht (907 Coral Way, tel. 1-305-460-5361, rondleidingen zo., wo. 13, 14, 15 uur, volwassenen $ 5, kinderen 6–12 jaar $ 1).

Lowe Art Museum 13

1301 Stanford Dr., Coral Gables, www.lowe museum.org, di.–za. 10–16, zo. 12–16 uur, gesl. tijdens schoolvakanties, volwassenen $ 10, kinderen tot 12 jaar gratis

Het Lowe Art Museum op de campus van de universiteit van Miami direct ten zuiden van de City Hall bezit een bijzonder bezienswaardige collectie renaissancistische en barokke schilderijen – met ondere andere werken van Tintoretto. Een ander zwaartepunt van de collectie wordt gevormd door kunst uit de 19e en 20e eeuw en kunstnijverheid van de Navajo en de Pueblo uit het zuidwesten van de Verenigde Staten.

Coconut Grove

Kaart: blz. 108

De nederzetting **Coconut Grove** aan de Biscayne Bay trok al heel vroeg allerlei vreemde figuren aan: talrijke kunstenaars en mensen van zeer gevarieerde pluimage. Tijdens het uitgelaten Goombay Festival in juni, dat in het teken staat van de hypnotische muziek die junkanoo-bands met trommels, klokken en fluitjes maken, stromen tienduizenden bezoekers naar Coconut Grove. Het festival gedenkt de eerste kolonie van zwarten uit de Bahama's, die zich hier rond 1840 vestigden. Later vonden ook de eerste zonaanbidders uit de staten langs de Noord-Atlantische kust hier een nieuw thuis.

In de jaren 60 voelden de hippies zich thuis in The Grove, later kon men er ook radicale politieke geluiden horen. Omdat de huren inmiddels drastisch zijn gestegen, moesten enkele minder welvarende eigengereide denkers uitwijken naar betaalbare woongebieden. Tegenwoordig zetten *trendy people* de toon in de wijk, die een hoge dichtheid aan cafés, restaurants, nachtclubs, galeries en allerhande boetieken bezit. In de loop der tijd ontwikkelde zich een bonte mengeling van verschillende bouwstijlen en bouwmaterialen. U ziet er gebouwen met vakwerkelementen, bouwwerken opgetrokken met het lokale coquina-kalksteen, moderne villa's en sobere huizen die uit voorbije tijden zijn overgebleven. Daartussen groeit overal weelderige, tropische vegetatie, die door de inwoners met zorg wordt onderhouden.

CocoWalk 14

3015 Grand Ave., tel. 1-305-444-0777, www. cocowalk.net, zo.–do. 10–21, vr., za. 10–23 uur, bars tot 3 uur

In de CocoWalk, een drie verdiepingen tellend, chic winkel- en evenementencentrum met bars, cafés, restaurants en bioscopen, en

Venetian Pool: pittoresk zwembadcomplex in een voormalige steengroeve midden in Miami

THE BARNACLE – HUIS VAN EEN FLORIDAPIONIER

De eerste blanke kolonisten vestigden zich reeds in 1834 in de Biscayne Bay. Commodore Ralph Middleton Munroe, een scheepbouwer uit Staten Island in de staat New York, volgde bijna vijftig jaar later en bouwde er in 1891 zijn goed doordachte huis **The Barnacle** 17 . Het is het oudste gebouw van Dade County dat nog op zijn oorspronkelijke locatie staat en vormt tegenwoordig een populaire bezienswaardigheid.

Alleen al de vele foto's, die door Monroe zelf zijn gemaakt en ontwikkeld, maken een rondleiding door het overwegend met originele meubels ingerichte **Barnacle State Historic Site** de moeite waard. Ze laten zien hoe Coconut Grove en Miami eruitzagen voor de grote bouwhausse van de jaren 20 en 1930 (3485 Main Hwy, Coconut Grove, tel. 1-305-442-6866, www.floridastateparks.org/park/The-Barnacle, wo.–ma. 9–17, rondleidingen door het huis 10, 11.30, 13, 14.30 uur, volwassenen $ 3, kinderen tot 5 jaar gratis).

Munroe geldt als een van de pioniers van de toeristische ontsluiting van Zuid-Florida. Nadat hij eerst een vriend had geholpen met de bouw van de Peacock Inn, het eerste hotel in het tot dan toe nauwelijks ontsloten zuiden van Florida, kocht hij voor zichzelf een stuk grond aan de baai en liet daar een ongewoon woonhuis en botenhuis bouwen.

De constructie en manier van bouwen bleken zeer modern en baanbrekend: het diep naar beneden doorlopende dak zorgt ervoor dat de omlopende veranda's in schaduw gehuld blijven. Tegenover elkaar staande deuren en een afvoerpijp voor de warme lucht op de nok van het dak zorgden reeds voor de uitvinding van de airconditioning dat de temperatuur in het huis aangenaam bleef. Vanwege de achthoekige vorm van de woonruimte en de houden palen waarop het oorspronkelijk alleen gelijkvloerse huis rust, noemde de bouwmeester Munroe zijn bouwwerk naar het schaaldier eendenmossel: The Barnacle. Nadat de leden van de plaatselijke jachtclub hem tot voorzitter hadden gekozen, kreeg hij de eretitel commodore. De praktische bouwwijze van het woonhuis, dat reeds diverse orkanen heeft overleefd, is duidelijk een product van de hand van een handige ontwerper van talrijke zeiljachten.

ook in de naastgelegen **Mayfair in the Grove** kunt u rondwandelen en mode en allerhande modieuze accessoires aanschaffen. In de weekends worden de flaneerders vermaakt door straatartiesten.

Coconut Grove Playhouse 15
3500 Main Hwy
Het Coconut Grove Playhouse begon in 1926 als bioscoop. In de in sierlijke Spaanse rococostijl opgetrokken schouwburg, waarin onder anderen Liza Minelly, Jessica Tandy en George C. Scott op de bühne stonden, behoorde lange tijd tot de gerenommeerdste theaters van Florida. Het momenteel gesloten gebouw behoort is eigendom van Miami-Dade County.

Botanische tuin 16
4013 Douglas Rd./ S. W. 37th Ave., tel. 1-305-

442-7169, www.ntbg. org/gardens/kampong.
php, ma.–vr. 9–16 uur alleen op afspraak,
volwassenen $ 20, kinderen 4–12 jaar $ 10
Niet ver hiervandaan ligt – een beetje verscholen en niet duidelijk aangegeven – de 3,5 ha grote botanische tuin Kampong aan de Biscayne Bay. In deze door David Fairchild eind jaren 20 aangelegde tuin groeien tropische voedsel- en siergewassen uit de hele wereld, waaronder mango- en avocadobomen, bamboeplanten, palmen, wurgvijgen, flamboyants en ylang-ylang.

Miami City Hall [18]

3500 Pan American Dr.
In het zuiden van Coconut Grove, vlak voor het Shopping en Entertainment Center van CocoWalk, splitst de Pan American Drive zich van de South Bayshore Drive af. In het stralend witte, gelijkvloerse gebouw met uitzicht op de baai resideert de burgemeester van de stad: dit is de Miami City Hall. Vanaf het begin van de jaren 30 tot 1945 gebruikte de luchtvaartmaatschappij Pan American Airlines dit gebouw als vertrekplaats voor de passagiers van zijn watervliegtuigen, die bij Dinner Key opstegen. Zo'n tien jaar later betrok het stadsbestuur het voormalige terminalgebouw.

Patricia and Phillip Frost Museum of Science [19]

3280 S. Miami Ave., Coconut Grove, tel. 1-305-646-4200, www.miamisci.org, dag. 10–18 uur, volwassenen $ 15, kinderen 3–12 jaar $ 11
Circa 140 natuurwetenschappelijke experimenten in het Patricia and Phillip Frost Museum of Science zijn niet alleen interessant voor jonge mensen. De multimedia-, laser- en sterrenshows in het bijbehorende planetarium worden overwegend in het weekend bezocht. In het eveneen aangesloten **Wildlife Center** leven diverse roofvogels, die daar na verwonding worden verpleegd.

Tegenover het museum wordt met veel geld een nieuw Miami Science Museum gebouwd in het Museum Park ten zuiden van Mc Arthur Causeway aan Biscayne Bay. Dit zal naar verwachting in de loop van 2017 zijn deuren openen.

Villa Vizcaya [20]

3251 S. Miami Ave., Coconut Grove, tel. 1-305-250-9133, www.vizcayamuseum.com, dag. 9.30–16.30 uur, volwassenen $ 18, kinderen 6–12 jaar $ 6
De landbouwmachinesfabrikant James Deering, vice-president van het concern International Harvester, doopte zijn in Italiaanse renaissancestijl gebouwde paleis aan South Miami Avenue Villa Vizcaya – Baskisch voor *hoog gelegen plaats*. Het moest zijn winterresidentie worden, die hij op advies van zijn dokter liet bouwen in een plaats met een warm klimaat. Meer dan duizend arbeiders en kunstenaars, destijds bijna 10% van de inwoners van Miami, bouwden in 1912–1916 de weelderige winterresidentie met zeventig kamers en legden grote formele tuinen aan die zich uitstrekten tot de Biscayne.

De helft van het complex fungeert tegenwoordig als een museum voor decoratieve kunst uit de renaissance, barok, rococo en het neoclassicisme. Bijna twintig jaar lang zocht Deering in de hele wereld naar kunst en antiek om in zijn Palazzo onder te brengen. Een kunstmatig miniatuureiland vlak voor de kust heeft de vorm van een stenen Venitiaanse gondel. Modefotografen uit de hele wereld gebruiken het sierlijke decor voor hun foto's.

Virginia Key en Key Biscayne

Kaart: blz. 108
De Bay Bridge en de Rickenbacker Causeway, een brugverbinding naar de voor Miami gelegen eilanden Virginia Key en Key Biscayne, bieden aan het begin van de schemering prachtig uitzicht op de schitterende skyline van de metropool. Voordat u het in de gaten hebt, passeert u de populaire bad- en picknickplaatsen aan de Causeway en **Hobie Beach**, een strand dat in trek is bij windsurfers. De omstandigheden in de Biscayne Bay zijn ideaal voor deze watersport.

Langs Hurricane Alley – wilde stormen rond Florida

Huracan, boze geest, noemden de indianen de machtige wervelstormen die met onregelmatige intervallen door de kustgebieden heen braken en een spoor van verwoesting achterlieten. Ze konden zich de ongehoorde, verwoestende kracht, waar niets tegen te beginnen was, enkel als bovenaardse macht voorstellen.

Hedendaagse wetenschappers weten dat verschijnselen als luchtdruk en de rotatie van de aarde een rol spelen bij het ontstaan van orkanen en zijn in staat om de windsnelheid en de radius van wervelstormen te meten. Het is evenwel niet mogelijk om zijn baan of kracht te beïnvloeden of precies te voorspellen. Als een orkaan naderbij komt, kunt u weinig anders doen dan de indianen tienduizend jaar lang deden: vluchten.

Een hoop op hulp van bovennatuurlijke krachten heeft de Spanjaarden er mogelijk toe bewogen om de wervelstormen in het Caribisch gebied te noemen naar de heilige van de dag op de kerkkalender. Tijdens de Tweede Wereldoorlog gaven meteorologen de tropische stormen de voornaam van hun vriendinnen. Later eisten de feministen in de VS dat de 'boze geesten' afwisselend mannen- en vrouwennamen kregen.

Doordat in een lagedrukgebied boven de Atlantische Oceaan een orkaan kan ontstaan, moeten zich enkele omstandigheden tegelijkertijd voordoen. Enorme hoeveelheden door de hete zon verwarmd water in de Atlantische Oceaan verdampen en stijgen op. Op grote hoogte condenseert de vochtige warme lucht en vormt tot wel 10 km hoge wolkentorens, die door de draaiing van de aarde langzaam tegen de wijzers van de klok in beginnen te draaien. De 25–30°C warme oceaan zorgt voor een voortdurende aanvoer van extra energie.

De wolkenwervel rond zijn draaias, het windstille oog van de orkaan, wordt groter, roteert steeds sneller en begint zich langs een gebogen baan in westelijke richting te bewegen. Als de wervelvind te ver naar het noorden afwijkt, dan zwakt hij in de koelere zee- en luchtstromen af, maar als hij op zijn route in het westen van de Atlantische Oceaan in de warme zone tussen de evenaar en de Kreeftskeerkring blijft, dan bestaat het risico dat zijn kracht steeds meer toeneemt.

De zwaarste stormen razen met snelheden van meer dan 300 km/uur rond het oog van de orkaan. Het wolkenveld van het stormgebied kan zich uitstrekken over een gebied met een doorsnede van 500 tot 600 km. Voor Florida schuilt het gevaar hem niet alleen in de kracht van de rukwinden, maar gaat er ook nog een grote dreiging uit van de vaak metershoge golven en de zondvloedachtige wolkbreuken. Deze zijn gevaarlijk voor grote schepen op zee, veroorzaken overstromingen in de laaggelegen gebieden, sleuren huizen mee, doen straten onderlopen, verwoesten bruggen en zetten *trailer parks* onder water.

De grootste natuurrampen in de geschiedenis van Florida en de VS werden veroorzaakt door orkanen. In 1928 verdronken meer dan tweeduizend inwoners van Florida toen een orkaan Lake Okeechobee deed overstromen. De *Labor Day*-orkaan, die de Keys op 3 september 1935 met volle kracht trof, kostte niet alleen meer dan vierhonderd mensen het leven, maar verwoestte bovendien de Overseas-Railroadspoorlijn tussen Miami en Key West zo grondig dat

Door de klimaatverandering schijnt het aantal tornado's toe te nemen

hij nooit meer opnieuw werd aangelegd. Betsy stormde in 1965 van de Keys en Miami naar de noordwestelijke kust van Florida en kwam pas in Louisiana tot rust. In augustus 1992 trok Andrew, op weg van de Bahama's, bij Homestead ten zuiden van Miami Florida binnen en liet een spoor van verwoesting achter, waarbij vijfenzestig dodelijke slachtoffers vielen en er voor ongeveer $ 30 miljard aan schade werd aangericht.

In augustus en september 2004 bereikten vier orkanen de kust van Florida. Daarbij vielen ruim twintig doden en bedroeg de schade meer dan $ 20 miljard. Ook Katrina, die in 2007 New Orleans deed onderlopen, was voordien al in Florida aan land gekomen.

Het US National Hurricane Center van de Verenigde Staten is in de wijk Coral Gables in Miami gevestigd in een vestingachtig gebouw, dat zelfs zware cyclonen kan weerstaan. Informatie over luchtdrukafwijkingen in de Atlantische Oceaan wordt door satellieten geregistreerd, waarna waarnemingstations de weerdata verzamelen en ze doorsturen naar de centrale, zogenaamde *Hurricane Hunting Aircrafts*. Deze vliegtuigen met moderne dopplerradar, kunnen de ontwikkeling en de route van de stormen 'zien' en vliegen in het windstille oog van de orkaan.

Tijdens het orkaanseizoen tussen mei en november worden gemiddeld zeven orkaanachtige wervelstormen geteld. De meeste kans om er zelf eentje mee te maken, hebt u van half augustus tot eind september tussen Key Largo en Cape Canaveral, een kuststrook die wel Hurricane Alley wordt genoemd.

Miami en Miami Beach

Miami Seaquarium [21]
4400 Rickenbacker Causeway, Virginia Key, tel. 1-305-361-5705, www.miamiseaquarium.com, dag. 9.30–18 uur, volwassenen $ 42, kinderen 3–9 jaar $ 32, zwemmen met dolfijnen vanaf $ 210

Op Virginia Key, het eerste eiland dat men vanaf het vasteland bereikt, lacht een bekend gezicht u toe op de billboards, de enorme reclameborden aan de rand van de straten. Een groot deel van de televisieserie *Flipper* met de moedige, al te menselijke dolfijn werden in het Miami Seaquarium opgenomen. De hoofdattracties van het ouderwetse zeedierenpark bestaan uit shows met de orka *Lolita*, dolfijnen en zeeleeuwen. In het aquarium wordt de lokale onderwaterwereld gepresenteerd, met als hoogtepunt het enorme Reef Aquarium, een nagebouwd tropisch koraalrif. In de Manatee Exhibit worden gewonde zeekoeien opgelapt; in de Crocodile Flats leven enkele tientallen nijlkrokodillen. Bij de Discocery Bay Presentation gaat het om een stuk natuurlijk mangrovebos waarin u zeeschildpadden, alligators en vele vogelsoorten kunt zien. Nieuwere attracties zijn het populaire, maar dure zwemmen met dolfijnen en een bassin waarin roggen kunnen worden gevoerd en geaaid.

Crandon Park [22]
4000 Crandon Blvd., info tel. 1-305-361-5421

Als u een volgende brug oversteekt, komt u terecht op het eiland Key Biscayne, dat de Tequesta Bischiyano – 'lievelingsweg van de opkomende maan' – noemden. De Spaanse conquistador Ponce de León zeilde hier in 1513 langs en doopte de streek Cape Florida. Het 3 km lange, door palmen omzoomde, brede strand van het Crandon Park in het noorden van het eiland geniet niet alleen onder strandliefhebbers een goede reputatie. Met name latino-families uit Miami komen hier graag in het weekend. Strandwachten zorgen voor veiligheid, er zijn picknickplaatsen, een kajakverhuurbedrijf, een klein amusementscentrum met draaimolen, speeltuin en waterfonteinen, waar zowel kinderen als jong gebleven volwassenen van genieten.

Biscayne Nature Center [23]
6767 Crandon Blvd., Key Biscayne, tel. 1-305-361-6767, www.biscaynenaturecenter.org, kantoor 10–16 uur, parkbezoek alleen op afspraak, $ 5 per persoon

Crandon Boulevard voert langs golf- en tennisbanen verder naar het zuiden. Het Marjory Stoneman Douglas Biscayne Nature Center, dat geen winstoogmerk heeft, toont de flora en fauna van de Bay Region. Bijzonder interessant zijn de rondleidingen door de verschillende ecosystemen van de mangrovekust. Een fascinerende rondleiding door de moerasgebieden, waarbij de deelnemers met verschillende dieren kennismaken, wordt *Sea Grass Adventures* ($ 12) genoemd.

Cape Florida State Park [24]
1200 Crandon Blvd., Key Biscayne, tel. 1-305-361-5811, www.floridastateparks.org/park/Cape-Florida, dag. 8 uur tot zonsondergang, $ 8 per auto, voetgangers $ 2

Het Bill Baggs Cape Florida State Park bestrijkt de hele zuidpunt van Key Biscayne. De statige palmen in het uitgestrekte duinlandschap zijn na verwoesting door orkanen al een paar keer opnieuw aangeplant. Het fijne zandstrand behoort tot de mooiste van Florida. Het Cape Florida Lighthouse, een bakstenen vuurtoren uit 1825, staat op de zuidgrens van het State Park. Hoewel de vuurtoren sinds 1861 niet meer in bedrijf is, wordt de markante toren tot op de dag van vandaag als oriëntatiepunt gebruikt door schepen. Wie de 122 treden naar het uitkijkplatform heeft beklommen, kan ver over het eiland tot voorbij Miami uitkijken.

Zuidelijke stadsrand

Kaart: blz. 108

Fairchild Tropical Garden [25] ▶ 3, D 20
10901 Old Cutler Rd., bij Matheson Hammock Park, www.fairchildgarden.org, dag. 7.30–16.30 uur, volwassenen $ 25, kinderen 6–17 jaar $ 12, tot 5 jaar gratis

Met een oppervlak van bijna 34 ha is Fairchild Tropical Garden niet alleen de grootste, maar ook een van de mooiste botanische tuinen van de VS. Er groeien en bloeien ongeveer vijfduizend tropische en subtropische planten langs de wandelpaden en er is een 3 km lang spoorlijntje waarover een elektrische tram het terrein tijdens een 45 minuten durende rondrit met gids doorkruist (vertrek van 10–15 uur op elk heel uur, duur rit ca. 30 min.).

Bezoekers kunnen het 1 ha grote regenwoud met tropische planten uit de hele wereld bewonderen; bij de ingang van het terrein is een folder verkrijgbaar met een overzicht van de ongeveer honderd verschillende in het park levende vogelsoorten. Na afloop van de rondleiding serveert het Garden Café met ijs gekoelde vruchtensappen van eigen oogst.

Deering Estate at Culter 26 ▶ 3, D 20

16701 S. W. 72nd Ave., tel. 1-305-235-1668, www.deeringestate.org, dag. 10–17 uur, volwassenen $ 12, kinderen 4–14 jaar $ 7

Het is de moeite waard om enkele kilometers verder zuidwaarts een bezoek te brengen aan de Deering Estate at Culter. Charles Deering maakte, net als zijn broer James, die verder noordwaarts de Villa Vizcaya bewoonde, deel uit van een dynastie van landbouwmachinebouwers. Hij liet begin jaren 20 in het zuiden van de Biscayne Bay een winterresidentie optrekken in de destijds populaire *Mediterranean Revival*-stijl, waarin ook zijn kunstverzameling werd gestald.

Het grote bezoekerscentrum van het bijna 180 ha grote natuurgebied geeft nog meer geheimen prijs, waaronder beenderen, die erop wijzen dat het gebied tienduizend jaar geleden door mensen werd bevolkt. Bovendien zijn er tot vijftigduizend jaar oude overblijfselen gevonden van dieren uit de ijstijd, zoals paarden ter grootte van een hond en luiaards.

Zoo Miami 27 ▶ 3, C 20

1 Zoo Blvd., 12 400 S. W. 152nd St., Kendall, www.zoomiami.org, dag. 9.30–17.30 uur, volwassenen $ 16, kinderen 3–12 jaar $ 12

De uitgestrekte woonwijk Miami South loopt aan beide kanten van de Florida Turnpike bijna door tot Homestead. Langs de Coral Reef Drive, slechts 400 m ten westen van deze snelweg, strekken zich de natuurgetrouw uitgevoerde landschappen van de Zoo Miami uit, waarin de dieren bijna niet in getraliede kooien leven, maar door middel van slim aangelegde grachten met water van elkaar en de bezoekers zijn afgescheiden. De sterren van de Tiger Temple zijn de Sumatraanse tijgers. Wie te moe is om te lopen, kan met een ca. 3 km lange monorail over de vier continenten en de circa tweeduizend dieren van de 131 ha grote dierentuin zweven.

Monkey Jungle 28 ▶ 3, C 21

14 805 S. W. 216th St., South Miami, www.monkeyjungle.com, dag. 9.30–17 uur, volwassenen $ 30, kinderen 3–9 jaar $ 24

De Monkey Jungle, ca. 35 km ten zuidwesten van Miami, werd in 1933 opgericht als een onderzoeksinstelling die het bestuderen van het gedrag van primaten ten doel heeft. Vanwege gebrek aan geld werd de exploitant al snel gedwongen om een toegangsprijs te heffen voor het bekijken van de apen. Omdat de dieren niet in kooien worden gehouden, lopen de bezoekers door getraliede gangen in de jungle rond. Tegenwoordig leven er onder de hoede van wetenschappers bijna vierhonderd apen en halfapen verdeeld over dertig soorten, waaronder orang-oetans, chimpansees en maki's, relatief vrij in het subtropische regenwoud.

✪ Miami Beach

Kaart: blz. 108 en blz. 128

De stranden van deze voor het vasteland gelegen eilandenketen zijn de grootste toeristische trekpleister van Miami. Als men het in het zuiden aangrenzende Key Biscayne erbij optelt dan strekt zich tot Sunny Isles in het noorden een ongeveer 50 km lange, bijna ononderbroken strandzone uit, waar u kunt zwemmen, surfen, vrienden maken of simpelweg ontspannen zonnebaden.

Miami Beach

Bezienswaardig
- **1** – **31** zie kaart blz. 108
- **32** Sanford L. Ziff Jewish Museum
- **33** Wolfsonian Museum
- **34** World Erotic Art Museum
- **35** ArtCenter/South Florida
- **36** Holocaust Memorial
- **37** Bass Museum of Art

Overnachten
- **1** – **9** zie kaart blz. 108
- **10** The Setai
- **11** Hotel Victor
- **12** Winterhaven Hotel
- **13** Aloft South Beach
- **14** zie kaart blz. 108
- **15** Hotel Astor
- **16** Clay Hotel
- **17** zie kaart blz. 108
- **18** Hotel Shelley
- **19** zie kaart blz. 108

Eten & drinken
- **1** – **13** zie kaart blz. 108
- **14** OLA Miami at Sanctuary
- **15** The Local House Seafood Grill
- **16** Joe's Stone Crab Restaurant
- **17** Big Pink
- **18** La Sandwicherie
- **19** News Café
- **20** Naked Taco

Winkelen
- **1** – **8** zie kaart blz. 108
- **9** Española Way
- **10** Chroma
- **11** Books & Books

Uitgaan
- **1** – **4** zie kaart blz. 108
- **5** New World Center
- **6** Colony Theater
- **7** Miami City Ballet
- **8** Miami Beach Cinematheque
- **9** Automatic Slims
- **10** Skybar
- **11** Jazid
- **12** Mango's Tropical Café
- **13** Mynt Lounge

Actief
- **1** – **8** zie kaart blz. 108
- **9** Miami Beach Bicycling Center
- **10** Fritz's Skate & Bike Shop
- **11** South Beach Dive & Surf Center

In South Beach met zijn bars, restaurants en art-decohotels is het een drukke bedoening. Verder naar het noorden staan de gezinshotels, gevolgd door torenhoge appartementencomplexen, vervolgens weer kleine hotels en uitgestrekte nederzettingen met vrijstaande huizen. Aan het strand van het Oleta River-natuurpark aan de Biscayne Bay in het noorden van Miami Beach zou het bestaan van de nabijgelegen miljoenenmetropool Miami bijna worden vergeten.

Wie van het vasteland naar Miami Beach wil rijden, moet gebruik maken van een van de bruggen, waaronder de op een snelweg gelijkende Julia Tuttle Causeway, de Venetian Causeway over de kunstmatige, met exclusieve villa's bebouwde eilanden San Marino, Di Lido en Rivo Alto, of de MacArthur Causeway over de Biscayne Bay helemaal in het zuiden.

Miami Beach is in geen geval enkel een strandvoorstad van Miami, maar bezit een eigen infrastructuur met levendige winkelstraten, theaters, musea en een congrescentrum. Het aantal van ruim honderdduizend vaste bewoners wordt regelmatig ruim overtroffen door het aantal vakantiegangers. Na de renovatie van de art-decowijk (zie ook Thema blz. 130) is het gebied ten noorden van 23rd Street een beetje uit de gratie geraakt. Maar ook hier werden talrijke hotel- en appartementencomplexen aan een grondige renovatie onderworpen, waardoor de charme van vroeger tijden weer op veel plaatsen zichtbaar is geworden.

Jungle Island **29**

1111 Parrot Jungle Trail, Watson Island, tel. 1-305-372-3822, www.jungleisland.com, ma.– vr. 10–17, za., zo. 10–18 uur, volwassenen $ 33, kinderen 3–10 jaar $ 25

In Jungle Island op Watson Island leven meer dan duizend papegaaien en andere tropische dieren in een junglelandschap. Dagelijks worden op vaste tijden shows met vogels, apen en katachtige roofdieren gehouden. De reptielen,

Art deco in Miami Beach – architectuur van de schone schijn

Heel South Beach is in pasteltinten gekleurd: de gevels stralen hemelsblauw, perzik- en pistachekleurig. De meer dan zeshonderd onder monumentenzorg vallende gebouwen langs de flaneerboulevards van Miami Beach ademen luxe en genot uit, en doen denken aan romige bruidstaarten en creaties van consumptie-ijs.

Iedereen kent ze als de achtergrond van filmopnamen en modefoto's; de huizen met zachte lijnen die van roomijs lijken te zijn gemaakt. Gestileerde orchideeën, flamingo's en nimfen roepen vakantiesfeer, ontspanning, genot en vreugde op. Nergens anders in de VS staan zoveel art-decogebouwen bij elkaar als in de omgeving van Ocean Drive, Collins Avenue en Española Way, en nergens anders is een bouwstijl in een grote Amerikaanse stad zo goed bewaard gebleven als hier.

SoBe, zoals de wijk South Beach in de volksmond wordt genoemd, behoort tot de 'hipste' stadswijken in de Verenigde Staten en is een van de grote toeristenattracties van Miami Beach. In het midden van de jaren 80 was dit zuidelijke deel van de stad een verwaarloosd gebied, dat werd bevolkt door arme gepensioneerden en vluchtelingen en migranten uit Latijns-Amerika. Crack-junkies en hun dealers droegen bij aan de slechte reputatie van de wijk. De tand des tijd knaagde aan de gebouwen, die in de jaren 30 en 40 – midden in de economische crisis – in hoog tempo uit de grond waren gestampt. Niet alleen de verf bladderde af, maar ook de huizen begonnen te vervallen. Ze waren gebouwd voor de schone schijn, niet voor de eeuwigheid.

Daarbij was alles begonnen met een ramp. De orkaan van 1926 kostte 113 mensen het leven, verwoestte grote delen van Miami, en zorgde uiteindelijk voor de ineenstorting van de oververhitte onroerendgoedmarkt aan de zuidoostkust van Florida. Tijdens de daaropvolgende jaren van de economische depressie dienden Florida en Miami Beach als toevluchtsoord van mensen die het zich konden permitteren om het grauwe industriële noorden van de Verenigde Staten de rug toe te keren. Architecten zochten naar een ongedwongen bouwstijl met een moderne en optimistische uitstraling, die niet herinnerde aan de voordien dominerende stijl van de *Mediterranean Revival* met betegelde binnenplaatsen, ronde bogen, torentjes en decoratieve fonteinen, die nu vooral werd geassocieerd met de onroerendgoedcrisis van 1926.

Talrijke Newyorkse architecten brachten in 1925 een bezoek aan de Parijse tentoonstelling *Exposition Internationale des Arts Décoratifs et Industriels Modernes*, om zich te informeren over actuele kunst, architectuur en industrieel ontwerp in Europa. Hun indrukken droegen bij aan het ontstaan van een modern overkomende Amerikaanse bouwstijl, die al snel het stempel art deco kreeg. Een bekend voorbeeld van een wolkenkrabber uit die tijd is het Chrysler Building in New York.

Bauhaus, Werkbund, Wiener Werkstätten en de Nederlandse Stijlbeweging droegen net zozeer aan deze stijl bij als de jugendstil van rond 1900. De verticale lijnen en uitstekende delen werden geaccentueerd, de rechte hoeken werden op de voorgrond geplaatst. De overwegend wit gestucte gevels kregen decoratieve elementen, pastelkleuren, gestileerde versieringen, die met name rond de toegangsdeuren werden aangebracht. Men gebruikte materialen als parelmoer, glas, terrazzo en diverse houtsoorten.

De 's nachts in kleurig neonlicht gehulde art-deco-architectuur in Miami Beach kent grote voorbeelden in het oude Europa

Miami Beach beleefde midden in de grote economische crisis een bouwhausse, waarbij vanaf 1936 jaarlijks honderd hotels uit de grond werden gestampt. In het zuiden van Miami Beach werden op kleine percelen, die de Ocean Beach Realty Company van de gebroeders Lummus sinds 1912 bouwrijp had gemaakt en vervolgens verkocht, vooral twee tot drie etages hoge hotels met zestig tot honderdvijftig kamers gebouwd.

Het feit dat de investeerders krap bij kas zaten, werkte gunstig uit voor de art-decobouwstijl. De gebouwen werden meestal ontworpen door goedkope, maar fantasievolle jonge architecten, die hun opleiding vaak nog niet hadden afgerond. De gebouwen van de postdienst en het station van de reddingbrigade aan het strand van South Beach bewijzen dat ook openbare gebouwen beïnvloed werden door de nieuwe trend.

Aan het eind van de jaren 30 verdrongen zachte, vloeiende vormen de strakke lijnen van de vroegere gebouwen. Stroomlijnen – *racing strips* – en schaduw werpende kroonlijsten boven de vensters – *eye brows* – legden meer de nadruk op horizontale elementen dan voorheen, en moesten tegelijkertijd het streven naar snelheid en dynamiek uitdrukken. De Miami Beach-art deco toonde zich ontvankelijk voor modebewegingen. Er ontstond een moderne resortstijl die werd gekenmerkt door vloeiende kroonlijsten, ronde hoeken of portalen, nautische elementen, toespelingen op futuristische Hollywoodfilms of Moorse decoraties met kleurige tegels en een verscheidenheid aan ornamenten uit de tropische fauna en flora.

Verschillende stijlelementen werden met speelse ongedwongenheid gecombineerd. Rond de deuren hingen druiven van pleister, daarnaast groeiden meloenenreliëfs, en boven de vensters schiepen de architecten soms kroonlijsten in de vorm van schaduwwerpende wenkbrauwen. Bij de *Nautical déco* vallen de architectonische verwijzingen naar de scheepsbouw op: de randen van de gebouwen zijn afgerond zoals bij een luxe oceaanstomer, de liftschachten zien eruit als schoornstenen, de als zonnedekken ontworpen balkons worden omrand door een soort railing en naast de toegangsdeuren op de begane grond zaten patrijspoorten. Andere gebouwen herinneren met hun gestroomlijnde lijsten van chroom en neonlicht aan een jukebox van Wurlitzer, grote Amerikaanse auto's of vliegtuigen.

De deelname van de Verenigde Staten aan de Tweede Wereldoorlog vanaf 1941 betekende het abrupte einde aan de verdere ontwikkeling van de art deco. Toen na het einde van de oorlog het toerisme krachtig opbloeide, behoorde de art deco al tot de architectuurgeschiedenis. De intussen wat verwaarloosd geraakte hotelwijk raakte uit de gratie.

Overal in Florida schoten moderne hotels en appartementencomplexen uit de grond. Het massatoerisme eiste steeds grotere en hogere bouwsels om de toestroom aan vakantiegangers op te vangen. Vanuit het noorden rukten de hoge hoteltorens op in de richting van het 'oude' Miami Beach, waar de huizen langzaam in verval raakten. Minder bedeelde gepensioneerden uit het Noorden en vluchtelingen en migranten uit Latijns-Amerika vonden er betaalbare onderkomens.

Begin jaren 70 ontstond een discussie over de art-decowijk. Gemeenteraadsleden klaagden over de hoge criminaliteit, en speculanten en investeerders keken met belangstelling naar de bouwgrond in de verpauperde gebieden. Zij droomden ervan om daar gigantische hotel- en appartementecomplexen te doen verrijzen, die in de plaats moesten komen van de drie en vier verdiepingen hoge art-decohuizen. Maar na de sloop van de eerste gebouwen begon het verzet.

Verenigd in de Miami Design Preservation League (MDPL), die in 1976 ter gelegenheid van de tweehonderdste verjaardag van de Amerikaanse Onafhankelijkheidsverklaring werd gesticht, verdedigden prominente kunstenaars, galeriehouders en 'normale' burgers hun stadswijk tegen de projectontwikkelaars. Een 2,5 km² groot gebied met honderden art-decohuizen kreeg een beschermde status, en hun restauratie werd aan strenge regels onderworpen. In het kielzog van dit burgerinitiatief trokken modeontwerpers, fotografen en andere trendsetters naar het gebied tussen 6th en 23rd Street en veranderden de verwaarloosde omgeving in een populaire wijk met cafés, restaurants en hotels. Geheel in de traditie van de ontwikkeling van de art deco worden ook tegenwoordig modetrends gezet. Zoals pasteltinten ooit wit als grondkleur verdrongen, hebben nieuwe bouw- en decoratiematerialen en lichteffecten ervoor gezorgd dat de art deco aan de moderne smaak werd aangepast. 's Avonds verlichten kleurige neonbuizen de markante lijnen, rondingen en kroonlijsten van de art-decobouwwerken.

Het feit dat de stijlvolle wijk werd gebruikt als achtergrond voor de jaren 80-serie *Miami Vice* en recentelijker *CSI Miami* droeg net zozeer bij aan de populariteit van deze kunststijl als het feit dat hij werd geassocieerd met een overeenkomstig, soms mogelijk al te gestroomlijnd levensgevoel.

De tijd dat in de Miami Beach goedkope kamers werden verhuurd aan gepensioneerden en immigranten is nu voorbij. De gewenste rendementen kunnen niet worden gehaald bij lage huren. Zodoende daalde de gemiddelde leeftijd van de ongeveer 95.000 inwoners van Miami Beach tussen 1980 en 1990 van 67 jaar naar een bijna jeugdige 44 jaar. Met de vraag waar de bejaarden, de vluchtelingen en de junkies zijn gebleven, houdt slechts een enkeling bezig.

Wat resteert is een unieke stadswijk die bijna volledig in art-decostijl werd gebouwd. De wijk werd uit een diepe slaap gewekt, gered door de initiatieven en het engagement van enkele daadkrachtige burgers, en gesaneerd met behulp van belastingverlagingen en flinke kapitaalinjecties. De bezoeker ervaart een toegankelijke en aangename aanblik, maar ook een levensgevoel – niet meer en niet minder dan wat oorspronkelijk de bedoeling was geweest.

waaronder een bijna 7 m lange zoutwaterkrokodil, liggen meestal lui in de zon. Bijzondere attracties zijn een 'liger' – een niet geplande kruising van een tijger en een leeuw – en een orang-oetantweeling. Jungle Island bezit ook een eigen strand met opblaasbare glijbanen en springkastelen. De combinatie van dierentuin en pretpark heette vroeger Parrot Jungle en bevond zich toen nog in het zuiden van Miami.

Miami Children's Museum 30

980 McArthur Causeway, tel. 1-305-373-5437, www.miamichildrensmuseum.org, dag. 10–18 uur, entree $ 18

Het zuidelijke deel van het eiland behoort toe aan de kinderen; hier is het Miami Children's Museum ondergebracht met tientallen interactieve experimenten die betrekking hebben op verschillende aspecten van het dagelijks leven. Kleine bezoekers kunnen op speelse wijze bankzaken afhandelen, inkopen doen en verschillende beroepen 'uitproberen', zoals verslaggever, politieman of brandweerman.

Port Miami 31

Rechts ligt op Dodge Island de cruisehaven **Port Miami**. Aan twaalf aanlegsteigers nemen cruiseschepen jaarlijks meer dan vier miljoen passagiers aan boord voor de *fun cruises* naar de Bahama's of het Caribisch gebied. Daarmee is Miami de grootste cruisehaven van de wereld (opsomming van alle cruiselijnen op www.miamidade.gov/portmiami/cruise-lines.asp). De kleine kunstmatige eilanden, Hibiscus-, Palm- en Star-Island, ten noorden van de Causeway behoren tot de meest chique en duurste woongebieden van Miami. Al Capone bracht de jaren tot zijn dood in 1947 door in een streng beveiligde villa op Palm Island.

Om **Fisher Island** ten zuiden van Miami Beach te bezoeken, moet u een boot nemen en in staat zijn om een uitnodiging of een reservering te overleggen voor een van de schandalig dure *cottages*. Het voormalige toevluchtsoord van William K. Vanderbilt is tegenwoordig een exclusieve enclave voor miljonairs.

South Beach

Half januari worden de hotelkamers schaars. Het driedaagse festival **Miami Beach Art Deco Weekend** (zie ook Actief, blz. 134) staat in het teken van de jaren 30, toen zij die konden ontsnappen aan de ruwe werkelijkheid van de economische crisis in de pas gebouwde art-decohotels uitbundige feesten vierden. In het SoBe genoemde Zuid-Miami Beach tussen 5th en 23rd Street zijn ongeveer achthonderd gebouwen in art-decostijl bewaard gebleven en grotendeels gerenoveerd. Na de Japanse aanval op Pearl Harbor in de Tweede Wereldoorlog kwam er een einde aan de uitbundige strandfeesten en werden de hotels in gebruik genomen voor de opvang van gewonde en herstellende soldaten. Later werden hier ook Amerikaanse invasietroepen voor de landing in Normandië in 1944 ondergebracht.

Na de oorlog werden de kleine hotels en appartementengebouwen in gebruik genomen door gepensioneerden uit de noordelijke staten van de Verenigde Staten. Van de vroegere glamour van SoBe was toen geen spoor meer te bekennen. Vanaf de jaren 50 verrezen langs het iets verder naar het noorden gelegen Collins Avenue enorme hotels en blokken met koopwoningen. In de grote hotels aan de *American Riviera* traden Las Vegassterren als Frank Sinatra op. Later werden in de inmiddels sleets geworden art-decogebouwen vluchtelingen uit Latijns-Amerika gehuisvest. Daarna werden er plannen gesmeed voor de sloop van deze gebouwen, zodat ze plaats konden maken voor torenhoge kantoor- en appartementenpaleizen. De Miami Design Preservation League slaagde er evenwel in om de wijk voor kaalslag en sanering te behoeden en hem op de monumentenlijst geplaatst te krijgen. De League organiseerde vanuit zijn kantoor in het Oceanfront Auditorium aan de Ocean Drive het hele jaar door tochten door de bezienswaardigste straten, alarmeerde het grote publiek over de plannen en organiseerde met succes het verzet tegen de activiteiten van de onroerendgoedspeculanten (zie ook blz. 130).

Miami en Miami Beach

WANDELING DOOR HET ART DECO DISTRICT

Informatie
Begin en eind: Art Deco Welcome Center in Miami Beach
Duur: ca. 90 min.

Informatie en rondleidingen: Art Deco Welcome Center, 1001 Ocean Dr., tel. 1-305-672-2014, www.mdpl.org, dag. 9.30–19 uur. Aangeboden worden informatiefolders, kaarten en audiogidsen die tot 17.00 uur ter beschikking worden gesteld (met beschrijvingen van de architectonische monumenten in Engels, Duits, Frans of Spaans).
Bij het center starten rondleidingen te voet, op de fiets of met een Segway. Daarnaast zijn er thematische rondleidingen, zoals de Art Decorotica Tour, waarbij het zwaartepunt op erotische motieven ligt, en een Deco & Design Tour samen met het Wolfsonian Museum.

Kosten: Individuele audioguiderondleiding $ 22, groepsrondleiding $ 27

Meer informatie: zie blz. 130.

De rondleiding begint bij het Art Deco Welcome Center, dat is gevestigd in het **Ocean Front Auditorium**. Hier word u in een klein **museum** geïnformeerd over de art-decostijl en de achtergronden van zijn ontstaan (di.–zo. 10–17 uur). In de bijbehorende winkel kunt u boeken en art-decosouvenirs kopen. Elk jaar organiseert de Miami Design Preservation League hier midden januari het Art Deco Weekend met concerten, filmvoorstellingen, lezingen, een oldtimershow en verkoop van antiek.
De eerste halteplaats van de rondleiding is het **Clevelander Hotel** (1020 Ocean Dr.), , een populair partyhotel met een zwembadbar in de vorm van een vliegende schotel. Bij het luxueuze **Tides Hotel** (1220 Ocean Dr.), een rechtlijnige hoteltoren, trekken de patrijspoorten boven de ingang de aandacht. Het **Leslie Hotel** (1244 Ocean Dr.) bezit de karakteristieke *eyebrows*,

Miami Beach

schaduwwerpende uitstekende delen boven de vensters. Het **Carlyle Hotel** (1250 Ocean Dr.) wordt gekenmerkt door horizontaal lopende kroonlijsten en afgeronde hoeken. Het **Cardozo Hotel** (1300 Ocean Dr.) wordt gesierd door koraalmotieven. Het is de moeite waard om een blik te werpen op het interieur van het **Winterhaven Hotel** 12 (1400 Ocean Dr.) met zijn schitterende, spiegelende terrazzovloeren.

Een uitstapje in Collins Avenue voert naar het gestroomlijnde **National Hotel** (1677 Collins Avenue) uit het jaar 1940. Het is beroemd om zijn 62 m lange, door palmen omzoomde zwembad, dat echter later is toegevoegd. Tegenover het met ornamenten versierde zwembad staat het **Raleigh Hotel** (1775 Collins Avenue), een art-decopronkstuk dat beroemd werd door de filmopnamen met de *zwemmende Venus* Esther Williams. Op de weg ernaartoe komt men langs het luxueuze **Delano Hotel** (1685 Collins Ave.), een veertien verdiepingen tellend gebouw met een witte lobby.

Via Washington Avenue loopt de route vervolgens zuidwaarts, hier staat op de hoek met 13th Street het **U.S. Post Office**, een gebouw met een opvallende rotunda. De restauratie hiervan vormde het begin van het herstel van South Beach. Het interieur bevat muurschilderingen, die halverwege de jaren 30 werden vervaardigd door gesubsidieerde kunstenaars.

Het **Astor Hotel** uit 1936 op de hoek met 10th Street bezit een lobby met veel art-deco-elementen. Hierna gaat u via 7th Street terug naar Ocean Drive. Hier stuit u op het in 1937 gebouwde **Park Central Hotel** (640 Ocean Dr.), waarin Clark Gable en Rita Hayworth hebben overnacht. Rond dezelfde tijd verrezen het **Beacon Hotel** en het **Colony Hotel**, die een klein stukje noordelijker staan. De laatste halte van de rondleiding is het **Waldorf Towers Hotel** (860 Ocean Dr.) met een glazen hoektoren die aan een vuurtoren doet denken.

Tegenwoordig vindt men aan Ocean Drive, aan Collins Avenue en Washington Avenue hotels die geheel in art-decostijl zijn gebouwd. Ultratrendy *nightspots* worden er afgewisseld door enkele van de beste restaurants van Zuidoost-Florida. De beau monde voelt zich in zijn kleine universum aan Ocean Boulevard belangrijk en op zijn gemak. In de talrijke cafés met terras, waar het tot laat in de nacht een drukke bedoening is, gaat het om kijken en bekeken worden. De voormalige **Versace Mansion** (1116 Ocean Dr.), waarin de Italiaanse modeontwerper en zakenman in 1997 werd doodgeschoten, heet intussen The Villa Casa Casuarina en wordt uitgebaat als boetiekhotel (www.vmmiamibeach.com). Op de boulevard langs het strand vermaken inlineskaters van alle leeftijden zich. Overdag worden zeker ergens modefoto's geschoten. Intussen heeft het Art Deco District zich weten te ontpoppen tot een regelrechte publiekstrekker.

Senioren en immigranten hebben nu plaatsgemaakt voor mooie mensen, rijkelui en toeristen. De gemiddelde leeftijd van de bewoners daalde in korte tijd tot ongeveer veertig jaar en er hangt nu dagelijks een feestelijke sfeer. Daarbij is het brede en goed onderhouden South Beach, dat eigenlijk is genoemd naar het aangrenzende park Lummus Park Beach, ook zonder de soms circusachtige drukte aan de Ocean Drive een leuk gebied dat heel geschikt is om allerlei strandactiviteiten te ontplooien en te zwemmen in de Atlantische Oceaan.

Sanford L. Ziff Jewish Museum 32

301 Washington Ave., tel. 1-305-672-5044, www.jewishmuseum.com, di.–zo. 10–17 uur, volwassenen $ 6, scholieren $ 5

Het Sanford L. Ziff Jewish Museum, in het zuidelijkste deel van Miami Beach, op de hoek van Washington Avenue en 3rd Street, documenteert de geschiedenis van de Joden in Florida van 1763 tot heden. Het in een voormalige synagoge gevestigde museum exposeert religieuze voorwerpen, een fotoverza-

Miami en Miami Beach

Het Holocaust Memorial in Miami Beach is ondanks het moeilijke onderwerp een absoluut bezienswaardige culturele trekpleister

meling over het Joodse leven en informeert over de immigratie van Joden naar Miami Beach, die hier traditioneel sterker zijn vertegenwoordigd dan elders in Florida.

Wolfsonian Museum 33
1001 Washington Ave., tel. 1-305-531-1001, www.wolfsonian.org, ma., di., do.–za. 10–18, zo. Vanaf 12 uur, volwassenen $ 7, kinderen 6–12 jaar $ 5
Het tot de grote Florida International University behorende Wolfsonian Museum, dat zes stratenblokken noordelijker ligt, is gewijd aan de wisselwerking tussen design en propaganda. Mitchel Wolfson jr., de erfgenaam van een groot vermogen, verzamelde tijdens reizen over de hele wereld kunst- en gebruiksvoorwerpen uit het einde van de 19e en de eerste helft van de 20e eeuw. Hij had daarbij een voorkeur voor ontwerpen die tot doel hadden om het openbare bewustzijn te beïnvloeden.

Niet alleen symbolen en strategieën van de Duitse nationaal-socialisten en de Italiaanse fascisten – stromingen die bij uitstek met propaganda worden geassocieerd – worden in hun historisch kader belicht. Ook het design van gebruiksvoorwerpen en snuisterijen weerspiegelen maatschappelijke ontwikkelingen en de tijdgeest. Het Dynamo Museum Café en de originele museumshop nodigen uit tot een extra stop.

Miami Beach

World Erotic Art Museum 34
1205 Washington Ave., tel. 1-305-532-9336, www.weam.com, ma.–do. 11–22, vr.–zo. 11–24 uur, entree alleen boven 18 jaar, $ 15
Even verderop heeft het World Erotic Art Museum in 2005 zijn deuren geopend. Het probeert de bezoekers te stimuleren met erotische en frivole tekeningen uit de Kama-Sutra en hedendaagse films.

ArtCenter/South Florida 35
924 Lincoln Rd., tel. 1-305-674-8278, www.artcentersf.org, ma.–do. 12–21, vr., za. 11–22, zo. 11–21 uur, gratis entree
In het ArtCenter/South Florida werken 40 door een jury uitgekozen kunstenaars – fotografen, beeldhouwers, schilders en filmmakers – in hun ateliers. Het ArtCenter biedt een zeldzame gelegenheid om het ontstaansproces van kunstvoorwerpen van dichtbij mee te maken. Bovendien kunt u hier kunst kopen.

Española Way, een chique, kleine winkelstraat met boetiekjes, restaurants, cafés en galeries, is een ten noorden van 14th Street gelegen zijstraat van Washington Avenue. Hij verrees in 1922 in een kitscherige versie van Spaanse architectuur en is goed bekend bij fans van films of televisieseries als *Miami Vice* of *CSI Miami*.

Holocaust Memorial 36
1933–1945 Meridian Ave./Dade Blvd., tel. 1-305-538-1663, www.holocaustmmb.org, dag. 9 uur tot zonsondergang, gratis entree
Het **Holocaust Memorial** gedenkt de zes miljoen Joodse slachtoffers van het nationaal-socialistische regime in Duitsland tussen 1933 en 1945. Het middelpunt van het indrukwekkende complex wordt gevormd door een ongeveer 12 m lange, uitgestrekte bronzen onderarm met daarop een nummer – een verwijzing naar de nummers die concentratiekampgevangen op hun onderarm getatoeëerd kregen. Levensgrote figuren, met gezichten die angst en vertwijfeling uitdrukken, proberen langs de arm omhoog te klimmen. Het monument is getiteld *Sculptuur van liefde & leed*. U ziet onder andere een overdekte weg die langs een muur loopt waarin de namen zijn gegraveerd van hen die in de concentratiekampen zijn vermoord.

Bass Museum of Art 37
2100 Collins Ave., tussen 21st en 22nd St., tel. 1-305-673-7530, www.bassmuseum.org, wg. na renovatie geopend vanaf voorjaar 2017
In de winkelstraat Lincoln Road Mall exposeren enkele galeries werken van Floridaanse kunstenaars. Het Bass Museum of Art in het stijlvolle art-decogebouw van de voormalige openbare bibliotheek, met een spectaculaire aanbouw van de Japanse architect Arata Isozaki, behoort samen met een eveneens nieuwe beeldentuin tot de belangrijkste

Miami en Miami Beach

kunstcollecties van het gebied. De collectie bevat schilderijen en beeldhouwwerken uit de Europese middeleeuwen, barok, rococo en renaissance, en hedendaags werk van Amerikaanse kunstschilders. Thematisch loopt de collectie uiteen van Vlaamse wandtapijten tot Frida Kahlo.

Informatie

... in Miami:

Visitor Information op Miami International Airport: Central Terminal E, 2nd Floor, tel. 1-305-876-7000.

Greater Miami Convention & Visitors Bureau: 701 Brickell Ave., Suite 2700, FL 33131, tel. 1-305-539-3000, www.gmcvb.com. De plek voor actuele informatie over nieuwe veerverbindingen naar Cuba.

Coconut Grove Chamber of Commerce: 2889 McFarlane Rd., tel. 1-305-444-7270, www.coconutgrove.com.

Little Havana Welcome Center: 1442 S. W. 8th St., Miami, ma.–vr. 11–17 uur.

Coral Gables: 285 Aragon Ave., Coral Gable Museum, tel. 1-305-603-8067, www.gableschamber.org.

Key Biscayne Chamber of Commerce & Visitor Center: 88 W. McIntyre St., Suite 100, Key Biscayne, tel. 1-305-361-5207, www.keybiscaynechamber.org.

... in Miami Beach:

Tourist Hospitality Center: 1620 Drexel Ave., FL 33139, tel. 1-305-674-1414, www.miamibeachguest.com.

LGBT Visitor Center: 1130 Washington Ave., tel. 1-305-397-8914 (Gay and Lesbian Chamber of Commerce), www.gogaymiami.com.

Art Deco District Welcome Center: Oceanfront Auditorium, 1001 Ocean Dr., tel. 1-305-672-2014, www.mdpl.org/welcome-center, dag. 10–19.30 uur. De *Art Deco Guide*, met een architectuurwandeling door de wijk, is hier verkrijgbaar.

Overnachten

... in Miami:

Exclusief Strandresort – **Ritz-Carlton Key Biscayne** **1** : 455 Grand Bay Dr., Key Biscayne, tel. 1-305-365-4500, www.ritzcarlton.com. Groot vijfsterrenhotel pal aan het brede strand, met 402 ruime kamers en suites. Mooie tuin met tropische bloemenpracht, zeer gevarieerd sport- en recreatieaanbod, zeer grote spa. Vanaf $ 200.

Grand Hotel in koloniale stijl – **The Biltmore** **2** : 1200 Anastasia Ave., Coral Gables, tel. 1-305-445-1926, www.biltmorehotel.com. Traditioneel luxehotel uit 1926 met markante toren, enorm zwembad, eigen golfbaan. 280 kamers en suites, vanaf $ 185.

Hip adres – **Mayfair Hotel & Spa** **3** : 3000 Florida Ave., Coconut Grove, tel. 1-305-441-0000, www.mayfairhotelandspa.com. Trendy hotel in art-nouveaustijl, van alle gemakken voorzien, vlak bij de chique winkels van Mayfair. 179 kamers en suites, vanaf $ 170 incl. ontbijt.

Met tropische flair – **Silver Sands Beach Resort** **4** : 301 Ocean Dr., Key Biscayne, tel. 1-305-361-5441, www.silversandsbeachresort.net. Gelijkvloers hotel aan het strand met 56 eenvoudige, nette kamers, suites met keukentje. Tuin en zwembad. Vanaf $ 130.

Moderne hoteltoren – **Courtyard Miami Coconut Grove** **5** : 2649 S. Bayshore Dr., Coconut Grove, tel. 1-305-858-2500, www.marriott.com. Vanbuiten nogal lelijk, maar voorzien van nette kamers met weids uitzicht. Niet ver van de winkels en musea in Coral Gables en Coconut Grove. 192 kamers en suites, vanaf $ 105.

Nostalgisch boetiekhotel – **Place St. Michel** **6** : 162 Alcazar Ave./Le Jeune Rd., Coral Gables, tel. 1-305-444-1666, www.hotelstmichel.com. Klein stadshotel dat de flair van de jaren 30 heeft weten vast te houden. Met uitstekend restaurant. 27 kamers en suites, vanaf $ 90.

Bij het vliegveld – **La Quinta Inn** **7** : Miami Airport East, 3501 N. W. Le Jeune Rd., tel. 1-305-871-1777, www.lq.com. Tegenover de internationale luchthaven, maar met geluidsdichte ramen, airportshuttle en gratis internet. Vanaf $ 90 incl. ontbijt.

Camping – **Miami – Everglades Campground** **8** : 20 675 S. W. 162nd Ave., tel.

Adressen

1-305-233-5300, www.miamicamp.com, tent vanaf $ 31, camper $ 43, blokhut vanaf $ 60. De goed geoutilleerde camping voor tenten en campers ligt tussen mango- en avocado-plantages niet ver van de Monkey Jungle (zie blz. 127) ten zuiden van de stad.

… in Miami Beach:
Hideaway voor vips – **Fisher Island Club Hotel** 9 : 1 Fisher Island Dr., Fisher Island/Miami, tel. 1-305-535-6026, www.fisherislandclub.com. Accommodatie op het exclusieve privé-eiland, in cottagesuites, met 9-holesgolfbaan, tenniscentrum en jachthaven. Vanaf $ 810.

Oosters sfeertje – **The Setai** 10 : 2001 Collins Ave., tel. 1-305-520-6000, www. thesetaihotel.com. Hotelkamers, suites en grote appartementen in een door het zenboeddhisme geïnspireerd gebouwencomplex aan het water, met luxeueze spa, verscheidene restaurants en bars. 125 units en studiosuites, vanaf $ 550.

Designhotel – **Hotel Victor** 11 : 1144 Ocean Dr., tel. 1-305-779-8787, www.hotelvictorsouthbeach.com. In het epicentrum van de art-decowijk, tegenover South Beach, trendy en luxueus. 91 kamers en suites, vanaf $ 250.

Art-deco-juweel – **Winterhaven** 12 : 1400 Ocean Dr., tel. 1-305-531-5571, www.winterhavenhotelsobe.com. Midden in de art-decowijk, uitgebreid gerenoveerd, kamers met wifi, de meeste met uitzicht op zee. 70 kamers, vanaf $ 150.

Stijlvol aan het water – **Aloft South Beach** 13 : 2360 Collins Ave., tel. 1-305-860-9444, www. aloftsouthbeach.com. Compleet nieuw gebouwd hotel met kamers in verschillende formaten, een mooi zwembad, fitnessruimte en regelmatig livemuziek en bekende dj's in de coole lobbybar. Slechts een blok van het strand. 235 kamers, vanaf $ 134.

Chic en stijlvol – **Circa 39** 14 : 3900 Collins Ave., tel. 1-305-538-4900, www.circa39.com. Cool hotel, kamers deels met keukentje, cabana's aan het zwembad en uitstekende service, aan de westkant van Collins Avenue en ten noorden van South Beach. Vanaf $ 130.

Met coole bar – **Astor** 15 : 956 Washington Ave., tel. 1-305-531-8081, www.hotelastor.com. Art-decohotel met hip restaurant, metro-kitchen en ultrachique bar. 40 kamers, vanaf $ 105.

In het Spanish Quarter – **Clay Hotel** 16 : 1438 Washington Ave., tel. 1-305-534-2988, www.clayhotel.com. Vroeger de enige jeugdherberg in South Beach. 80 bedden, vanaf $ 102.

Relaxte sfeer – **Casa Claridge** 17 : 3500 Collins Ave., tel. 1-305-604-8485, www.casaclaridge.com. Hotel met ontspannen sfeer in een gebouw uit de jaren 30, whirlpool, toegang tot het strand. 50 units, vanaf $ 100.

Midden in de actie – **Hotel Shelley** 18 : 844 Collins Ave., tel. 1-305-531-3341, www. hotelshelley.com. Gerenoveerd hotel uit 1931 in art-decostijl. Tijdens het happy hour om 19.00 uur gratis drankjes aan de bar, gratis airport-shuttle. 49 kamers, vanaf $ 65.

Goede prijs-kwaliteitsverhouding – **The Freehand** 19 : 2727 Indian Creek Dr., tel. 1-305-531-2727, www.thefreehand.com. Dit gerenoveerde hotel uit 1936 ligt op enkele minuten van het drukke South Beach, een huizenblok verwijderd van de zee, en biedt betaalbare kamers en een moderne, stedelijke sfeer. 61 kamers, vanaf $ 60.

Eten & drinken
… in Miami:
Elegant waterfront-restaurant – **Azul** 1 : 500 Brickell Key Dr., tel. 1-305-913-8358, www.mandarinoriental.com/miami, di.–za. 19–23 uur. Culinaire tempel in het Mandarin Oriental Hotel, met fusionkeuken, bekroonde wijnkaart, open keuken, grote ramen met uitzicht op de Bay. Hoofdgerecht vanaf $ 25.

Zeespecialiteiten – **The Oceanaire Seafood Room** 2 : 900 South Miami Ave., Suite 111, tel. 1-305-372-8862, www.theoceanaire.com, zo.–do. 17–22, vr., za. tot 23 uur. Heerlijke gerechten met vis en schaaldieren. Wilde zalm uit de Grote Oceaan, kreeft uit Maine, tandbaars uit de Atlantische Oceaan. Hoofdgerecht vanaf $ 26.

Goed steakhouse – **Capital Grille** 3 : 444 Brickell Ave., tel. 1-305-374-4500, www.thecapitalgrille.com, ma.–vr. 11.30–15, ma.–do. 17–22, vr., za. tot 23 uur. Steaks van de beste

Miami en Miami Beach

Hier kunt u op een ontspannen manier de avond beginnen: de restaurant- en clubscene van Miami biedt volop keuze voor elke smaak

kwaliteit in alle variaties, uitstekende lamskoteletten, oplettende bediening van de oude stempel. Hoofdgerecht vanaf $ 23.

Spaans – **Las Culebrinas in the Grove 4** : 2890 S. W. 27th Ave., tel. 1-305-448-4090, www.culebrinas.homestead.com. Spaanse ambiance in het restaurant en op het bord, met zeevruchten, rundvlees, konijnenvlees of paëlla. Gerechten $ 12–38.

Creatief – **Michael's Genuine Food & Drink 5** : 130 N. E. 40th St., tel. 1-305-573-5550, www.michaelsgenuine.com, ma.–vr. 11.30–15, ma.–do. 17.30–23, vr., za. 17.30–24, zo. 17.30–22 uur. Creatieve keuken in het Art District, elke dag nieuwe gerechten. Men serveert er porties van vier verschillende groottes. Hoofdgerecht vanaf $ 8.

Pasta zoals bij mama – **George's Italian Restaurant and Lounge 6** : 300 72nd St., tel. 1-305-864-5586, www.georgesmiamibeach.com, dag. vanaf 18 uur. Heerlijke pasta en andere Italiaanse gerechten, ook de visspecialiteit is aan te bevelen. Vriendelijke bediening, prettige sfeer in het noorden van Miami. Hoofdgerecht vanaf $ 16.

Couleur locale – **Versailles 7** : 3555 S. W. 8th St., Little Havana, tel. 1-305-445-7614, www.versaillesrestaurant.com, ma.–do. 8–2, vr., za. tot 4.30, zo. 9–2 uur. Heerlijke Cubaanse gerechten in de Calle Ocho, de eetzaal is versierd met spiegels en kroonluchters. Populair bij de Cubaanse gemeenschap. Met bijbehorende bakkerij. Gerechten $ 7–29.

Authentiek Cubaans – **El Exquisito Restaurant 8** : 1510 S. W. 8th St., Little Havana, tel. 1-305-643-0227, www.exquisitorestaurant.com, dag. 7–24 uur. Cubaanse sandwiches en andere snacks, maar ook palomillasteaks of gevulde kippenborst met bakbananen. Gerechten $ 7–19.

Verse vis – **The Fish House 9** : 10 000 S. W. 56th St., tel. 1-305-595-8453, www.thefishhouse.com, ma.–vr. 11.30–22, za. tot 23 uur. Familierestaurant dat vlak naast de viswinkel staat. Mahi-mahi, gebakken blue crabs en vissoep – alles vers en smakelijk. Gerechten $ 6–23.

Biologisch – **Here comes the Sun 10** : 2188 N. E. 123rd St., North Miami, tel. 1-305-893-5711, ma.–za. 11–20.30 uur. Lawaaiig, druk en

Adressen

goed. Betaalbaar restaurant met biologische ingrediënten. Lekkere soepen en kipspecialiteiten. Gerechten $ 5–22.

Ontbijttent – **Jimmy's East Side Diner** 11 : 7201 Biscayne Blvd., Miami, tel. 1-305-754-3692, dag. 6.30–16 uur. Lekker ontbijten met bananenpannenkoeken, gebakken aardappelen met cornedbeef en andere stevige gerechten. Vanaf $ 5.

… in Miami Beach:

Modern-Aziatisch – **Hakkasan** 12 : 4441 Collins Ave., in het Fontainebleau Resort, tel. 1-786-276-1388, tot 16 uur 1-877-326-7412, www.hakkasan.com. Uitstekende Cantonese keuken in een smaakvol ingericht restaurant. Gerechten $ 18–48.

Argentijns – **Las Vacas Gordas** 13 : 933 Normandy Dr., tel. 1-305-867-1717, www.lasvacasgordas.com, ma.–vr. 12–24, za. 13–24 13.30, zo. 13.30–23 uur. In de *Vette Koe* worden smakelijke, gegrilde steaks geserveerd, waar slechts een bescheiden prijs voor hoeft te worden betaald. Gerechten vanaf $ 25.

Hispanic – **OLA Miami at Sanctuary** 14 : 1745 James Ave., tel. 1-305-695-9125, www.olamiami.com. Moderne Latijns-Amerikaanse keuken in een degelijke ambiance. Empanada's met kreeft, mahi-mahi in een kruidenkorstje en andere delicatessen. Hoofdgerecht vanaf $ 24.

Relaxte hangout – **The Local House Seafood Grill** 15 : 400 Ocean Dr., tel. 1-786-230-8396, www.localhousesofi.com. *Easy going* bar-restaurant met veel vis- en schaaldiergerechten, maar ook pasta en steaks. Hoofdgerecht vanaf $ 18.

Krabspecialiteiten – **Joe's Stone Crab Restaurant** 16 : 11 Washington Ave., tel. 1-305-673-0365, www.joesstonecrab.com, di.-za. 11.30–14.30, 17-22, zo., ma. alleen 17-22 uur, tot 2 uur wachttijd. Populair bij mensen die in het winterseizoen (half okt. tot half mei) trek hebben in de scharen van de stone crab. Al 100 jaar familiebezit. Ook erg smakelijke key lime pie. Hoofdgerecht vanaf ca. $ 15, schaal met stone crab-scharen ca. $ 45.

Trendy – **Big Pink** 17 : 157 Collins Ave., tel. 1-305-542-4700, www.mylesrestaurantgroup.

com, zo.–wo. 8–24, do. tot 2, vr., za. tot 5 uur 's ochtends. Populair scenerestaurant met bar en allerlei soorten sandwiches, soepen, hamburgers en gourmetpizza's. Hoofdgerecht $ 13–35.

Lekkere sandwiches – **La Sandwicherie** 18 : 229 14th St., tel. 1-305-532-8934, www.lasandwicherie.com, dag. 9–5 uur. Sandwiches met uniek beleg, ook om mee nemen. Rond 12 en 15 uur wordt het hier heel druk! Sandwiches vanaf $ 6.

Zien en gezien worden – **News Café** 19 : 800 Ocean Dr., tel. 1-305-538-6397, www.newscafe.com. U kunt hier de hele dag door ontbijten en internationale kranten lezen. Vooral de tafels in de openlucht zijn zeer in trek. Bar met populair happy hour (ma.-do. 16–19 uur). Snacks vanaf $ 8.

Cubaanse diner – **Naked Taco** 20 : in het Dream Hotel, 1111 Collins Ave., tel. 1-305-534-8455, www.nakedtacomiami.com. Naakt zijn de maispannenkoekjes hier zeker niet. Zowel traditionele als zeer modern-innovatieve taco's, goede koffie bij Mañana en lekkere cocktails bij bar Noche. Gerechten $ 5–18.

Winkelen
… in Miami:

Winkelcentrum – **Dadeland Mall** 1 : 7535 N. Kendall Dr., in het zuiden van Miami, www.simon.com/mall/dadeland-mall. Het grootste winkelcentrum van Miami, met 175 winkels en 17 restaurants.

Discount shopping – **Florida Keys Outlet Center** 2 : 250 E. Palm Dr., tel. 1-305-248-4736, www.premiumoutlets.com, 45 min. ten zuiden van Downtown. Tientallen winkels met beduidend lagere prijzen voor artikelen van merken als Calvin Klein en Samsonite.

Mode – **Fashion District** 3 : N. W. 5th Ave. tussen 24th en 29th St. Designermode met veel speciale aanbiedingen. Wie op zoek is naar hippe spulletjes, moet speuren in de uitstallingen van de **CocoWalk** 14 , 3015 Grand Ave., in Coconut Grove of door de **Miracle Mile** 4 in Coral Gables slenteren.

Boeken – **Books & Books** 5 : 265 Aragon Ave., Coral Gables, www.booksandbooks.

Miami en Miami Beach

com, dag. 9–23 uur. De beste boekhandel van de stad. **Barnes & Noble** 6 : 152 Miracle Mile, Coral Gables, www.barnesandnoble.com, dag. 9–23 uur. Groot filiaal van de bekende, goed gesorteerde keten.

Muziek – **Sweat Records** 7 : 5505 N. E. 2nd Ave., 767-693-9309, www.sweatrecordsmiami.com. Enorm assortiment van nieuwe en tweedehands cd's en lp's. Ook café en vaak optredens van bandjes.

Sigaren – **Cuba Tobacco Cigar Co.** 8 : 1528 S. W. 8th St., Little Havana, www.cubatobaccocigarco.com, overdag geopend. Handgerolde sigaren in allerlei formaten. In de omgeving bevindt zich ook een aantal kleinere sigarenproducenten.

… in Miami Beach:

Antiek – In **Española Way** 9 in Miami Beach kunt u rondneuzen in antiekwinkels en art-decowinkels.

Mode – Jeugdige mode van aanstormende mode-ontwerpers vindt u bij **Chroma** 10 (920 Lincoln Rd.).

Boeken – Het filiaal van **Books & Books** 11 (933 Lincoln Rd.) is de beste boekhandel van Miami Beach. Ook het bijbehorende café is leuk.

Kunst – In het **ArtCenter/South Florida** 35 (924 Lincoln Rd.) langs de met palmen en vijvers verfraaide Lincoln Road Mall kunt u mooie etsen en beeldhouwwerken vinden.

Uitgaan

De nadrukkelijke aanwezigheid van de Latijns-Amerikaanse cultuur en de Noord-Amerikaanse invloeden hierop hebben geresulteerd in een interessante culturele mix.

… in Miami:

Muziektheater en concerten – **Adrienne Arsht Center for the Performing Arts** 1 : 1300 Biscayne Blvd., tel. 1-305-949-6722, www.arshtcenter.org. Thuisbasis van de Miami Opera, het Miami City Ballet en klassieke concertseries, talrijke concerten van bezoekende orkesten. **The Olympia Theater at Gusman Center for the Performing Arts** 1 : 174 E. Flagler St., tel. 1-305-374-2444, www.gusmancenter. org. Thuisbasis van het Florida Philharmonic Orchestra, ooit een groot bioscooppaleis met zeventienhonderd plaatsen.

Livemuziek – **Churchill's** 2 : 5501 N. E. 2nd Ave., tel. 1-305-757-1807, www.churchillspub.com. Sinds 1979 wordt hiet populaire muziek gespeeld, van Marylin Manson tot jazzjams. **Tobacco Road** 3 : 69 W. 7th St., Downtown tel. 1-305-374-1198, www.tobacco-road.com. De oudste bar van de stad bestaat sinds 1912 en is in het bezit van Miami's drankvergunning nr. 1. In het weekend spelen hier blues- en rockbands. Gesloten wegens verbouwing.

Discotheek – **Club Space** 4 : 34 N. E. 11th St., Downtown, tel. 1-305-375-0001, www.clubspace.com, alleen geopend in het weekend, maar dan tot vroeg in de ochtend. Hippe dansmuziek in een voormalig pakhuis, bekende dj's zorgen voor de muziek.

… in Miami Beach:

Theater en concerten – **New World Center** 5 : 500 17th St., tel. 1-305-673-3330, www.newworldcenter.com. Indrukwekkende moderne concertzaal van architect Frank Gehry. Thuistheater van de New World Symphony. **Colony Theater** 6 : 1040 Lincoln Rd., tel. 1-305-674-1040, www.colonytheatremiamibeach.com. Deze stedelijke tempel voor theater en concerten heeft zijn oude art-decoglans weer teruggekregen na een renovatie die vele jaren in beslag nam.

Ballet – **Miami City Ballet** 7 : Ophelia & Juan Jr. Roca Center, 2200 Liberty Ave., tel. 1-305-929-7000, www.miamicityballet.org. Uitstekend danstheater, speelseizoen sept. tot april. Sinds 2012 onder leiding van de beroemde danseres Lourdes Lopez.

Bios – **Miami Beach Cinematheque** 8 : 1130 Washington Ave., tel. 1-305-673-4567, www.mbcinema.com. Leuk filmhuis in het historische stadhuis van Miami Beach.

Nachtclubs – **Automatic Slims** 9 : 1216 Washington Ave., tel. 1-305-672-2220, www.automatic-slims.com. Hippe bar met themafeesten, redelijke prijzen en en goede rockmuziek. **Skybar** 10 : 1901 Collins Ave., tel. 1-305-695-3100, www.morganshotelgroup.com.

Adressen

Op South Beach komen surfers net zo aan hun trekken als zonaanbidders

com. Shabby-chique hangout, lekkere cocktails, dj's. **Jazid** 11 : 1342 Washington Ave., Miami Beach, tel. 1-305-673-9372, www.jazid.net. Barmuziek en live jazzoptredens, af en toe soul. Goed alternatief voor Ballyhoo in South Beach. **Mango's Tropical Café** 12 : 900 Ocean Dr., Miami Beach, www.mangostropicalcafe.com, tel. 1-305-673-4422. Altijd overvolle latinoclub met dansgraag publiek en uitstekende livemuziek en dinnershows. **Mynt Lounge** 13 : 1921 Collins Ave., tel. 1-305-532-0727, www.myntlounge.com. Stijlvolle, regelmatig door prominenten als Jennifer Lopez en Colin Farrel bezochte nachtclub, om te zien en gezien te worden. Lange rijen wachtenden voor de ingang.

Actief
Kijksport:
Honkbal – **Miami Marlins Baseball** 1 : Stadium, 501 Marlins Way, tel. 1-305-480-1300, www.marlins.mlb.com.
American football – **Miami Dolphins Football** 2 : Sun Life Stadium, 347 Don Shula Dr., Miami Gardens, tel. 1-305-943-8000, www.miamidolphins.com.
Basketbal – **Miami Heat NBA Basketball** 3 : American Airlines Arena, 601 Biscayne Blvd., tel. 1-786-777-1000, www.nba.com/heat.
Jai-alai – **Casino Miami Jai-Alai** 4 : 3500 N. W. 37th Ave., tel. 1-305-633-6400, www.casinomiamijaialai.com. Het Baskische hogesnelheidsbalspel met professionele teams in de hal, casino, gratis entree (zie ook Thema blz. 154).

Actief sporten:
Kajak- en fietsverhuur – **Blue Moon Outdoor Center** 5 : 3400 N. E. 163rd St., North Miami, tel. 1-305-957-3040, www.bluemoonmiami.com. Kajakexcursies en fietsverhuur in Oleta State Park in het noorden van de stad ($ 28 voor eerste 2 uur, daarna $ 10 per uur).
Windsurfen – Populaire surfspots zijn **South Pointe Park** en **Haulover Beach Park**. Ook op **Sunny Isles Beach** ten noorden van Bal

Miami en Miami Beach

Harbor zijn de omstandigheden goed. Surfboardverhuur bij **Sailboards Miami** [6], mile marker 6.5 bij de Rickenbacker Causeway, tel. 1-305-892-8992, www.sailboardsmiami.com. Ook beginnerscursussen (uitrusting $ 30 per uur, 'Learn to Windsurf'-cursus $ 79).

Golfen – U kunt in Miami en omgeving terecht op meer dan dertig golfbanen. Het **Crandon Park Golf Course** [7] op Key Biscayne is een van de mooiste openbare banen van de staat (6700 Crandon Blvd., Key Biscayne, tel. 1-305-361-9129, www.golfcrandon.com).

... in Miami Beach:

Vissen op open zee – Sportvissers kunnen met diverse aanbieders een halve of hele dag de zee op. Zoals **Kelley Fishing Fleet** [8], 10800 Collins Ave., Haulover Marina, tel. 1-305-945-3801, www.miamibeachfishing.com (halve dag $ 45, dag $ 71).

Fietsen – **Miami Beach Bicycling Center** [9] : 601 5th St., tel. 1-305-674-0150, www.bikemiamibeach.com. Fietsverhuur op South Beach (vanaf $ 5 per uur en $ 18 per dag).

Inlineskaten – **Fritz's Skate & Bike Shop** [10] : 1620 Washington Ave., tel. 1-305-532-1954, www.fritzsmiamibeach.com. Fietsen en de in South Beach zo populaire *roller blades* en rolschaatsen ($ 10 per uur, $ 24 per dag, zo. 10.30 uur gratis introductiecursus).

Duiken en snorkelen – **South Beach Dive & Surf Center** [11] : 850 Washington Ave., tel. 1-305-531-6110, www.southbeachdivers.com. Duikuitrusting en -excursies naar Key Largo en kunstmatige riffen met scheepswrakken voor Miami (duiktrip $ 90, met uitrusting $ 125).

Agenda

... in Miami:

Orange Bowl Classic: eerste za. van jan. in het Sun Life Stadium, Miami Gardens, tel. 1-305-943-8000, Finale van het college football-seizoen.

Miami International Film Festival: begin maart. Jaarlijks in het Gusman Center for the Performing Arts en diverse andere locaties gehouden filmfestival dat vooral gericht is op Latijns-Amerikaanse films, www.miamifilmfestival.com.

Carnaval Miami met het Calle Ocho Festival: tien dagen lang in maart. In Little Havana. Leuke sfeer en uitgebreid bijprogramma, www.carnavalmiami.com.

Miami-Bahamas Goombay Festival: eind juli. Bahamaans carnaval in Coconut Grove, www.goombayfestivalcoconutgrove.com.

Columbus Day Regatta: okt., Key Biscayne. Zeilregatta met zeer vrolijke feesten op de zandbank in de Bay, www.columbusdayregatta.net.

White Party Week: nov. rond Thanksgiving. benefietevenementen in de strijd tegen aids, www.whiteparty.org.

Miami Bookfair: half nov. Belangrijkste boekenbeurs van de VS met lezingen van prominente auteurs, www.miamibookfair.com.

... in Miami Beach:

Art Deco Weekend: half-eind jan., Miami Beach, www.artdecoweekend.com.

Winter Party: maart. Feestweek voor gays uit heel de VS, www.winterparty.com.

Vervoer

Vliegtuig: De internationale en vele binnenlandse vluchten landen op het drukke **Miami International Airport** (MIA), tel. 1-305-876-7000, www.miami-airport.com. De luchthaven ligt ongeveer 11 km ten westen van de binnenstad en 16 km van de stranden van de Atlantische Oceaan. Een informatiekraam op Level 2, Concourse E, biedt diverse informatiefolders, stadsplattegronden en goede tips. De Orange Line van Metrorail (www.miamidade.gov/transit/metrorail.asp) rijdt van het vliegveld naar het centrum en stopt ook bij het Civic Center en het Government Center. U betaalt door middel van de EASY Card, die u kunt kopen bij automaten. Ritprijs $ 2,25. Wilt u met een taxi naar uw hotel, dan moet u rekenen op ca. $ 20 naar Downtown, $ 27 naar Coral Gables of Coconut Grove en $ 35 naar Miami Beach, exclusief ca. 15% fooi (*tip*). De minibussen van SuperShuttle rijden tussen de luchthaven en bestemmingen in de omgeving van de stad (afhankelijk van de afstand $ 10–40, tel. 1-305-871- 2000, www.super shuttle.com).

Adressen

Roze Cadillacs met haaienvinnen passen perfect in het nachtleven van Miami

Trein: Tweemaal per dag rijdt een trein van de nationale spoorwegmaatschappij **Amtrak** (8303 NW 37th Ave.) van Miami naar New York met overstapmogelijkheden naar vele andere steden, tel. 1-800-872-7245, www.amtrak.com. **Tri-Rail,** een regionale spoorwegmaatschappij, onderhoudt de verbinding tussen Miami (ook het vliegveld), Fort Lauderdale en West Palm Beach. Langs het 116 km lange spoortracé liggen achttien stations. Deze spoorbaan werd oorspronkelijk tijdelijk aangelegd voor het forenzenverkeer, maar men heeft hem laten liggen (www.tri-rail.com).

Bus: Greyhound onderhoudt vanaf vier terminals (Airport/4111 NW 27th St., Main Downtown/1012 NW 1st Ave., Southern/20505 S Dixie Hwy., Northern/16560 N 6th Ave.) busdiensten naar bestemmingen in de nabije en minder nabije omgeving, tel. 305-871-1810, www.greyhound.com.

Vervoer in de stad

Metromover/-bus: De volautomatische monorail rijdt gratis op een cirkeltraject door de binnenstad en tussen de stations Brickell en Omni – een originele manier voor een rondrit door het centrum. Vanaf het hoge spoor zijn de omringende wijken goed te zien. De **Metrorail** stopt bij circa dertig stations tussen Miami Airport, Palmetto en Dadeland South, de **Metrobus** rijdt op dik zestig routes in de stad en naar de buitenwijken (tel. 1-305-770-3131, www.miamidade.gov/transit).

Taxi: Miami-Dade Taxis (tel. 305-551-1111), Flamingo Taxis (tel. 305-599-9999) en Yellow Cab (tel. 305-777-7777). Het is makkelijker om een taxi telefonisch te bestellen (zelf of door hotel- of restaurantpersoneel) dan er een op straat aan te houden.

Huurauto: Alle grote (inter)nationale verhuurbedrijven zijn vertegenwoordigd op het vliegveld. De luchtspoorweg MIA-Mover pendelt op en neer tussen de luchthaven en het nabij gelegen Miami Rental Car Center.

Citibike: Verschillende buslijnen rijden tot laat in de nacht op en neer over Collins Avenue in Miami Beach. Nog eenvoudiger is het om een fiets uit een van de meer dan honderd stations van Citibike te pakken en hem ergens anders weer in te leveren. U moet u wel vooraf registreren op www.citibikemiami.com en een creditcard opgeven voor de betaling (vanaf $ 4 per uur, maandkaart $ 35).

Gold Coast en Treasure Coast

De schatten waaraan de kust tussen Miami en Cape Canaveral zijn naam dankt, liggen niet onder de grond verborgen. Ooit gingen ze schuil in de buik van zeilschepen. Telkens wanneer Spaanse galjoenen uit de Zuid- en Midden-Amerikaanse koloniën op een rif liepen, konden jutters kun slag slaan. Vanaf het begin van de 20e eeuw wisten de spoorwegmagnaten Henry Flagler en Henry Plant in een tijdsbestek van twintig jaar zand en zon in goud en geld te veranderen.

Over Flaglers spoorwegtraject, dat rond het begin van 20e eeuw tussen St. Augustine en Palm Beach was aangelegd, kwamen de eerste vakantiegangers naar het zuiden van Florida en het in 1896 gereedgekomen luxehotel The Breakers in Palm Beach. De hotels in *mediterranean style*, een door de toonaangevende architect en speculant Addison Mizner bedachte stijlmix met gotische, Moorse, Spaanse en Italiaanse elementen, waren kenmerkend voor die tijd. Ze leverden het brein achter de bouwstijl grote financiële voorspoed op en een plaats boven aan de gastenlijsten van de high society – dat wil zeggen tot de grote beurskrach van 1929.

Tot op de dag van vandaag presenteren de zich in het zuiden van Fort Lauderdale tot Palm Beach en Jupiter uitstrekkende Gold Coast en de in het noorden van Florida van Sebastian naar Melbourne lopende Treasure Coast zich als een reeks exclusieve badplaatsen met stranden voor gezinnen, grote ongerepte kustgebieden en een aantal commerciële vissershavens. In het binnenland wordt vlak bij de kust landbouw en veeteelt bedreven, met suikerriet- en groentevelden en ranches met rundvee. Daartussen strekken zich beschermde natuurgebieden met omvangrijke wetlands uit. Het reusachtige Lake Okeechobee wordt omsloten door een dijk van een aantal meter hoog.

Van Miami naar Fort Lauderdale

Surfside en Bal Harbour
▶ 3, F 18

Tussen deze twee steden aan de zuidoostkust van Florida ligt een aantal bescheiden badplaatsen, met als belangrijkste attractie de stranden aan de Atlantische Oceaan. De inwoners van Surfside en Bal Harbour beschouwen hun woonplaatsen als exclusiever dan het in het zuiden gelegen Miami Beach. De stadjes zijn al sinds jaar en dag vakantieoorden, die ook bij Europese toeristen in trek zijn.

In Bal Harbour zult u echter vergeefs naar een openbaar strand zoeken. Tussen de particuliere appartementencomplexen en badhotels is daarvoor geen ruimte meer over. De Bal Harbour Shops, waarin internationale designwinkels zijn gevestigd, werken als een magneet op klanten met Gold en Platinum Cards.

Newport Beach
▶ 3, F 17

Het indrukwekkendste gebouw van **Newport Beach**, de lange Fishing Pier, werd tot

Van Miami naar Fort Lauderdale

driemaal toe door orkanen weggevaagd, maar telkens herbouwd – tot genoegen van hengelaars en pelikanen. Zeilers en windsurfers weten de golven en wind voor de kust te waarderen.

Hollywood ▶ 3, F 17

Het 8 km lange, door palmen omzoomde strand is de grote trots van het ruim 140.000 inwoners tellende **Hollywood**. De Boardwalk genoemde promenade is in trek bij voetgangers, bikers en inlineskaters. Half februari herinnert de jaarlijks gehouden Hollywood Seminole Tribal Fair and Rodeo met een grote expositie over de indianencultuur aan het feit dat in Hollywood een klein reservaat voor Seminole-indianen ligt. In het Seminole Indian Village wordt kunstnijverheid verkocht.

De ooit onopvallende bingohal, waarin veel huisvrouwen hun geluk beproefden, is uitgegroeid tot een casino met een Hard Rock Hotel, waar duizenden eenarmige bandieten onafgebroken rinkelen en knipperen en waar aan verschillende pokertafels flinke dollarbedragen worden ingezet.

Uitstapje naar Big Cypress Reservation ▶ 1, L 9

Big Cypress Seminole Indian Reservation, Clewiston, tel. 1-877-902-1113, www.ahtahthiki.com, dag. 9–17 uur, volwassenen $ 10, kinderen vanaf 5 jaar $ 7,50

De Seminole-indianen beheren in Big Cypress Seminole Indian Reservation, dat ten noorden van de I-75 (Alligator Avenue) ligt, onder de naam Mikkosukee een toeristisch indianendorp. In hun **Ah-Tha-Thi-Ki Museum** (zie blz. 194) documenteren films, diorama's en andere tentoonstellingsstukken de geschiedenis en cultuur van de Seminole.

De Seminole houden de indiaanse cultuur in Florida in stand (foto van ca. 1926)

Gold Coast en Treasure Coast

Billie Swamp Safari
Big Cypress Seminole Indian Reservation, afrit 14 van de I-75 'Miccosukee-Service Plaza', dan circa 29 km naar het noorden tot ingang reservaat, tel. 1-863-983-6101, www.billieswamp.com, dag. 10–17 uur, excursie volwassenen vanaf $ 50, kinderen 4–12 jaar $ 36
Talrijke natuurleerpaden, deels over plankieren, voeren door het landschap van de Everglades. Billie Swamp Safari verzorgt excursies per moerasvoertuig met grote wielen of per *airboat* door de ongerepte natuur – wetlands, savannes en bossen die het leefgebied van talrijke dieren zijn, uiteenlopend van waterbuffels en alligators tot wilde zwijnen en verschillende soorten vogels.

Info
Greater Hollywood Office of Tourism: 330 N. Federal Hwy, tel. 1-954-924-2980, www.visithollywood.org.

Overnachten
Casinohotel – **Seminole Hard Rock Hotel & Casino:** 1 Seminole Way, tel. 1-954-327-7625, www.seminolehardrockhollywood.com. Hier wordt hoofdzakelijk gegokt, aan de pokertafel of achter *slot machines*. Het bijbehorende hotel is echter een aanrader. Stijlvol ingerichte kamers, enorm zwembadcomplex. 500 kamers en suites, vanaf $ 190.

Attent – **Sea Downs Oceanfront Inn:** 2900 N. Surf Rd., tel. 1-954-923-4968, www.seadowns.com. Voordelig adres met attente service direct aan het strand. Zwembad. 12 appartementen met kitchenette, vanaf $ 98.

Eten & drinken
Biologisch – **Lola's on Harrison:** 2032 Harrison St., tel. 1-954-927-9851, www.lolasonharrison.com. Wereldgerechten uit de keukens van Nieuw-Zeeland, Japan en Maryland; de ingrediënten zijn voornamelijk biologisch. Hoofdgerecht $ 16–32.

Hamburgers met cultstatus – **Le Tub:** 1100 N. Ocean Dr., tel. 1-954-921-9425, www.theletub.com, dag. 11–1. De hamburgers hebben al een cultstatus sinds het voormalige tankstation in 1974 met allerhande strandaccessoires als restaurant werd ingericht en in diverse tv-shows werd aanbevolen. Gerechten $ 6–20.

Diner – **Moonlite Diner:** 3500 Oakwood Blvd., tel. 1-954-924-2012, www.moonlitediner.com, 7–24 uur. Jaren 50-sfeer met veel chroom en rood-lederen bekleding, heerlijke toetjes en Amerikaanse klassiekers op elk uur van de dag. Gerechten $ 4–15.

Agenda
Hollywood Seminole Tribal Fair and Rodeo: Rodeo met een groot aantal wedstrijden, prijzen en een expositie over de cultuur van de plaatselijke Seminole-indianen.

Fort Lauderdale ▶ 3, F 16

Van het fort dat majoor William Lauderdale in 1838 in opdracht van het Amerikaanse leger voor de tweede Seminole-oorlog liet bouwen, staat niets meer overeind. Maar na verloop van tijd ontwikkelde zich rond de handelspost, die een zekere Frank Stranahan in 1901 aan de New River had opgericht, de nederzetting Fort Lauderdale. Nu serveren vriendelijke leden van de Historical Society op vrijdag in Stranahan House net als rond het begin van de 20e eeuw drankjes bij lichte conversatie.

Tegenwoordig wordt Fort Lauderdale vooral bezocht door jonge stelletjes, die hier komen voor de goed onderhouden stranden, goede restaurants en het avondlijk vertier. Bovendien heeft de stad de reputatie van een homovriendelijke vakantiebestemming. Ongeveer dertig jaar geleden was de onder de naam Liquordale bekende badplaats tijdens de *spring break*, de collegevrije periode in de lente, in trek bij duizenden studenten die hun studiestress tijdens een strandvakantie van meerdere weken wilden vergeten.

Bahia Mar Yacht Center
Het Bahia Mar Yacht Center behoort tot de populairste jachthavens van Florida. In Fort Lauderdale staan ruim 42.000 particuliere jachten geregistreerd; deze hebben de stad

met zijn bijna 500 km aan bevaarbare waterwegen de bijnaam Venetië van Amerika bezorgd. Daarbij hebben planologen van de nood een deugd gemaakt door de vochtige bouwgrond van de stad met kanalen te ontwateren. De kanalen zijn gebleven en daarmee ook honderden aan het water gelegen huizen, momenteel een toeristische attractie. De **Jungle Queen**, een rondvaartboot in de stijl van de oude Mississippistoomschepen, vaart van het Bahia Mar Yacht Center over de New River langs de Millionaires Row en geeft mooi zicht op de villa's en percelen vanaf het water.

Maar ook aan de Atlantische Oceaan maakt Fort Lauderdale zijn opwachting met een bijzondere attractie: een uitgestrekt openbaar zandstrand met douches en kleedhokjes is namelijk al lang niet meer overal in Florida een vanzelfsprekendheid. Toch is ook in Fort Lauderdale in de afgelopen jaren het een en ander veranderd. De bevolking is gegroeid, jonger en multicultureler geworden; een groot deel van de inwoners bestaat uit *hispanics*. Aan deze grote etnische diversiteit danken Downtown en de promenade aan de Atlantische Oceaan, met cafés en restaurants, hun levendigheid. Bovendien zijn overal in de stad wifihotspots met gratis internettoegang te vinden.

Port Everglades

Van Port Everglades, na die van Miami de grootste cruisehaven van Florida, varen *cruise liners* naar de Bahama's en het Caribisch gebied. Deze immense cruiseschepen zijn bijzonder indrukwekkend, maar de echte sterren van de haven zijn de lamantijnen, die graag het warme koelwater van energiecentrales opzoeken als de temperatuur van het zeewater tot onder de 20°C daalt. Toeschouwers voeren de zachtaardige zeezoogdieren vaak met kroppen kool of sla.

NSU Art Museum

1 Las Olas Ave., tel. 1-954-525-5500, www.nsuartmuseum.org, di.–za. 11–17, do. tot 20, zo. 12–17 uur, volwassenen $ 12, kinderen 6–17 jaar $ 5

Even ten noorden van de haven liggen aan de New River enkele boeiende musea. Het Museum of Art staat vooral bekend om zijn werken van de Europese Cobragroep (Kopenhagen-Brussel-Amsterdam), die in 1948 door de Deense schilder Asger Jørn werd opgericht en waarvan onder anderen Karel Appel en Pierre Alechinsky deel uitmaakten. Opmerkelijk zijn ook de verzameling precolumbiaanse kunst uit Latijns-Amerika en de afdeling met moderne Cubaanse schilderkunst. Bovendien worden in het MOA wisselende tentoonstellingen gehouden.

Museum of Discovery and Science

401 S. W. 2nd St., tel. 1-954-467-6637, www.mods.org, ma.–za. 10–17, zo. 12–18 uur, volwassenen $ 14, kinderen 2–12 jaar $ 12

In het Museum of Discovery and Science kunnen kinderen en jongeren zeeschildpadden, alligators en de bewoners van een koraalrif in een natuurgetrouw nagebouwd zeelandschap bewonderen, ongeveer tweehonderd natuurwetenschappelijke experimenten uitvoeren en een tijdreis naar het verleden of de toekomst maken. In de IMAX-bioscoop worden natuurfilms in 3D vertoond.

Fort Lauderdale History Center

231 S. W. 2nd Ave., tel. 1-954-463-4431, www.fortlauderdalehistoricalsociety.org, ma.–za. 9–17 uur, volwassenen $ 10, kinderen/studenten tot 22 jaar $ 5

Het Fort Lauderdale History Center documenteert de geschiedenis van de stad en de omliggende regio, van de eerste bewoners, de Seminole-indianen tot het recente verleden. Een zeer bijzondere attractie zijn de 250.000 tentoongestelde historische foto's. Ook een aantal belendende gebouwen, waaronder het circa een eeuw oude **King Cromartie House**, maken deel uit van het historisch museum van Fort Lauderdale.

Bonnet House

900 N. Birch Rd., tel. 1-954-563-5393, www.bonnethouse.org, di.–zo. 9–16 uur, inclusief

Gold Coast en Treasure Coast

rondleiding volwassenen $ 20, kinderen 6–12 jaar $ 16

Bonnet House lijkt met zijn architectuur en gietijzeren balkons, die aan bouwwerken in New Orleans doen denken, in eerste instantie een in Zuid-Florida zeldzaam inzicht in het vroegere bestaan van plantagebezitters te verschaffen, maar werd begin jaren 20 voor het kunstenaarsechtpaar Frederic Clay en Evelyn Bartlett gebouwd. Tijdens de rondleiding van anderhalf uur krijgt u boeiende kunstwerken en designobjecten te zien.

Stranahan House

335 S. E. 6th Ave./Las Olas Blvd., tel. 1-954-524-4736, www.stranahanhouse.org, di.–zo. 12–16 uur, rondleidingen 13, 14 en 15 uur, volwassenen $ 12, kinderen tot18 jaar $ 7

Het uit 1901 daterende Stranahan House zou wel eens het oudste gebouw van de stad kunnen zijn. Het deed in de loop der tijd dienst als privéwoning, handelspost, postkantoor, levensmiddelenzaak en restaurant. De rondleiding voert door met meubels uit het begin van de 20e eeuw ingerichte vertrekken.

New River Walk

Tijdens een wandeling over de New River Walk, een door palmen omzoomde kustboulevard, kunt u van een van de terrassen de zeilboten op de rivier gadeslaan. **Las Olas Boulevard** leidt van de cultuurenclave aan de rivier naar de kust. Op deze exclusieve, overwegend in Spaans-koloniale stijl ontworpen winkelstraat kunt u uw portemonnee en creditcard beter niet tevoorschijn halen, want de galeries en boetieks behoren niet tot de *discount stores*.

International Swimming Hall of Fame

1 Hall of Fame Dr., tel. 1-954-462-6536, www.ishof.org, ma.–vr. 9–17, za., zo. 9–14 uur, volwassenen $ 8, kinderen tot 6 jaar gratis

Aan de Seebreeze Boulevard, met uitzicht op de Intracoastal Waterway (zie blz. 158), ligt niet alleen een modern zwembad, waar wedstrijden op topniveau worden gehouden, maar ook de International Swimming Hall of Fame. In dit museum voor zwemberoemdheden is zo'n beetje iedereen vertegenwoordigd die in de zwemsport naam heeft gemaakt. Onder hen meervoudig Olympisch kampioen Johnny Weissmuller, die later als Tarzan op het witte doek met krachtige slagen door het brongebied van de Wakulla Springs crawlde. Medailles en persoonlijke memorabilia houden de herinnering aan de records en het leven van beroemde zwemmers in stand. In het Huizenga Theater zijn films met onder anderen Esther Williams en Johnny Weissmuller te zien.

Fort Lauderdale

De haven van Fort Lauderdale, de op één na grootste cruisehaven van Florida

Pompano Beach

Vanaf de bij hengelaars populaire, ruim 300 m lange Fishing Pier van Pompano Beach, een paar kilometer ten noorden van Fort Lauderdale, kunt u ongehinderd het mooie zandstrand bewonderen. Elders belemmeren appartementencomplexen en hotelkolossen het uitzicht. Van oktober tot begin augustus trekken renpaarden sulky's met grote vaart over de ovale **Pompano Park Harness Raceway**, de enige paardenrenbaan van Florida (www.pompano-park.isleofcapricasinos.com).

Bij **Butterfly World** in attractiepark Tradewinds draait het niet om snelheid. Daar fladderen in grote volières honderden veelkleurige vlinders rond in een tropisch regenwoudlandschap. Door ramen kunt u een blik op de broedruimte werpen, waar de larven van vlinders in de mooiste kleuren uit hun eitjes kruipen (3600 W. Sample Rd., Coconut Creek, in Tradewinds Park, tel. 1-954-977-4400, www.butterflyworld.com, ma.–za. 9–17, zo. 11–17 uur, volwassenen $ 25, kinderen 3–11 jaar $ 20).

Info

Greater Fort Lauderdale Convention & Visitors Bureau: 100 E. Broward Blvd., Suite 200, Fort Lauderdale, FL 33301, tel. 1-954-765-4466, www.sunny.org.

Gold Coast en Treasure Coast

Overnachten

Luxueus, comfortabel ketenhotel – **Marriott Harbor Beach:** 3030 Holiday Dr., tel. 1-954-525-4000, www.marriott.com. Luxueus, groot (meer dan 600 kamers!) resort met mooie spa en sportfaciliteiten direct aan het strand. Vanaf $ 220.

Smaakvol ingericht – **The Atlantic:** 601 N. Fort Lauderdale Beach Blvd., tel. 1-954-567-8020, www.atlantichotelfl.com. Elegant strandhotel met alle faciliteiten en een toprestaurant. Vanaf $ 180.

Self catering – **Courtyard Villa at the Sand:** 4312 El Mar Dr., Lauderdale-by-the-Sea, tel. 1-954-489-9870, www.buenavistacorp.com. Comfortabele appartementen, suites en huisjes direct aan het strand, de meeste met kitchenette. Wifi, zwembad, fietsen. De koraaltuin op nog geen 20 m van de kust maakt dit hotel interessant voor snorkelaars. Vanaf $ 110.

Goede prijs-kwaliteitverhouding – **Carriage House:** 250 S. Ocean Blvd., Deerfield Beach, tel. 1-954-427-7670, www.carriagehouseresort.com. Niet ver van de zee, aan de noordkant van Fort Lauderdale. Eenvoudige accommodatie met kamers en appartementen in vrolijke kleuren. Vanaf $ 70.

Eten & drinken

Creatieve southwestkeuken – **Canyon Southwest Café:** 1818 E. Sunrise Blvd., tel. 1-954-765-1950, www.canyonfl.com, dag. 17.30–23 uur. In de Southwest cuisine komen Amerikaanse, Mexicaanse en indiaanse invloeden samen. Hoofdgerecht $ 26–38.

SWAP SHOP FLEA MARKET

Kunnen twaalf miljoen bezoekers per jaar het fout hebben? Hoe dan ook, dit aantal maakt in elk geval nieuwsgierig naar wat de vlooien- en discountmarkt heeft te bieden. Het marktterrein is gigantisch en ontstond in 1963 uit kleinere marktjes. Aan de vlooienmarkt werden kramen met etenswaren toegevoegd en later een podium, waarop eerst lokale artiesten optraden, maar later ook countrygiganten als Loretta Lynn en Willie Nelson. Om de klanten tussen het shoppen door te vermaken, werd een circustent gebouwd, gevolgd door een hal met videospellen en een multiplexbioscoop.

Vlak bij de ingang liggen groenten, fruit en planten hoog opgetast en even verder vindt u vaste kramen met sieraden en horloges. Vervolgens komt u bij de cosmeticaproducten, elektronica, schoenen en het beddengoed. Aan kleding is ook geen gebrek – voordeelpakken sokken, supervoordelig, honderden T-shirts en overhemden, merkproducten van Hilfiger, DKNY en Jockey, flink afgeprijsd, en ten slotte een serie kramen met ondergoed. De grote *garage sales area* is het terrein van de particuliere verkopers: hier kunt u op echte koopjes stuiten. Tot het aanbod behoren antiek, snuisterijen, etalagepoppen, auto-onderdelen, koffiekannen, tweedehands-communiekleding, dvd's voor volwassenen, gebruikte vishengels, porseleinen serviesgoed en kunstnagels (3291 E. Sunrise Blvd., tel. 1-954-791-7927, www.floridaswapshop.com, dag. 7.30/9–17/18 uur, 21 km ten westen van Fort Lauderdale Airport).

Fort Lauderdale

Visspecialiteiten – **Sunfish Grill:** 2775 E. Oakland Park Blvd., tel. 1-954-788-2434, www.sunfishgrill.com, di.–za. 17–22 uur. Uit de kunst bereide gerechten met vis, schelpdieren en kreeft. Hoofdgerecht vanaf 14–39.

Restaurantlegende – **Cap's Place:** 2765 N. E. 28th Court, Cap's Island, tel. 1-954-941-0418, www.capsplace.com, dag. 17.30–24 uur. Marilyn Monroe en Winston Churchill werden per restauranttaxi naar Cap's Place overgezet. Keuken van Zuid-Florida, goede visgerechten. Hoofdgerecht 15–26.

Met Caribische flair – **Aruba Beach Café:** 1 Commercial Blvd., Lauderdale-by-the-Sea, tel. 1-954-776-0001, www.arubabeachcafe.com, dag. 11 uur tot 's avonds laat. Restaurant aan het strand met een prettige sfeer, fingerfood, salades, kreeft en lekkere visgerechten, op Caribische wijze bereid. Hoofdgerecht $ 13–30.

Populair bij locals – **Lester's Diner:** 250 S. R. 84, tel. 1-954-525-5641, www.lestersdiner.com, 24/7 geopend. Sinds de jaren 60 komt een zich telkens vernieuwende schare fans in deze diner genieten van een ontbijt met alles erop en eraan. Op de kaart staan ook andere klassiekers, hamburgers en zoete desserts. Gerechten $ 4–17.

Winkelen

Outletmall – **Sawgrass Mills:** 12 801 W. Sunrise Blvd./Flamingo Rd., 24 km ten westen van Fort Lauderdale Airport, tel. 1-954-846-2300, www.sawgrassmillsmall.com, ma.–za. 10–21.30, zo. 11–20 uur. Een van de grootste *factory outlets* van de VS, met 350 merkwinkels en 26 miljoen bezoekers per jaar.

Trendy – **Las Olas Boulevard:** Het epicentrum van het winkelgebied ligt aan de doorgaande weg tussen Andrews Avenue en het strand, met diverse chique boetieks, galeries en bars.

Mode – **Hallandale Beach Boulevard:** Het deel van deze boulevard waar de modezaken zitten en u vaak op koopjes stuit, wordt Schmatta Row genoemd, naar het Jiddische woord voor prullaria.

Design – **Design Center of the Americas:** 1855 Griffin Rd., Dania, tel. 1-954-920-7997, www.dcota.com. Hier houden verschillende ontwerpstudio's seizoensuitverkoop. Tot het aanbod behoren meubels, lampen en textiel met art-decoprints.

Antiek – **Antique Row:** aan de US 1, in de buurt van N. Dania Beach Blvd. Een kleine honderd winkels met allerhande antiek.

Uitgaan

Muziektheater en concerten – **Broward Center for the Performing Arts:** 201 S. W. 5th Ave., tel. 1-954-462-0222, www.browardcenter.org. In dit grote evenementencentrum trekken jaarlijks zo'n 500 theatergezelschappen en orkesten publiek.

Bios – **Cinema Paradiso:** 503 S. E. 6th St., tel. 1-954-525-3456, www.fliff.com. Filmhuis met klassiekers en vestiging van het kantoor van het filmfestival in de stad.

Hawaïaanse betovering – **Mai-Kai:** 3599 N. Federal Hwy, tel. 1-954-563-3272, www.maikai.com. Polynesische dinnershow met muziek, dans en kleurige cocktails.

Feesttent – **Elbo Room:** 241 S. Fort Lauderdale Beach Blvd., tel. 1-954-463-4615, www.elboroom.com. Op de hoek van de Las Olas Boulevard en het strand heerst al sinds de jaren 60 een feeststemming. Alleen cash.

Cocktailtime – **Fat Tuesday:** 17 S. Fort Lauderdale Beach Blvd., tel. 1-954-525-6090, www.fattuesday.com. De beste daiquiri's en margarita's van de stad.

Actief

Duiken – **Lauderdale Diver:** 1334 S. E. 17th St, tel. 1-954-467-2822, www.lauderdalediver.com. Cursussen en duiktrips naar voor de kust gelegen riffen, ook verhuur duikuitrusting. **South Florida Dive Headquarters:** 2621 N. Riverside Dr., Pompano Beach, tel. 1-954-783-2299, www.southfloridadiving.com. Duikcursussen en excursies naar Palm Beach County. Op een paar honderd meter van de kust strekt zich een rif uit, waar ook een aantal scheepswrakken is te bezoeken.

Tennis – **Jimmy Evert Tennis Center:** 701 N. E. 12th Ave., tel. 1-954-828-5378. Sla een balletje op een van de 21 tennisbanen op dit naar de vader van Wimbledonwinnares Chris Evert genoemde complex.

Jai-alai – de snelste balsport ter wereld

De bal schiet met een snelheid van 290 km/uur tegen de voormuur en over het veld. En dat is niet ongevaarlijk voor de spelers, die de bal met een handschoen met daaraan een gevlochten mand trachten te vangen. Bij dit balspel zijn supersnelle reflexen, overzicht, behendigheid en lenigheid vereist. In de zes jai-alaihallen (frontons) van Florida strijden professionals (pelotari) om punten en grote dollarbedragen, gadegeslagen door soms wel zesduizend toeschouwers.

Jai-alai vindt zijn oorsprong in het ten noorden en zuiden van de Pyreneeën gelegen Baskenland en werd daar al ruim drie eeuwen onder de naam *pelota vasca* gespeeld. Over het algemeen worden toernooien op kerkelijke feestdagen gespeeld. Daarom werden kerkmuren ook wel als speelwand gebruikt; jai-alai betekent vrolijk feest: een verwijzing naar de feestdagen.

Rond 1900 werden de eerste wedstrijden op Cuba gehouden. Ze werden door Amerikanen voor het eerst bijgewoond tijdens de Wereldtentoonstelling van 1903 in St. Louis. In het zuidoosten van Florida, met zijn grote aantal Spaanstalige inwoners, werd in 1924 een jai-alaihal geopend. Later kwamen daar nog eens vijf bij.

De helft van de professionele teams bestaat nog altijd uit Baskische spelers, maar de belangstelling voor de spannende actiesport is het *hispanic* deel van de bevolking inmiddels allang ontstegen. Voor de meeste Amerikanen is jai-alai echter nog een raadsel, want in de hele VS zijn nog maar zes locaties waar de sport live is te volgen, en die liggen allemaal in Florida.

Bij jai-alai wordt de bal *(pelota)* met een op een mandvormige bat *(cesta)*, die aan een leren handschoen aan de rechterhand is bevestigd, tegen de voormuur *(frontis)* geslingerd. De tegenstander moet de bal vervolgens in een vloeiende beweging tegen de voormuur van het speelveld *(cancha)* teruglingeren, waarvoor de bal maar één keer de grond mag hebben geraakt. De terugkaatsende bal moet daarna in een met lijnen afgezette zone landen. Als dat niet lukt, krijgen de tegenstanders een punt. Er zijn enkel- en dubbelspelen, een wedstrijd duurt ongeveer 15–20 minuten, met een pauze van 10 minuten, en is afgelopen als er zeven of negen punten zijn behaald.

Op één avond spelen twee achtkoppige teams enkel- en dubbelspelen tegen elkaar. De toeschouwers kunnen een tiental wedstrijden per avond bijwonen en net als bij paarden- en windhondenraces volledig legaal weddenschappen afsluiten; ze kunnen inzetten op de winst, afzonderlijke puntencombinaties of de behaalde plaats van een team. Daarom loopt de spanning waarmee toeschouwers de wedstrijd volgen op naar gelang de hoogte van de inzet.

Het speelveld is bijna 54 m lang en iets meer dan 15 m breed. De voormuur is vanwege de enorme snelheid waarmee de met geitenleer omhulde harde rubberballen terugkaatsen van blokken graniet gemaakt. De zijmuur bestaat uit gewapend glas, zodat de toeschouwers de spannende wedstrijd zonder gevaar vanaf de in theatervorm opgestelde tribune kunnen volgen.

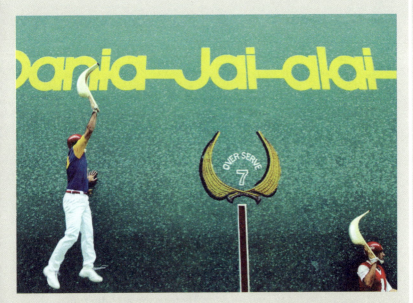

Veel Amerikanen en Europeanen moeten de wereld van jai-alai nog ontdekken

Net als bij tennis, tafeltennis en squash gaat het niet uitsluitend om de snelheid waarmee de bal wordt geslagen, of, in dit geval, geslingerd. Weggeslingerde ballen, die vanuit verrassende hoeken van de zijmuren wegspringen of op een paar meter afstand langs de muren schieten, vereisen van de spelers dat ze kunstige sprongen, draaibewegingen of slagen maken, die door de vakkundige toeschouwers enthousiast worden beoordeeld. De behendigheid van professionele spelers is overweldigend en voor wie pas een paar keer een jai-alaiwedstrijd heeft bijgewoond, is het onmogelijk te voorspellen uit welke hoek de razendsnelle bal van de voormuur zal terugkaatsen.

In verband met teruglopende bezoekersaantallen worden de meeste jai-alaihallen gecombineerd met casino's, waar tevens op de teams kan worden gewed.

Dania Casino Jai-Alai, 301 E. Dania Beach Blvd., Dania Beach, tel. 1-954-927-2841, www.casinodaniabeach.com, bij de luchthaven van Fort Lauderdale.

Fort Pierce Jai-Alai & Poker: 1750 S. King's Hwy, tel. 1-772-464-7500, www.casinomiamijaialai.com/ftpierce, wisselende openingstijden.

Casino Miami Jai-Alai: 3500 N. W. 37th Ave./N. W. 35th St., tel. 1-305-633-6400, www.casinomiamijaialai.com, dag. vanaf 10 uur, vr.–zo. 24 uur per dag geopend.

Ocala Poker & Jai-Alai: 4601 County Rd. 318, Orange Lake, tel. 1-352-591-2345, www.ocalapokerroom.com, tussen Gainesville en Ocala, wisselende openingstijden.

Gold Coast en Treasure Coast

Radarstoomboot – **Bahia Mar Yacht Center:** 801 Seabreeze Blvd., tel. 1-954-462-5596, www.junglequeen.com. Op de Mississippi-raderstoomboot Jungle Queen zijn *dinner cruises* en drie uur durende rondvaarten te maken.

Agenda

Las Olas Arts Festival: jan. Tijdens de jaarwisseling stellen ongeveer 300 kunstenaars hun werk tentoon, www.lasolasboulevard.com/event.
Fleet Week: begin mei. Luidruchtige demonstratie van burger- en militaire vliegtuigen en marineschepen bij het lange strand van Port Everglades
Fort Lauderdale International Film Festival: nov. Dit festival met tientallen films en vele sterren duurt bijna een maand, www.fliff.com.
Winterfest Boat Parade: half dec. Het Winterfest heeft niets van doen met sneeuw, maar met honderd feestelijk versierde boten, die over het water voorbijtrekken aan ruim een miljoen toeschouwers, www.winterfestparade.com.

Vervoer

Vliegtuig: Fort Lauderdale International Airport (www.fll.net), ca. veertig luchtvaartmaatschappijen, voornamelijk Amerikaanse, doen de goed onderhouden luchthaven aan. Een taxirit naar een hotel aan de kust kost circa $ 25–30.
Trein: De treinen van de nationale spoorwegmaatschappij Amtrak stoppen op het station van Fort Lauderdale, 200 S. W. 21st Terrace, tel. 1-800-872-7245 (alleen vanuit Noord-Amerika), www.amtrak.com.
Bus: De langeafstandbussen van **Greyhound** stoppen ook in Fort Lauderdale, 515 N. E. 3rd St., tel. 1-954-764-6551, www.greyhound.com.
Watertaxi: Water Taxi Inc., 1850 S. E. 17th St., tel. 1-954-467-6677, www.watertaxi.com. Het deel van de stad ten oosten van de US 1 wordt door kanalen dooraderd. Watertaxi's varen op vaste routes en op verzoek (volwassenen $ 26, kinderen tot 11 jaar $ 12).

Boca Raton ▶ 3, F 13

In de hoogtijdagen van eind jaren 20 – voor Black Friday op de beurs van New York – verkocht Addison Mizner, de trendsettende architect en projectontwikkelaar van **Boca Raton**, naar verluidt voor twee miljoen dollar aan vastgoed aan zijn klanten aan de East Coast. Maar in 1926, toen de vastgoedcrisis begon en een orkaan tientallen gebouwen aan kust met de grond gelijk maakte, ging Mizner failliet. De geldadel is Boca Raton, waarvan de grillige rotspartijen in het water voor de kust de Spanjaarden aan de opengesperde bek van een rat (vandaar de naam) deden denken, echter trouw gebleven. Polo is hier de populairste sport van december tot april, wanneer op het terrein van de Royal Palm Polo Club teams van vier ruiters voor een illuster publiek de strijd aangaan.

Historische architectuur

Naast een aantal villa's in de wijk Old Flores bleef de uit 1926 stammende kolossale roze **The Cloister Inn** als enige hotel uit het Miznertijdperk bewaard. In de **Old Town Hall** houdt de burgemeester al geruime tijd geen kantoor meer. Daar zijn tegenwoordig een galerie en een winkel van de Historical Society gevestigd. Deze organisatie verzorgt architectuurrondleidingen door het gebouw en Boca Raton (71 N. Federal Hwy, tel. 1-561-395-6766, www.bocahistory.org, 5–7). Ook het **Addison's Flavor of Italygebouw** aan de Camino Real, waar ooit het stadsbestuur zetelde, geldt als een schoolvoorbeeld van de eclectische stijl van de *mediterranean revival*.

Boca Museum of Art

501 Plaza Real, tel. 1-561-392-2500, www.bocamuseum.org, di., wo., vr. 10–17, do. tot 20, za., zo. 12–17 uur, volwassenen $ 12, kinderen gratis

Dankzij gulle gaven van de welgestelde inwoners van Boca Raton is het kleine Boca Museum of Art tegenwoordig in het bezit van een voortreffelijk collectie oude indiaanse kunst en werk van onder anderen Modigliani, Klee, Picasso, Matisse en Warhol.

Red Reef Park

1801 N. Ocean Blvd., tel. 1-561-544-8605, www. gumbolimbo.org, ma.–za. 9–16, zo. 12–16 uur, een donatie wordt op prijs gesteld, ca. $ 5

Niet *pretty in pink*, de kleur van veel historische gebouwen in Boca Raton, maar overwegend groen is het panorama vanuit het Gumbo Limbo Nature Center in het **Red Reef Park** aan de noordrand van het stadje. Net als in het Everglades National Park voeren verhoogde plankieren door moerassen, over drassig land en door hardhoutbossen aan de kust. Een 12 m hoge uitkijktoren verschaft uitzicht over het groene dak.

Info

Greater Boca Raton Chamber of Commerce: 1800 N. Dixie Hwy, Boca Raton, tel. 1-561-395-4433, www.visitbocaratonfl.com.

Overnachten

Voor actieve vakantiegangers – **Boca Raton Resort & Club:** 501 E. Camino Real, tel. 1-561-395-3000, www.bocaresort.com. Dit in 1926 in opdracht van Addison Mizner gebouwde vakantiecomplex ligt in een park van ruim 150 ha met twee golfterreinen en andere sportvoorzieningen. 1043 units, vanaf $ 250.

Voordelig – **Boca Raton Plaza Hotel and Suites:** 2901 N. Federal Hwy, tel. 1-561-750-9944, www.bocaratonplaza.com. Prima verzorgd hotel aan de US 1. 100 kamers, vanaf $ 80.

Eten & drinken

Populaire Italiaan – **Arturo's Ristorante:** 6750 N. Federal Hwy, tel. 1-561-997-7373, www.arturosrestaurant.com, ma.–vr. 11.30–15, 17.30–22 uur, za., zo. alleen diner. Gezinsvriendelijk restaurant met voortreffelijke Italiaanse gerechten en uitstekende wijnen. Hoofdgerecht $ 18–40.

Exotische heerlijkheden – **La Tre:** 249 E. Palmetto Park, tel. 1-561-392-4568, ma.–wo. 12–14.30, do.–zo. ook 17–22 uur. Eenvoudig restaurant met een authentiek Vietnamese keuken en veel vegetarische gerechten. Hoofdgerecht vanaf $ 10.

Delray Beach ▶ 3, F 12

Japanse tuinen, de **Morakami Japanese Gardens**, met een kunstmatig aangelegde waterval die zich in een vijver met kleurige glinsterende koikarpers stort en een groot bestand wonderschone bonsaibomen, omzomen het **Morikami Museum** in Delray Beach. In het museum herinneren kunstnijverheid en een tentoonstelling over de Japanse cultuur aan een vroege kolonie van ananasplanters in het Land van de Rijzende Zon (4000 Morikami Park Rd., tel. 1-561-495-0233, www.morikami.org, museum di.–zo. 10–17 uur, tuin zo. gesloten, volwassenen $ 14, kinderen 6–17 jaar $ 9; **Seshin-an Tea House** met Japanse theeceremonie).

Schelpenverzamelaars slaan graag hun slag op de stranden van het sympathieke vakantieoord.

Loxahatchee Wildlife Refuge ▶ 1, L/M 8/9

Aan de US 441, ca. 3 km ten zuiden van de kruising met de SR 804, dag. zonsopgang tot zonsondergang, Visitor Center wo.-zo. 9–16 uur, tel. 1-561-734-8303, www.fws.gov/loxahatchee, $ 5 per auto, $ 1 voor fietsers en voetgangers

Ten westen van Boynton Beach liggen het kantoor van de parkrangers en het bezoekerscentrum van het Loxahatchee National Wildlife Refuge, een van de belangrijkste beschermde natuurgebieden binnen het ecosysteem van de Everglades. Wandelpaden en plankieren voeren over de marsgronden met zegge, mangroven en moerascipressen: het ongerepte leefgebied van alligators, slangen en ooievaarachtigen.

De **Cypress Swamp Boardwalk** kronkelt zo'n 600 m door de wetlands, langs soms wel 2 m hoge ledervarens. Hier zijn niet alleen overwinterende alligators, slangen en diverse watervogels te observeren, maar op de **Marsh Trail** en andere paden kunt u ook de zeldzame witstaartherten tegenkomen.

INTRACOASTAL WATERWAY

Bijna het hele kustgebied van Florida wordt gekenmerkt door lagunes, riviermondingen en voor de kust gelegen barrière-eilanden. Aan het eind van de 19e eeuw gingen de werkzaamheden aan de Intracoastal Waterway van start, een waterweg die schepen niet alleen bescherming bood tegen wind en golven van de Atlantsiche Oceaan, maar ook tegen ondiepe wateren en riffen. De oorspronkelijk Florida East Coast Waterway genoemde passage maakt tegenwoordig deel uit van de 2200 km lange Intracoastal Waterway, die van de monding van de Delaware River bij Trenton in New Jersey naar Miami voert. Met een diepte van ruim drie meter en een breedte van minstens 25 m is hij voor kleine en vooral voor plezierboten bevaarbaar. Het US Army Corps of Engineers staat garant voor het uitbaggeren van de waterweg en de controle op de vele bruggencomplexen.

Met de boot langs de Treasure Coast en de Gold Coast

Het prachtige watertraject loopt van **Fernandina Beach** op Amelia Island tot aan de grens met de staat Georgia en biedt al op het eerste deel in **Jacksonville**, **St. Augustine** en **Daytona Beach** de mogelijkheid om sightseeingpauzes in te lassen of aan mooie brede zandstranden te ver-

De Intracoastal Waterway voert ook door Fort Lauderdale

Palm Beach

toeven. De circa 500 km lange **St. John's River**, die bij Jacksonville in de Atlantische Oceaan uitmondt, is 250 km bevaarbaar en het meest geschikt om de gebaande toeristische paden te verlaten voor een verkenning van het binnenland. Daarna loopt de vaarroute vlak langs het Kennedy Space Center verder naar het zuiden. **Cocoa Beach**, **Vero Beach**, **Fort Pierce**, **West Palm Beach** en **Fort Lauderdale** zijn alle steden en vakantieresorts aan de Treasure en Gold Coast die u tot het eindpunt van de 600 km lange waterweg langs de kust van Florida in de Biscayne Bay tussen Miami en Miami Beach tegenkomt.

Aan Florida's westkust

In de jaren 60 is voor schepen langs de westkust een vergelijkbare waterweg aangelegd. Deze loopt van de Caloosahatchee River bij **Fort Myers** naar **Tarpon Springs**, ten noorden van St. Petersburg en daarna van **Carabelle** bij Apalachicola naar de grens met de staat Alabama. Het *missing link* genoemde 230 km lange ontbrekende tussenstuk is weliswaar allang afgegraven, maar verkeert nog altijd in een experimentele fase. Zo moeten schepen op weg naar **Pensacola** en verder naar New Orleans langs de nagenoeg onbewoonde, dichtbeboste noordwestkust varen of, om de route te bekorten, dwars door de Apalachee Bay varen – een avontuur dat onervaren kapiteins met kleine boten beter kunnen overslaan. De westkust, met bossen, riviermondingen, baaien met talrijke deels onbewoonde eilanden laat zich vooral vanaf het water als een schitterend natuurgebied zien, maar er zijn ook omwegen naar **Sanibel Island**, Tampa Bay of stroomopwaarts over de Manatee River te maken.

Van oost naar west op de Okeechobee Waterway

Een andere vaarroute verbindt **Stuart** aan de Atlantische Oceaankust met **Fort Myers** in het zuidwesten van Florida. De Okeechobee Intracoastal Waterway doorkruist het schiereiland en verbreedt zich daarbij in het ongeveer 6 m diepe **Lake Okeechobee** (zie blz. 171). Wie per boot niet om Florida heen wil varen, moet vijf kanaalsluizen passeren, maar komt verder voor weinig andere nautische problemen te staan. Op de vaarroute van ongeveer 240 km glijdt het landschap van Florida aan u voorbij. U komt langs suikerrietvelden, savannes, weiden met vee en wetlands, een twintigtal bruggen gaan voor u open of zijn hoog genoeg om onderdoor te varen. Aanleggen – ook om te overnachten – kan in baaien en jachthavens. Kapiteins van ongeveer tienduizend jachten en andere plezierboten maken elk jaar in elk geval van een deel van deze buitengewoon mooie vaarroute gebruik.

Informatie

Op de fraai ontworpen websites www.sailmiami.com/Intracoastal_Waterway en www.icwfacilitiesguide.com vindt u informatie over de vaarroute en de adressen waar boten worden verhuurd.
Handige gegevens als water- en stromingskaarten en getijdentabellen zijn over het algemeen bij de bootverhuurders verkrijgbaar.

✪ Palm Beach ▶ 4, F/G 10

De geschiedenis van Palm Beach begint in 1878, toen de Spaanse bark *Providencia* op zijn reis van Trinidad naar Cádiz voor het lange zandige eiland aan de grond liep. De scheepslading, onder meer een paar duizend kokosnoten, spoelde aan land. Op die plaats schoot al snel een palmbosje uit de grond.

In 1893 maakte Henry M. Flagler, spoorwegmagnaat aan de oostkust van Florida, die zijn imperium naar het zuiden wilde uitbreiden, van Palm Beach het zuidstation op zijn Florida East Coast Railway. Een jaar na de aanleg van de spoorweg kwam het legendarische, compleet van hout opgetrokken Royal Poinciana Hotel met ruim duizend kamers gereed (zie ook blz. 382),

Gold Coast en Treasure Coast

waarna ook andere luxehotels werden gebouwd.

Palm Beach ontwikkelde zich tot een vakantieoord voor de superrijken. De stad bleef jarenlang afgesloten voor autoverkeer en de illustere bezoekers werden in riksja's rondgereden. Tegenwoordig rijden de kostbaarste auto's door de straten van Palm Beach. Het Royal Poinciana bestaat allang niet meer, maar het in 1895 geheel van hout gebouwde luxehotel The Breakers werd na verschillende branden in 1925 herbouwd – ditmaal van steen – en staat momenteel onder monumentenzorg. 's Zondags worden in dit aan zee gelegen grand hotel zeer uitgebreide champagnebrunches aangericht. Het Biltmore Hotel, waarvan de bouwsom in 1927 opliep tot liefst $ 7 miljoen, is inmiddels in gebruik als luxueus appartementencomplex.

Iets eenvoudiger gaat het er in het **Palm Beach Post Office** op de hoek van de Country Road en Poinciana Way aan toe. Kunstenaars, die in het kader van het werkverschaffingsbeleid van de New Deal in de jaren 30 opdracht kregen de publieke ruimte te verfraaien, verrijkten de muren met taferelen uit het leven van de Seminole-indianen.

Whitehall

1 Whitehall Way, Palm Beach, tel. 1-561-655-2833, www.flaglermuseum.us, di.–za. 10–17, zo. 12–17 uur

Dit palazzo met 73 kamers, dat Flagler op 71-jarige leeftijd in 1901 aan zijn 33 jaar jonge, derde vrouw als huwelijksgeschenk aanbood, draagt de naam **Whitehall**. De bouw van het winterverblijf, waarin de spoorwegmagnaat tot zijn dood in 1913 woonde, kostte destijds niet minder dan $ 4 miljoen. Daarvan gingen $ 2,5 miljoen op aan bouwkosten; de overige ruim $ 1,5 werden aan de inrichting uitgegeven. Machtige Dorische zuilen dragen het voorportaal en alleen al voor de foyer werden zeven soorten marmer gebruikt.

De vertrekken zijn ingericht in de vormentaal van verschillende kunststromingen en het orgel in de muziekzaal is van 1200 pijpen voorzien. Zelfs gasten als de Vanderbilts, de Amerikaanse president Woodrow Wilson, Johan Jacob Astor en William Rockefeller voelden zich in deze omgeving op hun gemak.

Henry Morrison Flagler Museum

1 Whitehall Way, Palm Beach, tel. 1-561-655-2833, www.flagler.org, di.–za. 10–17, zo. 12–17 uur, volwassenen $ 18, kinderen 13–17 jaar $ 10, 6–12 jaar $ 3

Het Henry Morrison Flagler Museum werd ter nagedachtenis van Flagler en de ontsluiting van Zuid-Florida door de spoorweg ingericht. In het nieuwe paviljoen, dat met zijn zuilen en vele glas veel wegheeft van een stationshal in de begin-20e-eeuwse beaux-artsstijl, is achter het hoofdgebouw Flaglers weelderig ingerichte privésalonwagen nr. 91 te bewonderen. Een 'paleis op wielen', zoals in een krant uit die tijd stond te lezen.

Palm Beach Bicycle Trail

De meeste van de voorname villa's liggen veilig beschermd tegen pottenkijkers achter hoge muren en dichte hagen verscholen. Maar wie een fietstocht over de 8 km lange, door palmen omzoomde Palm Beach Bicycle Trail maakt, kan een blik op de tuinen van een paar van de sierlijkste villa's werpen. De eigenaars van deze magnifieke bouwwerken winkelen graag in de Worth Avenue, met 250 chique zaken een van de charmantste en duurste winkelstraten ter wereld.

Palm Beach Polo & Country Club

11199 Polo Club Rd., Wellington, tel. 1-561-798-7000, www.palmbeachpolo.com

Net als in het verder naar het zuiden gelegen Boca Raton (zie blz. 156) wordt in Palm Beach polo gespeeld. De terreinen van de International Polo Club en Palm Beach Polo & Country Club, bekend om regelmatige bezoeken van leden van het Britse koningshuis, behoren tot de meest vooraanstaande poloclubs van de wereld. Daarom is het niet vreemd dat zich vaak internationale beroemdheden laten zien, ofwel te paard of in de loge. Niettemin zijn de toegangsprijzen in het van januari tot april durende speelseizoen met $ 10–30 ook voor normale mensen te betalen.

West Palm Beach ▶ 4, E 10

Aan de kant van het vasteland ligt West Palm Beach, van Palm Beach gescheiden door **Lake Worth** een door meerdere bruggen overspannen lagune. Henry Flagler stichtte deze nederzetting tegelijkertijd met Palm Beach, omdat hij vond dat personeel, oogstarbeiders en het overige *riff raff* (gespuis) daar wel in de badplaats van de rijken mochten werken, maar niet wonen. Aanvankelijk was er alleen een veerboot voor de overtocht over Lake Worth, maar de vroegere woonplaats van arbeiders en bedienden vormt nu met zo'n honderdduizend inwoners het levendige hart van de regio.

In het nieuw leven ingeblazen centrum rond de groene Clematis Street kunt u langs de etalages slenteren of een kop koffie drinken. 's Avonds openen hier naast muziekclubs twee theaters hun deuren: het Cuillo Center for the Arts en Palm Beach Drama Works.

Norton Museum of Art

1451 S. Olive Ave., tel. 1-561-832-5196, www. norton.org, di.–za. 10–17, do. tot 21, zo. 11–17 uur, mei–okt. ma. gesl., volwassenen $ 12, scholieren/studenten 13–21 jaar $ 5

De voortreffelijke collectie van het Norton Museum of Art bestaat hoofdzakelijk uit Europese en Noord-Amerikaanse schilderkunst uit de 19e en 20e eeuw met werk van Franse impressionisten, onder wie Monet, en Matisse, Picasso, Georgia O'Keeffe en Pollock. Bovendien zijn hier Chinese figuren van jade, porselein en brons te bewonderen.

Playmobil Fun Park

8031 N. Military Trail, Palm Beach Gardens, tel. 1-561-691-9880, www.playmobil.us, ma.–za. 10–17.30, zo. 12–16.30 uur, $ 1

Kinderen tot de schoolleeftijd spelen in het Playmobil Fun Park met ontelbare Playmobil-poppetjes in elke denkbare speelruimte. Bovendien kunnen ze met blokken in alle soorten en maten aan de slag. In een grote 'verkoopzone' kunnen bezoekers hun eigen steen- en figuurcollectie uitbreiden.

Palm Beach Zoo

1301 Summit Blvd., West Palm Beach, tel. 1-561-547-9453, www.palmbeachzoo.org, dag. 9–17 uur, volwassenen, $ 19, kinderen 3–12 jaar $ 13

Voor kinderen en dierenvrienden van alle leeftijden is de Palm Beach Zoo een aanrader. De dierentuin doet dienst als pedagogische instelling die respect voor de natuur wil overbrengen. Tot de circa veertienhonderd tropische en subtropische diersoorten behoren lemuren en tijgers.

Lion Country Safari

2003 Lion Country Safari Rd./Southern Blvd. W., Loxahatchee, tel. 1-561-793-1084, www. lioncountrysafari.com, dag. 9.30–17.30 uur, volwassenen $ 32, kinderen 3–9 jaar $ 24

De tweede dierentuin van de regio, de westelijker gelegen Lion Country Safari, kunnen bezoekers met eigen auto of ter plaatse gehuurd busje verkennen.

In het 200 ha grote safaripark leven leeuwen, neushoorns, giraffen, zebra's en antilopen min of meer in de vrije natuur, niet in verblijven. Wel zijn de leeuwen gescheiden van hun prooi en bezoekers op hun buurt van de gevaarlijke dieren. Daarom kunt u in het park probleemloos picknicken. De kunstmatige landschappen en de negenhonderd daarin levende dieren zijn ingedeeld naar grote natuurgebieden in de wereld, zoals de Kalahariwoestijn in Afrika of de Girjungle in India.

South Florida Science Center

4801 N. Dreher Tr., tel. 1-561-832-1988, www. sfsciencecenter.org, ma.–vr. 9–17, za., zo. tot 18 uur, volwassenen $ 15, kinderen 3–12 jaar $ 11

De collectie van dit museum met veel interactieve tentoonstellingsstukken bestrijkt de periode van het oude Egypte tot heden. In het nieuwe Atlantische aquarium kunt u de zeedieren die voor de kust onder water 'verstopt' zijn, van dichtbij bekijken. Een bijzondere attractie in het planetarium zijn de laser-concertshows.

Treasure Coast

Info

Palm Beach County Convention & Visitors Bureau: 1555 Palm Beach Lakes Blvd., Suite 800, West Palm Beach, FL 33401, tel. 1-561-233-3000, www.palmbeachfl.com.

Overnachten

Legendarisch hotel – **The Breakers:** 1 S. Country Rd., Palm Beach, tel. 1-561-655-6611, www.thebreakers.com. Grand Hotel in Italiaanse neorenaissancistische stijl aan het strand, met spa en golfbaan. 560 kamers en suites, vanaf $ 330.

Nostalgische sfeer – **Palm Beach Historic Inn:** 365 S. County Rd., Palm Beach, tel. 1-561-832-4009, www.palmbeachhistoricinn.com. Ouderwets chic gebouw uit de hoogtijdagen in de jaren 20. Vlak bij het strand. 13 kamers en suites, $ 100–280 incl. ontbijt.

Behaaglijk pension – **Hibiscus House:** 213 South Rosemary Ave., West Palm Beach, tel. 1-561-833-8171, www.palmbeachhibiscus.com. Bed and breakfast in een weelderig groene tuin. Uitgebreid ontbijt. 8 kamers, vanaf $ 110.

Eten & drinken

Wijnbar – **City Cellar:** 700 S. Rosemary Ave., West Palm Beach, tel. 1-561-366-0071, www.citycellarwpb.com, dag. 11-22 uur, wijnbar tot 1 uur. Pizza, pasta, steaks en verse vis. Wijnkelder met ruime keus. Hoofdgerecht $ 12–38.

Grillrestaurant – **Park Avenue BBQ Grille:** 2215 Palm Beach Lakes, tel. 1-561-689-7427, www.pabbqgrille.com. Kip, ribbetjes en steaks van de grill, geserveerd met pittige bonen en andere heerlijkheden. Gerechten $ 7–21.

Palm Beach-instituut – **John G's:** Plaza Del Mar, 264 S Ocean Blvd., Manalapan, tel. 1-561-585-9860, www.johngs.com, dag. 7–15 uur. Stevig ontbijt, flinke lunch, vaak lange wachttijd omdat reserveren niet mogelijk is. Vanaf $ 3, alleen cash.

Bronzen arend bij de Royal Poinciana Way in het mondaine West Palm Beach

Winkelen

Mode – Wie mode van Europese luxemerken als Gucci, Cartier en Chanel liever koopt in de Verenigde Staten, is met zijn *platinum card* bij de boetieks op **Worth Avenue** in Palm Beach aan het juiste adres.

Uitgaan

Cultureel centrum – **Kravis Center for the Performing Arts:** 701 Okeechobee Blvd., tel. 1-561-832-7469, www.kravis.org. In dit moderne complex worden jaarlijks zo'n driehonderd evenementen georganiseerd.

Loungebar – **Bradley's:** 104 Clematis St, West Palm Beach, tel. 1-561-833-3520, www.erbradleys.com, dag. tot 3, vr., za. tot 4 uur. Levendige bar met terras en smakelijke barsnacks.

Dansen – **Respectable Street Café:** 518 Clematis St., West Palm Beach, tel. 1-561-832-9999, www.respectablestreet.com, do.–za. 22–4 uur. Zinderende sfeer tot vroeg in de morgen, goede (dans)muziek.

Actief

Fietsverhuur – **Bicycle Trail Shop:** 223 Sunrise Ave., tel. 1-561-659-4583, www.palmbeachbicycle.com.

Vervoer

Trein: De treinen van Amtrak stoppen op het traject New York–Miami in West Palm Beach, 209 S Tamarind Ave., tel. 561-832-6169, www.amtrak.com.

Treasure Coast

Juno Beach ▶ 4, F 8

Ten noorden van Palm Beach rijgen zich kleine badplaatsen, vissersdorpen en landbouwcentra aaneen, tot aan Merrit Island, waarop ruimtestation Kennedy Space Center ligt. Aan de rustige, door zandige barrière-eilanden van de Atlantische Oceaan afgeschermde kust, die vooral bij gestreste stedelingen en gezinnen in trek is, ligt een aantal van de mooiste stranden van Florida.

Gold Coast en Treasure Coast

Tip

BESCHERMING VAN ZEESCHILDPADDEN

Op Juno Beach wordt grote zorg besteed aan de zeeschildpadden die ieder jaar zelfs helemaal uit Zuid-Amerika naar de zandige kust van Florida komen om hun telkens exacte aantal van 115 eieren te leggen en door de zonnewarmte te laten uitbroeden. Zodra ze uitkomen, kruipen honderden schildpadden, door bewoners en toeristen beschermd, meteen richting de Atlantische Oceaan (Loggerhead Marinelife Center of Juno Beach, 14 200 US 1, Juno Beach, tel. 1-561-627-8280, www.marinelife. org, ma.–za. 10–17, zo. 11–17 uur).

De naar de Romeinse moedergodin Juno genoemde gemeente ten noorden van West Palm Beach was ooit een halte aan een kort spoorwegtraject dat van het noordelijker gelegen Jupiter via Mars en Venus naar Juno leidde en zo de Floridaans-Romeinse godenwereld doorkruiste. Het driehonderd zielen tellende plaatsje met een lange, ook onder hengelaars populaire pier in de Atlantische Oceaan is vooral bekend om zijn strand waar zeeschildpadden hun eieren leggen.

Het natuurstrand van **South Hutchinson Island** behoort tot de mooiste van Florida (zie blz. 267). De stranden tussen Melbourne in het noorden en Jensen Beach in het zuiden zijn bijna allemaal voortreffelijk.

Jupiter ▶ 4, F 8

In het bescheiden Jupiter groeide Hollywood-acteur Burt Reynolds op. Enkele bezienswaardigheden in het plaatsje zijn dankzij de gulle gaven van de inmiddels niet meer zo vermogende acteur met zijn naam verbonden.

Jupiter Lighthouse

500 Captain Armour's Way/US 1, tel. 1-561-747-8380, www.jupiterlighthouse.org, di.–zo. 10–17 uur, rondleiding volwassenen $ 10, kinderen tot 18 jaar $ 5

In 1859 werd het donkerrood geverfde, 32 m hoge Jupiter Lighthouse in het Burt Reynolds Park gebouwd. De vuurtoren is nog altijd in gebruik en voor een klein bedrag te bezichtigen – de toegangsprijs is ook geldig voor het aangesloten museum.

DuBois Home

19075 DuBois Rd.

In het DuBois Home komt u meer te weten over de bescheiden leefomstandigheden van de vroege kolonist Harry DuBois en zijn vrouw Susan, die hier ruim een eeuw geleden woonden en met een citrusplantage in hun levensonderhoud voorzagen. Het huis staat op een *indian mound* (zie blz. 415), een schelpenheuvel waarop eerder een ceremonieel gebouw van de indianen prijkte.

Het is op dit moment alleen van buiten te bezichtigen, maar een bezoek verdient aanbeveling, want het huis, het omliggende DuBois Park en de mooie lange zandstranden in de omgeving zijn zeer geschikt voor kinderen en liggen vlak bij populaire (wind)surfstranden.

Info

Jupiter Tourist Information Center: 8020 Indiantown Rd., tel. 1-561-575-4636, www.jupiterfloridausa.com.

Eten & drinken

Fine dining – **Jupiter Island Grill:** 311 E. Indiantown Rd., tel. 1-561-746-6283, www.jupitergrill.net. Restaurant met *new American cuisine*. Veel kalfsvlees, kreeft en sint-jakobsschelpen, creatief en zeer smakelijk. Hoofdgerecht $ 18–36.

Treasure Coast

Uitgaan

Muziek en toneel – **Maltz Jupiter Theatre:** 1001 E. Indiantown Rd., tel. 1-561-575-2223, www.jupitertheatre.org. Dit door Burt Reynolds in het leven geroepen theater dankt zijn uitstekende reputatie aan goede regisseurs en gastoptredens.

Jonathan Dickinson State Park ▶ 1, M 8

16 450 S. E. Federal Hwy, Hobe Sound, tel. 1-772-564-2771, www.floridastateparks.org/park/Jonathan-Dickinson, dag. 8 uur tot zonsondergang, $ 6 per voertuig, voetgangers $ 2

Een paar kilometer verder naar het noorden strekt zich aan weerszijden van de meanderende Loxahatchee River het bijna 46 km² grote Jonathan Dickinson State Park uit. Het park en het oever- en kustlandschap zijn uitstekend per kano te verkennen. Wie daarbij niet al te veel kabaal maakt, krijgt ook de talrijke hier levende dieren te zien, waaronder ooievaars, reigers, alligators en misschien zelfs lamantijnen.

Hobe Sound Wildlife Refuge ▶ 1, M 8

13640 US 1, Jupiter Island, tel. 1-772-546-6141, www.fws.gov/hobesound

Ook het iets noordelijker gelegen Hobe Sound Wildlife Refuge kan bogen op een soortenrijke dierenwereld. Net als op andere plaatsen langs de kust leggen schildpadden hun eieren hier in het warme zand om ze uit te broeden. In het bijbehorende **Nature Center** krijgt u meer informatie over de flora en fauna.

Actief

Boottochten – **Jonathan Dickinson State Park:** tel. 1-561-546-2771, www.jdstatepark.com, volwassene $ 19, kind 6–12 jaar $ 12. Op de Loxahatchee Queen is plaats voor ongeveer 25 personen. De boot vaart twee uur over de kalme Loxahatchee River en passeert oude koloniale hutten. Tijdens de trip krijgt u alligators, lamantijnen en schildpadden te zien. U kunt ook een tripje per paard, koets of kajak maken.

Kanoverhuur – **Canoe Outfitters:** 9060 W. Indiantown Rd., tel. 1-561-746-7053, www.canoeoutfittersofflorida.com. Kanoverhuur voor tochtjes over de Loxahatchee River, vanaf $ 30 voor 4 uur.

Jensen Beach ▶ 4, E 5

Ook in het aan de Atlantische Oceaan gelegen Jensen Beach begeven zo'n zesduizend zeeschildpadden zich van mei tot juli naar de stranden. Natuurbeschermingsorganisaties en hun medewerkers verzorgen begeleide groepswandelingen, waarop de schildpadden van een afstand zijn te observeren, en organiseren een turtle watch, waarbij de dieren ongestoord hun eieren kunnen leggen.

House of Refuge

301 S. E. MacArthur Blvd., Hutchinson Island/Stuart, ma.–za. 10–16, zo. 13–16 uur, volwassenen $ 5, kinderen tot 12 jaar $ 2

Het House of Refuge met uitkijktoren herinnert aan de vele schepen die in het verleden voor de Atlantische Oceaankust vergingen. Tussen 1875 en 1945 werden hier matrozen opgenomen, die als overlevenden van een scheepsramp over het algemeen warm en droog moesten worden ondergebracht.

Van de voormalige tien van dit soort logementen tussen Daytona Beach en Key Biscayne is dat op Hutchinson Island als enige bewaard gebleven. De bijnaam Gilbert's Bar verwijst naar de piraat Don Petro Gilbert, die de kust in de jaren 30 van de 19e eeuw onveilig maakte en in 1834 aan de galg in Boston de dood vond.

Elliott Museum

825 N. E. Ocean Blvd., Stuart, tel. 1-772-225-1961, www.elliottmuseumfl.org, dag. 10–17 uur

Het moderne Elliott Museum, waarvan ook het House of Refuge deel uitmaakt, documenteert de geschiedenis van deze regio en die van de honkbalsport. Ook te zien is een aanzienlijke verzameling oldtimers.

Gold Coast en Treasure Coast

Ook onder water komen duikers met een beetje geluk een zeeschildpad tegen

Actief

Zeeschildpadden – Wie in juni en juli wil zien hoe zeeschildpadden hun eieren leggen, kan zich bijvoorbeeld bij de **Florida Power and Light Company**, tel. 1-800-334-5483, of het **Environmental Studies Center**, tel. 1-772-219-1887 aanmelden. Maximaal vijftig personen, aanvangstijd ongeveer 21 uur.

Stuart ▶ 4, E 6

Het stadje in het mondingsgebied van de St. Lucie River wordt met grote regelmaat door talrijke sportvissers bezocht. Voor de kust zetten ze de jacht in op de Pacifische zeilvis, die door een opvallend grote rugvin wordt gekenmerkt. Kapiteins kennen Stuart met name als het oostelijke eindpunt van de Okeechobee Waterway, waarop Florida vanaf Fort Myers over het water is te doorkruisen.

Maritime & Classic Boat Museum of Florida

1707 N. E. River Dr., Jensen Beach, tel. 1-772-692-1234, www.mcbmfl.org, ma.–vr. 10–17 uur, gratis entree

Het Maritime & Classic Boat Museum of Florida in Stuart is gewijd aan het scheepvaartverleden van de stad. In het museum zijn onder meer historische schepen, oude zeekaarten en scheepsmodellen te bewonderen.

Info

Stuart/Martin County Chamber of Commerce: 1650 S. Kanner Hwy, Stuart, tel. 1-772-287-1088, www.goodnature.org.

Eten & drinken

Frans-Amerikaans – **Courtine's:** 514 N. Dixie Hwy (onder de Rooseveltbrug), Stuart, tel. 1-772-692-3662, www.courtines.com, di.–za. vanaf 17.30 uur. Creatieve fusiongerechten in een elegante sfeer. Hoofdgerecht $ 18–32.

Fort Pierce en Port St. Lucie ▶ 4, D 3–5

Op het terrein van de Fort Pierce Inlet State Recreation Area trainden gedurende de Tweede Wereldoorlog 3000 kikvorsmannen voor hun inzet in waterrijke en koude gevaarlijke gebieden. Tegenwoordig zijn in het **Navy UDT-Seal Museum** bij het Pepper Park naast patrouilleboten ook diverse wapens te bekijken, die speciaal voor de *Underwater Demolition Teams* en *Sea-Air-Land Teams (SEAL)* zijn ontwikkeld

(3300 N. Rte. A1A, tel. 1-772-595-5845, www.navysealmuseum.org, di.–za. 10–16, zo. 12–16 uur, volwassenen $ 8, kinderen vanaf 6 jaar $ 4). In dit recreatiegebied liggen enkele van de mooiste stranden van de regio.

Het **Harbor Branch Oceanographic Institute** van de Florida Atlantic University is gewijd aan het onderzoek naar het leven in kustwateren. Ook wordt hier research gedaan naar de manier waarop algen en andere waterplanten als alternatieve voeding voor de mens kunnen dienen. Het **Ocean Discovery Center** verschaft inzicht in het werk van de onderzoekers (5600 N. US 1, tel. 1-772-242-2400, www.fau.edu/hboi, ma.–vr. 10–17, za. 10–12 uur).

In het **Manatee Observation & Education Center** aan de Indian River Lagoon is het zeer waarschijnlijk dat u lamantijnen in hun natuurlijke leefomgeving te zien krijgt. Voor de kust spelen bovendien vaak dolfijnen in het water (480 N. Indian River Dr., tel. 1-772-466-1600, www.manateecenter.com, okt.–juni di.–za. 10–17, zo. 12–16, juli–sept. do.–za. 10–17 uur, volwassenen $ 1, kinderen tot 6 jaar gratis entree).

Info

St. Lucie County Tourism: 2000 Virginia Ave., Fort Pierce, tel. 1-800-344-8443, di.–za., www.visitstluciefla.com.

Overnachten

Gezinsvriendelijk – **Dockside Inn & Resort:** 1160 Seaway Dr., South Hutchinson Island, tel. 1-772-468-3555, www.docksideinn.com. Comfortabele herberg aan de Intracoastal Waterway met aanlegsteigers voor de deur. 64 kamers en appartementen, vanaf $ 80 incl. ontbijt.

Eten & drinken

Seafood met zeezicht – **Manatee Island Bar & Grill:** 1640 Seaway Dr., Fort Pierce, tel. 1-772-466-1044, www.manateeislandarandgrill.com. Aangenaam vis- en schelpdierenrestaurant bij Fort Pierce Inlet. Gerechten $ 7–30.

Beachbar met tropische sfeer – **Conchy Joe's:** 3945 N. E. Indian River Dr., Jensen Beach, tel. 1-772-334-1130, www.conchyjoes.com, dag. vanaf 11.30 uur. Populaire tent met stevige visgerechten, een welvoorziene bar en happy hour, onder meer tijdens NFL-wedstrijden. Gerechten $ 7–25.

Vero Beach ▶ 4, D 1

Vero Beach is een van de belangrijkste plaatsen van het door uitgestrekte citrusplantages gekenmerkte Indian River County, maar in dit stadje gaat er vredig aan toe. Vooral in de wintermaanden zitten de talrijke *adult communities* in de buurt van de Indian River goed vol met zonaanbiddende senioren uit het noorden. Bij vogelbeschermingsgebied Pelican Island voert de ongeveer 15 km lange **Jungle Trail** door de bossen aan de kust.

De **McKee Botanical Gardens** vormen een groene oase. Door het pittoreske tuinencomplex met subtropische planten lopen wandelroutes (350 US 1, tel. 1-772-794-0601, www.mckeegarden.org, di.–za. 10–17, zo. 12–15 uur, volwassenen $ 10, kinderen 3–12 jaar $ 5).

Heritage Center and Citrus Museum

2140 14th Ave., tel. 1-772-770-2263, www.veroheritage.org, di.–vr. 10–16 uur, gratis entree
Wie meer wil weten over de citrusvruchten die in omvangrijke plantages in het binnenland groeien, kan terecht in dit kleine museum met foto's, documentatie en schaalmodellen over de teelt en verwerking van citrusvruchten aan de Indian River.

Info

Indian River Country Tourist Council: 1216 21st St., Vero Beach, tel. 1-772-567-3491, www.indianriverchamber.com.

Overnachten

Gebouwd van drijfhout – **Driftwood Resort:** 3150 Ocean Dr., tel. 1-772-231-0550, www.thedriftwood.com. Originele accommodatie uit de jaren 30. 2 pk vanaf $ 75.

Zora Neale Hurston – strijdbaar schrijfster en antropologe

Ze groeide op in Florida en werd er begraven. Maar ze studeerde en woonde ook in New York, North Carolina, Alabama en Los Angeles. Zora Neale Hurston reisde door het Caribisch gebied en schreef over het leven, de mythen en de cultuur van de Afro-Amerikanen in de Verenigde Staten, Haïti, Jamaica en de Bahama's. Ze geldt als een belangrijke vertegenwoordigster van de Harlem Renaissancebeweging.

Toen de Amerikaanse, met een Oscar bekroonde actrice Halle Berry in 2005 de hoofdrol in de door Oprah Winfrey geproduceerde film *Their Eyes Were Watching God* speelde, stond Zora Neale Hurston, de schrijfster van de door Winfrey verfilmde roman uit de jaren 30, weer in de publiciteit. Kort daarvoor was ze al met een veel bekeken documentaire als een van de belangrijkste vertegenwoordigsters van de cultuurbeweging Harlem Renaissance geëerd. In de tussentijd was de strijdbare schrijfster en antropologe bijna in de vergetelheid geraakt.

Nadat Zora Neale Hurston in 1960 in een verzorgingshuis in de wijk St. Lucie aan een hartziekte was overleden, werd ze in een anoniem graf op het armenkerkhof van de stad Fort Pierce bijgezet. Pas toen de Afro-Amerikaanse schrijfster Alice Walker *(The Color Purple)* in 1975 in haar artikel *In Search of Zora Neale Hurston* haar leven belichtte en andere Afro-Amerikaanse schrijfsters, onder wie Toni Morrison – bekroond met de Nobelprijs voor de Literatuur – en Maya Angelou, zich met het werk en de opvattingen van hun gestorven collega begonnen bezig te houden, nam de belangstelling voor Zora Neale Hurston weer aanzienlijk toe.

Werkelijkheid en fictie gaan in haar werk hand in hand. Zelfs in haar in 1941 verschenen autobiografie *Dust Tracks on a Road (Sporen op een pad)* heeft ze zich tien jaar jonger gemaakt en haar geboorteplaats van Notasulga in Alabama naar Eatonville in Florida verplaatst. Daar, direct ten noorden van Orlando, hadden haar ouders zich in 1894 met hun driejarige dochter gevestigd, in het enige dorpje in de Verenigde Staten met een compleet Afro-Amerikaanse bevolking en zelfbestuur. Haar vader, baptistisch predikant en timmerman, werd later burgemeester van het plaatsje. Toen ze dertien jaar was, stierf haar moeder. Haar vader stuurde haar naar een internaat in Jacksonville, maar gaf haar geen cent. Dus was de jonge Zora op zichzelf aangewezen en moest ze zich erdoorheen zien te slaan. Ze deed zo goed haar best dat ze op de 'zwarte' Howard University in Washington werd aangenomen. Met een beurs studeerde ze later antropologie en literatuur aan Barnard College in New York. Ze won literatuurprijzen en schreef artikelen voor tijdschriften als *Opportunity*.

Met steun van de Columbia University in New York en van particulieren begon ze mondeling overgeleverde verhalen en mythen van Afro-Amerikanen op te tekenen, die ze een literaire draai gaf. Op Haïti bestudeerde ze de voodoocultus. In New York publiceerde ze samen met anderen *Fire!!*, een verzameling korte verhalen en schreef ze toneelstukken over het dagelijks bestaan van de zwarte bevolking in het zuiden van Amerika.

Alice Walker raakte later gefascineerd door het feit dat zwarte mensen in Hurstons romans, lijnrecht tegenover het stereotype beeld dat door witte schrijvers werd geschapen, uiterst realistisch

Bijna vergeten, maar herondekt: Zora Neale Hurston

werden beschreven en dat complexe biografieën in het werk van Hurston centraal stonden. Haar belangrijkste werk, *Their Eyes Were Watching God* schreef ze in 1936 in een soort roes van slechts een paar weken. Kernachtig en humoristisch vertelt ze over het lot van de Afro-Amerikaanse Janie Crawford, die zich door twee huwelijken slaat, de liefde van haar leven tegenkomt, maar later weer verliest. Hurston vervlecht de lotsbeschikkingen van haar heldin met een potpourri van bijgeloof, speculaties en verhalen die op lange avonden op de veranda worden verteld.

Met de ideologieën en politiek van de New Deal van Roosevelt kon Hurston in tegenstelling tot veel andere gekleurde auteurs niets beginnen en de zwarte Amerikaanse Burgerrechtenbeweging vond in haar geen actief medestrijdster. Ze gaf de voorkeur aan pragmatische doelstellingen, zoals die op de universiteit van Booker T. Washington in Alabama werden geformuleerd, waar de zwarten in ambachtelijke beroepen en de landbouwsector hulp werd geboden. Haar literaire omzetting van het Afro-Amerikaans werd door critici en andere schrijvers niet altijd goed ontvangen. Haar werd verweten dat ze voor een wit publiek schreef en in haar werk geen aandacht aan 'rassendiscriminatie' schonk. Het manuscript van haar autobiografie moest ze van haar uitgever voor de publicatie herschrijven en bijschaven. Pas later zijn de oorspronkelijk veel fellere passages uitgegeven. Deze gingen bijvoorbeeld over de agressie van de Kerk, die in naam van het Kruis veroveringsoorlogen voerde, over internationale economische praktijken, waarbij de 'slavenhut' steeds verder van het 'herenhuis' kwam te staan en over de imperialistische Amerikaanse buitenlandse politiek.

Ondanks studiebeurzen, schenkingen van vermogende filantropen en tijdelijke baantjes als docente op scholen en universiteiten kwam Zora Neale Hurston telkens opnieuw in financiële problemen. Ze ging aan de slag als bibliothecaresse, maar ook als huishoudelijke hulp, en soms had ze helemaal geen werk en woonde ze in een caravan. De laatste twee jaar van haar leven schreef ze een column in *The Fort Pierce Chronicle*, een weekblad met een beperkte oplage. Na een beroerte werd ze in een zorginstelling opgenomen, waar ze een jaar later stierf.

Gold Coast en Treasure Coast

Eten & drinken
Steak en vis – **Ocean Grill:** 1050 Sexton Plaza, Vero Beach, tel. 1-772-231-5409, www.ocean-grill.com. Steaks en zeebanket in een legendarisch strandrestaurant uit de jaren 40. Hoofdgerecht $ 15–33.

Sebastian ▶ 1, L 6

De **Sebastian Inlet**, halverwege Vero Beach en Melbourne, staat bekend om zijn grote visbestand. Daarom is het niet verwonderlijk dat aan weerszijden van de brug over de zeearm talrijke vissers hun hengel uitwerpen.

Mc Larty Treasure Museum
13 180 N. Rte. A1A, Sebastian, tel. 1-772-589-2147, www.atocha1622.com/mclarty.htm, dag. 10–16 uur
Het kleine Mc Larty Treasure Museum vertelt de geschiedenis van de Spaanse vloot die in 1715 het slachtoffer werd van een orkaan en toont een aantal van de geborgen schatten. Van de elf schepen die eind juli met een afgeladen ruim de zee tussen Havanna en het Spaanse Cádiz overstaken, wist er slechts één de verwoestende storm te doorstaan.

Zevenhonderd zeelieden, onder wie de commandant van de vloot, vonden de dood; de vijftienhonderd overlevenden slaagden erin zich op het strand in veiligheid te brengen.

Slechts ongeveer een derde deel van de handelswaar – waaronder goud en zilver – met een waarde van $ 15 miljoen werd destijds door snel te hulp geschoten reddingscommando's aangetroffen.

Mel Fisher Center
1322 US 1, Sebastian, tel. 1-772-589-9875, www.melfisher.com, ma.–za. 10–17, zo. 12–17 uur, sept. gesl., volwassenen $ 6,50, kinderen $ 2
Mel Fisher, de in 1992 gestorven legendarische schatzoeker met maar liefst twee musea op Key West, documenteerde ook in Sebastian de succesvolle zoektocht naar goud uit Spaanse koopvaardijschepen, die tijdens stormen voor de kust van Florida vergingen.

Eten & drinken
Fraai aan het water – **Captain Hiram's:** 1580 Indian River Dr., Sebastian, tel. 1-772-388-8588, www.hirams.com. Openluchttrestaurant met de nadruk op zeebanket en in het hoogseizoen elke avond livemuziek, de rest van het jaar alleen in het weekend. Gerechten $ 8–39.

Melbourne ▶ 1, L 6

Dit plaatsje ligt er allang niet meer zo idyllisch bij als rond het begin van de 20e eeuw, want later werd de spoorweg Florida East Coast Railway aangelegd, die Melbourne met de 'grote wereld' in het noorden verbond. Door de nabijheid van een raketbasis van de luchtmacht en de NASA op Merritt Island (zie blz. 354) in de zomer bezoeken onechte karetschildpadden de kust ten zuiden van **Melbourne Beach**. Vrijwilligers van natuurbeschermingsorganisatie Audubon Society houden de wacht als de dieren 's nachts hun eieren leggen.

Foosaner Art Museum
1463 Highland Ave., Eau Gallie, tel. 1-321-674-8916, www.foosanerartmuseum.org, di.–za. 10–17, do. tot 19, zo. 13–17 uur, volwassenen $ 5, kinderen $ 2
In het Foosaner Art Museum in Eau Gallie, een buitenwijk aan de noordkant van Melbourne, zijn ook tentoonstellingen te zien van het werk van Floridaanse kunstenaars, die bezoekers tijdens workshops inzicht in hun schildertechnieken verschaffen. Speciaal opgeleide medewerkers maken het ook voor blinden mogelijk om van de kunst te genieten.

Info
Florida's Space Coast Office of Tourism Melbourne: 430 Breward Ave., Suite 150, Cocoa, tel. 1-321-433-4470, www.themelbournecoast.com.

Uitstapje naar Lake Okeechobee

Lake Okeechobee is met een oppervlakte van 1900 km^2 na Lake Michigan het grootste meer van de VS. De indiaanse naam betekent Groot Water. Het is nergens dieper dan 7 m en in het noordelijke deel zo ondiep dat ooievaarachtigen tot ver van de oever op vis kunnen jagen.

Halverwege de 19e eeuw viel de begerige blik van goudzoekers al op het vruchtbare gebied van de Everglades ten zuiden van het meer. Begin 20e eeuw werd het plan opgevat om het 17.500 km^2 grote Everglades Drainage District via kanalen droog te malen. Na een langzame start bespoedigden twee natuurrampen de ontwikkeling van het gebied. Een orkaan in 1926 maakte driehonderd slachtoffers onder de kolonisten en niet meer dan twee jaar later eiste een tornado nog meer mensenlevens. Met snelheden van ruim 200 km/uur teisterde de wervelstorm de kust van Palm Beach en raasde verder tot aan Lake Okeechobee. Het meer trad daarbij buiten zijn oevers, waardoor nederzettingen als Belle Glade, South Bay, Pahokee en Canal Point overstroomden. Een aantal van de in totaal tweeduizend doden werd pas jaren later in afgelegen delen van de Everglades aangetroffen.

In de decennia daarna werd het meer met de **Herbert Hoover Dike** ingedamd. Deze dijk beschermt de landbouw en de bewoners van het gebied en blokkeert tegelijkertijd de constante watertoevoer van de brongebieden in Midden-Florida naar de Everglades en de Florida Bay. Tegenwoordig loopt over de top van de dam de **Lake Okeechobee Scenic Trail**, waarop u van het mooie uitzicht op het meer en de omliggende akkers kunt genieten. De 176 km lange, ongeasfalteerde panoramaroute is in trek bij wandelaars, fietsers en ruiters.

Ten zuiden en oosten van het meer groeien avocado's, tomaten, augurken, broccoli en sla. Ten zuidwesten en westen van Lake Okeechobee strekken zich eindeloze suikerrietplantages uit en ten noorden ervan staan runderen op de weiden te grazen. De oogst wordt hoofdzakelijk binnengehaald door seizoensarbeiders, die zelfs uit Jamaica en de Dominicaanse Republiek komen en tijdelijk het inwonertal van de plaatsen rond het meer aanzienlijk vergroten. Lake Okeechobee staat bekend om zijn grote visbestand. Met netten en hengels wordt hier ieder jaar ruim 1700 ton vis gevangen. Tot de populairste consumptievissen behoren de zonnebaars, die plaatselijk *crappie* wordt genoemd, en de meerval, met de lokale naam *sharpie*.

Clewiston ▶ 1, L 8

Het dorp Clewiston strijdt met New Iberia in de 'suikerkom' van Louisiana om de titel 'zoetste stad van Noord-Amerika'. In de oogsttijd, van november tot mei, wordt soms wel tegen de 1300 ton suiker geproduceerd. Vanaf begin jaren 30 is de United States Sugar Corporation hier de belangrijkste werkgever en belastingbetaler. In het kleine **Clewiston Museum** wordt ook de geschiedenis van de suikerrietteelt en het meer met zijn ooit zo verwoestende overstromingen verteld (109 Central Ave., tel. 1-863-983-2870, www.clewistonmuseum.org, ma.–vr. 9–16 uur, juli gesloten).

Brighton Seminole Indian Reservation ▶ 1, K/L 7/8

www.semtribe.com

De Brighton Seminole Indian Reservation (www.semtribe.com) is met zijn zeventienhonderd indianen zeer dunbevolkt. In het casino (www.seminolebrightoncasino.com) kunnen de gokkers in restaurant Josiah Restaurant de inwendige mens versterken. Een groot aantal van de hier opgediende steaks en hamburgers komen van de ranch van het reservaat: een van de grootste van Florida. Duizenden Herefordrunderen hebben de ruimte op de met palmen begroeide weiden op de noordwestoever van het meer.

Info
Clewiston Chamber of Commerce: 109 Central Ave., Clewiston, tel. 1-863-983-7979, www.clewiston.org.

Hoofdstuk 2

Everglades en Florida Keys

Wanneer u de natuur van de Everglades optimaal wilt leren kennen, kunt u het best niet door het nationale park jakkeren. Laat u meevoeren over het traag stromende water om van van de schoonheid van het eenzame landschap en de soortenrijke dierenwereld te genieten. Op slechts één uur rijden ten zuiden van de miljoenenstad Miami opent zich een compleet nieuwe wereld. Voor u strekken zich eindeloze vochtige savannes en bescheiden cipressen- en mahoniebossen uit, dooraderd door waterwegen die tot een verkenning per kano uitnodigen.

Alligators, flamingo's, miljoenen muggen en andere insecten – de Everglades vormen een uniek natuurparadijs dat echter door de steeds verder oprukkende beschaving wordt bedreigd. Van veel andere nationale parken in de Verenigde Staten krijgt u direct een goede indruk, maar de Everglades bekoren alleen goed geïnformeerde reizigers, die verbanden zien en oog voor detail hebben. De natuur geeft haar geheimen uitsluitend prijs aan bezoekers met kennis van zaken en toont de verscholen rijkdommen van haar ecosysteem met een bijzondere dieren- en plantenwereld.

De Florida Keys, een ongeveer 360 km lange keten van koraaleilanden, vormen de zuidpunt van Florida en lopen in een flauwe bocht door tot aan de Dry Tortugas in de Golf van Mexico. Nog geen 200 km van dit traject is tegenwoordig op de Overseas Highway van Key Largo naar Key West te bevaren. Over 42 bruggen, waarvan de kortste 11 m en de langste bijna 11 km lang is, voert deze snelweg automobilisten door een Caribisch ogende eilandenwereld met aan weerszijden palmen, goed onderhouden hotelcomplexen en de turquoise zee. Onder het wateroppervlak volgt het grootste koraalrifstelsel van de Verenigde Staten de oostkust van de eilanden.

Het rustige Ocean Pointe Resort op Key Largo

In een oogopslag: Everglades en Florida Keys

Hoogtepunten

Everglades National Park: Het ongeveer 6000 km² grote nationale park strekt zich uit van de Tamiami Trail tot aan de met mangroven begroeide kust. Daartussen liggen moerassen met cipressen en met zegge (rietgras) begroeide wetlands waaruit alleen eilandjes met bomen oprijzen (zie blz. 176).

Key West: In het vroeger beruchte piratennest kunt u in het voetspoor van beroemde schrijvers treden, in de warme turquoise zee zwemmen, in het luidruchtige nachtleven duiken of eenvoudigweg de exotische sfeer proeven (zie blz. 217).

Fraaie routes

Everglades – van Homestead naar Flamingo: In de buurt van Homestead begint een goed onderhouden weg die in ruime bochten van de hoofdingang van het nationale park naar het zuidwesten voert. Overal leiden korte zijwegen naar uitkijkplatforms of natuurpaden als de Anhinga Trail (zie blz. 181).

Via de Overseas Highway over de Florida Keys: De 205 km lange snelweg leidt over 42 bruggen en 31 grote en kleinere eilanden van de Florida Keys van het zuiden van het Floridaanse schiereiland via Key Largo, Islamorada, Long Key, Marathon en Bahia Honda naar Key West (zie blz. 200).

Tips

Uitstapje naar de Seminole: De Big Cypress Seminole Indian Reservation behoort tot de grootste reservaten van de Seminole-indianen in Florida. Het Ah-Tah-Thi-Ki Museum verschaft inzicht in de cultuur en geschiedenis van de omvangrijkste indianenstam van deze Amerikaanse staat (zie blz. 194).

Robbie's Marina op Islamorada: Hier kunt u tarpoens voederen en deze 2 m lange vissen bewonderen bij hun luchtsprongen. Excursieboten varen naar de ongerepte eilanden Lignumvitae en Indian Key met wandelwegen door de tropische natuur en mooie duiklocaties (zie blz. 207).

Bahia Honda State Park: Palmen en een klein bos met tropische bomen omzomen het prachtige natuurlijke zandstrand van Bahia Honda, een van de mooiste Keys. Daarachter vormen resten van een spoorbrug een historisch decor (zie blz. 213).

Nine Mile Pond Canoe Trail: Het waterrijke landschap van de Everglades laat zich het best per boot verkennen. Op de ook voor beginners geschikte Nine Mile Pond Canoe Trail krijgt u een goede indruk van de veelzijdigheid van het ecosysteem (zie blz. 184).

Duiken en snorkelen rond het Florida Keys Reef: Grote delen van het lange koraalrifstelsel voor de oostkust van Florida vallen tegenwoordig onder de bescherming van het Marine Sanctuary. Tijdens duik- en snorkeltrips is de veelkleurige onderwaterwereld te bewonderen (zie blz. 204).

Diepzeevissen – in het kielzog van Hemingway: Van Key West en andere havens op de Keys varen krachtige motorboten naar de nabije Golfstroom. Daar kan niet alleen op tonijn en witte marlijn, maar ook op wahoo worden gevist (zie blz. 230).

Everglades en Biscayne National Park

Eigenlijk beginnen de Everglades direct ten zuiden van Lake Okeechobee, vanwaar een op veel plaatsen slechts enkele centimers diepe stroom – die zich later echter tot soms wel 80 km verbreedt – met een slakkengangetje door een landschap met weinig verheffingen naar het zuiden kabbelt. Het gebied werd in 1947 nationaal park. Sindsdien zijn er uitgestrekte reservaten als het Big Cypress National Preserve in het zuidwesten en verschillende State Parks bijgekomen.

Everglades National Park

Kaart: blz. 181

De Everglades zijn geen gebied met stilstaand water, ook geen moeras of meer, maar een oneindig trage waterloop, die met een snelheid van slechts rond de 35 m per uur voortstroomt. Eén druppel water doet er ongeveer een maand over om het nationale park te doorkruisen. De brede stroom is afhankelijk van het jaargetijde en de hoeveelheid neerslag meestal slechts 10 tot 35 cm diep. *Pa-hay-okee*, Zee van Gras, was de poëtische naam die de indianen aan de uitgestrekte prairies gaven, waarvan de bodem gedurende de droge wintertijd op bepaalde plaatsen uitdroogt.

Wie in de *Glades* spectaculaire landschappen verwacht, komt bedrogen uit. De tot aan de horizon reikende, met rietgras (zegge) begroeide vlaktes, waarop zich *hammocks* (met bomen begroeide heuveltjes) als groene eilanden verheffen, zijn op het eerste gezicht weinig indrukwekkend. Om tot de ware pracht en geheimen van de Everglades door te dringen en de talrijke planten en dieren te kunnen observeren, zijn rust en tijd vereist. Tijdens een uitstapje per kano of een wandeling op een van de talrijke door parkrangers aangelegde wandelroutes van plankieren laat de schoonheid van dit verstilde natuurlandschap zich pas echt zien.

Beschermd natuurgebied

Geruime tijd hadden de houtbaronnen in het zuiden van Florida te maken met een door muggen geteisterd gebied, dat voor de grootschalige kap van cipressen, mahonie- en andere hardhout leverende bomen moest worden drooggelegd. Slechts een beperkt aantal natuurbeschermingsorganisaties, waaronder de Audubon Society, zag al aan het begin van de 20e eeuw in hoe belangrijk de wetlands voor Zuid-Florida waren.

In de jaren 30 groeide de bezorgdheid dat met de Everglades een uniek natuurgebied kon worden verwoest, waarover schrijfster Marjory Stoneman Douglas later met *river of grass* haar lof uitsprak. Grote delen van de county's Dade, Monroe en Collier werden aan de federale regering overgedragen en in 1934 accepteerde het Congres in Washington het voorstel om hier een beschermd natuurgebied in te stellen.

Pas in 1947 riep de Amerikaanse president Truman rond de 5700 km² van de zuidpunt van Florida tot Everglades National Park uit, een gebied ter grootte van de provincie Friesland. In 2010 werd het gebied door de

UNESCO tot bedreigd Werelderfgoed verklaard. Inmiddels heeft men ingezien dat ook ingrepen in ver van het natuurgebied gelegen regio's van invloed op het complexe ecosysteem van de Everglades kunnen zijn. Niet alleen het watergebruik door de inwoners van de miljoenensteden in het zuidoosten, maar ook de overbemesting van de akkers en weiden rond Lake Okeechobee leveren problemen op. Volgens het in het jaar 2000 ondertekende Everglades Restoration Plan moeten grote delen van het landschap van de Everglades in oorspronkelijke toestand worden teruggebracht en dienen de wetlands hun natuurlijke waterkringloop terug te krijgen.

Twee jaargetijden

In het zuiden van Florida is sprake van twee jaargetijden. In de droge, warme winter, die van november tot april duurt, is de hoeveelheid neerslag een stuk kleiner en valt de brede waterstroom die ermee wordt gevoed voor een deel droog. De dieren verzamelen zich in dit seizoen rond diepere wateren als *sloughs* en *alligator ponds*, poelen die alligators met hun gedraai en gewoel in de modder hebben uitgegraven en die als leef- en jachtgebied voor deze dieren dienen.

De vochtige zomer duurt van mei tot oktober. Het rietgras krijgt nieuwe groene scheuten en duizenden insecten en vissen zien het levenslicht. Bijna iedere dag valt in elk geval een korte bui en vormen zich indrukwekkende stapelwolken die vaak tijdens een onweersbui leegregenen. Het overgrote deel van de jaarlijkse hoeveelheid neerslag – 150 cm – valt in dit jaargetijde, waarin de vochtige prairies over het algemeen ondergelopen zijn.

Flora en fauna

Het ongeveer 3 m hoge rietgras, dat vanwege zijn gekartelde randen ook wel *sawgras* (zaaggras) wordt genoemd, strekt zich op de vochtige prairies tot aan de horizon uit. In tegenstelling tot normaal gras, dat vanbinnen hol is, wordt rietgras (*Cladium jamaicense*) gekenmerkt door een driehoekige halm met messcherpe kartelranden. De eindeloze grasvlaktes worden onderbroken door *hardwood hammocks*, heuvelachtige groene eilandjes, waarop dennen, palmetto's (groenblijvende palmen), mahoniebomen, *gumbo-limbos (Bursera simaruba)* en wurgvijgen groeien. Biologen hebben ongeveer tweeduizend plantensoorten geteld, waarvan er vijfenveertig uitsluitend in de Everglades voorkomen. Zeer opvallend zijn de soms wel 30 m hoge moerascipressen, waarvan de takken met *Spanish moss* (Spaans mos) zijn begroeid. Deze planten hebben er geen last van dat hun wortels maandenlang onder water staan.

Mangroven lijken in het ondiepe water met hun luchtwortels op stelten te staan. Ze gedijen het best waar zoet en zout water zich tot brak water vermengen en vormen aan de grillige zuidwestkust van Florida, waar het grootste deel van het water uit de Everglades in de Golf van Mexico vloeit, een ondoordringbare haag. In de dichte wirwar van stammen takken en wortels van de mangroven verzamelen zich bladeren en takken die langzaamaan composteren. Vogels bouwen hun nesten op beschutte plaatsen tussen de takken, er groeien nieuwe mangroven en na verloop van tijd ontstaat een compleet nieuw miniatuureiland. Op het moment dat het eiland zich dankzij het vlechtwerk van wortels zo ver heeft ontwikkeld dat het ook bij vloed niet meer door het water wordt bereikt, sterven de mangroven af. De bomen hebben immers regelmatig zout water nodig om te kunnen overleven.

Paradijs voor dieren

Het gigantische labyrint van mangroven aan de zuidwestkust en op de eilandenwereld van de **Ten Thousand Islands** is de geboortegrond van miljoenen vissen. In de kustwateren en het moeras leven zeshonderd soorten vissen en reptielen. Een groot aantal daarvan is ongevaarlijk, maar er komen ook enkele gifslangen voor, en een paar honderd Aziatische Pythons,

De moerascipressen van de Everglades zijn het botanische symbool van Florida

Everglades en Biscayne National Park

nakomelingen van ontsnapte of gedumpte 'immigranten'. De alligator heeft de lange tijd waarin hij werd beschermd goed benut om zich voort te planten en is inmiddels weer overal in het nationale park aan te treffen.

De anhinga, de Amerikaanse slangenhalsvogel, bouwt zijn nest op de takken van mangroven en laat na een duik zijn weelderige verenkleed in de zon drogen. Ooievaarachtigen en waadvogels als de kleine blauwe reiger, blauwe reiger en grote zilverreiger, waarvan de laatste twee 1 m lang kunnen worden, staan bewegingloos in het ondiepe water voor ze plotseling toeslaan en met een vis in hun snavel weer bovenkomen. Zeldzamer zijn de heremietibis en de rode lepelaar, waarop net als op de grote zilverreiger vanwege zijn mooie verenkleed werd gejaagd. Bovendien verdwaalt er af en toe een roze flamingo in de Everglades. Deze vogel zult u vaker in de dierentuin van Miami of in vrijheid op de Bahama's tegenkomen.

Visarenden, roodschouderbuizerds, valken en roodkopgieren cirkelen biddend in de lucht voor ze zich op hun prooi storten. Ook de Amerikaanse zeearend is met een populatie van honderdvijftig tot tweehonderd exemplaren in de *Glades* vertegenwoordigd, waar ze jaarlijks zo'n veertig jongen grootbrengen. In de wintermaanden zijn de wateren in het nationale park de leefomgeving van miljoenen trekvogels uit het koude noorden van het Amerikaanse continent. Van de bedreigde floridapanter leven er nog maar zo'n honderdzestig in de Everglades en de bossen van de Big Cypress National Preserve en door de dennenbossen sluipen witstaartherten en lynxen rond.

Maar de werkelijke heersers van de Everglades zijn de muggen. In het vochtig-warme seizoen dansen ze met name in de schemering en in de buurt van stilstaand water in de lucht en doen zich te goed aan het bloed van slecht voorbereide toeristen. Wie de Everglades in juli of augustus zonder een deugdelijk anti-muggenmiddel bezoekt, kan erop rekenen dat hij om de haverklap voor deze insecten op de vlucht moet slaan.

Het zuidoosten van het park ▶ 2, E/F 3

Het belangrijkste bezoekerscentrum van het Everglades National Park is het **Ernest F. Coe**

Everglades National Park

Everglades en aangrenzende beschermde natuurgebieden

Visitor Center [1] direct ten oosten van de ingang, waar uitvoerige informatie over het nationale park is te krijgen. Direct daarachter zijn bij twee vijvers dieren als alligators, visarenden en soms zelfs ijsvogels te observeren.

Anhinga Trail en Gumbo Limbo Trail

Niet ver van de vijvers leidt een zijweg zuidwaarts naar het beginpunt van de **Anhinga Trail**. Op deze ongeveer 800 m lange, door

Everglades en Biscayne National Park

Krokodil met kroost – een groot aantal jongen wordt door vijanden gedood voor ze geslachtsrijp zijn

met rietgras begroeide moerassen voerende wandelroute over plankieren, zijn in elk jaargetijde in de op een rivier lijkende Taylor Slough alligators, slangen, schildpadden en verschillende soorten vogels te spotten. De 600 m lange **Gumbo Limbo Trail** kronkelt door een klein bos met tropisch hardhout leverende bomen als koningspalmen en varens.

Long Pine Key Trails

Het netwerk van de Long Pine Key Trails strekt zich met een totale lengte van 35 km uit over een hooggelegen terrein, waarop palmetto's en naaldbomen groeien. De trails beginnen bij camping Long Pine Key, ongeveer 11 km ten westen van de ingang van het park, eindigen bij Pine Glades Lake

Everglades National Park

en zijn voor een groot deel ook per fiets af te leggen.

Pahayokee Boardwalk

Een andere afslag van de hoofdweg door het park loopt naar de Pahayokee Boardwalk, een 400 m lange, deels door moerascipressen overschaduwd plankierenpad. Van uitkijkplatform **Pahayokee Overlook** 2 ziet u fraai uit over de Zee van Gras.

Info
Ernest F. Coe Visitor Center: 40 001 SR 9336, tel. 1-305-242-7700, dag. 9–17 uur, entree $ 10 per auto, 7 dagen geldig. Exposities, films en brochures over het park en de dierenwereld, info over rangeractiviteiten en kanoverhuur. In de winkel zijn onder meer insectenwerende middelen verkrijgbaar.

Mahogany Hammock ▶ 2, E 3

Van het uitkijkplatform aan de rand van de **Shark River Slough**, de hoofdstroom van de Everglades, wordt u een weids panorama op de eindeloze vochtige prairie vergund. Het uitzicht is op zijn mooist als de zon langzaam ondergaat, het savannegras bruin tot goud kleurt en roze stapelwolken de afwezigheid van bergen in het landschap goedmaken. Een paar kilometer verder kunt u op een korte wandeling over een 800 m lang plankierenpad de **Mahogany Hammock** 3, verkennen, een groot eiland op de rietgrasvlakte met hoge mahoniebomen. Tijdens de wandeling krijgt u de hoogste mahonieboom van de Verenigde Staten te zien.

De kleine verheffingen op het doorgaans vlakke terrein van de Everglades staan door de lage waterstand het hele jaar droog. Op die plaatsen ontstaan vaak *hammocks*, kleine oerwouden met verschillende tropischhardhoutbomen, die in het graslandschap nog het meest op eilanden lijken.

Naar Mrazek Pond
▶ 2, E 3/4

Kano- en wandeltrails
Als u over de hoofdweg door het park verder naar het zuiden rijdt, komt u 18 respectievelijk 14 km voor u Flamingo bereikt bij de startpunten van drie gemarkeerde kanoroutes: de **Nine Mile Pond Canoe Trail** (zie Actief, blz. 184), de **Noble Hammock**

Everglades en Biscayne National Park

NINE MILE POND CANOE TRAIL

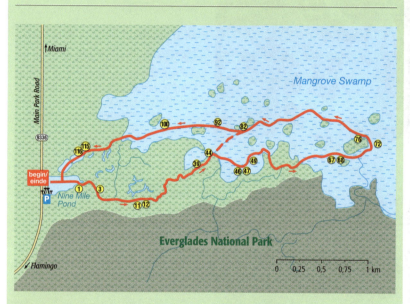

Informatie
Begin: Nine Mile Pond
Lengte: 8,3 km (5,2 mijl)
Duur: 4–5 uur
Kanoverhuur: Aan de jachthaven van Flamingo, tel. 1-239-695-3101, Prijzen op aanvraag.
Alternatief: Everglades Tours, c/o Everglades International Hostel, 20 S. W. 2nd Ave., Florida City, tel. 1-305-248-1122, www.evergladeshostel.com

Kanohuur per dag inclusief transport voor uw auto vanaf $ 30.

Belangrijk: Deze route is ook geschikt voor beginners. De trail kan in de droge tijd van februari tot mei door de lage waterstand onbevaarbaar zijn. Uitrusting: shirt met lange mouwen en een lange broek, zonnebrandcrème en een insectenwerend middel, voldoende water, proviand en waterdicht verpakkingsmateriaal.

Deze afwisselende kanotocht gaat door moerassen met rietgras, langs eilanden met mangroven en over kleine vijvers. Hij begint aan de doorgaande weg die door het Everglades National Park loopt, 19,2 km net noorden van Flamingo (zie blz. 185). Steek van het par-

Everglades National Park

keerterrein eerst in oostelijke richting de Nine Mile Pond over om **marker #1** te bereiken, de eerste van de 115 duidelijk zichtbare routemarkeringen in de vorm van witte kunststof buizen. Op deze plaats vormt een smal, door mangroven omzoomd kanaal de toegang tot de Nine Mile Pond Trail.

Bij **marker #3** komt u een aantal lage heuvels tegen, met *buttonwood trees* (westerse platanen) en andere met bomen begroeide eilandjes. Ter hoogte van **marker #11** en **#12** is op de bodem van de vijver het kalksteen te ontwaren waaruit de rotsige bodem van Zuid-Florida bestaat.

Bij **marker #39** zijn de takken van de mangroven overwoekerd door bromelia's, epifyten (planten die op bomen groeien zonder er voedsel aan te onttrekken), die met hun kelkvormige bladeren regenwater opvangen. In de zo ontstane kleine bassins leggen muggen en andere insecten hun eitjes, waar boomkikkers en hagedissen het op hebben voorzien.

Wie de kanotocht met ongeveer 1,5 mijl wil bekorten, kan ter hoogte van **marker #44** doorsteken door het moeras, een *shortcut*, die direct naar **marker #82** voert.

De reguliere route loopt verder naar **marker #46** en **#47**, waar zich een tapijt van beige *breadstick*-algen uitstrekt. Deze zijn in staat water op te slaan en bieden bescherming aan de eieren en larven van een groot aantal Evergladesbewoners.

Wanneer u **marker #49** bent gepasseerd, kunt u op de luchtwortels van de mangroven vlak boven het wateroppervlak openhopingen van roze balletjes zien zitten. Dit zijn de eitjes van de *apple snail*, de grootste zoetwaterslak van de Everglades. Deze slakkensoort wordt door roofdieren als de slakkenwouw *(snail kite)* en alligators als lekkernij beschouwd.

Bij **marker #67** en **#68** stuit u op *bladderwort*, een plant uit de blaasjeskruidfamilie, waarvan alleen de kleine gele bloeiwijzen boven het water uitsteken. De vleesetende plant is in het bezit van vangblaasjes die in een fractie van een seconde kunnen worden geopend om met behulp van onderdruk organismen als muggenlarven op te zuigen.

Bij **marker #72** moet u omkeren; vandaar voert de trail verder naar het westen. Op een licht verhoogde en daardoor drooggevallen vlakte bij **marker #76** groeit de paurotispalm, een bijna alleen in de Everglades in de vrije natuur voorkomende waaierpalm.

Tussen **marker #92** en **#100** volgt de trail de route van een voormalig moerasboottraject. De met een propeller aangedreven vaartuigen zijn tegenwoordig verboden in het nationale park, omdat ze schadelijk zijn voor de de vegetatie en met hun oorverdovende lawaai de dieren bang maken. De begroeiing is hier schaarser dan elders langs de route, maar begint zich te herstellen.

Vlak voor het eind van de trail laat de natuur zich bij **marker #115** en **#116** nog één keer van haar ongereptste kant zien. Over twee vijvertjes vaart u langs vogelrijke open plekken in het bos terug naar Nine Mile Pond.

Canoe Trail (ca. 3 km) en de **Hells Bay Canoe Trail** (ca. 18 km). De derde route wordt omzoomd door drie *chickees*, boven het wateroppervlak gebouwde houten platforms, waarop u (na aanmelding bij het kantoor van het nationale park) 's avonds uw tent kunt opzetten.

Circa 7 km ten noorden van het Flamingo Visitor Center krijgt u op de plankieren van de langs een met brak water gevuld meer voerende **Westlake Mangrove Trail** (0,8 km), een zeer goed beeld van de mangrovevegetatie in een gebied met zoet en zout water. Een km verder naar het zuiden begint de **Snake Bight Trail**, die over een lengte van 2,6 km door een klein tropischhardhoutbos voert.

Het pad van plankieren aan het einde van de trail biedt uitstekende mogelijkheden om vogels te observeren.

Wie de flora en fauna van de Everglades van dichtbij wil bekijken, kan het best aan een excursie per kano of kajak deelnemen

Everglades en Biscayne National Park

Mrazek Pond

Ter hoogte van de **Mrazek Pond** 4, vlak voor Flamingo, krijgt u vooral in de droge wintermaanden ibissen, reigers, rode lepelaars en andere ooievaarachtigen en waadvogels in het vizier. Zo'n 2 km voor het Visitor Center loopt de **Christian Point Trail** (2,8 km) tussen met bromelia's begroeide mangroven door en via met rietgras begroeide moerassen naar de kust aan de Florida Bay.

Flamingo ▶ 2, E 4

Vanuit **Flamingo** 5, het eindpunt van de in totaal 38 km lange route vanuit de parkingang, met een eigen Visitor Center en een café (jan.–mei), gaat de tocht over het water verder.

Wilderness Waterway

Wie over de 140 km lange Wilderness Waterway verder wil kanoën naar Everglades City in het westen van het nationale park, moet bij de parkrangers een vergunning aanvragen en een week de tijd inruimen. Andere vereisten zijn ervaring, conditie, de juiste uitrusting en reserveringen voor de campings. Aan de jachthaven van Flamingo zijn onder andere kano's te huur en is een kleine winkel (tel. 1-239-695-3101).

Als u goed naar de alligators in het water rond de aanlegsteigers kijkt, ziet u dat sommige een smalle, kielvormige kop hebben. Alligators leven in zoet water, maar krokodillen geven de voorkeur aan brak water. De kust langs de Everglades is een van de weinige gebieden waar de leefgebieden van beide krokokillensoorten elkaar overlappen.

Eco-Pond

De Eco-Pond ligt op een korte wandeling van Flamingo. Rondom deze zoetwatervijver loopt een 800 m lange trail. Na de vernietigende orkanen van 2005 is het natuurlijk evenwicht in dit gebied hersteld. Vooral de vogelwereld van de Everglades laat zich hier van een spectaculaire kant zien, bij uitstek in de ochtend- en avondschemering. Te observeren zijn Amerikaanse slangenhalsvogels, reigers, kardinalen, spotlijsters, kleine karekieten en purpergorzen met een prachtig verenkleed in de kleuren groen, rood en indigoblauw. In het water kunt u alligators en schildpadden zien zwemmen. Het door de zware stormwinden verwoeste uitkijkplatform is nog niet herbouwd.

Coastal Prairie Trail

Wel begaanbaar is de **Coastal Prairie Trail**, die bij de camping ten westen van Flamingo begint. De route loopt over een kustpad dat vroeger door katoenplukkers en vissers werd gebruikt (heen en terug 15 km). De trail gaat hoofdzakelijk door met rietgras begroeide moerassen, slechts nu en dan overschaduwd door *buttonwood trees* (westerse platanen).

Nadat de orkanen Katrina en Wilma de lodge, het restaurant en de jachthaven van Flamingo in 2005 ernstige schade hadden toegebracht, begonnen de beheerders van het nationale park in 2008 aan de herstelwerkzaamheden. Behalve de camping is hier echter nog geen accommodatie te vinden. De lodge is nog altijd gesloten.

Info

Flamingo Visitor Center: SR 9336, circa 60 km ten zuiden van de parkingang, tel. 1-239-695-2945, dag. 9–16.30 uur. Tentoonstellingen en brochures over het nationale park en zijn dierenwereld, wandeltochten en boottrips met gids, bootverhuur aan de jachthaven van Flamingo en vergunningen voor *backcountry campgrounds*.

Overnachten

Camping – In **Flamingo** en **Long Pine Key** liggen twee **Frontcountry Campgrounds** met staplaatsen voor tenten, caravans en campers tot 12 m, reserveren voor Flamingo via tel. 1-518-885-3639 of gratis binnen de VS tel. 1-877-444-6777. Plaatsen met elektriciteit kosten $ 30, zonder $ 16 per nacht. Reserveren is niet noodzakelijk tussen half april en half november, www.nps.gov/ever/planyourvisit/frontcamp.htm, voor Lone Pine Key is reserveren niet mogelijk. Staplaats Flamingo $ 30, Long Pine Key $ 16.

De **Backcountry Campgrounds** binnen de grenzen van het nationale park zijn alleen per boot bereikbaar, sommige ook te voet. Ze liggen over het algemeen aan het strand of op houten platforms (*chickees*). Reserveren is niet mogelijk, maar u hebt wel een vergunning (*permit*) nodig, die bij het Visitor Centers verkrijgbaar is. Tarief Backcountry Camping: $10 plus $2 per nacht.

Actief

Boottrips – Het waterrijke nationale park is het best per boot te verkennen. In de omgeving van Flamingo beginnen verschillende lange trails (zie Actief, blz. 184). In de jachthaven van Flamingo worden niet alleen kano's en kajaks, maar ook motorboten verhuurd (ma.–vr. 7–19, za.– zo. 6–19 uur, tarieven en reserveringen tel. 1-239-695-3101). Het Visitor Center biedt begeleide excursies per kano en kajak aan.

Omgeving van het nationale park

Kaart: blz. 181

Florida City/ Homestead ▶ 2, G 3

De dubbelstad **Florida City/ Homestead** 6 aan de US 1 verschaft aan de westzijde toegang tot het Everglades National Park en aan de zuidzijde tot de Florida Keys. Wie een tocht door de ongerepte natuur bezwaarlijk vindt, kan in een paar kilometer ten zuiden van de stad op de particuliere **Everglades Alligator Farm** ruim 2000 alligators, krokodillen, kaaimannen en slangen bewonderen. Om het uur houden medewerkers een dierenshow. Bovendien worden hier trips per *airboat* (moerasboot) georganiseerd (40351 S. W. 192nd Ave., Homestead, tel. 1-305-247-2628, www.everglades.com, dag. 9–17.30 uur, dierenshow volwassenen $ 15,50, kinderen 4–11 jaar $ 10,50, inclusief airboatexcursie volwassenen $ 23, kinderen $ 15,50).

Homestead-Miami Speedway ▶ 2, G 3

1 Speedway Blvd., Homestead, tel. 1-305-230-5000, www.homesteadmiamispeedway.com

Liefhebbers van racewagens met gierende banden komen op de **Homestead-Miami Speedway** 7 direct ten oosten van de stad aan hun trekken. Vooral in de wintermaanden maken de prachtige bolides hun opwachting op de 2,4 km lange ovale racebaan met ruimte voor maar liefst zeventigduizend toeschouwers.

Coral Castle ▶ 2, G 2

28655 S. Dixie Hwy, Homestead, tel. 1-305-248-6345, www.coralcastle.com, zo.–do. 8–18, vr., za. tot 20 uur, volwassenen $ 15, kinderen 7–12 jaar $ 7

In 1923 begon de aan liefdesverdriet lijdende en uiterst zonderlinge Letse immigrant Ed Leedskalnin circa 3 km ten noorden van Homestead aan de bouw van **Coral Castle** 8 voor zijn grote liefde Agnes, die hem één dag voor hun huwelijk verliet. Leedskalnin deed er 28 jaar over, zonder hulp. Het vestingachtige complex bestaat uit 1100 ton koraalgesteente. Van de grillige blokken werden muren, een toren, meubels en sculpturen gevormd.

Info

Everglades National Park: 40 001 SR 9336, Homestead, FL 33034, tel. 1-305-242-7700, www.nps.gov/ever, entree $ 10 per auto, voetgangers $ 5. Het kaartje is zeven dagen geldig, toegang tot Shark Valley in het noorden is inbegrepen.

Overnachten

Recentelijk gerenoveerd – **Best Western Gateway to the Keys:** 411 S. Krome Ave., tel. 1-305-246-5100, www.bestwesternflorida.com/florida-city-hotels, 16 km van de ingang

Everglades en Biscayne National Park

van het park en 8 km ten zuiden van Designer Factory Outlet (zie onder). Keurig hotel met een klein zwembad en een jacuzzi, 103 kamers. 2 pk vanaf $ 65.

Eten & drinken

Italiaans – **Capri Restaurant:** 935 N. Krome Ave., tel. 1-305-247-1544, www.dinecapri.com, ma.–do. 11–21.30, vr., za. tot 22.30, zo. 16–21 uur. Dit restaurant trekt al ruim een halve eeuw bezoekers met zijn goede Italiaans-Amerikaanse gerechten, die in grote porties worden opgediend. Hoofdgerecht $ 9–42.

Van de grill – **Sonny's Real Pit Bar-B-Q:** 33505 S. Dixie Hwy, tel. 1-305-245-8585, www.sonnysbbq.com, dag. 11–22 uur. Boven een houtvuur gegrilde kip en spareribs met huisgemaakte sauzen. Grote saladebar en smakelijk huisgemaakt gebak. Gerechten $ 8–17.

Mexicaans – **Rosita's Mexican Restaurant:** 199 W. Palm Dr., tel. 1-305-246-3114, dag. 8.30–21 uur. Ongedwongen sfeer en stevige authentiek Mexicaanse gerechten. Niet vreemd in een regio met zo veel Latijns-Amerikaane immigranten. Gerechten $ 5–10.

Winkelen

Discount shopping – **Florida Keys Outlet Center:** Premium Outlets, 250 E. Palm Dr., Florida City, tel. 1-305-248-4727, www.premiumoutlets.com, ma.–za. 10–21, zo. 11–18 uur. De Factory Outlet Mall in de buurt van Florida City ligt vlak bij de kruising van de Florida Turnpike en US 1. Ruim vijftig winkels met merkartikelen en kortingen tot maar liefst 70%.

Actief

Wandel- en kanotripjes – De parkrangers organiseren regelmatig allerlei activiteiten – vooral begeleide wandelingen over de trails, maar ook kanotochten met gids. Daarop leert u van alles over de flora, fauna en geschiedenis van de Everglades. Voor meer info kunt u terecht in de bezoekerscentra.

In het noorden en westen van de Everglades

Kaart: blz. 181

Tamiami Trail ▶ 1, J–M 9/10

Highway US 41, de snelweg die van de Atlantische Oceaan naar de Golf van Mexico loopt, wordt als verbindingsroute tussen Tampa en Miami ook wel de Tamiami Trail genoemd. De weg voert van Miami langs de noordrand van het Everglades National Park, doorkruist het gigantische terrein van de **Big Cypress National Preserve** en leidt vervolgens richting Naples naar het noordwesten. Voor de grillige kust van de Golf van Mexico strekt zich de archipel van de **Ten Thousand Islands** uit. De aanleg van de Tamiami Trail ging al in 1915 van start. Het faillissement van de daarbij betrokken bedrijven leidde verschillende malen tot een bouwstop, zodat de route pas dertien jaar later officieel kon worden geopend.

Houtbaronnen konden nu op grote schaal cipressen, mahonie- en andere hardhoutbomen kappen en het waardevolle hout over de weg of over de tegelijkertijd vanaf Tampa in het noorden aangelegde spoorweg transporteren. Het kwam bij maar weinig van de eerste grondspeculanten op om het landschap van de Everglades te beschermen.

Swamp-Buggy-tochten

Diverse bedrijven buiten het nationale park verzorgen **Airboat Rides of Swamp-Buggy-tochten** over de Tamiami Trail. De moerasboten met weinig diepgang worden door enorme propellers aangedreven en razen met hels kabaal over de vochtige prairie. Wie zich voor zo'n excursie opgeeft, doet er goed aan oordopjes mee te nemen.

Bij de *swamp buggy*, die het midden houdt tussen een omgebouwde vrachtwagen met hoge wielophanging en een open dubbeldekker, voorkomen de reusachtige brede wielen dat de auto in de ondergrond wegzakt. Alles wat poten, zwemvliezen en vleugels heeft, vlucht bij het naderen van een

In het noorden en westen van de Everglades

In de Big Cypress Swamp worden moeraswandelingen georganiseerd

dergelijk monster weg. Alligators laten zich door moerasbootkapiteins vaak met marshmallows lokken, zodat deelnemers aan een excursie niet naar huis hoeven terug te keren zonder de wildernis te hebben ervaren. Het is af te raden de schijnbaar trage reptielen op eigen houtje te naderen of te voederen. De dieren zijn buitengewoon wendbaar en snel.

Actief

Airboatexcursies – **Coopertown Airboat Tours:** 22700 S. W. 8th St., US 41, tel. 1-305-226-6048, www.coopertownairboats.com, airboattrip van 15 km volwassenen $ 33, kinderen 7–11 jaar $ 11. Al ruim veertig jaar organiseert deze maatschappij snelle en luidruchtige uitstapjes per moerasboot door de moerassen van de Everglades, maar wel buiten het beschermde natuurgebied van het park. In het bijbehorende restaurant worden geheel in stijl kikkerbilletjes en alligatorschnitzels geserveerd.

Airboatexcursies en show – **Gator Park:** 24 050 S. W. 8th St., US 41, tel. 1-305-559-2255, www.gatorpark.com, entree incl. airboattrip en show volwassenen vanaf $ 18, kinderen 6–11 jaar vanaf $ 10. Tot het aanbod behoren informatieve airboattrips door het subtropische landschap en een show met onderdelen die uiteenlopen van een in scène gezette vangst van een alligator tot een demonstratie met giftige schorpioenen.

Shark Valley ▶ 2, E/F 1/2

In de **Shark Valley** 9 begint – tenzij een hoge waterstand dit onmogelijk maakt – een ongeveer 24 km lange en twee uur durende rondrit per sightseeingbus (de Shark Valley Tram) door het ten zuiden van de US 41 gelegen deel van het Everglades National. Op dit traject zijn auto's van particulieren verboden. Er zijn wel auto's te huur, maar de route is ook te voet af te leggen.

Everglades en Biscayne National Park

Aan het zuidelijke uiteinde van een doodlopende weg verschaft een 20 m hoge uitkijktoren een weids panorama op de **Shark River Slough**, de belangrijkste zoetwaterafwatering van de Everglades, op het vlechtwerk van de aan de oevers groeiende mangroven en op de uitgestrekte rietgrasprairie. In en langs de waterlopen rond de uitzichttoren zijn geregeld alligators te spotten.

Korte wandelroutes, vaak over plankieren, leiden naar de **Bobcat Hammock**, een met een dicht bos begroeid eiland. De **Heron View Trail** loopt naar een platform vanwaar reigers en andere vogels zijn te observeren.

Info
Shark Valley Visitor Center: Everglades National Park, 36000 S. W. 8th St., aan de US 41, tel. 1-305-221-8776, www.sharkvalleytramtours.com, dag. 9.15–17.15 uur.
Dit bezoekerscentrum met info over het nationale park is het startpunt van een twee uur durende tramtour met een soort minibus met wagons, volwassenen $ 23, kinderen tot 12 jaar $ 13, reserveren via tel. 1-305-221-8455. Ook fietsverhuur (ca. $ 9 per uur), snacks en frisdrank. Toegang tot alleen Shark Valley $ 10 per auto.

Eten & drinken
Van de grill – **Pit Bar-B-Q:** Tamiami Trail richting Miami, 16400 S. W. 8th St., tel. 1-305-226-2272, www.thepitbarbq.com, dag. 11–19 uur. Uit de keuken van dit restaurant komen boven de houtskoolgrill bereide steaks, gerookte spareribs en kippenboutjes met home made dips, sauzen en smakelijke maiskolven. De mooiste plaats om van al dit lekkers te genieten is in de ongerepte natuur, in een van de schaduwrijke *chickee huts*. In het weekend livemuziek en dans. Hoofdgerecht vanaf $ 10.

Miccosukee Indian Reservation ▶ 2, E 1

In de **Miccosukee Indian Reservation** 10, ca. 48 km ten westen van Miami, wonen ruim vijfhonderd Miccosukee-indianen, die pas in 1962 door de Amerikaanse regering officieel als stam werden erkend. Ze zijn het nageslacht van vijftig indianen die zich na de tweede Seminole-oorlog (halverwege de 19e eeuw) in de Everglades voor de Amerikaanse cavalerie verscholen en zo hun deportatie naar Oklahoma wisten te voorkomen.

Een deel van het reservaat, waarin ook een golfterrein met 27 holes, een casino en een resort liggen, is een toeristenattractie geworden. In diverse restaurants zijn naast Amerikaanse fastfoodklassiekers gerechten met alligatorstaart, kikkerbilletjes en meerval- en pompoenspecialiteiten te bestellen.

Miccosukee Indian Village
24050 Tamiami Trail, tel. 1-305-552-8365, www.miccosukeetribe.com, entree volwassenen $ 10, kinderen 6–12 jaar $ 6
Bezoekers worden vermaakt met *alligator show catches* en een 40 minuten durende *airboat*-trip naar het museumdorp **Miccosukee Indian Village** 11, met *chickees*, open hutten met daken van palmbladeren. Hier wordt indiaanse kunstnijverheid verkocht en kunt u zich opgeven voor trips door de Everglades per moeras- of motorboot.

Big Cypress Gallery ▶ 2, E 1

52388 Tamiami Trail, Ochopee, tel. 1-239-695-2428, www.clydebutcher.com, dag. 10–17 uur
Ook de **Big Cypress Gallery** 12 aan de westrand van de Big Cypress National Preserve is een bezoek waard. Hier is een expositie van de beroemde fotograaf Clyde Butcher te bekijken, die met zijn grote zwart-witfoto's de schoonheid van de Everglades vereeuwigt.

Big Cypress National Preserve ▶ 2, C–E 1/2

Kaart: blz. 181
De **Big Cypress National Preserve** 13 maakt deel uit van het gigantische gelijknamige bos- en moerasgebied dat zich ten noordwesten van de Everglades uitstrekt. Het ruim

6000 km² grote natuurgebied dankt zijn naam aan het enorme aantal hier groeiende cipressen en de talloze lagere vijver- en soms wel 30 m hoge moerascipressen, die de lagergelegen moerassen omzomen. Tot in de jaren 50 werden in het huidige natuurreservaat grote aantallen moerascipressen en oude pijnbossen gekapt.

In het door mangroven, prairies en hardhoutbossen begroeide gebied leven alligators, reigers, ibissen, spechten, arenden, herten en met uitsterven bedreigde diersoorten als de floridapanter. In het noordelijke deel van het gigantische natuurgebied komen bovendien Amerikaanse zwarte beren voor. De heremietibis werd door jagers wegens zijn decoratieve verenkleed bijna uitgeroeid, maar de populatie van deze ooievaarachtige vogel is in de Big Cypress Swamp weer uitgegroeid tot tienduizend exemplaren.

Oasis Visitor Center

In het **Oasis Visitor Center** 14 is een film over het beschermde natuurgebied te zien. De parkrangers organiseren verschillende informatieve rondleidingen, wandelingen en begeleide kanotochten door de wildernis. Bij de rangers kunt u ook een jaag- of visvergunning aan vragen. Op diverse duidelijk gemarkeerde korte en meerdere uren durende wandelingen krijgt u een goed beeld van de natuur en vooral van het grote aantal vogelsoorten in dit gebied.

Een 11 km lang gedeelte van de **Florida National Scenic Trail**, een 2000 km lange wandelroute die het Big Cypress National Preserve in het zuiden met de Gulf Islands National Seashore in het uiterste noordwesten van Florida verbindt, begint bij het Oasis Visitor Center en kronkelt naar het zuidelijker gelegen informatie- en educatiecentrum.

Kijk voor het **Ah-Tah-Thi-Ki Museum** 15 van het Big Cypress Reservation op blz. 195.

Info

Big Cypress National Preserve: 32 km ten oosten van Ochopee, US 41, tel. 1-239-695-4758, www.nps.gov/bicy, gratis entree, Visitor Center dag. 8.30–16.30 uur.

Ochopee ▶ 2, C 1

Aan de Tamiami Trail ligt binnen de grenzen van het natuurreservaat de plaats Ochopee, beroemd om het **kleinste postkantoor van de VS** (2,1 bij 2,4 m). Sightseeingbussen stoppen bij het kantoortje, waar bezoekers – uiteraard één voor één – ansichtkaarten met bijzondere stempels kunnen versturen (38000 E. Tamiami Trail, ca. 6,5 km ten oosten van de SR 29, tel. 1-239-695-2099, ma.–vr. 10–12, 13–16.30, za. 10–11.30 uur).

Fakahatchee Strand State Park ▶ 1, K 9

Kaart: blz. 181

Het **Fakahatchee Strand Preserve State Park** 16 ligt direct ten westen van de Big Cypress Preserve. Het park staat bekend om zijn grote wildbestand. Vossen, Amerikaanse zwarte beren, kaalkopooievaars, de Evergladesnerts en zelfs de floridapanter zijn hier gesignaleerd. Over voormalige spoorwegtrajecten, waarop vroeger gekapte bomen uit het gebied werden getransporteerd, zijn inmiddels wandelroutes aangelegd. Anders dan de naam van het State Park doet vermoeden, zult u hier geen strand aantreffen. Op plaatsen waar het richting de met mangroven begroeide kust stromende water van de Everglades de kalksteenbodem dieper heeft uitgesleten, zijn afzettingen van organisch materiaal ontstaan. Op de moerasachtige bodem tieren moerascipressen en andere boomsoorten welig. Ze verheffen zich op de omringende, vlakkere, lagere begroeiing op de alleen door een dunne bodemlaag bedekte kalksteenvlakte. *Strand* is de lokale naam voor dergelijke moerasachtige vlaktes.

Fakahatchee Strand

De Fakahatchee Strand is ongeveer 32 km lang en circa 8 km breed. Hij behoort tot de belangrijkste ontwateringsgebieden in het zuidwesten van de Everglades. De vochtige laagte is het groeigebied van grote aantallen

UITSTAPJE NAAR DE SEMINOLE

In het Big Cypress Seminole Indian Reservation ten noorden van de Everglades Parkway wonen vijfhonderd Seminole. Deze indianen hebben zich verspreid over het zuiden van Florida gevestigd: in de Brighton Reservation aan Lake Okeechobee en in de dorpen bij Tampa, bij Immokale in het zuidwesten en bij Fort Pierce. Hun politieke centrum is Hollywood (zie blz. 147), dat niet ver van Fort Lauderdale ligt.

De Seminole-indianen zijn eigenlijk afkomstig uit de tegenwoordige staten Alabama en Tennessee ten westen van de Appalachen, maar werden gedurende indianenoorlogen met de jonge VS naar het zuiden van Florida verdrongen. Later werd dit territorium veroverd door de Amerikaanse cavalerie, die na een zware strijd het verzet van de indianen wist te breken. Wie er niet in slaagde naar de moerassen te vluchten, werd naar het westen gedeporteerd. Het groepje indianen dat een schuilplaats had gevonden, groeide later uit tot een stam met ruim tweeduizend leden. Deze heeft via het Amerikaanse Hooggerechtshof het recht verworven om casino's in hun reservaat te openen. Bingohallen, *stud poker*, een rundveeboerderij, hotels, plantages en winkels leveren de stam inmiddels $ 150 miljoen per jaar op. Met een ingenieuze zakelijke zet wist de Seminole-stam een paar jaar geleden de internationale keten van Hard Rock Café over te nemen.

In het Ah-Tah-Thi-Ki Museum worden belangrijke originele documenten tentoongesteld

Everglades City

Het **Ah-Tah-Thi-Ki Museum** 15 van de halverwege Fort Lauderdale en Naples gelegen Big Cypress Reservation, geeft een goede indruk van de tradities en geschiedenis van de Seminole-indianen (25,5 km ten noorden van de I-75/Exit 49, tel. 1-863-902-1113, www.ahtahthiki.com, wo.–zo. 9–17 uur, volwassenen $ 9, kinderen 4–12 jaar $ 6).

Actief
Billie Swamp Safari: 30,5 km ten noorden van I-75, Exit 49, tel. 1-863-983-6101, www.billieswamp.com. Deze safari per moerasvoertuig met hoge wielen of *airboat* gaat onder begeleiding van ervaren gidsen door het ongerepte landschap van het Seminole-reservaat. Excursies dag. 9–18 uur, vanaf $ 50.

koningspalmen, 44 inheemse soorten orchideeën en veertien soorten bromelia's *(Bromeliaceae)*, en dat zijn er meer dan elders in de Verenigde Staten.

Op het plankierenpad bij de Big Cypress Bend, zo'n 11 km ten westen van de kruising van de SR 41 en SR 29, krijgt u een goede indruk van de natuur van de Fakahatchee Strand. Een groot aantal van de machtige cipressen is verstrengeld geraakt in de luchtwortels van de wurgvijg, die rond de stammen van hun gastheerbomen groeien en de cipressen als het ware de adem benemen. In diepere wateren zwemmen vaak alligators met hun jongen en zijn bovendien waterschildpadden en soms ook slangen, ibissen en wasberen te zien.

Info
Fakahatchee Strand Preserve State Park: Copeland, 137 Coastline Dr., tel. 1-239-695-4593, www.floridastateparks.org/park/Fakahatchee-Strand, dag. 8 uur tot zonsondergang, entree $ 3 per auto, voetgangers $ 2.

Collier-Seminole State Park ▶ 1, J 9

Kaart: blz. 181
Ook het **Collier-Seminole State Park** 17 maakt deel uit van het ecosysteem van de Everglades. Het park met een oppervlakte van ruim 25 km² ligt ten zuiden van de US 41, slechts een paar kilometer richting Naples. De belangrijkste attractie van het park is een klein bos met tropischhardhoutbomen, schitterende koningspalmen en moerascipressen. Bezoekers kunnen de natuur hier zelf verkennen via wandelroutes en per kano, of deelnemen aan een punterexcursie door het moeraslandschap. Overnachten in de ongerepte natuur is mogelijk op een ook voor campers geschikte camping en diverse kleine rustieke kampeerterreinen.

Info
Collier-Seminole State Park: 20200 E. Tamiami Trail, tel. 1-239-394-3397, www.floridastateparks.org/park/Collier-Seminole, dag. 8 uur tot zonsondergang, $ 5 per auto, alleen met chauffeur $ 4.

Everglades City ▶ 2, C 1

Kaart: blz. 181
Everglades City 18 ligt aan de westrand van het nationale park. De kleine nederzetting was aanvankelijk een arbeiderskamp voor de aanleg van de Tamiami Trail. Tegenwoordig is het plaatsje het vertrekpunt van trips door de wirwar van de Ten Thousand Islands en visexcursies naar de kustwateren. Tijdens het jaarlijkse Seafood Festival in het eerste weekend van februari trekt het kleine Everglades City 50.000 bezoekers.

Schelpenheuvels leveren het bewijs dat het gebied ooit door de **Calusa-Indianer** werd bewoond (zie blz. 290). Later trachtten blanke Floridapioniers hier met de visvangst en handel met de indianen een bestaan op te bouwen. Maar de afgelegen eilandenwereld werkte ook als een magneet op outlaws en smokkelaars. Toen Everglades City in 1923 de

Everglades en Biscayne National Park

bestuurszetel van Collier County werd, leek het erop dat het plaatsje een glanzende toekomst tegemoet kon zien. Maar de verwoestende orkaan Donna gooide in 1960 de huizen en nieuwe hoop door elkaar; het lot van het plaatsje werd uiteindelijk bezegeld door een vloedgolf. Het countybestuur nam daarna direct zijn intrek in het op een veiliger plaats gelegen Naples.

Museum of the Everglades

105 W. Broadway, tel. 1-239-695-0008, www.evergladesmuseum.org, dec.–april di.–vr. 9–17, za. 9–16, anders vanaf 11 uur, gratis entree

In het Museum of the Everglades, dat in de oude wasserij van de nederzetting van de bouwarbeiders aan de Tamiami Trail is gevestigd, wordt de plaatselijke geschiedenis gedocumenteerd. Er is vooral veel aandacht voor de aanleg van de Tamiami Trail in de jaren 20 en het leven van ondernemer en houtbaron Barron Collier, die een bepalende rol speelde bij de totstandkoming van de dwars door het zuidelijke deel van het schiereiland lopende route.

Rod & Gun Lodge

200 Riverside Dr., tel. 1-239-695-2101, www.evergladesrodandgun.com

Halverwege de 19e eeuw zochten pelshandelaars al een overnachtingsplaats in de eenzaamheid aan de rand van de Everglades. Rond 1920 liet Floridapionier en grootgrondbezitter Barron Collier een privéclub bouwen, waar hij zijn illustere vrienden voor hengel- en jaagexcursies kon uitnodigen. Tegenwoordig is iedereen welkom in de (gerenoveerde) rustieke Rod & Gun Lodge in Everglades City. U kunt er van de veranda een blik op de Everglades werpen en in het restaurant alligatorschnitzel, garnalen of een ander stevig Floridaans gerecht bestellen. In de lodge zijn foto's van beroemdheden als Roosevelt, Eisenhower, Nixon, Hemingway, John Wayne en Mick Jagger te bewonderen, die hier allemaal te gast waren.

Wilderness Waterway

Everglades City is ook het noordwestelijke eindpunt van de Wilderness Waterway, een 160 km lange, gemarkeeerde kanoroute, die van Flamingo door de moeraswereld van de Everglades voert. Erlangs liggen verschillende kampeerterreinen. Als u van plan bent de buitengewoon fraaie, maar ook zeer uitputtende route af te leggen, moet u zich van tevoren bij het beheer van het nationale park (zie onder) aanmelden en beslist een probaat anti-muggenmiddel meenemen.

Info

Gulf Coast Visitor Center: Everglades National Park, 815 Oyster Bar Lane, SR 29 aan de US 41, tel. 1-239-695-3311, www.nps.gov/ever, dag. 9–16.30, 's winters vanaf 8 uur.
Everglades Area Chamber of Commerce: 32016 Tamiami Trail, tel. 1-239-695-3941, www.evergladeschamber.com.

Overnachten

Huiselijk pension – **Everglades Historical Bed and Breakfast:** 201 W. Broadway, tel. 1-239-695-0013, www.evergladeshistoricalbedandbreakfast.com. Ouderwetse bed and breakfast met royale kamers in een voormalig bankgebouw, kleine spa. 12 kamers, vanaf $ 95.

Milieubewust – **Ivey House:** 107 Camellia St., tel. 1-239-695-3299, www.iveyhouse.com, mei–okt. beperkte service. Charmante bed and breakfast in een boardinghouse (logement) uit 1920 en cottages in vergelijkbare stijl. Met zwembad, ontbijt en internet. Excursies en verhuur van kano's en kajaks. 29 kamers, waarvan een aantal in het hoofdgebouw met gedeelde badkamer op de verdieping. Vanaf $ 90, cottages vanaf $ 116.

Camping – **Chokoloskee Island Park:** Chokoloskee, tel. 1-239-695-2414, www.chokoloskee.com. Kampeerterrein met goede voorzieningen direct aan het water, ideaal voor vissers. Staplaats tent $ 38 per nacht, voor camper $ 49 per nacht.

Eten & drinken

Oesters – **Oyster House Restaurant:** Chokoloskee Causeway, Hwy 29, tel. 1-239-695-2073, www.oysterhouserestaurant.com, zo.–do. 11–21, vr., za. 11-22 uur, juli/aug. gesl. Rustiek seafoodrestaurant met talrijke opgezette dieren aan de muren, vlak bij de jachthaven. Snacks vanaf $ 8, hoofdgerechten $ 12–27.

Zoveel krab als u op kunt – **Triad Seafood Market & Cafe:** 401 School Dr., tel. 1-239-695-2662, tijdens het stone crab-seizoen half mei–half okt. dag. geopend. Rustiek restaurantsnackbar met mooi terras aan de Barron River, *stone crab*, garnalen, oesters, verse vis en lekkere tandbaarssandwiches. Snacks vanaf $ 5, hoofdgerecht $ 11–27.

Actief

Bootexcursies – In het parkrangerkantoor (zie onder) van het nationale park zijn uitstapjes per boot langs de Gulf Islands en over waterwegen naar het binnenland van de Everglades te boeken, op kleinere boten wat duurder, ook kanoverhuur ($ 24 per dag, kajaks $ 45 per dag), tel. 1-239-695-2591.

Kanoverhuur en mangrovenexcursies – **Everglades Adventures:** in het Ivey House, zie linkerpagina, tel. 1-239-695-3299, www.evergladesadventures.com. Verhuur van kano's ($ 35 per dag) en kajaks ($ 49), maar ook excursies door de mangrovenjungle van de Everglades, vanaf ca. $ 100 per persoon.

Gecombineerde excursies – diverse bedrijven bieden excursies aan waarbij bijvoorbeeld een vistrip wordt gecombineerd met een airboattocht buiten het nationale park, een alligatorjacht of een bezichtiging van een 'authentiek' indianendorp. Het informatiecentrum van het park organiseert ook rustiger boottochten door het doolhof van eilandjes, waarbij op een onbewoond eilandje wordt gestopt om schelpen te verzamelen (Mangrove Wilderness Tour volwassenen $ 42,40, kinderen tot 12 jaar $ 21,20, Ten Thousand Islands Tour volwassenen $ 31,80, kinderen 5–12 jaar $ 15,90, tel. 1-239-695-2591).

Agenda

Seafood Festival: 1e weekend februari. Bijzonder populair festival met duizenden bezoekers en talrijke activiteiten. Met meer dan honderd verkoopstalletjes en een groot aantal muziekoptredens (www.evergladesseafoodfestival.com, tel. 1-239-695-2277).

CHOKOLOSKEE

Een kleine 5 km ten zuiden van Everglade City bevindt zich, alleen via een brug te bereiken, het vierhonderd inwoners tellende vissersparadijs **Chokoloskee** [19]. Het ligt op een schelpeneiland dat een paar eeuwen geleden door de Calusa-indianen laag voor laag werd opgebouwd. Floridapionier Fred Smallwood kocht begin 20e eeuw pelzen, schildpadden en herten van de indianen. Zijn Indian Trading Post werd met zorg gerestaureerd en onder de naam **Smallwood's Store Museum** heropend (360 Mamie St., Chokoloskee Island, tel. 239-695-2989, www.smallwoodstore.com, alleen dec.–april geopend, entree $ 3).

Clyde and Nikki Butcher's Labor Day Weekend Gala and Swamp Walk: begin sept. Wandeling, tentoonstelling en demonstratie van grootbeeldcamera-fotografie in de Big Cypress Gallery, Ochopee (zie blz. 192).

Biscayne National Park

Kaart: blz. 181

In Homestead, ten zuiden van Miami, begint de toegangsweg tot het **Biscayne National Park** [20], het op één na grootste van de drie nationale parken van Florida. Zo'n 18 km² van het park bestaat uit met mangroven begroeide eilanden en een kustgebied, de overige 700 km² liggen onder het wateroppervlak. In het uitgestrekte nationale park wordt een ruim 30 km lang deel van het voor de Atlantische Oceaankust van Zuid-Florida gelegen koraalrif beschermd.

Tot in de jaren 60 trainden hier militante groepen Cubaanse bannelingen onder leiding van de CIA voor een invasie van het socialistische Cuba. In 1980 werd het gebied uitgeroepen tot nationaal park.

In de ondiepe Biscayne Bay leven niet alleen garnalen en sponzen, maar ook dolfijnen en lamantijnen. In de grotten en spelonken van de kalksteenbodem voelen murenen zich op hun gemak. Het rif bestaat uit ongeveer honderd verschillende soorten koraal en is het leefgebied van tweehonderd soorten tropische vissen. De meesten daarvan zijn veelkleuriger dan alles wat op land kruipt en vliegt: papegaaivissen, maanvissen, druk gestreepte anemoonvissen (dezelfde soort als de hoofdrolspeler in de animatiefilm *Finding Nemo*) en kleurige sponzen. Ook de met uitsterven bedreigde spitssnuitkrokodil komt voor in de voedselrijke baaien. Het nationale park is een van de weinige plekken waar zowel krokodillen als alligators leven. Wie in Biscayne Bay voor anker wil gaan, mag de koraalbanken niet beschadigen en moet een zandige bodem zoeken of zijn boot aan een van de in het water drijvende boeien vastmaken.

Een **Maritime Heritage Trail** verbindt onder water de wrakken van zes gezonken schepen, die in de laatste honderd jaar het slachtoffer zijn geworden van de ondiepe baai en het scherpe koraalrif. Duikers en snorkelaars kunnen deze bezichtigen.

Eilanden van Biscayne Bay ▶ 3, D/E 22/23

Een reeks van 44 onbewoonde eilandjes, waaronder Arsenicker en West Arsenicker, is als broedplaats van vogels onder speciale bescherming gesteld en is niet toegankelijk. Ook het niet tot Biscayne National Park behorende deel van de baai wordt als **Florida Aquatic Reserve** beschermd.

Elliot Key en Boca Chita Key ▶ 2, H 2/3

Op slechts twee van de eilanden, **Elliott Key** en **Boca Chita Key** 21, is kamperen toegestaan, maar er is geen veerverbinding met het vasteland. Wie de eilanden niet per eigen of gehuurde boot bezoekt, is op de diensten van particuliere bedrijven aangewezen, die snorkelaars naar het koraalrif brengen (dit is niet altijd mogelijk, zie www.nps.gov/bisc).

Elliott Key

Een rondwandeling op Elliott Key voert bijna 2,5 km door een wirwar van mangroven en struikgewas. In de vochtig-warme zomermaanden dansen hier duizenden muggen in de lucht. Elliott Key is feitelijk het noordelijkste eiland van de Florida Keys, waarop de bodem uit kalksteen van afgestorven koraal bestaat. Naar verluidt werd het eilandje in het verleden door de Tequesta-indianen bewoond en deed het dienst als verversingsstation voor zeerovers en plunderaars van scheepswrakken. Begin 20e eeuw lag er korte tijd een ananasplantage.

Tot de voorzieningen van het kampeerterrein op Elliott Key behoren drinkwater, wc's, douches en picknicktafels, maar een afvalverzamelpunt ontbreekt. Bezoekers moeten al hun afval op de terugtocht naar het vasteland meenemen. Aan het kleine zandstrand op het eiland is het in de wintermaanden goed toeven, als er weinig muggen zijn.

Boca Chica Key

Populaire bestemmingen voor duikers en snorkelaars zijn de wrakken van een dertigtal lek geslagen schepen die hier op de zeebodem liggen. Bezoekers van het eiland mogen de oude **vuurtoren** op Boca Chica Key beklimmen.

Convoy Point ▶ 2, G 3

Bij het ongeveer 16 km ten oosten van Homestead gelegen **Convoy Point** 22 ligt het **Dante Fascell Visitor Center** met tentoonstellingen en informatie over de onderwaterwereld. Van de bijna 1 km lange houten vlonder van de **Convoy Point Jetty Trail** zijn verschillende soorten watervogels en vissen te observeren. In het water groeien rode mangroven op hun steltwortels en direct daarach-

Biscayne National Park

Een aantal van de paalwoningen van Stiltsville maakt dankzij een burgerinitiatief ook deel uit van het Biscayne National Park

ter verrijzen zwarte mangroven langs de kust. Op het vasteland gedijen hier en daar wilde limoenbomen, tamarindes en groenblijvende *pigeon plum trees*, waarvan de vruchten door wasberen als delicatesse worden beschouwd. De sapodilla wordt ook wel kauwgomboom genoemd, omdat zijn melkachtige sap voor de productie van kauwgom wordt gebruikt. De vruchten van deze boom zijn zo zoet dat de suiker erin kristalliseert. Op boomstammen en -takken groeien *morning glory* en andere gewassen naar het licht en openen hun bloemen.

In de kleine **jachthaven** worden excursies per boot met glazen bodem en snorkel- en duiktrips naar de kleurige koraalbanken aangeboden. Bovendien zijn daar kano's voor tochten op eigen gelegenheid te huur. Convoy Point is met zijn jachthaven de enige per auto bereikbare bestemming in Biscayne National Park.

Info

Dante Fascell Visitor Center: 9700 S. W. 328th St., Convoy Point, tel. 1-305-230-7275, www.nps.gov/bisc, dag. 9–17 uur.

Overnachten

Camping – de toegang tot het nationale park is gratis, kamperen op Elliott Key en Boca Chica Key niet. Als u met een boot komt, betaalt u $ 20 per nacht (max. 6 pers.), alleen kamperen kost $ 15 per nacht.

Stiltsville ▶ 2, H 2

Ook **Stiltsville** 23 is uitsluitend per boot te bereiken. In het verleden stonden er 27 paalwoningen in het ondiepe water van de Biscayne Bay. Maar na verschillende orkanen, waarvan Donna in 1960 wel zeer verwoestend was, en een aantal branden zijn daar nog maar zeven van over. Eddie Walker, met de bijnaam Crawfish (Langoest), bouwde in de jaren 30 de eerste hut om schaaldieren te vangen. Dankzij 'drijvende' clubs speelden alcohol en illegale gokspelen hier een grote rol. Sinds 1985 staan de resterende schilderachtige houten paalwoningen op het terrein van het Biscayne National Park. Het betreden van de huizen is alleen met een vergunning van het parkbeheer toegestaan (tel. 1-305-230-1833).

Actief

Duiken, zeilen, boottochten – **Biscayne National Underwater Park Inc.:** Convoy Point, tel. 1-305-230-1100. Zeil-, snorkel- en duikexcursies inclusief uitrusting. Ook kano- en kajakverhuur of en glasbodembootexcursies. In verband met nieuwe regels is de toekomst van het bedrijf echter twijfelachtig.

Florida Keys

De meer dan 250 km lange route van Miami naar Key West geldt als een van de klassieke Floridatours. Maar de wereld van de Keys opent zich pas echt wanneer mensen de tijd nemen om te stoppen en te genieten van de blauwe, groene en turquoise tinten van het water, een boottocht maken of gaan zwemmen. De warme Golfstroom heeft onder water een fantastische koraalwereld geschapen.

Overseas Highway

Island hopping met de auto: over 42 bruggen voert de bijna 200 km lange Overseas Highway van het vasteland door een Caribisch aandoende eilandenwereld naar Key West. Van daaruit kunt u alleen nog per boot of watervliegtuig verder, naar de eilanden van de Dry Tortugas in de Golf van Mexico.

Het heeft de natuur ongeveer honderdduizend jaar gekost om de enorme sikkelvormige eilandenketen van de Florida Keys te creëren. Miljarden minuscule koraaldieren hebben in de loop van duizenden jaren onderwaterriffen gevormd, die door het stijgen en dalen van de zeespiegel gedurende meerdere ijstijden een paar keer boven het wateroppervlak kwamen en verlandden.

De Florida Keys zijn als resten van versteende koraalriffen slechts bedekt met een dun laagje vaste grond, waarop in de loop van de tijd mangroven, palmen, mahoniebomen, kornoelje en gumbo-limbobomen *(Bursera simaruba)* groeiden. De aanduiding van de eilanden als Keys heeft niets te maken met het Engels woord voor sleutel. *Cayo*, de Spaanse benaming voor een klein, laaggelegen eiland muteerde in het Engels naar het gemakkelijker uit te spreken 'Key'. Op land- en zeekaarten staan in totaal 882 van deze Keys aangegeven – het spectrum varieert van kleine met mangrove begroeide kalksteenbulten tot het 53 km lange eiland Key Largo.

Het tracé van de Overseas Highway werd in 1936 aangelegd op de resten van Henry Flaglers Key West Extension van de Florida East Coast Railroad. De spoorlijn, die vanaf Miami liep, had in 1912 na zeven jaar bouwen en drie orkanen eindelijk Key West bereikt. De nieuwe Overseas Highway werd in 1938 in gebruik genomen. In de jaren 70 verving men geleidelijk de oude smalle spoorbruggen door bredere betonnen bruggen.

Mile Markers

Adressen in de Keys gaan meestal vergezeld van de letters MM en een getal. Deze *mile markers*, kleine groene bordjes aan de kant van de weg, geven de afstand tot Key West aan. MM 0 staat aan de kruising van Whitehead Street en Fleming Street in Key West, en MM 126 is te vinden ten zuiden van Florida City, op het vasteland. Met uitzondering van het stedelijk gebied van Marathon wordt de *mile marker* op alle eilanden gebruikt als toevoeging bij het huisnummer.

Gaat het in de toevoeging om een even getal, dan ligt het adres aan de westkant van de Overseas Highway, is het getal oneven, dan ligt het adres aan de oostkant.

Key Largo en Upper Keys

Ten zuiden van Homestead voert de US 1 naar Key Largo, de langste van de Florida Keys en het hoofdeiland van de Upper Keys.

Key Largo en Upper Keys

In het noorden van Key Largo ▶ 2, G/H 3/4

Het noordelijke gedeelte is dun bevolkt en bestaat uit het beschermde **Crocodile Lake National Wildlife Refuge**. Dit reservaat vormt een belangrijk leefgebied voor de Amerikaanse alligator, een familielid van de wijdverspreide alligators. Ook bedreigde soorten als boomslangen en knaagdieren hebben een toevluchtsoord gevonden in de tropische hardhoutbossen. Het 27 km^2 grote gebied is gesloten voor het publiek.

In plaats daarvan kunnen geïnteresseerden het bijna 10 km^2 grote, wat fauna en flora betreft vergelijkbare **Dagny Johnson Key Largo Hammocks Botanical State Park** bezichtigen. Er voert een 4 km lange route door het park, die ook rolschaatsend en fietsend is af te leggen (County Rd. 905, MM 106, tel. 1-305-451-1201, www.florida stateparks.org/park/Key-Largo-Hammock, dag. overdag, $ 3).

Caribbean Club ▶ 2, G 4

In het zuidelijke deel van het eiland is de beschaving verder doorgedrongen, daar vindt u hotels, restaurants en een klein winkelcentrum. Filmliefhebbers herinnert de naam van het eiland aan de gelijknamige Hollywoodfilm van regisseur John Huston uit 1948, waarin Humphrey Bogart en de betoverende Lauren Bacall het gelijktijdig tegen de schurk Edward G. Robinson en een orkaan moeten opnemen. De Caribbean Club (MM 104), een hotel waarin enkele scènes uit de film werden gedraaid, teert nog altijd op zijn reputatie als filmset. Ook moeten de eilandbewoners zo van de spannende film hebben genoten dat ze de oorspronkelijk naam Rock Harbor Island in 1952 omruilden voor Key Largo.

John Pennekamp State Park ▶ 2, G/H 3–5

De belangrijkste attractie is hier het John Pennekamp Coral Reef State Park (zie ook blz. 202). Het naar de natuurbeschermer vernoemde en sinds 1960 beschermde eerste onderwaterpark in de VS omvat een deel van het koraalrif dat zich in zuidwestelijke richting uitstrekt langs de Atlantische kust van de Keys. Het toeristisch goed ontsloten park met strand, wandelpaden, een groot bezoekerscentrum, aquarium en een museum over de geschiedenis van de gestrande schepen op het rif trekt vele honderdduizenden bezoekers per jaar. U kunt de kleurrijke onderwaterwereld verkennen tijdens een tocht met een glasbodemboot of duik- en snorkeltrips maken naar het grote rif, waar veel soorten koraal en een grote verscheidenheid aan vissen te bewonderen zijn. In Key Largo vindt u een twintigtal organisatoren van duiktrips.

Een populair fotomoment bij het duiken is het 3 m hoge bronzen beeld Christ of the Deep (ook wel Christ of the Abyss genoemd). Het werd gemaakt in Italië en is een kopie van een sculptuur die in de baai van San Fruttuoso bij Genua op de zeebodem staat. In 1965 plaatste men het Christusbeeld op het Dry Rocks Reef bij Key Largo, waar het sindsdien in het blauw van de oceaan zijn armen omhoog steekt.

Door de mangrovebossen in het State Park loopt een houten promenade, maar u kunt ze het beste verkennen als onderdeel van een kano- of kajaktocht. Voor wie zelfstandig een tocht wil maken, zijn er boten te huur.

Info
John Pennekamp Coral Reef State Park: MM 102,5, tel. 1-305-451-1202, www.penne kamppark.com, dag. 8 uur tot zonsondergang, $ 8 per auto, voetgangers 2 $, extra kosten voor rondleidingen en verhuur van snorkelattributen en surfplanken.

Actief
Op en in het water – **Coral Reef Park Co:** tel. 1-305-451-6300, www.pennekamppark.com. Aangeboden worden onder meer snorkeltochten (dag. 9, 12, 13.45, 15 uur, volwassenen $ 30, kinderen tot 18 jaar $ 25, duikbril $ 2, snorkel $ 5 (mag u houden), zwemvliezen $ 2), duiktochten (dag. 9.30, 13.30 uur, $ 75 per

Koraalriffen – wondertuinen van de zee

De mooiste begraafplaatsen ter wereld liggen onder water – koraalriffen zijn tenslotte niets anders dan een gigantische opeenstapeling van skeletresten. Ze ontstaan doordat vele duizenden generaties van kleine poliepen aan het eind van hun leven hun kalkomhulsel aan nieuwe koraaldieren nalaten. Laag voor laag groeien de plankton-etende kleine dieren volgens een ondoorgrondelijk plan uit tot een bouwwerk van waaiers en takken.

Het kan soms een paar honderd jaar duren voordat een volgroeide hoornkoraal een steen helemaal heeft bedekt, maar de tak van een waaierkoraal kan tot wel 10 cm per jaar groeien. De verre verwanten van de zee-anemoon en de voor de mens nogal onaangename kwallen winnen hun voedingsstoffen en vitale zuurstof uit algen.

In de regenwouden van de zee, zoals ze door onderzoekers vanwege hun soortenrijkdom en de complexiteit van het ecologisch evenwicht genoemd worden, leeft ca. 10% van de geschatte half miljoen in de oceanen voorkomende dier- en plantensoorten. Koraalriffen beschermen kusten, havens en stranden tegen het geweld van de golven. De verscheidenheid van soorten en kleuren in deze habitat is nauwelijks met een ander ecosysteem te vergelijken. Hard en zacht koraal, bonte waterlelies, licht wiegend in de stroming, schelpen, verstopt tussen stenen, in spelonken wonende wormen, krabben en andere schaaldieren, sponsdieren en zeeschildpadden. Daar komen nog duizenden jonge visjes bij, die hier kunnen opgroeien zonder dat ze iets te vrezen hebben van haaien en vogels als reigers en pelikanen, die zich eveneens voeden met vissen en insecten.

Het John Pennekamp Coral Reef State Park ten zuiden van Miami was het eerste onderwaterreservaat van Noord-Amerika en werd vernoemd naar de voormalige hoofdredacteur van de *Miami Herald*, die sterk begaan was met de bescherming van het enige levende koraalrif voor de kust van de VS. Het meer dan 480 km² grote natuurreservaat voor de kust van Key Largo bestaat uit weinig land en veel (Atlantische) oceaan. Enkele tientallen koraal- en zo'n 650 vissoorten leven in de ondiepe wateren van het park. Om ten minste een deel van deze betoverende wereld te ontdekken, kunt u het best duik- of snorkelapparatuur huren bij het bezoekerscentrum. Wie wil, kan een tochtje maken met een glasbodemboot over de doolhoven van goudbruin hoornkoraal en rood hersenkoraal, waartussen papegaaivissen, zeebarbelen en roggen zwemmen.

Onmiddellijk ten noorden van het John Pennekamp Coral Reef State Park strekt zich het Biscayne National Park uit, dat voor 97% onder water ligt. De flora en fauna in dit gebied zijn nog grotendeels hetzelfde als ten tijde van de ontdekking van Amerika. Op de 44 onbewoonde Keys die tot het nationale park behoren, groeien de laatste overblijfselen van een tropisch oerwoud dat ooit het hele kustgebied bedekte. In het water van de baai leven zeekoeien, zeeschildpadden en zeeslangen. De overvloed aan vis trekt bruine pelikanen, ibissen, zilver- en blauwe reigers aan. Veel schepen zijn de afgelopen vijfhonderd jaar het slachtoffer geworden van de stromingen en de scherpe rotsen. Hun wrakken behoren naast de bizarre natuurlijke onderwaterwereld tot de attracties voor duikers van over de hele wereld.

Koraalriffen behoren tot de soortenrijkste ecosystemen ter wereld

Het koraalrif voor de kust van Zuid-Florida, na het Australische Great Barrier Reef en het Belize Reef voor de kust van Midden-Amerika het grootste aaneengesloten rif ter wereld, strekt zich op een diepte van 3 tot 30 m nog zo'n 350 km uit tot aan het grote Dry Tortugas National Park helemaal aan de zuidpunt van de Keys. Aangezien koraaldieren niet kunnen leven onder een watertemperatuur van 20°C, zijn de riffen beperkt tot warme tropische zeeën.

Mariene wetenschappers uit de hele wereld slaan intussen alarm. Overbemesting op de suikerrietplantages en groentevelden van Zuid-Florida en de intensieve visserij brengen de kwetsbare en op schoon water aangewezen riffen in gevaar. Hoewel tot nu toe relatief weinig mariene soorten op de lijst van bedreigde soorten voorkomen, zijn er duidelijke tekenen die wijzen op een verstoring van mariene habitats. Stressfactoren voor de koraalpoliepen kunnen veranderingen in het zoutgehalte en de temperatuur van het water zijn, de toegenomen UV-straling of de toename van zwevende deeltjes. De getroffen koralen krijgen witte vlekken en verbleken langzaam.

Ondertussen wordt een poging gedaan om door strengere controles de schade veroorzaakt door onzorgvuldige en roekeloze watersporters te voorkomen. Het is moeilijker om de daders van de vervuiling door afvalwater te vervolgen. De suikerbaronnen van Florida, wier met kunstmest en pesticiden besmette velden verantwoordelijk zijn voor veel van de chemische residuen in de Florida Bay, worden nog steeds niet verantwoordelijk gehouden voor de schade die hun meedogenloze roofbouw op de natuur teweeg brengt. Maar de natuurbeschermingsorganisaties geven niet op en eisen een ommekeer, zolang het nog mogelijk is – om ook de unieke koraalriffen voor de zuidelijke Atlantische kust van Noord-Amerika te redden.

DUIKEN EN SNORKELEN BIJ HET FLORIDA KEYS REEF

Informatie
Start: Florida Keys Dive Center (zie onder)
Doel: diverse duik- en snorkelplaatsen tussen Key Largo en Islamorada
Duur: halve dag
Kosten: snorkeltrips $ 38 per persoon plus $ 10 huur voor duikbril, snorkel en zwemvliezen. Duiktocht vanaf $ 65 per persoon plus $ 29 huur voor de complete uitrusting.
Vertrek: dag. 8.30 en 13 uur, bij het duiken een uur eerder inchecken. Op afspraak kan ook 's avonds worden gedoken.
Informatie en reserveren: Florida Keys Dive Center, Overseas Hwy, MM 90,5, Tavernier, tel. 1-305-852-4599, www.floridakeysdivectr.com. Andere aanbieders zie blz. 206.
Tip: het duikcentrum heeft een PADI-certificaat, het is dus ook mogelijk om door middel van cursussen duikcertificaten te verwerven of een training te volgen om instructeur te worden.

De persoonlijke bezittingen worden snel in lockers opgeborgen, de duikpakken worden aangetrokken. Vervolgens gaat men aan boord van het schip. Vanuit het duikcentrum is het slechts vijf minuten varen naar zee, langs pelikanen die gezeten op bomen hun veren in de zon laten drogen. De ruime boot heeft een zonneterras en is uitgerust met de nieuwste technologie. Snel gaat het in de richting van het rif, dat onder natuurbescherming staat. Om het kwetsbare koraal niet te beschadigen, wordt slechts op bepaalde punten het anker uitgegooid, of er wordt afgemeerd aan boeien. De duikstekken zijn geselecteerd door het personeel van de duikbasis naar de wensen en de mogelijkheden van de deelnemers, maar ook de weersomstandigheden spelen een rol. Veelbezochte plekken zijn **Conch Wall, Davis Reef, French Reef, Molasses Reef** en **Hens & Chickens**. De riffen zijn meestal vlak en liggen op een diepte van 5 tot 20 m, maar op sommige plaatsen lopen ze ook steil af. Wie niet over een duikbrevet beschikt, kan de kleurrijke onderwaterwereld van boven bekijken met snorkel en duikbril.
Het leven in zee is kleurrijk en gevarieerd: scholen kleurige koraalvissen scheren door het door de zon verwarmde water, het koraal kleurt geel, bruin en rood. De duikers worden bijna elke

duikgang begeleid door grote rifbaarzen en barracuda's. Met een beetje geluk zien ze een zeeschildpad voorbijkomen of een adelaarsrog. Op grotere diepte treft men ook murenen, verpleegsterhaaien en rifhaaien aan.

Duikers met voldoende ervaring kunnen wrakken verkennen die inmiddels in bezit zijn genomen door een rijkdom aan zeeleven. Het wrak van de **Benwood** ligt op 10–15 m diepte. Het vrachtschip zonk in 1942 na een aanvaring en werd later door het leger gebruikt als doelobject. Vandaag vindt men hier murenen, kreeften en baarzen, en op de zeebodem en op de resten van het schip groeien koralen en sponzen. Speciaal voor rifvorming zijn meer schepen afgezonken: de **Eagle**, een bijna 9 m lang vrachtschip, en de **Spiegel Grove**, een voormalig transportschip van de marine met de lengte van twee voetbalvelden. In de wrakken zijn sommige ruimtes en gangen geopend en met kabels vastgezet, zodat gevorderde duikers daar met daglicht doorheen kunnen duiken.

In het algemeen zijn er tijdens een tocht van een halve dag twee duikgangen op verschillende plaatsen, vervolgens gaat men terug naar het duikcentrum, waar de deelnemers aan de duiktocht naar een open rieten hut gaan waar ze vers fruit geserveerd krijgen– voldoende gelegenheid om wat te ontspannen en de ervaringen van die dag door te nemen.

persoon), tochten met glasbodemboot (dag. 9.15, 12.15, 15.15 uur, volwassenen $ 24, kinderen tot 12 jaar $ 17), kanoverhuur (dag. 8–15.45 uur, eenpersoonskajak $ 12, tweepersoonskajak $ 17, kano $ 20 per uur).

Tavernier 2, F 5

Meteen ten zuiden van Key Largo ligt het plaatsje Tavernier. Vroeger werd het bewoond door piraten die 's nachts het rif afstroopten op zoek naar buit van gestrande schepen, tegenwoordig is het bekend vanwege een vogelopvangcentrum.

Wild Bird Rehabilitation Center

MM 93,6, tel. 1-305-852-4486, www.keepthem flying.org, dag. van zonsopgang tot zonsondergang, gratis entree, een donatie wordt op prijs gesteld

In dit centrum geldt geen veertigurige werkweek. Pelikanen, reigers, visarenden, lepelaars en aalscholvers met gebroken vleugels of poten of die zich aan vishaken hebben verwond, worden hier geopereerd en verzorgd om daarna weer in vrijheid te worden gesteld. Op de algemene voedertijd om 15.30 uur komen tot vreugde van veel amateurfotografen ook honderden wilde vogels af, die een hapje hopen mee te pikken.

Info

Key Largo Chamber of Commerce: MM 106, 106000 Overseas Hwy, tel. 1-305-451-4747, www.keylargo.org, dag. 9–18 uur.

Overnachten

Onder water – **Jules' Undersea Lodge:** MM 103,2, 51 Shoreland Dr., tel. 1-305-451-2353, www.jul.com. Het ongewone onderkomen met slechts twee ruimten ligt op een diepte van 9 m in een mangrovenlagune. De kamers zijn alleen bereikbaar voor duikers. Vanaf $ 300 per persoon inclusief halfpension en duiktochten.

Exclusief toevluchtsoord – **Kona Kai Resort:** MM 97,8, tel. 1-305-453-7200, www.konakai resort.com. Knusse cottages in stille afzondering, eigen strand. 11 wooneenheden, vanaf $ 220.

Zonsondergang inbegrepen – **Sunset Cove Beach Resort:** 99360 Overseas Hwy, tel. 1-305-451-0705, www.sunsetcovebeach resort.com. Eenvoudige kamers, klein privéstrand met geweldige zonsondergangen. Vanaf $ 140 inclusief ontbijt.

Tropische sferen – **Historic Tavernier Inn:** MM 91,8, Tavernier, tel. 1-305-852-4131, www.keyscaribbean.com. Het lichtroze gebouw, omringd door weelderige bloemen, stamt uit de jaren 30, wat in de Keys gerust

Florida Keys

historisch genoemd mag worden. Ondanks een uitgebreide renovatie is de nostalgische charme bewaard gebleven. 18 units, vanaf $ 90 incl. klein ontbijt.

Cottages aan het strand – **The Pelican:** MM 99,3, 99340 Overseas Hwy, tel. 1-305-451-3576, www.hungrypelican.com. Vriendelijk hotel met verzorgde, pastelkleurige huisjes, hangmatten tussen de palmbomen en ministrand. 23 units, vanaf $ 60.

Camping – **Key Largo Kampground & Marina:** MM 101,5, 101551 Overseas Hwy/Samson Rd., tel. 1-305-451-1431, www.keylargokamp ground.com. Groot terrein direct aan de Atlantische Oceaan voor ongeveer 200 campers en tenten. Tent vanaf $ 38, camper vanaf $ 65.

Eten & drinken

Locals – **Bayside Grill:** MM 99,5, 99530 Overseas Hwy, tel. 1-305-451-3380, www.keylargo-baysidegrill.com. Amerikaanse klassiekers, zoals hamburgers, kip en steaks, verse vis en lekkere cocktails. Gerechten $ 15–35.

Vers uit zee – **The Fish House Restaurant & Seafood Market:** MM 102,4, 102401 Overseas Hwy, tel. 1-305-451-4665, www.fish house.com, tgl 11.30–22 uur. Uitstekende (tropische) vis en andere zeedieren, waaronder kreeft. Gerechten $ 11–32.

Relaxt openluchtrestaurant – **Calypso's Seafood Grill:** MM 99,5, 1 Seagate Blvd., tel. 1-305-451-0600, www.calypsoskeylargo.com, ma., wo., do. 11.30–22, vr., za. 11.30–23, zo. 12–22 uur. Goede vis, leuke sfeer. Hoofdgerecht vanaf $ 13, alleen cash.

Actief

Duiken – **Amy Slate's Amoray Dive Resort:** MM 104,2, US 1, tel. 1-305-451-3595, www. amoray.com. Van de duikbasis aan de Bayside vertrekt een catamaran naar het rif. Twee duiken $ 85. **Scuba Fun:** Wyland Whaling Wall Building, MM 99, 99222 Overseas Hwy, tel. 1-305-394-5046, www.tauchen-florida. de. Duitstalige duikbasis op Key Largo met bijbehorend 5 sterren PADI-resort. Twee duiken $ 80. **Conch Republic Divers:** MM 90,8, US 1, tel. 1-305-852-1655, www.conchrepu-blic divers.com. De ervaren duik- en snorkel- touroperators organiseren uitstapjes naar verschillende riffen voor de Atlantische kust. Twee duiken $ 85.

Islamorada ▶2, F 5

Islamorada is de naam van een klein groepje eilanden ten zuiden van Key Largo. Het bestaat uit de eilanden **Windley Key**, **Upper Matecumbe Key**, **Lower Matecumbe Key** en **Plantation Key**, waarbij de meningen uiteenlopen over wat de Spaanse naam betekent. Terwijl sommigen de vertaalde naam van het schip *Island Home* van de eerste kolonisten als de oorsprong beschouwen, baseren anderen zich op de tweede betekenis van het woord in het Spaans en kiezen voor de wat romantischer klinkende aanduiding 'Purpereilanden'. In hun overwegingen speelt het dagelijkse schouwspel van de zonsondergang in de Golf van Mexico een bepalende rol.

Vistripjes op volle zee is op al deze eilanden een geliefd tijdverdrijf, zoals niet in de laatste plaats blijkt uit de indrukwekkende vloot van *high-powered* motorboten in de jachthavens. Verschillende Amerikaanse presidenten waren hier kind aan huis: Hoover, Truman, Carter en Bush sr.

Theater of the Sea

MM 84,5, 84721 Overseas Hwy, tel. 1-305-664-24 31, www.theaterofthesea.com, dag. 9.30–16/17 uur, volwassenen $ 32, kinderen 3–10 jaar $ 22

De shows in het sympathiek-ouderwetse Theater of the Sea op Windley Key, een waterpark met zeedieren, spelen zich af in natuurlijke bassins – de resten van een voormalige kalksteengroeve – en doen geen beroep op de acrobatische vaardigheden van de dieren. Op afspraak kunt u samen met dolfijnen ($ 195), zeeleeuwen ($ 145) of haaien ($ 95) door het water glijden.

Windley Key Fossil Reef Geological State Park

Islamorada, MM 84,9, tel. 1-305-664-2540, www.floridastateparks.org/park/Windley-Key,

Key Largo en Upper Keys

park di., wo. gesl., informatiecentrum vr.–zo. 9–17 uur, rondleiding vr.–zo. 10, 14 uur, entree $ 2,50

In het Windley Key Fossil Reef Geological State Park zijn nog de oude machines te zien uit de tijd van de spoorwegbouw, waarmee in de eilandsteengroeves stenen en grind voor het tracé werd gewonnen. De groeve op Windley Key geeft inzicht in de vele duizenden jaren durende ontstaansgeschiedenis van het koraalrif, waaruit de eilandenketen is voortgekomen.

Hurricane Monument

Het **Hurricane Monument** (MM 81,6) op Upper Matecumbe Key herdenkt de slachtoffers van de verwoestende storm van september 1935. Meer dan vierhonderd werknemers van de steengroeve, waarvan een deel veteranen uit de Eerste Wereldoorlog, verdronken toen de trein die hen naar de veiligheid van het vasteland had moeten brengen door een 3,50 m hoge vloedgolf de zee in werd gesleurd.

Robbie's of Islamorada

MM 77,5, tel. 1-305-664-807, www.robbies.com

De schippers van Robbie's of Islamorada bieden bootverhuur en -excursies, en snorkel- en zeevistochten aan. Een watertaxi vaart naar Lignumvitae Key en Indian Key – als de schipper ten minste niet aan het vissen is. De pier met bijbehorend snack-restaurant is zelf een attractie, die na het betalen van een vergoeding van $ 1 kan worden betreden. In het ondiepe water ravotten tientallen kleine en grote, tot 2 m lange tarpoenen, die wachten tot ze met vis ($ 3 per bak) worden gevoerd. Een zeer ongewone aanblik.

Een populaire Netflix-serie, *Bloodline*, speelt zich af op Islamorada. Filmlocaties als Robbie's resorthotel Moorings, de Green Turtle Inn en Anne's Beach bestaan echt.

Info

Islamorada Chamber of Commerce: MM 87, tel. 1-305-664-4503, www.islamoradachamber.com.

Overnachten

Aangezien het aanbod van accommodatie onderweg beperkt is en Key West een van de populairste bestemmingen is in Florida, is het raadzaam om accommodatie van tevoren te boeken. Dit is vooral het geval in het hoogseizoen van half december tot april.

Charmant boetiekhotel – **Casa Morada:** MM 82, 136 Madeira Rd., tel. 1-305-664-0044, www.casamorada.com. Mooi luxehotel, met veel gevoel voor schoonheid ingericht. Verhuur van fietsen en kajaks. 16 suites, vanaf $ 330.

Exklusief en intiem – **Cheeca Lodge:** MM 82, tel. 1-305-664-4651, www.cheeca.com. In Caribische stijl gebouwd vakantieparadijs met privéstrand, waar ook beroemdheden uit de politiek, het bedrijfsleven en de media vakantie vieren. Uitstekend restaurant. 199 units, vanaf $ 225.

Voordelig en goed – **Ragged Edge Resort & Marina:** MM 86,5, 243 Treasure Harbor Rd., tel. 1-305-852-5389, www.ragged-edge.com. De Florida Keys voor een weggeefprijs. Prachtig gelegen aan zee op een subtropische, ruim

EEN TRAKTATIE, NIET ALLEEN VOOR OESTERFANS

De vis is altijd supervers in dit schilderachtige restaurant met een groot terras aan de baai, en dat al zestig jaar. Voorgerechten, zoals een grote portie *conch chowder* (schelpdierensoep), gaan voor $ 4 over de toonbank, een dozijn oesters kost $ 13 en een visschotel met gegrilde goudmakrelen en coquilles $ 21. **Islamorada Fish Company:** MM 81,5, tel. 305-664-9271, www.restaurantsbasspro.com/fishcompany, dag. 11–22 uur.

Ontspannen onder de palmbomen: aan de Atlantische kant van Islamorada liggen prachtige stranden

12 ha groot complex. Eenvoudige, maar nette kamers in retrostijl, bijna alle met koelkast en koffiezetapparaat. Gratis fietsen, groot aanbod sportieve activiteiten, van duiken tot golf, Kids Club. 11 units, $ 70–260.

Eten & drinken

Bij zonsondergang – **Marker 88:** MM 88, 88000 Overseas Hwy, tel. 1-305-852-9315, www.marker88.info, dag. 11–22 uur. Traditioneel restaurant met een groot terras aan de baai, met uitstekende visgerechten en heerlijke desserts. Hoofdgerecht vanaf $ 26.

Relaxed – **Lazy Days:** MM 79,9, tel. 1-305-664-5256, www.lazydaysrestaurant.com. Direct aan de Atlantische Oceaan, groot terras. Dagelijks wisselende kaart met veel schelpdieren en vis. Gerechten $ 9–28.

Ontbijttent – **Mangrove Mike's Cafe:** MM 82,2, 2200 Overseas Hwy, tel. 1-305-664-8022, www.mangrovemikes.com, dag. 6–14 uur. Karakteristieke diner met een stevig ontbijt en een dito lunchaanbod, geweldige sfeer en goede service. Ontbijt vanaf $ 6.

Uitgaan

Legendarische bar – **Tiki Bar:** MM 84, 84001 Overseas Hwy, in het Holiday Isle Resort, tel. 1-305-664-2321, www.holidayisle.com, ma.–vr. Ook overdag lopen hier genoeg dorstigen naar binnen, maar wanneer op vrijdag- en zaterdagavond de band begint te spelen, verandert het uitpuilende terras in één grote dansvloer.

Lignumvitae Key ▶ 2, F 5

Lignumvitae Key (MM 78,5) verrast met een weelderig tropisch bos. Behalve de zeldzame *Lignum vitae*-bomen (de Latijnse naam betekent 'hout des levens') groeien hier mahoniebomen, wurgvijgen, 'duivelsbomen' met zeer giftige sap en gumbo limbo-bomen.

De kalkstenen ondergrond van de Florida Keys is erg hard, de bodemlaag daarop heel dun en het bomenbestand is zodoende kwetsbaar. Lignumvitae Key heeft daarom een beschermde status als **Botanical State Park**. Het gerestaureerde, door een vroege bewoner verlaten huis en enkele bouwvallige muren zijn de enige sporen van menselijk leven op het eiland.

Info

Het eiland is alleen per boot bereikbaar, watertaxi's vertrekken vanuit Robbie's Marina (zie blz. 207), waar ook boten kunnen worden gehuurd voor tochten op eigen gelegenheid. Zorg dat u een goed anti-muggenmiddel bij u hebt. Tel. 1-305-664-2540, www.floridastateparks.org/park/lignumvitae-key, do.–ma. 9–17 uur, rondleidingen vr.–zo. 10, 14 uur, $ 2,50.

Indian Key ▶ 2, F 5

Tijdens een aanval in 1840 van Seminole-indianen op de nederzetting van Indian Key (MM 85,5) kwam de botanicus Henry Perrine, die daar destijds woonde, om het leven. De deels overwoekerde ruïnes van het huis en een cisterne doen mysterieus aan. Voorheen woonden op het kleine eiland, zoals sporen aantonen, duizenden jaren lang Native Americans. Later was het tegenwoordig verlaten eiland basis van wrakplunderaars en korte tijd provinciezetel van Dade County. Indian Key, intussen Historic State Park, wordt veel bezocht door mensen die komen zwemmen en zonnebaden.

Info

Ook dit eiland is alleen per boot bereikbaar (Robbie's, zie blz. 207). www.floridastateparks.org/park/Indian-Key, dag. 8 uur tot zonsondergang.

San Pedro Underwater Archaeological Park ▶ 2, F 5

tel. 1-305-664-2540, www.floridastateparks.org/park/San-Pedro, gratis entree

Ruim 2 km ten zuiden van Indian Key ligt het San Pedro Underwater Archaeological Preserve State Park met het wrak van een Spaans galjoen, dat in 1733 met zestienduizend zilveren pesos en kostbaar porselein aan boord voor de kust van Indian Key verging. Duikers vinden in het kunstmatige rif inmiddels helaas geen schatten meer, maar slechts de resten van een bijna driehonderd jaar oud schip, dat al lang door de vissen, koralen en planten in bezit is genomen.

Long Key State Park ▶ 2, E 6

MM 67,5, 67400 Overseas Hwy, tel. 1-305-664-4815, www.floridastateparks.org/ park/Long-Key, dag. 8 uur tot zonsondergang, wo. 10 uur rondleiding op de Golden Orb Trail, do. 10 uur rangerprogramma, $ 5 per auto, voetgangers $ 2, kampeerplek vanaf $ 36

De wandelpaden in Long Key State Park zijn een tussenstop waard. De naar een lokale spin genoemd **Golden Orb Trail**, die door een mangrovebos en op een houten plankenpad over een ondiepe getijdenlagune voert, en de **Layton Trail**, waar u door een tropisch bos naar de Atlantische kust kunt wandelen, nemen elk niet meer dan een halfuur in beslag. Onderweg komt u herhaaldelijk in de gelegenheid om vogels te observeren.

Een **kanoroute** voert door de getijdenlagune van het State Park, kano's kunnen ter plekke worden gehuurd. Als u een van de ligstoelen op het strand wilt bemachtigen, is het verstandig om vooraf te reserveren.

Overnachten

Droomlocatie – **Lime Tree Bay Resort:** MM 68,5, Layton, Long Key, tel. 1-305-664-4740, www.limetreebayresort.com. Gezellig complex met motelkamers, kamers met een kitchenette en appartementen aan de met palmen omzoomde Bayzijde; de ligging staat garant voor prachtige zonsondergangen. Klein strand, zwembad en watersportaanbod, populair bij hengelaars. 30 units, vanaf $ 150.

Middle Keys

Vergeleken met Key Largo in het noorden en Key West in het zuidwesten gaat het leven op de Middle Keys in een rustig, sereen tempo. Lawaaierige nachtclubs zijn schaars. Een ontspannen boottochtje om te gaan vissen of snorkelen op het rif behoort tot de belangrijkste vrijetijdsbesteding.

Grassy Key ▶ 2, D 6

Dolphin Research Center

MM 59, 58 901 Overseas Hwy, tel. 1-305-289-1121, www.dolphins.org, dag. 9–16.30 uur, volwassenen $ 20, kinderen 4–12 jaar $ 15, extra voor speciale programma's, een Dolphin Encounter ($ 199) bestaat uit een workshop van een uur en 20–25 minuten zwemmen met een dolfijn

In het Dolphin Research Center op Grassy Key spant men zich in om meer te weten te komen over de intelligentie en communicatievaardigheden van zeezoogdieren. Verbazingwekkende resultaten worden bereikt door dolfijnen te betrekken bij de behandeling van kinderen met psychische problemen. Als u op tijd een afspraak maakt, kunt u in het grote bassin samen met de dolfijnen zwemmen.

Curry Hammock State Park

MM 56,2, tel. 1-305-289-2690, www.florida stateparks.org/park/Curry-Hammock, dag. 8 uur tot zonsondergang, $ 5 per auto, voetgangers $ 2

In het kleine Curry Hammock State Park voert een natuurpad door hardhoutbossen en mangroven, daarnaast zijn er ideale omstandigheden om te kajakken (bootverhuur ter plaatse), snorkelen, zwemmen en zonnebaden. Aan de Atlantische kant ligt een prachtig wit zandstrand.

Marathon ▶ 2, D 6

Het 8300 inwoners tellende stadje Marathon op het 10 km lange eiland Vaca Key was honderd jaar geleden toen de spoorweg werd aangelegd een belangrijk logistiek steunpunt, het is tegenwoordig het commerciële centrum van de Middle Keys met hotels, restaurants, diverse winkelcentra en een vliegveld. Tegelijk is het een belangrijke haven van sportvissers die hier in de eerste plaats

Florida Keys

naartoe komen om voor de kust op grote vissen te jagen. Naar het Seafood Festival half maart komen bezoekers uit heel Florida.

Aan zijn ongebruikelijke naam zou de belangrijkste stad van de Middle Keys zijn gekomen door de opmerking van een belezen bouwvakker, die had geklaagd dat de aanleg van de spoorlijn naar Key West eeuwig leek te duren, te vergelijken met een marathon.

Crane Point

MM 50,5, Bayside, 5550 Overseas Hwy, Marathon, tel. 1-305-743-9100, www.cranepoint. net, ma.–za. 9–17, zo. Vanaf 12 uur, volwassenen $ 12,50, kinderen 5–13 jaar $ 8,50

Het ruim 25 ha grote natuurgebied van Crane Point was reeds bestemd voor ontwikkeling en commerciële bebouwing toen een milieustichting het gebied verwierf. Vandaag de dag kunnen bezoekers over een rondweg tot aan de mangrovelagunes aan de baai wandelen, een bezoek brengen aan een eenvoudig gerestaureerd huis van Bahamaanse kolonisten uit 1903 en in het natuurhistorisch museum de geschiedenis van de menselijke bewoning en de leefomstandigheden van de dierlijke bewoners van de Keys bestuderen. Op het terrein zorgen medewerkers van een medisch centrum voor de opvang van gewonde vogels. Bijzonder interessant voor kinderen: een speelpiratenschip en een bijenkorf met honingbijen.

Seven Mile Bridge en Pigeon Key ▶ 2, C/D 6

Over de Seven Mile Bridge (MM 47) rijden is een bijzondere belevenis. Hoewel de in 1982 gebouwde weg nog geen 11 km meet, lijkt er geen eind te komen aan de rit over de verhoogde weg door de turquoise wateren van de Golf van Mexico, tot aan de noordelijke oever van de Sunshine Key eindelijk weer vaste grond onder de wielen komt.

De oude spoorbrug uit 1908 werd destijds als een technisch meesterwerk beschouwd, de basis kon in de jaren dertig worden gebruikt voor de bouw van de eerste gewone brug.

Pigeon Key Foundation

Pigeon Key Foundation & Marine Science Center, Marathon, tel. 1-305-289-0025, reservering voor de veerboot tel. 1-305-743-5999, www. pigeonkey.net, rondleiding volwassenen $ 12, kinderen 5–13 jaar $ 9 inclusief boottocht

Deze eerste brug loopt bijna parallel aan de nieuwe aansluiting over het eilandje **Pigeon Key**, waarop het marien-biologisch instituut van de universiteit van Miami lange tijd een onderzoeksstation onderhield. Tegenwoordig toont de Pigeon Key Foundation in de voormalige houten huizen van de spoorwegmaatschappij de harde en gevaarlijke arbeidsomstandigheden tijdens de bouw van de spoorlijn en de brug zo'n honderd jaar geleden.

Wie wil, kan aan boord gaan van de veerboot die vier keer per dag naar Pigeon Key (MM 45) pendelt of via de oude brug een bijna 4 km lange wandeling naar het kleine eiland ondernemen. Sportvissers hebben reeds lang geleden de brug naar het eiland voor zichzelf veroverd als de 'langste hengelpier ter wereld'.

Info

Greater Marathon Chamber of Commerce/Visitor Center: MM 49,8, 12222 Overseas Hwy, Marathon, tel. 1-305-743-5417, www.floridakeysmarathon.com.

Overnachten

Op een privé-eiland – **Hawk's Cay Resort:** MM 61, 61 Hawk's Key Blvd., Duck Key, tel. 1-305-743-7000, www.hawkscay.com. Ontspannen in luxe op een groot terrein met een Caribische sfeer, diverse sportfaciliteiten, ruime spa, kinderprogramma, dolfijnenbassin met dagelijkse training. 472 units, waaronder 300 villa's, vanaf $ 250.

Romantisch & intiem – **Banana Bay Resort:** MM 49,5, 4590 Overseas Hwy, Marathon, tel. 1-305-743-3500, www.bananabay.com. Resort aan de Bayzijde, met een klein zandstrand, zwembad, diverse bars, verhuur van fietsen en boten voor watersportactiviteiten en excursies (ook kajaks). 60 eenheden, vanaf $ 150 incl. klein ontbijt.

Lower Keys

Met de boot – **Royal Hawaiian Motel/Botel:** MM 53, 12020 Overseas Hwy, Marathon, tel. 1-305-743-7500, www.royalhawaiianmotelbotel.com. Ouderwets motel met kamers direct aan het water met een eigen aanlegsteiger. Koelkast en koffiezetapparaat, kitchenette. Uw vangst wordt tegen een vergoeding klaargemaakt. 8 units, vanaf $ 105.

Eten & drinken

Verwennerij – **Barracuda Grill**, MM 49,5, 4290 Overseas Hwy, tel. 1-305-743-3314, www.barracudagrillmarathonfl.com, wo.–za. 18–21.30 uur. Verse vis en zeevruchten, fantasierijk bereid en kunstig gepresenteerd in een ontspannen sfeer. Goede wijnkaart, leuk terras. Gerechten $ 16–31.

Informele snackbar – **Fish Tales Market and Eatery:** MM 53, 11711 Oceanside Hwy, tel. 1-305-743-9196, www.floridalobster.com, ma.–za. 11–18.30 uur, laagseizoen za. tot 16 uur. Uitstekende viswinkel annex snackbar. Op verzoek wordt de eigen vangst van de dag bereid en geserveerd met een vers getapt biertje. Hoofdgerecht vanaf $ 10.

Keys-Instituut – **Seven-Mile-Grill:** MM 47,5, tel. 1-305-743-4481, www.7-mile-grill.com, dag. 6.30–21 uur. Al meer dan vijftig jaar aan de zuidkant van de Seven Miles Bridge. Ontbijt, *clam chowder* en verse vis, legendarische *Key lime pie*. Hoofdgerecht vanaf $ 9.

Onder de locals – **The Stuffed Pig:** MM 49, 3520 Overseas Hwy, tel. 1-305-743-4059, www.thestuffedpig.com, ma.–za. 5–14, zo. 6–12 uur. Niet dat het hier heel bijzonder is, maar het ontbijt- en lunchrestaurant met terras is altijd goed bezocht. Velen bestellen de stevige ontbijtspecialiteiten, die niet alleen 's ochtends te krijgen zijn, of nemen iets extravagants voor de lunch, zoals de kreeftomelet of garnalen in tempurabeslag. Gerechten en snacks $ 6–13.

Actief

Zeevistochten – **Sea Dog Charters:** MM 47,5, 16 Man-O-War Dr., naast de Seven-Mile-Grill, tel. 1-305-743-8255, www.seadogcharters.net. Zeevissen met powerboat, een halve dag op zee met uitrusting en aas vanaf $ 60.

Agenda

Seafood Festival in Marathon: half maart. Met meer dan honderd kramen, kunstnijverheid, evenementen met livemuziek en natuurlijk culinaire lekkernijen zoals kreeft, krab en andere heerlijkheden uit zee (www.marathonseafoodfestival.com, tel. 1-305-743-5417).

Lower Keys

De over een groot oppervlak verspreide eilanden van de Lower Keys zijn dunbevolkt. In elk geval door mensen, want bij watervogels, reptielen, knaagdieren en andere kleine zoogdieren, zoals het alleen hier voorkomende kleine *key deer* (zie blz. 216), zijn de veelal onbewoonde eilanden heel populair. Onderwater toont het koraalrif voor de kust zich hier van zijn beste kant. Hoewel Key West puur geografisch tot de zuidelijke Keys behoort, kon het contrast met deze eenzame idylle nauwelijks groter zijn.

Bahia Honda State Park ▶ 2, C 6

MM 37, 36850 Overseas Hwy, Big Pine Key, tel. 1-305-872-2353, www.floridastateparks.org/park/Bahia-Honda, dag. 8 uur tot zonsondergang, $ 2 per persoon, auto's vanaf $ 8

De **Sandspur Beach** op het ruim 2 km² grote Bahia Honda State Park (MM 37), meteen achter de Seven Mile Bridge, geldt als het mooiste strand van de hele eilandketen. Het wordt omzoomd door palmbomen en bosjes tropische bomen waarvan het zaad kwam aangespoeld uit de Antillen of werd meegenomen door de wind. In het natuurpark staat het grootste bestand aan zilverpalmen in de VS. Zelfs voor amateur-ornithologen is Bahia Honda een paradijs – met een beetje geluk kunt u de zeldzame witkapduif of de rode lepelaar ontdekken.

Drie wandelpaden ontsluiten het gebied, eentje daarvan voert naar de oude Bahia Honda Rail Bridge, vanwaar men een

Het Hawk's Cay Resort op Duck Key (zie blz. 212) heeft zijn eigen dolfijnenstation, waar u de gelegenheid hebt met de dieren te zwemmen

Florida Keys

mooi uitzicht heeft over het hele eiland. De voormalige spoorbrug van de Key West Extension van Flaglers East Coast Railway werd in 1935 door een orkaan verwoest. Een snackbar zorgt voor het lichamelijk welbevinden. Er is een verhuurder die snorkel- en duikapparatuur en kajaks aanbiedt. In het Bath House zijn kleedkamers, toiletten en douches voorhanden. In het park zijn ongeveer tachtig plaatsen beschikbaar voor tenten en campers, verder zijn er rustieke huisjes die u via de website www.reserveamerica.com kunt reserveren.

Big Pine Key ▶ 2, C 6

Waarschuwingsborden roepen bezoekers van Big Pine Key Big (MM 33) op langzaam en heel voorzichtig te rijden. In het **National Key Deer Refuge**, dat het noorden van Big Pine Key, de Torch Keys en No Name Key beslaat, leeft het beschermde, slechts 60 cm grote *key deer (odocoileus virginianus clavium)*, dat alleen op de Lower Keys voorkomt. Sinds enige tijd voorkomt een hek dat het bedreigde dwerghert de drukke weg kan oversteken. Veel van de kleine dieren zijn al het slachtoffer geworden van een *roadkill*.

De kleine roodwildsoort behoort tot de groep van de witstaartherten, die het Amerikaanse continent tussen Canada en Brazilië bevolken. Het *key deer* is hier waarschijnlijk nog voor de laatste ijstijd naartoe gekomen en kon zich na het smelten van de ijskappen in het noorden en de stijging van de zeespiegel alleen nog geïsoleerd op sommige eilanden handhaven. Er leven nu ongeveer driehonderd dieren in het reservaat, nadat in de jaren 40 nog slechts vijftig exemplaren waren geteld. Het voeren van de dieren is op Big Pine Island niet toegestaan, fotograferen mag wel.

In het bezoekerscentrum kunt u informatie krijgen over de beste observatiepunten. Goede kansen hebt u op de korte, 1 km lange rondweg, die op de kruising van de Deer Boulevard en Watson Boulevard begint. Een andere rondweg, de **Fred Mannillo Nature Trail**, is ook voor rolstoelgebruikers geschikt.

Het bezoekerscentrum geeft niet alleen informatie over de flora en fauna van de zuidelijke Keys, maar ook over de dierlijke bewoners van de aangrenzende natuurgebieden, die alleen per boot toegankelijk zijn.

Het uitgestrekte **Great White Heron Refuge** en het **Key West National Wildlife Refuge** beschermen met name de broedgebieden van veel watervogels.

Info
National Key Deer Refuge Visitor Center: Big Pine Shopping Center, MM 30,5, 28950 Watson Blvd., tel. 1-305-872-2239, www.fws.gov/nationalkeydeer, ma.–vr. 10–16 uur, toegang tot het beschermd gebied dag. overdag, gratis.

Looe Key Reef ▶ 2, B 6

Bij Looe Key Reef enkele kilometers naar het zuiden voor de Atlantische kust liggen de natuurlijke attracties verborgen onder het wateroppervlak. Boten brengen snorkelaars en duikers naar de spectaculaire riffen, die tot de mooiste van Florida behoren en in 1981 zijn uitgeroepen tot **National Marine Sanctuary**. Het rif ontleent zijn naam aan het Engelse schip *H.M.S. Loo*, dat hier in 1744 verging. De bijzonder goede duikplaatsen zijn gemarkeerd met een totaal van 39 boeien. Het is niet toegestaan om het koraal aan te raken.

Info
Looe Key National Marine Sanctuary: tel. 1-305-292-0311, www.floridakeys.noaa.gov.

Sugarloaf Key ▶ 2, B 6

Een eindje verder op Sugarloaf Key (MM19) rijst een hoge houten constructie op. Clyde Perky, een vastgoedondernemer uit Denver, had deze toren in 1829 laten bouwen om iets te doen aan de muggenplaag op de Keys en zo meer bewoners te trekken. Hij kocht een kolonie vleermuizen en bracht ze onder in hun nieuwe huis. Maar de vliegende, zich met insecten voedende zoogdieren zagen geen brood in de verhuizing en kwamen na hun

Key West

eerste vlucht niet meer terug. Dus staat de Sugarloaf Key Bat Tower al meer dan 70 jaar ongebruikt in het landschap.

Info

Lower Keys Chamber of Commerce: MM 31, Big Pine Key, tel. 1-305-872-2411, www.lowerkeyschamber.com.

Overnachten

Voor vips – **Little Palm Island Resort & Spa:** MM 28,5, 28500 Overseas Hwy, Little Torch Key, tel. 1-305-515-4004, www.littlepalmisland.com. Luxueuze accommodatie op een klein privédroomeiland. In de met riet gedekte strandhuisjes hebben reeds verscheidene Amerikaanse presidenten hun vermoeide hoofd laten rusten. Het bijbehorende restaurant serveert heerlijke gerechten. Dertig bungalows, inclusief gebruik van een veerboot en niet-gemotoriseerde watersporten. Vanaf $ 900.

Met bootverhuur – **Dolphin Marina:** MM 28,5, 28 530 Overseas Hwy, Little Torch Key, tel. 1-305-872-2685, www.dolphinmarina.net. Dit complex ligt 10 minuten van Bahia Honda en is te bereiken met de boot en de auto. Mooie bungalows en kamers met terras, gebruik van vissersboten. 9 units, vanaf $ 150.

Camping – **Bluewater Key RV Resort:** MM 14,3, Summerland Key, tel. 1-305-744-0999, www.bluewaterkey.net. Bijzonder mooi gelegen kampeerterrein voor campers in de schaduw van palmen, meteen aan het water. Staplaatsen vanaf $ 77, korting bij boeking van minimaal een week.

Eten & drinken

Schilderacthig – **No Name Pub:** MM 31, N. Watson Blvd., Big Pine Key, tel. 1-305-872-9115, www.nonamepub.com, dag. 11–23 uur. 'Een mooie plek, als je hem weet te vinden'. Dat is de slogan van dit al sinds 1931 bestaande snackinstituut op de Lower Keys. Duizenden door tevreden gasten ondertekende dollarbiljetten hangen van het plafond en aan de muren. Op het menu staan pizza, sandwiches en vis in vele variaties (vanaf $ 8). Route: de Key Deer Blvd. bij de stoplichtkruising op Big Pine Key voert na ruim 1 km naar Watson Blvd.

Actief

Duik- en hengeltrips – **Looe Key Reef Resort Dive Center:** MM 27,5, 27340 Overseas Hwy, Ramrod Key, tel. 1-305-872-2215, www.diveflakeys.com. Diverse duik- en zeevisexcursies, snorkelen vanaf $ 40, duiken vanaf $ 70. Bij het centrum horen ook een duikwinkel, een tikibar en enkele kamers (2 pk vanaf $ 115).

Key West ▶ 2, A 7

Kaart: blz. 221

Een wereld op zich – net voorbij de laatste brug van de Overseas Highway van Stock Island naar Key West geeft een grote verzameling hotels al een voorproefje van de populariteit van het eiland. Het plaatsje Key West met ca. 25.000 inwoners ligt nog twintig minuten rijden met de auto aan de andere kant van het eiland.

In Duval Street en zijn zijstraten vindt men een in de Verenigde Staten zeldzame dichtheid van restaurants, bars en nachtclubs. De flaneerstraat waar het autoverkeer 's avonds alleen stapvoets vooruitkomt, kan de vergelijking met Ocean Drive in Miami Beach makkelijk doorstaan. In de liberale sfeer van de stad hebben homoseksuelen en alternatieve levensstijlen een vanzelfsprekende plaats veroverd.

Ernest Hemingway woonde lange tijd op Key West. De beeldvorming rond zijn persoon – en zijn stamkroegen Sloppy Joe's en Captain Tony's Saloon (zie blz. 229) – als symbool van een vrij, ongebonden mannenleven, komt het imago van de gemeenschap zeer ten goede, net als die rond Tennessee Williams, die tot zijn dood in 1983 in Key West woonde en als symboolfiguur van de *gay community* geldt. En ook wie niet vertrouwd is met het literaire werk van Hemingway kan meedoen aan de jaarlijkse *lookalike*-wedstrijd (zie afbeelding blz. 229) , waarbij het voldoende is om zo veel mogelijk op de schrijver te lijken.

Florida Keys

EXCURSIE NAAR DE DRY TORTUGAS

De Florida Keys strekken zich van Key West nog eens 120 km naar het westen uit in de Golf van Mexico. Het **Dry Tortugas National Park** is een zee- en eilandengebied met uitgebreide koraalriffen en een aantal kleinere eilanden, zoals de Mullet Keys, de Baracuda Keys en de Marquesas Keys. De Spaanse conquistador Ponce de León zou de eilandengroep hebben genoemd naar de schildpadden die hij tijdens zijn verblijf in 1513 op de stranden had waargenomen.

Het kleine Garden Key, dat bijna geheel wordt ingenomen door de zeevesting **Fort Jefferson**, is het bekendste eiland van de Dry Tortugas en het enige eiland dat bewoond is. De bevolking bestaat uitsluitend uit een zestal parkrangers, die dienstdoen op het eiland. Enkele naburige eilanden zijn gewilde broedplaatsen van zeevogels.

De excursieboot komt ook langs het kleine eiland Bush Key, dat van maart tot september wordt bevolkt door tienduizenden bonte sterns, die hier hun eieren uitbroeden. In de eenzaamheid van de waterwildernis in de Golf van Mexico diende Fort Jefferson jarenlang als militaire gevangenis. Een van de

Fort Jefferson: de zware vesting strekt zich bijna over het hele eiland uit

bekendste gevangene was de arts Samuel Mudd, die zonder het te weten in 1865 de moordenaar van president Lincoln, John Wilkes Booth, had behandeld.

Tegenwoordig bieden parkrangers rondleidingen aan door de imposante zeevesting en tonen de mooiste plaatsen waar men vlak bij de waterkant over het koraalrif kan snorkelen. Terwijl de rondleiding aan de gang is, wordt op het strand een klein buffet klaargezet voor de deelnemers aan de excursie. Met hun afgelegen positie zijn de Dry Tortugas ook een frequent doelwit van bootvluchtelingen uit het vlakbij gelegen Cuba. De eilandengroep is tijdens een dagtocht bereikbaar met eigen of gecharterde boten, met de catamaran van de Dry Tortugas Ferry en met watervliegtuigen van Key West Seaplanes (zie blz. 231.

Informatie
Dry Tortugas National Park: tel. 1-305-242-7700, www.nps.gov/drto, www.fortjefferson.com, toegang $ 5 voor bezoekers vanaf 17 jaar.

De inwoners van Key West – of ze nu import zijn of hier geboren – gelden als eigenzinnig. Een wegversperring ten behoeve van een drugscontrole op de Overseas Highway was in 1982 de aanleiding om zich als *Conch Republic* (*conch* is een lokale zeeslak die veel wordt gebruikt in de bekende vissoep) af te scheiden van de Verenigde Staten, paspoorten af te geven en geld te drukken – ten minste tot de wegcontroles werden opgeheven. Kopieën van de bankbiljetten en T-shirts met de opdruk *Conch Republic* behoren nog altijd tot de populairste souvenirs om mee te nemen van Key West.

Geschiedenis van eiland

De Spanjaarden, wier enige interesse in het eiland was dat ze hun met schatten beladen galjoenen intact om de gevaarlijke koraalriffen moesten loodsen, noemden het *Cayo Huesco*, Knekeleiland, vanwege de menselijke skeletten die ze op het strand hadden gevonden. Nadat de Keys in 1821 samen met de rest van Florida aan de VS waren toegevallen, werd het Knekeleiland omgedoopt in Key West. De Amerikaanse marine verdreef de piraten, die hier een lucratief steunpunt hadden. Maar de eilandbewoners zetten de traditie rustig voort en zorgden met het plunderen van scheepswrakken voor een stabiel inkomen. Zo lang mogelijk verzetten ze zich tegen de bouw van vuurtorens. Na de bouw van een aantal vuurtorens stopte de toevoer van scheepsladingen, omdat de schepen de gevaarlijke riffen nu konden omzeilen.

De geschiedenis van het eiland was ook daarna niet vrij van zware crises. Griekse sponsduikers afkomstig van de Dodekanesos, die zich hier hadden gevestigd, trokken na de decimering van het aantal sponzen in de jaren 80 van de 19e eeuw naar Tarpon Springs aan de Gulf Coast, ten noorden van St. Petersburg. Zelfs de Cubaanse sigarenmakers, die vanuit het slechts 145 km verder gelegen Cuba waren overgestoken, trokken aan het begin van de 20e eeuw naar Tampa, waar ze grote fabrieken vestigden.

Tijdens de Amerikaanse Burgeroorlog bleef Key West ondanks de sympathie van de bewoners voor het Zuiden onder controle van de Unie, dankzij militaire bases in Fort Taylor, bij de East Martello Tower en in Fort Jefferson op Garden Key in de eilandengroep van de Dry Tortugas.

Ook de ananasplantages op het eiland verloren snel aan belang ten opzichte van de uitgestrekte arealen op het nabijgelegen Cuba en het verre Hawaï. Toen in januari 1912 de spoorweg van Henry Flagler met de Overseas Extension Key West bereikte vanaf Miami, gaf dat nieuwe hoop voor handel en toerisme. Maar de orkaan van 1935 spoelde de spoorverbinding naar Miami in zee en de vloedgolf vervaagde ook de hoop op een herstel na de wereldwijde economische crisis van de jaren 30. Pas in de late jaren 50 vonden het eiland

en de zuidelijkste stad van de continentale Verenigde Staten weer aansluiting bij de gouden tijden van weleer, mede door de heropleving van het toerisme.

Aan dit tijdperk herinnert ook het Key West Historic District met talrijke gebouwen, waarin met name enkele bijzonder mooie *conch houses* opvallen. Een typisch **conch house** is een tot twee verdiepingen hoog, heeft een sterke houten constructie met stabiele hoekverbindingen, stevig sluitende vensterluiken en windroosters voor luchtcirculatie onder de daken. Sierlijke ornamenten, veranda's rondom, zuilenportieken en vriendelijke

Key West

Bezienswaardig
1. Mallory Square
2. Key West Shipwreck Historeum
3. Key West Aquarium
4. Key West Museum of Art & History
5. Audubon House
6. Mel Fisher Maritime Museum
7. Little White House Museum
8. Florida Keys Eco-Discovery Center
9. Ernest Hemingway Home & Museum
10. Key West Lighthouse Museum
11. Fort Zachary Taylor
12. Key West Butterfly & Nature Conservatory
13. Southernmost Point
14. Key West Cemetery
15. East Martello Fort

Overnachten
1. Hyatt Key West Resort & Spa
2. The Gardens Hotel
3. La Pensione
4. Southernmost Point Guest House
5. The Grand
6. Angelina Guest House
7. Seashell Motel & Key West Hotel
8. Boyd's Campground

Eten & drinken
1. Café Marquesa
2. Hot Tin Roof
3. Louie's Backyard
4. Turtle Kraals Wildlife Grill
5. Half Shell Raw Bar
6. Blue Heaven
7. Mangia Mangia
8. El Siboney

Winkelen
1. Key West Aloe
2. Haitian Art
3. Montage

Uitgaan
1. Red Barn Theatre
2. Captain Tony's Saloon
3. Margaritaville Café
4. Schooner Wharf Bar
5. Sloppy Joe's
6. Aqua

Actief
1. Conch Tour Train
2. Old Town Trolley
3. Ghosttours
4. Danger Charters
5. Dry Tortugas Ferry
6. Seaplanes
7. Dive Key West
8. Southbound Key West
9. Eva Marie Sportfishing Charters

pastelkleuren zorgen ervoor dat de conchhuizen vaak een lust voor het oog zijn. Het naar de beroemde ornitholoog genoemde Audubonhuis op Whitehead Street nr. 205 en het Dr. Joseph Y. Porter House op Caroline Street nr. 429 zijn goede voorbeelden van deze bouwstijl.

Stadswandeling

Het **Pelican Path** is een gemarkeerde wandelroute, voorzien van een pelikaanpictogram, die veel van de gerestaureerde oude gebouwen en andere bezienswaardigheden van Key West met elkaar verbindt. Een kaart

Florida Keys

met routebeschrijving is te krijgen bij het bezoekerscentrum van de Chamber of Commerce.

Wie niet wil of kan lopen, sluit zich aan bij een rondleiding met de **Conch Tour Train** of de **Old Town Trolley** (zie blz. 229).

Mallory Square [1]

Een belangrijke gebeurtenis in Key West is het ritueel iedere avond op Mallory Square, wanneer een grote mensenmenigte zich op het anders nogal kale plein en de *boardwalk* aan de baai verzamelt, om afscheid te nemen van de ondergaande zon. Een groot aantal straatmuzikanten, waarzegsters, vuurspuwers en andere artiesten met kettingen of met leguanen op de schouder en slangen die als een soort sjaal rond de nek hangen zorgt voor extra entertainment.

Key West Shipwreck Historeum [2]

281 Front St., tel. 1-305-292-8990, www.keywestshipwreck.com, dag. 9–17.45 uur, volwassenen $ 14, kinderen 4–12 jaar $ 8

In het Key West Shipwreck Treasures Museum toont de reconstructie van de opslagplaats van een wrakkenpiraat hoe grondig de lading van gestrande schepen werd uitgebuit. In het seizoen betrekken gekostumeerde bewoners de bezoekers in gesprekken over het dagelijks leven en de 'carrièremogelijkheden' van wrakkenplunderaars. Vanaf de 20 m hoge uitkijktoren hebt u een prachtig uitzicht over zee.

Key West Aquarium [3]

1 Whitehead St./ Mallory Sq., tel. 1-305-296-2051, www.keywestaquarium.com, dag. 10–18 uur, volwassenen $ 15, kinderen 4–12 jaar $ 9, 2 kaartje is dagen geldig

Het Key West Aquarium is sinds 1934 een trekpleister voor groot en klein. Het is geen waterthemapark zoals SeaWorld en biedt geen dressuuracts met orka's. In de bassins zijn vissen en schaaldieren te zien die voor de kust van Key West in de Atlantische Oceaan en de Golf van Mexico leven, waaronder murenen, papegaaivissen, schildpadden en haaien. Deze laatste worden tijdens rondleidingen ook gevoerd.

Key West Museum of Art & History [4]

281 Front St., tel. 1-305-295-6616, www.kwahs.com, ma.–wo. 9.30–17, do.–zo. tot 18 uur, volwassenen $ 7, scholieren $ 5

In het oude douanekantoor uit 1891 geeft het Key West Museum of Art & History een beeld van de geschiedenis en cultuur van de Florida Keys. De stad gold in de hoogtijdagen van de wrakkenpiraten als een van de rijkste van de VS, maar was in 1930 bankroet. Tien zalen tonen vooral werk van kunstenaars die werden aangetrokken door de bijzondere sfeer van de stad, een deel van de fantasierijke kostuums die gedragen werden tijdens de optochten van het Fantasy Fest (zie blz. 231) en slaan ook het tijdperk van de piraten en het verblijf van Ernest Hemingway niet over.

Audubon House [5]

205 Whitehead St., tel. 1-305-294-2116, www.audubonhouse.com, dag. 9.30–17 uur, volwassenen $ 12, kinderen $ 5

Het Audubon House is een goed voorbeeld van de conch-bouwstijl. Hier woonde de ornitholoog James Audubon toen hij in 1832 tekeningen van de vogels in de regio maakte. Het kostbare chippendalemeubilair en waardevol staffordshireservies behoorden aan een andere bewoner, kapitein John Geiger, een rijke wrakkenpiraat. De muren zijn versierd met voorstellingen die Audubon maakte van de flora en fauna van de Keys.

De museumwinkel verkoopt prenten naar ontwerp van Audubon en zijn standaardwerk *The Birds of America* met 917 illustraties van vogels van Noord-Amerika.

Mel Fisher Maritime Museum [6]

200 Green St./Ecke Front St., tel. 1-305-294-2633, www.melfisher.org, ma.–vr. 8.30–17.45, za., zo. vanaf 9.30 uur, volwassenen $ 12,50, kinderen 6–12 jaar $ 6,25

Het Mel Fisher Maritime Museum toont de vondsten van een hedendaagse 'wrakkenpiraat', die zich richt op het vinden van

Key West

Hemingways liefde voor de zee is in zijn huis alomtegenwoordig

gezonken schatten van de Spanjaarden. Een deel van het goud dat in het in 1622 gezonken Spaanse galjoen Nuestra Señora de Atocha en het zusterschip de Santa Margarita is aangetroffen, is hier tentoongesteld.

Little White House Museum 7

111 Front St., tel. 1-305-294-9911, www.truman littlewhitehouse.com, dag. 9–16.30 uur, volwassenen $ 15, kinderen tot12 jaar $ 5

Harry S. Truman, president van de Verenigde Staten van 1945 tot 1953, was dol op de Keys en bracht zijn vakanties vaak door in Key West. Zijn huis in Front Street stond bekend als Little White House. Een tentoonstelling van memorabilia is een kort bezoek waard.

Florida Keys Eco-Discovery Center 8

35 E. Quay Rd., tel. 1-305-809-4750, www. eco-discovery.com/ecokw.html, di.–za. 9–16 uur, gratis entree

Moderne technologie met touchscreens en interactieve displays geven inzicht in het ecosysteem van de Keys met zijn koraalrif. In een watertank is een rif nagebouwd. Te zien is ook een model van het onderwaterlaboratorium Aquarius.

Hemingway Home 9

907 Whitehead St., tel. 1-305-294-1136, www. hemingwayhome.com, dag. 9–17 uur, volwassenen $ 13, kinderen 6–12 jaar $ 6

Niemand kan Key West verlaten zonder een bezoek te hebben gebracht aan het huis van Ernest Hemingway. De schrijver bezat van 1931 tot 1961 een huis in Whitehead Street, maar woonde er slechts tot 1940. Enkele van zijn bekendste werken, zoals *For whom the bell tolls* (*Voor wie de klok luidt*) en *The snows of Kilimanjaro* (*De sneeuw van de Kilimanjaro*) zijn ontstaan op de typemachine in dit huis. Het zwembad, tegenwoordig niets bijzonders, gold aan het eind van de jaren 30 als zeer extravagant. Op het terrein van het als museum ingerichte Ernest Hemingway Home leven tientallen katten (sommige met zes tenen), vermoedelijk de nakomelingen van Hemingway's huisdieren.

Key West Lighthouse Museum 10

938 Whitehead St., tel. 1-305-294-0012, www. kwahs.com, dag. 9.30–16.30 uur, volwassenen $ 10, kinderen 7–12 jaar $ 5

Het Key West Lighthouse Museum in het vroegere huis van de vuurtorenwachter herinnert aan een van de donkere momenten in

Op naar de zon – gaytoerisme als economische factor

Florida is uitgegroeid tot een van de favoriete bestemmingen van homo's en lesbiennes. De keuze is enorm. Vooral Miami Beach, Fort Lauderdale en Key West zijn de hotspots waar homoseksuele mannen en vrouwen gelijkgestemden ontmoeten. En zelfs Walt Disney World in Orlando organiseert de Gay Days, die jaarlijks meer dan honderdduizend homoseksuelen van beide geslachten trekken.

Sinds enkele jaren is de toeristenindustrie erachter gekomen dat zich achter de term 'gay-toerisme' geen bijzondere reisvoorkeuren van een groep seksueel afwijkende vakantiegangers verschuilt, maar een enorm economisch potentieel. Serieuze schattingen gaan uit van jaarlijks wereldwijd zeventig miljoen reizenden, die samen ca. 50 miljard dollar te besteden hebben. En de trend is stijgende, want uiteindelijk is in veel landen de acceptatie van mensen met een voorkeur voor hetzelfde geslacht toegenomen.

Gaycations, een samentrekking van *gay vacations*, is inmiddels een gangbaar begrip in de branch geworden. Het verwijst naar een aparte tak van het toerisme, die gespecialiseerde touroperators en reisbureaus, een netwerk van uitbaters van winkels, hotels, restaurants en clubs, die meestal zelf tot de scene behoren, en een groeiend aantal aanbieders van georganiseerde vakanties omvat. Tal van voorbeelden, zoals onder meer de Gay Days in Walt Disney World, die zijn uitgegroeid van een eendaags evenement in 1991 met drieduizend deelnemers tot een met een groot aantal evenementen volgepakte week die ongeveer 135.000 homo's en lesbiennes trekt, tonen aan dat gay-toerisme zijn oorspronkelijke niche al lang is ontgroeid. Verschillende cruisemaatschappijen, zoals Carnival of Norwegian Cruise Lines, zijn begonnen met zogenaamde *gay friendly*-cruises vanuit Florida naar het Caribisch gebied.

Met een verscheidenheid aan promotie- en marketingactiviteiten proberen sommige plaatsen in Florida om een zo groot mogelijk deel van deze *pink dollars* in hun gemeenschapskassen te krijgen. Ze profiteren van het feit dat het in veel andere resorts nog steeds problematisch kan zijn om zich in het openbaar als homo te uiten, terwijl aan de andere kant het openlijk en ontspannen verkeren met seksueel gelijkgestemden een belangrijk motief voor de keuze van een vakantiebestemming is.

Miami Beach koestert zich in de wereldwijde reputatie als een van de hipste vakantiebestemmingen voor homoseksuele mannen en vrouwen. Homoseksuele en lesbische koppels en groepen behoren hier tot het alledaagse straatbeeld, hun aanwezigheid is niet, zoals in veel andere steden, beperkt tot een bepaalde wijk of speciale restaurants, hotels en clubs. Geen van de trendy bars in de party-zone van South Beach kan het zich veroorloven om niet minstens eenmaal per week een speciale Gay Night aan te bieden. Er is nu zelfs een eigen economische belangenvereniging voor homo's en lesbiennes, een soort kamer van koophandel, de Miami-Dade Gay and Lesbian Chamber of Commerce (www.gogaymiami.com).

Het belangrijkste sociale evenement is de White Party in Miami, een week van evenementen die wordt afgesloten door een benefietgala ten behoeve van hiv/aids-onderzoek en fondsen om behoeftigen te helpen. Het evenement wordt jaarlijks eind november/begin december op verschillende locaties in de stad gehouden en er treden veel beroemdheden op. *Where the Boys Are* is een film uit het begin van de jaren 60 over Amerikaanse studenten

Homoseksuele echtparen zijn in Key West heel gewoon

die in hun voorjaarsvakantie de studiestress van het voorgaande semester afreageren met wilde feesten in Fort Lauderdale. Het tijdperk van de stad als een *springbreak*-metropool is inmiddels voorbij, maar andere *boys are back*. Fort Lauderdale heeft zich de afgelopen jaren verder ontwikkeld tot een van de meest populaire vakantiebestemmingen voor homo's aan de zuidelijke Atlantische kust.

Dat zien de meeste ondernemers graag, omdat, in tegenstelling tot de heteroseksuele studenten van weleer, de homo's van tegenwoordig zich niet alleen beter gedragen, maar ook veel geld in de stad uitgeven. Sommigen hebben zich hier gevestigd en versterken de homoseksuele gemeenschap van de plaats. Het toeristenbureau van Fort Lauderdale heeft een lijst van meer dan honderd winkels, restaurants, bars en hotels die worden gerund door homoseksuelen. Enkele tientallen van hen zijn uitsluitend in het specifieke marktsegment gespecialiseerd. Een eigen website (www.gayftlauderdale.com) maakt de vakantieplanning voor homo's gemakkelijker en geeft informatie over relevante accommodatie, winkels, restaurants, bars en disco's.

Ook Key West behoort tot de internationaal bekende hippe *gay destinations*. Mannen en vrouwen die hand in hand door Duval Street wandelen zijn geen uitzondering maar een dagelijks verschijnsel. De dansclubs en disco's van Key West die gerund worden door homo's en waar ook heteroseksuele koppels welkom zijn, worden als de beste op het eiland beschouwd.

De regenboogvlaggen die van veel van de hotels en pensions op het eiland wapperen duiden aan: hier zijn homoseksuele paren welkom. De Key West Business Guild (tel. 305-294-8539, www.kwbgonline.org) vertegenwoordigt meer dan honderd onderkomens en andere bedrijven die door gays worden gerund en die hen ook als klant werven.

Tennessee Williams, schrijver van *Cat on a hot tin roof*, *The glass menagerie* en andere bekende toneelstukken, kon tijdens zijn langdurige verblijf in Key West zijn homoseksuele neigingen vrijelijk uitleven en wordt als een icoon van de gay-gemeenschap van het eiland beschouwd.

Tot de populairste adressen van het beroemde gay-nachtleven van Key West behoren Bobby's Monkey Bar (900 Simonton St.), de Cocktailbay met Dance Club Aqua (711 Duval St.) en Bourbon Street Pub & Garden Bar (724 Duval St.).

Florida Keys

Bij zonsondergang verzamelt half Key West zich op de kustboulevard

de geschiedenis van Key West, toen met de bouw van de eerste vuurtoren in 1848 een eind kwam aan het plunderen van gestrande schepen. Doorzetters die de 88 treden op een vrij smalle trap overwinnen, worden beloond met een prachtig uitzicht over het eiland en de zee.

Fort Zachary Taylor 11
tel. 1-305-292-6713, www.fortzacharytaylor. com, dag. 8 uur tot zonsondergang, vanaf $ 6 per auto, voetgangers $ 2
Het trapeziumvormige Fort Zachary Taylor aan de zuidwestkant van de stad en het eiland werd in 1845 gebouwd als onderdeel van het Amerikaanse zeeverdedigingssysteem. Tijdens de Burgeroorlog was het fort stevig in handen van de troepen van de Unie.

Nog meer bezoekers dan het fort trekt het **State Historic Park** eromheen, met door bomen omzoomde picknickplaatsen en een zandstrand. Het aardige Cayo Hueso Café serveert snacks op een terras.

Key West Butterfly & Nature Conservatory 12
1316 Duval St., tel. 1-305-296-2988, www.key westbutterfly.com, dag. 9–17 uur, volwassenen $ 12, kinderen 4–12 jaar $ 8,50
Meer dan vijftig verschillende soorten vlinders fladderen in het geklimatiseerde atrium van het Key West Butterfly & Nature Conservatory tussen tropische bomen en bloemen.

Key West

In een rustige woonwijk niet ver van de touristische Duval Street ligt Key West Cemetery. Het aantal hier begraven eilandbewoners wordt geschat op zestig- tot honderdduizend. Inscripties op sommige grafstenen toont de vaak zwartgallige humor van de eilandbewoners. Enkele van de populairste grafschriften zijn 'Ik had toch gezegd dat ik ziek ben' en 'Nu weet ik tenminste waar hij vanavond slaapt' (hoek Margareth St. en Angela St., zonsopkomst tot zonsondergang).

East Martello Fort 15
3501 S. Roosevelt Blvd., tel. 1-305-296-3913, www.kwahs.com/martello.htm, Fort dag. 9.30–16.30 uur, volwassenen $ 7, kinderen vanaf 6 jaar $ 5
Tegenover de luchthaventerminal, in het zuidoosten van het eiland, springen de enorme kazematten van de East Martello Tower in het oog. Het fort met 2,5 m dikke muren van rood baksteen was door nieuwe ontwikkelingen op het gebied van explosieve projectielen echter al voor zijn voltooiing in het midden van de 19e eeuw achterhaald. De bouw van de verdedigingswerken werd daarom nooit voltooid. Een eclectische tentoonstelling in het fort toont onder meer een verzameling scheepsmodellen en een vlot van Cubaanse vluchtelingen.

Info
Key West Chamber of Commerce: 510 Greene St., Key West, tel. 1-305-294-2587, www.keywestchamber.org.

Overnachten
Ongedwongen luxe – **Hyatt Key West Resort & Spa** 1 : 601 Front St., tel. 1-305-809-1234, www.keywest.hyatt.com. Goed onderhouden terrein met een mooi zwembad en bars, de kamers bieden een prachtig uitzicht op zee. 120 kamers, vanaf $ 220.
Tropische oase – **The Gardens Hotel** 2 : 526 Angela St., tel. 1-305-294-2661, www.gardenshotel.com. Luxueuze kamers in een voormalige villa die wordt omzoomd door een tropische tuin met zwembad. Alleen zestienplus. 17 kamers, $ 195 incl. ontbijt.

Met een film en informatieve uitleg van de medewerkers helpt het bezoekerscentrum om de levenscyclus van de kleurige insecten beter te begrijpen.

Southernmost Point 13
De massieve betonnen boei op Southernmost Point op de hoek van Whitehead en South Street behoort tot de meest gefotografeerde plaatsen op Key West en herinnert aan het feit dat Havana op Cuba met een afstand van 144 km een stuk minder ver is dan Miami.

Key West Cemetery 14
Hoek Margareth en Angela St., zonsopkomst tot -ondergang, www.friendsofthekeywestcemetery.com/

Florida Keys

Charmante B&B – La Pensione 3: 809 Truman Ave., tel. 1-305-292-9923, www.lapensione.com. Negen mooie kamers in een gebouw uit 1891. Veel stamgasten. Door de ligging aan een doorgaande weg kan er soms wat geluidsoverlast zijn. Alleen volwassenen. Vanaf $ 180.

Vriendelijke eigenaar – Southernmost Point Guest House 4: 1327 Duval St., tel. 1-305-294-0715, www.southernmostpoint.com. Keurige kamers in een mooi gebouw op en prima plek. 6 kamers, vanaf $ 170.

In een rustige woonwijk – The Grand 5: 1116 Grinnel St., tel. 1-305-294-0590, www.thegrandguesthouse.com. Klein maar fijn hotel met persoonlijke service. De gastgevers zijn zeer behulpzaam en lenen op verzoek ook fietsen uit. 11 kamers, vanaf $ 160 incl. ontbijt.

Voordelig en goed – Angelina Guest House 6: 302 Angela St., tel. 1-305-294-4480, www.angelinaguesthouse.com. Eenvoudig maar vriendelijk pension met voordelige prijzen voor Key West, sommige kamers hebben de beschikking over een kitchenette en een koelkast. 11 units, vanaf $ 94.

Voor budgetreizigers – Seashell Motel & Key West Hostel 7: 718 South St., tel. 1-305-296-5719, www.keywesthostel.com. Motel met twee- en meerpersoonskamers vanaf $ 150, hostel met bedden op een slaapzaal vanaf $ 44. Fietsverhuur. 96 bedden.

Camping – Boyd's Campground 8: 6401 Maloney Ave., tel. 1-305-294-1465, www.boydscampground.com. Aan de Gulf Coast van het naburige Stock Island. Plekken vanaf $ 55.

Eten & drinken

Fine dining – Café Marquesa 1: 600 Fleming St., in Marquesa Hotel, tel. 1-305-292-1919, www.marquesa.com. Elegant, door kenners geprezen restaurant met *Floribbean cuisine*. Hoofdgerecht $ 33–45.

Veelvuldig bekroond – Hot Tin Roof 2: Zero Duval St./Mallory Sq., in Ocean Key Resort, tel. 1-305-295-7701, www.oceankey.com. Het restaurant is een eerbetoon aan de *Conchfusion*-keuken, een mix van Caribische specialiteiten en Noord-Amerikaanse klassiekers. Dat resulteert bijvoorbeeld in gerechten als mini-steaks met mango-barbecuesaus. Hoofdgerecht $ 26–46.

Caribische keuken – Louie's Backyard 3: 700 Waddel Ave., tel. 1-305-294-1061, www.louiesbackyard.com. Naast goede vlees- en visgerechten biedt dit restaurant een uitstekende wijnkaart, bovendien een stijlvolle ambiance in een victoriaanse villa uit 1908. Gerechten $ 12–40.

Key West-intsituut – Turtle Kraals Wildlife Grill 4: 1 Lands End Village, tel. 1-305-294-2640, www.turtlekraals.com. Vroeger werd hier het vlees van schildpadden ingeblikt, tegenwoordig komen er verse vis, Caribisch varkensgebraad en heerlijke mangotaart op tafel. Gerechten $ 12–27.

Schilderachtig – Half Shell Raw Bar 5: 231 Margaret St., tel. 1-305-294-7496, www.halfshellrawbar.com. Informele ontmoetingsplaats meteen aan het dok, goede vis en zeevruchten, tegen een vergoeding wordt de eigen vangst klaargemaakt. Gerechten $ 7–22.

Ontbijt en meer – Blue Heaven 6: 729 Thomas St., tel. 1-305-296-8666, www.blueheavenkw.com. Gezond ontbijt, lekkere Caribische snacks. Gerechten vanaf $ 8–35.

Fijne pasta – Mangia Mangia 7: 900 Southard St., tel. 1-305-294-2469, www.mangiamangia.com. Huisgemaakte pasta, heerlijke vis, gemarineerde kip. Gerechten $ 8–29.

Authentiek Cubaans – El Siboney 8: 900 Catherine St./hoek Margaret St., tel. 1-305-296-4184, www.elsiboneyrestaurant.com. Gerechten naar authentieke Cubaanse en Spaanse receptuur. Gerechten $ 5–13.

Winkelen

Natuurlijke cosmetica – Key West Aloe 1: 419 Duval St., tel. 1-305-293-1885, www.keywestaloe.com. Parfums, crèmes, shampoos en douchegels in vele tropische geuren, afkomstig van de eilanden.

Kunst – Haitian Art Company 2: 605 Simonton St., tel. 1-305-296-8932. Kleurrijke kunst uit Haïti en andere Caribische culturen.

Om op te hangen – Montage 3: 704 Duval St., tel. 1-305-295-9101, www.montagekey

Key West

Een hoogtepunt tijdens de Hemingway Days in juli is de lookalike-wedstrijd: wie lijkt het meest op het grote idool?

west.com. Borden van messing en hout met verschillende motieven, waarvan sommige erg grappig en origineel.

Uitgaan

Theater en cabaret – **Red Barn Theatre** 1 : 319 Duval St., tel. 1-305-296-9911, www.redbarntheatre.com. Huistheater van de Key West Community Players, wisselende gastensembles.

Cocktailbars – **Captain Tony's Saloon** 2 : 428 Greene St., www.capttonyssaloon.com. Dit café heette vroeger Sloppy Joe's, was de stamkroeg van Hemingway en ziet er nog steeds zo uit als toen. **Margaritaville Café** 3 : 500 Duval St., tel. 1-305-292-1435, www.margaritaville.com. Speelt in op het easy-livin'-imago van de populaire zanger en eigenaar Jimmy Buffett. **Schooner Wharf Bar** 4 : 202 William St., tel. 1-305-292-3302, www.schoonerwharf.com. Uitstekende locatie en altijd goede sfeer aan de waterkant in de oude haven. **Sloppy Joe's** 5 : 201 Duval St., www.sloppyjoes.com, 24/7 geopend. Borduurt eveneens voort op de reputatie van Hemingway. Regelmatig livemuziek.

Gaydisco – **Aqua** 6 : 711 Duval St., tel. 1-305-294-0555, www.aquakeywest.com. Hippe disco, waar ook hetero's de hele nacht dansen. 's Avonds grand entree van de Aquanettes, een wilde dragqueenact.

Actief

Stadsrondritten – **Conch Tour Train** 1 : tel. 1-305-294-5161, www.conchtourtrain.com. Rondrit over het eiland met een ouderwets boemeltje, vertrek bij het Front Street Depot, vanaf $ 29 (online), kinderen tot 12 jaar gratis. **Old Town Trolley** 2 : www.trolleytours.com/key-west. Rondrit in een trolleybus, vertrek op Mallory Square, volwassenen vanaf $ 29 (online), kinderen tot 12 jaar gratis. **Ghosttours** 3 : tel. 1-305-294-9255, www.hauntedtours.com. Avondlijke griezeltocht langs *haunted houses* en andere enge plekken, vertrek bij de kiosk op 430 Greene St., volwassenen $ 18, kinderen $ 7 (online).

Boottochtjes – **Danger Charters** 4 : 245 Front St., tel. 1-305-304-7999, www.dangercharters.com. Ontspannen zeiltochtjes naar de zonsondergang, ook kajakken en

Florida Keys

DIEPZEEVISSEN – IN HET KIELZOG VAN HEMINGWAY

Informatie
Start: Key West
Duur: Halve dag (4 uur), driekwart dag (6 uur), een hele dag (8 uur)
Kosten: Hele dag $ 1000 per boot (maximaal 4 personen), driekwart dag $ 750, halve dag $ 600, inclusief boothuur, visvergunning, materiaal en aas. Wie individueel een boot boekt (Split Charter), betaalt voor 8 uur $ 250, per persoon, voor 6 uur $ 200 en voor 4 uur $ 150. Wie alleen meevaart, zonder zelf te vissen, betaalt respectievelijk $ 90, $ 85 en $ 50. Korting bij contante betaling.
Informatie en reserveren: Bijv. Southbound Key West, Capt. Richard Houde, Garrison Bight Marina, 1801 N. Roosevelt Blvd., tel. 1-305-293-8565, www.sportfishingkeywest.com.

Op *long weekends* is er geen houden aan, dan komen de sportvissers zelfs uit Georgia, Tennessee en North Carolina. De wateren van de Florida Keys en Straat Florida, waar de warme Golfstroom naar de Atlantische Oceaan doorheen stroomt, wordt als een paradijs voor zeevissers beschouwd. De boten met krachtige motoren, hoge observatiebrug en op het achterdek gemonteerde stoelen waarin de vissers met riemen vastzitten, vertrekken in de vroege ochtend vanuit Key West, Marathon, Islamorada en Key Largo. Ook in de havens van de Panhandle, Destin en Fort Walton Beach wachten hele vloten van charterboten op sportvissers, die kunnen kiezen tussen eenvoudige boten met buitenboordmotor en powerboten met een veelvoud aan pk's.

De focus van de jagers richt zich niet op haring of sardines – er wordt gejaagd op de grote vissen: tonijn en marlijn, zeilvis en wahoo. *Big game fishing* was ook een levenslange passie van de schrijver Ernest Hemingway (1899–1961), die twaalf jaar in Key West woonde. 's Ochtends schreef hij, 's middags ging hij vissen en de avonden waren gereserveerd voor het bezoek aan zijn stamcafés. Zijn viservaringen hier en later op Cuba verwerkte hij in zijn beroemde roman *The old man and the sea* (De oude man en de zee).

Het hoogtepunt van het visseizoen valt in de periode juni tot augustus, wanneer de blauwe marlijn bijt. Deze tot een halve ton zware vis is een verbeten vechter en vergt veel van de kracht en uithoudingsvermogen van de visser.

Wie het geluk heeft iets te vangen, kan zijn vangst bij terugkeer in een restaurant laten klaarmaken. Veel restaurants op de Keys bieden deze service tegen een vergoeding aan. Maar niet iedereen ziet zijn prooi als een smakelijke maaltijd op het bord eindigen – sommigen willen vooral een trofee voor in de woonkamer.

Hoe een perfecte visdag moet eindigen, heeft Hemingway ook laten zien: aan de bar van een café, om in schitterende details de op zee opgedane ervaringen aan een ademloos publiek te vertellen of door te luisteren naar de verslagen van de heldendaden van de andere vissers. Snel is het glas geleegd, terwijl het gesprek steeds weer terugkomt op zwaardvissen, marlijn, wahoo en barracuda, bonito, tonijn en haai. De fantasie wordt verleid tot de meest fantastische verzinsels, maar Hemingway's meesterlijke vertelkunst blijft in de regel ongeëvenaard – des te meer lijkt menig sportvisser zijn grote voorbeeld te willen overtroeven waar het de alcoholconsumptie betreft.

snorkelen. $ 80 inclusief wijn. **Dry Tortugas Ferry** 5 : 240 Margaret St., tel. 1-305-294-7009, www.yankeefreedom.com. Dagtocht met een snelle catamaran naar de Dry Tortugas, kosten inclusief state-parktoegang en consumpties volwassenen $ 170, kinderen 4–16 jaar $ 125. **Seaplanes** 6 : Key West International Airport, 3471 S. Roosevelt Blvd., tel. 1-305-294-4014, www.keywestseaplanes.com. Tochtjes van een halve en een hele dag met watervliegtuigen naar Fort Jefferson op Dry Tortugas, volwassenen $ 250–450, kinderen tot 12 jaar $ 200–350.

Duiken – **Dive Key West** 7 : 3128 N. Roosevelt Blvd., tel. 1-305-296-3823, www.divekeywest.com. Duik- en snorkeltrips naar de riffen voor Key West (snorkelen vanaf $ 60, duiken vanaf $ 75).

Diepzeevissen – **Southbound Key West** 8 : zie Actief hiernaast. **Eva Marie Sportfishing Charters** 9 : 619 Front St., Slip 5, tel. 1-305-304-6283, www.evamariekeywest.com. Vistrips met de Eva Marie, 4–8 uur, $ 150–200 per persoon, tot 6 personen

Baden – U kunt heerlijk zwemmen bij het mooie, met palmbomen omzoomde zandstrand van **Fort Zachary Taylor**, bij de uitgestrekte stranden van **Smathers Beach** en bij **South Beach.**

Agenda

Hemingway Days: 5 dagen in juli. Met lezingen en discusies, maar ook lookalike-competitie, armworstelen en viswedstrijden. Natuurlijk wordt het allemaal afgesloten met een groot feest.

Fantasy Fest: 10 dagen in de tweede helft van oktober. Kleurrijk feest met vreemde maskerades en kostuums, bizarre dansavonden en optochten (www.fantasyfest.net).

Hoofdstuk 3

Tampa Bay en de Golfkust

De streek rond Tampa Bay telt meer dan 2,8 miljoen inwoners. Waar Clearwater en St. Petersburg Beach met hun lange, brede zandstranden populaire en levendige vakantiecentra zijn, regeert in Tampa vooral het zakenleven. De skyline met wolkenkrabbers van staal en glas is al van verre zichtbaar. Veel vakantiegangers op zoek naar zon genieten van de bezienswaardigheden van deze stad, maar verblijven aan de andere kant van de drie bruggen die Tampa met St. Petersburg en de kust verbinden.

De charmante plaatsen Sarasota en Bradenton behoren met hun langgerekte strandwallen met schitterend wit zand nog tot de minder bekende 'insidertips'. Verder naar het zuiden mogen de kustplaatsen rond Fort Myers en Naples met de vakantie-eilanden Sanibel, Captiva, North Captiva en Marco Island zich in een toenemende belangstelling bij zonaanbidders verheugen. Ze worden steeds meer gewaardeerd door reizigers die op zoek zijn naar een rustige, ontspannen vakantie zonder gedoe en zorgen over veiligheid. Voor een aanzienlijk aantal bezoekers uit de 'oude wereld' is dit deel van Florida ook een ideale locatie gebleken voor een zonnig tweede huis. Helemaal in het zuidwesten loopt de kust tot aan het boeiende Everglades National Park, dat per boot vanuit Everglades City kan worden verkend.

Van de indianen die voor de komst van de Europese veroveraars duizenden jaren aan de Gulf Coast leefden, zijn maar enkele indrukwekkende getuigenissen bewaard gebleven. Bij Crystal River ten noorden van St. Petersburg zijn bijvoorbeeld piramidevormige schelpheuvels te zien, de resten van ontwikkelde woon- en cultusplaatsen. Deze schelpheuvels zijn ook gevonden op de strandwallen bij Fort Myers en op Marco Island.

De zonsondergang boven Tampa Bay, gezien vanaf de pier, is een spectaculaire gebeurtenis

In een oogopslag: Tampa Bay en de Golfkust

Hoogtepunten

⭐ **Tampa:** Naast een opwindende skyline lokken hier aantrekkelijke musea en het amusementspark Busch Gardens (zie blz. 237).

⭐ **St. Petersburg:** Hier zijn het Dalí Museum en de aantrekkelijke stranden van de Pinellas Suncoast de grote publiekstrekkers (zie blz. 244).

🍀 **Cedar Key:** Op de Fishing Pier concurreren hengelaars met hongerige pelikanen. Waar eens de schepen met cederhout vertrokken, liggen nu plezierboten (zie blz. 269).

⭐ **Sarasota:** De stad beschikt over de kunstcollectie van het Ringling Museum en een Italiaans baroktheater (zie blz. 272).

🍀 **Sanibel en Captiva Islands:** Subtropisch vakantieparadijzen met met schelpen bezaaide stranden. Massatoerisme is hier nog een vreemd woord (zie blz. 287).

Fraaie routes

Van Tampa naar Cedar Key: De route voert van de toeristische centra naar de 'Hidden Coast', met verborgen kleine plaatsjes aan een met mangroven bezaaide kust. In Tarpon Springs vestigden zich ooit Griekse sponsduikers afkomstig van de Dodekanesos-eilanden. In Homosassa Springs worden gewonde zeekoeien weer opgelapt; bij Crystal Springs kunt u ze vaak met tientallen tegelijk zien. Cedar Key heeft zich van een tip voor kenners tot een bestemming voor individueel ingestelde reizigers ontwikkeld (zie blz. 262).

Van Fort Myers naar Naples: De uitvinder Thomas Alva Edison was 130 jaar geleden een van de eerste mensen die zich in Fort Myers vestigden. De route loopt langs natuurparken zoals het Calusa Nature Center in het achterland. Langs de kust lokken eilanden met zandstranden, het bruisende Fort Myers Beach en Naples met zijn kunstgaleries, trendy boetieks en restaurants (zie blz. 282).

Tips

Myakka River State Park: Uitgebreide wetlands en *palmetto*-prairies kenmerken dit ongerepte gebied, dat langs mooie kanoroutes kan worden verkend (zie blz. 278).

Cabbage Key: De countryzanger Jimmy Buffett bezingt in zijn lied *Cheeseburger in Paradise* de eenzame eilanden van Pine Island Sound, waar u slechts één restaurant en een klein pension met zes kamers vindt (zie blz. 292).

Met een airboat door het waterlandschap rond Cedar Key

Actief

Wandelen en zwemmen in het Fort de Soto Park: Een mooi natuurpad opent het om zijn prachtige stranden bekende Country Park aan de ingang van Tampa Bay. Het leidt vlak langs de kust door graslanden en mangroven, en biedt een prachtig uitzicht over de baai en de Golf van Mexico (zie blz. 250).

Fietstocht over de Pinellas Trail: Een goed aangelegd fietspad van ruim 50 km voert in een grote boog van St. Petersburg over het schiereiland Pinellas naar Tarpon Springs en doorkruist daarbij een afwisselend stedelijk gebied (zie blz. 258).

Kajaktocht op de Estero River: Langs het Koreshan State Park gaat de tocht over de ontspannen meanderende rivier naar de Estero Bay en daar rond het eiland Mound Key met een cultusplaats van de reeds lang uitgestorven Calusa-indianen (zie blz. 286).

Rond Tampa Bay

De steden Tampa en St. Petersburg, ten oosten en ten westen van Tampa Bay, vormen al lange tijd een dynamisch duo. Bijna drie miljoen inwoners telt de regio, die het toerisme als een belangrijke economische factor koestert, maar met zijn elektronische industrie, biomedische en financiële diensten, fosfaatproductie en een grote overslaghaven nog meer economische steunpilaren heeft. Een pretpark, musea en stranden maken van de regio een populaire vakantiebestemming.

Geschiedenis van Tampa Bay

De Spaanse conquistador Ponce de León zou in 1513 de eerste Europese bezoeker van de baai zijn geweest, vijftien jaar later gevolgd door Panfilo de Narváez. In 1539 begon Hernando de Soto, die een eindje verder naar het zuiden bij Tampa Bay aan land was gegaan, in noordelijke richting aan een jarenlange, maar vruchteloze zoektocht naar goud door het zuidoosten van Noord-Amerika. Daar woonden Timucuan- en Tocobaga-indianen al vele honderden jaren rond de grote baai. Ze beoefenden landbouw en visserij, vestigden zich langs rivieren, zoals de Manatee River, of aan de kust en bouwden tempels en residentiële heuvels van schelpen. Slechts weinig sporen van hun cultuur zijn behouden gebleven. Sommige plaatsnamen herinneren aan het indiaanse verleden. *Pocotopaug*, de benaming van de Tocobaga voor 'helder water', gaf de plaats Clearwater zijn naam, en hun woord voor bliksem, *tanpa*, kwam later weer terug op de kaart als Tampa (zie ook Thema blz. 44).

In de 18e eeuw benutten piraten de baai als veilige ankerplaats. Een matroos genaamd José Gaspar zou in 1785 een muiterij hebben geïnstigeerd op een Spaans galjoen. Later maakte de piraat de scheepvaartroutes in het Caribisch gebied onveilig. Elk jaar in het begin van februari spelen gezagsgetrouwe burgers in piratenkostuums tijdens het Gasparilla Pirate Festival een aanval op de stad na. Als het schip met doodskopvlag de haven van Tampa binnenvaart, wordt het begeleid door honderden pleziervaartuigen. Nadat het schip is aangemeerd, draagt de burgemeester de zeggenschap over zijn stad over aan de 'piraten' en kunnen de uitbundige festiviteiten beginnen. Ook in de naam van het professionele footballteam Tampa Bay Buccaneers klinkt de avontuurlijke geschiedenis van de baai als kapersbolwerk door.

Net als zijn rivaal Henry Flagler aan de oostkust was spoorwegmagnaat Henry Plant in het westen van Florida met de aanleg van een spoorverbinding naar Tampa en St. Petersburg in 1884 de motor voor de economische ontwikkeling van de regio. Net als Flagler bouwde hij vervolgens luxeueze hotels, bijvoorbeeld het Tampa Bay Hotel, tegenwoordig zetel van de universiteit van de stad, en het Belleview Hotel in Clearwater, waar – na meerdere renovaties – nu weer als voorheen hotelgasten slapen.

De spoorwegverbinding kwam ook een andere pionier zeer gelegen. In 1886 verplaatste Vicente Martinez Ybor zijn sigarenfabriek van Key West naar Tampa. Eindelijk lag daarmee voor zijn handgerolde sigaren de grote markt in het noordoosten en het middenwesten van de VS open. Tegenwoordig draagt de historische wijk Ybor City, waar nog altijd sigaren met de hand worden gerold, zijn naam. Uit het toen nog tot Spanje behorende Cuba stroomden duizenden arbeiders naar de fabrieken van Ybor City, waarop Vicente Ybor nog meer Cubaanse sigarenfabrieken opende in Tampa. Tot in de jaren 30 was de Cubaanse wijk een van de belangrijkste sigarenproducerende centra van de wereld. De arbeiders zaten in de fabriekshallen op lange banken en rolden zorgvuldig sigaren van de tabaksbladeren. Een 'lector' (voorlezer), gezeten op een verhoging, las intussen romans of gedichten voor.

Misschien is het de combinatie van de op vele plaatsen tastbare geschiedenis en het levendige heden, van een economische metropool aan het water en een ontspannen setting langs de Gulf Coast, die Tampa Bay zo aantrekkelijk maakt voor bewoners en toeristen.

 Tampa ▶ 1, H 6

Kaart: blz. 241

De haven van Tampa is het economische hart van de stad. Enorme vracht- en containerschepen lossen hier hun lading – fosfaten, citrusvruchten en auto's. Grote cruiseschepen op weg naar Mexico en het Caribisch gebied leggen aan in het Garrison Seaport Center. De krabbenvissersvloot is een van de grootste in de Verenigde Staten. Schepen van de Amerikaanse marine liggen aangemeerd in hun eigen dokken. Daarnaast wordt een groot deel van het schiereiland Interbay, in het zuiden van Tampa Bay, bezet door de militairen van de MacDill Air Force Base.

Bezienswaardigheden rond de haven en de Bay

Florida Aquarium 1

701 Channelside Dr., tel. 1-813-273-4000, www.flaquarium.org, dag. 9.30–17 uur, volwassenen $ 24, kinderen 3–11 jaar $ 19

De haven van Tampa is het economische hart van de stad. Enorme vracht- en containerschepen lossen hier hun lading – fosfaten, citrusvruchten en auto's. Grote cruiseschepen op weg naar Mexico en het Caribisch gebied leggen aan in het Garrison Seaport Center. De krabbenvissersvloot is een van de grootste in de Verenigde Staten. Schepen van de Amerikaanse marine liggen aangemeerd in hun eigen dokken. Daarnaast wordt een groot deel van het schiereiland Interbay, in het zuiden van Tampa Bay, bezet door de militairen van de MacDill Air Force Base.

Henry B. Plant Museum 2

401 W. Kennedy Blvd., tel. 1-813-254-1891, www.plantmuseum.com, di.–za. 10–17, zo. 12–17 uur, volwassenen $ 10, kinderen 4–12 jaar $ 5

In het Henry B. Plant Museum is een tentoonstelling over de geschiedenis van de stad te zien. Voorheen bevond zich in het gebouw het Tampa Bay Hotel van Henry Plant. Nadat het luxehotel in 1929 werd gesloten vanwege economische problemen, verwierf de universiteit het gebouw, waarvan de dertien uivormige koepels zijn versierd met zilveren halve manen.

Het met veel originele documenten en foto's ingerichte museum in de zuidvleugel van het gebouw informeert over het leven van de voormalige eigenaar en tegelijkertijd over de beginjaren van het moderne Tampa. Verschillende kamers, waaronder een luxe suite, illustreren de weelderige pracht van het voormalige hotel.

Henry Plant wilde zijn rivaal Flagler, met wie hij goed bevriend was, overtroeven en investeerde 3 miljoen dollar in de bouw van het luxehotel. Een kleine vijfhonderd goederenwagons voerden bakstenen aan, nog eens tachtig waren gevuld met meubilair om het hotel in te richten. Met een groot gala waarvoor tweeduizend gasten waren uitgenodigd – onder wie vele beroemdheden uit de wereld van financiën, politiek en cultuur – werd het hotel in 1891 geopend. In 1898 sloeg het Amerikaanse leger zijn hoofdkwartier op in het Tampa Bay Hotel om met dertigduizend man Cuba binnen te vallen tijdens de Spaans-Amerikaanse oorlog.

Tampa Bay History Center [3]

801 Old Water St., tel. 1-813-228-0097, www. tampabayhistorycenter.org, dag. 10–17 uur, volwassenen $ 12,95, kinderen 4–12 jaar $ 7,95, 13–17 jaar $ 10,95

Aan de oevers van het Garrison Channel in de vernieuwde haven van Tampa, direct tegenover het Harbour Island, verrees het spectaculaire nieuwe gebouw van het Tampa Bay History Center. Het museum doet op aanschouwelijke wijze verslag van de regionale geschiedenis met diverse exposities, van de indianenoorlogen en de Spaanse veroveraars tot de sportsterren van vandaag.

Ybor City

De in 1886 door Vicente Martinez Ybor gestichte wijk **Ybor City** [4] strekt zich uit tussen 13th Street in het westen en 23rd Street in het oosten. In het noorden en het zuiden wordt de 'sigarenwijk' begrensd door Palm Avenue en de door een spoorlijn vergezelde 6th Avenue. Hoewel er nog maar weinig sigaren met de hand worden gedraaid, is de voormalige wijk van Cubaanse immigranten en hun sigarenfabrieken niet aan het verval overgelaten. De Spaans aandoende architectuur met rode bakstenen gebouwen, smeedijzeren balkons en kleurige tegels die Bijbelse en historische verhalen illustreren, zijn dankzij particuliere initiatieven en investeerders bewaard gebleven.

Vooral in het weekend genieten velen van een wandeling door de straten en zijn de bars en restaurants druk bevolkt. Op zaterdag vindt in het **Centennial Park** een kleurrijke weekmarkt plaats waar veel lokale sfeer is te proeven (9–13 uur). Een entertainmentcomplex met veel winkels, restaurants, theaters en een bioscoop met meerdere zalen is het **Centro Ybor**, dat zich uitstrekt langs 8th Avenue tussen 15th en 17th Street (1600 East 8th Ave., tel. 1-813-242-4660, www.centroybor.com, ma.–wo. 10–20, do.–za. 10–22, zo. 11–19 uur).

Groot en klein verbaast zich over de rijkdom van het Florida Aquarium

Ybor Square

In het centrum van Ybor City tussen 8th Avenue en 13th Street ligt Ybor Square. In de gebouwen van de voormalige sigarettenfabrieken aan dit plein werkten vroeger vierduizend mensen. In de winkel en het café **King Corona Cigars** [2] van de Tampa Rico Cigar Company kunnen bezoekers tegenwoordig uit een enorm assortiment hun lievelingssigaren kiezen en daar samen met een goede Cubaanse espresso van genieten (1523 E. 7th Ave., tel. 1-813-241-9109, www. kingcoronacigars.com, ma.–wo. 8–24, do. 8–1, vr. 8–2, za. 10–2, zo. 12–24 uur).

Ybor City Museum

1818 9th Ave., tel. 1-813-247-6323, www. ybormuseum.org, dag. 9–17 uur, $ 4

Het Ybor City Museum in het gebouw van de voormalige Ferlitabakkkerij herbergt een tentoonstelling over de Cubaanse geschiedenis van Tampa en de levens en woonomstandigheden van de immigranten.

La Sétima

In de hoofdstraat van de wijk, de ook La Sétima genoemde 7th Avenue, zijn veel historische gebouwen bewaard gebleven, zo ook het in 1917 geopende **Ritz Theatre** [1], dat een in art-decostijl versierde lobby bezit. Al sinds zijn opening in het jaar 1905 is het **Columbia** [2] een geliefde locatie voor verhitte discussies, campagne-evenementen en verjaardagsfeestjes.

In het noorden van de stad

Busch Gardens [5]

10165 N McKinley Dr., tel. 1-888-800-5447, www.seaworldparks.com/buschgardens-tampa, wisselende openingstijden, volwassenen $ 95, kinderen 3–9 jaar $ 90, parkeren $ 20

Wie het centrum van Tampa met zijn hoge kantoorgebouwen en hotels in noordelijke richting verlaat, bereikt via de I-275 de Busch Gardens. Dit mengsel van amusementspark, dierentuin en wildpark maakt deel uit van Seaworld Parks & Entertainment, een groep bedrijven die met SeaWorld, Discovery Cove

en het Aquatica Waterpark meer publiekstrekkers in Florida heeft.

Afrika is het overkoepelende thema van het park. In 'Nairobi', vlak bij de ingang tot 'Timbuktu', kunt u het Animal Care Center bezichtigen of bij de ernaast gelegen Elephant Interaction and Husbandry Wall nader kennismaken met een van de dikhuiden. Ook Marokko, Egypte, Congo en andere Afrikaanse regio's zijn thematisch vertegenwoordigd. Op het ca. 136 ha grote terrein leven meer dan tweeduizend dieren.

Wie het enorme gebied niet te voet wil verkennen, kan in plaats daarvan een treintje, een tram of een gondel nemen. Tijdens de Serengeti Safari Tour kunnen de bezoekers

Tampa

Bezienswaardig
1. Florida Aquarium
2. Henry B. Plant Museum
3. Tampa Bay History Center
4. Ybor City
5. Busch Gardens
6. Museum of Science and Industry (MOSI)
7. Big Cat Rescue
8. Dade Battlefield State Historic Park

Overnachten
1. Marriott Waterside
2. Don Vicente de Ybor Historic Inn
3. Best Western Bay Harbor
4. Bay Bayou RV Resort

Eten & drinken
1. Bern's Steak House
2. Columbia
3. Carmine's

Winkelen
1. Old Hyde Park Village
2. King Corona Cigars

Uitgaan
1. Tampa Theatre (voormalig Ritz Theatre)
2. Crowbar
3. Skipper's Smokehouse

---

in het savannelandschap neushoorns, antilopen, giraffen en zebra's bekijken. In andere delen van het uitgestrekte park hebben diverse shows, een vogeltuin genaamd Aviarium en acht huiveringwekkende achtbanen een plaats gekregen. De nieuwste aanwinst is de Falcon's Fury, een avontuurlijke achtbaan die in een vrije val een snelheid van 100 km/uur bereikt.

Museum of Science and Industry (MOSI) 6
4801 E. Fowler Ave., tel. 1-813-987-6000, www.mosi.org, ma.–vr. 9–17, za., zo. tot 18 uur, volwassenen $ 22, kinderen 2–12 jaar $ 18

Van de vele goede wetenschaps- en technologietentoonstellingen in Florida geldt het Museum of Science and Industry (MOSI), enkele straten ten noordwesten van Busch Gardens, als een van de beste.

Bezoekers kunnen kiezen uit meer dan vierhonderd experimenten, die ze voor een deel zelf mogen uitvoeren. U hebt bijvoorbeeld de mogelijkheid om een gesimuleerde orkaan met snelheden van 130 km/uur in de windtunnel te ervaren of om te zien hoe statische elektriciteit de haren te berge kan laten rijzen. Stoutmoedigen balanceren hoog boven de toegangshal met een fiets op een 30 m lange stalen kabel – natuurlijk stevig gezekerd.

Het museum heeft ook een vlindertuin, een planetarium en een IMAX-bioscoop.

Big Cat Rescue 7
12802 Easy St., tel. 1-813-920-4130, www.bigcatrescue.org, rondleiding ma.–vr. 15, za. 10 uur, kinderen tot 10 jaar alleen za. 9 uur, volwassenen $ 36, kinderen tot 10 jaar $ 19

Big Cat Rescue is de naam van een dierenpark aan de westrand van Tampa, geheel gewijd aan de opvang van panters, tijgers, leeuwen en andere grote katten die slecht zijn behandeld door de vorige eigenaars of wier leven in gevaar was. Tijdens de regelmatige rondleidingen kunnen bezoekers het personeel van het dierenasiel vergezellen naar de verschillende dieronderkomens op het meer dan 16 ha grote natuurlijke terrein. Bijzonder spannend zijn de rondleidingen waar u van dichtbij kunt meemaken hoe de grote katten worden gevoerd.

Dade Battlefield State Historic Park 8
Bushnell, 7200 CR 603, Exit 314 van de I-75, tel. 1-352-793-4781, www.floridastateparks.org/park/Dade-Battlefield, dag. 8 uur tot zonsondergang, bezoekerscentrum 9–17 uur, entree $ 3 per voertuig, voetgangers $ 2

In het noorden van Tampa, bij het plaatsje Bushnell halverwege Ocala, ligt het Dade Battlefield. Het State Historic Park herinnert aan de strijd van majoor Francis Dade en zijn 108 man sterke cavalerie, die hier op de ochtend van 28 december 1835 in een hinderlaag van de Seminole liepen.

Tip

DE BESTE STEAKS IN FLORIDA

Een bezoek aan **Bern's Steak House** is al een belevenis op zich. Sinds de opening in 1956 draait het in de rijkelijk versierde vestiging allemaal om de beste steaks. Ze komen in vele variaties op tafel en worden gebakken volgens een vast stramien, waarbij rekening wordt gehouden met de dikte van de biefstuk en elk van de acht bekende bereidingswijzen – van *very rare* – *no crust* tot *well done* – *sturdy little crust* – mogelijk is. De wijnkaart heeft de dikte van een telefoonboek, met zo'n zevenduizend vertegenwoordigde wijnhuizen en alleen al duizend dessertwijnen. Voor de uitstekende desserts is een aparte chef-kok aangesteld en er zijn gasten die in plaats van een hoofdgerecht gerust twee van de heerlijke desserts bestellen. (1208 S. Howard Ave., tel. 1-813-251-2421, www.bernssteakhouse.com, dag. 17–22/23 uur, gerechten $ 32–227).

Na zware gevechten was tegen de middag de gehele Amerikaanse troepeneenheid weggevaagd – op één soldaat na. Zijn beschrijving van het verschrikkelijke bloedbad was een van de redenen voor de tweede Seminole-oorlog, die korte tijd later begon en eindigde met de dood van de meeste indianen of met hun uitzetting naar Oklahoma. Op het slagveld is de barricade van boomstammen gereconstrueerd die door de verraste troepen in allerijl was opgetrokken. Diverse monumenten loven de moed van Dade en zijn mannen. Een tentoonstelling in het bezoekerscentrum geeft uitleg over de gevechten en de achtergronden van de Seminole-oorlogen.

Info

Tampa Bay Visitor Information Center: 615 Channelside Dr., Suite 101 A, tel. 1-813-223-2752, www.visittampabay.com, ma.–za. 9.30–17.30, zo. 11–17 uur.

Ybor City Visitor Information Center: 1600 E. 8th Ave., www.ybor.org, tel. 1-813-241-8838, ma.–za. 10–17, zo. 12–17 uur.

Tampa

Glimmende kantoortorens in het op zaken afgestemde centrum van Tampa

Overnachten

Aan het water – **Marriott Waterside** 1 : 700 S. Florida Ave., tel. 1-813-221-4900, www.tampamarriottwaterside.com. Centraal gelegen, direct aan de Hillsborough River, goede service. 720 suites en kamers, vanaf ca. $ 160.

Klein en intiem – **Don Vicente de Ybor Historic Inn** 2 : 1915 Republica de la Cuba, tel. 1-813-241-4545, www.donvicenteinn.com. Fraai en gezellig boetiekhotel met moderne voorzieningen in de historische ambiance van Ybor City. 15 kamers en suites, vanaf $ 136.

Voordelig – **Best Western Bay Harbor Hotel:** 3 : 7700 W. Courtney Campbell Causeway, tel. 1-813-281-8900, www.bayharbortampa.com. Goed toegerust hotel, direct aan de baai, niet ver van de bezienswaardigheden en de luchthaven, fitnesscenter, strand. 247 kamers, vanaf $ 80.

Camping – **Bay Bayou RV Resort** 4 : 2622 Memorial Hwy, tel. 1-813-855-1000, www.baybayou.com. Goed verzorgd terrein voor *recreational vehicles* aan het water. Met *club house*, zwembad en veel activiteiten. Staplaats vanaf $ 43.

Rond Tampa Bay

Eten & drinken

Perfecte steaks – **Bern's Steak House 1 :** Zie Tip blz. 242.

Spaans-Cubaans – **Columbia 2 :** 2117 E. 7th Ave., Ybor City, tel. 1-813-248-4961, www.columbiarestaurant.com, ma.–do. 11–22, vr., za. 11–23, zo. 12–21 uur. Legendarisch restaurant uit 1905, met Latino-keuken en flamenco. Aan de bar zijn handgerolde sigaren te krijgen. Hoofdgerecht vanaf $ 18.

Lekkere sandwiches – **Carmine's 3 :** 1802 E. 7th Ave., Ybor City, tel. 1-813-248-3834, dag. vanaf 9 uur, geen reserveringen, alleen cash. Sandwiches met zwarte bonen, maaltijdsoepen, kip- en visgerechten en andere Cubaanse en mediterrane heerlijkheden. Machtig en aromatisch. Hoofdgerecht vanaf $ 10.

Winkelen

Winkelcentrum – **Old Hyde Park Village 1 :** 1602 W. Snow Ave., tel. 1-813-251-3500, www.hydeparkvillage.net. In de stijl van een dorp aangelegde *shopping mall* met zo'n vijftig winkels (onder andere woninginrichting en -accessoires) en diverse restaurants.

Sigaren – **King Corona Cigars 2 :** zie blz. 239. Met bijbehorend café.

Uitgaan

Vrijdag- en zaterdagavond is het feest op E 7th Ave. tussen 15th en 20th St. in Ybor City. Dan klinkt muziek uit de clubs in de straten en serveren talrijke bars drankjes aan tafels op de stoep.

Films en concerten – **Tampa Theatre 1 :** 711 Franklin N. St., tel. 1-813-274-8981, www.tampatheatre.org. Filmvertoningen en live-optredens in het voormalige **Ritz Theatre** uit 1926 in Ybor City. Voorafgaand aan elke filmvoorstelling wordt het originele Wurlitzerorgel bespeeld.

Muziekbar – **Crowbar 2 :** 1812 N. 17th St., Ybor City, tel. 1-813-241-8600, www.crowbarlive.com. Goede bands en solo-artiesten.

Livemuziek – **Skipper's Smokehouse 3 :** 910 Skipper Rd., tel. 1-813-971-0666, www.skipperssmokehouse.com. Van blues tot reggae in een relaxte Key West-sfeer, entree vanaf $ 10.

Agenda

Gasparilla Extravaganza & Pirate Fest: eind januari tot begin februari. Op carnaval lijkend feest met pirateninvasie, gekostumeerde optochten, ook voor kinderen, en een afsluitend groot vuurwerk (www.gasparillapiratefest.com).

Florida State Fair: twaalf dagen in feb. Tentoonstelling van de staat, met muziek- en cultuurprogramma (www.floridastatefair.com).

Guavaween: eind okt. Halloween in Latijns-Amerikaanse stijl met straatfeesten, krankzinnige verkleedpartijen en concerten.

Vervoer

Vliegtuig: Het moderne Tampa International Airport ligt ten noordwesten van het centrum, tel. 813- 870-8700, www.tampaairport.com.

Trein: De treinen van Amtrak stoppen op het station op 601 N. Nebraska Ave., tel. 1-800-872-7245, www.amtrak.com.

Bus: De terminal ligt op 610 Polk St., bussen van Greyhound, tel. 1-813-229-2174, www.greyhound.com (dag. 12–22 uur).

In de stad: Het **stadsbusnetwerk** van HARTline strekt zich uit tot de voorsteden. Dit bedrijf baat ook een 3,7 km lange **tramlijn** uit van Downtown naar Ybor City, tel. 1-813-254-4278, www.gohart.org.

Huurauto: In de stad en op het vliegveld zijn nationale en internationale verhuurbedrijven vertegenwoordigd.

★ St. Petersburg ▶ 1, H 6

Kaart: blz. 247

Van Tampa met zijn ca. 350.000 inwoners voeren drie bruggen over de Old Tampa Bay naar St. Petersburg. Voordat in 1924 de Gandy Bridge werd ingehuldigd als eerste verbinding, reisde men per boot of zelfs per vliegtuig tussen de twee steden. De grootste attracties van St. Petersburg zijn naast het Dalí Museum (zie rechts) de stranden aan de Golfkust, die zich over ca. 48 km van Mullet Key in het zuiden tot aan Clearwater in het noorden uitstrekken (zie blz. 249).

St. Petersburg

Wet als in Tampa begon in St. Petersburg de sprong naar de moderne tijd met de aanleg van een spoorlijn. In 1887 liet Peter Demens, die nog als Pjotr Dementrieff uit Rusland naar de VS was geëmigreerd, zijn Orange Belt Railroad naar het schiereiland Pinellas verlengen. Een van de stations noemde hij naar zijn Russische geboorteplaats St. Petersburg. Toen Henry Plant in 1893 de financieel noodlijdende spoorlijn overnam, woonden er al driehonderd mensen in de kleine stad.

Al sinds de American Medical Association in 1885 het Pinellasschiereiland prees vanwege het gezonde klimaat en de vele minerale bronnen, is St. Pete een populaire seniorenresidentie aan de westkust van Florida (zie ook Thema blz. 260). Tegenwoordig wordt het schiereiland met zijn uitgestrekte

Tip

SALVADOR DALÍ MUSEUM

1 Dali Blvd./S. E. Kreuzung Bayshore Dr./S. E. 5th Ave., tel. 1-727-823-3767, www.thedali.org, za.–wo. 10–17.30, do., vr. 10–20 uur, volwassenen $ 24, studenten/kinderen 13–18 jaar $ 17, kinderen 6–12 jaar $ 10, parkeren $ 10

In de buurt van de haven bevindt zich de culturele parel van St. Petersburg, het **Salvador Dalí Museum** . Bezoekers uit de hele wereld komen de spraakmakende collectie schilderijen van de Catalaanse kunstenaar bewonderen, variërend van de eerste impressionistische werken tot de grote surrealistische schilderijen en collages. Sommigen blozen of giechelen verlegen, anderen bekijken de olieverfschilderijen juist met meer interesse wanneer hun de erotische symboliek wordt uitgelegd tijdens een van de uitstekende rondleidingen van het museum.

De privé-collectie van de industrieel A. Reynolds Morse en zijn vrouw Eleanor Reese van werken van de Catalaanse kunstenaar Salvador Dalí was in de jaren 70 te omvangrijk geworden om nog langer onderdak te vinden in een vleugel van hun fabriek in Beachwood, Ohio. Het echtpaar Morse had Dalí in 1953 ontmoet en was vanaf dat moment begonnen om werken van hem te verwerven. Ze gaven opdracht tot het maken van studies over Dalí's werk en lieten bestaande studies naar het Engels vertalen. Sinds 1982 is er naast het grote Dalímuseum in het Catalaanse Figueras in St. Petersburg in Florida een van de meest uitgebreide collecties werken van de in 1989 gestorven excentrieke kunstenaar te bewonderen.

Zo'n 95 schilderijen, meer dan honderd aquarellen en dertienhonderd grafieken, tekeningen, sculpturen en objecten, van impressionistische vroege werken uit het jaar 1918 tot surrealistische montages uit 1980, zijn in het voormalige depot op de campus van de University of South Florida aan de Tampa Bay ondergebracht, waaronder ook grootschalige meesterwerken, zoals *De ontdekking van Amerika door Christoffel Columbus*, *De hallucinogene toreador* en *De volharding der herinnering*. Daarnaast is er een bibliotheek van vijfentwintighonderd volumes over de kunst van de 20e eeuw, en natuurlijk vooral over Dalí en het surrealisme. De uitzonderlijke collectie wordt getoond in een spectaculair nieuw en orkaanbestendig museumgebouw direct aan de baai.

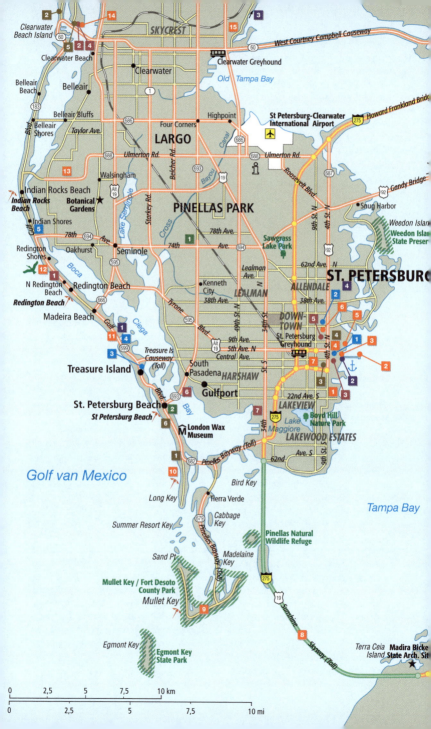

St. Petersburg

Bezienswaardig
1. Salvador Dalí Museum
2. The Pier
3. Museum of History
4. Museum of Fine Arts
5. Chihuly Collection
6. Great Explorations!
7. Florida Holocaust Museum
8. Sunshine Skyway Bridge
9. Fort de Soto Park
10. Pass-a-Grille Beach
11. John's Pass Village and Boardwalk
12. Suncoast Seabird Sanctuary
13. Pinewood Cultural Park
14. Clearwater Marine Aquarium
15. Safety Harbor Museum & Cultural Center

Overnachten
1. Don CeSar Beach Resort
2. Sandpearl Resort
3. Cordova Inn
4. The Dickens House
5. Barefoot Bay Resort Motel
6. Beach Haven

Eten & drinken
1. Lobster Pot
2. Bob Heilman's Beachcomber
3. Gratzzi Italian Grille
4. Frenchy's Rockaway Grill
5. Fourth Street Shrimp Store
6. Ted Peter's Smoked Fish
7. Skyway Jack's

Winkelen
1. Wagon Wheel Flea Market
2. The Shell Store

Uitgaan
1. A Taste for Wine
2. Ringside Café
3. Ricky T's Bar and Grille
4. Gators Cafe & Saloon
5. Mahuffer

Actief
1. Hubbard's Marina Cruises
2. Pinellas Trail (startpunt Demens Landing Park)
3. Safety Harbor Resort & Spa
4. Mangrove Bay Golf

---

concentraties van rijtjeshuizen ook vaak gekozen als locatie voor een tweede huis of vakantiewoning. Inspanningen om het beeld van een gepensioneerdenparadijs bij te stellen en om jongeren niet alleen naar de stranden maar ook als bewoner te trekken, zijn sinds enkele jaren succesvol.

Het centrum van St. Pete is opgeknapt. Met de BayWalk ontstond tussen 2nd en 4th Avenue North een nieuw winkel-, restaurant- en entertainmentdistrict, gebouwd in Spaanse koloniale stijl. Er zijn skatebanen gekomen en nieuwe discotheken en bars openden hun deuren. 's Avonds en in de weekends worden ze bevolkt door studenten van de University of South Florida.

Salvador Dalí Museum 1
Zie Tip blz. 245.

The Pier 2
De 800 m lange pier uit 1889 die zich in de Tampa Bay uitstrekt, werd in 2013 gesloten. De komende jaren wordt hij getransformeerd tot een aantrekkelijke marina, die in 2018 gereed moet zijn (www.newstpetepier.com).

Museum of History 3
335 N. E. 2nd Ave., tel. 1-727-894-1052, www.spmoh.org, di.–za. 10–17, zo. 13–17 uur, volwassenen $ 15, studenten/kinderen 8–17 jaar $ 9

In het Museum of History is onder meer een compleet ingerichte *general store* van eind 19e eeuw te zien. Een watervliegtuig herinnert aan de eerste commerciële vlucht tussen Tampa en St. Petersburg, die werd ondernomen op 1 januari 1914. Werktuigen en wapens gemaakt van schelpen en een boomstamkano, die gebruikt werden door de indiaanse bewoners van Florida, zijn meer dan vierhonderd jaar oud.

Museum of Fine Arts 4
255 N. E. Beach Dr., tel. 1-727-896-2667, www.fine-arts.org, ma.–za. 10–17, do. tot 20, zo. 13–17 uur, volwassenen $ 17, studenten/kinderen 7–18 jaar $ 10

Rond Tampa Bay

Sunshine Skyway Bridge: een indrukwekkende golf over de gehele Bay

Een eindje verder naar het westen toont het Museum of Fine Arts, gevestigd in een indrukwekkende villa in mediterrane stijl, naast precolumbiaanse en antieke Aziatische kunstvoorwerpen, werken van Franse impressionisten, zoals Paul Cézanne, en hedendaagse Amerikaanse kunstenaars, waaronder schilderijen van Robert Rauschenberg en Roy Lichtenstein, evenals bloemenstudies van Georgia O'Keeffe.

Chihuly Collection 5
400 Beach Dr. N. E., tel. 1-727-896-4527, www. moreanartscenter.org, ma.–za. 10–17, zo. 12–17 uur, volwassenen $ 15, kinderen/studenten $ 11
Spectaculaire collectie van de Amerikaanse glaskunstenaar Dale Chihuly.

Great Explorations! 6
1925 N. 4th St., tel. 1-727-821-8992, www. greatex.org, ma.–za. 10–16.30, zo. 12–16.30 uur, sept.–begin jan. ma. gesl., $ 10
In de wetenschap- en technologietentoonstelling Great Explorations! kan worden geëxperimenteerd. Geluiden en muziek, modellen van het menselijk lichaam en computeranimaties zijn voor nieuwsgierige kinderen en jongeren

De kust van het Pinellaschiereiland

de nazipartij. Andere tentoonstellingen documenteren de geschiedenis van het antisemitisme en de omgang met racistische tendensen en genocide in de wereld van vandaag.

Sunshine Skyway Bridge 8
Tol $ 1,25
De indrukwekkende, bijna 9 km lange Sunshine Skyway Bridge voert van St. Petersburg hoog boven de samenvloeiing van de baai en de Golf van Mexico naar Bradenton. De bekendste brug over de Tampa Bay moest al snel na de opening voor 240 miljoen dollar worden gerepareerd nadat een vrachtschip een pijler had geraakt. De rit over de tolbrug garandeert vanaf 56 m hoogte bij mooi weer een prachtig uitzicht over de baai en de Golf Coast.

De kust van het Pinellasschiereiland
▶ 1, H 6/7

Kaart: blz. 247

Het zuidelijkste en wellicht mooiste puntje van de strandzone van St. Petersburg is het Fort de Soto Park. In het noorden sluit Pass-a-Grille Beach aan op Long Key. Tegenwoordig bevolken toeristen de lange zandstranden van **St. Petersburg Beach**.

Aan de Gulf Boulevard, die langs de kusteilanden voert, vindt u hotels uit verschillende periodes en alle prijsklassen – van vrij eenvoudige kleine pensions uit de jaren 50 tot schandalig dure luxeresorts voor een welgestelde clientèle.

beschikbaar. In een dierenartspraktijk, een supermarkt en een pizzarestaurant kunnen diverse aspecten van het dagelijkse volwassen leven op speelse wijze worden getest.

Florida Holocaust Museum 7
55 S. 5th St., tel. 1-727-820-0100, www.flholocaustmuseum.org, dag. 10–17 uur, volwassenen $ 16, studenten $ 10, kinderen tot 18 jaar $ 8
Het indrukwekkende Florida Holocaust Museum herinnert aan de zes miljoen slachtoffers van het naziregime, toont het Joodse leven in Europa voor de Holocaust en de opkomst van

Fort de Soto Park 9
Pinellas Bayway, Tierra Verde, tel. 1-727-582-2267, www.pinellascounty.org/park, dag. 7 uur tot zonsondergang
Bruggen verbinden de vijf eilanden van het Fort de Soto Park met het Pinellasschiereiland in het zuiden van St. Petersburg. Het in 1898 op Mullet Key gebouwde Fort de Soto moest tijdens de Spaans-Amerikaanse

Rond Tampa Bay

WANDELEN EN ZWEMMEN IN HET FORT DE SOTO PARK

Informatie

Start: Arrowhead Picknick Area

Heenreis: Als u de I-275 naar het zuiden neemt en deze bij afslag 4 ('Fort de Soto') verlaat, bereikt u de Pinellas Bayway (tolweg, kleine vergoeding). Hier rijdt u in westelijke richting tot de weg een bocht naar het zuiden maakt en de State Road 679 wordt. In het park volgt u de weg tot bij een T-splitsing, daar houdt u rechts aan. Kort daarop bereikt u de Arrowhead Picnic Area. De Arrowhead Trail begint aan de andere kant van de weg bij de parkeerplaatsen ($ 5).

Lengte: ca. 3 km

Duur: ca. 60 minuten

Het eenzame kleine Fort de Soto Park is in Florida een soort beroemdheid. Het hier gelegen **North Beach** werd al twee keer uitgeroepen tot het mooiste strand van de Verenigde Staten, door de gebruikers van de internetportal Tripadvisor en door Dr. Beach, de beroemdste strandinspecteur ter wereld. Beide keren gaf de combinatie van het poederachtige fijne witte zand, kalm, helder water en de ontspannen sfeer op het terrein de doorslag. Aangezien de

De kust van het Pinellaschiereiland

wandeling niet langer duurt dan een uur, zult u waarschijnlijk genoeg tijd over hebben voor een verfrissende duik in het water van de Golf van Mexico.
De **Arrowhead Trail** (Trail Booklet in een doos) voert eerst door palmettostruikgewas, bij een waarschuwingsbord voor brandgevaar houdt u links aan. U gaat verder door zanderig terrein met lage begroeiing van palmetto's en eiken, waartussen ook vijgencactussen staan. Kort daarop kondigt een bord de stations 4 tot en met 7 van het natuurpad aan, hier houdt u rechts aan en doorkruist een licht dennenbos. Al snel volgt een splitsing, waar u de wegaanduiding naar links negeert en juist rechts aanhoudt. Dezelfde richting houdt u ook aan bij de volgende splitsing, waar verspreid gifsumak voorkomt. Deze plant (die in het Engels *poison ivy*, giftige klimop, wordt genoemd) met eikenbladachtige blaadjes heeft al bij lichte aanraking ernstige allergische huidreacties tot gevolg. Bij mensen die er gevoelig voor zijn kunnen er zelfs blaasjes ontstaan, zoals die ook bij brandwonden optreden. Vervolgens gaat het door een dennenbos waar de bosbodem is bedekt met gras.
Bij station 5 houdt u weer links aan; de wandeling verlaat de hoofdroute en gaat verder over een weinig gebruikt zijpad. Hier kunt u vogels en vlinders spotten en met een beetje geluk maakt u kennis met de *gopher tortoises*, een landschildpad met een schild dat tot 40 cm lang kan worden. Tussen casuarina's *(Australian pines)* door en langs een zendmast bereikt u vervolgens weer de hoofdweg, waar u rechts aanhoudt. Het pad voert nu door grasland met verspreide palmetto's.
Na het passeren van station 6 maakt u een bocht naar rechts en komt zo bij de **Spur Trail**, die door een mangrovegebied met eiken en palmbosjes voert. Sommige bomen in dit gedeelte zijn door *poison ivy* overwoekerd. Bij een grote eik splitst het pad zich en vormt een lus die terugleidt naar het beginpunt van de wandeling. Via de Spur Trail keert u nu terug naar het hoofdpad, bij station 7 houdt u rechts aan. Bij de volgende splitsing houdt u weer rechts aan en volgt u het bord dat de stations 8 tot en met 13 aankondigt.
Nu gaat de wandeling rechtstreeks naar de **Bunces Pass**, waarbij de kust wordt bereikt. Hier doorkruist u zoutwatermoerassen, maar de voeten blijven droog. De weg buigt tweemaal af naar links en leidt vervolgens in de omgekeerde richting. Kort na station 13 bereikt u opnieuw de hoofdweg. Daar gaat u rechtsaf om terug te keren naar de parkeerplaats, die het startpunt van de korte wandeling was.

Oorlog de ingang van de baai beschermen. Uit de enorme kanonnen werd echter nooit een schot gelost. Tegenwoordig zijn de eilanden en het fort een populaire bestemming met prachtige stranden, wandelpaden (zie Actief blz. 252) en picknickplaatsen. North Beach is herhaaldelijk uitgeroepen tot een van de mooiste stranden van de Verenigde Staten.

Pass-a-Grille Beach [10]

Aan het openbare Pass-a-Grille Beach in het zuiden van het eiland Long Key verrezen ooit de eerste resorthotels van het gebied. Aan de noordrand behoort het paleisachtige **Don CeSar Beach Resort** [1] zelf tot de attracties van het St. Pete Beach. Het gebied ten noorden daarvan, van Treasure Island tot Bellair Beach, is minder chic. In de appartementencomplexen brengen gezinnen hun vakantie door, sommige dienen als tweede woning of overwinteradres.

John's Pass Village and Boardwalk [11]

12 901 Gulf Blvd., www.johnspass.com
John's Pass Village and Boardwalk is zonder meer een toeristische attractie. Het gaat allemaal om ontspannen winkelen. In de van verweerd hout gemaakte huisjes, die zijn verbonden door een boardwalk, zitten boetieks, souvenirwinkels, cafés en restaurants.

Het brede zandstrand van Clearwater Beach biedt ideale omstandigheden voor beachvolleybal

Rond Tampa Bay

Suncoast Seabird Sanctuary 12
18328 Gulf Blvd., tel. 1-727-392-4291, www.seabirdsanctuary.com, dag. 9 uur tot de schemering, gratis entree, een gift wordt op prijs gesteld

Iets naar het noorden, op Indian Shores, verzorgen de medewerkers van het Suncoast Seabird Sanctuary gewonde en zieke vogels. De vrijwilligers van de kliniek zijn dag en nacht in touw, ze opereren de vogels, spalken gebroken poten en vleugels en voorzien ze zelfs, als dit nodig is, van een kunstmatige snavel of orthopedische 'schoen'. In het grootste vogelziekenhuis van de Verenigde Staten verblijven altijd zo'n vijfhonderd pelikanen, reigers, meeuwen en aalscholvers. Ze worden net zo lang verpleegd en getraind tot ze weer in het wild kunnen worden vrijgelaten.

Alleen vogels met een permanente beperking blijven hier voor altijd of krijgen onderdak in een dierenpark. Werknemers kunnen bijna ongelooflijke verhalen vertellen, bijvoorbeeld over de genezen bruine pelikaan die was vrijgelaten en op een dag weer voor de deur stond – met in zijn kielzog drie gewonde soortgenoten.

Pinewood Cultural Park 13
11909 N. 125th St., Largo, tel. 1-727-582-2123, www.pinellascounty.org/heritage, wo.–za. 10–16, zo. 13–16 uur, gratis entree, een gift wordt op prijs gesteld

Een stop op Sand Key is vooral de moeite waard vanwege het prachtig aangelegde Sand Key Park en de stranden. Aan de vastelandkant biedt het via een brug vanaf Indian Rocks Beach te bereiken Pinewood Cultural Park bij Largo met zijn **museumdorp** een kijkje in de levensomstandigheden van de vroegere kolonisten. Het park omvat ook een **botanische tuin** met inheemse en andere tropische planten (12520 Ulmerton Rd., Largo, tel 1-727-582-2100, www.flbg.org, dag. 7 uur tot zonsondergang, toegang gratis) en een door gekostumeerde acteurs bevolkt museumdorp. Hier staat een twintigtal gebouwen, overwegend uit de pioniersjaren van de staat, zo'n honderd tot honderdvijftig jaar geleden, die in hun originele staat weer zijn opgebouwd.

Clearwater
De impuls voor de stroom immigranten en bezoekers gaf ooit Henry Plant met zijn spoorlijn naar de westkust van Florida; in 1897 liet Plant het Belleview Hotel aan **Clearwater Bay** bouwen. Het machtige, uit hout opgetrokken luxehotel ontvangt nog steeds welgestelde gasten. Ten tijden van de tweede Seminole-oorlog was Clearwater een garnizoensplaats, waar ook gewonde soldaten konden herstellen na hun gevechten met de indianen. Meer recent werd de stad bekend als hoofdkwartier van de Scientology Church, die hier aan de South Fort Harrison Avenue met het Super Power Building voor enige tijd zijn grootste kerkgebouw had staan.

Clearwater Beach
De Garden Memorial Causeway voert met een brug van het vasteland over Clearwater Harbor naar het eiland Clearwater Beach, een van de levendigste vakantiecentra in de Bayregio, met kilometerslange zandstranden en veel mogelijkheden voor sportieve vakantiegangers. De strandhotels, bars, discotheken en de het hele jaar aanhoudende reeks evenementen en tentoonstellingen trekken vooral jongere bezoekers. In het weekend bevolken de studenten van de universiteit van Zuid-Florida hun huisstrand. Elke avond verzamelen toeschouwers, muzikanten, goochelaars en jongleurs zich voor de prachtige zonsondergang op de pier.

Clearwater Marine Aquarium 14
249 Windward Passage, afslag van de brug na Clearwater Beach, tel. 1-727-441-1790, www.seewinter.com, dag. 9–18 uur, volwassenen $ 20, kinderen 3–12 jaar $ 15

Het Clearwater Marine Aquarium is, naast Homosassa Springs, de enige faciliteit aan de westkust van Florida waar gewonde en zieke zeezoogdieren, dolfijnen, zeeotters en zeeschildpadden worden opgevangen, verzorgd en opnieuw getraind voor het leven in vrijheid.

De kust van het Pinellaschiereiland

Bezoekers hebben de mogelijkheid om over de schouders van de helpers van de liefdadigheidsorganisatie mee te kijken en ze aan het werk te zien, om de dieren te observeren in het zeewaterzwembad of om deel te nemen aan uitstapjes naar de Golf. De beroemdste bewoner van het aquarium is Winter, een dolfijn die rondzwemt met een staartvinprothese

Safety Harbor Museum & Cultural Center 15

329 S. Bayshore Blvd., tel. 1-727-724-1562, www.seesafetyharbor.com/museum, di.–vr. 10–17, za. 10–14 uur

'Veilige haven' is de naam van het kleine plaatsje in het noordwesten van Old Tampa Bay. De artesische bronnen van Safety Harbor werden reeds door de indianen gewaardeerd vanwege hun heilzame effecten. In 1539 doopte de Spaanse veroveraar Hernando de Soto ze tot 'bronnen van de Heilige Geest'. Ongeveer driehonderd jaar later verwierf William Bailey, een kolonel in de Amerikaanse cavalerie tijdens de Seminole-oorlogen, de bronnen en het omliggende terrein. Het Safety Harbor Museum of Regional History vertelt ook het verhaal van het helende water dat werd gebotteld en zelfs geëxporteerd. Sinds het begin van de 20e eeuw worden de bronnen voor spa-doeleinden gebruikt (zie blz. 259).

Info

St. Petersburg/Clearwater Area Conventions & Visitors Bureau: www.visitstpeteclearwater.com.

St. Petersburg Area Chamber of Commerce: 100 N. 2nd Ave., Suite 150, St. Petersburg, FL 33701-3351, tel. 1-727-821-4069, www.stpete.com.

Gulf Beaches of Tampa Bay Chamber of Commerce: 6990 Gulf Blvd./70th Ave., St. Petersburg Beach, FL 33706, tel. 1-727-360-6957, www.tampabaybeaches.com.

Clearwater Beach Welcome Center: 333 C. Gulfview Blvd., Clearwater Beach, FL 33767, tel. 1-888-799-3199, www.visitclearwaterflorida.com.

Overnachten

Vijfsterrencomfort – **Don CeSar Beach Resort 1** : 3400 Gulf Blvd., St. Petersburg Beach, tel. 1-727-360-1881, www.loewshotels.com. Het roze, zeer opvallende hotelpaleis ziet eruit als een kasteel. Het symbool van St. Petersburg Beach werd in de jaren 20 van de twintigste eeuw gebouwd. Beroemde gasten waren onder anderen de schrijver F. Scott Fitzgerald, honkballer Babe Ruth, de Amerikaanse president F.D. Roosevelt en gangsterbaas Al Capone. 350 suites en kamers, $ 200–800.

Ecologisch verantwoord – **Sandpearl Resort 2** : 500 Mandalay Ave., Clearwater Beach, tel. 1-727-441-2425, www.sandpearl.com. Uitgestrekt terrein met alle voorzieningen, zwembaden en restaurants direct aan een eigen zandstrand. De zwembaden worden met aardwarmte verwarmd en gereinigd met ozon in plaats van chemicaliën. 305 kamers en suites, vanaf $ 200.

Nostalgische sfeer – **Cordova Inn 3** : 253 N. 2nd Ave., St. Petersburg, tel. 1-727-822-7500, www.cordovainnstpete.com. Geheel gerestaureerd boetiekhotel uit het begin van de 20e eeuw. Inclusief ontbijt en 's middags tijdens het happy hour een glas wijn of bier. 32 kamers, vanaf $ 130.

Huiselijke B&B – **The Dickens House 4** : 335 N. E. 8th Ave., St. Petersburg, tel. 1-727-822-8622, www.dickenshouse.com. Individueel ingerichte kamers in een craftsman-stijl gebouwd huis uit 1912. Fantastisch ontbijt met vers fruit en gebak. 5 kamers, vanaf $ 120.

Ruime motelunits – **Barefoot Bay Resort 5** : 401 E. Shore Dr., Clearwater Beach, tel. 1-727-447-3316, www.barefootbayresort.com. Klein, goed onderhouden complex aan de Bayzijde, op een steenworp van het strand, kamers met kitchenette, zwembad. 10 units, vanaf $ 100.

Keurig strandhotel – **Beach Haven 6** : 4980 Gulf Blvd., St. Petersburg Beach, tel. 1-727-367-8642, www.beachhavenvillas.com. De kleine huisjes vallen op tussen de grote appartementencomplexen. 18 kleine, maar lichte kamers en suites, vanaf $ 80.

De kust van het Pinellaschiereiland

Eten & drinken

Fine dining – **Lobster Pot 1 :** 17 814 Gulf Blvd., Redington Shores, tel. 1-727-391-8592, www.lobsterpotrestaurant.com, dag. vanaf 17 uur. Kreeft en andere zeevruchten in vele variaties, ook steaks, salades en diverse sandwiches. Hoofdgerecht vanaf $ 18.

Klassiek Amerikaans – **Bob Heilman's Beachcomber 2 :** 447 Mandalay Ave., Clearwater Beach, tel. 1-727-442-4144, www.bob heilmans.com, dag. 11.30 uur tot laat. Sinds 1948 serveert men hier verse zeevruchten, uitstekende steaks en kip, verleidelijke desserts. Hoofdgerecht vanaf $ 18.

Italië in Florida – **Gratzzi Italian Grille 3 :** 211 2nd St. S., St. Petersburg, tel. 1-727-623-9037, www.gratzzigrille.com. Goede Italiaanse plattelandskeuken in het centrum van St. Petersburg, gourmet-pizza, uitstekende pasta. Hoofdgerecht $ 14–31.

Voor een goed humeur – **Frenchy's Rockaway Grill 4 :** 7 Rockaway St., Clearwater Beach, tel. 1-727-446-4844, www.frenchysonline.com, dag. vanaf 11 uur. Op het terras wordt verse vis van de houtskoolgrill geserveerd, natuurlijk het best bij de zonsondergang, verder zijn er salades, hamburgers en heerlijke sandwiches. Hoofdgerecht vanaf $ 15.

Verse zeevruchten – **Fourth Street Shrimp Store 5 :** 1006 N. 4th St., St. Petersburg, tel. 1-727-822-0325, www.theshrimpstore.com, dag. 11–21 uur. Rustiek restaurant met een grote muurschildering; ook verkoop van vis en schaaldieren. Alles is supervers en smakelijk. Hoofdgerecht vanaf $ 11.

Gerookte vis – **Ted Peter's Famous Smoked Fish 6 :** 1350 Pasadena Ave., South Pasadena, tel. 1-727-381-7931, www.tedpetersfish.com, wo.-ma. 11.30–19.30 uur. Makreel, zalm en mul uit de rookoven, geserveerd met coleslaw of aardappelsalade. Ook hamburgers en vissoep. Hoofdgerecht vanaf $ 10. Alleen cash!

Ontbijttent – **Skyway Jack's 7 :** 2795 S. 34th St., St. Petersburg, tel. 1-727-867-1907, dag. 5–15 uur. Amerikaanse *country kitchen* met weelderige ontbijtopties, waaronder maispap met hartige bruine saus of zoete stroop. Ontbijt vanaf $ 4.

Winkelen

Rommelmarkt – **Wagon Wheel Flea Market 1 :** 7801 Park Blvd., Pinellas Park, www.thewagonwheelfleamarket.com. Op zaterdag en zondag van 8 tot 16 uur bieden verkopers in ongeveer tweeduizend kraampjes kunst, kitsch, gebruiksartikelen en alle mogelijke verzamelingen aan.

Schelpen – **The Shell Store 2 :** 348 Corey Ave., St. Pete Beach, tel. 1-727-360-0586, www.theshellstore.com, ma.–za. 10–17 uur. Winkel met een aanbod van allerlei soorten schelpen, koralen en sieraden, plus interessante boeken en brochures met achtergrondinformatie over koraalriffen.

Uitgaan

Elke eerste vrijdag van de maand vindt er in St. Petersburg een groot straatfeest plaats genaamd Get Downtown. Central Avenue tussen 2nd en 3rd Street wordt dan van 17.30 tot 22 uur afgesloten voor het verkeer. U mag uw drankje uit de bar mee de straat op nemen, waar bands spelen. De winkels zijn langer open (www.firstfridaystpete.com).

Wijnbar – **A Taste for Wine 1** : 241 Central Ave., St. Petersburg, tel. 1-727-895-1623, www.tasteforwine.net, di.–do. 16–21, vr., za. 16–24 uur. Uitstekende wijn en cocktails, in het weekend livemuziek, jazz en flamenco.

Livemuziek – **Ringside Café 2 :** 16 2nd St., St. Petersburg, tel. 1-727-894-8465, www.ringsidecafe.net, dag. 11 uur tot laat. Goede jazz en blues. Tot 18 uur kip- en visgerechten en sandwiches.

Hotspot – **Ricky T's Bar and Grille 3 :** 10601 Gulf Blvd., Treasure Island, tel. 1-727-363-7425, www.rickytsbarandgrille.com. Prima eten, goede drankjes, coole livemuziek en een geweldige sfeer tot ver na middernacht.

Sportsbar – **Gators Cafe & Saloon 4 :** 12754 Kingfish Dr., St. Petersburg, tel. 1-727-367-8951, www.gatorscafe.com, dag. van vroeg tot laat. Ruig, maar warm, met een lange bar

Het luxueuze Don CeSar Beach Resort, al bijna 100 jaar een ijkpunt in St. Pete

Rond Tampa Bay

FIETSTOCHT OVER DE PINELLAS TRAIL

Informatie
Startpunt: Demens Landing Park, St. Petersburg
Eindpunt: US Hwy 19 in Tarpon Springs
Lengte: 61,5 km (38,2 mijl)
Duur: dagtocht

Fietsverhuur en -reparatie: ABC Bicycles, 6633 Central Ave., St. Petersburg tel. 1-727-345-5391, www.abcbicycles.com; D & S Bike Shop, 11561 Walsingham Rd., Largo, tel. 1-727-586-6437; The Path Bicycles and Ride Shop, 647 Cleveland St., Clearwater, tel. 1-727-216-6726; Over the Edge Bikes Plus, 2606 Bayshore Blvd., Dunedin, tel. 1-727-831-0085.
Kosten: vanaf $ 35 per dag

Tip: Een helm is verplicht voor kinderen tot zestien jaar. Wie niet dezelfde route terug wil fietsen, kan de bus nemen. De regionale vervoersmaatschappij PSTA heeft een 'Bikes on Buses'-programma, dat het vervoer van fietsen mogelijk maakt (voor meer informatie zie www.psta.net/bikesonbuses.php).

Van de vele fietsroutes op het schiereiland is de Pinellas Trail het interessantst. De trail is aangelegd op het tracé van een oude spoorlijn en verbindt St. Petersburg met Tarpon Springs, daarbij in een wijde boog de kustlijn volgend. Sinds 1990 wordt het traject voor fietsers, inlineskaters en joggers voortdurend uitgebreid, gefinancierd door donaties en een speciaal voor de route ingestelde belasting. Het verharde pad voert door een gevarieerd stedelijk gebied – soms gaat het dwars door de stad, soms door de uitlopers van een woonwijk, langs parken en tuinen, langs het water of via de bruggen over de baai. Zijpaden leiden naar mooie stranden en voor de kust gelegen barrière-eilanden, zoals Honeymoon Island. Langs de hele route zijn volop cafés, snackbars en fietswinkels (bike shops) te vinden.

De kust van het Pinellaschiereiland

De trail begint in **Demens Landing Park**, doorkruist in westelijke richting de binnenstad van St. Petersburg en buigt dan via de Tyrone Boulevard in noordwestelijke richting af, om via de Cross Bayou Bridge de Boca Ciega Bay over te steken. Vanaf Seminole gaat het gestaag noordwaarts, eerst door het binnenland van het Pinellasschiereiland, vanaf Clearwater blijft de route dicht bij de kust. De trail eindigt bij Mile Marker 34 aan de US Hwy 19 in **Tarpon Springs**.
Negen opvallende, kleurige boogsculpturen dienen als mijlpalen langs de weg. Ze verwijzen naar plaatsen langs de route: St. Petersburg, Gulfport, Seminole, Largo, Belleair, Clearwater, Dunedin, Palm Harbor en Tarpon Springs. Daarnaast zijn er twee- tot driehonderd opvallende gele markeringen met oplopende nummers aangebracht op de weg. Bij een ongeval kunt u de hulpdiensten zo vlug op de hoogte brengen van uw locatie (noodnummer tel. 911).
Er zijn plannen om de route verder uit te breiden tot een lengte van 76 km en om daarbij een verbinding te maken die naar Tampa leidt. Het districtsbestuur van Pinellas County heeft alle informatie over de fietsroute verzameld op de website www.pinellascounty.org/trailgd.

direct aan het water. De fanbar van de Florida Gators op de noordpunt van Treasure Island biedt elke avond livemuziek.
Hangout – **Mahuffer** 5 : 19201 Gulf Blvd., Indian Rocks Beach, tel. 1-727-596-0226. Wie zijn plaats aan de bar niet wil delen met een van de honden of katten die hier thuis zijn, kan beter niet komen. Een en ander is een beetje apart, maar de sfeer is uniek. En het gaat door tot in de vroege ochtend.

Actief
Dolfijnen kijken – **Hubbard's Marina Cruises** 1 : 170 John's Pass Boardwalk, Madeira Beach, tel. 1-727-393-1947, www.hubbardsmarina.com. Boottochtjes naar de dolfijnen en vistrips in de Golf van Mexico. Ook zonsondergangtripjes.
Fietstochten – Van de vele fietsroutes in de omgeving is de **Pinellas Trail** 2 het interessantste. Van Demens Landing Park in St. Petersburg volgt hij over 55 km het tracé van een voormalige spoorlijn en eindigt in Tarpon Springs (zie Actief links).
Wellness – **Safety Harbor Resort & Spa** 3 : 105 N. Bayshore Dr., Safety Harbor, tel. 1-727-726-1161, www.safetyharborspa.com. Deze spa aan de oever van Tampa Bay is de enige in Florida die over water uit natuurlijke bronnen beschikt. Aangeboden worden diverse wellnessprogramma's, met en zonder accommodatie. Wellnessarrangementen vanaf $ 110.

Golf – **Mangrove Bay Golf Course** 4 : 875 62nd Ave. N. E., St. Petersburg, tel. 1-727-893-1790, www.golfstpete.com. Deze openbare golfbaan met achttien holes schurkt tegen Old Tampa Bay aan. Ook een drivingrange, golfschool en verhuur van benodigdheden. Green fee vanaf $ 25.

Agenda
Jazz Holiday: derde week van oktober, vier dagen en nachten. Het gerenommeerde jazzfestival in Coachman Park in Clearwater trekt al vijfendertig jaar lang duizenden jazzliefhebbers uit alle hoeken van de VS (tel. 1-727-461-5200, www.clearwaterjazz.com).

Vervoer
Vliegtuig: St. Petersburg-Clearwater International Airport, Roosevelt Blvd./Hwy 686, tel. 1-727-453-7800, www.fly2pie.com. Regionaal vliegveld ligt op circa 16 km ten noorden van St. Petersburg. Alleen binnenlandse bestemmingen, 's winters ook vluchten van en naar Canada.
Trein: Amtrak biedt een shuttlebus vanaf het station in Tampa naar het centrum van St. Petersburg, tel. 1-800-872-7245, www.amtrak.com.
Bus: De terminal voor de langeafstandsbussen van Greyhound bevindt zich in St. Petersburg op 180 Dr. Martin Luther King Jr. St., tel. 1-727-898-1496, www.greyhound.com, dag. 8.15–18.30 uur.

Snowbirds – seniorenparadijzen in de Sunshine State

Sun City Center is gegarandeerd jeugdvrij en het leven daar is één onafgebroken droom. Dat belooft in ieder geval de glanzende vierkleurenbrochure van een van de grote seniorennederzettingen in de Verenigde Staten. Wie hier, halverwege Tampa en Sarasota, zijn of haar levensavond wil doorbrengen, moet minstens vijftig jaar oud en financieel onafhankelijk zijn.

In Sun City begint de prijs voor een klein huis bij ongeveer $ 115.000, een groter huis kost al gauw drie ton tot een miljoen. Maar daarbij blijft het niet: toegangsprijzen voor de golfclub van het seniorenparadijs, de kosten voor grasmaaien, vuilophaal, onderhoud van de woning, bustochtjes naar het winkelcentrum, verpleging, medische onderzoeken en wat al niet meer – alles kost extra. Per persoon komt dat op ca. $ 2500 per maand. Oud worden in Florida heeft zijn prijs. Niettemin staan de gepensioneerden in de rij. Ongeveer zestienduizend van hen hebben zich al in de parkachtige bejaardenstad gevestigd. Hier kunnen ze golfen, zwemmen, dansen, pottenbakken en winkelen zonder uit hun vertrouwde omgeving van leeftijdsgenoten weg te hoeven. Overal waar men kijkt zie je gebruinde gezichten, wandelstokken, rolstoelen en bloeddrukmeters. Het concept is succesvol. Het bestuur zal nog meer grond moeten verwerven, zodat Sun City kan blijven groeien.

Niemand twijfelt eraan dat dit zal gebeuren. Het verlangen naar een levensavond in Florida is een deel van de Amerikaanse droom geworden, een soort beloning voor een leven van hard werken in het middenwesten of het noordoosten van het land. Het motto van miljoenen is: 'het is niet te voorkomen dat men oud wordt, maar het is wel te voorkomen dat dit gebeurt bij slecht weer.' Veel 'nieuwe senioren' trekken massaal naar Florida. Alleen al in de ruim tweeduizend *Adult Only Communities* zoals Sun City wonen meer dan een miljoen rentenier. Nog eens een miljoen leven verspreid over de staat. Wie zich deze luxe niet kan veroorloven, wijkt uit naar goedkopere, maar meestal vrij sombere *mobile home*-nederzettingen en trailerparken aan de rand van de steden.

De bevolkingsopbouw van Florida is de meest ongebruikelijk in de Verenigde Staten. Aan de Gulf Coast is een op de drie inwoners een gepensioneerde, in het zuiden van de staat zelfs een op twee. De welgestelde ouderen vormen voor de Sunshine State echter geen last, maar zijn een economische zegen. Jaarlijks wordt hier meer dan 12 miljard dollar aan lijfrentes uitbetaald – een bedrag dat door de kooplustige grootoudergeneratie meestal rechtstreeks in de economie wordt gepompt. De gepensioneerden zijn goed voor bijna een derde van de handel in onroerend goed, steden en gemeenten verleiden de grijsharige immigranten met seniorvriendelijke gebouwen. In de lokale politiek, waarvan veel gepensioneerden hun hobby maken, worden ze ook gewaardeerd en vaak genoeg zelfs tot burgemeester gekozen.

Het is dan ook geen verrassing dat Florida goed is ingesteld op senioren en ze omarmt. In de door de staat uitgegeven *Seniors Guide* wordt de oudere inwoners de helpende hand geboden op allerlei gebieden. Van opfriscursussen autorijden en verzekeringen met korting tot verzorgingshuizen en hulp voor Alzheimerpatiënten. Een gratis hulplijn biedt uitkomst

Ideale consumenten: de senioren van Florida zijn overal welkom

in minder goed op senioren toegeruste gemeenten. 'Seniors vs Crime', een vereniging die zich uitsluitend bezighoudt met het voorkomen van oplichting van senioren, bestaat al vijfentwintig jaar. Een andere stichting maakt zich sterk voor (vrijwilligers)werk voor ouderen en gratis seniorenonderwijs op de openbare universiteiten.

Leven in 'Gods wachtkamer', zoals Florida soms spottend wordt genoemd, gehoorzaamt aan vreemde wetten. Elke regio lijkt gepensioneerden uit verschillende delen van de Verenigde Staten en uit verschillende sociale klassen aan te trekken. Het principe is: soort zoekt soort. Waar mensen met dezelfde achtergrond leven, voelt men zich gewoon meer op zijn gemak. Jacksonville in het noordoosten en Pensacola in het uiterste westen zijn stevig in handen van de gepensioneerde militairen en gekleurde gepensioneerden. De upper class vestigt zich in Palm Beach. Conservatieve senioren uit het middenwesten trekken naar het midden van de Golf Coast tussen Tampa en Fort Myers. Liberale stedelingen uit het noordoosten vestigen zich in het zuidoosten in grote steden als Fort Lauderdale en Miami.

De instroom van gepensioneerden naar Florida is een traditie geworden, mogelijk gemaakt door de technische vooruitgang. De run op het zuiden begon toen in de jaren 30 elektrische ventilatoren en airconditioning betaalbaar werden. Voorheen was het in Florida gewoon te warm om het hele jaar te verblijven. Veel gepensioneerden komen echter nog steeds alleen in de wintermaanden en wonen dan in *mobile homes*, appartementen of huizen in seniorencomplexen. Aan dit trekgedrag danken de overwinteraars hun bijnaam 'snowbirds'.

De Golfkust

De kust langs de Golf van Mexico ziet er in het noordelijke deel van de regio heel anders uit dan in het zuiden rond Tampa en St. Petersburg. Ten noorden van Clearwater neemt het aantal bewoners af, net als de hoeveelheid stranden. Nature Coast heet dit deel van de kust, of ook wel Hidden Coast, verborgen kust. De mangrovebossen die hier groeien, worden afgewisseld met baaien, die de afwatering vormen van de enorme bronnen waaraan Midden-Florida rijk is.

De vissersplaatsen in noordwaartse richting langs de kust liggen geïsoleerd, omringd door zoutmoerassen, waterlopen en eilanden. Het is geen wonder dat de tijd hier lijkt te hebben stilgestaan. Drukte en haast zijn er onbekend, en hoe verder u van Tampa Bay naar het noorden reist, hoe dunbevolker het wordt. Vanaf Perry krijgen uitgestrekte dennenbossen de overhand, en in de buurt van Tallahassee wordt het landschap heuvelig.

Ook ten zuiden van Tampa Bay heeft het leven niet het tempo van Miami of Orlando. Sarasota, Fort Myers en Naples verder naar het zuiden genieten al sinds lang de faam bedaarde woonoorden voor senioren te zijn, maar de regio is tegenwoordig ook een internationale toeristenbestemming. Sarasota koketteert op grond van zijn vele podia en musea met de (onofficiële) titel van culturele hoofdstad van Florida, Fort Myers gaat prat op zijn grote zoon Thomas Alva Edison en een paradijselijke eilandenwereld, en het elegante Naples, met zijn golfterreinen, tennisbanen en winkelmogelijkheden wordt vaak met het exclusieve Palm Beach aan de Atlantische kust vergeleken.

Daarbovenop komen de door plankenpaden en kanoroutes ontsloten natuurgebieden, zoals het Myakka River State Park in het achterland van Sarasota, de Corkscrew Swamp bij Fort Myers en het Collier Seminole State Park in het zuiden, aan de rand van de Everglades.

Tussen Tampa en Cedar Key

Caladesi Island ▶ 1, H 6

Eiland voor Dunedin, tel. 1-727-469-5918, www.floridastateparks.org/park/Caladesi-Island, dag. van zonsopgang tot zonsondergang, entree $ 7 per boot, $ 2 per kajak

Gevraagd naar de mooiste stranden van Florida staat Caladesi Island meestal helemaal bovenaan. Dit eilandje direct ten noorden van Clearwater stond in het midden van de jaren zestig volop in de aandacht van grondspeculanten. Maar de natuurbeschermers kregen de overhand en intussen bewaken parkrangers een van de laatste ongerepte stukken strand langs de Golfkust van Florida (zie ook Tip blz. 266). In de zomerperiode beschermen ze ook zeeschildpadden, wanneer die 's nachts aan land komen om hun eieren in het zand te begraven. De zon broedt ze dan overdag uit.

In de mangroven en wetlands aan de kant van het vasteland voelen reigers, ibissen, aalscholvers en pelikanen zich thuis; een haven voor pleziervaartuigen maakt overnachtingen aan boord mogelijk. In het door natuurpaden ontsloten binnenland groeien dennen- en eikenbossen en op het 5 km lange strand zijn onder palmen enkele picknickplaatsen ingericht en kleedhokjes geplaatst.

Honeymoon Island ▶ 1, H 6

1 Causeway Blvd., Dunedin, tel. 1-727-469-5942, www.floridastateparks.org/honeymoon-island, dag. 8 uur tot zonsondergang, entree $ 8 per voertuig, voetgangers $ 2; veerboot naar Caladesi Island elk uur vanaf 10 uur, tel. 1-727-734-5263, www.caladesiferry.org, retourtje volwassenen $ 14, kinderen $ 7

Caladesi Island is alleen per boot of na een strandwandeling vanaf Clearwater Beach bereikbaar. Vanaf het naburige Honeymoon Island, dat door een brug met het vasteland en het vlakbij gelegen stadje Dunedin is verbonden, vaart een personenveer (vaarduur 20 minuten, maximaal verblijf op het eiland 4 uur). De twee eilanden vormden ooit één geheel, maar werden in 1921 door een orkaan van elkaar gescheiden. Ook Honeymoon Island bezit mooie stranden, die druk worden bezocht door schelpenverzamelaars. Het binnenland van het eiland wordt ontsloten door een natuurpad, dat gelegenheid biedt om vogels de observeren.

Overnachten

Prima ketenhotel – **Best Western Yacht Harbour Inn:** 150 Marina Plaza, Dunedin, tel. 1-727-733-4121, www.yachtharborinn.com. Herberg met aangename sfeer bij de jachthaven. Zwembad, uitstekend restaurant Bon Appetit (zie hieronder). 55 kamers, vanaf $ 130.

Eten & drinken

Terras met zeezicht – **Bon Appetit:** 148 Marina Plaza, Dunedin, tel. 1-727-733-2151, www.bonappetitrestaurant.com, dag. vanaf 11.30 uur. Creatieve bistrokeuken, lekkere *stone crabs*. Gerechten $ 10–34.

Tarpon Springs ▶ 1, H 6

Dunedin werd ooit door Schotten gesticht, Dùn Èideann is de Gaelische naam voor Edinburgh. Het vissersplaatsje Tarpon Springs, ongeveer 21 km verder naar het noorden, heeft daarentegen een Grieks verleden. In het begin van de 20e eeuw vestigden Griekse sponsduikers uit Key West zich in Tarpon Springs, omdat hier vlak voor de kust zeer rijke sponzenvelden waren ontdekt. Bovendien garandeerde de spoorlijn, die kort ervoor bij Tampa en St. Petersburg de kust van Golf van Mexico had bereikt, een directe verbinding met de belangrijke afzetmarkten in het noorden van de VS. De Grieken, die overwegend van het kleine Dodekanesoseiland Chalki afkomstig waren, hadden ook in hun Europese vaderland al als sponsduiker gewerkt.

Aanvankelijk legden ze hun boten voor anker in de ondiepe kustwateren en trokken ze de sponzen met lange, scherpe haken los van de zeebodem. De door deze *hookers* bijeengehaakte sponzen werden in grote hopen op de pier opgestapeld. De belangrijkste sponzengroothandel, de Cheney Sponge Company, verkocht in deze tijd voor bijna 1 miljoen dollar per jaar aan sponzen.

Om de opbrengsten te vergroten, gingen ze echter ook in diep water naar sponzen zoeken, en dat betekende dat er gedoken moest worden. Al snel werkten er vijfhonderd Griekse sponsduikers in de kustwateren voor Tarpon Springs. De eerste duikpakken met koperen helm, die aan vroege verfilmingen van Jules Vernes roman *20.000 mijlen onder zee* doen denken, waren nog lang niet veilig en waren steeds weer de oorzaak van dodelijke ongevallen. In de jaren 40 vernietigde een besmettelijke ziekte een groot aantal sponzenvelden in het Caribische gebied. Later veroverden goedkope synthetische sponzen de markt.

Tegenwoordig lijkt de natuurspons weer aan populariteit te winnen. Op de Dodecanese Boulevard en bij de Sponge Docks bieden tal van winkels natuursponzen te koop aan. De krabbenvisserij, de botenbouw en het toerisme, dat in de eerste plaats op de Griekse ambiance van het plaatsje afkomt, hebben de economische betekenis van het sponsduiken inmiddels overvleugeld.

St. Nicholaskerk

36 N. Pinellas Ave., tel. 1-727-937-3540, www.epiphanycity.org, een gift wordt op prijs gesteld

Tarpon Springs onderstreept zijn Griekse

De Golfkust

Monument voor de sponsduikers van Tarpon Springs

imago met alomtegenwoordige wit-blauwe kleuren. In de St. Nicholas Church, die er als een sterk verkleinde versie van de Hagia Sophia in Istanbul uitziet, worden de kerkdiensten volgens de Grieks-orthodoxe ritus gehouden.

Tarpon Springs Heritage Museum

100 Beekman Ln., tel. 1-727-937-0686, wisselende openingstijden, entree $ 3

Het kleine museum is gewijd aan de plaatselijke geschiedenis en dus ook aan het sponsduiken.

Info

Tarpon Springs Visitor Center: 100 Dodecanese Blvd. (Sponge Docks), tel. 1-727-937-6109, www.tarponspringschamber.org.

Overnachten

Camping – **Clearwater/Tarpon Springs Campground:** 37061 US 19 N., Palm Harbour, tel. 1-727-937-8412, www.clearwatertarponspringscampground.com. Schaduwrijke, goed uitgeruste camping. Staplekken camper vanaf $ 40, tent vanaf $ 30, hutjes vanaf $ 50 per nacht.

Eten & drinken

Grieks – In het plaatsje ligt een groot aantal restaurants dat Griekse specialiteiten serveert, van boerensalade met schapenkaas en moussaka tot souvlaki en baklava. Ouzo ontbreekt natuurlijk ook niet.

Winkelen

Sponzen – **Spongeorama's Sponge Factory:** 510 Dodecanese Blvd., tel. 1-727-943-2164,

Tussen Tampa en Cedar Key

dan gaan ze weer door met de uitbeelding van het verhaal, dat even moeilijk te doorgronden is als de diepte van de bronnen van Weeki Wachee.

De toeschouwers hebben in een onder het wateroppervlak gelegen auditorium door dik pantserglas een uitstekend zicht op de ongewone theatershow op ruim 5 m diepte. Het bronmeer is meer dan 40 m diep. Per uur stroomt er zo'n 26 miljoen liter kristalhelder water met een temperatuur van 22°C uit de bron naar de oppervlakte. De ongewone attractie bestaat nu al meer dan zestig jaar. De *mermaids* werden voor uitsterven behoed toen de nostalgische theatershow inclusief het gebied rond de bron als State Park onder de hoede van de staat Florida kwam.

De wachttijd tot de volgende voorstelling kan in de grote souvenirwinkel worden doorgebracht, maar u kunt ook een ritje langs de bronrivier maken en reigers en wasberen observeren. Shows met papegaaien en andere tropische vogels en demonstraties met schildpadden, slangen en andere reptielen bieden leerzaam vermaak in het amusementspark. Vlak daarbij ligt het **waterpretpark Buccaneer Bay**, dat in de zomermaanden is geopend (maart–sept. ma.–zo. 10–17.30 uur).

www.spongeorama.com. Natuursponzen en andere schoonheidsproducten; bovendien een **klein museum** over de geschiedenis van het sponsduiken.

Weeki Wachee Springs State Park ▶ 1, H 5

US 19 bij de spliting van de SR 50, tel. 1-352-592-5656, www.weekiwachee.com, dag. verschillende shows tussen 10 en 16.30 uur, volwassenen $ 13, kinderen 6–12 jaar $ 8

Wanneer de indiaanse prinses Pocahontas in het onderwatertheater de Kleine Zeemeermin van Hans Christian Andersen ontmoet, begint in het Weeki Wachee Springs State Park iedereen te snotteren van ontroering. Af en toe nemen de actrices en acteurs een diepe teug uit de gereedliggende luchtslang, en

Homosassa Springs Wildlife State Park ▶ 1, H 5

4150 S. Suncoast Blvd., tel. 1-352-628-5343, www.floridastateparks.org/park/Homosassa-Springs, dag. 9–17.30 uur, volwassenen $ 13, kinderen 6–12 jaar $ 5

Een boottocht over het bronmeer van een artesische bron, die het hele jaar door 23 miljoen liter water per uur uitspuwt, brengt de bezoekers van de steiger dwars door een mangrovejungle tot bij de ingang van het Homosassa Springs Wildlife State Park, waarin slangen, schildpadden, alligators en vele andere diersoorten voorkomen. Lamantijnen (zeekoeien) die door de schroef van een motorboot gewond zijn geraakt, worden in het Homosassa Springs Wildlife State Park verzorgd tot ze hersteld zijn. Deze imposante, bij iedereen geliefde waterzoogdieren

De Golfkust

DROOMSTRANDEN

Florida geldt als hét zwem- en strandparadijs van de VS. Brede zandstranden langs de Atlantische kust, die tussen Daytona Beach en St. Augustine in het noorden deels met de auto bereden mogen worden, sneeuwwitte kwartsstranden langs de Emerald Coast tussen Panama City en Pensacola, en zacht aflopende familiestranden tussen Clearwater Beach en Naples langs de Golfkust laten geen toeristische wens onvervuld. En wie eenzame, ongerepte stranden zonder hotels of promenade prefereert, kan terecht op de Canaveral National Seashore aan de Atlantische Oceaan of op Caladesi Island voor Dunedin aan de Golf van Mexico, slechts gadegeslagen door pelikanen en zeeschildpadden.

Amelia Island: Op dit 20 km lange, door duinen geflankeerde zandstrand vallen de toeristen nauwelijks op. Af en toe passeren er ruiters (zie blz. 390).

Bahia Honda: Wie de Seven Miles Bridge op weg van Miami naar Key West gepasseerd is, zou op het witte zandstrand een pauze moeten inlassen om te zwemmen, te windsurfen of te snorkelen. Plankenpaden voeren door het typische Keylandschap (zie blz. 213).

Caladesi Island: Een kleine personenveer-

Niet alleen schelpenzoekers genieten van de stranden op Sanibel Island

Tussen Tampa en Cedar Key

boot voert dagjesmensen van Honeymoon Island naar dit onbewoonde eiland voor de kust van Dunedin, waar reigers, ibissen en aalscholvers zich op hun gemak voelen. Het 5 km lange, ongerepte strand is echt iets voor romantische zielen (zie blz. 262).
Canaveral National Seashore: De paradijselijke rust van Playalinda, Apollo en Klondike Beach wordt maar zelden verstoord door het gedonder van een startende raket. Omdat de stranden onder het beheer van het nationale park vallen en niet door de plaatselijke sheriff worden gecontroleerd, kunnen liefhebbers van naturisme hier hun hart ophalen (zie blz. 355).
Clearwater Beach: Dit 6 km lange zandstrand is erg in trek bij studenten van de nabijgelegen colleges en universiteiten van St. Petersburg en Tampa en een centrum van alle mogelijke water- en recreatiesporten (zie blz. 254).
Crescent Beach: Volgens wetenschappelijke onderzoeken zou op Siesta Key bij Sarasota het fijnste zandstrand van de VS te vinden zijn. Het glasheldere water heeft in de lente precies de juiste temperatuur voor een verfrissend bad (zie blz. 276).
Lover's Key: Niet alleen verliefde stelletjes waarderen de eenzame stranden ten zuiden van het drukke Fort Myers Beach. Van het parkeerterrein loopt een plankieren door de duinen naar het strand (zie blz. 285).
Lummus Park Beach: Het water is ondiep, het strand is breed en grenst aan het park.

De attractie hier is de bonte drukte in de art-decowijk langs de Ocean Boulevard in South Beach bij Miami (zie blz. 135).
Sanibel Island: Door de branding en een eigenzinnige stroming spoelen er tienduizenden schelpen aan op het strand van dit subtropische eiland. Na een storm gaan serieuze verzamelaars al bij zonsopkomst op jacht langs de waterlijn (zie blz. 287).
Santa Rosa Island: Het fijne kwartszand is zo stralend wit dat het de ogen verblindt. Een van de mooiste delen van het lange Panhandlestrand ligt in het beschermde natuurgebied van de Gulf Islands National Seashore (zie blz. 418).
South Hutchinson Island: De brede, afgelegen zandstranden, vooral in het zuiden van de eilanden ten noorden van Palm Beach deelt u in de zomer slechts met een paar zeeschildpadden (zie blz. 164).
St. Augustine Beach: De brede, vlakke stranden worden begrensd door een strook duinen, waarachter hotels en pensions liggen. Op sommige stukken mag men met de auto of motor over het strand rijden en er parkeren. In zomerweekends kan het er behoorlijk druk worden (zie blz. 380).
St. Joseph Peninsula State Park: Tot 10 m hoge duinen en kilometerslange, witte stranden – daarvan kunnen bezoekers van het onbewoonde schiereiland bij Panama City genieten, vooral sinds de papierfabrieken van Port St. Joe niet meer te ruiken zijn (zie blz. 410).

blijken zeer wendbaar te zijn als ze met koolkroppen en wortels worden gevoerd. Vanuit een onderwaterobservatorium, de 'Fishbowl', kunt u de lamantijnen ogenschijnlijk gewichtloos door het water zien glijden. Het kijkje onder het wateroppervlak openbaart een ongelooflijke rijkdom aan vissen, die in het brakke water met zijn vele voedingsstoffen een ideale leefomgeving hebben gevonden. Het is dus geen wonder dat tal van vissers in hun boten net buiten het State Park op de loer liggen.

Yulee Sugar Mill ▶ 1, H 5

SR 490, Homosassa, tel. 1-352-795-3817, www.floridastateparks.org/park/Yulee-Sugar-Mill, dag. 8 uur tot zonsondergang, gratis entree
Van de in de buurt gelegen, in 1851 gestichte suikerrietplantage van de eerste senator uit Florida in Washington, David Levy Yulee, zijn alleen ruïnes bewaard gebleven, tegenwoordig beschermd door een State Historic Park. De enorme ketels van de Yulee Sugar Mill, waarmee in de Burgeroorlog suiker

De Golfkust

voor de *confederates* werd geproduceerd, zijn beschadigd, maar vormen met de overblijfselen van de suikerrietpers een indrukwekkende aanblik in het romantische landschap.

Info
Citrus County Visitors Bureau: 9225 W. Fishbowl Dr., Homosassa, tel. 1-352-628-9305, www.visitcitrus.com.

Overnachten
Voor een actieve vakantie – **Homosassa Riverside Resort:** 5297 Cherokee Way, Homosassa Springs, tel. 1-352-628-2474, www.riversideresorts.com. Authentieke herberg direct aan de rivier, met een jachthaven, bootexcursies, apeneiland en duikbasis. Vanaf $ 65, suites voor 4 pers. met keuken vanaf $ 185.

Crystal River Wildlife Refuge ▶ 1, H 4

1502 S. E. Kings Bay Dr., Crystal River, tel. 1-352-563-2088, www.fws.gov/refuge/crystal_river
Het gebied vol riviermondingen en baaien tussen Cedar Key en Weeki Wachee Springs wordt ook wel Manatee Coast (Lamantijnkust) genoemd. Tientallen artesische bronnen voeden de Kings Bay, die via de Crystal River afwatert op de Crystal Bay, een baai in de Golf van Mexico. De temperatuur in het waterrijke riviertje komt het hele jaar door niet onder de 22°C. Dat wordt ook op prijs gesteld door lamantijnen, die zich in de koelere maanden met aantallen tot wel 350 stuks ophouden in het mondingsgebied van de rivier, het Crystal River National Wildlife Refuge.

De in hun voortbestaan bedreigde zeekoeien worden streng beschermd. Moedige zwemmers observeren de dieren niet alleen vanaf boten, maar voegen zich onder leiding van professionele gidsen bij de vriendelijke reuzen in het water, om samen met de dieren te zwemmen en te duiken. Tussen eind november en begin maart ziet u hier de meeste lamantijnen.

Crystal River Archaeological Park ▶ 1, H 4

3400 N. Museum Point Rd., tel. 1-352-795-3817, www.floridastateparks.org/park/Crystal-River-Archaeological, dag. 8 uur tot zonsondergang, museum do.–ma. 9–17 uur, $ 3 per auto, voetgangers $ 2
In het Crystal River Archaeological State Park op de oever van de rivier zijn piramidevormige tempel-, woon- en begrafenisheuvels te zien. Daar woonden indianen van verschillende stammen tussen ongeveer 500 v.Chr. en 1400 n.Chr. Waarom de bewoners vlak voor de komst van de Europese veroveraars de nederzetting verlieten is tot op heden onduidelijk. Zes grotere mounds, begrafenis- en woonheuvels, zijn bewaard gebleven.

Duidelijk herkenbaar zijn de schelpen die naast zand en aarde als bouwmateriaal werden gebruikt. In de ongeveer 450 tot op heden ontdekte en onderzochte graven werden rituele beeldjes, werktuigen, pijlpunten en sieraden ontdekt. Verwijzingen naar een zonnekalender steunen vermoedens dat er contacten bestonden met de Maya op het schiereiland Yucatán.

Het complex is goed ontsloten voor bezoekers en er lopen paden met verklarende borden over het opgravingsterrein. In het **bezoekerscentrum** toont een reliëfkaart een reconstructie van het complex. Verder belicht het centrum de indiaanse culturen in Florida, voor Europeanen het land bezetten en duizenden oerbewoners verdreven of doodden.

Cross-Florida Barge Canal
In 1976, na vele decennia van pogingen om dwars door Noord-Florida een kanaal voor zeewaardige schepen aan te leggen, werden de plannen een paar kilometer ten noorden van de Crystal River ten grave gedragen. De natuurbeschermers hadden gewonnen. Het goed herkenbare **Cross Florida Barge Canal** ten zuiden van Inglis loopt daarom alleen van de kust naar **Lake Rousseau**; het onvoltooide deel gaat onder de US 19/98 door.

Cedar Key

Info
Crystal River National Wildlife Refuge: 1502 S. E. Kings Bay Dr., tel. 1-352-563-2088, www.fws.gov/refuge/crystal_river.
Citrus County Chamber of Commerce: 28 N. W. Hwy 19, FL 34428, tel. 1-352-795-3149, www.citruscountychamber.com/Visit.

Overnachten
Mooi gelegen aan de rivier – **Best Western Crystal River Resort:** 614 N. W. US 19, tel. 1-352-795-3171, www.crystalriverresort.com. Keurig vakantiehotel met een duik- en snorkelcentrum. 114 kamers, vanaf $ 110.

Eten & drinken
Rustiek visrestaurant – **Dan's Clam Stand:** 2315 N. Sunshine Path, tel. 1-352-795-9081, ma.–za. 11–20 uur. Eenvoudig interieur, maar de zeevruchten zijn lekker en vers. Hoofdgerecht vanaf $ 9, alleen cash!

Veel locals – **Charlie's Fish House:** 224 N. W. US 19, tel. 1-352-795-3949, dag. 11–21 uur, www.charliesstonecrabs.com. Hartige visgerechten, geserveerd aan lange tafels. Gerechten $ 6–20.

Actief
Zwemmen met lamantijnen – **American Pro Diving Center:** 821 S. E. US 19, tel. 1-352-563-0041, www.americanprodiving.com. Snorkel- en duiktrips vanaf $ 30 per pers., met uitrusting vanaf $ 60.

 Cedar Key ▶ 1, G 4

Dit eiland is per auto alleen over een ongeveer 32 km lange doodlopende weg door vrijwel onbewoond gebied en ten slotte via een brug te bereiken. Op Cedar Key leven de bewoners van de visserij en in toenemende mate ook van het toerisme. In 1855 kocht de 'potloodkoning' Eberhard Faber grote delen van het beboste eiland en liet er een grote zagerij bouwen. De *red cedars (Juniperus virginiana)*, waarnaar het eiland is genoemd, werden geveld, naar New Jersey verscheept en daar tot potloden verwerkt. Ook dennen en cipressen vonden de weg naar de fabriek; het hout werd aangewend voor huizenbouw en meubelproductie en eveneens uit Cedar Key verscheept.

Een vrachtspoorlijn van de Floridaanse senator Yulee verbond Cedar Key met Amelia Island voor de noordoostkust van de staat. Scheepvaartlijnen verbonden het eiland met New Orleans, Key West en Havana. In 1885 woonden er vijfduizend mensen op het eiland. Toen de houtvoorraden uitgeput waren, sloten de papierfabrieken en zagerijen hun deuren. Een orkaan in 1896 deed de rest.

Het gemoedelijke plaatsje heeft tegenwoordig zo'n achthonderd inwoners; burgemeester, politie, brandweer en een openbare bibliotheek delen één gebouw. Er zijn een paar kleine hotels, nieuwe appartementencomplexen en goede restaurants, waar voortreffelijke vis wordt geserveerd, en waar 's avonds hengelbelevenissen worden uitgewisseld. Verder heeft in de afgelopen jaren een hele reeks kunstgaleries zijn deuren op het eiland geopend, die zelfs bezoekers uit Tampa trekken. Het toeristische centrum is de pier, waar ook souvenirwinkels en restaurants te vinden zijn.

Cedar Key Historical Society Museum
Ecke SR 24/2nd St., tel. 1-352-543-5549, www.cedarkeyhistoricalmuseum.org, zo.–vr. 13–16, za. 11–17 uur, volwassenen $ 2, kinderen $ 1
Het Cedar Key Historical Society Museum in het centrum van het plaatsje belicht de afwisselende geschiedenis van de regio, vanaf de eerste bewoning door de indianen tot op heden, en toont daarbij een interessante collectie historische foto's.

Cedar Key Museum State Park
12231 S. W. 166 Court, tel. 1-352-543-5350, www.floridastateparks.org/park/Cedar-Key-Museum, do.–ma. 10–17 uur, volwassenen $ 2, kinderen tot 5 jaar gratis
Het Cedar Key Museum State Park aan de noordrand van het eiland omvat een museum dat als zwaartepunt van de collectie schelpen en indiaanse kunst- en gebruiksvoorwerpen heeft. De verzameling werd

Het zompige landschap rond Cedar Key laat zich goed verkennen per moerasboot

De Golfkust

opgezet door Saint Clair Whitman, wiens gerestaureerde woonhuis eveneens in het park ligt. Op een kort natuurpad kunnen bezoekers de flora en fauna van Cedar Key leren kennen.

Beschermde natuurgebieden

De eilanden voor de kust van Cedar Key vallen sinds 1929 onder natuurbescherming, onder de naam **Cedar Key National Wildlife Refuge**. Tal van vogelsoorten hebben hier hun leefgebied, waaronder pelikanen, aalscholvers, reigers en Amerikaanse zeearenden. Op Snake Key komen zeldzame slangen voor, waaronder enkele ratelslangen.

In noordelijke richting ligt tot voorbij de monding van de Suwannee River het natuurgebied **Lower Suwannee National Wildlife Refuge**. Dat is vooral vanwege zijn vogelrijkdom bekend; in de rivier zwemmen bovendien lamantijnen en in de bossen spelen witstaartherten. Nog verder naar het noorden, in de richting van Apalachee Bay, liggen hier en daar nog enkele vissersnederzettingen aan de kust, meestal aan de monding van een rivier.

Info

Cedar Key Area Chamber of Commerce: 450 2nd St., tel. 1-352-543-5600, www.cedarkey.org.

Overnachten

Historische B&B – **Island Hotel:** 373 2nd St., tel. 1-352-543-5111, www.islandhotel-cedarkey.com. Gezellig hotel uit 1859 met een tv-toestel in de bibliotheek en internetaansluiting. In het bijbehorende restaurant wordt 's avonds versgevangen vis geserveerd. 10 kamers, vanaf $ 80, incl. ontbijt.
Camping – **Cedar Key Sunset Isle RV Park:** 11850 State Rd. 24, tel. 1-352-543-5375, www.cedarkeyrv.com. Aan de Gulf Coast gelegen, het hele jaar geopend. Tent- en RV-plekken vanaf $ 31.

Eten & drinken

Regionale keuken – **The Island Room at Cedar Cove:** 192 E. 2nd St., in Beach and Yacht Club bij de jachthaven, tel. 1-352-543-6520, www.islandroom.com, ma.–do. 17–21, vr. tot 22, za. 8–22, zo. 8–21 uur. Voortreffelijke vis- en pastagerechten met uitzicht op de Golf van Mexico. Hoofdgerecht vanaf $ 10.
Vis en schaaldieren – **Tony's Seafood Restaurant:** 597 2nd St, tel. 1-352-543-0022, www.tonyschowder.com. Alles uit de zee, vers en lekker, legendarische mosselsoep. Hoofdgerecht vanaf $ 10.

Van Tampa Bay naar Sarasota

Het zuidwesten van Florida werd pas in het midden van de 19e eeuw permanent door blanken gekoloniseerd, nadat het Amerikaanse leger de Seminole in een bloedige strijd had verdreven. Maar ook hier was het de spoorlijn, die rond 1900 een snelle verbinding met het noorden van de staat en de rest van de VS mogelijk maakte, waardoor de komst van grotere aantallen bezoekers en kolonisten op gang kwam. Thomas Alva Edison (zie Thema op blz. 280), de uitvinder van de gloeilamp en grammofoon en eigenaar van duizenden andere patenten, liep ook bij de keus van zijn winterverblijf voorop toen hij al in 1885 een huis liet bouwen bij de monding van de Caloosahatchee River.

Tot de eerste blanke kolonisten van de regio behoorden de gebroeders Hector en Joseph Braden uit Tallahassee, naar wie de langzaam groeiende nederzetting Bradenton werd genoemd. Nadat Florida in 1821 als staat in de VS was opgenomen en het Amerikaanse leger in de Tweede Seminole-oorlog de inheemse bevolking naar Oklahoma had gedeporteerd of naar de Everglades had verdreven, begon ook het aantal blanke bewoners van Midden-Florida toe te nemen.

Robert Gamble, een tijdgenoot van de Bradens, probeerde eveneens in deze regio een nieuw bestaan op te bouwen. Zijn familie was in 1827 uit Virginia naar Tallahassee verhuisd. Na de oorlog tegen de Seminole kocht de tot majoor benoemde Robert Gamble een 15 km^2 groot stuk grond in Manatee County.

Van Tampa Bay naar Sarasota

Gamble Plantation ▶ 1, H 7

3708 Patten Ave./US 301, tel. 1-941-723-4536, www.floridastateparks.org/park/Gamble-Plantation, dag. 8 uur tot zonsondergang, gratis entree, rondleiding volwassenen $ 6, kinderen $ 4

Zo'n tweehonderd slaven veranderden de wildernis in waardevolle landbouwgrond en al snel werd er suikerriet geoogst op de uitgestrekte velden. In het jaar 1865 vond Judah P. Benjamin, een voormalig minister van de Confederates, na de verloren Burgeroorlog onderdak op de plantage van zijn vriend Gamble, alvorens via de Bahama's naar Londen te emigreren.

De historische gebouwen van de Gamble Plantation uit 1840 werden in 1949 door de staat Florida aangekocht, gerestaureerd en met bijpassend historisch meubilair ingericht. Ze geven een goede indruk van de levensstijl van de blanke bovenlaag in de zuidelijke staten vóór de Burgeroorlog, en ook van het lot van de zwarte slaven. De gebouwen kunnen in het kader van een rondleiding worden bezichtigd.

Bradenton ▶ 1, H 7

Het toerisme is voor Bradenton met zijn vijftigduizend inwoners en de voor de kust gelegen strandeilanden van belang, maar de verbouw van citrusvruchten vormt nog altijd de belangrijkste economische pijler van de regio. Lang voordat de eerste blanke kolonisten kwamen, leefden de Timucuan-indianen in de huidige Manatee County rondom de districtshoofdstad Bradenton. Ze bedreven akkerbouw langs de rivieren, voedden zich vooral met vis, en richtten tempel- en woonheuvels op van schelpen.

Toen de Spanjaard Hernando de Soto in 1539 met ruim zeshonderd soldaten bij de toegang tot de Tampa Bay landde, om daar aan zijn ontdekkingstocht door de huidige zuidelijke staten te beginnen, was het met de rust van de Timucuan gedaan. Velen van hen werden slachtoffer van geïmporteerde ziekten, tot slaaf gemaakt of gedood.

Info
Bradenton Area Visitors Bureau: 1 Haben Blvd., Palmetto, FL 34221, tel. 1-941-729-9177, www.bradentongulfislands.com.

Overnachten
B&B aan het strand – **Harrington House:** 5626 Gulf Dr., Holmes Beach, tel. 1-941-778-5444, www.harringtonhouse.com. Twaalf kamers verdeeld over drie huizen en drie bungalows, alle met balkon of terras. Kajaks, fietsen en andere sportbenodigdheden kunnen gratis worden gebruikt. Vanaf $ 190.

Voor actievelingen – **Cedars Tennis Resort:** 3465 Gulf of Mexico Dr., Longboat Key, tel. 1-877-230-9838, www.rvalongboatkey.com. Complex met ruime bungalows, die elk over een volledig ingerichte keuken en één tot drie slaapkamers beschikken. Sportmogelijkheden. Vanaf $ 600 per week.

Voordelig – **Silver Surf Gulf Beach Resort:** 1301 Gulf Dr., Bradenton Beach, tel. 1-941-778-6626, www.silverresorts.com. Comfortabele studio's en kamers, sommige met kitchenette, tegenover het strand. Vanaf $ 135.

Eten & drinken
Mooi bij zonsondergang – **Sandbar:** 100 Spring Ave., Anna Maria Island, tel. 1-941-778-0444, www.sandbar.groupersandwich.com, dag. 11.30–22 uur. Versgevangen vis en smakelijke zeevruchten, geserveerd op het grote terras aan het strand. 's Avonds livemuziek. Hoofdgerecht vanaf $ 17.

Vers uit zee – **Anna Maria Oyster Bar Landside:** 6906 W. 14th St., Bradenton, tel. 1-941-758-7880, www.oysterbar.net, zo.–do. 11–21, vr., za. tot 22 uur. Oesters en verse vis; bijzonder lekker zijn de gegrilde langoesten. Hoofdgerecht vanaf $ 10.

Winkelen
Discount shopping – **Ellenton Premium Outlets:** 5461 Factory Shops Blvd., tel. 1-941-723-1150, www.premiumoutlets.com/ellenton, ma.–za. 10–21, zo. 10–19 uur. Vanaf de I-75 (Exit 224) snel te bereiken. Een stuk of dertig winkels met merkartikelen verkopen hun producten met grote kortingen.

De Golfkust

Actief

Zwemmen – **Anna Maria Island** en **Longboat Key**, voor de kust van Bradenton, bezitten lange zandstranden.

De Soto National Memorial ▶ 1, H 7

8300 De Soto Memorial Hwy, aan het noordelijke eind van de W 75th St., vanaf Bradenton over State Road 64 tot de kruising met State Road 564, dan naar rechts afbuigen, tel. 1-941-792-0458, www.floridastateparks.org/park/Madira-Bickel-Mound, dag. 9–17 uur, gratis entree

Het De Soto National Memorial, niet ver van de monding van de Manatee River in Tampa Bay, herinnert aan de landing van Hernando de Soto in 1539 en het begin van zijn zoektocht naar goud en andere schatten. De expeditie van Hernando de Soto behoort tot de mislukte en daardoor misschien minder bekende Spaanse veroveringstochten in Amerika. Net als een hele reeks andere conquistadores was De Soto afkomstig uit de schrale Spaanse provincie Extremadura. Een tocht van vier jaar voerde het expeditieleger van twaalfhonderd man na de landing bij Tampa Bay strijdend en plunderend door het zuidoosten van de huidige VS, het gebied van de staten Florida, Georgia, South en North Carolina, Tennessee, Alabama, Mississippi, Arkansas en Louisiana.

Na de dood van De Soto en zijn 'begrafenis' in de Mississippi leidde zijn opvolger de rest van de manschappen via Texas terug naar Mexico. Het was de Spanjaarden duidelijk geworden dat ze in Florida en het zuidoosten van het Noord-Amerikaanse continent slechts twijfelachtige roem konden vergaren, en geen goud zouden ontdekken. Daarom richtten ze hun aandacht al snel op lucratievere avonturen in Zuid-Amerika.

Vanaf het De Soto Memorial hebt u tegenwoordig over het water uitzicht op witte villa's met verzorgde tuinen langs de baai, die worden afgewisseld met machtige *gumbo-limbo*-bomen *(Bursera simaruba)*, herkenbaar aan hun karakteristieke vlekkerige schors. In Camp Uzita geven parkrangers in historische kostuums in de wintermaanden een voorstelling over het leven in een kampement in de tijd van De Soto. Wapendemonstraties tonen de superioriteit aan van de musketten en kanonnen van de Spaanse veroveraars tegenover de pijl en boog en werpspeer van de indianen; er zijn ook indiaanse handwerktechnieken te zien.

Madira Bickel Mounds ▶ 1, H 7

Madira Bickel Mound State Archaeological Site, Bayshore Dr., Palmetto, tel. 1-941-723-4536, www.floridastateparks.org/park/Madira-Bickel-Mound, dag. 8 uur tot zonsondergang, gratis entree

De Madira Bickel Mounds op het schiereiland Terra Ceia liggen bijna in de schaduw van de Sunshine Skyway Bridge, die naar St. Petersburg in het noorden voert. Vanaf ca. 500 v.Chr. woonden hier indianen van verschillende culturen, tot de nederzetting na de komst van de Spanjaarden werd verlaten. Van het vroeger aanzienlijk grotere complex zijn nog twee ceremoniële heuvels en een begrafenisheuvel herkenbaar. Tot op heden hebben de archeologen dertig graven onderzocht. Het grootste deel van van de overblijfselen is overwoekerd met struiken. Er is daarom wel wat fantasie nodig om te begrijpen hoe het complex in elkaar steekt.

Manatee Village Historical Park ▶ 1, H 7

1404 E. Manatee Ave., Bradenton, tel. 1-941-749-7165, ma.–vr. en 2e en 4e za. van de maand 10–16.30 uur, gratis entree

Wie nog meer historische sporen wil volgen, moet een uitstapje naar het Manatee Village Historical Park maken. Het eerste gerechtsgebouw van Manatee County, uit het jaar 1860, een oud schoolgebouw, een stal en een woonhuis bieden een inkijkje in het eenvoudige leven van de kolonisten in de 19e eeuw.

South Florida Museum
▶ 1, H 7

201 W. 10th St., tel. 1-941-746-4131, www. southfloridamuseum.org, ma.–za. 10–17, zo. 12–17 uur, entree incl. planetarium en aquarium volwassenen $ 18, kinderen 4–12 jaar $ 16

In het moderne South Florida Museum op de zuidoever van de Manatee River wordt de historische terugblik aangevuld met diorama's en reconstructies uit de tijd van de indiaanse culturen en de Spaanse bezetting. Fossielen geven een beeld van al lang uitgestorven dieren uit prehistorische tijden. Snooty, de in 1948 in gevangenschap geboren en daarmee oudste zeekoe van Florida, leeft vreedzaam in een bassin van het bijbehorende aquarium.

Sarasota ▶ 1, H 7

Deze ruim vijftigduizend inwoners tellende stad is met de voor de kust gelegen eilanden Casey Key, Lido Key, St. Armand Key, Siesta Key en Longboat Key een vakantiegebied met stranden van in totaal ruim 50 km lengte en tevens een van de belangrijkste cultuurmetropolen van Florida. Daarvan getuigen verschillende theater- en muziekgroepen met een rijkgeschakeerd repertoire, een operagezelschap, een balletensemble, een symfonieorkest en diverse kunstcollecties.

Nog maar pas in de winter van 1910 woonden er minder dan duizend mensen in het destijds slaperige vissersplaatsje. Een van hen was de Schot John Hamilton Gillespie, die aan het eind van de 19e eeuw aan de westkust van Florida voor een onroerendgoedfirma stukken grond verkocht. Na twee jaar wilde hij eindelijk weer eens zijn lievelingssport beoefenen en legde daarom bij Sarasota een van de eerste golfbanen van de staat aan. Daarmee begon de zegetocht van de golfsport in de VS. Later voelden rijke Amerikanen uit het noordoosten van de VS zich aangetrokken door het aangename klimaat. In het begin van de jaren 20 werden er tal van theaters, hotels, banken en nieuwe woonhuizen gebouwd langs Palm Avenue.

De familie Ringling

Ook John Ringling werd betoverd door de charme van Sarasota Bay. De steenrijke mede-eigenaar van het circusbedrijf Ringling Brothers and Barnum & Bailey verwierf in 1912 een stuk grond aan de Golfkust. Later kocht hij er in grote stijl land bij, liet bruggen naar de eilanden voor de kust aanleggen en bouwde hotels en winkelpassages, zoals de elegante St. Armands Circle. In de jaren 20 lieten John en Mable Ringling aan zee het Palazzo Cà d'Zan (Venetiaans voor 'Huis van John') bouwen, naast een representatief museum voor de talrijke schilderijen en beeldhouwwerken die ze op hun reizen naar Europa hadden verworven. Na de dood van zijn vier oudere broers verplaatste John Ringling in 1927 het winterkwartier van zijn circus naar zijn woonplaats aan de Golf van Mexico. Nog altijd hebben veel circusartiesten hun winterverblijf in Sarasota of in het iets zuidelijker gelegen Venice.

Bonte circuswereld in Sarasota

De over land rondreizende circusbedrijven behoorden vóór de verbreiding van de televisie tot de grootste attracties in de steden van Noord-Amerika. De grote circustenten kwamen kort voor de Burgeroorlog, in het midden van de 19e eeuw, in de mode. Trapezewerkers volvoerden hun salto's hoog in de tent, terwijl dompteurs in de piste kunststukjes van gedresseerde dieren lieten zien.

De *Greatest Show on Earth* van het circus van de Ringling Brothers reisde in zijn hoogtijdagen met honderd eigen treinwagons van de ene plaats naar de andere. De ruim 2 km lange trein moest door meerdere locomotieven worden getrokken en geduwd.

John Ringling geldt als symbool van de opwindende, kleurrijke circuswereld. Het fabelachtige succes van zijn shows bezorgde hem een ongelooflijke rijkdom. Hij bouwde zijn eigen droompaleis aan de kust van Sarasota en gaf miljoenen uit aan kunstwerken uit de hele wereld. Maar de geschiedenis van de Ringlings kende geen happy end. Het jaar 1929 bracht John met de dood van zijn vrouw Mable en de grote beurskrach

De Golfkust

Stijlvolle koffiepauze op het terras van het Palazzo Cà' d'Zan, dat door het echtpaar Ringling als winterresidentie werd gebouwd

op persoonlijk en financieel gebied grote klappen toe. Toen hij in 1936 verarmd stierf, was zijn erfenis echter dat hij Sarasota als een van de cultuurcentra van Florida had gevestigd.

John and Mable Ringling Museum of Art
5401 Bay Shore Rd./US 41, tel. 1-941-359-5700, www.ringling.org, dag. 10–17 uur, entree incl. Palazzo Cà' d'Zan/Circus Museum volwassenen $ 25, kinderen 6–17 jaar $ 5

Het naar voorbeeld van een Florentijns renaissancepaleis opgetrokken John and Mable Ringling Museum of Art is grootschalig aangelegd rond een binnenplaats. Als pronkstuk van het museum geldt een van de belangrijkste verzamelingen ter wereld van werken van Peter Paul Rubens; daarnaast zijn er schilderijen van Diego Velasquez, El Greco en Frans Hals te zien.

In het jaar 1949 verwierf de staat Florida het kleine baroktheater van de in financiële nood geraakte gemeente Asolo in de Noord-Italiaanse Veneto, dat, zorgvuldig gereconstrueerd, in het gebouw is geïntegreerd. De voorstellingen in het kleine, voor Florida unieke theater, dat ook reizende gezelschappen een weelderig podium biedt, hebben een uitstekende reputatie.

Sarasota

Aan de muren hangen Vlaamse wandtapijten en veel van de Franse meubels stammen uit de tijd van Lodewijk XV. Van het weidse terras voeren enkele treden naar een steiger, waar ooit de Venetiaanse gondel van Mable Ringling aangemeerd lag. In de verbouwde garage van het palazzo is tegenwoordig een **circusmuseum** met allerlei memorabilia uit de wereld van circusartiesten en clowns ondergebracht.

Downtown Sarasota

Het centrum van Sarasota met zijn verzorgde huizen en winkels laat zich goed te voet verkennen. Bij een wandeling komt u langs veel galeries die schilderijen en beelden van lokale kunstenaars verkopen. Een cultureel symbool van Sarasota is sinds enige tijd de paarse, schelpvormige **Van Wezel Performing Arts Hall** (zie blz. 278). Het programma, dat uiteenlopende optredens biedt, laat zich lezen als een *Who is Who* van de amusementsindustrie.

Mary Selby Botanical Gardens

811 S. Palm Ave., tel. 1-941-366-5731, www.selby.org, dag. 10–17 uur, volwassenen $ 19, kinderen 6–11 jaar $ 6

Van de binnenstad is het niet ver naar de Mary Selby Botanical Gardens, waar meer dan zesduizend orchideeën en duizenden andere tropische planten groeien.

Info

Sarasota Visitor Information Center: 14 Lemon Ave., FL 34 236, tel. 1-941-957-1877, www.visitsarasota.org.

Overnachten

Gezinsvriendelijk – **Turtle Beach Resort:** 9049 Midnight Pass Rd., Siesta Key, tel. 1-941-349-4554, www.turtlebeachresort.com. Luxueuze cottages op de zuidpunt van Siesta Key. Fietsen, hengelgerei en kano's zijn bij de prijs inbegrepen. 10 kamers en studio's, vanaf $ 250.

Romantische getaway – **Siesta Beach Resort:** 5311 Ocean Blvd., Siesta Key, tel. 1-941-349-3211, www.siestakeyflorida.com. 51 kamers en suites in een mooi aan het strand

Palazzo Cà' d' Zan

5401 Bay Shore Rd./US 41, openingstijden en entree zie Museum of Art

In het Palazzo Cà' d'Zan komen stijlelementen van de Venetiaanse gotiek samen met invloeden uit de Italiaanse renaissance en architectonische herinneringen aan de toenmalige Madison Square Garden in New York, waar het Ringlingcircus grote triomfen had gevierd. Daaraan herinnert ook de toren, die stilistisch niet zo goed bij het geheel past, maar die destijds op aandringen van Mable Ringling was opgetrokken. De imposante kroonluchter van kristalglas verlichtte ooit de lobby van het New Yorkse hotel Waldorf Astoria.

De Golfkust

gelegen complex van twee verdiepingen hoog. Vanaf $ 140.
Aan het prachtige Lido Beach – **Coquina on the Beach:** 1008 Benjamin Franklin Dr., Sarasota, Lido Key, tel. 1-941-388-2141, www.coquinaonthebeach.com. Keurige kamers, waarvan enkele zijn voorzien van een kitchenette. 34 units, vanaf $ 129.
Camping – **Sun 'n' Fun Resort:** 7125 Fruitville Rd., Sarasota, tel. 1-941-371-2505, www.sunnfunfl.com. Uitstekend geoutilleerd, groot kampeerterrein voor tenten en campers, een kwartier rijden van Sarasota. Staplaats voor campers vanaf $ 53.

Eten & drinken

Continental cuisine – **Café l'Europe:** 431 St. Armand's Circle, Sarasota, tel. 1-941-388-4415, www.cafeleurope.net, dag. 11.30–15, 17–22 uur. Versbereide lams- en visgerechten in een elegante ambiance. Hoofdgerecht $ 14–48.
Modern Amerikaans – **Michael's on East:** 1212 S. East Ave., Sarasota, tel. 1-941-366-0007, www.bestfood.com, ma.–vr. 11.30 – 14 en ma.–do. vanaf 18, vr., za. vanaf 17.30 uur. Creative, stijlvolle bistrogerechten. Hoofdgerecht $ 10–41.
Amishgerechten – **Yoder's:** 3434 Bahia Vista St., Sarasota, tel. 1-941-955-7771, www.yodersrestaurant.com, ma.–do. 6–20, vr., za. tot 21 uur. Amerikaanse gerechten, voor een deel bereid naar overgeleverde recepten van de amish. Verrukkelijk gebak! Hoofdgerecht vanaf $ 10.

Uitgaan

Cultureel centrum – **Van Wezel Performing Arts Hall:** 777 N. Tamiami Trail (US 41), tel. 1-941-953-3368, www.vanwezel.org. Dit auberginekleurige, schelpvormige cultuurpaleis biedt ruimte aan klassieke concerten, musicals en rockevenementen.
Voetjes van de vloer – **Mattison's City Grille:** 1 North Lemon Ave., Sarasota, tel. 1-941-330-0440. Populair restaurant in Downtown, dat elke avond in een dansgelegenheid met livemuziek (jazz, swing/contemporary) verandert.

Actief

Boot- en ecotochten – **Sarasota Bay Explorers:** tel. 1-727-388-4200, www.sarasotabayexplorers.com. Diverse excursies en uitstapjes, ook kajaktochten met gids, samenwerkingspartner van het Mote Aquarium. Volwassenen vanaf $ 55, kinderen 4–12 jaar $ 45.
Segway – **Segway Tours:** Sarasota Exectutive Suites, Suite #21, 677 N. Washington Blvd., tel. 1-941-416-3530, www.pleasureflorida.com, $ 68–88.

Vervoer

Vliegtuig: Sarasota-Bradenton International Airport, 6000 Airport Circle, tel. 1-941-359-2770, www.srq-airport.com. Regionale luchthaven met alleen binnenlandse vluchten. Vanuit Europa te bereiken met een tussenstop.

Omgeving van Sarasota

Myakka River State Park
▶ 1, H/J 7

SR 72, 14,5 km ten zuidoosten van Sarasota, tel. 1-941-361-6511, www.floridastateparks.org/park/Myakka-River, www.myakkariver.org, dag. 8 uur tot zonsondergang, $ 6 per auto, voetgangers $ 2; Myakka River Wildlife Tours, tel. 1-941-365-0100, bus- en boottochten in het beschermde natuurgebied, volwassenen $ 12, kinderen 6–12 jaar $ 6

Puur natuur biedt ook het Myakka River State Park ten zuidoosten van Sarasota. De Myakka River slingert op zijn gemak door het landschap vol meren, poelen en moerassen. In de uitgestrekte wetlands, graslanden en bossen komen vele honderden dier- en plantensoorten voor, die vanaf de wandelpaden of tijdens een excursie met een minibus of een moerasboot kunnen worden geobserveerd. Wie niet bang is voor alligators, kan de wildernis ook per kano verkennen.

Solomon's Castle ▶ 1, J 7

4533 Solomon Rd., Ona, vertakking van County Rd. 665, ten oosten van het Myakka State Park, tel. 1-863-494-6077, www.solomonscastle.org, okt–juni di.–zo. 11–16 uur, volwassenen $ 10, kinderen tot 11 jaar $ 4

U moet het zien om het te kunnen geloven. In het jaar 1974 voegde Howard Solomon zich bij de rij excentriekelingen die in Florida hun fantasieën verwezenlijkten. Uit krantenmatrijzen en ander afval creëerde de handige beeldhouwer een sprookjeskasteel, dat tijdens een rondleiding kan worden bezichtigd.

Siesta en Lido Key ▶ 1, H 7

Aan de brede zandstranden van het voor de stad gelegen eiland **Siesta Key** liggen tientallen appartementencomplexen en kleine motels. Het eiland is een populaire bestemming voor gezinnen en jongeren.

Rond St. Armands Circle op **Lido Key** liggen dure boetieks en exclusieve restaurants. Het middendeel van de rotonde, de Circus Ring of Fame, is voorzien van talrijke plaquettes ter herinnering aan bekende circusartiesten. Als tijdverdrijf kunt u een rit per koets maken of op een van de terrassen naar flanerende wandelaars kijken. Op Lido Key vindt u mooie witte zandstranden en talrijke hotels.

Mote Marine Laboratory ▶ 1, H 7

1600 Ken Thompson Pkwy, tel. 1-941-388-4441, www.mote.org, dag. 10–17 uur, volwassenen $ 17, kinderen 4–12 jaar $ 12, combikaartjes met boottocht mogelijk

In het Marine Laboratory in het Mote Aquarium op de naburige **St. Armands Key** zijn roggen, haaien, zeepaardjes en tal van andere zeedieren te zien, waaronder lamantijnen. Een belevenistour met een boot van Sarasota Bay Explorers (zie blz. 278) heeft een onbewoond eiland als doel. Via een brug komt u in noordelijke richting op het eiland **Longboat Key**, waar veel gefortuneerde senioren de winter doorbrengen.

Onderweg naar Fort Myers

In het badplaatsje **Venice**, ongeveer 32 km ten zuiden van Sarasota, konden beginnende clowns tot 1997 in het Clown College van het Ringlingcircus de hogere kunsten van het grappenmaken leren. Het is overigens geen grap dat de versteende haaientanden die strandwandelaars af en toe tussen de kiezelstenen vinden uit voorhistorische tijden stammen. **Port Charlotte**, een woon- en havenstad waar de Peace River en Myakka River uitmonden in de baai Charlotte Harbor, kan bogen op een aantrekkelijke omgeving aan de kust en in het binnenland.

Babcock Wilderness ▶ 1, J 8

8000 SR 31, Punta Gorda, 32 km ten zuidoosten van Port Charlotte, tel. 1-800-500-5583, www.babcockwilderness.com, dec./mei ma.–za., juni–nov. di.–za., jan.–april dag. 9–16 uur, volwassenen $ 24, kinderen 3–12 jaar $ 16

Een uitstapje naar de Babcock Wilderness brengt u op het voormalige landgoed van E.V. Babcock, die tot in de jaren 30 de rijke houtvoorraden van de regio exploiteerde. Terreinbussen, zogenaamde *swamp buggies*, voeren de bezoekers op een tocht van anderhalf uur door het ongerepte landschap, langs een cipressenmoeras en over een prairie waarop bizons grazen. Afgezien van de in de vrije natuur levende alligators, reigers en andere vogels, slangen en wilde zwijnen worden in een buitenverblijf ook poema's en een floridapanter gehouden.

Gasparilla Island ▶ 1, H 8

Gasparilla Island, dat over een weg vanaf het vasteland in het noorden bereikbaar is, zou in de 18e eeuw een schuilplaats van de beruchte piraat José Gaspar zijn geweest. Boca Grande in het zuiden van het eiland diende in de jaren 20 als toevluchtsoord voor respectabele zakenlieden als Johan Jakob Astor en Henry Du Pont, waar ze zich

Thomas Alva Edison – in het laboratorium van de uitvinder

Hij ademde zwaar, kon nauwelijks nog horen en leed aan alle mogelijke kwalen. Op een leeftijd van 38 jaar was de beroemdste uitvinder van de 19e eeuw al een lichamelijk wrak. Bijna twintig jaar van onafgebroken werk aan technische vernieuwingen als de beurstikker, fonograaf, dynamo en gloeilamp hadden hun tol geëist.

Nog maar kort tevoren had Thomas Alva Edison zijn jonge vrouw begraven. Zelf voelde hij zich ziek en uitgeput. Als hij in leven wilde blijven en door wilde gaan met uitvinden, zo meenden zijn bezorgde artsen, dan was het aan te raden om Menlo Park bij New York te verlaten en naar het zuiden te verhuizen, waar het klimaat warm en de lucht schoon was, bijvoorbeeld naar Florida.

Edison vertrok naar waar zijn artsen hem gestuurd hadden en deed binnen korte tijd nieuwe krachten op. Hij kocht een stuk grond in Fort Myers, liet er een huis met een laboratorium bouwen, huwde zijn tweede vrouw Mina, kreeg met haar drie kinderen en deponeerde in de volgende jaren zo'n vijfhonderd patenten. Tot zijn uitvindingen behoren de oplaadbare batterij, de elektromotor, een ijzeren mal om beton te gieten voor de systeembouw van huizen, een filmprojector, de radiobuis en diverse kunststoffen.

'Iedereen kan een genie zijn', zo luidde een van zijn lievelingsmotto's. Een andere uitspraak was: 'Een goede uitvinding bestaat voor 1% uit inspiratie en voor 99% uit transpiratie.' Toen Edison in 1931 stierf, was hij 84 jaar, alom gewaardeerd en zeer vermogend. Nog altijd is hij het vleesgeworden symbool van de geniale uitvinder.

Het in 1885/1886 uit prefabbouwonderdelen opgetrokken winterverblijf met een steiger aan de Caloosahatchee River werd door Edison van alle mogelijke snufjes voorzien. Als eerste huis in Florida beschikte het over een zwembad, een complete stroomvoorziening voor de accu's van de elektrische boot, en elektrisch licht in elke kamer. Een artesische bron voorzag en voorziet het huis en de tuin nog altijd van water. Zo'n $ 100.000 – destijds een gigantisch bedrag – spendeerde Edison aan de ongeveer zesduizend verschillende bomen, struiken en kruiden in de tuin, die hij in alle continenten door wetenschappers liet verzamelen.

De reden voor zijn verzamelwoede was zoals altijd zijn onderzoeksdrift. Edison was op zoek naar taaie natuurlijke vezels voor zijn gloeilampen en naar geneesmiddelen. Ook was hij geïnteresseerd in planten waarmee eventueel rubber kon worden gemaakt. De automagnaat Henry Ford stimuleerde Edison hierbij en financierde samen met de bandenfabrikant Harvey Firestone de zoektocht naar liefst goedkope alternatieven voor het natuurrubber uit Indochina. Een doorslaand succes werden de experimenten echter niet. Maar voor de vervaardiging van kunstrubber uit aardolie waren Edisons onderzoekingen van grote betekenis.

Afgezien van hun zakelijke betrekkingen waren Henry Ford en Harvey Firestone ook goed bevriend met Edison – een foto van de drie mannen hangt aan de muur boven de open haard van de villa. Terwijl Firestone echter doorgaans in Miami Beach verbleef, was Ford de directe buurman van Edison. De deur tussen de tuinen van hun huizen stond altijd open. Kort nadat

Edisons laboratorium – hier zijn honderden uitvindingen gedaan

Edison was gestorven, verkocht de autofabrikant zijn woning, de tuindeur werd gesloten en is sindsdien nooit meer geopend.

Edisons favoriete auto staat nog altijd in de garage van de villa. Ford heeft meermaals toegegeven dat hij veel te danken had aan de uitvindersgeest van Edison. Zo construeerde Edison voor hem onder andere bougies, transmissieriemen en lampen. Als dank ontving hij telkens onderdelen of zelfs nieuwe auto's, die hij echter nauwelijks gebruikte. Als hartstochtelijk consument van pruimtabak, die steeds tabakssap moest uitspugen, had Edison een hekel aan auto's met ramen.

Het Edisonmuseum in Fort Myers is ook vanwege de tuin, die uitkomt op de brede Caloosahatchee River, een uitstapje waard. Overal groeien exotische planten, zoals een *dynamite tree (Hura crepitans)*, een uitnodigende banyan en een gigantische vijgenboom. De McGregor Boulevard, waaraan de villa's van Edison en Ford liggen, wordt geflankeerd door een rij koningspalmen. Edisons huis en het bijbehorende laboratorium herbergen naast een verzameling gloeilampen, fonografen en andere technische vindingen ook merkwaardige aandenkens. Zo zijn in een vitrine verschillende met was verzegelde reageerbuizen te zien, waarin Edisons zoon Charles en Edisons arts dr. Howe op 17 oktober 1931 om 3.24 uur de laatste adem van de geniale uitvinder hebben opgevangen.

Edison-Ford Winter Estates: 2350 McGregor Blvd., Fort Myers, www.edisonfordwinterestates.org, dag. verschillende rondleidingen en cruises over de rivier, volwassenen $ 20, kinderen 6–12 jaar $ 11.

De Golfkust

na het geldverdienen konden ontspannen. Het stadje presenteert zich nog altijd als badplaats voor de high society.

Cape Coral ▶ 1 J 8

In het snelgroeiende Cape Coral op de noordoever van de Caloosahatchee River hebben veel inwoners van de VS een tweede woning gekocht, maar het stadje met zijn ruime, goed ingerichte koophuizen niet ver van de Golfkust trekt ook bezoekers uit Europa aan. Op het moerassige eiland **Pine Island**, dat via een brug vanaf het vasteland bereikbaar is, liggen geen spectaculaire attracties. Als er niet net een tropische storm nadert, gaat het leven er zijn bedaarde gang. Wandelingen langs het water, hengelen op een pier, een maaltijd in een eenvoudig visrestaurant – dat zijn activiteiten zonder veel hectiek. Per boot kan men over de Pine Island Sound en naar de eilanden voor de kust tuffen.

Fort Myers en omgeving

Kaart: zie rechts

Fort Myers ▶ 1, J 8

De Lee Island Coast met de inmiddels 62.000 inwoners tellende hoofdplaats **Fort Myers** 1 is een van de snelst in bevolking groeiende regio's van de VS. De stad presenteert zich ook wel als 'City of Palms'. Veel van de nieuwkomers voelen zich aangetrokken door het aangename klimaat, de stranden en de ontspannen levensstijl. De grote uitvinder Thomas Alva Edison betoonde zich al in 1885 een echte Floridapionier, toen hij aan de oever van de Caloosahatchee River in Fort Myers een huis liet bouwen. In vroeger tijden verdienden de mensen hun levensonderhoud met de visvangst; tegenwoordig brengt vooral het toerisme veel geld in het laatje. Van november tot maart, wanneer het water in de Golf van Mexico iets afkoelt, hebt u een grote kans om lamantijnen te zien in het opgewarmde koelwater van een energiecentrale.

Edison-Ford Winter Estates ▶ 1, J 8

De eerste koningspalmen langs de 24 km lange McGregor Boulevard, waaraan ook de **Edison-Ford Winter Estates** 2 liggen, zijn nog door de uitvinder zelf geplant. Edison verkoos de regio in het jaar 1885 als winterverblijf. Hij was direct enthousiast en zijn gezondheid verbeterde aanzienlijk: 'Er is maar één Fort Myers, en daar zullen negentig miljoen Amerikanen ooit achterkomen.'

Zijn woonhuis en tuin aan de Caloosahatchee River kunnen inclusief het grote laboratorium, waarin tal van uitvindingen van Edison te zien zijn, bij een rondleiding worden bezocht, evenals de naburige villa van zijn vriend en zakenpartner Henry Ford. Het parkeerterrein voor bezoekers van het complex wordt beschaduwd door een reusachtige banyanboom, die Edison in 1925 als stekje had gekregen van de bandenfabrikant Harvey Firestone (zie Thema op blz. 280).

Manatee Park ▶ 1, J 8

10 901 SR 80, kleine 3 km ten oosten van de I-75, tel. 1-239-690-5030, www.leeparks.org, dag. 8 uur tot zonsondergang, gratis entree, parkeren $ 2 per uur

De natuur van het **Manatee Park** 3 wordt ontsloten door plankieren; in het weekend kunnen de bezoekers in een kajak door het water glijden.

Calusa Nature Center ▶ 1, J 8

3450 Ortiz Ave., tel. 1-239-275-3435, www.calusanature.org, ma.–za. 9–17, zo. 11–17 uur, $ 10, kinderen 3–12 jaar $ 5

Het **Calusa Nature Center & Planetarium** 4 biedt eveneens op kriskras door de natuur voerende plankenpaden en in een vlindertuin inkijkjes in de flora en fauna van

Fort Myers en omgeving

de regio. In het planetarium kunt u kennismaken met de sterrenwereld boven Florida.

Het **Imaginarium** is heel populair bij kinderen en jongeren. Ze mogen er immers alles aanraken, onder andere in de kinderboerderij en bij een stuk of zestig proefjes rond een hele reeks natuurwetenschappelijke en technische thema's (2000 Cranford Ave., tel. 1-239-321-7420, www.i-sci.org, di.–za. 10–17, zo. 12–17 uur, volwassenen $ 12, kinderen 3–12 jaar $ 8).

Koreshan State Historic Site ▶ 1, J 8

US 41/3800 Corkscrew Rd., Estero, tel. 1-239-992-0311, www.floridastateparks.org/park/Koreshan, dag. 8 uur tot zonsondergang, $ 5 per auto, voetgangers $ 2

Wie een uitstapje naar de eigenzinnige gedachtewereld van de Koreshansekte wil maken, kan ten zuiden van Fort Myers in de **Koreshan State Historic Site** 5 hun vroegere

De Golfkust

DE GRAPEFRUIT LEAGUE – IN HET TRAININGSKAMP VAN DE HONKBALPROFS

Bijna twintig teams van de beste honkbalprofclubs van de VS en Canada bereiden zich in februari/maart in Fort Myers en een tiental andere steden in Zuid-Florida voor op de start van het seizoen in april. Tijdens hun onderlinge oefenwedstrijden, bijgenaamd de Grapefruit League, geven de clubs ook onervaren en onlangs verworven spelers de kans zich waar te maken en in het team te integreren. Voor honkballiefhebbers is dit een geweldige gelegenheid om verschillende topteams in korte tijd te zien spelen zonder kriskras door de Verenigde Staten te hoeven reizen. Voor veel fans heeft de winterpauze toch al veel te lang geduurd, en na vijf lange maanden branden ze van verlangen om hun helden eindelijk weer op het speelveld in actie zien. Zo'n 1,7 miljoen toeschouwers zijn er alleen al aanwezig bij de ruim 250 vriendschappelijke wedstrijden in Florida. In Arizona, het tweede traditionele centrum voor honkbaltrainingskampen, komen bovendien nog eens 1,2 miljoen fans kijken naar de 175 wedstrijden die daar worden afgewerkt.

De sfeer in de stadions is gezellig, hoewel bijvoorbeeld het Legend Field in Tampa, waarin de New York Yankees hun wedstrijden houden, aan meer dan tienduizend bezoekers plaats biedt. Bovendien liggen de prijzen van de toegangskaarten beduidend lager dan bij de competitiewedstrijden in de grote stadions en is de kans op een praatje met de spelers of een handtekening nergens beter dan hier. Meer info, ook over andere sporten, is te krijgen bij de Florida Sports Foundation.

Informatie
Florida Sports Foundation: 101 N. Monroe St., Suite 1000, Tallahassee, FL 32301, tel. 1-850-488-8347, www.flasports.com. Een wedstrijdschema en informatie over de teams is ook te krijgen bij de Major League Baseball, 245 Park Avenue, New York, tel. 1-212-339-7800, www.mlb.com.

woongebouwen, werkplaatsen en gemeenschapsruimten bezichtigen. De leden van deze inmiddels opgeheven sekte, die zich omstreeks 1900 hier vestigde, gingen ervan uit dat de mensen aan de binnenzijde van een holle wereldbol leefden.

Na een openbaring, die hij als opdracht duidde om een vroegchristelijke gemeenschap te stichten, kocht de arts Cyrus Teed uit New York een stuk grond in Zuidwest-Florida. Teed legde veel nadruk op uitgebreide vorming, ambachtelijke vaardigheden en kunstzinnige activiteiten. Volgens hem hadden mannen en vrouwen van God gelijke rechten gekregen en hij predikte de afschaffing van het privébezit. Familiebanden en seksuele contacten tussen de geslachten waren verboden; de gemeenschap kon alleen groeien door adoptie en het aantrekken van nieuwe leden. Na de dood van de zich onsterfelijk wanende Teed ging het snel bergaf met de Koreshans. In 1961 schonken de laatste vier sekteleden de bezittingen van de gemeenschap aan de staat Florida.

Mound Key Archaeological State Park ▶ 1, J 8

Bij Estero, tel. 1-239-992-0311, www.florida stateparks.org/park/Mound-Key, dag. 8 uur tot zonsondergang, gratis entree

Het **Mound Key Archaeological State Park** 6 ligt op een klein eiland in de Estero Bay. Calusa-indianen hebben hier ooit een tot meer dan 10 m hoge heuvel uit schelpen opgeworpen, waarschijnlijk met een ceremonieel doel. Het eilandje is alleen per boot bereikbaar.

Info

The Beaches of Fort Myers & Sanibel Visitors Bureau: 2201 Second St., Suite 600, Fort Myers, FL 339071, tel. 1-239-338-3500, www.fortmyers-sanibel.com. Ook informatiestand op de luchthaven.

Eten & drinken

Fine dining – **The Veranda:** 2122 2nd St., tel. 1-239-332-2065, www.verandarestaurant. com, ma.–do. 11.30–14, 17.30–22, vr. 11–22, za. vanaf 17.30 uur. Regionaal fijnproeversrestaurant in een gerestaureerd gebouw met lommerrijke groene binnenplaats. Gerechten $ 11–39.

Uitgaan

Muziektheater – **Barbara B. Mann Performing Arts Hall:** 13350 Edison Pkwy, tel. 1-239-481-4849, www.bbmannpah.com. Theater, opera en musical.

Winkelen

Discount shopping – **Miromar Outlets:** 10 801 Corkscrew Rd., afrit 123 van de I-75, ten zuiden van Fort Myers, tel. 1-239-948-3766, www.miromaroutlets.com, ma.–za. 10–21, zo. 11–18 uur. Merkartikelen voor sterk gereduceerde prijzen in 140 winkels.

Vervoer

Vliegtuig: Southwest Florida International Airport, 11000 Terminal Access Rd., afslag van de I-75, tel. 1-239-590-4800, www.flylcpa.com. Voornamelijk binnenlandse vluchten.

Fort Myers Beach ▶ 1, J 9

Kaart: blz. 283

Fort Myers Beach 7 ligt op Estero Island, een door bruggen met het vasteland verbonden smal eiland met ruim 50 m brede, geleidelijk aflopende zandstranden. Hoewel het een drukbezocht vakantieoord is, heeft het hier en daar nog wat van zijn oude charme weten te bewaren. Verder staat het strand hier vol ketenhotels en motels, die vooral in het winterseizoen druk bezet zijn. In kleine kraampjes rond de haven aan de baaikant van het eiland verkopen vissers zeevruchten, en in de cafés rond de 'Times Square' genoemde kruising van de Estero Boulevard en San Carlos Boulevard weerklinken oude hits uit de jukeboxen.

Het eenzame, ongeveer 11 km lange natuurstrand van het **Lover's Key State Park**, direct ten zuiden van de brug van Carlos Point naar het buureiland Lover's Key, geldt als een van de mooiste in Florida (8700 Estero Blvd., tel. 1-239-463-4588, www.floridastateparks. org/park/Lovers-Key, dag. 8 uur tot zonsondergang, $ 8 per auto, voetgangers $ 2).

Info

Fort Myers Beach Chamber of Commerce: 17 200 San Carlos Blvd., tel. 1-239-454-7500, www.fortmyers-sanibel.com.

Overnachten

Ruim opgezet – **Pink Shell Beach Resort:** 275 Estero Blvd., tel. 1-239-463-6181, www. pinkshell.com. Bij het rustige noordelijke eind van de Estero Blvd. met kamers, suites en huisjes aan het superbrede strand. 235 units, van- af $ 175.

Gezinsvriendelijk – **Outrigger Beach Resort:** 6200 Estero Blvd., tel. 1-800-655-8997, www.outriggerfmb.com. Populair hotel, direct aan het brede zandstrand gelegen. 144 kamers, vanaf $ 95.

Voordelig – **Palm Terrace Apartments:** 3333 Estero Blvd., tel. 1-239-765-5783, www. palm-terrace.com. Verzorgde appartementen aan het strand, in trek bij bezoekers uit Europa. 8 units, vanaf $ 90.

De Golfkust

KAJAKTOCHT OP DE ESTERO RIVER

Informatie
Start: Bij de steiger van de kajakverhuur direct naast de brug van de US 41 (Tamiami Trail) over de Estero River
Lengte: 20 km

Kajakverhuur: Estero River Outfitters, 20991 South Tamiami Trail, Estero, tel. 1-239-992-4050, www.esteroriveroutfitters.com
Kosten: $ 45–70 per dag, afhankelijk van het type kajak

Bij de steiger van de kajakverhuur gaat de tocht van start. Al snel passeert u aan uw linkerhand het **Koreshan State Historic Site** (zie blz. 283), de voormalige nederzetting van de Koreshansekte. De bebouwing op de oevers wordt schaarser. Zo'n 3 km verder begint bij een picknickplaats op de noordoever een natuurpad. Hier glippen soms wasberen door het struikgewas, waarin ook veel vogels beschutting zoeken. De tocht vervolgt over het brakke, bedaard kronkelende riviertje. De eiken en dennen die in het begin langs de oever stonden, maken geleidelijk plaats voor mangroven, waarvan de wortels leefruimte bieden aan grote aantallen vissen. Na 8 km bereikt u de **Estero Bay** met zijn vooral bij eb zeer ondiepe water. Soms ziet u lamantijnen grazen in het overvloedig groeiende zeegras, verderop in de baai spelen vaak dolfijnen. Wanneer u het eiland **Mound Key** hebt bereikt, waar een vroegere nederzetting van de Calusa-indianen te vinden is (zie blz. 285), kunt u weer voet aan wal zetten. U kunt hier een wandelroute volgen, die in het noordoosten van het eiland begint, maar u kunt u er ook omheen varen. Daarna vaart u terug naar het beginpunt van de tocht.

Wie nog eens 20 km denkt te kunnen peddelen en niet bang is voor open water, vaart tussen het uit twee delen bestaande eiland **Charlie Key** door naar **Lover's Key**. Daar vindt u mooie stranden en vers drinkwater (zie blz. 285). Vaar er tegen de wijzers van de klok in omheen en dan door de baai terug naar de rivier.

Camping – **Red Coconut RV Resort:** 3001 Estero Blvd., tel. 1-239-463-7200, www.redcoconut.com. Aan het brede strand van Estero Island, het hele jaar geopend. RV-plekken vanaf $ 60.

Eten & drinken

Relaxed – **The Beached Whale:** 1249 Estero Blvd., tel. 1-239-463-5505, www.thebeachedwhale.com, dag. 11–2 uur. Ongecompliceerd restaurant met een goedgeluimd publiek, regelmatig livemuziek, op het dakterras cocktails. Hoofdgerecht vanaf $ 13.

Populaire Italiaan – **Francesco's Italian Deli & Pizzeria:** 7205 Estero Blvd., tel. 1-239-463-5634, www.francescosfortmyersbeach.com, ma.-za. 9.30-21.30, zo. 11.30-19.30 uur. Pasta, pizza, panini, goed en goedkoop. Gerechten vanaf $ 9.

Ontbijt – **Heavenly Biscuit:** 110 Mango St., tel. 1-239-463-7600, di.–zo. 7.30–13 uur. *southern comfort breakfast*, sandwiches, kaneelbroodjes en nog veel meer. Ontbijt vanaf $ 5, alleen cash.

Winkelen

Schelpen – **Shell Factory & Nature Park:** 2787 Tamiami Trail (US 41), tel. 1-239-995-2141, www.shellfactory.com, winkel dag. 9–19, natuurpark 10–17, funpark 10–18 uur. Grote schelpenwinkel met restaurant.

Actief

Kajaktochten – **Gulf Coast Kayak Company:** 4530 Pine Island Rd., Matlacha, tussen North Fort Myers en Pine Island, tel. 1-239-283-1125, www.gulfcoastkayak.com. Trips met zeekajaks tot North Captiva en Cayo Costa, dagtocht $ 55.

Vervoer

Boot: Key West Express, Salty Sams Marina, 1200 Main St., tel. 1-239-463-5733, www.seakeywestexpress.com. De catamarans varen in 3,5 uur van Fort Myers Beach naar Key West (vanaf $ 86, retour vanaf $ 147).

❋ Sanibel en Captiva Islands

Kaart: blz. 283

Deze als een vishaak gebogen eilanden liggen voor Fort Myers Beach in de Pine Island Sound. Een insidertip zijn ze al lang niet meer. Het is inmiddels algemeen bekend hoe aangenaam het leven hier is. Wanneer bewoners van Florida bij een enquête moeten vertellen waar ze in hun eigen staat het liefst met vakantie zouden willen gaan, luidt het antwoord steevast Sanibel Island.

Sanibel Island en **Captiva Island** onderscheiden zich alleen al van andere vakantiegebieden doordat er geen hoge gebouwen of grote, nondescripte hoteltorens staan. De bewoners waken er met argusogen voor dat niemand tegen de strenge bouwvoorschriften zondigt.

Sanibel Island 1, J 8

Op **Sanibel Island** staat duurzaam toerisme hoog in het vaandel, waarbij natuurbescherming en de behoeften van de vakantiegangers even belangrijk zijn. Er is geen wildgroei aan hotels op het eiland, maar er zijn ook minder bezoekers met een krap reisbudget dan elders. Kleine winkels verhuren fietsen

Sanibel en Captiva Islands

per dag of per week. Het in totaal meer dan 60 km lange fietspadennet is goed onderhouden; de keus aan discotheken en nachtclubs is daarentegen beperkt. In plaats daarvan serveren uitstekende restaurants voortreffelijke visgerechten. Daarvoor rijden heel wat gasten graag de tolbrug over die van het vasteland naar het eiland voert.

Veel bezoekers van Sanibel Island wijden zich aan een heel ander soort wezens, of eigenlijk aan wat ervan is overgebleven – namelijk schelpen, die aan de kust in grote aantallen te vinden zijn. Door stormen en gunstige zeestromingen worden tienduizenden schelpen op het strand geworpen. Bijzonder toegewijde schelpenverzamelaars zijn te herkennen aan hun gebukte houding, de 'Sanibel Stoop'. Sinds meer dan zeventig jaar vindt elk jaar in maart op Sanibel Island een schelpenbeurs plaats, die bezoekers uit de hele wereld trekt. Wie zelf op zoek wil gaan, heeft op Bowman's Beach en op Tumer Beach de meeste kans om mooie vondsten te doen. Het **Bailey-Matthews Shell Museum** beschikt over een collectie van meer dan een miljoen uitgelezen schelpen; de door uzelf gevonden schelpen zitten er beslist tussen (3075 Sanibel-Captiva Rd., tel. 1-239-395-2233, www.shellmuseum.org, dag. 10–17 uur, volwassenen $ 9, kinderen 5–16 jaar $ 5).

Sanibel Historical Village and Museum

950 Dunlop Rd., tel. 1-239-472-4648, www.sanibelmuseum.org, nov.–april wo.–za. 10–16, mei–juli 10–13 uur, aug.–okt. gesl., volwassenen $ 10, kinderen tot 18 jaar gratis

Hier krijgen de bezoekers een indruk van hoe anders het leven op de eilanden in het begin van de 20e eeuw was. Het ensemble historische gebouwen omvat een *general store*, een theesalon, een autowerkplaats met een Ford model-T en een postkantoor. Het kleine museum toont historische foto's en documenten over de geschiedenis van het eiland.

De bewoners van Captiva Island leven vooral van het toerisme

J. N. 'Ding' Darling Wildlife Refuge

1 Wildlife Dr., afslag van Sanibel-Captiva Rd., Sanibel Island, tel. 1-239-472-1100, www.fws.gov/dingdarling, toegang per auto do.–zo. vanaf 7, nov.–febr. tot 17.30, maart tot 18, april, sept. tot 19, mei, aug. tot 19.30, juni, juli tot 20 en okt. tot 18.30 uur, $ 5 per auto, voetgangers $ 1

Het beschermde natuurgebied omvat een derde van het eiland. Het is genoemd naar Jay Norwood 'Ding' Darling, de bekende New Yorkse karikaturist die zich ook inzette voor de natuurbescherming. Vanaf 1934 ontwierp hij elk jaar een postzegel met een diermotief. Met de aanzienlijke opbrengsten kon hij het reservaat op Sanibel Island in stand houden. Op het grote terrein aan de baaikant van het eiland leven alligators, Amerikaanse slangenhalsvogels *(anhingas)*, ibissen, reigers, eenden, bruine pelikanen, visarenden, wasberen en zo'n vijftig verschillende soorten reptielen. Wie de dierenwereld wil observeren, kan het best een verrekijker en wat geduld meebrengen. De **Five Mile Wildlife Drive**, een rondrit die bezoekers per auto kunnen afleggen, voert naar door mangroven omringde meertjes en baaien, en naar uitkijkplatforms, die uitstekende observaties van dieren mogelijk maken.

Captiva Island ▶ 1, J 9

Het kleine zustereiland van Sanibel, Captiva, wordt in het zuiden alleen door een korte brug van het buureiland gescheiden. De vegetatie op Captiva is nog weelderiger dan op Sanibel. In het tropische groen liggen exclusieve huizen en een paar hotels. Borden bij de inritten van de privéterreinen geven aan dat de toegang verboden is, en schuttingen en struiken voorkomen dat passanten een ongewenste blik naar binnen kunnen werpen.

Het **South Seas Island Resort**, een uitgestrekt hotel- en appartementencomplex, beslaat het noordelijke derde deel van het eiland en wekt met zijn meer dan twintig tennisbanen en achttien zwembaden, vele winkels en restaurants de indruk van een dorp.

In het land van de Calusa – voor de komst van de blanken

Getuigenissen van de vroege indiaanse culturen zijn vaak maar moeilijk te vinden. Veel van de tempelheuvels die de Apalachee en Tocobega hebben opgeworpen, de irrigatiestelsels van de Timucuan en de schelpenpiramides en kanalen van de Calusa zijn verwoest of liggen in de mangrovejungle verborgen. Volgens serieuze schattingen had Florida in de tijd van de Spaanse ontdekkingen zo'n honderdduizend indiaanse bewoners.

Hernando d'Escalante Fontaneda had zijn Spaanse landgenoten na zijn bevrijding uit een elfjarige gevangenschap bij de Calusa-indianen heel wat te vertellen. Zijn schip was in 1545 voor de zuidwestkust van Florida aan de grond gelopen. De andere overlevenden van de bemanning waren in de loop der jaren gestorven, bij ceremoniële feesten gedood of eenvoudigweg verdwenen.

Tijdens zijn gevangenschap had Fontaneda de indrukwekkende nederzettingen van de Calusa gezien, evenals de grote ceremoniële gebouwen op de schelpenpiramide op Mound Key in de Estero Bay, en hij had geleerd Calos te vrezen, de heerser over leven en dood. De Spanjaarden kenden de invloed van de krijgshaftige Calusa, die ver buiten het gebied waar ze woonden reikte en ervoor zorgde dat ze zelfs tributbetalingen ontvingen uit indiaanse nederzettingen van Lake Okeechobee aan de Atlantische kust tot aan het huidige Miami.

Reeds Ponce de León, die Florida in 1513 voor de Spaanse kroon had 'ontdekt', stuitte bij zijn poging in 1521 om een Spaanse kolonie in het gebied van het huidige Port Charlotte te stichten, op de krijgslustige Calusa, die direct een schermutseling leverden met de kolonisten en De León met een pijl dodelijk verwondden. Dit verbazende volk leefde in het zuidwesten van Florida tussen de Golfkust en Lake Okeechobee, dat de Calusa Mayaimi noemden. De bloeitijd van de Calusacultuur was de periode tussen 500 en 1000 n.Chr. De eerste sporen van mensen komen echter al uit de tijd rond 5000 v.Chr.

De Calusa-indianen voedden zich met wat ze in de zee en kustwateren konden vangen, vooral vissen en schelpdieren, maar af en toe doodden ze ook een zeekoe, schildpad of alligator. Ze visten voornamelijk met netten en haken en vingen andere dieren met speren. Ze bedreven geen landbouw, slechts verzamelde bessen, noten en wortels vulden hun dieet aan.

De stevige materiële basis die de voeding leverde maakte het mogelijk dat er een sterk hiërarchische sociale ordening ontstond. Aan de top bepaalde een *cacique* (dat was de Spaanse naam voor een indianenopperhoofd) het lot van de Calusa. Hij was als opperpriester ook verantwoordelijk voor het contact met de goden. In afwijking van de andere indiaanse culturen op het Noord-Amerikaanse continent nam de priester-hoofdman zijn zuster als hoofdvrouw, net als bij de Inca's in Peru en de farao's in Egypte. Andere zusters van de heerser trouwden met krijgers van andere stammen. Zo werden strategische allianties veiliggesteld.

Sommige van de ongeveer vijftig nederzettingen van de Calusa telden wel duizend bewoners. Ze wierpen afgeplatte heuvels op, bestaand uit schelpen, en bouwden daarop ceremoniële

Historische uitbeelding van indianen uit Florida in het begin van de 16e eeuw

complexen en woonverblijven uit hout. Schelpen werden ook gebruikt voor de aanleg van paden, pleinen en kanalen. Berekeningen van de universiteit van Florida laten zien dat alleen al in het gebied van het huidige Collier County meer dan zes miljoen kubieke meter schelpen in de bouw zijn gebruikt, ongeveer het drievoudige van de inhoud van de Piramide van Cheops.

De Calusa bevoeren met hun dubbelkano's de Golf van Mexico en onderhielden handelsbetrekkingen met gebieden zo ver als Cuba en het honderden kilometers verder gelegen, tegenwoordig Mexicaanse schiereiland Yucatán. Vishaken en speren uit botten en schelpen tonen de hoge ambachtelijke kwaliteit van hun werktuigen. Uit hout gesneden maskers, amuletten en beeldjes, zoals een fijnbewerkte reekop, getuigen niet alleen van hun kunstvaardigheid, maar laten ook zien dat er dankzij voldoende voeding ruim gelegenheid was om kunsthandwerk te scheppen.

De Calusa overleefden langer dan de andere indiaanse volken in Florida. Ze werden weliswaar door uit Europa afkomstige besmettelijke ziekten gedecimeerd, maar dankzij hun grote aantal van ongeveer twintigduizend werden ze niet direct van de kaart geveegd. Omdat de Calusa bovendien geen permanente Spaanse missieposten in hun gebied duldden, waren ze minder blootgesteld aan ziekteverwekkers dan andere indiaanse volken.

Het eind van de Calusa kwam toen de door de Engelsen gesteunde Creek-indianen vanaf 1704 regelmatig het Spaanse Florida binnenvielen, de Spaanse missieposten in de as legden en de indiaanse bewoners, onder wie de Calusa, op gruwelijke wijze afslachtten. Enkele overlevenden trokken naar de Keys en verder naar Cuba. In het midden van de 18e eeuw hadden de Calusa als laatste volk van de oorspronkelijke indiaanse bewoners van Florida opgehouden te bestaan.

De Golfkust

Eilanden in de Pine Island Sound ▶ 1, J 8

Een orkaan heeft ooit het noordelijke deel gescheiden van de rest van Captiva en zo het eiland **North Captiva** gecreëerd. Wie daar in een van de exclusieve strandhuizen vakantie wil houden, moet een boot huren, want er zijn geen bruggen of verboten naar het eenzame droomeiland. De andere eilanden in de Pine Island Sound zijn eveneens alleen met een eigen boot of per excursieschip bereikbaar. Vaak begeleiden dolfijnen de boot. De eenzame herberg op **Cabbage Key** werd door de singer-songwriter Jimmy Buffet vereeuwigd met het nummer *Cheeseburger in Paradise*. Het kleine buureiland **Useppa Island** bezit een voortreffelijk historisch museum.

Info

Sanibel-Captiva Visitors Center: 1159 Causeway Rd., Sanibel, FL 33 957, tel. 1-239-472-1080, www.sanibel-captiva.org.

Overnachten

Prachtige ligging – **South Seas Island Resort:** Captiva, 5400 Plantation Rd., tel. 1-866-565-5089, www.southseas.com. Uitgestrekt vakantiecomplex met kamers, appartementen en villa's, die geen wens onvervuld laten. 660 units, vanaf $ 210.

Historisch en ontspannend – **Island Inn:** 3111 W. Gulf Dr., tel. 1-239-472-1561, www.islandinnsanibel.com. De eerste gasten logeerden hier al in 1895. Goed verzorgd, gemoderniseerd complex aan het strand met fijne sfeer en terras. Sommige kamers hebben een kitchenette. Vanaf $ 170 incl. ontbijt.

Aangenaam – **Sanibel Moorings Condominium Resort:** 845 E. Gulf Dr., Sanibel, tel. 1-239-472-4119, www.sanibelmoorings.com. 130 appartementen met een tot drie slaapkamers, kajakverhuur, tennisbaan. Vanaf $ 150.

Voordelig – **Palm View Motel:** 706 Donax St, Sanibel, tel. 1-239-472-1606, www.palmviewsanibel.com. Schone, kleurrijke kamers met kleine kookhoek, in de buurt van het strand. 6 units, vanaf $ 111.

Camping – **Periwinkle Park:** 1119 Periwinkle Way, tel. 1-239-472-1433, www.sanibelcamping.com. Op een kleine 20 minuten lopen van het strand, goed uitgerust. Staplaats vanaf $ 40.

Eten & drinken

Modern Amerikaans – **Blue Coyote Supper Club:** 1100 Par View Dr., tel. 1-239-472-9222, www.bluecoyotesupperclub.com, di.–do. 11–15, 17–21, vr., za. 11-22 uur. Ontspannen, eclectisch restaurant met verrassende menukaart. Hoofdgerecht incl. salade/soep vanaf $ 26.

Creatief – **Sweet Melissa's Café:** 1625 Periwinkle Way, Sanibel, tel. 1-239-472-1956, www.sweetmelissascafe.com. Verrukkelijk gecomponeerde salades, zeevruchtenschotels en visgerechten, goed gesorteerde bar. Hoofdgerecht vanaf $ 26.

Verse vis – **The Timbers Restaurant & Fish Market:** 703 Tarpon Bay Rd., Sanibel, tel. 1-239-472-3128, www.prawnbroker.com. Viswinkel en -restaurant in één. Smakelijk bereide, verse vis. Hoofdgerecht vanaf $ 15.

Ontbijt – **Lighthouse Cafe:** 362 Periwinkle Way, Sanibel, tel. 1-239-472-0303. Het beste ontbijt van het eiland. Ook lunch en van december tot april diner. Gerechten $ 6–18.

Winkelen

Schelpen – **Sanibel Seashell Industries:** 905 Fitzhugh St., tel. 1-239-472-1603, www.seashells.com. Winkel op Sanibel met meer dan tienduizend verschillende soorten schelpen. Ook schelpensouvenirs.

Actief

Kano-, kajak- en fietsverhuur – **Tarpon Bay Explorers:** 900 Tarpon Bay Rd., Sanibel Island, in het natuurgebied, tel. 1-239-472-8900, www.tarponbayexplorers.com. Ook tours door het J. N. 'Ding' Darling Wildlife Refuge.

Vervoer

Captiva Cruises, jachthaven van South Seas Plantation, tel. 1-239-472-5300, www.captivacruises.com. De boten van Captiva Cruises varen met zonsondergang naar de

Golf van Mexico en bezoeken op diverse tochten de nabijgelegen eilanden Cabbage Key, Useppa en Boca Grande, vaak begeleid door dolfijnen.

Naples ▶ 1, J 9

Bijna een uur rijden ten zuiden van Fort Myers Beach en Bonita Springs ligt **Naples**, naar inkomen per hoofd van de bevolking een van de rijkste steden van de Verenigde Staten. De gemiddelde leeftijd van de inwoners ligt op 61 jaar. Na de Burgeroorlog 'ontdekte' generaal John S. Williams van het zuidelijke leger het mooie dorpje met zandstranden van meer dan 25 km lengte en doopte het Naples, ter herinnering aan zijn diensten voor de koning van Napels. Bescherming van het milieu en de aanblik van de stad staan bij de dik twintigduizend inwoners van Naples hoog in het vaandel. Lang voordat de federale regering wetten daartoe uitvaardigde, werd hier al aan recycling gedaan.

Olde Naples

In het elegante, rijk van bomen voorziene centrum van Olde Naples, tussen de 1st en 14th Avenue, en in de winkelbuurt rond 3rd Street liggen talrijke exclusieve winkels, vaak voorzien van minimalistisch ingerichte etalages, waarin de prijskaartjes soms discreet ontbreken. De decoratief in quasi-oude stijl opgetrokken Old Marine Marketplace met een veertigtal winkels en enkele restaurants aan de vissershaven Old Tin City is een populaire shopping mall. Wie de zeelucht wil opsnuiven, rijdt naar het City Dock en het Yacht Basin aan het eind van de 12th Avenue. Daar is de 300 m ver in de Golf van Mexico uitstekende Naples Pier een populair trefpunt – vooral met zonsondergang. De houten constructie staat onder monumentenzorg.

The Conservancy of Southwest Florida Nature Center

1495 Smith Preserve Way, tel. 1-239-262-0304, www.conservancy.org, dag. 9.30–16.30 uur, volwassenen $ 13, kinderen tot 12 jaar $ 9

Aan de inzet van de Conservancy, een natuurbeschermingsorganisatie van geëngageerde burgers, is het te danken dat Rookery Bay tussen Naples en Marco Island tot beschermd natuurgebied is uitgeroepen. De organisatie heeft er niet alleen een opvangcentrum voor gewonde dieren opgezet, maar biedt in het Conservancy of Southwest Florida Nature Center aan de Gordon River ook informatie over de flora en fauna in het zuidwesten van Florida. In het Center zijn een slangenhuis en een bassin voor zeeschildpadden ondergebracht en er kunnen kano's en kajaks worden gehuurd. De wilde bloemen in een kleine, aangelegde tuin trekken vlinders aan. Een plankenpad voert door een landschap met struikgewas, een mangrovemoeras en dennen- en eikenbosjes naar een bezoekersplatform.

Naples Zoo

1590 Goodlette-Frank Rd., tel. 1-239-262-5409, www.napleszoo.com, dag. 9–17 uur, volwassenen $ 20, kinderen 3–12 jaar $ 13

Niet ver van het stadscentrum ligt de Naples Zoo at Caribbean Gardens. Bezoekers kunnen er op fotosafari gaan en exotische dieren en tropische planten observeren. Enkele van de grote katachtigen voeren in shows circusnummers op. Een grote publiekstrekker is ook het voeden van de alligators.

Baker Museum of Art

5833 Pelican Bay Blvd., tel. 1-239-597-1900, www.artisnaples.org, okt.–juni di.–za. 10–16, zo. 12–16 uur, volwassenen $ 10, studenten $ 5, kinderen tot17 jaar gratis

Het Baker Museum in het Artis-Naplescomplex heeft met zijn spectaculaire glazen koepel van de glaskunstenaar Chihuly (zie St. Petersburg, blz. 248) en grootschalige complex met vijftien zalen voor de schilderijen en sculpturen heel wat te bieden. Het zwaartepunt ligt op moderne Noord-Amerikaanse en Mexicaanse kunst.

Collier County Museum

3331 Tamiami Trail (US 41), tel. 1-239-774-8476, www.colliermuseums.com, ma.–za. 9–16 uur, gratis entree

Een plankenpad voert door het ongerepte Nature Center bij Naples

De Golfkust

Het Collier County Museum is gewijd aan de geschiedenis van de regio, met kunst- en gebruiksvoorwerpen van de Calusa-indianen, een hut van de Seminole, de stoomlocomotief van een houthakkersfirma en delen van een 19e-eeuws fort.

Info
Naples Visitors Information Center: 900 5th Ave. S., tel. 1-239-262-6141, www.naples chamber.org, ma.–za. 9–17 uur.

Overnachten
Toptent – **The Ritz Carlton:** 280 Vanderbilt Beach Rd., tel. 1-239-598-3300, www.ritz carlton.com. Een van de beste hotels van Florida, met verschillende fantastische restaurants, diverse sportmogelijkheden en een wellnesscentrum. 463 suites en kamers, vanaf $ 380.

Verzorgde elegantie – **Bellasera Resort:** 221 9th St. S., aan de Tamiami Trail (US 41), tel. 1-239-649-7333, www.bellaseranaples.com. Chic boetiekhotel in mediterrane stijl, prachtig zwembad, niet ver van 'Olde Naples'. 98 ruime studio's en suites, $ 170–460.

Eenvoudig maar erg goed – **Lighthouse Inn:** 9140 Gulf Shore Dr., tel. 1-239-597-3345. Eenvoudige, wat ouderwetse herberg met een uitstekende ligging, niet ver van de Vanderbilt Beach. 15 kamers en studio's, vanaf $ 65.

Camping – **Naples/Marco Island KOA:** 1700 Barefoot Williams Rd., tel. 1-239-774-5455, www.koa.com/campgrounds/naples, ten zuiden van Naples en ten noorden van Marco Island. Met een strand in de buurt, goede voorzieningen en een zwembad. Het hele jaar geopend. Staplaats ca. $ 45.

Eten & drinken
Perzisch – **Bha! Bha! Persian Bistro:** 865 5th Ave. S., tel. 1-239-594-5557, www.bhabha persianbistro.com, mei–dec. ma. gesl. Kostelijke keuken met veel gerechten naar Perzische recepten. Lekkere *mazzeh*. Hoofdgerecht vanaf $ 24.

Creative fusion – **Bistro 821:** 821 5th Ave. S., tel. 1-239/-261-5821, www.bistro821.com, dag. 17–22 uur. Mediterraan-Aziatische combinaties. Hoofdgerecht vanaf $ 18.

Schelpdieren – **Old Marco Lodge & Crabhouse:** 401 Papaya St., Goodland bij Marco Island, tel. 1-239-642-7227, www.oldmarco lodge.com, di.–zo. vanaf 11.30 uur. Verse vis, *blue crabs* en Key Lime Pie, direct aan de jachthaven. Hoofdgerecht vanaf $ 15.

Vers van de kotter – **The Dock at Crayton Cove:** 845 12th Ave. S., tel. 1-239-263-9940, www.dockcraytoncove.com, dag. vanaf 11 uur. Lekkere visgerechten aan het City Dock. Hoofdgerecht vanaf $ 14–32.

Winkelen
Winkelcentrum – **Old Marine Market Place at Tin City:** 1200 5th Ave. S., tel. 1-239-262-4200, www.tin-city.com, ma.–za. 10–21, zo. 12–17 uur. Aan de Gordon River, labyrintische *shopping mall* met boetieks.

Uitgaan
Dans- en muziektheater – **Philharmonic Center for the Arts:** 5833 Pelican Bay Blvd., tel. 1-239-597-1900, www.artisnaples.org. Concerten, ballet, opera en musicals.

Omgeving van Naples

Corkscrew Swamp
▶ 1, J/K 9

375 W. Sanctuary Rd. W., boven Immokalee Rd./CR 846, tel. 1-239-348-9151, www. corkscrew.audubon.org, dag. 7–17.30 uur, volwassenen $ 12, kinderen 6–18 jaar $ 4, inclusief wandeling met gids.

Dit 4450 ha grote natuurreservaat ruim 40 km ten noordoosten van Naples is beslist een bezoek waard. Rangers van de Audubon Society, die het natuurterrein beheert, voeren de bezoekers over een 4 km lang pad, dat voor een deel uit planken bestaat, door een afwisselend wetlandgebied met moerassen, vochtige savanne en geheel met watersla dichtgegroeide meertjes.

Een bijzondere aanblik wordt gevormd door het bos met zijn tot zeshonderd jaar

Omgeving van Naples

Naples biedt een bijna Europees aandoende café- en restaurantscene

oude moerascipressen en de nesten van de zeldzame kaalkopooievaars, die in de winter van de warmte van Zuid-Florida genieten. Bezoekers zien daarnaast verschillende reigersoorten, kraanvogels, alligators, schildpadden en met wat geluk ook waterslangen.

Marco Island ▶ 1, J 9

Op het ten zuiden van Naples gelegen Marco Island ligt langs de mooie stranden een aaneenschakeling van exclusieve vakantiecomplexen en appartementengebouwen. Het eiland is door twee bruggen met het vasteland verbonden en er ligt een netwerk van kanalen, waardoor de meeste huiseigenaars een eigen toegang tot het water hebben.

Verder bieden de nondescripte appartementengebouwen, het ontbrekende straatleven en de op veel plaatsen volgebouwde stranden van dit grootste en noordelijkste van de Ten Thousand Islands maar weinig aanleiding tot een bezoek, afgezien van een paar huizen in het historische vissersplaatsje Goodland en enkele natuurgebieden, zoals de Rookery Bay.

Tot in de 18e eeuw leefden hier nog Calusa-indianen. Enkele ceremonie- en begrafenisheuvels, de *Indian Mounds*, zijn nog te onderscheiden. Bij opgravingen zijn wapens, werktuigen en kunstige beeldjes gevonden (zie Thema op blz. 290). In het vroegere vissersdorp herinnert nog maar weinig aan het oude Florida. De jachthaven is vast in handen van sportvissers, die hun hengel uitwerpen in de rijke visgronden aan de noordrand van de Ten Thousand Islands.

Ten oosten van Marco Island voert de Tamiami Trail (US 41) oostwaarts naar Miami. Richting het zuidoosten liggen het **Collier-Seminole State Park** (www.floridastateparks.org/park/Collier-Seminole, zie blz. 195) en het **Everglades National Park** (zie blz. 176).

Hoofdstuk 4

Orlando en Midden-Florida

Met ruim veertig miljoen bezoekers per jaar behoort Orlando tot de belangrijkste vakantiebestemmingen ter wereld. Dat komt niet door hagelwitte stranden, spectaculaire landschappen of prikkelende stadsgezichten. Al die dagjesmensen, midweekers en weekendtoeristen komen af op de talloze pretparken in en om Orlando. Walt Disney World alleen al heeft vier grote themaparken, met daarbij originele winkelcentra en andere attracties, waarmee het in het middelpunt van de belangstelling staat. Dan zijn er de Universal Studios met avontuurlijke illusies en spannende ritten, aangevuld met achtbanen, shopping experiences en uitgebreide uitgaansmogelijkheden. Ook SeaWorld is met de grootste zeedierentuin ter wereld, een tropische dolfijnenlagune en een waterpretpark prominent vertegenwoordigd in Orlando. Bovenop deze Grote Drie komen nog tientallen kleinere attracties, duizenden restaurants en honderden originele hotels – van eenvoudige motels tot themaresorts.

Maar ook de stad zelf is niet stil blijven staan, met zijn aantrekkelijk aangelegde waterpartijen en in het centrum een voetgangerszone. Het Morse Museum in de rustige voorstad Winter Park toont een unieke overzichtstentoonstelling over de glaskunstenaar Tiffany. Bestemmingen in de nabije omgeving zijn bijvoorbeeld het subtropische Ocala National Forest met zijn grote bronnen, gevoed door het enorme ondergrondse waterreservoir van de Florida Aquifer. Verder zijn er het gebied rond Ocala, waar volbloedpaarden worden gefokt, het ruimtevaartcentrum Cape Canaveral aan de Atlantische Oceaan en het fameuze Daytona Beach met zijn brede vlakke stranden, waarover u soms zelf met de auto mag rijden, en de International Speedway, waarop het hele jaar door racewagens en zware motoren rondscheuren.

Walt Disney World in Orlando is niet alleen voor kinderen een belevenis

In een oogopslag: Orlando en Midden-Florida

Hoogtepunten

⭐ **Orlando:** In het centrum van de 's werelds amusementshoofdstad liggen Walt Disney World, Universal Studios, SeaWorld en de andere themaparken. Maar er is meer te beleven – bijvoorbeeld musea en een boottocht op Lake Osceola (zie blz. 302).

🍀 **Silver Springs:** Uit de artesische bronnen van Midden-Florida stromen enorme hoeveelheden kristalhelder water. In het brongebied van Silver Springs varen glasbodemboten die een blik in de diepte van de bronmeren gunnen (zie blz. 350).

⭐ **Kennedy Space Center:** Hier vertrekken de Amerikaanse ruimteraketten voor missies naar Mars, naar het internationale ruimtestation ISS en om satellieten te lanceren. Het grote bezoekerscentrum maakt de bezichtiging een belevenis (zie blz. 352).

Fraaie routes

Van Orlando naar de grote bronnen: Deze rondrit voert van Orlando naar Mount Dora en het paardenfokgebied rond Ocala. Bij Silver Springs rijdt u westwaarts naar het Ocala National Forest met zijn gulle artesische bronnen. Via Cassadega, centrum van waarzeggers en spiritisten, komt u terug bij Orlando (zie blz. 340).

Langs de Space Coast: Van het Kennedy Space Center gaat de weg door het uitgestrekte natuurgebied Canaveral National Seashore en het Merrit Island Wildlife Refuge, waar vele, ook zeldzame diersoorten leven. Daytona Beach, gelijk ten noorden daarvan, is het toneel van wilde *spring break parties* en van drukbezochte motor- en autoraces (zie blz. 352).

Tips

Harry P. Leu Gardens: De 20 ha grote botanische tuin in het hart van Orlando bestaat al meer dan een eeuw. Rozen, camelia's en andere bloemen, een kruidentuin en een aviarium voor vlinders behagen de bezoeker (zie blz. 330).

Charles Hosmer Morse Museum of American Art: Het museum in de fraaie voorstad Winter Park bezit de grootste collectie werk uit het atelier van Louis Comfort Tiffany ter wereld. De belangrijke art-nouveau-artiest is vooral bekend geworden door zijn glas- en decoratiekunst (zie blz. 331).

Juniper Springs: In het bronmeer van Juniper Springs verleidt heerlijk warm water tot een verfrissend bad. Daarna kunt u op het kabbelende riviertje een kanotocht maken. (zie blz. 349).

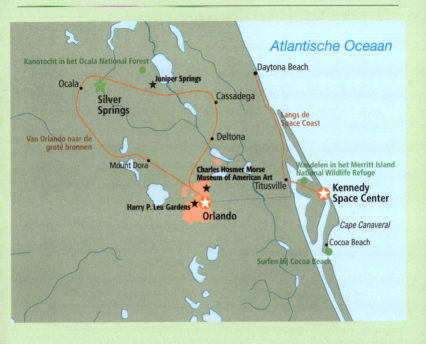

Kanotocht in het Ocala National Forest: Talloze meren, bronnen en rivieren, ingekaderd door een weelderig groene oevervegetatie, maken van het ongerepte bos een paradijs voor kanovaarders (zie blz. 348).

Wandelen in het Merritt Island National Wildlife Refuge: Dit reservaat bestaat uit zoutwatermoerassen en duinen, maar ook uit palm- en eikenbossen. Het is een vrijwel ongestoord paradijs voor de wilde dieren van Florida – op de diverse trails kunt u fascinerende natuurobservaties doen (zie blz. 356).

Surfen bij Cocoa Beach: Dankzij de brede stranden en hoge golven is het kleine stadje ten zuiden van Cape Canaveral een mekka voor surfers geworden. Door kenners geleide winkels verkopen en verhuren de nodige *equipment*, verschillende scholen geven les aan eenlingen en groepen (zie blz. 360).

 Orlando en omgeving

▶ 1, K 5

De prins die Orlando wakker kuste, heet Walt Disney. Nadat in 1971 zijn Magic Kingdom werd geopend, volgden vele andere amusementsparken en attracties. Tegenwoordig hebben ruim vijfhonderd hotels meer dan honderdduizend bedden in de aanbieding en geven drieduizend restaurants dagelijks honderdduizenden toeristen te eten. Maar Orlando en zijn omringende bossen, meren, citrusplantages en veeranches bieden de reiziger die genoeg heeft van de pretparken ook kalme alternatieven.

Geschiedenis

Al kilometers voor Orlando wordt het de automobilist duidelijk wat hem te wachten staat. Enorme reclameborden langs de snelwegen beloven sensatie, goedkope slaapgelegenheid en royale maaltijden. Maar ooit is dit alles klein en onbeduidend begonnen. Fort Gatlin, een in 1837 tijdens de tweede Seminole-oorlog in het indianenreservaat opgerichte buitenpost, kende geen grote strijd.

Landbouwcentrum

Kolonisten die zich achter de palissaden hadden gevestigd, stichtten in 1848 samen met enkele soldaten die hier wilden blijven een stad die ze Jernigan noemden, naar de ranch van de gebroeders Aaron en Isaac Jernigan aan het huidige Lake Holden. Negen jaar later was het aantal blanke kolonisten in Midden-Florida al zodanig toegenomen dat het gebied dat daarvoor slechts bekendstond als Mosquito Country, opgedeeld werd in bestuurlijke regio's. Jernigan werd de hoofdstad van Orange County en kreeg een nieuwe naam, die hij dankte aan Orlando Reeves, een dertig jaar eerder tijdens de Seminole-oorlogen gesneuvelde cavalerist.

Op enkele plantages werd katoen verbouwd, maar nadat Florida in 1865 met de andere zuidelijke staten de Amerikaanse Burgeroorlog had verloren en de slaven, die voorheen de helft van de 140.000 inwoners van de staat hadden uitgemaakt, waren bevrijd, stortte de plantage-economie, die op veldwerk van de slaven was gebaseerd, totaal in. Pas toen de blanke kolonisten ontdekten dat de grond en het klimaat van Florida bijzonder geschikt waren voor de teelt van sinaasappels, leefde de economie weer op.

In 1880 bereikte de spoorweg van de South Florida Railroad de plaats Sanford, kort daarop kwam hij tot Orlando. Al snel telde het stadje vierduizend inwoners en ontwikkelde het zich tot regionaal landbouwcentrum en vooral tot marktplaats voor citrusvruchten. Bovendien kwamen er tussen Orlando en Lake Okeechobee grote veeranches bij.

Impact van de Spoetnik-shock

Halverwege de 20e eeuw was het plotseling gedaan met het rustige boerenleven en binnen een paar jaar veranderde de streek compleet van aanzien. Op het testterrein van de luchtmacht op de nabijgelegen Cape Canaveral gingen in de jaren 50 de eerste raketten de lucht in. Met Martin Marietta, de latere Lockheed Martin Corporation, verhuisde in 1957 de eerste nationale wapenfabrikant een fabriek naar Orlando, om dichter bij het centrum van de actie te zijn.

Na de shock over de Spoetnik – de USSR had als eerste een satelliet in een baan om de aarde geschoten – spande de VS zich in om zo snel mogelijk weer op gelijke voet te komen met de gevreesde concurrent. Er stroomden gigantische bedragen naar Midden-Florida. In 1958 werd de NASA opgericht, in hetzelfde jaar de installatie op Cape Canaveral vergroot. Nadat de Sovjet-Unie met zijn kosmonaut Joeri Gagarin in april 1961 de VS bij de bemande ruimtevaart opnieuw voorbij was gestreefd en president Kennedy daarna had verkondigd binnen tien jaar de eerste Amerikaan op de maan te zetten, verplaatsten veel bedrijven uit de lucht- en ruimtevaartindustrie hun kantoren en productiehallen naar Titusville en Orlando.

Walt Disney verandert een stad

Maar het was Walt Disney, en geen politicus of militair, die twee jaar later in het verre Californië een beslissing nam die Orlando tot in de kern zou veranderen. Na Disneyland in Anaheim wilde hij nu in Florida een tweede groot amusementspark aanleggen – Walt Disney World. Aanvankelijk ongemerkt liet Disney 113 km² land ongeveer 40 km ten zuiden van de binnenstad van Orlando aankopen, een oppervlakte ter grootte van Boston, om de ruimtelijke beperkingen van zijn park in Californië al van tevoren te vermijden.

Toen zijn plannen bekend werden, was de wereld in Orlando van de ene dag op de andere niet meer hetzelfde. Grond die eerst 500 dollar per hectare kostte, was niet meer te krijgen voor minder dan 150.000 dollar, indien het grensde aan Walt Disney World. Binnen vijftien jaar verdubbelde het inwonertal van de stad. Er werden honderden hotels geopend en een nieuwe luchthaven gebouwd, die inmiddels is uitgegroeid tot een van de grootste van Amerika.

Nadat in 1971 Disneys Magic Kingdom was geopend, volgden er al snel andere amusementsparken en kleinere attracties, die een graantje wilden meepikken van het Grote Geldverdienen. Tegenwoordig telt het verzorgingsgebied van Orlando en Kissimmee ruim 2 miljoen inwoners. Er werken circa 400.000 mensen in de vrijetijdsindustrie, waarvan alleen al 66.000 bij Walt Disney World. Iedereen profiteert van de circa 10 miljard dollar die bezoekers jaarlijks in Orlando uitgeven aan ontspanning.

Hightech-hub

Met de Universal Studios en Disney's Hollywood Studios, die beide een tweeledige functie als amusementspark en als tv- en filmstudio hebben, ontwikkelde de regio rond Orlando zich tot belangrijke standplaats voor de filmindustrie. De nieuwste computertechnologieën voor datatransfer en dataverwerking, softwareontwikkeling en simulatietechnieken hebben van Orlando inmiddels een van de belangrijkste centra voor hightech in de VS gemaakt. Diverse militaire instituten, ruimtevaartinstellingen en particuliere bedrijven, van rampenbestrijding tot gameontwikkelaars, hebben zich er gevestigd. Daarbij komen de onderzoeks- en productieinstituten van de *life sciences* (biowetenschappen), die Orlando de komende jaren naar de hoogste regionen van de medische technologie moeten katapulteren. Een tiental universiteiten, waaronder de in 1968 gestichte en tot een instituut met meer dan 60.000 studenten uitgegroeide University of Central Florida (UCF), draagt bij aan de verdere wetenschappelijke potentie van Orlando.

Walt Disney World

Kaart: blz. 308

De meeste toeristen bezoeken Orlando en Kissimmee vanwege de amusementsparken, en dan vooral vanwege Walt Disney World, dat ca. 40 km ten zuiden van het centrum van Orlando ligt. Velen komen tijdens hun meestal enkele dagen durende verblijf niet eenmaal uit het gebied rond de kruising van US 192 (die in Orlando en omgeving de Irlo Bronson Memorial Parkway heet) en de International Drive, waar de meeste hotels en restaurants van de regio liggen.

De bedrijfsfilosofie van Walt Disney World is erop gericht steeds nieuwe attracties te ontwikkelen en het aantal hotels, restaurants, winkelwijken en golfbanen op het eigen, reusachtige terrein verder uit te breiden. Vakantiegangers zouden het 14.000 ha grote Disneyterrein niet meer hoeven te verlaten om op zoek te gaan naar een hotel of een

De entertainmentindustrie van Florida

Het gaat om circa 10 miljard dollar per jaar. Zo veel geven de bezoekers van Orlando elk jaar uit aan amusement, aan overnachtingen in hotels en aan eten. Bij een dergelijk bedrag gaat de lolligheid in de amusementsindustrie er wel van af. Zelfs Walt Disney, die in 1966 stierf, vijf jaar voor de opening van het Magic Kingdom, zou nu behoorlijk ouderwets overkomen.

De tijden van Dick en Julia Pope, die in de jaren 30 Cypress Gardens in Winter Haven opbouwden en bezoekers verblijdden met Southern Belles, waterskiën en mooie bloemen, zijn definitief voorbij. Tijdverdrijf en amusement zijn *big business* geworden en alleen grote kapitaalvennootschappen brengen de miljardenbedragen op die geïnvesteerd moeten worden om aan de top mee te kunnen draaien. Aandeelhouders lachen alleen om hoge rendementen en niet om de grappen van Oom Donald. Vanaf het begin bepaalt de Disney Corporation het tempo. Het enorme terrein ten zuidwesten van Orlando, dat vanaf 1963 vrijwel onopgemerkt bij elkaar werd opgekocht, biedt nog altijd ruim voldoende plaats aan toekomstige activiteiten. Tegelijkertijd wist Disney te bewerkstelligen dat zijn bedrijf ter beloning voor de bouw van een pretpark in Florida op verreikende voorrechten zou kunnen rekenen.

De belastingregio Reedy Creek Improvement District, waarin uitsluitend de inwoners, te weten medewerkers van de Disney Company, stemgerechtigd zijn, neemt beslissingen over drink- en rioolwater, brandweer, verkeerscirculatie, lokale belastingen en bouwaanvragen. Deze regeling heeft Walt Disney World niet alleen vele miljoenen aan bouwvergunningen bespaard, belangrijker nog was dat door de ongecompliceerde, uiteindelijk alleen interne goedkeuringsprocedures langdurige wachttijden vermeden werden, waarmee de concurrentie wel degelijk rekening had te houden. Zo konden de Disney-MGM Studios (de oude naam voor Disney's Hollywood Studios) een jaar voor de Universal Studios opengaan, hoewel Disney twaalf maanden later was begonnen met zijn plannen. Geen wonder dat niet iedereen in Orlando van Mickey Mouse gecharmeerd is.

Lang niet ieder themapark in Orlando kent een succesverhaal. Dat ondervond ook de Anheuser-Buschgroep, de grootse brouwerij van de VS, die voor SeaWorld in Orlando, Cypress Gardens in Winter Haven en Busch Gardens in Tampa ruim 11 miljoen entreebiljetten per jaar verkocht. Nadat men vergeefs geprobeerd had een park met het thema circus en daarna met het in de VS uiterst populaire thema honkbal *(baseball)*, werden de parken Baseball and Boardwalk en ook de Cypress Gardens bij gebrek aan voldoende inkomsten gesloten. Ook Splendid China had geen geluk. Het park wist met miniatuuredities van de Chinese Muur en andere beroemde gebouwen, Chinese acrobatiek- en folklorevoorstellingen niet genoeg bezoekers te trekken en moest al snel weer sluiten. Cypress Gardens, ten zuiden van Orlando, was ondanks een modernisering hetzelfde lot beschoren. Legoland Florida is wél een succesverhaal. De bonte blokjes trekken jaarlijks miljoenen jonge bezoekers.

Om voldoende winstgevend te zijn moet het management van een amusementspark steeds weer wat nieuws bedenken en het oude en beproefde opnieuw verpakken. Dinnershows met ridders, speurneuzen of zeemeerminnen, waterparken, originele restaurants, hotels en

Epcot: de futuristische stijl weerspiegelt het thema van het park – de toekomst

winkeltempels, orchideeëntuinen, alligators en slangen zijn alle verkocht als attractie. In de niches van de markt floreren ook kleinere ondernemingen – tenminste, net zolang tot een van de megaparken er serieus met hun thema vandoor gaat.

De felle concurrentiestrijd tussen de Disney Corporation en de bij Comcast behorende media- en amusementsgigant NBC Universal, eigenaar van Universal Studios, begon lang voor Universal in Orlando startte en wordt met onverminderde scherpte verder uitgedragen.

Nadat Disney van 1997 tot 1999 een gigantisch sportcomplex en met zijn Animal Kingdom een vierde themapark had geopend, en bovendien de winkel- en amusementwijk Downtown Disney had vergroot, opende Universal in 1999 vroeger dan voorzien was zijn tweede themapark Islands of Adventure. Dit park integreert avontuurlijke achtbanen, innovatieve restaurants en concertpodia met attracties rond diverse populaire stripfiguren annex filmhelden, zoals Spider-Man en de Incredible Hulk.

Daarop opende Disney in 2003 voor 150 miljoen dollar het complex Mission: Space en vergrootte het in 2012 Fantasyland in het Magic Kingdom. Universal pareerde met de virtuele griezelreis Revenge of the Mummy en opende met The Wizarding World of Harry Potter een derde themapark. Disney counterde weer met een enorme uitbreiding van Downtown Disney tot het tweemaal zo grote winkel- horeca- en entertainmentcomplex Disney Springs, dat in 2016 zijn deuren opende. Maar uiteindelijk hebben de bezoekers het laatste woord over wie in de race om gunst en geld de rug recht houdt – maak de ring maar vrij voor de volgende ronde!

Orlando en omgeving

show. Daarom zijn er hier inmiddels meer dan dertig hotels en ruim honderd restaurants.

Vier themaparken

Aan het oorspronkelijke **Magic Kingdom** uit 1971 werd elf jaar later het **Epcot Center** toegevoegd, een themapark dat zich richt op de cultuur van afzonderlijke landen en op de nieuwste technische verworvenheden op totaal verschillend vlak.

In 1989 opende de (toen nog) **Disney-MGM Studios** zijn deuren met diverse attracties rond scenario's van bekende Hollywoodfilms en productiestudio's voor film en televisie. In 1997 kwam daar Disney's Wide World of Sports Complex bij, een zeer groot complex voor sport en ontspanning. Het jaar daarop waren er met het **Animal Kingdom Park** maar liefst vier themaparken op het terrein van Disney World. Het laatste was een tot dan toe ongekende mix van dierentuin met levende dieren en computergestuurde animaties, die huidige, vroegere en mythologische dierenrijken met elkaar verbindt.

U kunt er bijna op rekenen dat Disney veelbelovende amusementsideeën van de concurrentie oppakt en perfectioneert. Zo zagen enkele grote plezierzwembaden met avontuurlijke glijbanen zich al snel geconfronteerd met de twee originele Disneywaterparken Typhoon Lagoon en Blizzard Beach.

In 2015 werden meer dan vijftig miljoen kaartjes verkocht voor de vier themaparken van Disney World. Alleen al door de poorten van het Magic Kingdom stroomden in dat jaar dik negentien miljoen bezoekers.

Magic Kingdom 1

Openingstijden en kaartjes zie blz. 307, 308
Het Magic Kingdom, vroeger en nu hét pretpark voor kinderen, was het eerste themapark en ging in 1971 open. Van de aanlegsteiger van de boot over de **Seven Seas Lagoon** of van het perron van de magneetzweefbaan kunt u naar de zeven 'landen' van het Magische Koninkrijk uitzwermen, elk met hun eigen thema, restaurants en winkels.

Main Street USA

Het plein met stadhuis, brandweerkazerne en politiebureau en de door souvenirwinkels en snackbars omzoomde Main Street USA zijn gemodelleerd naar het voorbeeld van een Amerikaanse provinciestad aan het einde van de 19e eeuw, maar dan 60% verkleind, waardoor alles de indruk wekt van een begaanbaar, stedelijk speelgoedlandschap.

Fantasyland

De straat voert regelrecht naar het breed uitwaaierende Fantasyland met om te beginnen het **Cinderella Castle**, een kinderlijke versie van Schloss Neuschwanstein van koning Ludwig II van Beieren. Het kasteel van Assepoester staat midden in het Magic Kingdom, en de onderrijken liggen er in een stervormig patroon omheen. De paarden van de prins op het witte paard op de Prince Charming Regal Carrousel, de boeiende driedimensionale film *Mickey's PhilharMagic*, waarin Donald Duck probeert om de tovenaarsmuts van Mickey Mouse te bemachtigen, de vlucht met Peter Pan over het nachtelijke Londen op weg naar Neverland, de boottocht door een land met honderden poppen die het liedje *It's a small world after all* in hun eigen taal zingen, zijn minder opwindende attracties, maar weten juist vrijwel alle jonge bezoekertjes te boeien.

Storybook Circus

The Barnstormer featuring the Great Goofini is de naam van de attractie in het Storybook Circus waarbij de kinderen in de Barnstormer, een 'oncontroleerbaar' landbouwvliegtuig, over Goofy's Wiseacre Farm vliegen. Ook Dombo de vliegende olifant hoort thuis in het Storybook Circus.

Adventureland

In Adventureland worden naar de smaak van menig bezoeker de tropische landschappen uit Amerika, Afrika, Oceanië en Azië wel erg onbarmhartig op één hoop gegooid, want tegelijkertijd klinkt het getrommel van oerwoudbewoners, het getrompetter van een kudde olifanten en het gekrauw van papegaaien. Bij de ca. tien minuten durende **Jungle Cruise** vaart u in een bootje over een rivier, die Nijl, Mekong, Niger en Amazone ineen is, door een oerwoud langs olifanten die elkaar natspuiten, vervaarlijk uitziende krokodillen en plotseling opduikende nijlpaarden, dit alles uiteraard zeer goed gemaakte, computergestuurde figuren of animatronics.

Bij de boottocht naar de **Pirates of the Caribbean** ontmoet u Captain Jack Sparrow en zijn tegenstander Barbossa, belandt u midden in een zeeslag tussen vrijbuiters en de Britse Navy en passeert u een Caribisch eiland dat juist een overval van vermetele piraten heeft doorstaan. En op het **vliegend tapijt van Aladin** cirkelen de meestal jonge bezoekers door de lucht en weten zij ternauwernood spuwende kamelen te ontwijken.

Frontierland

De voornaamste attracties van Frontierland, een combinatie van het Wilde Westen en het landschap langs de Mississippi, zijn de wildwaterbaan **Splash Mountain**, een avontuurlijke vaart door een berg met sprookjestaferelen en door kunstmatige stroomversnellingen. Ook voor de mijntreinachtbaan **Big Thunder Mountain Railroad** hebt u stalen zenuwen nodig, als deze ogenschijnlijk niet meer te bedwingen trein op hol slaat in een verlaten mijn. Wie het liever wat rustiger aandoet, laat zich op een gemoedelijk vlot overzetten naar het avontuurlijke **Tom Sawyer Island** of jubelt bij de **Country Bear Jamboree** de dansende en zingende beren toe.

Liberty Square

Op het Liberty Square, dat gedacht is in het koloniale noordoosten van de VS, gaat het er ook wat rustiger aan toe. De **Hall of the Presidents**, waarin alle Amerikaanse presidenten tot nu toe, van George Washington tot Barack Obama, samen in een multimediaspektakel de politieke boodschap van de Amerikaanse grondwet presenteren, roept wellicht patriottistische gevoelens op, maar is bepaald geen zenuwslopende ervaring. In de **Haunted**

Walt Disney World

Bezoekersinformatie over de parken van Walt Disney World

Openingstijden: de vier themaparken openen hun poorten meestal om 9 uur, de sluitingstijden variëren van 19 tot 24 uur, afhankelijk van het seizoen en eventuele feestdagen. Bepaalde bijzonder opwindende ritten zijn niet toegankelijk voor kinderen van alle leeftijden. Meestal is er een voorgeschreven minimale lengte voor deze *rides*.

Kaartjes: er zijn meer dan tien verschillende soorten combikaartjes voor een of meerdere parken te koop, en de prijs ervan verandert regelmatig. Kaartjes voor één park (najaar 2016): 1 dag volwassenen $ 110 (Magic Kingdom)/102 (andere parken), kinderen 3-9 jaar $ 104/96, 2 dagen volwassenen $ 202, kinderen 3-9 jaar $ 190, 3 dagen volwassenen $ 290, kinderen 3-9 jaar $ 272. Op zogenaamde *peak days* (vakanties, de hele zomer) zijn de kaartjes duurder. Een **parkeerkaartje** kost $ 20, de transfer van de enorme parkeerterreinen naar de parkingangen is gratis. Wie meer dan één park per dag wil bezoeken, betaalt een **Park Hopper-toeslag** van $ 50.

Als u kiest voor de **Water Park Fun & More-optie**, kan voor een meerprijs van $ 64 ook Disney's Blizzard Beach Water Park, Disney's Typhoon Lagoon Water Park, Disney-Quest Indoor Interactive Theme Park, Disney's Oak Trail Golf Course, ESPN Wide World of Sports Complex, Disney's Fantasia Gardens Miniature Golf Course en Disney's Winter Summerland Miniature Golf Course in zijn bezoek opnemen. Bij alle prijzen moet 6,5% **omzetbelasting** worden opgeteld. Inbegrepen bij de kaartjes is het gebruik van een shuttlebus binnen een park of tussen twee parken.

Tickets online: disneyworld.disney.go.com/tickets, tel. 1-407-824-4321. Algemene info: tel. 1-407-939-6244. Dagkaarten voor Typhoon Lagoon of Blizzard Beach: volwassenen $ 60, kinderen 3-9 jaar $ 54.

Pakketreizen: Verschillende reisorganisaties met Florida op het programma kunnen ook tickets voor Walt Disney World bij uw reis meeboeken.

Orlando

Bezienswaardig

1. Magic Kingdom
2. Epcot
3. Disney's Hollywood Studios
4. Animal Kingdom
5. Downtown Disney
6. Blizzard Beach
7. Typhoon Lagoon
8. Wide World of Sports
9. Universal Studios
10. Islands of Adventure
11. Universal City Walk
12. SeaWorld
13. Discovery Cove
14. Aquatica
15. Holy Land Experience
16. Ripley's Believe it or not!
17. Wet 'n' Wild
18. Titanic – The Experience
19. Wonderworks
20. Richard Petty Driving Experience
21. Gatorland
22. Legoland Florida
23. Pioneer Museum
24. Monument of States
25. Live Stock Market
26. Silver Spurs Arena
27. Reptile World Serpentarium
28. Orange Avenue
29. Church Street
30. Orange County Regional History Center
31. Orlando Science Center
32. Orlando Museum of Art
33. Harry P. Leu Gardens
34. Cornell Fine Arts Museum
35. Charles Morse Museum of American Art
36. Audubon Center for Birds of Prey
37. Maitland Art Center
38. Bok Tower Gardens

vervolg zie blz. 310

Orlando en omgeving

Overnachten
1. Disney's Grand Floridian Resort & Spa
2. The Ritz-Carlton Grande Lakes
3. Disney's Animal Kingdom Lodge
4. Hard Rock Hotel
5. Gaylord Palms
6. Bohemian Hotel Celebration
7. Disney's Port Orleans
8. The Grand Bohemian
9. Best Western Mt. Vernon Inn
10. Courtyard Lake Lucerne
11. Renaissance at SeaWorld
12. Best Western Lake Buena Vista Resort
13. Comfort Inn & Suites Universal – Convention Center
14. Disney's All-Star Music Resort
15. Vintage Inn
16. International Palms Resort & Conference Center
17. Budget Inn of St. Cloud
18. Disney's Fort Wilderness Resort & Campground
19. Orlando Kissimmee KOA

Eten & drinken
1. Texas de Brazil Churrascaria
2. Biergarten Restaurant
3. Hemingway's
4. The Ravenous Pig
5. Café de France
6. Emeril's
7. Coral Reef Restaurant
8. Bongos Cuban Café
9. Mama Melrose's Ristorante Italiano
10. Dexter's of Thornton Park
11. Rainforest Café
12. Ming Court
13. Wildside Bar & Grille
14. Bubbalou's Bodacious BBQ
15. Pom Pom's Teahouse & Sandwicheria

Winkelen
1. Prime Outlets Orlando
2. Florida Mall

Uitgaan
1. Bob Carr Theater
2. AMC Cineplex 20
3. Bob Marley – Tribute to Freedom
4. Red Coconut Club
5. Downtown Disney
6. The Social
7. Independent Bar
8. Church Street Bars
9. High Velocity
10. Venue 578
11. Sleuth's Mystery Dinner Show
12. Pirate's Dinner Adventure
13. Capone's Dinner & Show
14. Medieval Times Dinner & Tournament

Actief
1. Casselberry Golf Club
2. Celebration Golf Club
3. Drubsdread
4. Walt Disney World Golf
5. Orlando Balloon Rides

Mansion, een spookhuis met 3D-effecten, beangstigende hologrammen van spoken en griezelige geluiden, zal dat eerder het geval zijn.

Tomorrowland

In Tomorrowland, het Land van Morgen, stellen aanvallen van griezelige buitenaardse wezens de zenuwen van de bezoeker zeker op de proef. In de **Astro Orbiter** vliegt u keihard door de ruimte, bij **Buzz Lightyear's Space Ranger Spin** moeten bezoekers Buzz met een laserkanon het universum helpen redden. In de **Space Mountain** speelt de fantasie een grote rol, als deze rollercoaster eerst in een sneltreinvaart door de duisternis en daarna met een snelheid die hoger is dan het licht door de galactische stelsels in de ruimte jaagt. Bij **Stitch's Great Escape** nemen de toeschouwers de rol van gevangenbewaker in een toekomstige maatschappij in. Als Stitch probeert uit te breken, barst er een vrolijke chaos los. In de **Tomorrowland Speedway** mogen jonge coureurs met 11 km/uur over een racebaan scheuren. De figuren Mike en Roz uit de voorstelling **Monster's Inc. Laugh Floor** kent u al uit de gelijknamige Disney/Pixar-film. Enige kennis van het Engels is bij deze voorstelling wel zo prettig.

Walt Disney World

Vuurwerk

De spectaculaire vuurwerkshow 'Wishes Nighttime Spectacular' vormt in het hoogseizoen iedere avond (rest van het jaar uitsluitend op bepaalde dagen) een feestelijk slot van uw bezoek aan het park. Aan de donkere hemel worden met licht en muziek de aloude verhalen van Peter Pan, Assepoester en Pinocchio verteld.

Epcot 2

Openingstijden en kaartjes zie blz. 307, 308

Het themapark Epcot is meer wat voor jongeren en al die volwassenen die van binnen jong en nieuwsgierig zijn gebleven. De droom van Walt Disney hier het model voor een conflictloze toekomstige maatschappij te presenteren, een **e**xperimental **p**rototype **c**ommunity **o**f **t**omorrow, die optimistisch de vruchten van de modernste technolgie oogst en zich inspant voor een 'zuivere' levensstijl, werd na de dood van de oprichter van het imperium in 1966 aanvankelijk meebegraven. Pas later werd zijn droom in aanzet nieuw leven ingeblazen met de modelgemeenschap Celebration op het Disneyterrein.

Toch is Epcot iets bijzonders gebleven. Hoewel de presentaties van verschillende culturele gemeenschappen op de wereld in World Showcase overwegend folkloristisch van aard zijn, is goed te merken dat men zich inspant voor tolerantie te pleiten en begrip te vragen voor de verschillen tussen de mensen.

Future World Pavillons

De pretentie van Future World, het andere grote deel van Epcot, om behalve informatie over wetenschappelijke verbanden een optimistisch wereldbeeld en morele waarden uit te dragen, is duidelijk merkbaar. De verschillende domeinen en paviljoens van de Toekomstwereld zijn in samenwerking met een in de desbetreffende branche leidende firma tot stand gekomen. Zo blijven het actuele technische en wetenschappelijke niveau gewaarborgd, maar ontbreken kritische geluiden.

In **Spaceship Earth**, een zilveren bol met een diameter van 54 m, maakt u een tijdreis door de geschiedenis van de menselijke communicatie, van rotstekeningen van de cro-magnonmens tot virtuele reizen op internet en andere moderne vormen van dataoverdracht.

Zo'n vierduizend vissen, krabben, kreeften en zeezoogdieren leven in een met 23 miljoen liter water gevuld aquarium in **The Seas with Nemo & Friends**. Bezoekers kunnen hier de wereld van de Disney/Pixarfilm *Finding Nemo* leren kennen en zich amuseren met de zeeschildpad Crush.

Het vasteland en de voedingsstoffen die het de mens kan geven staan centraal in **The Land**. In een bootje vaart u langs tropisch regenwoud, een Afrikaanse woestijn en de Amerikaanse prairie. In de attractie Soarin' zweeft u als paraglider boven fantastische filmbeelden van Californië. Zo lijkt u boven de Golden Gate Bridge van Los Angeles, de canyons en meren van het Yosemite National Park, de wouden met torenhoge sequoia's en de zachtglooiende, met wijnranken begroeide heuvels van Napa Valley te zweven.

Mission Space werkt met de nieuwste 3D-techniek en zwaartekrachtsimulatie. Na de lancering van de raket vliegt u met een ongelooflijke snelheid naar Mars. Speciaal voor kinderen en mensen met hartproblemen is er sinds enige tijd ook een iets minder opwindende variant van deze attractie.

In het paviljoen **Imagination!**, een reis door de fantasie, werd de klassieke 3D-film *Captain EO* met Michael Jackson en een gezelschap intergalactische acteurs na de dood van Jackson teruggehaald en heet nu *Captain EO Tribute*. Test Track, een nieuwe attractie uit 2012 en gesponsord door Chevrolet, laat met echte voertuigen en virtual reality testprogramma's voor auto's zien, van de conceptuele ontwikkeling via races tot de verkoop.

Het paviljoen **Universe of Energy** is gemaakt in samenwerking met Exxon. In Ellen's Energy Adventure worden bezoekers van dit multimediale verhaal door de comedienne Ellen DeGeneres meegevoerd naar de wereld van de dinosauriërs en de tijd

Walt Disney World

van het ontstaan van fossiele brandstoffen. Ook worden de mogelijkheden van nieuwe energiebronnen als bijvoorbeeld kernenergie behandeld. Het museum **Innoventions** heeft wisselende tentoonstellingen met de nieuwste uitvindingen en hun mogelijke uitwerking op het dagelijks leven.

World Showcase

Showcase World, 'etalage op de wereld', is de naam van de presentatie van elf landen rond het kunstmatige meer **World Showcase Lagoon**. Historische en moderne gebouwen en landschappelijke decors uit Noorwegen, Duitsland, Frankrijk, Groot-Brittannië, Italië, China, Japan, Marokko, Mexico, Canada en de Verenigde Staten zijn samengebracht op een vrij klein terrein. Enkele restaurants met specialiteiten van de betreffende landen zijn terecht heel populair en zijn daarom regelmatig al 's morgens volgeboekt met reserveringen.

In de Duitse **Biergarten** 2 waar een blaaskapel te horen is, kunt u zuurkool, braadstuk, rode kool en haringsalade krijgen. De Duitse wijnen en bieren in aardewerken kroezen zorgen voor het juiste decor en een ontspannen sfeer, die zeker helpt het aankopen van koekoeksklokken en beschilderde Hummelbeeldjes te bespoedigen.

In het Mexicaanse paviljoen met een imposante Mayapiramide en een Azteekse tempel kunnen bezoekers tijdens een boottocht de Tres Cabelleros op hun Gran Fiesta Tour bewonderen. In Noorwegen vaart de boot van kasteel Akershus over de griezelige Maelstrom naar de tijd van de Vikingen. *O Canada!* is de naam van de voorstelling in de ronde filmzaal waarin landschappen en bezienswaardigheden van de noorderburen van de VS worden gepresenteerd.

Groot-Brittannië toont de bekende rode telefooncellen, straten met kinderkopjes en pubs. Elk moment kunnen Sherlock Holmes of Miss Marple om de hoek komen. Marokko trekt bezoekers met zijn kunstgalerie, Arabische maaltijden en shoppen à la Duizend-en-een-nacht. In China kunt u zich ontspannen in de Temple of Heaven of een replica van het tweeduizend jaar oude Terracottaleger bewonderen.

Frankrijk presenteert zich met de architectuur van de belle époque, een miniatuur-Eiffeltoren en de Seine. Italië is vertegenwoordigd met Venetië op klein formaat en de Neptunusfontein van Bernini uit Rome. Japan maakt indruk met een toriipoort, een koivijver en Japanse tuinarchitectuur. De VS gedraagt zich patriottistisch met trommelaars, fluitspelers en iconen uit de Amerikaanse geschiedenis, zoals Thomas Jefferson en Benjamin Franklin of Mark Twain.

IllumiNations

's Avonds vergaat horen en zien u nog eenmaal, als de vuurwerk- en lasershow IllumiNations met muzikale begeleiding het spectaculaire slot van een boeiend dagje Epcot vormt.

Disney's Hollywood Studios 3

Openingstijden en kaartjes zie blz. 307, 308
In het derde grote themapark, Disney's Hollywood Studios, waar de toeschouwers aan de hand van decors en nagebouwde taferelen als Sunset Boulevard of Graumann's Chinese Theatre in Hollywood herinnerd worden aan vroegere en huidige filmproducties, worden ook films opgenomen, vooral voor de televisie. Midden op het terrein torent de ruim 35 m hoge tovermuts van Mickey Mouse die hij droeg in de Disneyfilm *Fantasia*. Tijdens de **Backlot Tour** van een halfuur gaat u backstage naar plaatsen waar gedraaid wordt, het kostuumatelier, de decorbouwers en de 'rampencanyon', waar u bedreigd wordt door een onverwachte aardbeving, een exploderend olieplatform, een wolkbreuk en vloedgolven.

Bij de **Fantasmic! nighttime water spectacular** vecht de tovenaar Mickey met dansende laserzwaarden, wonderlijke fonteinen, sterren en vuurballen tegen het kwaad. Het bijzonder weelderig uitgedoste spektakel over het geliefde thema van *Belle en het Beest*

Een van de symbolen van het Magic Kingdom: het sprookjesslot Cinderella Castle

Orlando en omgeving

ALS JE HET DOET, DOE HET DAN OOK GOED!
GEBRUIKSAANWIJZING VOOR WALT DISNEY WORLD

Een goede planning helpt om urenlang wachten en daarmee frustraties, vooral met kleine kinderen, te voorkomen:
Als het even kan, moet u de **volgende tijden zien te mijden:** in de zomervakantie zijn ook veel Amerikaanse kinderen met hun ouders bij Disney. Grote drukte heerst er ook met Pasen, met Thanksgiving en rond de kerstdagen. De minste bezoekers zijn er tussen half oktober en de week voor kerst, in de week na Nieuwjaar en eind februari.
De drukste dagen in alle parken zijn de zaterdag en de zondag. In het Magic Kingdom ook nog maandag en donderdag, in Epcot

Magic Kingdom: Main Street USA leidt direct naar het kasteel van Asssepoester

dinsdag en vrijdag, in Disney's Hollywood Studios woensdag en in het Animal Kingdom maandag, dinsdag en woensdag. De lange weekends van de *public holidays* (Independence Day, Columbus Day, Labor Day enzovoorts), die Amerikanen graag gebruiken voor een korte vakantie, zijn beslist geen goede dagen voor een bezoek aan een park.

Voor een bezoek aan de vier parken moet u **een dag per park** rekenen. Hetzelfde geldt voor de Universal Studios en SeaWorld. Wie niet zoveel tijd heeft, moet zijn bezoek beperken tot een of twee parken.

Wie **een halfuur voor de officiële openingstijd** (9 uur) bij de ingang staat, haalt die tijd snel weer in doordat u later minder lang hoeft te wachten, omdat veel bezoekers pas in de loop van de ochtend arriveren.

Als u **niet zo lang in de rij** voor de populairste attracties wilt staan (de wachttijden lopen soms op tot meer dan een uur), moet u deze 's morgens vroeg of aan het eind van de middag inplannen. Bij Fastpass-automaten kunt u een plekje reserveren voor bepaalde attracties (zie onder).

Om lang wachten voor de lunch te vermijden, kunt u **plaatsen reserveren in een van de restaurants** of eventueel al aan het eind van de ochtend (tot 11 uur) iets kleins in een fastfoodzaak te gaan eten. U hebt dan het voordeel dat er tussen de middag kortere rijen voor de attracties staan.

Neem ook de tijd voor een rustpauze. Daadwerkelijk, aan het hotelzwembad of in een waterpark. Maar vooral op een warme dag kan de 'rusttijd' in een airconditioned zaal tijdens een voorstelling ook bepaald aangenaam zijn.

Goede schoenen en een sjaal, pet, hoedje of iets anders tegen de zon zijn belangrijk, omdat u veel onbeschermd in de openlucht zult lopen.

Indien u het **park tussendoor wilt verlaten**, geeft een stempel op uw hand samen met het entreebiljet recht op gratis terugkeer tot het park. Ook het betaalbewijs voor het parkeren geldt voor de hele dag. Noteer even **waar u op het gigantische parkeerterrein uw auto hebt gezet**!

Bij de ingang van het park zijn gratis buggy's *(strollers)* en rolstoelen *(wheelchairs)* te leen. Hier bevindt zich ook de **klantenservice** en een plaats voor verloren en gevonden voorwerpen.

Gehandicapten kunnen parkeren op speciaal gereserveerde plaatsen bij de ingang, waar blauwe lijnen op het asfalt naartoe voeren. De parkeerplaatsmedewerkers kunnen u helpen.

Wie **logeert in een van de Disneyhotels** of in het Dolphin, Swan of WDW Hilton op het Disneyterrein, heeft het voorrecht van het **Magic Hourprogramma** en mag op bepaalde dagen al een uur voor de andere mensen bepaalde parken betreden of mag daar 's avonds langer blijven. Actuele informatie hierover krijgt u in uw hotel.

Geen wachttijd met de Fastpass: met een toegangskaartje en een aangemaakt account kunt u een tijdslot voor een attractie reserveren, zodat u langs de gewone rij kunt gaan. Dit kan tot 30 dagen voor uw bezoek en voor maximaal drie attracties per themapark. Voor meer informatie over dit **Fastpass**-proces kijkt u op disneyworld.disney.go.com/plan/my-disney-experience/fastpass-plus.

is een van de meest geliefde shows van alle Disneyparken. Het Franse volkssprookje werd eerst bewerkt tot musical en daarna tot tekenfilm. Hier verschijnt het live op het toneel.

Rock-'n-roller Coaster
In de achtbaan Rock-'n-roller Coaster jaagt u in een stretchlimousine bij een soundtrack van de rockband Aerosmith met 3D-animaties door het labyrintische stratenplan van Hollywood.

Hollywood Tower Hotel
Tegen de achtergrond van het glamoureuze Hollywood en Sunset Boulevard met zijn klassieke *diners* en ijssalons verrijst dreigend

Orlando en omgeving

het Hollywood Tower Hotel. In het verdoemde hotel lijkt een episode uit de Amerikaanse tv-serie Twilight Zone werkelijkheid te worden. Bij een blikseminslag tijdens een onweer in de jaren 30 stort een lift vol mensen in het Hollywood Tower Hotel in de diepte om spoorloos te verdwijnen ... De **Tower of Terror** met zijn gillende en krijsende vrije val behoort tot de favoriete attracties van dit themapark.

Andere attracties

De **Indiana Jones Epic Stunt Spectacular** toont een adembenemend stuntprogramma met name naar thema's uit de film *Indiana Jones and the Raiders of the Lost Ark*. De andere stuntshow **Lights, Motors, Action** combineert rokende auto- en motorbanden met special effects van pyrotechnici als brand en bliksem tot een spektakel, zoals dat in vele actiefilms te zien is.

Star Tours is de naam van een spannend ruimteavontuur in het spoor van de *Star Wars*-films. Bij **Toy Story Mania** draagt het publiek een 3D-bril en wordt iedereen zo klein als speelgoed. In de show **The Magic of Disney Animation** gaat het twintig leerzame minuten over de teken- en grafische kunst achter Disney, terwijl kinderen op de **Star Wars: Jedi Training Academy** kunnen leren vechten met laserzwaarden.

In de korte voorstelling over de kleine zeemeermin Ariel spelen acteurs samen met animatronics tussen filmclips en 3D-projecties. Miss Piggy en haar collega's Kermit, Fozzie, Bean en Gonzo uit Jim Hensons *Muppet Show* verrassen in een technisch perfecte driedimensionale show met hun gekke invallen, waarbij Miss Piggy hier precies op het Vrijheidsbeeld lijkt. Intussen brengt het populaire talentenjachtprogramma **American Idol** (te vergelijken met het Nederlandse *Idols*, dat van 2002–2008 werd uitgezonden) het jonge publiek in Disney's Hollywood Studios tot extase. Wie zich op tijd aanmeldt en met succes door de voorselectie is gekomen, mag zich geschminkt en gestyled met zijn zangkunsten en showtalenten presenteren aan het publiek en een jury.

Animal Kingdom 4

Openingstijden en kaartjes zie blz. 307, 308

De 14 verdiepingen hoge, (kunst)Boom des Levens, de **Tree of Life**, is het kenmerk en het middelpunt van het Animal Kingdom, het vierde themapark in Walt Disney World. In de schors zijn – netjes uitgesneden – de omtrekken van ongeveer driehonderd diersoorten te herkennen, die vrijwel allemaal zijn te vinden onder de circa zeventienhonderd dieren die in het park leven. De boom wordt van groen voorzien door meer dan honderdduizend verbluffend echte bladeren. Diep binnen in de boom leren de toeschouwers van een amusante driedimensionale tekenfilm hoe het leven eruitziet door de ogen van de kever Flik, de hoofdrolspeler uit de Disney/Pixarfilm *A Bug's Life*.

Expeditionen en Safaris

De **Expedition Everest** behoort tot het deel van het Koninkrijk der Dieren dat Asia heet. In een trein van de Anandapur Rail Service rijdt u door de bergen van de Himalaya tot de machinist plotseling de controle over de trein verliest en u weer bergaf suist. Daarmee bent u er nog niet; het traject loopt dwars door het terrein van de verschrikkelijke sneeuwman, de yeti, die zich een ontmoeting met de passagiers van de trein niet laat ontnemen.

De **Maharajah Jungle Trek**, eveneens in Azië, leidt naar Bengaalse tijgers die door geheimzinnige ruïnes dwalen en naar enorme vleerhonden die in lianen hangen. Nat wordt u zeker op de tocht in een veilig gecapitonneerd vlot over de Kali River Rapids over een schuimende rivier door het oerwoud.

Bij Harambe in Africa, een modern, pan-Afrikaans fantasiedorp met veel sfeer, begint de avontuurlijke **Kilimanjaro Safari**. Een kruising tussen een minibus en een vrachtwagen rijdt over de bijna 50 ha grote Afrikaanse savanne. Deze zeer populaire tocht kunt u het best 's morgens vroeg maken, als het nog niet zo warm is en veel van de vrij rondlopende (echte) dieren (giraffen, olifanten, nijlpaarden en gazellen) zich nog niet voor een dutje in de schaduw van de bomen hebben teruggetrokken.

Walt Disney World

De **Pangani Forest Exploration Trail** voert door een oerwoud waarin u met wat geluk echte gorilla's kunt zien. De Wildlife Express brengt u naar de dierenbeschermingspost **Rafiki's Planet Watch**, waar natuurbeschermingsprogramma's worden toegelicht en u kleine dieren kunt aaien.

DinoLand U.S.A.

De weg door de wereld van de dinosauriërs voert in DinoLand U.S.A. onder andere door een meer dan 15 m hoge skeletconstructie van een brachiosaurus. Na een zakelijke inleiding over de periode van de dinosauriërs bewegen de bezoekers zich in de Time Rover met een tijdmachine naar 65 miljoen jaar geleden toen de reuzenreptielen leefden en bevinden zich dan in een handomdraai midden in de virtuele wereld van een prehistorisch bos. Het komt niet echt als een verrassing dat angstaanjagende dino's en inslaande kometen het rustige uitstapje al snel in een overhaaste aftocht doen omslaan.

Andere attracties

In het airconditioned **Theater in the Wild** kunt u genieten van een perfect geënsceneerde verkorte versie van *Finding Nemo The Musical*, met prachtige, kleurige kostuums en meeslepende filmmuziek. Op de **kinderspeelplaats** Boneyard kunnen de jongsten uitrazen en bijkomen van het stilzitten. Als de op de speelplaats opgegraven botten op de juiste manier in elkaar worden gezet, krijgen ze het skelet van een enorme mammoet.

Pandora: The Land of Avatar is een nieuw project in het Animal Kingdom. Het op op de gelijknamige Hollywoodfilm gebasseerde project opent in de loop van 2017.

Het absolute hoogtepunt van het themapark is het **Festival of the Lion King** in het Harambe Theater. Een halfuur fantastische muziek, dans, acrobatiek in een bijzonder kleurrijk decor.

Downtown Disney 5

Het stadscentrum van Disney World, Downtown Disney, is verdeeld in drie wijken: Disney Marketplace (winkelen), Pleasure Island (winkelen en eten) en West Side (entertainment). **Pleasure Island** is onlangs omgebouwd tot entertainmentcomplex **Disney Springs**.

Disney West Side

Niet ver weg, eveneens aan de oever van de lagune, liggen in Disney West Side nog meer restaurants, winkeltjes en attracties, van filialen van Planet Hollywood en **Rainforest Café** 11 tot (uiteraard) een enorme Disney Shop en het **House of Blues** 5 met een breed muzikaal programma, variërend van reggae tot rock-'n-roll en de populaire Gospel Brunch op zondag, met een pittige cajunkeuken. Het wereldberoemde Cirque du Soleil uit Canada staat in een eigen theater met zijn show La Nouba elke avond voor een uitverkochte zaal. Het relaxte **Bongos Cuban Café** 8 met Cubaanse klanken en sterke koffie is eigendom van popster Gloria Estefan.

Wie met jonge kinderen op stap is, kan niet ontkomen aan een bezoek aan **Disney Quest**, een reusachtige interactieve indoor speelhal van vijf verdiepingen met vijf amusementszones, die ingaan op de diverse motieven uit de themaparken. In de 24 zalen van de **multiplexbioscoop AMC Downtown Disney 24** worden voornamelijk actuele kaskrakers uit Hollywood gedraaid, meestal van Disney.

Marketplace

In de Marketplace draait alles om winkelen. Gigantische winkels met allerlei Disneyspulletjes of een enorme Lego Store met een bijbehorende plek om met Lego te spelen. Voor de oudere kinderen worden in de Team Mickey Athletic Club met de hand honkbalknuppels gedraaid. Ook kunt u in een schoonheidssalon uw haar laten stylen of zich in het nieuw steken. Wie honger krijgt van al dat uitputtende shoppen, heeft een uitgebreide keuze van McDonalds tot aan Cap'n Jack's Restaurant aan het Village Lake. Alles getrouw aan het motto: laat vooral uw auto staan en blijf in de wereld van Walt Disney!

Orlando en omgeving

Andere attracties in Walt Disney World

Blizzard Beach 6
Openingstijden en kaartjes zie blz. 307, 308
De met 'sneeuw' bedekte, ruime 30 m hoge **Mount Gushmore** is het kenmerk van de avontuurlijke 'badinrichting' Blizzard Beach, waar de hoogalpiene bergwereld op een terrein van ruim 25 ha wordt samengebracht met de zonnige strandcultuur van Florida. De **Summit Plummet**, de steile glijbaan vanaf de top van de kunstmatige berg, vereist een zekere lichaamsbeheersing en stalen zenuwen. Waaghalzen racen na een trage start met bijna 100 km/u op de plonspoel af. Daarentegen zijn de andere, snelle en bochtige waterglijbanen en schuimende wildwaterbanen met ingebouwde stroomversnellingen tamelijk onschuldig.

Typhoon Lagoon 7
Openingstijden en kaartjes zie blz. 307, 308
Miss Tilly, de eenzame vissersboot op de top van de 30 m hoge **Mount Mayday**, lijkt te zijn meegespoeld door een enorme vloedgolf, die het schip op de berg heeft afgezet. De attractie **Typhoon Lagoon** is een **Surf Pool**, een gigantisch golfslagbad, waardoorheen elke 90 seconden schuimende golven spoelen. **Crush'n'Gushe**r heet de *thrill*, een waterachtbaan met alles erop en eraan, die met zijn vele buizen doet denken aan een verwerkingsinstallatie voor suikerbieten. Jonge bezoekers spelen graag in de **Ketchakiddee Creek**, een waterspeeltuin met waterspuwende dieren, niet al te uitdagende glijbanen en een fontein waarop ballen dansen (aan het einde van elk jaar enkele weken gesloten wegens onderhoud).

Wide World of Sports 8
Openingstijden en kaartjes zie blz. 307, 308
Het uitgestrekte, ruim 90 ha grote sportcomplex Wide World of Sports aan de Osceola Parkway is niet speciaal bestemd voor sportieve activiteiten van Disneybezoekers. De honkbalprofs van de Atlanta Braves trainen hier in het voorjaar voor aanvang van het sei-

zoen. Het hele jaar door worden wedstrijden in allerlei sporten gespeeld. Bezoekers kunnen hun getalenteerde zoon of dochter aanmelden voor sportevenementen.

Universal Orlando Resort

Kaart: blz. 308
Zelfs naast het oppermachtig lijkende Walt Disney World is er nog ruimte voor amusement. Met de verschillende attracties van het Universal Orlando Resort en de tot dusver drie mega-attracties van SeaWorld Orlando

Universal Orlando Resort

Zelfs amusement is op den duur vermoeiend – vooral op warme dagen is de Typhoon Lagoon een verfrissende ruststop

zijn er behalve vele kleintjes nog twee grote ondernemingen uit de amusementsindustrie in de race om de gunst van de bezoeker. Spectaculaire animaties en shows naar motieven uit bekende films behoren in de Universal Studios, het eerste deel van het Universal Orlando Resort, tot het onderhoudendste wat Orlando te bieden heeft. Het tweede themapark van Universal, Universal Islands of Adventure, is geconcentreerd rond de superhelden uit de Marvel Comics. De Universal CityWalk met winkels, restaurants en nachtclubs komt pas tot leven als de zon achter de horizon is gezakt

Universal Studios 9

1000 Universal Studio Plaza, afrit 75 A/74 B van Interstate 4, tel. 1-407-363-8000, www.universal orlando.com, dag. vanaf 9 uur, sluitingstijd 19 uur of later, combi-dagpas voor Universal Studios en Islands of Adventure volwassenen $ 155, kinderen 3–9 jaar $ 150, 2 dagen beide parken volwassenen $ 220, kinderen $ 210. Bij een kaartje voor meerdere dagen krijgt u diverse coupons voor kortingen

De Universal Studios zijn bekend van vele filmproducties en de gelijknamige filmstudio's in Hollywood. Hier liggen ze in de directe nabijheid van Disney's Hollywood Studios.

Wie over het terrein rondwandelt, zal talrijke sets van actuele opnamen voor film en televisie kunnen herkennen. Tegelijkertijd zijn de Studios een amusementspark met *rides* en shows, dat niet onderdoet voor het park in Disney World.

Stuntshows en 3D-avonturen

De creatieve invloed van Universals artistieke adviseur Steven Spielberg is niet in de laatste plaats te herkennen aan de hier veel gethematiseerde films van zijn hand. Maar hij bedacht ook de spectaculaire stuntshow **The Eighth Voyage of Sindbad**, waarin schurken en helden elkaar in een als geheimzinnige grot vormgegeven amfitheater in Universals Islands of Adventure treffen. Pyrotechniek en artistieke kunststukjes vieren triomfen. Als hoogtepunt stort een levende fakkel in een waterbassin.

Egyptische mummies ontwaken in de psychologische thriller **Revenge of the Mummy** voor een angstaanjagend tweede leven. Bezoekers van deze attractie moeten een leger van mummies en talloze exploderende vuurballen van het lijf slaan. Daarentegen zijn de avonturen van de populaire **Shrek** en zijn makkers uit de animatiefilm in een driedimensionale animatie 'alleen maar' grappig en zeer onderhoudend. Met de **Transformers** redt u de aarde spectaculair in 3-D van de kwaadaardige vechtmachines. **Twister… Ride it Out** simuleert een angstaanjagende tornado in combinatie met griezelig gehuil en door de lucht vliegende koeien. En in het avontuur **Men in Black – Alien Attack** kunnen deelnemers de mensheid van gevaarlijke aliens redden met laserkanonnen.

Disaster! is het toneel van een ander horrorscenario, als de passagiers van de metro van San Francisco verrast worden door een geweldige aardbeving, het wegdek instort en een tankauto explodeert. Homer, Marge, Bart, Lisa en Maggie vindt de Universalbezoeker in **Krustyland**, de goedkope variant van een amusementspark. In **The Simpsons Ride** in het Springfield uit de wereldberoemde tekenfilmserie is het wel zo verstandig om rekening te houden met eventuele achterbakse listen van Homer …

Despicable Me: Minion Mayhem is de naam van een driedimensionaal avontuur in een geheim laboratorium. De 25 minuten durende show **A Day in the Park with Barney** met een paarse dinosaurus en zijn makkers Baby Bob en BJ komt wel erg gezapig over, maar is dan ook bedoeld voor de allerjongste bezoekers, die het hier opwindend en boeiend genoeg vinden.

Achtbanen

De *thrillride* **Woody Woodpecker's Nuthouse Coaster**, een achtbaan die eveneens is bedoeld voor jongere kinderen, duurt maar één hectische minuut, maar de wachttijd voor deze geliefde attractie kan gemakkelijk dertig keer zo lang zijn. Bij de **Hollywood Rip Ride Rockit** raast de achtbaan op zelfgekozen muziek door een eveneens zelfuitgekozen virtuele wereld.

Islands of Adventure 10

Adres, openingstijden en kaartjes zie Universal Studios, blz. 319

Met de Islands of Adventure opende Universal in 1999 een tweede themapark met zenuwslopende achtbanen, die boven de hoofden van de bezoekers door de lucht cirkelen.

The Wizarding World of Harry Potter

Met **Harry Potter and the Forbidden Journey** sleepten de Islands of Adventure een nieuwe mega-attractie binnen, met de Hogwarts School of Witchcraft and Wizardry of het kantoor van Dumbledore in Hogwarts (alias Zweinstein en Perkamentus) en andere zaken uit de fantasywereld van Harry Potter. De **Hogwarts Express** pendelt op en neer tussen het Kings Cross Station op Diagon Alley in Universal Studios en Hogsmeade Village en Hogwarts Castle op het Islands of Adventure.

Het 'themapark in het themapark' verblijdt de fans van de tovenaarsleerling daarnaast met angstaanjagende achtbanen.

De Incredible Hulk Coaster: niet geschikt voor mensen met een zwak hart

Orlando en omgeving

Wie daarna nog een paar zenuwbundels die niet staan te trillen over heeft, kan zijn laatste restje zelfbeheersing verliezen bij de **Dragon Challenge**, twee om elkaar wervelende achtbanen. Wie haren heeft, zullen ze bij een ritje in de laatste wagen van de **Fire Dragon** gegarandeerd te berge rijzen.

Seuss Landing

Dat geldt met name voor de fantasiewereld op het 'eiland' **Seuss Landing**, met avonturen van de vooral in de VS bijzonder populaire figuren uit de kinderboeken van Dr. Seuss, waarvan er ook vele in het Nederlands zijn vertaald. Bij **One Fish, Two Fish, Red Fish, Blue Fish** mogen de deelnemers de vis waarin ze zitten zelf besturen en tegelijk proberen aanvallen van waterspuwende vissen te ontwijken. **Caro-Seuss-El** is de naam van een idiote draaimolen waarin de kinderen meerijden op fantasiedieren als vogelolifanten en koeienvissen. De interactieve speeltuin **If I ran the Zoo** verlaten de meeste kinderen uitgeput en gelukkig, maar niet helemaal droog meer. Ze hebben daar dan ook de unieke kans om grote vliegende waterslangen tegen te komen en die met waterkanonnen te beschieten of op stellages te klimmen en naar beneden te roetsjen.

Marvel Super Hero Island

Het Marvel Super Hero Island, naar motieven uit de stripboeken van Marvel Comics, is één grote adrenalinekick. De populairste attractie hier is **Amazing Adventures of Spider-Man**, waar bezoekers in een auto door donkere straten tussen hoogbouw door scheuren – en dat dan niet over het wegdek, maar door de lucht. Dankzij de nieuwste simulatietechnieken zorgt een (virtuele) val van 130 m voor slappe knieën en veel gegil.

Helaas voorspellen de lange rijen voor de ingang weinig goeds. Het is dan ook zaak deze geliefde attractie meteen aan het begin van de dag of vlak voor sluitingstijd aan te doen, als de drukte iets minder groot is. Ook achtbanen als **Doctor Doom's Fearfall** of de **Incredible Hulk Coaster** zijn niet geschikt voor mensen met slappe zenuwen. Met hun topsnelheid, loopings, bijna loodrecht omlaag racen en scherpe bochten zorgen ze voor paniekaanvallen.

Jurassic Park

Jurassic Park, een volgend avontureneiland in dit themapark, lijkt op het bezoekerscentrum in de Jurassic Parkfilms. Kinderen gaan helemaal op in de originele avontuurlijke speeltuin **Camp Jurassic** en zijn grottenstelsel. Het **Discovery Center** is opgezet naar voorbeeld van het onderzoekslaboratorium in de succesvolle Hollywoodkaskraker, met levensgrote dinoskeletten, dna-analyses en interactieve spelprogramma's. Spannend wordt het op de aanvankelijk rustige tocht op een vlot in **River Adventure**, als er opeens een helemaal-niet-rustige T-rex opduikt en de recreanten lastigvalt.

Toon Lagoon en The Lost Continent

Ook in de Toon Lagoon gaat het om strip- of tekenfilmhelden, bijvoorbeeld om de sterke Popeye, wiens vlotten in **Popeye & Bluto's Bilge-Rat Barges** over een woest opspattende wildwaterbaan schieten. Ook bij een tocht in een uitgeholde boomstam over **Dudley Do – Right's Ripsaw Falls** heerst een hoge vochtigheidsgraad.

In de show **Poseidon's Fury** draait alles om de strijd van de Griekse god van de zee Poseidon tegen de boze tovenaar Darkenon, die zich afspeelt te midden van woeste draaikolken, vuren, donder en bliksem.

Universal City Walk [11]

6000 Universal Blvd., dag. 11–2 uur, gratis entree, parkeren $ 20, variërende entreeprijzen voor afzonderlijke shows (bijvoorbeeld Blue Man Group vanaf $ 60) en clubs

In het winkel- en amusementscomplex Universal CityWalk vindt u een indrukwekkende combinatie van restaurants, shows, boetieks en een **multiplexbioscoop** [2] met twintig zalen. U komt hier niet alleen toeristen tegen die een paar dagen Orlando doen, maar ook heel veel lokale inwoners, die een van de vele restaurants bezoeken of naar de film gaan.

De beroemde Blue Man Group treedt op in een speciaal eigen theater. In gelegenheden als Jimmy Buffett's Margaritaville, **Emeril's Latin Quarter** 6 of **Bob Marley – Tribute to Freedom** 3 kunt u niet alleen genieten van lichte gerechten uit de Florida Keys, cajun- en creoolse specialiteiten uit New Orleans of jerk food uit Jamaica, maar zeer regelmatig ook van livemuziek. Een niet te missen, buitensporig grote gitaar wijst op het grootste Hard Rock Café ter wereld, dat niet ver van de **Red Coconut Club** 4 en andere muzikale en comedypodia is gelegen.

SeaWorld, Discovery Cove en Aquatica

Kaart: blz. 308

Het zee-themapark SeaWorld is eigendom van de investeringsgroep Blackstone, die met Discovery Cove en waterpark Aquatics in Orlando en Busch Gardens in Tampa (zie blz. 239) al vele miljoenen dollars in de amusementsindustrie van Florida heeft gepompt.

SeaWorld 12

7007 Sea World Dr., kruising I-4 en SR 528/ Beeline Expressway, tel. 1-407-351-3600, www. seaworld.com, dag. vanaf 9 uur, sluitingstijd afhankelijk van seizoen tussen 18 en 22 uur (zie website, ook voor actuele showtijden), vanaf $ 75 (online, anders $ 100), parkeren $ 20

De grootste dierentuin voor waterdieren ter wereld probeert sinds een paar jaar om naast de acrobatische shows van zijn dierlijke sterren ook begrip te kweken voor hun door mensen bedreigde leefgebied.

Zeezoogdierenshow

Dé grote attractie van het park en het tiental verschillende programma's is voor velen de spectaculaire show **One Ocean** in het Shamu Stadion, waarin volwassen en jonge orka's in een zorgvuldig uitgewerkte choreografie door het water glijden, in de lucht springen en hun kunsten vertonen. Bij een ongeval begin 2010 kwam een orkatrainster om het leven nadat ze was aangevallen door een orka. Na een onderbreking is het showprogramma inmiddels weer hervat, hoewel de kritische geluiden niet verstomd zijn.

In het **Key West Dolphin Stadion** springen de dolfijnen in de voorstelling Blue Horizons eveneens op commando in de lucht en door de hoepels, maken salto's en draaien pirouettes. Dat zal de zware, in hun bestaan bedreigde zeeleeuwen nooit lukken. Voor zieke en gewonde lamantijnen of zeekoeien is in de **Manatee Rescue** een rustige leefomgeving in schoon water zonder motorboten ingericht. In de vrije natuur vallen jaarlijks tientallen slachtoffers onder deze zwaarlijvige vegetariërs als gevolg van dergelijk verkeer. In de 3D-attractie **TurtleTrek**, waarin eveneens geredde zeeschildpadden een nieuw thuis hebben gevonden, volgt u de aandoenlijke bewegingen van deze zeereuzen. Als het even kan, worden de dieren na hun genezing weer in het wild uitgezet.

Dieren van de noordpool en Antarctica

Ook van de pinguïns en poolvogels in **Antarctica: Empire of the Penguin** worden gelukkig geen kunstjes verwacht. Die schudden alleen maar verbaasd en dankbaar hun kop dat er dagelijks nieuwe sneeuw in de ijzige atmosfeer van hun onderkomen in subtropisch Florida over ze neerdwarrelt. Tijdens de gesimuleerde helikoptervlucht in **Wild Artic** krijgt u een filmisch inkijkje in het leven van de ijsbeer en een spectaculair noordpoollandschap te zien. Tunnels van acryl maken direct oogcontact met haaien, murenen en barracuda's mogelijk, die met een paar honderd andere vissen in een kunstmatig koraalrif leven. In de vrolijke show **Clyde & Seamore Take Pirate Island** spelen zeeotters, zeeleeuwen en een walrus de hoofdrol.

In de Stingray Lagoon staat u oog in oog met enorme pijlstaartroggen

Achtbanen en Waterfront

Journey to Atlantis heet de spectaculaire attractie in het zeepark, een spannende waterachtbaan die naar het mysterieuze labyrint van het legendarische Atlantis leidt. Niet geschikt voor zwakke zenuwen is de precies drie minuten en 39 seconden durende rit op de **Kraken**, een achtbaan vol superlatieven.

Voor liefhebbers van snelheid en spanning is een van de evenzeer gevreesde als langverwachte hoogtepunten hier een vrije val van 44 m met een valversnelling van meer dan 100 km/uur. De achtbaan **Manta** heeft kurkentrekkers en loopings en toucheert het oppervlak van een vijver.

Discovery Cove 13

Discovery Cove Way, Exit 71/72 I-4, tel. 1-877-434-7268, www.discoverycove.com, dag.

Andere pretparken

eten en drinken in het buffetrestaurant inbegrepen. Hoogtepunten van een dagje Discovery Cove zijn het zwemmen met de dolfijnen, het snorkelen in een kunstmatig, door honderden vissen bewoond koraalrif en het directe contact met reuzenmanta's.

Aquatica 14

5800 Water Play Way, tel. 1-407-351-3600, www.aquaticabyseaworld.com, wisselende opeingstijden, $ 39 (online, anders $ 56), parkeren $ 15

Het in 2008 geopende waterpark Aquatica ligt aan de overkant van SeaWorld. In dit park zijn opwindende waterglijbanen verbonden met de Stille Zuidzee, witte zandstranden, exotische planten en totale ontspanning in heerlijke *cabañas* met handdoeken, schaduw, een kluisje, ventilator en fris water. Wie durft, glijdt door transparante tunnels naar een bekken waarin dolfijnen zwemmen. Golfslagbaden en wildwaterbanen verhogen de waterpret.

Andere pretparken

Kaart: blz. 308

Holy Land Experience 15
4655 Vineland Rd., tel. 1-407-872-2272, www.holylandexperience.com, di.–za. 10–18 uur, volwassenen $ 40, kinderen 6–12 jaar $ 25, 3–5 jaar $ 10

Holy Land Experience is de naam van een tot overzichtelijke grootte teruggebrachte reconstructie van Jeruzalem ten tijde van de Geboorte van Christus. Acteurs in historische kostuums spelen scènes uit het leven van Jezus na. Daarnaast is er voor de godsdienstige verheffing een muzikaal programma tussen gospel en relipop.

Ripley's Believe it or not! 16
8201 International Dr., tel. 1-407-345-0501, www.ripleys.com/orlando, dag. 9–24, entree tot 23 uur, volwassenen $ 17 (online, anders $ 20), kinderen 4–12 jaar $ 11 ($ 13)

9–17.30 uur, vanaf $ 259, zonder zwemmen met dolfijnen vanaf $ 179, incl. eten en drinken en entree tot SeaWorld en Aquatica

Met de nabijgelegen Discovery Cove heeft SeaWorld een geheel ander themapark geopend. Per dag mogen maximaal duizend gasten, die zich van tevoren hebben opgegeven, zwemmen en duiken in een door dieren bewoond tropisch landschap met lagunes, rivieren en watervallen. Bij de entreeprijs is het

Orlando en omgeving

Ook in Orlando is er een filiaal van Ripley's Believe it or not!, namelijk het **Orlando Odditorium**, met een kabinet van monsterlijkheden en merkwaardige afwijkingen, verdeeld over zestien verschillende thematische zwaartepunten.

Wet 'n' Wild [17]

6200 International Dr./hoek Universal Blvd., tel. 1-407-351-1800, www.wetnwildorlando.com, wisselende openingstijden per seizoen en weersomstandigheden, volwassenen $ 58, kinderen 3–9 jaar $ 53, voor het gebruik van kluisjes, glijbanden en handdoeken betaalt u extra

De moeder aller avontuurlijke waterparken, Wet 'n' Wild, doet nog altijd goede zaken, dankzij verschillende baden, glijbanen, modderbaden en wildwaterbanen met alle toeters en bellen. Deze maken vooral op warme dagen een verblijf tot een verfrissend genoegen.

Titanic – The Experience [18]

7324 International Dr., tel. 1-407-248-1166, www.titanictheexperience.com, dag. 10–20 uur, zo.–di, do. tot 19, wo. vr., za. tot 18 uur elk uur rondleidingen, volwassenen $ 22, kinderen 5–11 jaar $ 16

Titanic – The Experience is een tentoonstelling die is ingericht rond de beroemde luxe oceaanstomer: de inrichting, de ondergang, de zoektocht ernaar en het terugvinden op ijzige diepten, die destijds over de wereld is gegaan. Hierbij gevoegd zijn voorwerpen uit de met elf Oscars bekroonde Hollywoodfilm.

Wonderworks [19]

9067 International Dr., tel. 1-407-351-8800, www.wonderworksonline.com/orlando, dag. 9–24 uur, Dinner Show 18, 20 uur, volwassenen $ 27, kinderen 4–12 jaar $ 21

Wonderworks valt iedere langsrijdende chauffeur op. Het ziet eruit alsof er een huis door de lucht is gevlogen en ondersteboven op een ander huis is gebotst. Binnen maakt u kennis met de modernste techniek, door middel van experimenten voor bezoekers, verbluffende virtual reality en simulaties van aardbevingen, orkanen en elektrische hoogspanning.

Richard Petty Driving Experience [20]

Walt Disney World Speedway, Lake Buena Vista, tel. 1-407-939-0130, www.drivepetty.com, dag. 8–16 uur, 'experiences' van $ 99 (kinderen 6–13 jaar $ 59) tot $ 3500

Om op het circuit bij de Richard Petty Driving Experience een cursus of de Junior Ride-Along voor kinderen van 6–12 jaar en minimaal 122 cm lang te kunnen reserveren, moet u een rijbewijs kunnen tonen. Dan mag u onder vakkundige begeleiding in een *stock car* op de anderhalf kilometer lange *speedway* rijden. Het aanbod varieert van drie rondjes als bijrijder tot een complete instructie met aansluitend vijftig rondjes solo.

Gatorland [21]

14501 S. Orange Blossom Trail/US 441, tel. 1-407-855-5496, www.gatorland.com, dag. vanaf 10–17 uur, volwassenen $ 25, kinderen 3–12 jaar $ 17

In Gatorland zijn duizenden alligators, krokodillen en andere reptielen te zien, en dat al ruim vijftig jaar. Populair zijn shows als Gator Wrestlin' of het voederen van de dieren, waarbij zij de gekste sprongen hoog in de lucht maken om een kippenpootje te bemachtigen. Wie durft, kan een tochtje maken over de Screamin' Gator Zip Line en zich daarna met een alligator laten fotograferen.

Legoland Florida [22]

Kruising SR540/US27, Winter Haven, tel. 1-877-350-5346, florida.legoland.com, dag. ca. 10–19 uur, volwassenen $ 91, kinderen 3–12 jaar $ 84, parkeren $ 15, ook combitickets met het naburige waterpark

Het voormalige Cypress Gardens, Florida's eerste amusementspark, werd met behulp van 58 miljoen legosteentjes getransformeerd tot Legoland Florida. Het park bestaat net als bijvoorbeeld Walt Disney World uit diverse thematisch ingerichte gebieden, zoals Miniland USA en Duplo Valley. Een topattractie voor kinderen van alle leeftijden.

TIEN ALTERNATIEVEN VOOR DE PRETPARKEN

Orlando biedt met zijn themaparken een ruime hoeveelheid vaak huiveringwekkende attracties. Voor wie tussen de bedrijven door even wil onthaasten, staat een aantal bijzondere culturele bezienswaardigheden ter beschikking, waar de rijen stukken minder lang zijn.

Titanic 18 : bekijk de nagebouwde hutten, beleef de dramatische ondergang en ontdek het wrak in deze spectaculaire tentoonstelling, zie blz. 326.

Reptile World Serpentarium 27 : zie hoe het gif van slangen wordt afgetapt, daarnaast 1500 alligators, slangen en schildpadden, zie blz. 329.

Orange County Regional History Center 30 : geen seconde saai – 12.000 jaar menselijke historie in Florida, zie blz. 330.

Science Center 31 : spannend voor jong en oud; hoe werkt een laser en hoe ontstaat een orkaan, zie blz. 330.

Museum of Art 32 : kunst uit Noord- en Midden-Amerika, maar ook artefacten uit Afrika, zie blz. 330.

Scenic Boat Tour: rustgevende boottocht door de kanaaltjes en meren van het Winter Park, zie blz. 331.

Cornell Fine Arts Museum 34 : drie galeries met opmerkelijke kunstvoorwerpen van de oudheid tot het heden, zie blz. 331.

Charles Hosmer Morse Museum of American Art 35 : grootste Louis Comfort Tiffany-expositie van Noord-Amerika, met gebrandschilderde ramen, lampen, kleding, foto's en siervoorwerpen, zie blz. 331.

Audubon Center for Birds of Prey 36 : hier worden jaarlijks zo'n zevenhonderd gewonde roofvogels verpleegd, zie blz. 331.

Art Center 37 : interessante galeries met muurschilderingen en wisselende tentoonstellingen van regionale en Noord-Amerikaanse kunstenaars, zie blz. 331.

Kissimmee

Kaart: blz. 308

Wie het lukt de US 192, bijgenaamd de *Tourist Trap Trail* (Weg van de Valkuilen voor Toeristen) tot het ten zuiden van Orlando gelegen Kissimmee te volgen, wordt voor zijn standvastigheid beloond. Rondom de oude Main Street en Broadway Boulevard liggen zelfs nog straten met kinderkopjes en staan gerestaureerde gebouwen als het Osceola Courthouse uit 1889.

Afgezien van de veeteelt bepalen de teelt van citrusvruchten, suikerriet en groenten de landbouw rond Kissimmee. Onlangs hebben zich er ook kunststof- en elektronicabedrijven gevestigd. Iets van de hoofdwegen af begint al snel het landelijke, beschouwelijke Florida, waardoor niemand zich verbaast over de naam Kissimmee, wat in de taal van de Calusa-insianen 'hemel op aarde' betekent.

Pioneer Museum 23

750 N. Bass Rd., tel. 1-407-396-8644, www.osceolahistory.org, do.– zo. 10–16 uur, volwassenen $ 5, kinderen 6–12 jaar $ 2

In het museumdorp met huisjes uit de 19e eeuw ziet u hoe het leven van de pioniers in Florida eraan toeging.

Orlando en omgeving

Monument of States 24

Het Monument of States in het Lake Front Park aan de rand van Lake Toho (een afkorting van Lake Tohopekaliga) is een van die sympathiek ouderwetse bezienswaardigheden. Vijftienhonderd stenen uit alle staten van de VS, albast, graniet, coquina en meteorieten, werden in 1943 opgemetseld tot een bijna 20 m hoge toren. Ten tijde van de Tweede Wereldoorlog en kort na de aanval op Pearl Harbour moest dit een vertoon van nationale eenheid zijn. Later kwamen er stenen uit 21 andere landen in de wereld bij.

Live Stock Market 25

Uit de veemarkten, die af en toe op het terrein van de Live Stock Market worden gehouden en uit de affiches waarop de rodeo's van de Florida Cattlemen's Association worden aangekondigd, blijkt dat er ten zuiden van Kissimmee een belangrijk veeteeltgebied ligt. Het is het grootste in zijn soort van de VS ten oosten van de Mississippi.

Silver Spurs Arena 26

Concerten van allerlei aard en gevarieerde sportevenementen worden gehouden in

Een 15 km lang wandelpad voert rond Lake Eola in het centrum van Orlando

de Silver Spurs Arena in het Osceola Heritage Park bij de kruising van de US 192 en de Bill Peck Boulevard. De twee onbetwiste hoogtepunten op de evenementenkalender zijn de populaire rodeo's om de felbegeerde Zilveren Sporen jaarlijks in februari en in juni (1875 Silver Spur Lane, Kissimmee, tel. 1-321-697-3495, www.silverspursrodeo.com, $ 15).

Reptile World Serpentarium 27

5705 E. Irlo Bronson Memorial Hwy, tel. 1-407-892-6905, www.reptileworldserpentarium.com

di.–za. 9–17, zo. Vanaf 10 uur, volwassenen $ 8,75, kinderen 6–17 jaar $ 6,75

In het Reptile World Serpentarium in Kissimmee/St. Cloud wordt driemaal daags gif afgetapt van cobra's, mamba's en andere slangen. Het afgenomen gif wordt verwerkt bij het produceren van een serum. U kunt hier meer dan vijftienhonderd slangen, alligators en schildpadden zien.

Info
Kissimmee Convention & Visitors Bureau: 215 Celebration Pl., Suite 200, FL 34747, tel. 1-407-742-8200, www.experiencekissimmee.com.

Downtown Orlando

Kaart: blz. 308

Ook Orlando zelf heeft meer te bieden dan de muis met de grote oren. Tussen de glimmende wolkenkrabbers van glas en metaal staan nog enkele verstopte gebouwen uit het pre-Disneytijdperk. In de **Orange Avenue** 28 staan het Kress Building, het met 'Egyptische' ornamenten versierde gebouw van de First National Bank, en het McCroy's Building in art-decostijl. Niet ver weg bleef in de **Church Street** 29 een huizenblok uit de victoriaanse tijd bewaard.

Het stadsgebied van Orlando wordt opgevrolijkt door 54 meren. Een daarvan is **Lake Eola**, dat is omringd door een mooi park met daarin een pagode en fraaie oude eiken. Aan de kant zijn kano's en roeiboten te huur. Midden in het meer spuit de 's avonds kleurig verlichte Clinton Allen-fontein zijn imponerende stralen in de lucht.

De laatste jaren is het centrum van Orlando veel drukker geworden: er zijn meer dan vijftigduizend mensen nieuw in de binnenstad komen wonen. Er zijn koffiehuizen, cafés en restaurants. De honderdduizend studenten van de University of Central Florida en andere universiteiten dragen natuurlijk een belangrijk steentje bij aan de steeds jongere sfeer in de stad. Ook speelt de ontwikkeling van deze regio tot een van de

Orlando en omgeving

belangrijkste hightechcentra van het land een rol. De nabijgelegen raketlanceerbasis op Cape Canaveral met zijn verschillende civiele en militaire programma's is een van de voornaamste oorzaken waarom zich veel ondernemingen op hightechgebied in de agglommeratie Orlando hebben gevestigd. De simulatie-industrie, die virtuele werelden creëert, is voor het leger net zozeer van belang als voor veel civiele domeinen, zoals de geneeskunde en de gamesindustrie (zie Thema blz. 332).

Orange County Regional History Center 30

65 E. Central Blvd., tel. 1-407-836-8500, www.thehistorycenter.org, ma.–za. 10–17, zo. 12–17 uur, volwassenen $ 12, kinderen 5–12 jaar $ 9

Verschillende tentoonstellingen in het centrum van Orlando laten zien dat musea ook voor kinderen onderhoudend en spannend kunnen zijn. Het Orange County Regional History Center is ondergebracht in het compleet gerestaureerde gerechtsgebouw uit 1927 en behandelt de regionale geschiedenis van de afgelopen twaalfduizend jaar. Zo is er een hut van een blanke kolonist uit de 19e eeuw te zien, een van de eerste vakantiecampers, die *Tin Can* (conservenblikjes) werden genoemd, een Seminoledorp, maar ook interactieve displays over de moderne technologiebedrijven rondom Orlando.

Orlando Science Center 31

777 E. Princeton St., tel. 1-407-514-2000, www.osc.org, dag. 10–17 uur, volwassenen $ 19, kinderen 3–11 jaar $ 13

Het Orlando Science Center zet zich ertoe bezoekers te animeren tot het doen van experimenten. Zo wordt een reis door het menselijk lichaam gesimuleerd, maar ook de ontmoeting met wilde dieren van Florida en zelfs een blik in het universum. Bijzonder indrukwekkend is het acht verdiepingen hoge filmdoek van de CineDome waarop natuurfilms worden geprojecteerd.

Orlando Museum of Art 32

2416 N. Mills Ave., tel. 1-407-896-4231, www.omart.org, di.–vr. 10–16, za., zo. 12–16 uur, volwassenen $ 8, kinderen 4–17 jaar $ 5

De nadruk in het Orlando Museum of Art ligt op Amerikaanse kunst en omvat zowel Noord-, Midden- als Zuid-Amerika en gaat van precolumbiaanse kunst tot hedendaagse kunstuitingen.

Harry P. Leu Gardens 33

1920 N. Forest Ave., tel. 1-407-246-2620, www.leugardens.org, dag. 9–17, rondleidingen 10–15.30 uur elk halfuur, volwassenen $ 10, kinderen 4–12 jaar $ 3

Iets verder naar het oosten werd rond het in 1880 gebouwde en nu tot museum verbouwde landgoed van de familie Leu het ruime, 20 ha grote park Harry P. Leu Gardens aan de oever van Lake Rowena aangelegd. Wie even wil bijkomen van de achtbanen, 3D-animaties en dolfijnensalto's, zal op een wandelingetje door de bloemenpracht van azalea's, rozen, camelia's en orchideeën snel weer in balans met zichzelf komen.

Info

Orlando/Orange County Convention & Visitors Bureau: 8723 International Dr., Suite 101, FL 32819, tel. 1-407-363-5872, www.visitorlando.com/GE-GL.

Ten noorden van de stadsgrens van Orlando

Kaart: blz. 308

Winter Park

De welvarende gemeente Winter Park grenst aan de noordelijke stadsrand van Orlando en is meer dan alleen een ontspannen alternatief om te overnachten voor de hectische hotels aan de International Drive en de US 192. Met zijn elegante winkels, cafés en galeries kunt u ook heerlijk slenteren over **Park Avenue**. Aan het westeinde van deze straat ligt het goed onderhouden **Central Park**, met perkjes vol heerlijk geurende rozen en klaterende fonteinen.

Een **boottocht** door de kanalen en over de drie meren van het stadje vaart langs voorname villa's en de campus van het particuliere **Rollins College**, waarvan de in mediterrane stijl opgetrokken gebouwen een mooie aanblik bieden vanaf het water (312 E. Morse Blvd., tel. 1-407-644-4056, www.scenicboattours.com, dag. 10–16 uur elk uur een afvaart, volwassenen $ 12, kinderen 2–11 jaar $ 6).

Cornell Fine Arts Museum 34
1000 Holt Ave., tel. 1-407-646-2526, www.rollins.edu/cfam, di.–vr. 10–16, za., zo. 12–17 uur, gratis entree

Het Cornell Fine Arts Museum op het terrein van de universiteit behoort met zijn collectie beeldende kunst en wisselende tentoonstellingen over Amerikaanse en Europese kunst tot de beste universiteitsmusea van de VS.

Charles Hosmer Morse Museum 35
445 N. Park Ave./Canton St., tel. 1-407-645-5311, www.morsemuseum.org, di.–za. 9.30–16, zo. 13–16 uur, volwassenen $ 5, kinderen tot 11 jaar gratis

De bijzondere schat die het Charles Hosmer Morse Museum of American Art onder zijn dak herbergt, is de grootste collectie glaskunst en decoratief werk plus schilderijen uit het atelier van Louis Comfort Tiffany (1848–1933) ter wereld. De kunstenaar en ontwerper, die wordt gezien als de belangrijkste vertegenwoordiger van art nouveau en art deco in Amerika, ontwierp veel mozaïeklampen en glasvensters. Heel indrukwekkend is de reconstructie van de kapel die Tiffany ontwierp voor de Wereldtentoonstelling van 1893.

Maitland

In het noordelijk aangrenzende Maitland kunt u een bezoek brengen aan het **Audubon Center for Birds of Prey** 36. Het opvangcentrum voor roofvogels behandelt jaarlijks zo'n zevenhonderd dieren die gewond worden binnengebracht. Het centrum is inmiddels een autoriteit op het gebied van arenden (1101 Audubon Way, Maitland, tel. 1-407-644-0190, fl.audubon.org/audubon-center-birds-prey, di.–zo. 10–16 uur, $ 5).

Het **Maitland Art Center** 37 even verderop werd in 1938 geopend als kunstenaarskolonie. U ziet er exposities van lokale en internationale kunstenaars. Het complex ligt midden in een heerlijke tuin, waar geregeld klassieke concerten worden gegeven (231 W. Packwood Ave., tel. 1-407-539-2181, www.artandhistory.org, di.–zo. 11–16 uur, volwassenen $ 3, kinderen 4–18 jaar $ 2).

Info
Winter Park Chamber of Commerce: 151 W. Lyman Ave., FL 32789, tel. 1-407-644-8281, www.cityofwinterpark.org/visitors.

Lake Wales

Kaart: blz. 308

Een zingende toren en een betoverde heuvel: Lake Wales, ten zuiden van Orlando, heeft bijzondere attracties te bieden. Wie zijn auto even inhoudt op de North Wales Drive hoek North Avenue en dan de rem loslaat, lijkt in zijn vrij lichtjes omhoog te rollen! Sommigen houden **Spook Hill**, spookheuvel, voor een optische illusie, anderen wijzen als oorzaak op de sterke uitstraling van de dichtbij begraven legendarische Seminolehoofdman Cufcowellax.

Ten westen van Lake Wales strekt zich tot voorbij Bartow een landschap met bergen onbruikbaar gesteente uit. Hier wordt met grote graafmachines fosfaat gedolven, dat in de productie van kunstmest wordt toegepast. Archeologen en biologen brachten in de omgewoelde aardlagen vondsten van vroegere indiaanse culturen en fossielen en botten van lang uitgestorven dieren aan de oppervlakte.

Bok Tower Gardens 38
1151 Tower Blvd., 5 km ten noorden van de CR 17 A/Burns Ave., tel. 1-863-676-1408, www.

Hightechstad Orlando

Met zijn attractieparken, Kennedy Space Center, bijna vierduizend gespecialiseerde hightechbedrijven – van Lockheed tot Siemens –, wereldleiders op het gebied van computerspellen als Electronic Arts en universiteiten zoals de technische faculteit van de University of Central Florida of de particuliere Full Sail University voor computeranimaties en *game development*, heeft de regio rond Orlando zich ontwikkeld tot een van de belangrijkste hightechgebieden ter wereld.

In technisch opzicht steeds kostbaarder attracties in de themaparken bootsen de werkelijkheid na en spiegelen de bezoekers fantasiewerelden, vluchten door de ruimte of reizen naar het binnenste van de aarde voor. *Mission: SPACE* heet de verbluffend realistische missie naar Mars in het Epcot Center. Hier wordt in een driedimensionale omgeving de zwaartekracht zo gebruikt dat bezoekers de illusie hebben in een raket door de ruimte te vliegen. In de 3D thrill ride van *Spider-Man* op de Islands of Adventure van Universal Studios krijgen de deelnemers in hun voertuig het gevoel samen met Spider-Man door de straten van het New York van de jaren 30 te slingeren. Ook het niet zo ver van Orlando gelegen Kennedy Space Center biedt sinds kort met de Shuttle Launch Experience in een pas gebouwd amusementscomplex een virtual-realityavontuur: de gesimuleerde start aan boord van een space shuttle.

Hooggekwalificeerde specialisten schrijven de computerprogramma's. Bij Disney heten de experts die verhalen waarbij je de haren te berge rijzen bedrieglijk echt omzetten in 'gevoelde realiteit' heel toepasselijk *imagineers*. Spelprogrammeurs ontwikkelen in teams van wel tweehonderd mensen blockbustergames, als *Tiger Woods PGA Tour* of *FIFA 17*. Ze zijn tegelijkertijd protagonist van een razendsnel groeiende economische branche en een snel veranderende levensstijl. Met de bouw van een grote faculteit voor biotechnologie en *life sciences* ten zuiden van de luchthaven wordt Orlando nu eindelijk een hightechhoofdstad.

Orlando is, van buitenaf haast ongemerkt, veranderd. De stad groeit, en wel snel. Duizenden mensen trekken er jaarlijks heen om er te werken. De snelgroeiende technologiebranche houdt de economische structuur in Orlando beter in evenwicht dan vroeger en vergroot het percentage bovenmodaal verdienende werknemers in de bijna een miljoen krachten tellende beroepsbevolking van deze regio. De gemiddelde leeftijd is hier 36 jaar, een feit dat opvalt in het stadsbeeld. Voor velen die hier zijn komen wonen waren de gunstige werkgelegenheid, de natuur rond de stad, de op slechts één uur rijden gelegen Atlantische kust en de toegenomen recreatiemogelijkheden met alleen al veertig golfbanen in de directe omgeving en maar liefst drie filmfestivals van uiteenlopende aard in de loop van het jaar, belangrijke argumenten om het centrum van hun leven naar Orlando te verleggen.

Ook in het lange tijd leeglopende centrum, dat alleen overdag werd bevolkt door de werknemers in de kantoorgebouwen, keert het leven terug. De afgelopen jaren zijn er overwegend jonge mensen in de ca. zestigduizend nieuwe woningen in Downtown getrokken. Met restaurants en cafés, met muziekclubs en winkels is een nieuwe scene opgebouwd. De sportarena van de basketbalprofs Orlando Magic werd verplaatst naar de rand van de stad en op de vrijgekomen grond in de buurt van het centrum werd een nieuw, zogeheten *Creative Village* met woningen, kantoren en winkels gebouwd. Het voormalige Expo Center pal tegenover de arena

'Mixed Reality'-films als 'Spider-Man' worden geproduceerd in Orlando

is nieuw leven ingeblazen door de Florida Interactive Entertainment Academy. De academie leidt afgestudeerden van de universiteit, die meestal al ruim voor het behalen van de mastertitel een goedbetaald contract in de wacht hebben gesleept. In de vroegere Motion Capture Studios van het House of Moves, het huidige Center for Emerging Media van de universiteit direct ernaast zijn bekende *mixed reality*-films geproduceerd, zoals *Beowulf*, *Spider-Man* en *Men in Black*. Met de Tiburon Studios van Electronic Arts is er een wereldspeler uit de game-industrie vlak in de buurt gevestigd. Vele honderden, vooral jongere programmeurs, tekenaars en storyboardschrijvers ontwikkelen hier voornamelijk sportgames, zoals Madden NFL (over American football) en NASCAR (over de autosport) voor miljoenen gebruikers.

Geheel anders, maar in zeker opzicht toch vergelijkbaar is de situatie op de enorme campus van de University of Central Florida in het oosten van de stad. Ook hier vindt u jonge, vaak nonchalante types, die in hun vrije tijd optreden met hun band of fanatiek sporten. Tegelijkertijd studeren ze digitale animatie en creëren ze driedimensionale werelden naar de werkelijkheid of volgens hun fantasie. Anderen werken al als specialist op hun gebied aan het programmeren voor civiele of militaire toepassingen.

Daarbij wordt de universitaire campus met zijn Research Park gezien als broeinest voor nieuwe ideeën en bedrijven, waaraan voor een bepaalde tijd ondersteuning en de beste verbindingen worden geboden. Maar ook bestaande technologische bedrijven, van Siemens tot Lockheed, hebben zich in de buurt van de universiteit gevestigd. Ze profiteren eveneens van het netwerk van denktanks en uitvinders. Patiënten met hersenbeschadiging kunnen door middel van speciale cyberbrillen en 3D-programma's leren om eenvoudige opgaven uit het dagelijks leven te overwinnen. De nieuwste simulatiesoftware helpt professionele chauffeurs om te gaan met extreme weersomstandigheden- en verkeerssituaties. Vliegtuigpersoneel oefent met behulp van interactieve programma's wat te doen ingeval van een ramp. Artsen en verplegers leren op menselijke poppen, die geprogrammeerd kunnen worden met talloze ziekten en verwondingen, alles over toediening en dosering van echte medicijnen tot bloedtransfusies aan toer voordat ze met echte patiënten aan de slag gaan.

Orlando en omgeving

boktower gardens.org, tuin dag. 8–18 uur, volwassenen $ 12, kinderen 5–12 jaar $ 3
De journalist Edward Bok (1863–1930) was lang de uitgever van het nog altijd verschijnende vrouwenblad *Ladies' Home Journal*. Na zijn pensionering beschreef hij in *The Americanisation of Edward Bok* zijn leven na zijn emigratie uit Nederland. De autobiografie werd met de Pulitzerprijs bekroond.

De Bok Tower Gardens, een door hem bekostigd, schitterend, 100 ha groot park, dat werd aangelegd door de bekende Amerikaanse landschapsarchitect Frederick L. Olmsted (1822–1903), die ook Central Park in New York vormgaf, bedekt een voor Florida flinke heuvel van 90 m hoog. De zestig bronzen klokken in de 62 m hoge, roze Singing Tower van marmer en schelpkalk laten dagelijks om 13 en 15 uur een potpourri van populaire liedjes van een halfuur horen.

Overnachten

De Disneyhotels en de meeste andere officiële hotels binnen het Disney-areaal van Lake Buena Vista bieden een gratis transfer per bus naar de verschillende themaparken. Disneys eigen hotels zijn te boeken via een reisbureau of direct via tel. 1-407-934-7429 of disneyworld.disney.go.com/resorts.

In victoriaanse stijl – **Disney's Grand Floridian Resort & Spa** 1 : 4401 Floridian Way, tel. 1-407-824-3000. Nostalgische luxe uit de goede oude tijd met kroonluchters in de enorme lobby en *afternoon tea*. Uitstekend wellnessaanbod. Direct aan de Seven Seas Lagoon en een halte van de monorail, negenhonderd kamers. Vanaf $ 505, twee kinderen tot 17 jaar gratis op de kamer van de ouders.

Elegant hotelpaleis – **The Ritz-Carlton Grande Lakes** 2 : 4012 Central Florida Pkwy, tel. 1-405-206-2400, www.ritzcarlton.com. Luxeresort met een groot welnessresort en een 18-holesgolfbaan. 584 units, vanaf $ 280.

Afrikaanse touch – **Disney's Animal Kingdom Lodge** 3 : 2901 Osceola Pkwy, tel. 1-407-938-3000. Aan de westrand van de parksavanne in de stijl van een Afrikaanse wildparklodge gebouwd en ingericht gigantisch hotel. Vanuit de lobby zijn vooral 's morgens vroeg grazende dieren te zien. 1293 kamers, vanaf $ 220, twee kinderen tot 17 jaar gratis op de kamer van de ouders.

Voor rockers – **Hard Rock Hotel** 4 : 5800 Universal Blvd., tel. 1-407-503-2000, www.hardrockhotels.com/orlando. Groot complex in Spaanse missiestijl met rockaandenkens, flatscreen-tv's en mp3-spelers op de kamers. Iets bijzonders is de stereosound die in het zwembad ook onder water is te horen. 650 kamers en suites, vanaf $ 200.

Gigantisch – **Gaylord Palms** 5 : 6000 Osceola Pkwy, Kissimmee, tel. 1-407-586-0000, www.gaylordpalms.com. Enorm complex, gedecoreerd in de stijl van de verschillende delen van Florida met een geweldig glazen atrium en de beste service. 1410 units, vanaf $ 190.

Retro-chic – **Bohemian Hotel Celebration** 6 : 700 Bloom St., Kissimmee, tel. 1-407-566-6000, www.celebrationhotel.com. Het in de stijl van de jaren 20 gebouwd hotel met drie verdiepingen in de buurt van de US 192 behoort bij de overdreven perfecte Disney-nederzetting Celebration. Mooie inrichting, uitstekend ontbijt- en dineraanbod. 115 kamers, vanaf $ 190.

Southern Belle – **Disney's Port Orleans Resort – French Quarter** 7 : 2201 Orleans St., tel. 1-407-934-5000. Ornamenten van stucwerk, smeedijzeren balustrades en Mardi Gras-maskers herinneren aan het French Quarter in het centrum van New Orleans. Ten noorden van de Typhoon Lagoon, afslag van de Bonnet Creek Parkway. 1008 kamers, vanaf $ 165, twee kinderen tot 17 jaar gratis op de kamer van de ouders.

Kunstig en très chic – **The Grand Bohemian** 8 : 325 S. Orange Ave., tel. 1-407-313-9000, www.grandbohemianhotel.com. Luxueus grand hotel direct in het centrum met uitstekende service en een gourmetrestaurant (ontbijt dag. 7–10.30, lunch/brunch dag. 10.30–14, diner dag. 17.30–22 uur, nieuwe Amerikaanse keuken met enkele Franse accenten, hoofdgerecht vanaf $ 14). Eigen kunstcollectie, regelmatig jazzsessies en klassieke concerten. 250 kamers en suites, vanaf $ 165.

Adressen

Omgeven door groen – **Best Western Mt. Vernon Inn** 9 : 110 S. Orlando Ave., Winter Park, tel. 1-407-647-1166, www.bestwestern.com/mtvernoninn. Prima onderkomen bij het Civic Center. Buitenzwembad, cocktaillounge en restaurant. 144 kamers, vanaf $ 130, twee kinderen tot 17 jaar gratis op kamer ouders.

Klein en intiem – **Courtyard Lake Lucerne** 10 : 211 N. Lucerne Circle E., tel. 1-407-648-5188, www.orlandohistoricinn.com. Verzorgde B&B in vier historische gebouwen. 30 units, vanaf $ 130.

Ideaal voor SeaWorld – **Renaissance at SeaWorld** 11 : 6677 Sea Harbor Dr., tel. 1-407-351-5555, www.renaissanceseaworldorlando.com. Tegenover het zeethemapark gelegen, compleet gerenoveerd, van buiten tamelijk nietszeggend maar van binnen voorzien van een mooi zwembad, veel groen en grote kamers. 780 kamers, vanaf $ 110.

Toplocatie in Disney World – **Best Western Lake Buena Vista Resort** 12 : 2000 Hotel Plaza Blvd., tel. 1-407-828-2424, www.lakebuenavistaresorthotel.com. Goed ingerichte hoteltoren in het WDW Resort met zwembaden, fitnesscentrum, gratis internet en verschillende restaurants en cafés. 325 kamers met balkon, vanaf $ 90.

Goede prijs-kwaliteitverhouding – **Comfort Inn & Suites Universal – Convention Center** 13 : 7495 Canada Ave./International Dr., tel. 1-407-351-7000, www.comfortinn.com. Centraal gelegen, niet ver van International Drive, tweehonderd kamers. Vanaf $ 90, incl. ontbijt.

Hommage aan de muziek – **Disney's All-Star Music Resort** 14 : 1801 W. Buena Vista Dr., tel. 1-407-934-7639. Muziek, van jazz tot calypso, is het thema in dit bontgekleurde complex dat is behangen met talloze oversized instrumenten. Niet ver van het Animal Kingdom. 1720 kamers, vanaf $ 90, twee kinderen tot 17 jaar gratis op de kamer van de ouders.

Voordelig – **Vintage Inn** 15 : 541 W. Central Ave., Lake Wales, tel. 1-863-676-7925, www.vintageinnlakewales.com. Schoon, eenvoudig onderkomen met gratis ontbijt en internet. 62 ruime kamers, vanaf $ 60.

Functioneel – **International Palms Resort & Conference Center** 16 : 6515 International Dr., tel. 1-407-351-3500, www.internationalpalmsorlando.com. Gunstige locatie, zwembad in een tropische tuin, restaurants en entertainment. 652 kamers, vanaf $ 60.

Voordelig – **Budget Inn** 17 : 602 13th St., St. Cloud, tel. 1-407-892-2858, budgetinnstcloud.com. Eenvoudig, net hotel, kamers met koelkastje en magnetron. Vanaf $ 40.

Camping 1 – **Disney's Fort Wilderness Resort & Campground** 18 : 4510 N. Fort Wilderness Trail, tel. 1-407-824-2900, disneyworld.disney.go.com/resorts/campsites-at-fort-wilderness-resort. Perfect ingericht kampeerterrein voor tenten en campers aan het Bay Lake, omgeven door bos en meer met mooie barbecueplaatsen, tevens verhuur van kano's, fietsen en visgerei. 800 staplaatsen, vanaf $ 70, hutten voor 5–6 personen vanaf $ 300.

Camping 2 – **Orlando Kissimmee KOA** 19 : 2644 Happy Camper Pl., tel. 1-407-396-2400, www.koa.com. Niet ver van de pretparken gelegen, goede standaard, met fietsverhuur. Staplaats vanaf $ 62, volledig uitgeruste blokhut vanaf $ 65.

Eten & drinken

Reserveren voor een van de Disneyrestaurants in de WDW-themaparken doet u via tel. 1-407-939-3463 of www.disneyworld.disney.go.com/dining.

Fine dining – **Victoria & Albert's** 1 : in Disney's Grand Floridian Resort, 4401 Floridian Way, tel. 1-407-939-3862, www.victoria-alberts.com, sept.–juni. Een van de toprestaurants van Florida met een dagelijks wisselende menukaart en een excellente wijnkelder; bovendien zijn de desserts hier voortreffelijk. De heren moeten een jasje aan. Zesgangenmenu vanaf $ 135.

Sappige steaks – **Texas de Brazil Churrascaria** 1 : 5259 International Dr., tel. 1-407-355-0355, www.texasdebrazil.com, vr.–zo. 12–15, ma.–vr. 17–22, za. 16–22.30, zo. 16–21.30 uur. Ketenrestaurant met filialen in Miami, Fort Lauderdale en Tampa. Goede Texassteaks en Braziliaanse rundvleesspecialiteiten. Minimenu $ 47.

Orlando en omgeving

Hartig Beiers – Biergarten Restaurant 2 : in Epcot, World Showcase. Het *all you can eat*-buffet met stevige Duitse gerechten als braadworst en zuurkool of varkensgebraad laat niets te wensen over. Voor het dessert kunt u kiezen uit Duitse klassiekers als schwarzwalderkirschtaart of apfelstrudel. 's middags $ 24, 's avonds $ 32, kinderen 3–9 jaar betalen de helft.

De beste vis – Hemingway's 3 : 1 Grand Cypress Blvd., Orlando, tel. 1-407-239-1234, dag. 18–22 uur. Elegant visrestaurant in Key West-stijl met smakelijke, uiterst nauwkeurige creaties. In het Hyatt Grand Cypress Resort, hoofdgerecht vanaf $ 27.

Trendy – The Ravenous Pig 4 : 1234 N. Orange Ave., Winter Park, tel. 1-407-628-2333, di.–za. 11.30–14, 17.30-22 uur. Veelbesproken restaurant met moderne Amerikaanse keuken in de stijl van een Londense gastropub met dag. wisselende menu's. Op de innovatieve kaart staan ook acht verschillende bieren uit de eigen microbrouwerij vermeld. Hoofdgerecht vanaf $ 22.

Frans – Café de France 5 : 526 S. Park Ave., Winter Park, tel. 1-407-647-1869, www.lecafedefrance.com. Heerlijke gerechten als geconfijte eend en gebraden zeetong in een Franse sfeer. Hoofdgerecht vanaf $ 22.

Cajunkeuken – Emeril's 6 : 6000 Universal Blvd., tel. 1-407-224-2424, www.emerilsrestaurants.com, dag. 11.30–15 en vanaf 16.30 uur. Een filiaal van het gruwelijk goede restaurant van Emeril Lagasse in New Orleans direct aan de CityWalk van de Universal Studios, hoofdgerecht bij de lunch vanaf $ 17, 's avonds vanaf $ 21.

Met enorm aquarium – Coral Reef Restaurant 7 : in Epcot, Living Seas Pavilion, dag. 11.30–15.30 en vanaf 16 uur. Uitstekende visgerechten, bijvoorbeeld dorade of tonijn, altijd vers en smakelijk klaargemaakt. Honderden levende bewoners van een kunstmatig koraalrif kijken toe hoe u zit te eten. Hoofdgerecht vanaf $ 19.

Cubaans – Bongos Cuban Café 8 : Downtown Disney, 1498 E. Buena Vista Dr., tel. 1-407-828-0999, www.bongoscubancafe.com, zo.–do. 11–22.30, vr., za. 11–23.30 uur. Vanaf de middag krijgt u hier al Cubaanse klassiekers als *pan con lechon* (brood met varkensvlees) of *paella de mariscos* (eenpansgerecht van rijst met zeevruchten) in een sfeervolle combinatie van Havanna en Miami Beach. Het restaurant is eigendom van de zangeres Gloria Estefan en haar man Emilio. Hoofdgerecht vanaf $ 17.

Italiaans – Mama Melrose's Ristorante Italiano 9 : in Disney's Hollywood Studios, dag. 11.30-20 uur. Italiaans buurtrestaurant zoals uit een plaatjesboek. Veel pastagerechten, maar ook gegrilde vis en calamares. Hoofdgerecht vanaf $ 16.

Lekker licht – Dexter's of Thornton Park 10 : 808 E. Washington St., tel. 1-407-648-2777, thorntonpark.dexwine.com, dag. 11–15, zo. vanaf 10, diner 17–22 uur. Creatieve salades, heerlijke soepen en ingenieuze hoofdgerechten, vanaf $ 16.

Tropische jungle – Rainforest Café 11 : 505 N. Rainforest Rd., tel. 1-407-938-9100 (Animal Kingdom) en 1800 E. Buena Vista Dr., tel. 1-407-827-8500 (Downtown Disney Marketplace), www.rainforestcafe.com, vanaf 8.30 uur in Animal Kingdom, vanaf lunchtijd in Downtown Disney. In een tropische junglesfeer worden *rasta pasta,* Chinese kip en *paradise pizza* geserveerd. Hoofdgerecht vanaf $ 14.

Chinees – Ming Court 12 : 9188 International Dr., tel. 1-407-351-9988, www.ming-court.com. Uitstekende Chinese Sichuankeuken, heerlijke dimsum en een mooie aankleding. Hoofdgerecht vanaf $ 13.

Van de grill – Wildside Bar & Grille 13 : 700 E. Washington St., tel. 1-407-872-8665, zo.–wo. 11–22.30, do.–za. 11–1 uur. Goed geprepareerde barbecuegerechten, naar wens geserveerd op het terras. Hoofdgerecht vanaf $ 10.

Lekker ribbetjes – Bubbalou's Bodacious BBQ 14 : 5818 Conroy Rd., tel. 1-407-278-8770, www.bubbalouscatering.com, ma.–do., za. 10–21.30, vr. 10–22.30, zo. 11–21 uur. Filiaal van Florida's barbecuelegende. Fantastische gegrilde ribbetjes en andere vleesspecialiteiten. Hoofdgerecht vanaf $ 6,50.

Voordelig en goed – Pom Pom's Teahouse & Sandwicheria 15 : 67 Bumby Ave., tel.

Adressen

1-407-894-0865, www.pompomsteahouse.com. ma.–wo. 11–22, do. 11–17 uur, van vr. 11 tot zo. 18 uur doorlopend. Verschillende theesoorten, salades, heerlijke sandwiches en desserts. Hoofdgerecht $ 6–10.

Winkelen
Merkkleding met korting – **Prime Outlets Orlando** 1 : 5401 W. Oak Ridge Rd./4951 International Dr., www.premiumoutlets.com, ma.–za. 10–23, zo. 10–21 uur. Met 180 winkels de grootste *outlet mall* van de regio rond Orlando.

Winkelcentrum – **Florida Mall** 2 : 8001 S. Orange Blossom Trail, www.simon.com/mall/the-florida-mall, ca. 8 km ten oosten van de I-4/International Dr. Reusachtige *mall* met meer dan 260 winkels en een aantal warenhuizen.

Uitgaan
Muziek- en danstheater – **Bob Carr Theater** 1 : 401 W. Livingston Ave., tel. 1-407-246-4262, www.orlandovenues.net. Het breed uitwaaierende programma omvat opvoeringen met orkest en ballet, Broadway-ensceneringen en optredens van internationale beroemdheden.

Bioscoop – **AMC Cineplex 20** 2 : 6000 Universal Blvd., Orlando, tel. 1-407-354-3374, www.amctheatres.com. Bioscoop met twintig schermen die de nieuwste Hollywoodproducties vertoont op de City Walk van Universal Studios.

Livemuziek – **Bob Marley – Tribute to Freedom** 3 : 6000 Universal Blvd., tel. 1-407-224-3663, dag. 16–2 uur. Live-reggae en Caribische snacks op de CityWalk van Universal Studios. **Red Coconut Club** 4 : 6000 Universal Blvd., tel. 1-407-224-2425, zo.–do. 20-2, vr., za. 18–2 uur. Chique loungeclub met livemuziek en dj's op de CityWalk van Universal Studios.

Shows en bandjes – **Downtown Disney** 5 : **House of Blues** presenteert in het als een enorme schuur gebouwde theater met diverse podia en dansvloeren lokale en regionaal bekende bands uit verschillende muziekstromingen (1490 E. Buena Vista Dr., tel. 1-407-934-2583, zo.–do. 11.30–22, vr., za. tot 1 uur, www.houseofblues.com). Het wereldberoemde **Cirque du Soleil** voert in een speciaal aan het Canadese gezelschap gewijd theater zijn betoverend artistieke programma La Nouba uit (tel. 1-407-939-7328, www.cirquedusoleil.com, di.–za. 18 en 21 uur, volwassenen $ 59–139, kinderen 3–9 jaar $ 48–115).

Bars en nachtclubs – **The Social** 6 : 54 N. Orange Ave., tel. 1-407-246-1419, www.thesocial.org. Disco en livemuziek in het hart van Downtown. **Independent Bar** 7 : 70 N. Orange Ave., tel. 1-407-839-0457, grote club. **Church Street Bars** 8 : 33 West Church St., Orlando, tel. 1-407-649-4270, www.churchstreetbars.com. Downtown Orlando leeft op. In Church Street zijn dan ook diverse bars en dansgelegenheden van verschillende verdiepingen te vinden, zoals Latitudes, Rok Room, Big Belly en Chillers.

Sportsbar – **High Velocity** 9 : 8701 World Center Dr., tel. 1-407-238-8690, www.marriottworldcenter.com. Sport op alle 28 flatscreens: football, honkbal, basketbal, golf, paardenrennen en wat er zoal nog meer gaande is. Verder in het café dartboards, poolbiljart en meer. De verhouding mannen:vrouwen onder de bezoekers is hier 5:1.

Muziek- en dansclub – **Venue 578** 10 : 578 N. Orange Ave., tel. 1-407-872-0066, www.venue578.com. Een van de hipste clubs in Downtown Orlando. In een voormalig gebouw van bandenfabrikant Firestone wordt tegenwoordig house gedraaid door vermaarde dj's. Ook treden er regelmatig bekende bands op.

Dinnershows
Rustiek – **Hoop-Dee-Doo Musical Revue** 18 : in Fort Wilderness Resort & Campground, 4510 N. Fort Wilderness Trail, tel. 1-407-824-2803. De rustieke dinnershow met gebraden kip, gegrilde spareribs en maiskolven met dans en gezang in westernstijl brengt elke avond de hoofden op hol in een uitverkocht huis. Absoluut op tijd reserveren en rekening houden met een flinke wachttijd voor de parkeerplaats! Toegang

Orlando en omgeving

Bij het slotakkoord nog een hoogtepunt: elke avond vuurwerk in Walt Disney World

en compleet menu voor volwassenen vanaf $ 60, kinderen 3–9 jaar $ 30.

Voor amateurdetectives – **Sleuth's Mystery Dinner Shows** 11: 8267 International Dr., tel. 1-407-363-1985, www.sleuths.com, dag. 19.30 uur. Dinergasten worden hier vanzelf detectives. Tijdens het eten moet een misdrijf worden opgelost, uiteraard zonder dat de eetlust u vergaat. Volwassenen $ 60, kinderen 3–11 jaar $ 29.

Piraten – **Pirate's Dinner Adventure** 12: 6400 Carrier Dr., tel. 1-407-248-0590, www.piratesdinneradventure.com, dag., wisselende aanvangstijden. Vrolijk piratengelag niet ver van de International Drive, met muziek, stuntwerk en zwaardvechten op een gekaapt galjoen. Wie er nog zin in heeft, kan daarna deelnemen aan de Bucaneer Bash Dance Party. Volwassenen $ 66, kinderen 3–11 jaar $ 40.

Dineren met Al Capone – **Capone's Dinner & Show** 13: 4740 W. Irlo Bronson Memorial Hwy (US 192), Kissimmee, tel. 1-407-397-2378, www.alcapones.com, dag., wisselende aanvangstijden. Scherpe musicalshow in de sfeer van de jaren 30 over het leven en de daden van Al Capone, de gangsterkoning uit Chicago, met een dinerbuffet, wijn, bier en cocktails. Volwassenen vanaf $ 35 (online), kinderen 4–12 jaar vanaf $ 22.

Middeleeuws tafelen – **Medieval Times Dinner & Tournament** 14: 4510 W. Vine St., Kissimmee, tel. 1-1-866-543-9637, www.medievaltimes.com, dag., wisselende aan-

Adressen

vangstijden. Nobele ridders vechten met het zwaard en te paard en maken lieftallige maagden het hof. Pages in historische gewaden uit de 11e eeuw voeren de spijzen en dranken aan. Volwassenen vanaf $ 63, kinderen 4–12 jaar $ 37.

Actief

Golf – Met meer dan 175 banen behoort golf in Orlando tot de algemeen geaccepteerde manier van leven. Het palet varieert van de kleine openbare golfbanen van aparte gemeenten tot de spectaculaire complexen van diverse luxehotels. Veel 18-holesbanen zijn vrij toegankelijk met een golfbaanpermissie, bijvoorbeeld **Casselberry Golf Club** 1 , 300 S. Triplet Lake Dr., tel. 1-407-699-9310, www.casselberrygc.com, **Celebration Golf Club** 2 , 701 Golf Park Dr., tel. 1-407-566-4653, www.celebrationgolf.com en **Dubsdread** 3 , 549 W. Par St., tel. 1-407-246-2551, www.historicaldubsdread.com. **Walt Disney World Golf** 4 , tel. 1-407-939-4653, disneyworld.disney.go.com/recreation, beschikt over maar liefst vijf 18-holesbanen en één 9-holesbaan.

Ballonvaart – Orlando van bovenaf bekijken kan met verschillende aanbieders, bijvoorbeeld met **Orlando Balloon Rides** 5 , 44294 US Hwy 27, Davenport, FL 33897, tel. 1-407-894-5040, www.orlandoballoonrides.com.

Fiets- en kajakverhuur – Op verschillende plaatsen in de natuur, in Disney World, Downtown Orlando en Winter Park is het mogelijk de omgeving te verkennen per fiets of kajak. Fietsen zijn bijvoorbeeld te huur bij **Disneys Bike Barn** 18, Fort Wilderness Resort, tel. 1-407-824-2742, $ 18 per dag.

Agenda

Silver Spurs Rodeo: derde weekend in februari en eerste weekend in juni. In Kissimmee tonen cowboys hun kunsten bij het stierrijden of lassowerpen (tel. 1-321-697-3495, www. silverspursrodeo.com).

Winter Park Sidewalk Art Festival: half maart. Kunstenaars uit de regio Midden-Florida presenteren hun werk in deze noordelijke voorstad van Orlando (tel. 1-407-644-7207, www. wpsaf.org).

Walt Disney World Festival of Masters: begin november. Beeldend kunstenaars van naam en faam uit de hele VS laten hier jaarlijks hun werk zien (tel. 1-407-824-4321, www.disney world.com).

Orlando International Fringe Theatre Festival: 10 dagen in mei. Toneelvoorstellingen, straattheater en happenings die afwijken van het gebruikelijke (tel. 1-407-648-0077, www.orlandofringe.org).

Gay Days: eind mei/begin juni. Ruim meer dan honderdduizend homo's en lesbo's verzamelen zich in en om Walt Disney World (tel. 1-407-896- 8431, www.gaydays.com).

Global Peace Film Festival: half september. Thematisch zwaartepunt is het verband tussen films en vredesbeweging (tel. 1-407-224-6625, www.peacefilmfest.org).

Orlando Film Festival: begin november. Tientallen films uit allerlei genres worden vertoond, tot het omlijstende programma behoren talloze bijeenkomsten met filmmakers (www. orlandofilmfest.com).

Vervoer

Vliegtuig: Orlando International Airport (MCO), tel. 1-407-825-2001, www.orlandoairports.net. De uitgestrekte luchthaven ten zuidoosten van het centrum wordt door ruim veertig miljoen passagiers per jaar gebruikt en wordt ook uit Europa door verschillende chartermaatschappijen aangevlogen.

Wie hier geen auto huurt, kan gebruikmaken van de shuttleservice van **Mears Transportation** (tel. 1-407-423-5566, www.mearstransportation.com), die van het vliegveld naar diverse bestemmingen in het centrum en de agglomeratie rijden. Kosten afhankelijk van de afstand $ 25–50. Veel hotels hebben daarnaast eigen shuttlebussen.

Trein: Amtrak (tel. 1-800-872-7245, binnen de VS gratis, www.amtrak.com) heeft stations in Orlando (1400 Sligh Blvd.) en Kissimmee (111 East Dakin Ave.).

Bus: er ligt een Greyhound-terminal op 555 N. John Young Pkwy/West SR 50 (Colonial Dr.), tel. 1-407-292-3424, www.greyhound.com.

Huurauto: Alle grote autoverhuurders zijn vertegenwoordigd op de luchthaven.

Ocala, Ocala National Forest en omgeving

Meteen ten noorden van de miljoenenmetropool en de amusementshoofdstad van de wereld strekken landelijke idylles en ongerepte natuurgebieden zich uit. Hier worden citrusvruchten verbouwd en rondom Ocala hebben tientallen paardenfokkerijen ideale omstandigheden gevonden voor het fokken van volbloeden en Arabieren.

Het bosgebied van het Ocala National Forest strekt zich uit over een gebied van 1330 km² tussen DeLand, Gainesville en Ocala. Honderden meren, vijvers en rivieren, die worden gevoed door deels reusachtige artesische bronnen uit het onderaardse waterreservoir van de Florida Aquifer, zorgen voor voldoende water in het subtropische bos.

Enkele bronmeren, zoals het brongebied van Silver Springs, hebben zich tot bezoekersattracties ontwikkeld, andere, zoals Juniper Springs, beloven verfrissend zwemgenot te midden van een weelderige natuur. De bronnen leveren het hele jaar door water met een aangename temperatuur van ongeveer 22°C.

Ocala, ooit de slaperige hoofdstad van een district met uitgestrekte citrusplantages aan de rand van het Ocala National Forest, heeft zich dankzij het fokken van paarden tot een welvarend, maar rustig gebleven stadje ontwikkeld.

Rond het begin van de 20e eeuw werd de oogst van de sinaasappelboomgaarden hiervandaan met raderstoomboten via de Silver en de romantische Oklawaha River naar de St. Johns River en vandaar naar Jacksonville getransporteerd.

De fokkerijen uit deze streek hebben al verschillende derbywinnaars voortgebracht. Kleine plaatsen als Mount Dora, DeLand of De León Springs, die worden omgeven door weideland, fruitplantages en wouden, contrasteren sterk met de *hustle and bussle* van Orlando. In Cassadaga zijn enkele tientallen spirituelen actief, die op verzoek uw toekomst voorspellen of contact zoeken met de zielen van dierbare overledenen.

Van Orlando naar Ocala

Kaart: rechts

Wekiwa Springs State Park
▶ 1, K 5

1800 Wekiva Circle, Apoka, tel. 1-407- 884-2009, www.floridastateparks.org/park/Wekiwa-Springs, dag. 8 uur tot zonsondergang, $ 6 per auto, voetgangers $ 2

Het **Wekiwa Springs State Park** 1 dat maar enkele kilometers ten noorden van Orlando ligt, is een populaire bestemming voor uitstapjes en zwemplezier. Er lopen wandelpaden door de natuur.

De kristalheldere Wekiwa River, die na zijn korte loop uitmondt in de St. John's River, kunt u per kano verkennen. De wijde omgeving kan goed worden bezichtigd op de fiets.

Van Orlando naar Ocala

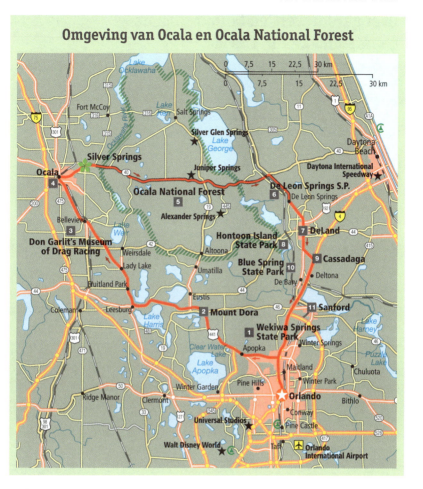

Omgeving van Ocala en Ocala National Forest

Mount Dora ▶ 1, K 5

De hoogste heuvel van **Mount Dora** 2, voor Floridaanse begrippen een hoge top, is bijna 56 m hoog. In enkele straten van het dorpscentrum lijkt de tijd al 120 jaar stil te zijn blijven staan. Met name Donnelly Street wordt omzoomd door rode bakstenen gebouwen met smeedijzeren balustrades.

Het **Donnelly House** tussen 5th en 6th Avenue, tegenwoordig de zetel van de lokale vrijmetselaarsloge, is een schoolvoorbeeld van de ooit populaire neogotische bouwstijl met omlopende veranda's. Mensen uit Orlando en Tampa bezoeken de idyllische kleine stad vanwege zijn originele winkels met kitsch en kunst en zijn antiquairs. Zo'n achthonderd antiekhandelaars presenteren tijdens evenementenweekends in het **Renniger's Twin Market** (20651 US 441) hun waren.

Info

Mount Dora Area Chamber of Commerce: 341 Alexander St., tel. 1-352-383-2165, www.mountdora.com.

Over harddravers en Derbywinnaars – paarden fokken in Florida

Restaurantnamen als Hunter's Place en Horse and Hounds doen vermoeden dat paarden een belangrijke rol spelen in deze streek. Inderdaad behoort Marion County met het 56.000 inwoners tellende plaatsje Ocala, dat zo'n 120 km ten noordwesten van Orlando ligt, tot de grote paardenfokgebieden van de Verenigde Staten. Alleen in Kentucky en Virginia worden meer paarden gefokt dan in Florida.

Dankzij het gedurende het hele jaar milde klimaat met een gemiddelde temperatuur van 21°C, het schone kalkrijke water en de vruchtbare weidegronden zijn de condities ideaal voor het fokken van paarden. Intussen komen zelfs steeds meer fokkers uit Kentucky en Virginia met hun dieren naar het winterverblijf van Marion County. De groene weiden zijn schilderachtig omheind met witte hekken; door statige poorten voeren smalle, bochtige privéwegen naar de stallen, de oefenrenbaan en de boerderijgebouwen. Merries en veulens liggen in de schaduw van eiken, jonge volbloedhengsten galopperen op uitgestrekte weiden. Het parkachtige landschap, dat wordt verfraaid door meren, vijvers, rivieren, groepen bomen en kleine bossen, straalt degelijkheid en welvaart uit.

Het fokken van paarden is in Florida nog een jonge industrie. In het midden van de jaren 50 telde de staat ongeveer tien fokkerijen. Dat aantal is intussen toegenomen tot meer dan zeshonderd, waarvan driekwart in Marion County is gevestigd. Er zijn in deze county ongeveer veertigduizend mensen werkzaam in de paardenfokindustrie; de fok van volbloeden alleen al levert jaarlijks een omzet van meer dan een miljard dollar op.

De volbloed Needles, die werd geboren in de lente van 1953, werd in 1955 en 1956 nationaal kampioen. Als driejarige zegevierde hij als eerste Floridaanse paard op Churchill Downs en won daarmee de belangrijkste drafwedstrijd van de Verenigde Staten, de Kentucky-Derby in Louisville. De overwinningen van Floridaanse paarden in topwedstrijden leverden een grote bijdrage aan de reputatie van de zuidelijkste staat als paardenfokgebied.

Volbloeden als Carry Back, die Needles als Derbywinnaar opvolgde, paarden als Preakness, Precisionist, Gate Dancer, Affirmed of Unbridled, die alle grote rennen wonnen en hun eigenaars 2 tot 3,5 miljoen dollar opleverden, zetten de traditie van de stoeterijen in Marion County voort. Silver Charm won in 1997 de Kentucky Derby en de Preakness Stakes, gevolgd door Real Quiet en andere paarden uit Marion County. Bij de 'Run for the Roses', de met een winnaarspremie van 2 miljoen dollar gedoteerde hoofdrace van de Kentucky Derby, gingen in mei 2015 negentien paarden van start die hun roots hebben in Marion County. Ook de overwinnaar en Triple Crown-winner American Pharoah werd grootgebracht in Citra, ten noorden van Ocala. Elk jaar in de lente komen bezoekers en deelnemers uit Noord-Amerika en zelfs Europa naar Ocala naar de vijf weken durende Horse Show in the Sun.

Naast volbloeden worden er sinds het midden van de jaren 60 ook Arabieren en andere paardenrassen in Florida gefokt, zoals Paso Fino of Morgan. De tegenwoordig meer dan tweehonderd stoeterijen bezitten verscheidene duizenden paarden. Een eigen fokkerijvereniging

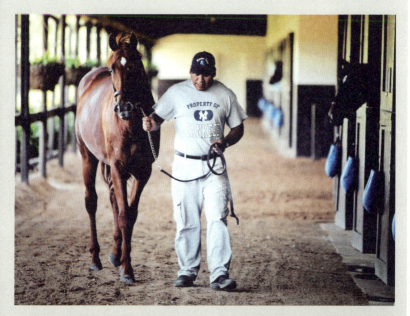

De stoeterijen van Ocala genieten net als hun renpaarden internationaal aanzien

organiseert in Ocala jaarlijks in maart door mensen uit de hele wereld bezochte verkoop- en prestatieshows. In november organiseert men de grote *Arabian Horse Show* in Tampa ter gelegenheid van het oogstfeest waar duizenden bezoekers op afkomen. Op de renbanen van Tampa Bay Downs of Pompano Park in het ca. 150 km verder zuidwaarts gelegen Tampa worden intussen regelmatig drafwedstrijden gereden met Arabieren die in Florida zijn gefokt.

De paardenfok heeft het ooit landelijke Marion County veranderd. Met de rijke eigenaars en kopers van paarden kwamen er elegante sportwagens, particuliere landingsbanen, modieuze boetieks, dure hotels, chique restaurants en intussen veertien golfbanen. Sinds 1987 bezit de stad zelfs een eigen kunsttempel van Italiaans marmer, het Appleton Museum of Art. In de omgeving kunnen liefhebbers van snelle sportwagens het automuseum van Don Garlit bezoeken. Dankzij het Winter Equestrian Festival in april, het Ocala Spring Break Fat Tire Festival voor motorrijders, de Sunshine Christmas Parade en verscheidene rodeo's lijkt het jaar een keten van feestdagen. De drastisch gestegen grondprijzen hebben tal van fokkerijen en stoeterijen inmiddels echter in financiële problemen gebracht.

Enkele stoeterijen kunnen na aanmelding vooraf worden bezichtigd. De kamer van koophandel van Ocala biedt meer informatie. Gepassioneerde ruiters kunnen in Marion County gebruikmaken van 160 km aan bewegwijzerde ruiterpaden die door bossen en prairies, en langs rivieren en meren lopen. Hoewel de belangrijke paardenrennen in Kentucky, New Jersey en New York worden gehouden, vinden op vijf renbanen in Tampa, Fort Lauderdale en Miami regelmatig races van volbloeden en Arabieren plaats en versterken zodoende het belang van Florida als paardenfokgebied.

Ocala, Ocala National Forest en omgeving

Overnachten

Ontbijtpension – **Heron Cay Lakeview Bed & Breakfast:** 495 W. Old Highway 441, tel. 1-352-383-4050, www.heroncay.com. Prachtig pension in queen-annestijl met zeven kamers, waarvan enkele met uitzicht op een meer; wie wijn wil drinken, mag deze zelf meebrengen, in de B&B worden alleen niet-alcoholische dranken geserveerd. Vanaf $ 115 incl. ontbijt.

Eten & drinken

Verse ingrediënten uit de streek – **The Goblin Market:** 330 Dora Drawdy Ln., tel. 1-352-735-0059, www.thegoblinmarketrestaurant.com, ma. gesl., zo. alleen lunch. Leuk bistro-restaurant in zijstraat met uitgelezen menukaart, waarop *Chesapeake Bay crab cakes* en gebakken *Florida grouper* staan. Hoofdgerecht 16–37.

Winkelen

Antiek – **Village Antique Mall:** Ecke Highland St./5th Ave., tel. 1-352-385-0257, www.villageantiquemall.com, dag. 10–18 uur. Circa tachtig winkels en marktkraampjes in een gebouw met goede airco bieden antiek en nostalgische spulletjes, variërend van decoratieve snuisterijen en borduurwerk tot meubels.

Museum of Drag Racing
▶ 1, J 4

13 700 S. W. 16th Ave./CR 475 A, bei Belleview, ten zuidoosten van Ocala, tel. 1-352-245-8661, www.garlits.com, dag. 9–17 uur, volwassenen $ 15, kinderen 5–12 jaar $ 6

Ongeveer 13 km voordat u op de I-441 bij Ocala arriveert, kunnen liefhebbers van dragster-racewagens hun hart ophalen. Deze gedisproportioneerde racewagens met hun reusachtige aandrijfwielen behalen op de slechts 400 m korte racebanen soms snelheden van meer dan 400 km/uur. *Big Daddy* Don Garlit, ooit een dragster-sterpiloot, exposeert in **Don Garlit's Museum of Drag Racing** 3 naast meer dan zeventig indrukwekkende exemplaren uit verschillende tijden ook enkele oldtimers.

Ocala
▶ 1, J 4

Kaart: blz. 341

Volbloeden en Arabieren galopperen over donkgroene weiden die door hekken zijn omgeven. Aan de oever van de meren en vijvers groeien sierlijke groepjes bomen. Kronkelende privéwegen leiden naar grote stoeterijen. Marion County en zijn bestuurlijke centrum **Ocala** 4 hebben zich binnen enkele decennia tot het centrum van de Floridase paardenfokkerij ontwikkeld.

Er liggen enkele honderden stoeterijen in de omgeving van Ocala. Florida behoort intussen samen met Kentucky en Virginia tot de belangrijkste paardenfokcentra in de Verenigde Staten. De overvloed aan fris, mineraalrijk water en vruchtbare weidegronden, en het warme klimaat met slechts enkele koude dagen per jaar vormen de ideale omstandigheden voor een bedrijfstak waarin zo'n veertigduizend mensen werkzaam zijn.

In recente jaren heeft Ocala zich tot een modieus stadje ontwikkeld, waar ook rijke paardenbezitters en -kopers uit het noorden zich thuisvoelen. Ocala is bovendien een aantrekkelijke bestemming voor reizigers die geen paardengek zijn. De moeite waard is onder meer de historische wijk *Brick City* met rode bakstenen gebouwen rond het gerestaureerde Ocala Square. De restaurants en boetiekjes, een theater, het plaatselijke symfonie-orkest en een museum maken Ocala ook voor reizigers zónder paardeninteresse een aantrekkelijke bestemming.

Appleton Museum of Art

4333 E. Silver Springs Blvd., tel. 1-352-291-4455, www.appletonmuseum.org, di.–za. 10–17, zo. 12–17 uur, $ 8, kinderen 10–18 jaar $ 4

De twee verdiepingen hoge, marmeren kunsttempel toont een interessante collectie Europese, Amerikaanse, West-Afrikaanse en islamitische kunst.

Florida Horse Park

11 008 S. Hwy 475, tel. 1-352-307-6699, www.flhorsepark.com, dag. 8.30–16 uur, toegang tijdens evenementen

Ocala National Forest

Het Florida Horse Park met verschillende arena's biedt het hele jaar door informatie, wedstrijden en andere evenementen op het gebied van paardensport.

Info

Ocala-Marion County Chamber of Commerce: 112 N. Magnolia Ave., FL 34475, tel. 1-352-438-2800, www.ocalamarion.com. Ook informatie over bezoekmogelijkheden van stoeterijen.
Ocala USA: www.ocalausa.com, particuliere website, veel informatie over paardenfokkerij en paardensport in Marion County.

Overnachten

Gastvrije B&B – **Seven Sisters Inn:** 828 S. E. Fort King St., tel. 1-352-433-0700, www.sevensistersinn.org. Romantische herberg, fantasievol ingericht, goed ontbijt. Vanaf $ 130.

Eten & drinken

Boterzachte steaks – **Arthur's:** in Hilton Ocala, 3600 S. W. 36th Ave., tel. 1-352-390-1515, 11–14, 16.30–22 uur. Regionale Amerikaanse keuken, heerlijke steaks en goede wijnkaart. Hoofdgerecht vanaf $ 19.

Agenda

Horse Show in the Sun: Voor dit vijf weken durende evenement, dat jaarlijks in de lente wordt gehouden, komen bezoekers en deelnemers uit Noord-Amerika en zelfs Europa naar Ocala, tel. 845-246-8833, www.hitsshows. com, tijdens de show: HITS Post Time Farm, 13710 US 27, tel. 1-352-620-2275.
Arabian Horse Show: Half maart in het South - eastern Livestock Pavilion, tel. 1-352-671-8600, www.ocalaarabian.org.
Florida High School Rodeo: eind februari en **Southeastern Pro Rodeo** eind maart. Beide evenementen in het Southeastern Livestock Pavilion, 2200 NE Jacksonville Rd., www.ocalarodeo.com.
Ocala Stage Race: Verschillende data. Wielrennen met criterium voor professionals in de stad zelf en amateurraces in de omgeving van Ocala, www. floridacycling.com.

Actief

Paardrijden – In het bezoekerscentrum van de Chamber of Commerce (zie blz. 338) ligt een lijst met te bezichtigen Horse Farms. Wie zelf door de bossen en velden wil rijden, kan op de Fiddler's Green Ranch ten zuidoosten van Ocala deelnemen bij de **Fiddler's Green Ranch** ten zuidoosten van Ocala deelnemen aan buitenritten (42725 W. Altoona Rd., Altoona, tel. 1-352-669-7111, www.fiddlersgreenranch.com).

Ocala National Forest ▶ 1, J/K 3/4

Kaart: blz. 341

In het 1330 km^2 grote, dichtbegroeide bosgebied van het **Ocala National Forest** 5 tussen Ocala, Gainesville en DeLand wisselen ondoordringbaar struikgewas, eiken, hulst en cipressen elkaar af. In het hogergelegen, noordwestelijke deel groeien dennen op zandgronden. Kenmerkend voor dit staatsbos is de enorme hoeveelheid water die er is te vinden. Het bos telt meer dan zeshonderd meren, rivieren en bronnen. In het gebied, dat sinds 1908 een natuurreservaat is, leven veel verschillende diersoorten: alligators, schildpadden, slangen, rood wild, otters, lynxen, reigers en ook zeldzame soorten zoals de Amerikaanse zwarte beer, de Amerikaanse zeearend en de floridapanter. Enkele tientallen resusapen, nakomelingen van ontsnapte dierentuindieren en de enige in de vrije natuur levende apenpopulatie in Noord-Amerika, leven in de bossen bij de Silver River, ten oosten van Silver Springs, en vormen een bron van ergernis voor de plaatselijke bevolking.

Bronnen

Het enorme bos van het Ocala Forest vormt een populair recreatiegebied voor de inwoners van de omringende steden tot en met het zuidelijke Orlando aan toe. Er zijn ongeveer dertig kleine campings voor tenten en campers. In de bronmeren van **Juniper Springs** (ten noorden van de SR 40), **Alexander Springs** (nabij de

Florida Aquifer – ondergrondse watertanks

Water is de belangrijkste grondstof en bodemschat van de staat Florida. Diep onder de aarde liggen reusachtige zoetwaterreservoirs. Op talrijke plaatsen komt het water door het oppervlak omhoog, honderden bronnen voeden de rivieren die na hun korte loop meestal uitmonden in de Golf van Mexico.

Aquifer is de geologische benaming voor een systeem van grotten in rotsen of sedimentair gesteente dat grote hoeveelheden grondwater kan opnemen. Deze watervoorraad wordt aangevuld door neerslag. Bij een artesische aquifer komt het water op verschillende plaatsen aan het oppervlak omhoog. De ondergrondse reservoirs worden vooral aangevuld door neerslag in hogere gebieden en staan bijgevolg onder druk.

Onder het aardoppervlak van Florida liggen verscheidene van deze grottten. De Florida Aquifer strekt zich uit onder twee derde van het oppervlak van de staat, ongeveer op een lijn van Fort Pierce–Punta Gorda naar het noorden. De kleinere Biscayne Aquifer ligt in het zuidoosten van het schiereiland en strekt zich uit van Palm Beach tot en met Shark River Island. Ook bezoekers kan de ondergrondse waterrijkdom van Florida niet ontgaan. Op veel plaatsen en door 320 bekende bronnen zoekt het water zich een weg naar het aardoppervlak. Honderden ervan voeden de vele rivieren die meestal na een korte loop in de Golf van Mexico stromen. Alleen de brede, trage St. John's River stroomt meer dan 400 km naar het noordoosten voordat hij bij Jacksonville uitmondt in de Atlantische Oceaan. Bij ruim twintig van deze artesische bronnen stroomt meer dan 2500 l water per seconde onder geweldige druk uit de diepte naar boven. Verspreid over het schiereiland liggen grofweg dertigduizend meren, vijvers, plassen en moerasgebieden. De meeste zijn geconcentreerd in het midden van Florida tussen het enorme Lake Okeechobee en de universiteitsstad Gainesville. Silver Springs, Juniper Springs, Salt Springs en Alexander Springs ten noorden van Orlando, in het gebied van het Ocala National Forest, vormen vier van de belangrijkste brongebieden. Silver Springs bij Ocala behoort met zeventien samenhangende bronnen, die ongeveer twee miljard liter water per dag uitstoten, tot de krachtigste brongebieden ter wereld – en dat al ongeveer tienduizend jaar lang.

Het mineraalrijke water met een in de loop van het hele jaar zeer constante temperatuur van 20 tot 22°C is zo helder dat zonlicht nog tot een diepte van 27 m voor goed zicht zorgt. Silver Springs werd door de opname in het National Register of Historic Places al in 1890 een toeristische attractie. In de jaren 30 werd ook het bronbekken van Juniper Springs tot een populaire zwemlocatie ontwikkeld. Een watermolen wordt aangedreven door 75 miljoen liter water per dag uit de bronnen van Juniper Springs en Fern Hammocks. Deze molen fungeert als startpunt van zowel een wandelroute als een 11 km lange kanoroute over de bronrivier door het subtropische bos. Ook in het brongebied van Alexander Springs, dat dagelijks door driehonderd miljoen liter water wordt gevoed, kunt u onder meer zwemmen, kanovaren en kamperen. Nabij de bron van Salt Springs, die dagelijks bijna tweehonderd miljoen liter zout water produceert, en Lake Kerr worden de als delicatesse gegeten *blue crabs* gekweekt, die verder alleen in het brakke water aan de kust van de Atlantische Oceaan gedijen.

De paardenfokgebieden bij Ocala en de uitgestrekte runderranches ten zuiden van Kissimmee profiteren van het mineraalrijke water uit de aquifers van Florida. Dat geldt ook voor de citrus-

Dankzij de talrijke meren is het Ocala National Forest een paradijs voor kanovaarders

vruchtenplantages en de groente- en suikerrietakkers ten noorden en ten zuiden van Lake Okeechobee. De niet-artesische Biscayne Aquifer voorziet miljoenen mensen in de agglomeratie van Miami en Fort Lauderdale van drinkwater en water voor industrieel gebruik.

Circa zestig miljoen jaar geleden werd het gehele oppervlak van het huidige Florida door een zee bedekt. Resten van micro-organismen, mosselen, zand en klei werden in lagen afgezet. Deze op sommige plaatsen tot 6000 m hoge kalksteenbergen begonnen vanaf ongeveer 20 miljoen jaar geleden langzaam uit de zee op te rijzen. De neerslag, die kooldioxide uit de atmosfeer opneemt en daardoor in zogenaamde zure regen verandert, heeft in de loop der tijd een labyrint van grotten, tunnels, spleten en spelonken gevormd. Sinds het einde van de laatste ijstijd, ongeveer twaalfduizend jaar geleden, toen de enorme gletsjers smolten en de zeespiegel met ongeveer 120 m steeg, ligt dit grottenstelsel voor het grootste deel onder de grondwaterspiegel en fungeert zodoende als een enorm zoetwaterreservoir.

De diepte van de vaak in ronde trechters gelegen brongrotten en -pannen varieert van enkele centimeters tot verscheidene honderden meters. Duikers hebben tot nog toe slechts een fractie van de kilometerslange labyrinten in het onderaardse bronnenstelsel kunnen verkennen. De vondst van beenderen en pijlpunten op verschillende locaties lijkt er evenwel op te wijzen dat de prehistorische bewoners van Florida al met het bestaan van de grotten bekend waren. Er zijn ook skeletten gevonden van dieren die op het Noord-Amerikaanse continent al heel lang zijn uitgestorven. Voorbeelden hiervan zijn het skelet van een mastodont, dat wordt tentoongesteld in een aan de geschiedenis van Florida gewijd museum in Tallahassee, en het skelet van een grondluiaard, dat kan worden bewonderd in het wetenschappelijk museum van Daytona Beach.

Overexploitatie van natuurlijke bronnen is bijzonder gevaarlijk. De chemicaliën op akkers waarop veel kunstmest is gestrooid, worden door de regen naar het grondwater afgevoerd en verontreinigen meetbaar de kwaliteit van het grondwater. Er wordt in het zuidoosten van Florida zoveel water uit de Biscayne Aquifer geput dat de druk merkbaar afneemt en het gevaar bestaat dat er zout water in de aquifer stroomt, waardoor hij onbruikbaar wordt. Hoewel er inmiddels maatregelen zijn genomen die de aanleg van zuiverings en recyclingsinstallaties bevorderen, zijn de dieperliggende problemen nog altijd niet opgelost. De openbare discussie over de manier waarop wordt omgesprongen met de kostbare natuurlijke rijkdom van Florida wordt nog altijd voortgezet.

Ocala, Ocala National Forest en omgeving

KANOTOCHT IN HET OCALA NATIONAL FOREST

Informatie
Start & kanoverhuur: Ocklawaha Canoe Outpost, 15260 N. E. 152nd Place, Fort McCoy, FL 32134, tel. 1-352-236-4606, www.outpostresort.com. Het bedrijf verhuurt kano's en kajaks, biedt tochten met overnachting aan, organiseert vervoer als u daar vooraf om vraagt en verhuurt in het Outpost Camp rustieke onderkomens.
Lengte: 13 km (ook langere tochten mogelijk)
Duur: 2–3 uur op het water
Kosten: Kanoverhuur voor een halve dag inclusief transfer, parkeren, zwemvesten en rivierkaarten ca. $ 60.

De Ocklawaha River aan de westrand van het Ocala National Forest is een fascinerende rivier. Hij ontspringt in het centrum van Florida, waar hij door verscheidene meren wordt gevoed, stroomt dan noordwaarts en mondt ten zuiden van Palatka uit in de St. John's River, die bij Jacksonville de Atlantische Oceaan bereikt. Lange tijd werden over deze rivier gevelde boomstammen en sinaasappeloogsten naar de kust vervoerd. Later maakten trajecten ervan deel uit van plannen voor de aanleg van een kanaal door Florida, maar dit project werd in 1971 afgeblazen na grootschalige protesten van milieuactivisten. Grote stukken van de Ocklawaha hebben hun natuurlijke schoonheid weten te behouden: op de oevers staat nauwelijks enige bebouwing en de toeristische infrastructuur beperkt zich tot aanlegsteigers voor boten. Afgezien van een enkele wandelaar zijn kanovaarders dan ook de enige mensen die men in deze welhaast ongerepte wildernis aantreft. Dagtochten beginnen allemaal bij de **Outpost** in **Fort McCoy**, vanwaar men door de kanoverhuurder samen met de uitrusting in een bestelwagen naar een instapplaats wordt gebracht. Een populaire stek is **Gore's Landing**, die men na een ongeveer 13 km lange rit over oude boswegen bereikt. Na een korte instructie worden de kano's te water gelaten en kan de tocht beginnen. De tocht verloopt stroomafwaarts, zodat u door de stroming wordt geholpen. De rivier meandert daarvandaan rustig met een snelheid van 6 km per uur – zo hebt u genoeg tijd om de omgeving in alle rust op in te laten inwerken. De tocht door het weelderige groen duurt twee tot drie uur. De zandbedding van de rivier is door het heldere water meestal goed zichtbaar; soms kan het water door tanninehoudende zijrivieren uit moerasgebieden bruin kleuren. De vochtige oevers worden omzoomd door tupelo- en rubberbomen, rode esdoorns en moerascypressen, op lichte verhogingen groeien eiken, magnolia's of beuken. In de bomen en in de oevervegetatie leven talrijke vogels. Wasberen glippen door het struweel, soms ziet u witstaartherten lopen. Langs de oever waden reigers en ibissen door het rustige water.

Wie iets langer onderweg wil zijn, kan een omweg door de Dead River en de Cedar Creek inplannen. De tocht zal daardoor ongeveer een uur langer duren. Na terugkeer bij het vertrekpunt trekken behulpzame assistenten de kano's het land op en bekommeren zich over de verdere afhandeling. Wie wil overnachten, kan bij de outpost goed geoutilleerde, rustieke houten hutten huren. Deze bieden plaats aan maximaal vijf personen en kosten ongeveer $ 335 per nacht.

CR 445) en **Salt Springs** (Rte. 19 N., aftakking van de SR 40) nodigt helder water uit tot een verfrissend bad. In de bijbehorende Recreation Areas kunt u een kano huren. In Juniper Springs verkoopt een kleine winkel levensmiddelen en brandhout (toegang tot diverse bronnen telkens $ 5–5,50 per persoon, kampeerterrein vanaf $ 21 per tent, tel. 1-352-625-3147, www.juniper-springs.com).

Ocala Hiking Trail

Het Ocala National Forest is weliswaar vooral beroemd als kanogebied (zie Actief blz. 342), maar ook wandelaars kunnen hier aan hun trekken komen. Het gebied wordt over zijn gehele lengte doorkruist door de Ocala Hiking Trail , die deel uitmaakt en het hart vormt van de Florida Scenic Trails. Het ongeveer 100 km lange wandelpad verbindt **Lake Ocklawaha** in het noorden met **Clearwater Lake** in het zuiden; tussenstations met toeristische infrastructuur zijn **Juniper Springs, Alexander Springs** en **Clearwater Lake Recreation Area**. Het traject tussen Clearwater Lake en Alexander Springs vormt het oudste deel van dit pad en werd al in 1966 aangelegd (lengte 17,3 km). Andere trajecten, die alle gedurende dagtochten kunnen worden bewandeld, zijn Alexander Springs – Farles Lake (13,5 km), Farles Lake – Juniper Springs (13,7 km), Juniper Springs – Hopkins Prairie (17,7 km), Hopkins Prairie – Salt Springs (14,5 km), Salt Springs – The 88 Store (16,3 km), The 88 Store – Lake Delancey (11,9 km), Lake Delancy – Rodman (12,2 km) en Rodman – Buckman Lock (8,5 km). Om de circa 20 km liggen eenvoudige kampeerplaatsen, maar als er geen staplaatsen voor tenten beschikbaar zijn, mag u buiten het jachtseizoen op een afstand van 200 voet (ca. 60 m) van het pad overal een tent opzetten.

Paisley Woods Bicycle Trail

De Ocala Hiking Trail is met de kleur oranje gemarkeerd, en de Paisley Woods Bicycle Trail met de kleur geel. Het ongeveer 35 km lange mountainbikepad verbindt **Clearwater Lake** met **Alexander Springs**. Omdat de lussen van het pad in een achtvorm zijn aangelegd, kunt u de route naar believen tot de helft inkorten.

Ocala, Ocala National Forest en omgeving

Silver Springs ▶ 1, J 4

5656 E. Silver Springs Blvd., ca. 3 km ten oosten van Ocala aan de SR 40, tel. 1-352-236-7148, www.silversprings.com, dag. 10–17 uur, soms korter, $ 8 per auto, voetgangers $ 2, tochten met glasbodemboot $ 11, kinderen $ 10, kanohuur $ 14 per uur, trail rides met paarden $ 45 per uur, parkeren $ 8

Ongeveer 11 km ten oosten van Ocala stroomt al vele duizenden jaren dagelijks een enorme hoeveelheid van 2 miljard liter zoet water met een constante temperatuur van 22°C uit artesische bronnen naar het oppervlak. Al meer dan honderd jaar vormt Silver Springs een populaire bestemming voor toeristen uit het Noorden. Hier vond men de glasbodemboten uit die worden gebruikt om jaarlijks bijna twee miljoen bezoekers over het kristalheldere water te varen, zodat ze zich kunnen vergapen aan de rijkdom aan planten en vissen in het brongebied, en de talrijke achtergelaten rekwisieten uit diverse Tarzan- en James-Bondfilms kunnen bewonderen.

Met een junglecruisetocht, een jeepsafari, een kinderboerderij, het ernaast gelegen wildwaterpark **Silver Springs Wild Waters** en alle overige attracties draait de exploitatie van de winstgevende bron op volle toeren.

De Leon Springs ▶ 1, K 4

601 Ponce de León Blvd., De Leon Springs, tel. 1-386-985-4212, www.floridastateparks.org/park/De-Leon-Springs, dag. 8 uur tot zonsondergang, $ 6 per auto, voetgangers $ 2

De naam van de bron **De Leon Springs** 6 ca. 11 km ten noordwesten van DeLand herinnert aan de veroveraar Ponce de León. Honderd jaar geleden werd deze bron aan wintergasten uit het Noorden gepresenteerd als de bron van de eeuwige jeugd waar de Spaanse edelman tevergeefs naar op zoek was geweest. Tegenwoordig worden de bronmeren en het 73 km² grote natuurreservaat van het **Lake Woodruff National Wildlife Refuge** vooral bezocht door natuurliefhebbers, duikers en kanovaarders.

Van DeLand naar Sanford

Kaart: blz. 341

DeLand ▶ 1, K 4

Het **Gillespie Museum of Minerals** op de campus van de gerenommeerde, naar de hoedenfabrikant genoemde Stetson-universiteit van **DeLand** 7 is een bezoek zeker waard. Tot de meer dan twintigduizend objecten behoren verschillende meteorieten en een topaas van 60 kg (421 N. Woodland Blvd., tel. 1-386-822-7330, www.stetson.edu/other/gillespie-museum, di.–vr. 10–16 uur, toegang gratis of vrijwillige bijdrage).

Hontoon Island State Park ▶ 1, K 4

2309 River Ridge Rd., DeLand, tel. 1-386-736-5309, www.floridastateparks.org/park/Hontoon-Island, dag. van 8 uur tot zonsondergang, gratis entree

Het **Hontoon Island State Park** 8 ten zuidwesten van DeLand kan alleen met een boot worden bereikt. Een veerpont zet dagjesmensen gratis over de St. John's River. Aan het einde van een bijna 2 km lang wandelpad ligt een 70 m lange en 10 m hoge heuvel van mosselschelpen en slakkenhuizen, die ca. drieduizend jaar geleden door indianen werd opgeworpen als het centrum van een nederzetting. Enkele blokhutten en een kampeerterrein zijn in gebruik bij natuurliefhebbers en sportvissers.

Info

West Volusia Visitor Center: 116 W. New York Ave., DeLand, tel. 1-386-734-0162, www.visitwestvolusia.com.

Overnachten

Verzorgd motel – **Comfort Inn:** 400 E. Intl Speedway Blvd., DeLand, tel. 1-386-736-3100, www.comfortinn.com. Nette kamers niet ver van de universiteit. Zwembad, jacuzzi. 68 kamers, vanaf $ 75 incl. ontbijt.

Van DeLand naar Sanford

Eten & drinken

All day breakfast – **Gram's Kitchen:** 915 N. Spring Garden Ave./Oak Brook Plaza, tel. 1-386-736-9460, dag. 6-16 uur. Ontbijt tot in de namiddag, daarnaast talrijke lunchgerechten als sandwiches en salades en lekkere desserts. Ontbijtmenu vanaf $ 4.

Cassadaga ▶ 1, K 4

Wie meer wil weten over zijn toekomst of contact wil leggen met een overledene, kan een kleine omweg maken naar **Cassadaga 9** . Daar hebben zich enkele personen gevestigd die – uiteraard tegen betaling – hun diensten aanbieden als medium bij spiritistische bijeenkomsten. Voorts kunnen ze op basis van de lijnen op uw hand uw toekomst voorspellen. Al in 1894 werd hier voor het eerst een *camp* van spiritisten ingericht. De opkomst van het esoterische denken in het kielzog van de new-agebeweging in de afgelopen decennia is ook aan het plaatsje Cassadaga niet voorbijgegaan. De helft van de inwoners biedt aan om kaarten te leggen, met de zielen van overleden of engelen te communiceren of helpt u eenvoudigweg om uw ziel een te laten worden met de natuur.

Info

Cassadaga Spiritualist Camp: 1325 Stevens St., Cassadaga, FL 32706, tel. 1-386-228-3171, www.cassadaga.org.

Blue Spring State Park
▶ 1, K 4

2100 W. French Ave., ca. 3 km ten oosten van de kruising van de US 17 en US 92, tel. 1-386-775-3663, www.floridastateparks.org/park/Blue-Spring, dag. 8 uur tot zonsondergang, $ 6 per auto, voetgangers $ 2

De blauwe bronnen van het **Blue Spring State Park 10** spuiten in een subtropisch boslandschap nabij de St. John's River en de kleine plaats Orange City. Van november tot maart leven er veel zeekoeien in het heldere, constant warme water van het brongebied. Ze zitten daar omdat het water van de St. John's River dan te koud is. Een platform biedt goed uitzicht op de vriendelijke zoogdieren. In het park, dat populair is bij duikers, kanovaarders en zwemmers, lopen talrijke wegen door bossen en naar de St. John's River.

De restanten van een aanlegsteiger zijn afkomstig uit het drukke verleden, toen de sinaasappeloogst van Midden-Florida werd ingeladen in raderstoomboten, om er via de rivier naar het noorden te worden verscheept. Heuvels van mosselschelpen en slakkenhuizen geven een beeld van het dieet van de Timucuan, die hier eeuwen voor de komst van de blanke kolonisten leefden.

Sanford ▶ 1, K 5

Sanford 11 ligt aan de zuidoever van Lake Monroe en aan de bovenloop van de St. John's River, die vanaf zijn monding bij Jacksonville tot hier bevaarbaar is. Honderd jaar geleden voeren raderstoomboten over de brede rivier om passagiers en vracht tot Midden-Florida te vervoeren. Tegenwoordig kunt u het meer en de rivier met een boottocht vanuit Sanford verkennen. Bij het daar gelegen Amtrakstation stop de autotrein uit het verre Virginia, die vooral in de wintermaanden een constante stroom toeristen uit het noordoosten van de Verenigde Staten aanvoert.

In de richting van Orlando stuit u aan de US 17/92 op **'Flea World'**, de grootste vlooienmarkt van de VS met zeventienhonderd kraampjes (US 17/92, tussen Orlando en Sanford, tel. 1-407-330-1792, www.fleaworld.com, vr.–zo. 9–18 uur).

Eten & drinken

Duitse gezelligheid – **Hollerbach's Willow Tree Cafe:** 205 E. First St., tel. 1-407-321-2204, www.willowtreecafe.com, zo.–do. 11–21, vr., za. 11–22 uur. Schnitzels, hete bliksem, kaas en worst, apfelstrudel en meer dan vijftig Duitse bieren en wijnen – alsof je bij onze oosterburen op bezoek bent. Gerechten $ 8–24.

Space Coast

Op de langgerekte deining van de Atlantische Oceaan komen surfers aan hun trekken. De stranden zijn breed en op een deel ervan is autorijden toegestaan. Tussen de badplaatsen Cocoa Beach in het zuiden en Daytona Beach in het noorden strekt zich een enorm natuurgebied uit. Het omsluit het raketlanceerterrein van Cape Canaveral, waar tot 2011 onder andere de spaceshuttlevluchten van start gingen.

Space Coast wordt dat deel van de Atlantische kust met ca. 100 km aan stranden genoemd dat Merritt Island en de lanceerbases van Cape Canaveral omringt. Wie geen gebruik maakt van de tolweg Beeline Expressway van Orlando naar de Atlantische kust, heeft wel de kans om even bij de kerstman langs te gaan. Op het postkantoor van het duizend zielen tellende plaatsje Christmas heerst in december altijd topdrukte, omdat duizenden Amerikanen er kerstkaarten en cadeaupakketten met het poststempel van Christmas versturen. In elk geval bereikt u vanhier in een mum van tijd het ca. 65 km van Orlando en voor het vasteland gelegen Merritt Island en het schiereiland Canaveral.

Sinds 1940 gebruikt de Amerikaanse luchtrnacht het uitgestrekte terrein op de landtong van Cape Canaveral om nieuwe wapentechnologie te testen. In 1950 stegen daar raketten op die ontwikkeld waren op basis van constructietekeningen van de Duitse V2. Maar pas nadat de Sovjet-Unie op 4 oktober 1957 met de Spoetnik een satelliet in een baan rond de aarde had gebracht, gaven de door de technologische voorsprong van de Russen gechoqueerde Amerikanen het startsein voor een eigen ruimteprogramma. Op 31 januari 1958 lanceerde de VS van het terrein van het Cape Canaveral Air Force Station de satelliet Explorer. Enkele maanden later werd de ruimte-organisatie NASA opgericht. Toch verloren de Amerikanen opnieuw de strijd om de eerste plaats toen de Rus Joeri Gagarin op 12 april 1961 opsteeg om de eerste bemande ruimtevlucht te maken, 23 dagen eerder dan Alan Shephard, de eerste Amerikaan die vanuit Florida in een Mercury-capsule de aardatmosfeer achter zich liet.

Daarop presenteerde president John F. Kennedy het plan om binnen tien jaar de Russische ruimtevaart in te halen en een Amerikaan op de maan te laten landen. Met een budget van 80 miljard dollar en met wel 26.000 in Midden-Florida gestationeerde personeelsleden werd het Apolloprogramma ontwikkeld. Inderdaad zette op 20 juli 1969 de van Cape Canaveral vertrokken Amerikaan Neil Armstrong als eerste mens voet op de maan. Het later naar de vermoorde president Kennedy Space Center genoemde lanceerterrein is opengesteld voor bezoekers, die bij excursies naar de lanceerinstallaties en in het reusachtige informatiecentrum inkijkjes krijgen in het ruimtevaartprogramma.

Cape Canaveral ▶ 1, L 5
✪ Kennedy Space Center

NASA-Pkwy/SR 405, tel. 1-866-737-5235, www.kennedyspacecenter.com, dag. 9–18 uur, rondleiding per bus dag. 10–14.30 uur, entree incl. rondleiding, IMAX-films, alle tentoonstellingen en shows en de Astronaut Hall of Fame volwassenen $ 50, kinderen 3–11 jaar $ 40

Cape Canaveral

Shuttlelanceringen waren tot 2011 de topattractie op Cape Canaveral

Van het Kennedy Space Center vertrokken de eerste Amerikaanse raketten met satellieten voor een baan om de aarde, ook de eerste astronaut van de Verenigde Staten werd vanaf Cape Canaveral de ruimte ingeschoten. De uitgestrekte gebouwencomplexen op het lanceerterrein kunnen middels bustochten verkend worden, het bezoekerscentrum van het Kennedy Space Center lijkt door zijn vele attracties inmiddels zelf een themapark.

Zo'n drie miljoen kijklustigen per jaar bezoeken het **informatiecentrum** van het Kennedy Space Center op Merritt Island, dat tegenwoordig commercieel wordt uitgebaat en tot een regelrechte attractie is uitgegroeid. Met bustochten bereikt u ook grote delen van het (civiele) ruimtevaartterrein, zoals het gigantische **Vehicle Assembly Building**, waar de spaceshuttlemissies werden voorbereid. Met de ontwikkeling van de spaceshuttle eind jaren 70 leek de NASA een antwoord gevonden te hebben op de krapper wordende publieke middelen. Met dertig tot veertig lanceringen per jaar zou het ruimtevaartprogramma winstgevend worden en het lanceerterrein tot ruimtestation worden uitgebouwd.

In 1985 gingen een half jaar na elkaar twee in Nederland geboren astronauten vanaf Cape Canaveral de ruimte in: op 29 april de tot Amerikaan genaturaliseerde Lodewijk van de Berg, en op 30 oktober Wubbo Ockels met het ruimteveer Challenger.

Twee ongelukken met de spaceshuttle waarbij veertien astronauten omkwamen – in 1986 explodeerde de Challenger tijdens de start en in 2003 verkoolde de Columbia bij zijn intrede in de atmosfeer – hebben het ruimtevaartprogramma van de VS en de bouw van het internationale ruimtestation echter vertraagd. Een nieuw, Orion genoemd transportsysteem voor vluchten rond de aarde en verder zou in 2019 klaar moeten zijn. Een reusachtige hal, waar vroeger Apolloraketten werden gebouwd, is voor dit project beschikbaar. Of het ooit gerealiseerd wordt, hangt van veel factoren af, waaronder de financiële situatie van de Verenigde Staten.

Omdat het spaceshuttleprogramma in 2011 is opgeheven, is het internationale ruimtestation ISS, waar de derde Nederlandse ruimtevaarder, André Kuipers in 2011 vijf maanden verbleef, ook de komende jaren nog op Russische pendelvluchten aangewezen. Vanaf Cape Canaveral worden voorlopig alleen onbemande civiele en militaire ruimtevaartuigen gelanceerd.

Space Coast

Tentoonstellingen en films

Twee enorme **IMAX-bioscopen** met schermen over vijf verdiepingen vertonen adembenemende films over de spaceshuttlemissies en de aarde. Beelden van de ruimtetelescoop Hubble en andere films worden ook in 3D vertoond. Tentoonstellingen over de geschiedenis van de internationale ruimtevaart laten zien hoe het was toen astronauten nog in kleine capsules rond de aarde cirkelden, andere illustreren de technologische invloed van de ruimtewetenschap op het dagelijks leven.

In het gereconstrueerde controlecentrum van de Apollovluchten werd de lancering van een Saturnus V-raket begeleid. Naast de ontzagwekkende, 111 m lange **maanraket** die vlakbij op een metaalconstructie ligt, voelt de mens zich piepklein en onbeduidend. In een **'rakettenpark'** in de openlucht staan verschillende generaties draagraketten bijeen.

EERSTERANGS PLAATSEN BIJ RAKETLANCERINGEN

Ook wie niet als eregast op de tribune zit, kan gemakkelijk vanaf verschillende punten raketlanceringen bekijken. Goede plaatsen zijn **Jetty Park** in Port Canaveral, de **SR A1A in Cocoa Beach** en de **US 1 parallel aan de Indian River bij Titusville**. Wie bij het Visitor Center van het KSC een Launch Transportation Ticket heeft bemachtigd, kan een shuttlebus nemen naar een observatiepost aan de NASA Causeway. Informatie over raketlanceringen geeft het Visitor Center, tel. 1-321-449-4444, www.kennedyspacecenter.com.

Astronauts' Memorial en Shuttle Launch Experience

Een Astronauts' Memorial houdt de herinnering levend aan de astronauten die bij de uitvoering van het ruimtevaartprogramma om het leven kwamen. De Shuttle Launch Experience geeft bezoekers met behulp van de nieuwste technieken een indruk van de overweldigende krachten die bij de lancering van een ruimteveer komen kijken. In een speciaal hiervoor opgetrokken gebouw krijgen bezoekers eerst een briefing, waarna zij in een kopie van een spaceshuttle plaatsnemen en (virtueel) de ruimte in worden geschoten. In de aula komen regelmatig astronauten informatie geven over hun belevenissen in het heelal.

US Astronaut Hall of Fame

6225 Vectorspace Blvd., kruising US 1/SR 405, tel. 1-321-449-4444, dag. 12–17 uur, volwassenen $ 27, kinderen 3–11 jaar $ 23

Wie nog meer wil weten over de technologie van de ruimtevaart en over de astronauten die aan boord van de ruimteveren de kosmos verkennen, mag de US Astronaut Hall of Fame aan de kant van het vasteland beslist niet missen. Behalve persoonlijke souvenirs van verdienstelijke ruimtevaarders kunt u hier zeldzame video- en geluidsopnamen horen en zien, de commandobrug van een spaceshuttle betreden of met simulatie-apparatuur een wandeling op de maan maken bij zes tiende van de zwaartekracht op aarde. In een hier ingerichte tentoonstelling worden daarnaast de effecten van de ruimtevaart op de technologische vooruitgang uitgelegd.

Merritt Island National Wildlife Refuge ▶ 1, L 5

Slechts 10% van het terrein van de NASA en de luchtmacht op Cape Canaveral en Merritt Island is in gebruik voor ruimtevaarttechnologie, straten en gebouwen. Het resterende deel is in zijn natuurlijke toestand gelaten. In noordelijke richting sluiten twee grote

Canaveral National Seashore

natuurreservaten aan elkaar aan. De dieren ondervinden meer nadeel van de normale bedrijvigheid op de stranden bij de badplaatsen dan van de incidentele raketlanceringen. Zo leiden blauwe en zilverreigers, meeuwen en sterns, alligators, gordeldieren, lamantijnen en schildpadden een tamelijk ongestoord leven. Slechts een enkeling dwaalt door het weidse landschap van kwelders en moerassen, dennen- en eikenbosjes.

Het Merritt Island National Wildlife Refuge, een natuurreservaat van bijna 570 km^2, biedt leefruimte aan vijfhonderd diersoorten, waarvan zestien bedreigde. In de wintermaanden van oktober tot maart foerageren hier tienduizenden trekvogels. Er zijn verschillende uitgestippelde wandelroutes en een onverharde rijweg, de **Black Point Wildlife Drive** van Titusville naar Edgewater, die gelegenheid bieden om dit natuurbeschermingsgebied te verkennen (zie Actief blz. 356).

Info
Merritt Island National Wildlife Refuge: Visitor Information Center, SR 402, ca. 8 km ten oosten van de US 1 in Titusville, tel. 1-321-861-0667, www.fws.gov/merrittisland, geopend van zonsopgang tot zonsondergang, $ 5 per auto, voetgangers $ 1.

Canaveral National Seashore ▶ 1, L 4/5

De vaak maar enkele honderden meters brede landtong van de aansluitende Canaveral National Seashore is bereikbaar vanuit het zuiden of van het noordelijke New Smyrna Beach, een doorgaande weg langs de kust is er niet. In de wirwar van eilandjes, beken en zoutmoerasland, die zich over een oppervlakte van 230 km^2 uitstrekt, voelen krabben, vissen, steltlopers, waadvogels en insecten zich thuis. Het binnenwater tussen het sikkelvormige barrière-eiland en het vasteland wordt niet zonder reden Mosquito Lagoon genoemd. Het reservaat kan langs diverse korte wandelroutes worden verkend (zie Actief blz. 356). Interessant zijn ook kanotochten op de lagune, waarbij u met een beetje geluk lamantijnen en zeeschildpadden kunt spotten.

De stranden
Van de drie stranden van de National Seashore zijn **Playalinda Beach** vanuit het zuiden en **Apollo Beach** vanuit het noorden per auto bereikbaar. Naar **Klondike Beach** kunt u alleen over het strand wandelen. Tot grote vreugde van verzamelaars spoelt de branding hier stukken coquina, zanddollars en allerlei schelpen op de stranden.

Apollo Beach is populair bij gezinnen, omdat de branding hier naar verhouding kalm is. Aan het noordelijke einde van het ca. 8 km lange Klondike Beach verzamelen zich op een verlaten naaktstrand – een tamelijk uitzonderlijk verschijnsel in de VS – liefhebbers van nudisme, wat in het verleden telkens weer puriteinse zedenmeesters op de barricaden joeg. Aan het zuideinde van Playalinda Beach zijn de omstandigheden ideaal om te surfen.

Borden geven informatie over de leefomstandigheden van de lang geleden uitgestorven Surreque- en Timucua-indianen uit de tijd tussen 600 en 1200 n.Chr. De rond 10 m hoge overblijfselen van de schelpenheuvels van **Turtle Mound** en **Castle Windy Midden** bij Apollo Beach houden de herinnering aan hen levend.

Info
Apollo Visitor Center: 7611 S. Atlantic Ave., in het noorden van de Canaveral National Seashore, tel. 1-386-428-3384 ext. 10, www.nps.gov/cana, dag. 9–17 uur.

Actief
Zwemmen – Op de ongerepte stranden van **Playalinda** en **Apollo Beach** zijn van mei tot september lifeguards gestationeerd. Picknickplekken of kiosken met water en snacks ontbreken echter.

Paardrijden – Paardrijden is alleen toegestaan op **Apollo Beach**, maar niet tussen half april en oktober, als de schildpadden hun eieren ingraven, reserveren bij **parkrangers**, tel. 1-386-428-3384, max. zes paarden tegelijk.

Space Coast

WANDELEN IN HET MERRITT ISLAND NATIONAL WILDLIFE REFUGE

Informatie

Start: Black Point Wildlife Drive bzw. SR 406
Lengte en Duur: Cruickshank Trail 8 km/ 2–3 uur, Oak Hammock Trail 1,6 km/30 min., Palm Hammock Trail 3,2 km/1 uur, Scrub Ridge Trail 1,6 km/30 min.
Informatie en tochten met gids: Merritt Island Wildlife Refuge, P. O. Box 6504, Titusville, tel. 1-407-861-0667, www.fws.gov/merritt island. Toegang voor bezoekers 6 km ten oosten van Titusville aan de SR 402, di.–za. 10–16.30 uur.
Belangrijk: De beste periode voor wandelingen is van november tot maart. In elk geval anti-insectenspray, zonnebrandcrème en een verrekijker meenemen.

Een 40 km lang, ongerept strand met wit kwartszand, geen hotels te bekennen, geen fastfoodrestaurants, niet eens motorboten of een pier om te vissen – en dat is Florida? Het grootste deel van het met zand bedekte Cape Canaveral, de ervoor gelegen barrière-eilanden in het noorden en het naburige Merritt Island zijn sinds 1976 beschermd natuurgebied. Op het ten zuiden van de National Seashore gelegen terrein van de Amerikaanse luchtmacht en de NASA wordt de rust slechts zo nu en dan verstoord door de lancering van raketten.

De tot 4 m hoge, met helm begroeide duinen tussen de zandstranden aan de Atlantische Oceaan en de wetlands van de Mosquito Lagoon mogen alleen over houten steigers worden doorkruist. Vanaf twee rondwegen op Merritt Island, de Black Point Wildlife Drive en de Max Hoeck Creek Wildlife Drive, waar u met de auto kunt rijden, kan het natuurgebied ook te voet worden verkend. Over de bewegwijzerde wandelpaden door dennenhagen en hardhoutbosjes zien wandelaars veel dieren. Grijze boomeekhoorns turnen tussen de takken van de

Canaveral National Seashore

dennenbomen, in de palmstruiken scharrelt een gordeldier, enkele van de 4000 alligators liggen schijnbaar slapend half in het water, maar nemen met hun geelbruine ogen toch alles heel scherp waar. De driekleurige Louisiana-reiger scharrelt op zoek naar vissen door de ondiepe, met mangroven begroeide baai; op een dode tak is een Amerikaanse slangenhalsvogel neergestreken en laat zijn uitgespreide vleugels in de warme zon drogen. In het rietgras zijn diverse steltlopers, de sneeuwwitte zilverreiger, de grote blauwe reiger, ibissen en enkele ooievaars herkenbaar. Wie de zeldzame rode lepelaar, zwarte schaarbek of een Amerikaanse zeearend wil zien, moet geduld en een verrekijker bij zich hebben.

In de wintermaanden overwinteren tienduizenden eenden, ganzen en andere watervogels uit het noorden van de VS en uit Canada in deze wetlands. In het kalme, warme water van de Mosquito Lagoon zijn de in hun soort bedreigde lamantijnen veilig voor de gevaarlijke scheepsschroeven van motorboten. De rangers van het nationale park en van het Merritt Island Wildlife Refuge waken over de veiligheid van de badgasten, geven lezingen over de dieren en de planten in de natuurgebieden, organiseren kanotochten door het eilanden- en lagunelandschap en maken de bezoeker attent op de verscholen getuigenissen van menselijke beschaving. Van mei tot september houden zij de kusten extra goed in de gaten, want dan mogen paarden en ruiters zich niet op de stranden vertonen. In deze maanden komen tientallen zeeschildpadden aan land om hun eieren in het warme zand te leggen en ze te laten uitbroeden. Twee maanden later is het dan zover: de schalen worden van binnenuit opengebroken, piepkleine schildpadden kruipen omhoog uit het zand en scharrelen zonder dralen met drukke, onbeholpen bewegingen over het strand rechtstreeks naar de zee.

De **Black Point Wildlife Drive** begint bij een splitsing vanaf de SR 406 en is dankzij een groot bord langs de weg niet over het hoofd te zien. Wie niet kan of wil wandelen, mag het bijna 10 km lange traject ook stapvoets rijden, maar de echte betovering van het landschap en de vogelwereld ervaart alleen de wandelaar. Informatief is een brochure met uitleg over de flora en fauna van het gebied, die in het bezoekerscentrum van het natuurreservaat verkrijgbaar is. De beste tijd voor een wandeling is de vroege ochtend, wanneer de vogels actief zijn, maar nog weinig mensen op pad zijn. Vaak zijn in de afwateringsgreppels niet ver van de weg alligators te zien. Deze dieren komen alleen in beweging als ze zich aangevallen voelen en de rest van de tijd proberen ze zich zoveel mogelijk in de zon te koesteren.

De **Cruickshank Trail** is naar de bekende natuurfotograaf genoemd, die een doorslaggevend aandeel in de oprichting van het reservaat heeft gehad. Het pad begint bij de gemarkeerde Stop 8 van de Black Point Wildlife Drive en loopt over een dijk rondom een moerasgebied met uitstekende mogelijkheden om watervogels te spotten. Een uitkijktoren biedt daarnaast weidse vergezichten over het moerasgebied.

De **Oak Hammock Trail** is een gemakkelijke wandeling. Hij begint op een bewegwijzerd parkeerterrein aan de SR 402 nauwelijks 2 km ten oosten van het Merritt Island Visitor Center. Op het plankenpad krijgt u geen natte voeten. U wandelt door subtropisch bos en dichte varens, waarvan de namen en het verspreidingsgebied op bordjes staan toegelicht.

Waterdichte of oude schoenen zijn aan te bevelen op de **Palm Hammock Trail**, die op hetzelfde parkeerterrein begint als de Oak Hammock Trail en naar merendeels drassig terrein door palmbossen en met gras begroeide wetlands leidt.

Iets verder noordelijk in het park aan de SR 406 begint de **Scrub Trail**. De bewegwijzerde toegang bereikt u via een onverharde landweg. De trail voert door een gebied met lage begroeiing, waar de struikgaai, *Florida Scrub Jay* zijn habitat heeft, een vogelsoort die uitsluitend hier voorkomt. Amateurornithologen uit het hele land komen hiernaartoe om het zeldzame dier te bewonderen, dat herkenbaar is aan de stralend blauwe kleur op de kop, vleugels en staart.

Space Coast

Kanoën en kajakken – Varen met een eigen kano, kajak of motorboot is toegestaan. Scheepshellingen vergemakkelijken op diverse plaatsen de tewaterlating van de boot. Moerasboten zijn verboden.

Uitstapje naar het zuiden

Cocoa en Cocoa Beach
▶ 1, L 5

Dit verhaal zou best eens waar kunnen zijn: de nederzetting **Cocoa** werd in 1882 als Indian River City gesticht. Maar het Amerikaanse ministerie voor de posterijen deelde de bewoners mee dat de naam van hun plaats te lang was voor postdoeleinden. Op de algemene vergadering van de gemeenteleden werd eindeloos gedebatteerd, maar over een nieuwe naam kon geen overeenstemming worden bereikt. Een lid wierp als niet geheel serieus bedoeld voorstel Cocoa op. Zijn blik was op een blik cacaopoeder gevallen dat in een rek stond. De anderen stemden uitgeput in. De beslissing was gevallen.

Brede stranden en goede golven hebben **Cocoa Beach** op het langgerekte, voor het vasteland gelegen eiland tot een mekka voor watersporters doen uitgroeien. Vooral surfers komen aan hun trekken bij de stranden die in het noorden door de raketbasis van Cape Canaveral en in het zuiden door de Patrick Air Force Base afgebakend worden (zie Actief blz. 356). Tijdens raketlanceringen op het NASA-terrein zijn de hotels – bij sommige is de countdown vanaf het balkon van de kamer te volgen – volledig volgeboekt (zie blz. 360).

Cocoa Beach Pier
www.westgatedestinations.com/florida/ cocoa-beach/ cocoa-beach-pier
De bijna 250 m in de Atlantische Oceaan reikende Cocoa Beach Pier is een van de favoriete plekken van hengelaars en pelikanen. Daar zijn ook de cruiseschepen te zien die van Port Canaveral naar de Bahama's en het Caribisch gebied vertrekken. Ook hebben zich hier inmiddels verschillende visrestaurants gevestigd. Het centrum van het oude Cocoa aan de kant van het vasteland is gerestaureerd tot een victoriaans Olde Cocoa Village met kasseienstraatjes, gaslantaarns en enkele tientallen winkels en restaurants.

Brevard Museum of History & Natural Science
2201 Michigan Ave., Cocoa, tel. 1-321-632-1830, www.nbbd.com/godo/BrevardMuseum, wo.–za. 10–17 uur, volwassenen $ 9, kinderen 5–16 jaar $ 5
Het Brevard Museum of History & Natural Science illustreert de pionierstijd en maakt indruk met een omvangrijke schelpencollectie.

Aan Lake Poinsett, enkele kilometers verder naar het westen, ligt niet alleen het drukbezochte **Lone Cabbage Fish Camp**. Daar vertrekken ook moerasboten voor rondvaarten op het meer, de St. John's River en over de kwelders daarvan.

Astronaut Memorial Planetarium and Observatory
1519 Clearlake Rd./SR 501, ten noorden van de SR 520, tel. 1-321-433-7373, www.eastern florida.edu/planet, wisselende tijden, gratis entree, voor films en planetariumshow volwassenen $ 8, kinderen tot 12 jaar $ 5
Ten oosten van Cocoa vormt het Astronaut Memorial Planetarium and Observatory een van de grootste voor het publiek toegankelijke sterrenwachten van de hele Verenigde Staten. Door de reuzentelescoop kunnen bezoekers planeten van ons zonnestelsel en verderaf staande hemellichamen waarnemen.

Info
Florida's Space Coast Office of Tourism – Cocoa Beach: 430 Brevard Ave., Cocoa Beach, tel. 1-877-572-3224 of 321-433-4470, www.visitspacecoast.com.
Cocoa Beach Regional Chamber of Commerce: 400 Fortenberry Rd., tel. 1-321-459-2200, www.cocoabeachchamber.com.

New Smyrna Beach

Overnachten

Uitzicht op het lanceerplatform – **The Inn at CocoaBeach:** 4300 Ocean Beach Blvd., Cocoa Beach, tel. 1-321-799-3460, www.theinnatcocoabeach.com. Fantastisch uitzicht vanaf het terras of de balkons op de zee; vanaf de tweede en derde verdieping kunnen raketlancering op Cape Canaveral geobserveerd worden. 50 kamers, vanaf $ 145 incl. ontbijt.

Vriendelijke – **Econolodge:** 3185 N. Atlantic Ave. (A1A), Cocoa Beach, tel. 1-321-783-0500, www.econolodgecocoabeach.com. Gezellig motel bij het strand met hulpvaardig personeel, enkele kamers met keukenblokje. 44 units, vanaf $ 90.

Camping – **Sonrise Village RV Resort:** 245 Flamingo Dr., tussen Lake Poinsett en Cocoa Beach, tel. 1-321-631-0305, www.sonrisevillagervresort.com. Idyllisch door bosjes omgeven camperterrein, zwembad, clubhuis met keukeninrichting. Vanaf $ 48.

Eten & drinken

Vis en zeevruchten – **Rusty's Seafood & Oyster Bar:** 628 Glen Cheek Dr., Port Canaveral, tel. 1-321-783-2033, www.rustysseafood.com, zo.–do. 11–21.30, vr., za. tot 22 uur. Gezellig rustiek restaurant in het zuidelijk deel van de haven van Port Canaveral. Oesters, mosselen, garnalen, vis, altijd vers bereid. Hoofdgerecht vanaf $ 15.

Cubaans – **Roberto's Little Havana Restaurant:** 26 N. Orlando Ave., Cocoa Beach, tel. 1-321-784-1868, www.robertoslittlehavana.com, dag. 7–15 en di.–do., zo. 17–21, vr., za. tot 22 uur. Stevige Cubaanse kost in een sobere inrichting. Hoofdgerecht vanaf $ 12.

Vol locals – **Lone Cabbage Fish Camp:** 8199 SR 520, ca. 9,5 km ten westen van Cocoa aan de noordkant van Lake Poinsett, tel. 1-321-632-4199, www.twisterairboatrides.com, zo.–do. 10–21, vr., za. tot 22 uur. Rustiek aandoend visrestaurant en vertrekpunt voor bootexcursies. Hoofdgerecht vanaf $ 8.

Uitgaan

Theater en musicals – **Cocoa Village Playhouse:** 300 Breward Ave., Cocoa, tel. 1-321-636-5050, www.cocoavillageplayhouse.com. Dit vroegere variététheater uit 1924 biedt tegenwoordig een ambitieus programma.

Livejazz – **Heidi's Jazz Club:** 7 N. Orlando Ave., Cocoa Beach, tel. 1-321-783-4559, www.facebook.com/heidisjazzclub, wo.–zo. 17–1 uur. Goede jazz- en bluesoptredens.

Winkelen

Surfwear – **Ron Jon Surf Shop:** 4151 N. Atlantic Ave., Cocoa Beach, tel. 1-321-799-8888, www.ronjonsurfshop.com, 24/7 geopend. Sinds 1963 de beste winkel voor surf-, strand- en waterliefhebbers, die hier vaak van heinde en verre komen.

Actief

Boottochten – **Adventure Kayak of Cocoa Beach:** 599 Ramp Road, Cocoa Beach, tel. 1-321-480-8632, www.kayakcocoabeach.com. Airboat- en kajaktochten vanuit het Lone Cabbage Fish Camp.

New Smyrna Beach
▶ 1, L 4

De zandstranden van New Smyrna Beach worden dankzij de nabije Golfstroom en de aangename watertemperaturen het hele jaar door bezocht door toeristen, vooral gezinnen met kinderen. De eigenlijke plaats ligt op enkele kilometers afstand van de Atlantische kust. Ooit hielden Spaanse monniken voor korte tijd een missiepost op de grond van de vroegere indiaanse nederzetting Caparaca in stand. Ook een volgende poging er een nederzetting te stichten was gedoemd te mislukken. In 1835 staken Seminolestrijders de gebouwen van een suikerrietplantage en een molen in brand.

De ruïnes van de **New Smyrna Sugar Mill**, zo'n 3 km ten westen van de stad in een palmbosje, en enkele grote ketels waarin melasse werd gekookt, zijn nog te bezichtigen (1050 Old Mission Rd., vlak bij de SR 44).

Info

New Smyrna Beach Visitors Bureau: 2238 SR 44, tel. 1-386-428-1600, www.nsbfla.com.

Space Coast

SURFEN BIJ COCOA BEACH

Informatie
Surfshop: Ron Jon's Surfshop, 4151 N. Atlantic Ave., Cocoa Beach, tel. 1-321-799-8888, www.ronjonsurfshop.com, het hele jaar door 24 uur per dag geopend.
Surfscholen: Bijvoorbeeld Ron Jon Surf School, tel. 1-321-868-1980, www.cocoa beachsurfingschool.com, of Surf Guy Surf School, tel. 1-321-956-3268, www.surfguys surf.com. Surfcursussen voor alle leeftijden en ervaringscategorieëen, ook *surfcamps*. SUP-cursussen en excursies langs de kust en naar het achterland voor natuurobservatie. Surfcursus groepsles (vanaf drie personen) volwassenen $ 50 per uur, privéles vanaf $ 65, *surfcamp* vanaf $ 200 per week.

Florida heeft veel goede surfspots te bieden, zoals bijvoorbeeld Fort Pierce (zie blz. 166), maar de beste omstandigheden zijn te vinden in het noordoosten van de staat. De *swell*, de langgerekte deining die – regelmatig door stormen opgestuwd – vanuit de diepte van de Atlantische Oceaan naar de oostkust van Florida toerolt, arriveert onbelemmerd op de stranden tussen Cocoa Beach in het zuiden en Vilano Beach verderop in het noorden. Het zuidoosten wordt door de Bahama-eilanden als een reusachtige golfbreker van de deining afgeschermd.
Vooral Cocoa Beach is uitgegroeid tot een mekka voor surfers. Tijdens de voorjaarsvakantie, de zogenoemde *spring break*, komen zelfs studenten uit Canada naar de stranden ten

zuiden van de Amerikaanse raketbasis op Cape Canaveral. Zij ontmoeten elkaar bij de **Cocoa Beach Pier,** op **Downtown Cocoa Beach,** bij **Second Light** ten oosten van de Patrick Air Force Base, op **Satellite Beach** en aan het uiteinde van de *boardwalk* van **Indialantic**. Al vijftig jaar worden zij door **Ron Jon's Surfshop** voorzien van alle spullen die onontbeerlijk zijn voor surfers – van planken en trendy badkleding tot hippe zonnebrillen. Ron Jon's is intussen van een lokaal instituut opgeklommen tot een surfimperium met verschillende filialen in Florida en daarbuiten. De firma sponsort ook het **Ron Jon's Easter Surf Festival**, een meerdaags evenement eind maart met surfcompetities voor alle leeftijden, een gigantische picknick in het Alan Shepard Park en een muziekkoepel op de lange pier (www.eastersurffest.com). Een ander opzienbarend surfevenement is het **NKF Pro Am Surf Festival** in september. Deze competitie voor profs en amateurs wordt sinds ruim 25 jaar gehouden (www.nkfsurf.com). Een van de regelmatige deelnemers is Kelly Slater, de tienvoudige wereldkampioen surfen voor profs, die in 1972 in Cocoa Beach ter wereld kwam.

Het klassieke surfen speelt nog steeds de hoofdrol, maar de laatste jaren zijn ook trendy sporten, zoals **stand up paddle surfing (SUP)** (peddelsurfen) en **skimboarden**, vanuit Hawaii en Californië naar de Atlantische kust van Florida overgewaaid. Bij het suppen staat de surfer rechtop op de surfplank en beweegt met behulp van een lange steekpeddel vooruit. Skimboarden is een variant van surfen die gebaseerd is op het principe van aquaplanen. De surfer glijdt op een kleine ovale plank over het ondiepe water in de uitloopzone van de branding; bij jump- of waveskimmen surft hij naar een golf of verhoging toe om daar verschillende sprongen en handigheidjes uit te voeren.

Wie wil leren surfen, zal in Cocoa Beach een reeks voortreffelijke surfscholen aantreffen. Ervaren leraren, voor een deel leden van het nationale surfteam, leren beginners hoe ze hun evenwicht op de wankele planken kunnen bewaren en hebben ook voor gevorderden allerlei waardevolle tips paraat.

Daytona Beach

Ormond Beach en de in het zuiden direct aansluitende Daytona Beach liggen aan het zuidelijke stuk van een 38 km lang zandstrand, dat zich van de zuidelijke Ponce de León Inlet tot aan de Matanzas Inlet in het noorden uitstrekt. Daytona wordt van het strandgebied Beachside gescheiden door de waterweg Halifax River, die wordt overspand door zes bruggen. De badplaats New Smyrna Beach vormt de zuidgrens met het stadsgebied. Het centrum van het strandleven is de **Daytona Beach Pier**, die bijna 400 m de zee in steekt. Wie dat te ver vindt, kan deze afstand met een gondel door de lucht afleggen. Vanaf de pier strekt zich de Boardwalk uit, een in de jaren 30 aangelegde weg van planken, in noordelijke richting langs het strand tot aan het Oceanfront Park met klokkentoren en muziektent.

In het voorjaar is het in Daytona Beach een gekkenhuis. Tijdens de vakanties van de universiteiten komen de studenten voor de *spring break* naar het zuiden, om zich na een strenge winter enkele dagen uit te leven. Daytona geldt sinds jaar en dag als een van de topbestemmingen. Ze maken van de stad een groot uitgaanscentrum. Optredens van bekende artiesten in de *bandshell* in het Oceanfront Park voor tienduizend toeschouwers, schoonheidswedstrijden en bodybuildingshows worden afgewisseld met strand- en barfeesten. Natuurlijk mag ook een wedstrijd als de *wet T-shirt contest* niet ontbreken. Inmiddels zijn daar ook optredens van dichters, sportevenementen, discussiebijeenkomsten en seminars over carrièreplanning bijgekomen.

De lange en op sommige plaatsen wel 150 m brede stranden van Daytona trekken al ruim een eeuw zonaanbidders uit Noord-

Space Coast

Florida. Henry Flaglers East Coast Railroad werd in 1888 tot aan Daytona doorgetrokken. Zijn snel uit de grond gestampte Ormond Hotel kende illustere gasten als de Vanderbilts en de Rockefellers. John D. Rockefeller, in de wintermaanden stamgast in Daytona Beach, betrok in 1918 een eigen huis, The Casements, waar hij in 1937 stierf (25 Riverside Dr., Ormond Beach, tel. 1-386-676-3216, www.thecasements.net, ma.–vr. 10–15.30, za. 10–11.30 uur, toegang gratis).

Het strand met zijn stevige zand had niet alleen aantrekkingskracht op badgasten. Wie zich een van de nieuwe rijtuigen zonder paard kon veroorloven, reed over het vlakke strand, dat in die tijd beter begaanbaar was dan menige weg. Automobielpioniers als Henry Ford, Ransom E. Olds en Louis Chevrolet testten hier hun voertuigen. Een Oldsmobile haalde op het strand in 1902 de spectaculaire snelheid van 91 km/uur. In 1935 vestigde de Engelse autocoureur Sir Malcolm Campell een nieuw strandrecord: 443 km/uur. Zijn racewagen werd door een raketmotor aangedreven. Voor nog hogere snelheden bleek het zoutmeer van Utah de aangewezen plaats.

Bezienswaardigheden in Daytona Beach ▶ 1, K 4

Vuurtoren
4931 S. Peninsula Dr., tel. 1-386-761-1821, www.ponceinlet.org, dag. vanaf 10 uur, wisselende sluitingstijd, volwassenen $ 5, kinderen tot 11 jaar $ 1,50

Ook al heeft het stadsbeeld van Daytona weinig opwindends te bieden en kan de rij hotels aan de Atlantic Avenue wel wat renovatie gebruiken, toch zijn er plekken die een excursie waard zijn. De ruim 100 jaar oude vuurtoren aan de Ponce de León Inlet dient nog steeds als oriëntatiepunt voor de schepen. Van het 60 m hoge **uitkijkplatform** reikt het uitzicht helemaal tot de Canaveral Seashore. In het vuurtorenwachtershuis zijn **tentoonstellingen** over de geschiedenis van de scheepvaart en de vuurtoren te zien. In de omgeving bieden meerdere restaurants goede snacks.

Marine Science Center
100 Lighthouse Dr., tel. 1-386-304-5545, www.marinesciencecenter.com, di.–za. 10–16, zo. 12–16 uur, volwassenen $ 4, kinderen 3–12 jaar $ 2

Het Marine Science Center geeft uitleg over de plaatselijke flora en fauna. De precaire ecosystemen van duinen, mangroven en kunstmatige riffen en hun dierlijke bewoners zijn in een maquette uitgebeeld. Er is een speciale tentoonstelling gewijd aan de levenscyclus van de zeeschildpad.

Halifax Historical Museum
252 S. Beach St., tel. 1-386-255-6976, www.halifaxhistorical.org, di.–vr. 10.30–16.30, za. 10–16 uur

In het Halifax Historical Museum aan de kant van het vasteland van Daytona zijn naast memorabilia van de geschiedenis van de regio zes muurschilderingen van lokale attracties en een schaalmodel van de Boardwalk te zien. Honderden houten beeldjes wachten op stoelen voor de Bandshell tot een concert begint.

Museum of Arts and Sciences
352 S. Nova Rd., tel. 1-386-255-0285, www.moas.org, di.–za. 9–17, zo. 11–17 uur, volwassenen $ 13, kinderen 6–17 jaar $ 7

In het Museum of Arts and Sciences zijn volgens een moeilijk te doorgronden ordeningsprincipe ingerichte tentoonstellingen over kunst en natuurwetenschap te zien. Zo vindt u hier het volledig bewaarde skelet van een bijna 5 m grote grondluiaard, die 130.000 jaar geleden in Florida voorkwam, de collectie Cubaanse schilderkunst die ex-dictator Battista aan de stad schonk en Afrikaanse kunst. Door de tuin loopt een boeiend natuurleerpad.

Southeast Museum of Photography
1200 W. International Speedway Blvd., Building 1200, tel. 1-386-506-4475, www.smponline.org, di., do., vr. 10–17, wo. 11–19, za., zo. 13–17 uur, gratis entree

Het Southeast Museum of Photography is daarentegen duidelijk aan één onderwerp

Daytona Beach

Topbestemming voor autofreaks: het strand van Daytona Beach

gewijd. Het documenteert in een gebouw van het Daytona Beach Community College de techniek van de historische en hedendaagse landschaps- en portretfotografie.

Daytona International Speedway

1801 W. International Speedway Blvd., Daytona Beach, www.daytonainternationalspeedway.com, tel. 1-386-254-2700, rondleiding van anderhalf uur elk heel uur tussen 10 en 15 uur, volwassenen $ 23, kinderen 6–12 jaar $ 17, rondleiding van een halfuur 11.30, 13.30, 15.30 en 16 uur, volwassenen $ 16, kinderen $ 10

In Daytona Beach en Ormond Beach is het nog altijd toegestaan om bij eb en alleen overdag over bepaalde delen van het 38 km lange strand te rijden. De strandpolitie regelt het drukke verkeer en het komt vaak voor dat niemand ook maar in de buurt van de toegestane 10 mijl/uur (16 km/uur) komt. Maar Daytona is ook een uitermate geschikte bestemming voor snelheidsmaniakken. Op het hogesnelheidsparcours Daytona International Speedway worden namelijk geregeld auto- en motorraces gehouden. Tijdens de Speedweeks in februari, de Bike Week en het Biketoberfest volgen vaak zo'n honderdduizend toeschouwers de strijd om fracties van een seconde. **Daytona 500 Experience** is een rondleiding, waarop u op dagen zonder races een blik op het hogesnelheidsparcours kunt werpen.

Port Orange ▶ 1, L 4

Engelse kolonisten bouwden in het aan de zuidrand van Daytona Beach gelegen Port Orange een suikerfabriek, die echter in 1836 door Seminole-indianen werd verwoest. In het later herbouwde complex werd tijdens de Amerikaanse Burgeroorlog zout voor het leger van de Geconfedeerde Staten van Amerika geproduceerd. De fabrieksruïne vormt op een wandeling door de kleurige bloemenzee van de **Sugar Mill Gardens** een schilderachtig decor (950 Old Sugar Mill Rd., tel. 1-386-767-1735, www.dunlawtonsugarmillgardens.org, dag. vanaf 8 uur, wisselende sluitingstijden, een donatie wordt op prijs gesteld).

Space Coast

Tomoka State Park ▶ 1, K 4

2099 N. Beach St., Ormond Beach, tel. 1-386-676-4050, www.floridastateparks.org/park/Tomoka, dag. 8 uur tot zonsondergang, $ 5 per auto, voetgangers $ 2

In het Tomoka State Park, op de plaats waar de Tomoka River in de Halifax River uitmondt, zijn sporen van vroegere bewoners aan te treffen. Van Nocoroco, een belangrijke nederzetting van de Timucua-indianen, bleven alleen enkele grafheuvels behouden. In het **Fred Dana Marsh Museum** is werk van de gelijknamige kunstenaar te zien en komt u meer over de geschiedenis van het park te weten. Het State Park dankt zijn populariteit aan wandelroutes en plankenpaden door bossen en moerassen, picknickplaatsen en een kanoverhuurder.

Info

Daytona Beach Visitor Information Center: 126 E. Orange Ave., FL 32114, tel. 1-386-255-0415, www.daytonabeach.com.

Overnachten

Stijlvolle bed and breakfast – **The Villa:** 801 N. Peninsula Dr., Daytona Beach, tel. 1-386-248-2020, www.thevillabb.com. Vier units in een in Spaanse stijl gebouwde villa niet ver van het strand. Smaakvol ingerichte kamers, zwembad, jacuzzi. Vanaf $ 120 incl. goed ontbijt.

Voor veeleisende gasten – **Hilton Oceanfront Resort:** 100 N. Atlantic Ave., tel. 1-386-254-8200, www.daytonahilton.com. Luxehotel direct aan de boardwalk, een beetje weg van de drukte. Restaurants. 742 kamers, vanaf $ 110.

Op het strand – **The Plaza Resort:** 600 N. Atlantic Ave., tel. 1-386-255-4471, www.plazaresortandspa.com. Volledig gerenoveerd hotel aan de strandboulevard. Alle kamers hebben een balkon. 320 units, vanaf $ 100.

Camping – **Daytona Beach KOA:** 3520 S. Nova Rd., Port Orange, tel. 1-386-767-9170, www.koa.com/campgrounds/daytona-beach. Goed uitgeruste camping voor campers en tenten. Ook rustieke blokhutten. Staplaatsen vanaf $ 38.

Eten & drinken

Fine dining – **Stonewood Grill & Tavern:** 100 S. Atlantic Ave., Ormond Beach, tel. 1-386-671-1200, dag. 16-22 uur. Filet mignon en coquilles in een smaakvol ingerichte eetzaal. Gerechten $ 13–39.

Experimenteel – **Frappes North:** 123 W. Granada Blvd., Ormond Beach, tel. 1-386-615-4888, www.frappesnorth.com, di.–vr. 11.30–14, di.–do. 17–21, vr., za. 17–22 uur. Fantasievolle creaties, verse zeevruchten. Hoofdgerecht vanaf $ 16.

Uit de deep south – **Aunt Catfish's on the River:** 4009 Halifax Dr., Port Orange, tel. 1-386-767-4768, ma.–za. vanaf 11.30, zo. vanaf 9 uur. Verse vis en zeevruchten, steaks, kip en een saladebar – de sfeer van de *deep south* krijgt u er gratis bij. Hoofdgerecht vanaf $ 16.

Gegrild en gerookt – **Dustin's Bar-B-Q:** 1320 W. Granada Blvd., Ormond Beach, tel. 1-386-677-5292, www.dustinsbarbq.com, dag. 11–21 uur. Populair restaurant met gegrilde en gerookte specialiteiten, bier en non-alcoholische dranken. Hoofdgerecht vanaf $ 11.

Voor racefans – **Cruisin' Cafe Bar & Grill:** 2 S Atlantic Ave., Daytona Beach, tel. 1-386-253-5522. Hier draait alles behalve om pizza, burgers en salades om NASCAR-memorabilia. Zelfs de tafels hebben allemaal de naam van een voormalige Daytona-500-winnaar. Gerechten $ 7–23.

Uitgaan

Concerten, ballet, toneel – **Peabody Auditorium:** 600 Auditorium Blvd., www.peabodyauditorium.org. Podium voor theater, ballet en klassieke muziek. **Oceanfront Bandshell:** Daytona Boardwalk, tel. 1-386-671-8250. In maart tijdens *springbreak* en van juni tot september concerten van vermaarde artiesten.

Livemuziek – **Ocean Deck:** 127 S. Ocean Ave., Daytona Beach, tel. 1-386-253-5224, www.oceandeck.com, dag. 11–2 uur. Wanneer alles sluit, gaat het hier nog even door. Vaak optredens van reggaebands. **The Bank & Blues Club:** 701 Main St., Daytona Beach, tel. 1-386-252-9877. Hier spelen blues- en rockbands in een voormalig bankgebouw. Wisselende openingstijden.

Disco – **Razzles:** 611 Seabreeze Blvd., Daytona Beach, tel. 1-386-257-6236, www.razzlesnightclub.com. Coole higtechdisco met grote dansvloer, meestal open tot 3 uur.

Bars – **Oyster Pub:** 555 Seabreeze Blvd., Daytona Beach, tel. 1-386-255-6348, dag. 11–3 uur. Enorme bar, altijd oesters. Luide muziek tot diep in de nacht. **509 Lounge:** 509 Seabreeze Blvd., Daytona Beach tel. 1-386-864-0609, www.509lounge.com. Altijd drukke bar met restaurant niet ver van het strand, waar een dj plaatjes draait.

Actief

Watersport – **Salty Dog:** vier Filialen, z. B. an der 100 S. Atlantic Ave., Daytona Beach, tel. 1-386-253-2755, www.saltydogsurfshop.com, Verhuur van surf-, body- en boogieboards, tevens cursussen.

Golf – **Golf Daytona Beach:** Op een halfuur rijden van het strand liggen ruim twintig golfterreinen, waaronder de publiek toegankelijke Daytona Beach Golf Course (600 Wilder Blvd., tel. 1-386-258-3119, www.daytonabeachgc.com) met 36 holes en tarieven vanaf $ 20 per persoon.

Diepzeevissen – **Critter Fleet:** 4950 S. Peninsula Dr., Ponce Inlet, tel. 1-386-767-7676, www.critterfleet.com, verschillende tochten en boten, prijzen telefonisch aanvragen.

Agenda

Speedweeks: februari. Naast de NASCAR-race wordt tijdens de Speedweeks de legendarische Daytona 500 verreden. Ook tal van andere evenementen, tel. 1-386-254-2700, www.daytonainternationalspeedway.com.

Bike Week: begin maart en **Biketoberfest:** half oktober. Ca. tweehonderdduizend bezoekers komen op de motorraces, evenementen en de grote parade af. Chamber of Commerce, tel. 1-386-255-0415, www.officialbikeweek.com en www.biketoberfest.org.

Coke Zero 400: eerste zaterdag van juli. Race met *stockcars* over een afstand van 400 mijl (640 km). De prijs voor de winnaar bedraagt meer dan drie ton, www.daytonainternationalspeedway.com.

Ten noorden van Daytona Beach

Bulow Plantation ▶ 1, K 3

Bulow Plantation Ruins Historic State Park, 3165 Old Kings Rd./CR 2001, Flagler Beach, tel. 1-386-517-2084, www.floridastateparks.org/park/bulow-plantation, do.–ma. 9–17 uur, $ 4 per auto, voetgangers $ 2

Ongeveer 20 km ten noorden van Ormond Beach, vlak bij het plaatsje Flagler Beach, verhalen de ruïnes van de door majoor Ch.W. Bulow in 1821 gestichte Bulow Plantation over de pogingen van blanke plantagebezitters om zich in Florida te vestigen. Ze vertellen ook de geschiedenis van het mislukte verzet van de indiaanse bewoners tijdens de tweede Seminole-oorlog. Tijdens een wandeling over het met palmen en eiken begroeide terrein zijn de overblijfselen van de slavenbarakken, het fundament van het herenhuis van één verdieping en de resten van een suikerfabriek te bezichtigen. Een klein **openluchtmuseum** documenteert de geschiedenis van de plantage.

Gamble Rogers Memorial Recreation Area ▶ 1, K 3

3100 South SR A1A, Flagler Beach, tel. 1-386-517-2086, www.floridastateparks.org/park/Gamble-Rogers, dag. 8 uur tot zonsondergang, $ 5 per auto, voetgangers $ 2

In de omgeving van Flagler Beach vindt u rond Smith Creek de naar de in Florida populaire folkzanger genoemde Gamble Rogers Memorial State Recreation Area. Aan het begin van de zomer leggen zeeschildpadden hun eieren op het smalle strand om ze in het warme zand uit te broeden. Paden voeren langs met kreupelhout en struiken begroeide duinen naar moerassen met rietgras en ideale leefomstandigheden voor schaaldieren en waadvogels. Het mooie zwemgebied met picknicktafels, goede plaatsen om een hengel uit te werpen en een kajakverhuurder (via een kanaal is de Intracoastal Waterway te bereiken) hebben van het park een geliefd recreatiegebied gemaakt.

Hoofdstuk 5

Noord-Florida

Wie door het noorden van Florida reist, van de Atlantische kust naar Pensacola in het uiterste westen van de Panhandle (aan de grens met Alabama), ziet maar weinig wat aan het bekende beeld van de Sunshine State – zon, zand en attractieparken – beantwoordt. De aangrenzende zuidoostelijke staten met steden als Atlanta en New Orleans horen niet alleen in geografisch opzicht meer bij Noord-Florida dan bij Miami en andere regio's in het zuiden van Florida. Overal proef je iets van de sfeer van het zuidoosten: katoen- en pindavelden, landwegen onder het schaduwrijke bladerdak van de erlangs gelegen bomenrijen en een ietwat gezapiger levensritme, dat ver afstaat van de bedrijvigheid van Tampa en het uitbundige nachtleven van Miami Beach en Key West.

Op veel plaatsen stuit u op sporen van de Spaanse kolonisten. Dit is niet zo verrassend: de destijds alleen in het noorden gekoloniseerde provincie La Florida tussen St. Augustine en Pensacola behoorde bijna 250 jaar tot het Spaanse koloniale rijk, veel langer dan tot de Verenigde Staten van Amerika. In Jacksonville, tegenwoordig een van de belangrijkste havens en voornaamste vlootsteunpunten aan de Oostkust, hebben in de 16e eeuw ook Franse kolonisten hun sporen achtergelaten. Ook de hoofdstad van Florida, Tallahassee, ligt helemaal in het noorden, slechts 30 km ten zuiden van de grens met Georgia.

De stranden aan de noordelijke Atlantische kust tussen Amelia Island en St. Augustine Beach, evenals de door olieboringen op zee bedreigde stranden aan de Golf van Mexico tussen de Cape St. George bij Apalachicola en Santa Rosa Island bij Pensacola, behoren met hun witte kwartszand tot de mooiste van de staat. Toch zijn het, op een enkele uitzondering na, stuk voor stuk eenzame duinenparadijzen.

Duizenden kilometers kust in Florida lijken
geschapen om te zeilen en te surfen

In een oogopslag: Noord-Florida

Hoogtepunten

⭐ **St. Augustine:** De architectuur van de binnenstad wordt gekenmerkt door de Spaanse koloniale stijl, aan de kust prijkt het machtige fort Castillo San Marcos (zie blz. 370).

Kingsley Plantation: Dit in 1798 gebouwde plantagehuis is het oudste in Florida. De halve cirkel van drieëntwintig hutten illustreert het lot van de Afrikaanse slaven in de zuidelijke staten (zie blz. 389).

 Amelia Island: Dit eiland is een vakantieparadijs met lange, brede stranden, een fort en de vredige hoofdstad van het eiland Fernandina Beach (zie blz. 390).

⭐ **Pensacola:** Deze plaats kan bogen op een prachtig gerestaureerd centrum en huizen uit verschillende stijlperioden. De ingang van de baai wordt bewaakt door twee forten. Op het eiland Santa Rosa voor de kust liggen idyllische stranden (zie blz. 416).

Fraaie routes

'The First Coast': De route in de voetsporen van de eerste kolonisten voert van St. Augustine noordwaarts naar de historische Kingsley Plantation en naar Amelia Island. De kustweg A1A gaat naar het noorden, maar u kunt ook een omweg maken over de St. John's River bij Palatka (zie blz. 370).

Van Tallahassee naar Panama City: Van de hoofdstad van Florida rijdt u zuidwaarts naar het romantische Wakulla Springs State Park en naar Panama City aan de Golf van Mexico. Een omweg naar het noorden voert naar de Florida Caverns bij Marianna (zie blz. 405).

Langs de Gulf Island National Seashore: De US 98 loopt van Panama City parallel aan de kust. Bij Fort Walton Beach vindt u een belangrijke Indian Temple Mound en het Air Force Museum. Aan het uiteinde van Santa Rosa Island bewaakt Fort Pickens de toegang tot Pensacola Bay (zie blz. 413).

Tips

Ichetucknee Springs: Over een afstand van ca. 10 km kunt u zich in een grote rubberband op de bronrivier laten meevoeren door de ongerepte natuur (zie blz.398).

Flora-Bama Lounge op Perdido Key: Deze countrymuziekbar ligt precies op de grens van Florida en Alabama. Legendarisch zijn de jamsessies die 's middags beginnen en tot ver na middernacht duren (zie blz. 418).

De Okefenokee Swamp verkennen: Het amfibische landschap met zijn verlaten moerassen en bossen is de habitat van een bijzondere flora en fauna. U kunt ze van nabij bekijken op korte natuurwandelpaden, maar nog beter tijdens een kanotocht (zie blz. 394).

Fietstocht door de Apalachicola Bay: Gelukkig liggen er bruggen, anders zou het te nat worden. Ze voeren van het vasteland naar de eilanden voor de kust en bieden prachtig uitzicht. Vergeet uw zwemspullen niet, want hier liggen heerlijke stranden (zie blz. 408).

Grottenrondleiding in het Florida Caverns State Park: De tocht door de kalksteengrotten helemaal in het noorden van Florida duurt maar een uur, maar is heel indrukwekkend. Het bovengrondse deel van het park is te verkennen via wandelpaden en tijdens een kanotocht op de Chipola River (zie blz. 414).

Noordelijke Atlantische kust

'First Coast', Eerste Kust, heet het gebied tussen St. Augustine en de grens met Georgia in het noorden. Dat heeft een reden: Spaanse ontdekkingsreizigers verkenden deze grens al bijna vijf eeuwen geleden. De lange brede stranden en koloniale sfeer van St. Augustine trekken veel toeristen aan, al gaat het er hier duidelijk minder dynamisch aan toe dan verder zuidelijk, waar Jacksonville ondanks zijn royale stranden in de eerste plaats een belangrijke handels- en zakenstad is.

Don Juan Ponce de León, de al iets oudere Spaanse edelman en conquistador, die Columbus nog had begeleid op diens tweede reis naar de Nieuwe Wereld, ging op zijn zoektocht naar goud en een legendarische bron van de eeuwige jeugd op 4 april 1513 bij St. Augustine aan land. Hij meende dat dit het eiland Bimini was, waar de felbegeerde bron zou liggen. Nog altijd ruziën verschillende gemeenten langs de noordkust van Florida over de vraag waar precies de Spanjaard als eerste aan land zou zijn gegaan. De Spanjaarden noemden de streek Florida, naar het ophanden zijnde paasfeest Pascua Florida, vulden hun zoetwater- en voedselvoorraden aan en zeilden verder naar het zuiden.

Pas zo'n vijftig jaar later deden Franse protestanten de tweede poging van een Europese mogendheid om vaste voet te krijgen in het gebied van de Timucuan-indianen in het noordoosten van Florida. Ze stichtten Fort Caroline aan de oever van de St. John's River in de buurt van het huidige Jacksonville. De Spanjaarden kwam direct in actie tegen deze bedreiging van hun scheepvaartroute naar Midden-Amerika. Ze stuurden een troepencontingent onder admiraal Pedro Menéndez de Aviles, dat een bloedbad aanrichtte onder de Franse kolonisten. Dit laatste deden ze voor hun koning én voor God, want de Fransen waren immers 'ketterse' hugenoten. Daarna stichtten ze ca. 55 km ten zuiden van het platgebrande Franse fort in 1565 San Augustine als hoofdstad van de Spaanse kolonie Florida (zie Thema blz. 386).

Ten noorden van het huidige Jacksonville schermt Amelia Island het vasteland af van de Atlantische Oceaan. Ruim 20 km aan niet overvolle stranden en een rij stijlvolle hotels maken dit eiland een perfecte vakantie-idylle. Meer landinwaarts liggen uitgestrekte bossen en akkers met aardappelen en andere veldgewassen. Op de weiden aan weerszijden van de St. John's River grazen kuddes vee voor de melk- en vleesproductie.

✪ St. Augustine ▶ 1, K 3

Kaart: blz. 377

Dit stadje, dat tegenwoordig 13.000 inwoners telt, wijst bezoekers er graag op dat het de oudste door Europeanen gekoloniseerde stad van Noord-Amerika is. St. Augustine was het Spaanse steunpunt ter bescherming van de vloten die met schatten uit de Midden-Amerikaanse koloniën naar het thuisland terugkeerden en de regeringszetel van Spaans-Florida en zijn dertig missieposten. Nadat de Engelsen in 1762 Havanna op Cuba van de Spanjaarden hadden overgenomen en een jaar later weer tegen Florida hadden ingeruild, behoorde het alleen in het noorden gekolo-

Ruim driehonderd jaar geleden gebouwd: het vroeger Spaanse Castillo de San Marcos

Noordelijke Atlantische kust

niseerde deel van Florida zo'n twintig jaar tot het Britse koloniale rijk. De nieuwe eigenaren verdeelden hun jonge kolonie in een westelijk deel met de hoofdstad Pensacola en een oostelijke helft, die door St. Augustine werd bestuurd. Aanvankelijk veranderde er maar weinig aan het ietwat slaperige karakter van de afgelegen provinciehoofdstad, ook al ontwikkelden de Britten de land- en bosbouw verder dan de Spanjaarden hadden gedaan. Vanaf 1817 en in de daaropvolgende Seminole-oorlogen werd St. Augustine garnizoensstad van het Amerikaanse leger.

Toen Henry Flagler, medeoprichter van de Standard Oil Company en partner van John D. Rockefeller, in 1883 een bezoek bracht aan St. Augustine, was hij meteen gecharmeerd van de stad. Niet lang daarna werd het spoornet doorgetrokken tot de Atlantische kust van de VS (zie Thema blz. 382).

Castillo de San Marcos 1

1 Castillo Dr., tel. 1-904-829-6506, www.nps.gov/casa, dag. 8.45–17.15 uur, volwassenen $ 7, kinderen tot 15 jaar gratis

Het imposante, vierpuntige Fort Castillo de San Marcos aan de Matanzas River werd tussen 1672 en 1695 gebouwd door de Spanjaarden. De indrukwekkende, aan de basis meer dan 3,50 m dikke en ruim 11 m hoge, uit het coquina (zachte schelpkalksteen) opgetrokken muren hielden stand tegen iedere beschieting en belegering. Meer dan eens zocht de Spaanse bevolking van de stad haar toevlucht op de binnenplaats, terwijl piraten en vrijbuiters, zoals in 1586 Francis Drake en later het Engelse leger, de onbeschermde woonhuizen plunderden en platbrandden.

De door een gracht omgeven en met enkele tientallen kanonnen bewapende vesting was lange tijd het noordelijkste bezit van het Spaanse koloniale rijk in de Nieuwe Wereld. De kazematten hebben ook dienstgedaan als gevangenis. De beroemde Seminolekrijger Osceola, die door het Amerikaanse leger in 1837 bij vredesonderhandelingen werd gevangengenomen, zat hier in de tot Fort Marion omgedoopte vesting verscheidene maanden opgesloten, waarna hij werd overgebracht naar Fort Moultrie in South Carolina. Daar stierf hij niet veel later aan longontsteking. In 1942 besloot het Amerikaanse Congres dat het fort zijn oude Spaanse naam terugkreeg, werd gerestaureerd en de status van historisch monument verwierf.

St. Augustine Pirate and Treasure Museum 2

12 S. Castillo Dr., tel. 1-904-819-1444, www.thepiratemuseum.com, dag. 10–20 uur, volwassenen $ 13, kinderen tot 12 jaar $ 7, combikaartjes met het Colonial Spanish Quarter

Het museum tegenover het Castillo presenteert onder andere het laatste logboek van Captain Kidd, een echte zeeroversvlag, gouden zilverschatten en achthonderd andere memorabilia uit de wilde piratentijd.

Historisch centrum

Op het plein voor het fort beginnen paardenkoetsen aan sightseeingtochten door de oude stad, die u betreedt via een nagebouwde stadspoort. Aan St. George Street, de vroegere Calle Real, liggen naast diverse souvenirshops ook enkele van de oudste gebouwen van St. Augustine.

Het meer dan twee eeuwen oude **Oldest Wooden Schoolhouse** 3 met puntdak is in 1750–60 opgetrokken uit cipressen- en cederhout. Poppen die scholieren en een leraar voorstellen plus een verzameling schoolboeken en oude kaarten in het kleine klaslokaal geven een levendige indruk van hoe het vroeger op school toeging. Het pand was tegelijk ook het woonhuis van de onderwijzer en zijn gezin (14 St. George St., tel. 1-904-824-0192, www.oldestwoodenschoolhouse.com, dag. 9–18, vr., za. tot 20 uur, volwassenen $ 4,95, kinderen 6–12 jaar $ 3,95).

Vanaf 1835 was in het huidige **Oldest Store Museum** 5 alles te krijgen waar behoefte aan was, van serviesgoed, tabak en poppen tot wapens en landbouwvoertuigen (4 Artillery Ln., tel. 1-904-829-9729, ma.–za. 10–16, zo. 12–16 uur, volwassenen $ 5, kinderen $ 1,50).

In Aviles Street staat het **Ximenez-Fatio House** 6, een 18e-eeuws koopmanshuis, dat halverwege de 19e eeuw werd

St. Augustine

COLONIAL SPANISH QUARTER

Het **Colonial Spanish Quarter** 4, een complex van woonhuizen en werkplaatsen die naar historisch voorbeeld zijn gebouwd, laat zien hoe het leven er in de 18e-eeuwse Spaanse provinciehoofdstad uitzag. Een smid haalt een gloeiend stuk ijzer uit het vuur om het te bewerken en slaat er met zijn hamer klinknagels van op het aambeeld. Een schrijver in een blauwe wambuis en slobbroek krast met een ganzenveer een inventarislijst op een vel papier. Houtbewerkers schaven aan meubels voor de Spaanse officieren. In een werkplaats worden kaarsen gegoten, ernaast maken kuipers buikige vaten. Een kruidendokter vertelt de bezoekers welke geneeskrachtige planten ze tot een papje moeten koken, om met een kompres hun kwaaltjes te bestrijden.

Op de *fogón*, een oud Spaanse keukenfornuis, in het Casa de Gallegos staat een pan soep te pruttelen. In dit **Living History Museum** met zijn in historische kostuums gestoken acteurs komt de bezoeker als bij een reis met een tijdmachine midden in een koloniale 18e-eeuwse garnizoensstad terecht. Hij krijgt zo van alles te horen over de Engelsen en de in het verre Europa regerende Spaanse

In het Colonial Spanish Quarter brengen acteurs in historische kleding de tijd van de Spaanse bezetting weer tot leven

Noordelijke Atlantische kust

koning plus diens ambtenaren vanuit de visie van de vroegere bewoners. Het gaat ook over de dagelijkse problemen van de kolonisten, het vochtig-warme klimaat, waarbij de ongekoelde levensmiddelen binnen een paar dagen moesten worden opgegeten, omdat ze anders gingen schimmelen – en natuurlijk over de alom aanwezige muskieten. Rond het van 1740 tot 1760 gebouwde **DeMesa-Sanchez-Haus** staan nog meer authentiek ogende gebouwen gegroepeerd. Soldatenonderkomens geven een indruk van het militaire leven aan de periferie van het Spaanse koloniale rijk (33 St. George St., tel. 1-904-825-6830, www.historicstaugustine.com, dag. 10–18 uur, volwassenen $ 13, kinderen 5–12 jaar $ 7).

verbouwd tot hotel (20 Aviles St., tel. 1-904-829-3575, www.ximenezfatiohouse. org, di.–za. 11–16 uur, volwassenen $ 7, kinderen 6–17 jaar $ 5).

Even verderop staat het **Spanish Military Hospital Museum** 7 'Onze Lieve Vrouwe van Guadeloupe', dat met chirurgische instrumenten en een kleine apotheek uit 1791 laat zien hoe het destijds toeging in een militair hospitaal. In de bijbehorende kleine tuin worden nog altijd geneeskrachtige planten gekeekt (3 Aviles St., tel. 1-904-342-7730, www.spanishmilitaryhospital.com, dag. 10–18 uur, volwassenen $ 7, kind tot 12 jaar $ 4).

Het **Government House Museum** 8 was vroeger het woonhuis van de Spaanse gouverneur, later waren hier overheidskantoren ondergebracht. Na een grondige renovatie documenteert het nu de geschiedenis van de stad met veel vondsten uit de tijd voor de komst van de Europeanen (48 King St., tel. 1-904-832-2212, www.staugustine.ufl.edu/museum.html, do.–ma. 10–16 uur, toegang gratis).

Oldest House Museum Complex

14 St. Francis St./ 271 Charlotte St., tel. 1-904-824-2872, www.staugustinehistoricalsociety.org, dag. 9–17 uur, volwassenen $ 8, kinderen 6–18 jaar $ 4

In St. Francis Street in het zuiden van het oude centrum staat het oudste, inmiddels diverse malen vergrote gebouw van St. Augustine, het **Gonzáles-Alvarez House** 9 uit 1702. Opgravingen wezen uit dat het terrein al in de 17e eeuw was bebouwd. Een klein **museum over de stadsgeschiedenis** en het **Manucy Museum** met oude wapens en uitrustingen laten zien hoe men leefde in de buitenposten van het Spaanse koloniale rijk.

Memorial Presbyterian Church 10

32 Sevilla St., tel. 1-904-829-6451, www.memorialpcusa.org, dag. 9–16 uur

Henry Flagler liet in 1889 de Memorial Presbyterian Church bouwen als aandenken aan zijn in het kraambed gestorven dochter. Hij is in neo-Venetiaanse stijl opgetrokken van beton met kleurige glas-in-loodramen.

Langs King Street

Ook langs King Street, die de Spaanse binnenstad richting het westen verlaat, zijn enkele gebouwen uit de geschiedenis van St. Augustine te bewonderen. Nadat Flagler besloten had om zijn spoorbaan uit het noorden met St. Augustine te verbinden, gaf hij een gerenommeerd New Yorks architectenbureau opdracht om twee grote luxueuze hotels te bouwen. Het in Spaans-Moorse stijl opgetrokken Hotel Ponce de León met zijn schitterende glas-in-loodramen van Louis Comfort Tiffany (1848–1933) herbergt tegenwoordig het **Flagler College** 11, een vermaarde particuliere universiteit (75 King St., tel. 1-904-823-3378, www. flagler.edu, rondleiding ma.–vr.).

In het vroegere Hotel Alcazar, dat in 1889 in de stijl van de Spaanse renaissance werd gebouwd, zetelt sinds 1948 het **Lightner Museum** 12 met een collectie kunst en kunstnijverheid uit de victoriaanse tijd en

St. Augustine

andere periodes. Iedere dag om 11 en om 14 uur geven de uitgestalde mechanische muziekautomaten een concert. In de museumwinkel worden naast souvenirs ook sieraden en porselein verkocht (75 King St., tel. 1-904-824-2874, www.lightnermuseum.org, dag. 9–17 uur, volwassenen $ 10, kinderen 12–18 jaar $ 5).

Voor een derde hotel, het Cordova, waarin lange tijd het gerechtsgebouw van St. John's County was gevestigd, liet Flagler het gloednieuwe **Casa Monica Hotel** 2 verbouwen. Tegenwoordig biedt het – grondig gerestaureerde – gebouw weer onder zijn oorspronkelijk naam onderdak aan vermogende hotelgasten.

Het **Zorayda Villa Museum** 13 uit 1883, het op het Alhambra in het Spaanse Granada gebaseerde winterverblijf van de Bostonse miljonair en oprichter van de YMCA Franklin Smith, heeft waarschijnlijk op zijn beurt Henry Flagler geïnspireerd tot de bouw van zijn nabijgelegen luxehotels. Nadat het fantasierijke bouwwerk als casino en herhaaldelijk ook als filmdecor had dienstgedaan, werd het in 2008 na een lange restauratie in oude glorie heropend (83 King St., tel. 1-904-829-9887, www.villazorayda.com, ma.–za. 10–17, zo. 11–16 uur, volwassene $ 12, kinderen 8–12 jaar $ 5).

In het noorden van de stad

Aan de noordrand van de stad herinnert een imposant 63 m hoog kruis in de buurt van de Matanzas River aan de eerste mis die admiraal Menéndez in september 1565 op Floridaanse bodem liet opdragen. Speciale aandacht verdient ook het oudste Mariaheiligdom van de Verenigde Staten in de kleine kapel **Shrine of Our Lady de la Leche**, die op de grond van de missiekerk **Mission of Nombre de Dios** 14 uit 1613 staat (27 Ocean Ave./San Marco Ave., tel. 1-904-824-2809, museum do.–za. 10–16, zo. 12–16 uur). Vanaf het terrein hebt u een mooi uitzicht op de Intracoastal Waterway.

Niet ver hiervandaan werd rond een van de plaatsen waar de Spaanse conquistador Ponce de León mogelijk aan land kwam het **Fountain of Youth National Archaeological Park** 15 ingericht, met een bron van eeuwige

Het voormalige luxehotel Ponce de León is tegenwoordig de stijlvolle locatie van het particuliere Flagler College

jeugd (die helaas nog altijd niet lijkt te werken), diorama's van de Spaanse inbezitneming van het land en enkele bezienswaardige vondsten van een vroegere Timucua-nederzetting (11 Magnolia Ave., tel. 1-904-829-3168, www.fountainofyouthflorida.com, dag. 9–18 uur, volwassenen $ 12, kinderen 6–12 jaar $ 8).

Anastasia Island

Van St. Augustine voert de naar Ponce de León vernoemde Bridge of Lions over de Matanzas River in zuidelijke richting naar St. Augustine Beach op Anastasia Island. Dit eiland is vermaard om zijn hoge duinen en idyllische zandstranden. Op een deel hiervan mag u met de auto komen.

St. Augustine Alligator Farm 16

999 Anastasia Blvd., tel. 1-904-824-3337, www.alligatorfarm.com, dag. 9–17, in de zomer tot 18 uur, volwassenen $ 23, kinderen 3–11 jaar $ 12

Sinds 1893 worden in de St. Augustine Alligator Farm and Zoological Park reptielen gefokt. Tegenwoordig trekt het bedrijf vooral vakantiegangers, die zich vergapen aan indrukwekkende alligatorgevechten en over houten loopbruggen de subtropische lagune van het dierenpark doorkruisen.

St. Augustine Lighthouse 17

81 Lighthouse Ave., tel. 1-904-829-0745, www.staugustinelighthouse.com, dag. 9–18, in de zomer tot 19 uur, volwassenen $ 10, kinderen 7–11 jaar $ 8

In het westen is het rode topje van de oude vuurtoren van St. Augustine zichtbaar. De in 1874 gebouwde, markante, spiraalvormig zwart-witgestreepte toren vormt een opvallend baken. Wie de 219 treden naar het 50 m

St. Augustine

Bezienswaardig
1. Castillo de San Marcos
2. Pirate and Treasure Museum
3. Oldest Wooden Schoolhouse
4. Colonial Spanish Quarter
5. Oldest Store Museum
6. Ximenez-Fatio House
7. Spanish Military Hospital Museum
8. Government House Museum
9. Gonzáles-Alvarez House
10. Memorial Presbyterian Church
11. Flagler College
12. Lightner Museum
13. Zorayda Villa Museum
14. Mission of Nombre de Dios
15. Fountain of Youth National Archaeological Park
16. St. Augustine Alligator Farm
17. St. Augustine Lighthouse
18. Gracia Real de Santa Teresa de Mose
19. Anastasia State Park

Overnachten
1. Bayfront Westcott House
2. Casa Monica Hotel
3. Beachfront B & B
4. Old City House Inn
5. La Fiesta Ocean Inn
6. Bryn Mawr Ocean Resort

Eten & drinken
1. Collage
2. Gypsy Cab Company
3. A1A Ale Works
4. The Bunnery Café

Uitgaan
1. Scarlett O'Hara's
2. Trade Winds

Actief
1. Paardenkoetsen
2. Solano Cycle

---

hoge uitkijkplatform beklimt, wordt beloond met een prachtig uitzicht. Een klein museum geeft achtergrondinformatie over de geschiedenis van deze vuurtoren en zijn voorgangers tot in de Spaanse koloniale tijd.

Hardnekkige geruchten over rusteloze geesten van overledenen die bij de vuurtoren zouden rondwaren, hebben zelfs herhaaldelijk de televisie gehaald. Tijdens de *Dark of the Moon Tour* kunnen nieuwsgierigen 's nachts de trap beklimmen en griezelen om spookverhalen. Eens per maand wordt bij vollemaan ook de *Sunset Moonrise Tour* georganiseerd.

Fort Mose Historic State Park
15 Fort Mose Trail, tel. 1-904-823-2232, www.floridastateparks.org/park/Fort-Mose, bezoekerscentrum do.–ma. 9–17 uur, entree $ 2
Slechts een klein stukje zuidelijker begint de Fort Mose Trail, een afslag van de A1A South. In 1738 liet Manuel Montiano, de toenmalige Spaanse gouverneur van Florida, de versterkte vesting **Gracia Real de Santa Teresa de Mose** 18 bouwen, een toevluchtsoord voor slaven die waren ontkomen aan de Britse plantage-eigenaren in het noorden. Toen Spanje in 1763 het hoofd moest buigen voor Groot-Brittannië, weken de bewoners van de vesting uit naar Cuba om niet opnieuw tot slavernij te worden gedwongen. Van het kleine houten fort in het moerasgebied is niets bewaard gebleven. Een bezoekerscentrum belicht de achtergronden van de eerste nederzetting van vrije Afro-Amerikanen in Noord-Amerika. Elk jaar begin februari spelen medewerkers van de Historical Society van St. Augustine de vlucht en redding van de zwarte slaven op beeldende wijze na.

Anastasia State Park 19
300 Anastasia Park Rd., tel. 1-904-461-2033, www.floridastateparks.org/park/Anastasia, dag. 8 uur tot zonsondergang, $ 8 per auto, voetgangers $ 2

Het aangrenzende Anastasia State Park trekt veel bezoekers met zijn wandelpaden door duinlandschappen, watersportmogelijkheden (er worden ook ter plaatse boten en surfplanken verhuurd) en een kleine camping voor tenten en campers op een steenworp afstand van het mooie strand. Een oude steengroeve in het natuurgebied heeft ooit het

Noordelijke Atlantische kust

coquina (schelpkalksteen) geleverd voor de bouw van het Castillo de San Marcos. Parkrangers geven rondleidingen over het terrein.

Info
St. Augustine, Ponte Vedra and the Beaches Visitors & Convention Bureau: 29 Old Mission Ave., tel. 1-904-829-1711, 1-800-653-2489, www.floridashistoriccoast.com.
St. Augustine Visitors Bureau: 10 W. Castillo Dr., tel. 1-904-825-1000.

Overnachten
Uitzicht over de baai – **Bayfront Westcott House 1 :** 146 Avenida Menendez, tel. 1-904-825-4602, www.westcotthouse.com. Gezellige en elegante bed and breakfast met mooi uitzicht over de baai en een goed ontbijt. 9 kamers, vanaf $ 190.

Spaanse stijl – **Casa Monica Hotel 2 :** 95 Cordova St., tel. 1-904-827-1888, www.casamonica.com. Dit grand hotel uit de tijd van Flagler is geheel in oude glorie hersteld. 138 suites en kamers, vanaf $ 160.

Romantische getaway – **Beachfront B&B 3 :** 1 F St., St. Augustine Beach, tel. 1-904-461-8727, www.beachfrontbandb.com. Gezellige bed and breakfast direct aan zee, omgeven door verzorgde gazons. De meeste van de zes kamers beschikken over een open haard en een eigen ingang. Vanaf $ 160.

Met goed restaurant – **Old City House Inn 4 :** 115 Cordova St., tel. 1-904-826-0113, www.oldcityhouse.com. Centraal gelegen, maar dankzij de dikke buitenmuren van *coquina* toch rustig. Veranda met fraaie zonsondergang, vrijdagavond wijn en kaas, geen kleine kinderen. 10 kamers, vanaf $ 150.

Prachtig aan het strand – **La Fiesta Ocean Inn 5 :** 810 A1A Beach Blvd., St. Augustine Beach, tel. 1-904-471-0186, www.lafiestainn.com. Direct aan het strand, met keurig zwembad. 44 kamers en suites, vanaf $ 132 incl. klein ontbijt.

Camping – **Bryn Mawr Ocean Resort 6 :** 4850 A1A South, tel. 1-904-471-3353, www.brynmawroceanresort.com. Uitgestrekt complex aan het strand, alleen voor caravans en campers. Vanaf $ 60.

Eten & drinken
Wereldkeuken – **Collage 1 :** 60 Hypolita St., tel. 1-904-829-0055, www.collagestaug.com, dag. vanaf 17.30 uur. Uitstekende Floridaanse keuken met internationale invloeden. Hoofdgerechten vanaf $ 28.

Met Spaanse touch – **95 Cordova 2 :** 95 Cordova St., tel. 1-904-810-6810, dag. vanaf 6.45 uur. Elegant restaurant in het Casa Monica Hotel. Seizoenskeuken en goede wijnen. Hoofdgerecht vanaf $ 19.

Vers en innovatief – **Gypsy Cab Company 2 :** 828 Anastasia Blvd., tel. 1-904-824-8244, www.gypsycab.com, ma.–do., zo. 11–15, 16.30–22, vr., za. tot 23 uur. Creatieve keuken met veel invloeden uit allerlei delen van de wereld, dag. wisselend verrassingsmenu, verleidelijk gebak. Hoofdgerecht vanaf $ 15.

Seafood en huisgemaakt bier – **A1A Ale Works 3 :** 1 King St., tel. 1-904-829-2977, www.a1aaleworks.com, zo.–do. 11–22.30, vr., za. 11–23 uur. Prachtig gelegen tegenover de Bridge of Lions; goede plek voor een glas bier of dagverse vis en zeevruchten in Caribische stijl. Diverse Snacks, hoofdgerecht vanaf $ 12.

Ontbijt en gebak – **The Bunnery Café 4 :** 121 St. George St., tel. 1-904-829-6166, www.bunnerybakeryandcafe.com, dag. 8–18 uur. Veel soorten ontbijt, plus sandwiches, salades, hamburgers en huisgemaakt gebak, vanaf $ 4.

Uitgaan
Bars met livemuziek – **Scarlett O'Hara's 1 :** 70 Hypolita St., tel. 1-904-824-6535, www.scarlettoharas.net. Sfeervolle ruimtes in een oud gebouw, muziekprogrammering van karaoke (elke ma.) tot blues. Barsnacks. Een deur verder kunt u bij **Rhett's** genieten van livemuziek en lekker eten (www.rhettspianobar.com). **Trade Winds 2 :** 124 Charlotte St., tel. 1-904-829-9336, www.tradewindslounge.com. 's Avonds vaak livemuziek.

Actief
Stadsrondrit – **Paardenkoetsen 1 :** De koetsen wachten op de Avenida Menendez

De vuurtoren van St. Augustine

Noordelijke Atlantische kust

ten zuiden van het fort Castillo de San Marcos. Ritjes van een uur naar de belangrijkste bezienswaardigheden, dag. 10–22 uur, volwassenen ca. $ 20, kinderen 5–11 jaar $ 10.

Fietsverhuur – **Solano Cycle** 2, 61 San Marco Ave., tel. 1-904-825-6766, www.solanocycle.com. Huur per uur of dag een fiets ($ 18), scooter (vanaf $ 75) of zelfs een rollator ($ 18).

Strand en zwemmen – **Vilano Beach** in het noorden van de stad en **St. Augustine Beach** bij de Anastasia State Recreation Area in het zuiden zijn de populairste van de vele, zeer brede stranden in de omgeving. Een aantal door stromingen en stormen vernielde stranden worden door het leger weer opgeknapt.

Ten zuiden van St. Augustine

Fort Matanzas ▶ 1, K 3

Bijna 25 km ten zuiden van St. Augustine aan de zuidpunt van Anastasia Island bouwden de Spanjaarden in eerste instantie een houten wachttoren om de toegangsweg naar het Matanzas Inlet te controleren en St. Augustine naar het zuiden te beschermen. Vanwege de toenemende dreiging door de Engelsen werd het bouwwerk in 1742 vervangen door een fort van schelpenkalksteen.

Het huidige **National Monument** herinnert aan de 330 gevangengenomen Fransen die hier door Spaanse soldaten zijn afgeslacht. De locatie en het water zijn naar dit *matanzas*, het Spaanse woord voor 'bloedbad', vernoemd (8635 SR A1A, ca. 22,5 km ten zuiden van St. Augustine, tel. 1-904-471-0116, www.nps.gov/foma, veerboten naar het fort wo.–ma. 9.30–16.30, bezoekerscentrum dag. 9.30–16.30 uur, toegang gratis).

Marineland ▶ 1, K 3

9600 Oceanshore Blvd., tel. 1-904-471-1111, www.marineland.net, dag. 9–16.30 uur, volwassenen $ 12, kinderen tot 12 jaar $ 7

Nog enkele kilometers verder naar het zuiden aan de kustweg A1A heeft het al in 1938 geopende **Dolphin Conservation Center** ontwikkeld. Voorstellingen met gedresseerde zeedieren behoren inmiddels tot het verleden. Wel biedt Marineland nog altijd de mogelijkheid om met een beperkt aantal bezoekers in de enorme waterbassins te duiken en te snorkelen (alleen na reservering, ca. $ 160). Tot haar overlijden in het voorjaar van 2014 bracht de tot dan toe oudste in gevangenschap levende dolfijn ter wereld, Nellie, hier haar oude dag door, na een uiterst succesvolle carrière als ster in shows, films en commercials. Nellie werd in 1953 in Marineland geboren.

Het dierenpark werd overigens geopend, onder de naam 'Marine Studios'. Het complex

ANGEL'S DINER – WAAR ENGELEN ETEN …

Een luifel met brede groene en magenta strepen wijst de weg naar deze nostalgische *diner* in Palatka nabij de St. John's River. Het restaurant bestaat sinds 1932 en is daarmee de oudste nog bestaande *diner* van Florida. Hier herinnert de sfeer nog altijd aan de tijd dat de jukebox met platenwisselaar hits speelde en er met minimaal twee rietjes uit grote frisdrankbekers werd gedronken. De stoelen zijn van rood vinyl, de vloertegels zwart-wit. De hamburgers worden versbereid en komen niet uit de magnetron, ook de huisgesneden uienringen zijn populair. Bovendien kunt u nergens anders een *pusalow drink* krijgen, bestaande uit chocolademelk, een scheut vanillesiroop en crushed ijs (Palatka, 209 Reid St., tel. 1-386-326-3927, 24/7 geopend, burgers vanaf $ 4).

Jacksonville

deed in die tijd dienst als studio en decor voor verscheidene Tarzan- en andere films, vooral voor het maken van onderwateropnames. Arthur McBride, de vroegere beheerder van het complex, opperde als eerste de inmiddels bewezen theorie dat dolfijnen zich oriënteren met behulp van geluidsgolven, die ze gebruiken als een soort echolood.

Palatka ▶ 1, K 3

Bij Palatka, ca. 30 km verder landinwaarts, voert een brug over de brede St. John's River. De belangrijkste bezienswaardigheid van dit rustige plaatsje is het **Ravine Gardens State Park** in de diep ingesneden dalen van drie kleine beken, die uitmonden in de St. John's River. De tuinen zijn aangelegd in de jaren 30. Op wandel- en fietspaden en vanaf een bijna 3 km lange rondweg kunnen bezoekers in het voorjaar de bloemenpracht van vooral azalea's bewonderen (1600 Twigg St., tel. 1-386-329-3721, dag. 8 uur tot zonsondergang, $ 5 per auto, www.floridastate parks.org/park/ravine-gardens).

Onderweg naar Jacksonville

World Golf Hall of Fame
▶ 1, K 3

Word Golf Village, One World Golf Place, tel. 1-904-940-4000, www.wgv.com, ma.–za. 10–18, zo. vanaf 12 uur

Golfliefhebbers kunnen een interessant uitstapje maken via de afslag 95A van de Interstate 95 direct ten noorden van St. Augustine. Naast enkele golfterreinen en putting courses vindt u hier ook de Amerikaanse World Golf Hall of Fame met veel wetenswaardigheden over Jack Nicklaus & co plus allerlei memorabilia. In het cement van de Walkway of Champions zijn de handtekeningen van de golflegendes vereeuwigd. Een IMAX-bioscoop draait films over het thema sport en natuur.

Ponte Vedra Beach ▶ 1, K 2

Circa twintig minuten ten noorden van St. Augustine bij Ponte Vedra Beach hebben de **ATP World Tour**, de Association of Tennis Professionals en de **PGA Tour** van de **Professional Golfers Association** hun hoofdkantoren. De **Tournament Players Club at Sawgrass**, een van de beroemdste golfbanen ter wereld, is elk jaar in mei het toneel van het beroemde Players Championship, een toernooi waar een prijzengeld van enkele miljoenen dollars te verdienen valt.

De stijlvolle sporthotels van de regio hebben een goede reputatie en beschikken vaak over een eigen strand. Daarnaast vindt u hier verscheidene openbare stranden, onder andere bij **Micklers Landing**. Gelukkig zijn de tijden allang voorbij dat het zand werd afgegraven vanwege het hoge gehalte aan rutiel en ilmeniet. Dit waren in de Eerste Wereldoorlog militair gewilde mineralen waaruit titanium werd gewonnen voor de productie van gifgas.

Overnachten

Golfresort – **The Lodge & Club at Ponte Vedra Beach:** 607 Ponte Vedra Blvd., tel. 1-904-273-9500, www.pvresorts.com. Uitstekend geoutilleerde accommodatie direct aan het strand. Diverse golfbanen en vijftien tennisbanen. 66 units, vanaf $ 220.

Jacksonville ▶ 1, J/K 2

De economische metropool en de belangrijkste haven van Florida ligt vlak voor de uitmonding van de St. John's River in de Atlantische Oceaan. Met een oppervlakte van meer dan 2000 km² geldt **Jacksonville** qua omvang als de grootste stad van de VS. Het Mayport Naval Station van de US Navy is na Norfolk in Virginia het belangrijkste marinesteunpunt aan de Atlantische kust en basis voor vliegdekschepen. Fransen hadden halverwege de 16e eeuw een door de Spaanse armada onmiddellijk bloedig onderdrukte poging ondernomen om met Fort Caroline een kolonie te stichten.

Flagler en Plant – de spoorwegpioniers van Florida

Ze heetten allebei Henry van hun voornaam en waren Yankees uit het noorden. Beide mannen hebben in Florida spoorweggeschiedenis geschreven, met hun spoorrails het nauwelijks ontsloten zuiden veroverd en de staat in het zuidoosten de 20e eeuw binnengeleid. Henry M. Flagler en Henry B. Plant zagen hun kans schoon toen het land, dat door de verloren Burgeroorlog diep in de schulden stak, spoorweglicenties en bouwgrond aanbood tegen gunstige voorwaarden.

Plant bezocht Jacksonville al in 1853, toen hij nog manager van de Adams Express Company was. Hij was al zestig toen hij verscheidene kleine spoorwegmaatschappijen opkocht en zo kon uitbreiden naar Orlando in Florida. De ondernemer uit Connecticut was toen inmiddels eigenaar van de spoorwegmaatschappij Southern Express Company, die vanuit Atlanta diverse verbindingen in het Amerikaanse zuidoosten onderhield.

Al in Georgia en South Carolina had Plant verscheidene kleine, failliete spoorwegmaatschappijen opgekocht en hun spoornet geïntegreerd. Al snel liet hij de Waycross Short Line aanleggen, om Jacksonville in Florida met Savannah in Georgia te verbinden. Na verdere landaankopen in Florida bereikte zijn spoornet eerst Sanford, daarna Kissimmee en in 1884 uiteindelijk Tampa. Al een paar jaar later beheerste hij een enorm imperium van niet alleen spoorbanen maar ook rivier- en zeevaartlijnen. In 1892 bezat zijn Plant Investment Company ruim 2600 km aan spoorbanen. Van Punta Gorda, ten noorden van Fort Myers, voeren stoomschepen naar Key West. Vanuit Tampa onderhield het bedrijf een passagiers- en vrachtroute naar Cuba. Ten slotte overwoog Plant zelfs om in het zuiden van het schiereiland een dwarsverbinding aan te leggen van Fort Myers naar Miami. Deze dwarsverbinding werd pas decennia later gerealiseerd – niet als spoor- maar als autoweg: de Tamiami Trail (US 41) tussen Naples en Miami dateert uit de jaren 20.

Net als zijn concurrent Henry M. Flagler aan de oostkust liet Plant stijlvolle hotels verrijzen, waaronder het Ocala House nabij de kunstmatige bron van Silver Springs en het Seminole Hotel in Winter Park. In het oriëntaals ogende Tampa Bay Hotel met zijn fraaie minaretten en zilveren torens zijn tegenwoordig zowel afdelingen van de University of Tampa als het Plant Museum gevestigd. Het in 1896 gebouwde Belleview Hotel ten zuiden van Clearwater is nog steeds als hotel in gebruik.

Henry Flagler was als partner van de olieraffinaderij Rockefeller, Andrews & Flagler – de voorloper van de Standard Oil Company – al multimiljonair toen hij in 1883 op 53-jarige leeftijd tijdens zijn huwelijksreis met zijn tweede vrouw St. Augustine bezocht. Net als bij zijn bezoek met zijn eerste vrouw in 1878 was hij zeer enthousiast over het klimaat en de sfeer in Noord-Florida. Vanaf 1885 kocht hij kleinere spoorwegmaatschappijen aan de oostkust op, liet de spoorlijnen met elkaar verbinden en verder naar het zuiden nieuwe routes aanleggen.

De staat Florida, die hoge schulden had als gevolg van de verloren Burgeroorlog aan de zijde van de Geconfedereerden, bood land en spoorweglicenties te koop aan tegen gunstige condities. Toen Hamilton Disston, een industrieel uit Philadelphia, samen met zijn vriend Henry Sanford (naar wie het gelijknamige stadje ten noordoosten van Orlando is vernoemd) een vistrip naar Florida maakte, besefte hij onmiddellijk dat met de ontsluiting van het land een fortuin te

De Streamliner Henry M. Flagler reed op het traject van de Florida East Coast Railway

verdienen viel. Na ondertekening van de noodzakelijke contracten met Florida liet hij her en der afwateringskanalen aanleggen, waarmee hij grote stukken land in Midden-Florida drooglegde. Daarvoor in de plaats mocht hij voor een miljoen dollar ongeveer twee miljoen hectare land opkopen, dat hij voor veel meer geld van de hand kon doen aan vastgoedbedrijven, boeren en spoorwegmaatschappijen. De steden waren nog maar net door de spoorlijn ontsloten of de rich and famous uit de noordelijke staten van de VS kwamen massaal af op de snel verrezen luxehotels. In St. Augustine bezat Flagler drie grote hotels, het Ponce de León, het Alcazar en het Cordoxa, in Ormond Beach het Hotel Ormond (waar zijn voormalige zakenpartner Rockefeller lang stamgast was, totdat hij ontdekte dat men hem veel meer liet betalen dan de overige logés), in Palm Beach het legendarische Royal Poiciana met ruim duizend kamers en het Breakers, beide geheel van hout, en in Miami het Royal Palm Hotel. Mary Lily Kenan, Flaglers 33 jaar jonge derde vrouw, kreeg het luxueuze landhuis Whitehall in Palm Beach van haar inmiddels 71-jarige bruidegom als huwelijkscadeau (zie blz. 159). Zijn blik was net als die van zijn concurrent Plant nog verder zuidwaarts gericht. Zo nam hij in Nassau op de Bahama's het Royal Victoria over, liet daar het Colonial Hotel bouwen en besloot na een korte aarzeling in 1905 om het spoortracé van de Florida East Coast Railway via de eilandenketen van de Florida Keys door te trekken naar Key West. Vandaar moest een veerboot de verbinding van Florida naar Cuba verzorgen. Tijdens de bouwwerkzaamheden kostten drie orkanen en talrijke ongelukken het leven aan zevenhonderd mensen. Op 22 januari 1912 ging de droom van Flagler eindelijk in vervulling: op 82-jarige leeftijd, slechts enkele maanden voor zijn dood, kwam hij met de allereerste trein van de Overseas Railroad – aan boord van zijn particuliere Pullmanwagon – aan op het station van Key West.

Het traject van Miami naar Key West bleef onrendabel vanwege de lage passagiersaantallen en de te kleine hoeveelheden vracht. Op Labor Day 1935 verwoestte een orkaan een groot aantal bruggen, spoelden delen van het spoor weg in de zee en werden ruim vierhonderd mensen gedood. Later werd hier de Overseas Highway aangelegd, de huidige autoweg over de Keys, die grotendeels de route van Flaglers spoorbaan volgt.

Flagler en Plant creëerden de voorwaarden voor de razendsnelle ontwikkeling van Midden- en Zuid-Florida en gaven de economie een enorme boost doordat het vanaf nu mogelijk werd om fruit en wintergroenten uit vorstarme landbouwgebieden in Florida snel naar de noordelijke afzetmarkten te transporteren. Tegelijkertijd maakten beide mannen reclame voor Florida als fantastische vakantiebestemming, in eerste instantie alleen voor welgestelden; inmiddels zijn daar miljoenen toeristen bijgekomen.

Noordelijke Atlantische kust

GOLFPARADIJS FLORIDA

Geen van de andere Amerikaanse staten telt zoveel golfbanen als Florida: meer dan duizend. Hiertoe behoren enkele van de mooiste courts van het land. Omdat de green fees hier voordeliger zijn dan in Europa, is de golfsport voor velen betaalbaar. Veel hotels tussen Key West en Pensacola hebben hun eigen 18-holesbanen of bieden hun gasten de mogelijkheid om op clubterreinen te spelen. Doorgaans verhuren ze ook golfuitrustingen. Sneeuw en ijs zijn hier onbekend. Alleen bij najaarsstormen ligt het spel met het witte balletje een paar dagen gedwongen stil, maar verder kan er in Florida het hele jaar door worden gegolft – beslist een pre voor deze sport. Er wordt eigenlijk altijd wel ergens in Florida een van de vele golftoernooien voor amateurs of professionals gehouden. Hiertoe behoort ook een aantal PGA-toernooien. De al in 1916 opgerichte **Professional Golfers Association**, waarbij 28.000 mannelijke en vrouwelijke beroepsspelers zijn aangesloten, heeft zijn hoofdkantoor uiteraard in Florida, namelijk in het golfbolwerk Palm Beach aan de oostkust. Alleen al rond 'Florida's Golf Capital' liggen ruim 160 golfbanen waar men een balletje kan slaan te midden van palmen of met uitzicht op de golfen van de Atlantische Oceaan. Hiertoe behoren negentien openbare terreinen. Een van de beste onder de vele topgolfbanen is zonder twijfel de **Copperhead Course** van de **Innisbrook Resort & Golf Club** (www.innisbrookgolfresort.com) ten noorden van St. Petersburg; hier vindt u een van de grootste golfscholen van Noord-Amerika. Veel andere clubs geven meerdaagse basiscursussen en ook enkele Nederlandse/Belgische touroperators bieden golfvakanties in Florida aan.

Wie een bezoek brengt aan St. Augustine, de vroegere hoofdstad van Spaans-Florida, en fan is van het spel met het witte balletje, moet zeker een kijkje nemen in de **World Golf Hall of Fame** in **World Golf Village**. U kunt er een tentoonstelling over prominente, voornamelijk Amerikaanse golfhelden bekijken en veel te weten komen over de geschiedenis en de huidige verbreiding van de golfsport. Een IMAX-bioscoop laat films over golf zien. Twee 18-holesbanen maken deel uit van een wildreservaat. Wie wil, kan de precisie van zijn slagen ook testen op een *challenging hole*, dat 40 m van de oever midden in een cirkelvormig meer in het golfdorp is aangelegd.

The Florida State Golf Association: 8875 Hidden River Pkwy, Suite 110, Tampa, FL 33637, tel. 1-813-632-3742, www.fsga.org.
World Golf Village: 21 World Golf Place, St. Augustine, FL 32092, tel. 1-904-940-4000, www.wgv.com.
The PGA of America: 100 Ave. of the Champions, Palm Beach Gardens, FL 33418, tel. 1-561-624-8400, www.pga.com.

Nadat Florida aan het begin van de 19e eeuw deel was gaan uitmaken van de VS, werden via de haven van Jacksonville al snel katoen, hout en citrusvruchten overgeslagen, die met stoomschepen op de St. John's en de Oklawa River uit het binnenland werden aangevoerd. Tot 1821 werd de bescheiden nederzetting door de Engelssprekende kolonisten

Jacksonville

Cowford genoemd naar een doorwaadbare plaats *(ford)* voor vee in de St. John's River. Een jaar later besloten de bewoners de plaats te hernoemen naar de eerste territoriale gouverneur en latere president van de Verenigde Staten, generaal Andrew Jackson. Jacksonville herstelde zich maar langzaam van de Burgeroorlog, waarin het leger van de Unie de stad herhaaldelijk had bezet. Pas na de aansluiting op het spoornet in het noorden van de VS en op Flaglers Florida East Coast Railway en Plants Southern Florida Railroad Company in het zuiden ontstond er een duurzame economische groei. Talrijke branden aan het begin van de 20e eeuw hebben weinig van de oude huizen overgelaten. In snel uit de grond gestampte studio's werden tot 1920 zo'n driehonderd stomme films gemaakt, totdat de filmindustrie naar Hollywood aan de Californische Pacifische kust verhuisde.

Jacksonville telt tegenwoordig meer dan 820.000 inwoners, het Metropolitan Area anderhalf miljoen. Tot de belangrijkste werkgevers behoren de haven en de Amerikaanse marine, verzekeringsmaatschappijen en banken, die met hun torenhoge hoofdkantoren de skyline van de stad beheersen, plus enkele productiebedrijven, waaronder een van de grootste Anheuser-Buschbrouwerijen van de VS. In de wijken Springfield, Riverside en Avondale aan de noordoever worden veel gebouwen uit de jaren 20 gerenoveerd en onder monumentenzorg geplaatst.

Jacksonville Landing
2 Independent Dr., Suite 250, tel. 1-904-353-1188, www.jacksonvillelanding.com
Aan de noordelijke oever van de St. John's River tussen Acosta Street en Main Street Bridge werd enkele jaren geleden met de Jacksonville Landing een aantrekkelijk evenementen- en origineel winkelcentrum geschapen met restaurants en bars, waarvan een deels groene promenade langs het water loopt.

Cummer Museum of Art
829 Riverside Ave., tel. 1-904-356-6857, www.cummer.org, di. 10–21, wo.–vr. 10–16, za. 10–17, zo. 12–17 uur, volwassenen $ 10, kinderen $ 6

Iets verder stroomafwaarts toont het Cummer Museum of Art in twaalf zalen schilderijen en beeldhouwwerk van de Griekse oudheid tot heden. Paradepaardje is een bijna zevenhonderddelig servies van Meissenporselein.

Florida Theatre
128 E. Forsyth St., tel. 1-904-355-2787, www.floridatheatre.com
Het in 1927 als bioscoop geopende Florida Theatre met een weelderig interieur wordt tegenwoordig gebruikt voor uiteenlopende evenementen.

MOCA Jacksonville
333 N. Laura St., tel. 1-904-366-6911, www.mocajacksonville.org, di.–za. 11–17, do. tot 21, zo. 12–17 uur, volwassenen $ 8, kinderen $ 5
Een klein eindje verderop presenteert het in het voormalige kantoor van een telegraafmaatschappij ondergebrachte Museum of Contemporary Art, MOCA Jacksonville, een groeiende collectie hedendaagse kunst vanaf het midden van de 20e eeuw.

Ritz Theatre
829 N. Davis St., tel. 1-904-807-2010, www.ritzjacksonville.com, di.–vr. 9–18, za. 10–14, zo. tijdens voorstellingen, volwassenen $ 8, kinderen $ 5, extra voor evenementen
Dit in de Afro-Amerikaanse wijk LaVilla gelegen theater was in de jaren 20 bijna net zo bekend als het Apollo in New York. Het auditorium is inmiddels gerestaureerd en heeft zijn oude vaudeville-ambiance weer helemaal terug. Het bijbehorende **LaVilla Museum** documenteert de geschiedenis van de zwarte *neighbourhood* en de Afro-Amerikaanse artiesten die hier hebben opgetreden. Tegenwoordig doet het theater weer dienst als concertzaal en filmhuis.

Riverwalk en River Park
De ca. 3 km lange promenade Riverwalk en het St. John's River Park met de 36 m hoge Friendship Fountain plus talrijke restaurants en hotels verlevendigen de South Bank, de tegenover Jacksonville Landing gelegen zuidoever van de rivier.

Fort Caroline en de hugenoten – Frankrijks mislukte kolonie

Hugenoten moesten in 1562 voor Frankrijk de eerste kolonie in de Nieuwe Wereld stichten. Gaspard de Coligny, raadsman aan het Franse hof en prominente vertegenwoordiger van de protestante hugenoten, wilde via bezittingen in Amerika de Franse invloed binnen Europa vergroten. Tot dan toe profiteerden vooral Portugal en Spanje van de rijke gouden zilvermijnen. Ook hoopte men zo de geloofsstrijd tussen katholieken en protestanten in Frankrijk van zijn scherpe kanten te ontdoen.

Koning Filips II van Spanje had de verdere verkenning en kolonisatie van Florida na vergeefse pogingen om in het gebied in zijn greep te krijgen voor beëindigd verklaard. Dit bood Frankrijk de gelegenheid om aan de noordrand van het Spaanse koloniale rijk zelf de eerste voorzichtige schreden te zetten. Door in de Nieuwe Wereld een Franse hugenotenkolonie te stichten, wilde Frankrijk zijn belangen daar nadrukkelijk laten gelden. Niet in de laatste plaats zouden ze zo het binnenlandse probleem van het hugenotenvraagstuk tot een oplossing kunnen brengen.

Jean Ribault leidde in 1562 een eerste expeditie als navigator en verkende de Atlantische kust tot het huidige Beaufort in South Carolina. De godsdienststrijd tussen de katholieken en de protestantse hugenoten in Frankrijk vertraagde de voortgang van het project. Op een klein contingent na zeilde de tweehonderd man sterke expeditie weer over de Atlantische Oceaan terug naar Frankrijk.

In 1564 kon de medestrijder van Ribault, René de Laudonnière, met driehonderd volgelingen opnieuw een reis over de Atlantische Oceaan aanvaarden. In de buurt van de uitmonding van de Meirivier (zoals de Fransen de St. John's River noemden) stichtten ze een kampement, dat ze Fort Caroline noemden naar hun koning Karel IX en met hulp van de Timucua-indianen versterkten.

De verwachte schatten waren in de buurt van het kampement echter nergens te vinden en toenemende onenigheid onder de kolonisten vergiftigde de stemming. In de nederzetting heerste honger, en diverse conflicten met indianen verergerden de situatie. Enige tientallen muiters knepen er 's nachts per schip tussenuit en hitsten Spaanse kolonisten op tot zij zelf door oorlogsschepen van de armada werden opgepakt. De Spanjaarden beseften dat de doorgangsroute van hun rijk beladen galjoens gevaar liep. Ze stelden daarop een vlooteenheid samen onder admiraal Pedro Menéndez de Aviles, die de Fransen moest verdrijven. In de Franse kolonie was de stemming intussen zo vertwijfeld dat de terugkeer naar het vaderland werd voorbereid. Kort voor het vertrek van de falende kolonisten arriveerde Jean Ribault op 28 augustus 1565 in Fort Caroline met bevoorrading voor de kolonie en een versterking van zeshonderd soldaten en kolonisten uit Frankrijk.

Admiraal Menéndez was met zijn flottielje vanuit Spanje bijna tegelijkertijd voor de kust van Florida aangekomen. Na een vergeefse poging de Franse schepen te overrompelen, voer hij verder zuidwaarts en zette een versterkt kampement op, dat hij San Augustin noemde naar de heilige aan wie die dag volgens de katholieke kalender was gewijd. Ribault wilde nu op

Grimmige gevechten tussen Fransen en Spanjaarden bij Fort Caroline

zijn beurt de Spanjaarden in hun kampement bij verrassing overvallen en liet de zeilen hijsen, maar een orkaan blies de schepen ver naar het zuiden en bracht er een aantal tot zinken. Ternauwernood konden vijfhonderd overlevenden aan land komen.

Menéndez had de situatie beter ingeschat. Hij trok met zijn hoofdstrijdmacht over land naar het noorden en bereikte na een lange mars Fort Caroline, dat nog maar door 240 Fransen werd bezet. Na een gevecht van een uur konden de Spaanse soldaten de vesting overnemen. Enkele van de verdedigers, onder wie Laudonnière, vluchtten de bossen in, 140 mannen werden doodgeknuppeld of aan de palissaden opgehangen en 60 vrouwen en kinderen werden gevangengenomen. Menéndez trok met zijn troepen nu snel verder naar het zuiden en stuitte al vlug op de Franse schipbreukelingen. De meesten gaven zich over aan de Spanjaarden, anderen sloegen op de vlucht. Menéndez liet ca. 330 van de protestante Fransen, onder wie Ribault, ter plaatse executeren.

Een later door de Spanjaarden opgerichte versterkte buitenpost Fort Matanzas, werd vernoemd naar het bloedbad (Spaans: matanza). Ford Caroline werd door de Spanjaarden met de grond gelijk gemaakt. Een verkleinde reconstructie ervan herinnert aan de mislukte poging van de Fransen om een kolonie te stichten (12 713 Fort Caroline Rd., tel. 1-904-641-7155, www.nps.gov/foca/learn/historyculture/foca.htm, dag. 9–17 uur, gratis entree).

Noordelijke Atlantische kust

Jacksonville Maritime Museum
2 Independent Dr., tel. 1-904-355-1101, www. jacksonvillemaritimeheritagecenter.org, di.–za. 11–17 uur, volwassenen $ 5, kinderen 7–13 jaar $ 1

Dit museum in het Maritime Heritage Center toont zijn schatten in het complex van Jacksonville Landing direct ten noorden van de brug over de St. John's River. Wie in maritieme geschiedenis is geïnteresseerd, komt hier helemaal aan zijn trekken. Het zwaartepunt van de collectie wordt gevormd door de modellen van civiele en militaire schepen uit uiteenlopende perioden.

Museum of Science and History
1025 Museum Circle, tel. 1-904-396-6674, www.themosh.org, ma.–do. 10–17, vr. 10–20, za. 10–18, zo. 12–17 uur, volwassenen $ 10, kinderen 3–12 jaar $ 8

Ten zuiden van de Warren Bridge ligt het uitstekende Museum of Science and History, dat natuurwetenschappelijke en historische verbanden aanschouwelijk maakt. In Kidspace worden kinderen onder de vijf spelenderwijs geconfronteerd met allerlei natuurwetten, onder andere in een boomhut en bij een watertafel. 'Graag aanraken!' luidt het motto van de tentoonstellingen. De nieuwste attractie The Body Within gunt u een kijkje in het enorme model van een menselijk lichaam. Bezoekers betreden de bijzondere figuur door de mond en kunnen binnenin op verschillende punten de diverse organen uitgebreid bekijken.

De aangrenzende wijk San Marco heeft een heel eigen sfeer en aantrekkingskracht met zijn talrijke art-decohuizen, stijlvolle winkels en restaurants.

Mayport en omgeving

Vlak bij de uitmonding van de St. John's River ligt het kleine vissershaven Mayport. De naam van dit plaatsje herinnert aan de Fransen, die de rivier in mei 1562 voor het eerst verkenden en hem de Rivière de Mai ('Meirivier') noemden. Veel garnalen- en kreeftenvissers hebben in Mayport hun thuishaven en in de jachthaven liggen krachtige motorboten, die gecharterd kunnen worden voor vistrips naar de Golfstroom voor de kust. Het militaire deel van de haven biedt plaats aan 36 oorlogsschepen.

Mayport is de thuishaven van de vierde marinevloot, die in het Caribisch gebied en het zuiden van de Atlantische Oceaan opereert (geregeld rondleidingen, informatie en reserveren via tel. 1-904-264-5226).

Ten zuiden van de riviermonding strekt zich parallel aan de circa 20 km landinwaarts gelegen stad over ruim 30 km een breed strand uit. **Atlantic**, **Neptune** en **Jacksonville Beach** behoren tot de grote zandstranden die maar op een paar locaties dichter bebouwd zijn en herhaaldelijk worden afgewisseld door State Parks.

Info
Jacksonville and the Beaches Convention and Visitors Bureau: 208 N. Laura St., Suite 102, FL 32202, tel. 1-904-798-9111, www.visitjacksonville.com.
Beaches Visitor Center: 380 Pablo Ave., Jacksonville Beach, tel. 1-904-242-0024, di.–za. 10–16.30 uur.

Overnachten
Met alle faciliteiten – **One Ocean:** 1 Ocean Blvd., Jacksonville Beach, tel. 1-904-249-7402, www.oneoceanresort.com. Ruime kamers met uitzicht op zee, waarvan een aantal met balkon. Spa, fitnesscenter, gourmetrestaurant. 193 kamers, vanaf $ 199.

Gezellig pension – **Waterfront Sanctuary B & B:** 17524 Montessa Terrace, Jacksonville, tel. 1-904-404-6758. Comfortabele kamers direct aan de rivier. Zwembad, kajaks, fietsen en ontbijt. Vanaf $ 140.

Groot hotel aan de rivier – **Hyatt Regency Jacksonville Riverfront,** 225 E. Coastline Dr., tel. 1-904-588-1234, jacksonville.hyatt.com. Comfortabel downtownhotel tegenover het Friendship Park, de kamers aan de kant van de rivier hebben een mooi uitzicht. Met zwembad op het dak. 963 kamers en suites, vanaf $ 90.

Camping – **Fleetwood RV Park:** 5001 Phillips Hwy, tel. 1-904-737-4733, www.fleetwood-rv park.com. Campsite dicht bij de stad, ten

Jacksonville

zuiden van het centrum en niet ver van de St. John's River, heel het jaar geopend. Camperplaatsen vanaf $ 35.

Eten & drinken

Brouwerij-restaurant – **River City Brewing Company:** 835 Museum Circle, tel. 1-904-398-2299, www.rivercitybrew.com, ma.–do. 11–15, 17–22, vr., za. 11–15, 17–23, zo. 10.30–14.30 uur, pub en bar langer. Californisch geïnspireerde keuken met een Louisiaans tintje, verscheidene lekkere bieren, die in de eigen kelder worden gebrouwen. Vaak livemuziek. Hoofdgerecht vanaf $ 18.

Lekkere ribbetjes – **Sticky Fingers:** 8129 Point Meadows Way, Baymeadows, tel. 1-904-493-7427, www.stickyfingers.com, dag. vanaf 11 uur, ook vestigingen aan River City Market Place en 13150 City Station Dr. Uitstekende gegrilde ribbetjes, op de achtergrond klinkt goede blues. Ribbetjes vanaf $ 16,50.

Southern cuisine – **Ragtime Tavern:** 207 Atlantic Blvd., Atlantic Beach, tel. 1-904-241-7877, www.ragtimetavern.com, zo.–do. 11–24, vr., za. 11–2 uur, bar langer. Specialiteiten uit de creoolse en cajunkeuken, plus jazz uit New Orleans en zelfgebrouwen biertjes. Hoofdgerecht vanaf $ 14.

KINGSLEY PLANTATION

Anna Jai moet een bijzondere vrouw zijn geweest. Toen de slavenhandelaar en planter Zephaniah Kingsley haar in 1806 in Havanna kocht, was het dertienjarige meisje nog maar net met een slavenschip uit Senegal aangekomen. Kingsley nam haar mee naar Florida, net als Cuba in die tijd een Spaanse kolonie. Vijf jaar later trouwden ze, Anna Jai kreeg haar vrijheid.

Toen Zephaniah Kingsley in 1814 de plantage op Fort George Island overnam en nog meer landerijen kocht, had zijn vrouw al de supervisie over alle huisbedienden, eigen land, een veehandelsbedrijf en zelfs zes eigen slaven. Op de Kingsleyplantages werd langvezelige katoen verbouwd en gedijden citrusvruchten, suikerriet en mais. Zo'n tweehonderd slaven werkten volgens het zogenaamde *task system*: als ze hun dagquotum hadden bereikt, konden ze in een tuin bij hun onderkomen gewassen verbouwen voor eigen gebruik.

Toen Florida in 1821 onderdeel werd van de Verenigde Staten, waardoor strenge slavenwetten van kracht werden, voelden ook de vrije zwarte bevolking zich niet meer veilig. Anna Jai emigreerde met haar kinderen naar Hispaniola en stichtte met steun van haar man de nederzetting Mayorasco de Koka aan de noordkust van het eiland. In 1839 verkocht Kingsley zijn bezittingen in het noordoosten van Florida. Hij overleed in 1843 tijdens een verblijf in New York. Anna Jai stierf op 77-jarige leeftijd op Hispaniola. Het **hoofdgebouw** van de Kingsley Plantation en het **keukengebouw** zijn getrouw naar het origineel gereconstrueerd en ingericht met meubilair en gebruiksvoorwerpen uit die periode. Een van de 23 **slavenhutten** is eveneens te bezichtigen (11676 Palmetto Ave., Jacksonville, St. George Island, tel. 1-904-251-3537, www.nps.gov/timu, dag. 9–17 uur, hoofdgebouw wegens restauratie alleen in het weekend geopend).

Noordelijke Atlantische kust

Uitgaan

Entertainment aan het water – **Jacksonville Landing:** openluchtconcerten in het weekend. In de Voodoo Ultra Louge wordt gedanst op hiphop en top 40-muziek, in de Hookah Bar worden straffe cocktails gemixt, www.jacksonvillelanding.com, zie blz. 385.

Bier en cocktails – **Side Car:** 1406 Hendricks Ave., Jacksonville, tel. 1-904-555-5555, www.drinksidecar.com. Het is een rare combinatie, een cocktailbar in de stijl van een *speakeasy* uit de jaren 20 en een Duitse biertuin in één tent, maar gek genoeg werkt het prima.

Livemuziek – **Freebird Live:** 200 N. 1st St., Jacksonville Beach, tel. 1-904-246-2473, www. freebirdlive.com. De levendige club met 's avonds concerten wordt gerund door de weduwe en de dochter van Lynyrd Skynyrd-zanger Ronnie van Zant.

Poolcafé – **Pete's Bar:** 117 1st St., Neptune Beach, tel. 1-904-249-9158. Kroeg met prima sfeer en pooltafels.

Actief

Vissen – **Mayport Princess:** 4378 Ocean St., Mayport, tel. 1-904-241-4111, www.mayportprincessfishing.com. Dit 20 m lange motorjacht vaart regelmatig uit voor negen uur durende vistrips. Voor de uitrusting wordt gezorgd. Vanaf ca. $ 80.

Vervoer

Vliegtuig: Verscheidene Amerikaanse vliegmaatschappijen gebruiken het Jacksonville International Airport, ca. 20 km ten noorden van het centrum (www.flyjax.com, tel. 1-904-741-4902).

Trein: Amtrakoverstapstation voor de noordroute naar New York en de westroute naar Los Angeles, 3570 Clifford Lane/45th St., tel. 1-800-872-7245, www.amtrak.com.

Bus: Greyhoundbussen stoppen bij de terminal op 10 N Pearl St., tel. 1-904-356-9976.

Amelia Island ▶ 1, K 2

Dit 20 km lange en 4 km brede vakantie-eiland aan de grens met de staat Georgia is vernoemd naar prinses Amelia, de ongehuwd gebleven dochter van de Engelse koning George II uit het Huis Hannover. Lange brede stranden en duinen van fijn kwartszand omzomen de Atlantische kust.

De eenzame stranden lenen zich uitstekend voor ritten te paard, een activiteit die elders in Florida maar op weinig plaatsen kan worden beoefend (zie blz. 395). Achter de stranden strekken zich vooral in het zuiden dichte gemengde bossen uit, die meer naar het westen richting het vasteland worden afgewisseld door omvangrijke moerasgebieden. In het noorden staan de straten bij de zandstranden tot aan Fernandina Beach, de belangrijkste stad van het eiland, vol pensions en kleine hotels.

Geschiedenis van het eiland

De eerste bewoners van het eiland waren de Timucua-indianen. Na die tijd ging het voortdurend in andere handen over. In het midden van de 16e eeuw kwam Amelia Island – na een korte aanwezigheid van de Fransen – in Spaans bezit. Aan het begin van de 18e eeuw konden de Spanjaarden hun buitenposten niet meer behouden na de plunderingen door de Engelse troepen uit South Carolina in samenwerking met de Creek-indianen. Piraten maakten dankbaar gebruik van de wetteloze toestand van het eiland en richtten steunpunten op. Engelsen, Confederalisten en Unionisten eisten het eiland op, dat pas sinds 140 jaar onbetwist tot de VS behoort.

De goederenspoorlijn van de Floridaanse senator David Levy Yulee, die van Cedar Key aan de Golf van Mexico naar Fernandina Beach voerde, zorgde halverwege de 19e eeuw voor economische groei. Zijn grote bloeitijd beleefde het eiland een halve eeuw later, toen vanuit de haven van Fernandina Beach per spoor aangeleverd hout en fosfaat werden verscheept, en aan de kades passagiersschepen aanlegden met vakantiegangers uit de noordelijke staten. Aan het begin van de 20 eeuw zorgde Henry Flagler met zijn spoorverbinding voor een grote economische impuls en een toeristische hausse in het

Amelia Island

zuiden van Florida, met als gevolg dat Amelia Island in vergetelheid raakte.

De vakantiegangers trokken nu verder naar het zuiden, naar Flaglers hotels in St. Augustine, Daytona Beach en Palm Beach. Tot enkele jaren geleden gold het eiland nog als een insidertip. Tegenwoordig is het een populaire bestemming van individueel reizende toeristen met een voorliefde voor de golfbanen en de lange stranden van American Beach en Peters Point in het dunbevolkte zuiden en Main Beach langs de noordelijke helft van het eiland.

Fort Clinch

Fort Clinch State Park, 2601 Atlantic Ave., Fernandina Beach, tel. 1-904-277-7274, www.floridastateparks.org/park/fortclinch, dag. 8 uur tot 's avonds, fort tot 17 uur, State Park $ 6 per auto, voetgangers $ 2, fort $ 2 per persoon

Aan de noordpunt van Amelia Island staat het onvoltooide, bakstenen Fort Clinch uit het midden van de 19e eeuw. Elk eerste weekend van de maand worden er legerdemonstraties in oude uniformen gegeven. Van de schansen kunt u bij goed weer het noordelijker, al in Georgia gelegen Cumberland Island zien liggen.

Het fort met uitzicht op de Cumberland Sound ligt midden in het **Fort Clinch State Park**, een natuurgebied dat de hele noordpunt van het eiland beslaat.

Fernandina Beach

Het havenstadje Fernandina Beach aan de noordwestkust is met ruim elfduizend inwoners de enige grote plaats op het eiland. In de met zorg gerestaureerde oude binnenstad zijn veel huizen uit de bloeitijd van het eiland bewaard gebleven. In veel victoriaanse panden zijn tegenwoordig B&B's, restaurants en originele winkels gevestigd, andere worden als woonhuis gebruikt.

Het **Amelia Island Museum of History** geeft informatie over de laatste vierduizend jaar van het eiland en organiseert wandelingen met gids plus rondritten door de stad en over het eiland (233 S. 3rd St., tel. 1-904-261-7378, www.ameliamuseum.org, ma.–za. 10–16, zo. 13–16 uur, volwassenen $ 7, kinderen $ 4).

In de **haven** lopen 's avonds de garnalenvissers binnen. Jaarlijks brengen ze 100 miljoen kilo garnalen aan land. Op Shrimps Dock kunt u zien hoe het lossen in zijn werk gaat. In de uitstekende restaurants van het eiland maakt u grote kans niet veel later op de dag van een portie versbereide schaaldieren te kunnen genieten.

Info

Amelia Island Welcome Center: 102 Centre St., in het oude spoorwegdepot, Fernandina Beach, tel. 1-904-277-0717, www.ameliaisland.org.

Overnachten

Pure luxe – **Ritz-Carlton:** 4750 Amelia Island Pkwy, Summer Beach, tel. 1-904-277-1100, www.ritzcarlton.com. Stijlvol resorthotel met mooi zwembad, tennis- en golfbaan, eigen strand en alle voorzieningen. Het bijbehorende restaurant **Salt** (hoofdgerecht vanaf $ 34, meer dan vijfhonderd wijnen) is een van de beste van Florida. 450 suites en kamers, vanaf $ 300.

Historische flair – **Florida House Inn:** 20 S. 3rd St., tel. 1-904-491-3322, www.floridahouseinn.com. Charmante bed and breakfast uit het midden van de 19e eeuw in het hart van Fernandina Beach. 15 kamers, vanaf $ 120 incl. ontbijt.

Camping – **Fort Clinch State Park:** adres zie hierboven, reserveren via www.reserveamerica.com. Plek vanaf $ 26.

Eten & drinken

Modern-Amerikaans – **Joe's 2nd Street Bistro:** 101 Centre St., tel. 1-904-261-5310, www.joesbistro.com. Creatieve keuken in een sfeervolle, honderd jaar oude stadsvilla. Hoofdgerecht vanaf $ 22.

Seafood met havenzicht – **Brett's Waterway Café:** 1 Front St., tel. 1-904-261-2660, dag. vanaf 11.30 uur. Vers gevangen vis, krab en kreeft met uitzicht op de haven. Hoofdgerecht vanaf $ 18.

De rustige havenplaats Fernandina Beach is de enige 'grote stad' op Amelia Island.

Noordelijke Atlantische kust

DE OKEFENOKEE SWAMP VERKENNEN

Informatie

Begin: De Canal Digger's Trail begint bij het Visitor Center, de overige trails zijn afslagen van de Swamp Island Drive.

Vervoer: Het Visitor Center ligt ten westen van Folkston/Georgia. Het is vanuit het stadscentrum te bereiken via W Main Street en S Okefenokee Drive, die verderop overgaat in de Okefenokee Parkway.

Lengte: Canal Digger's Trail 1 km, Chesser Island Homestead Trail 1 km (beide trails lopen rond), Deer Stand Trail 1,6 km, Boardwalk 2 km (heen- en terugweg).

Parkinformatie & rondleidingen: Okefenokee National Wildlife Refuge, Rte. 2, Folkston, Georgia 31537, tel. 1-912-496-7836, kanoverhuur tel. 1-912-496-3331, www.fws.gov/refuge/okefenokee.

Belangrijk: Alle trails zijn vrijwel vlak en moeiteloos te verkennen. Vergeet geen zonnebrandcrème en antimuggenmiddel mee te nemen!

Van de Atlantische kust in Noord-Florida is het maar een klein eindje naar de staatsgrens van Georgia, die hier samenvalt met de loop van de St. Marys River. De rivier ontspringt in de **Okefenokee Swamp**, het moerasgebied dat zich over een oppervlakte van 1800 km² aan weerszijden van de grens uitstrekt, en mondt na een meanderende loop tussen Cumberland Island (Georgia) en Amelia Island (Florida) uit in de Atlantische Oceaan. Het beschermde natuurgebied, dat door kleine wegen wordt doorsneden, wordt maar door weinig mensen bezocht, maar dieren vindt u er des te meer: er leven ca. 12.000 alligators en 's zomers ruim 25.000 reigers en ibissen. Verder is dit het leefgebied van eenden, visarenden, roodkopgieren, vele slangensoorten, kikkers, hagedissen en vissen, en niet te vergeten muskieten, maar ook duikende roofkevers en de op waterlelies zittende, vissende spinnen.

De ruim 1 km lange **Canal Digger's Trail** begint bij het Visitor Center en volgt het oude Suwannee Canal. Langs de parallel aan het water lopende route zijn veel dieren te zien: schildpadden, hagedissen, niet zelden ook alligators, plus diverse vogels en gordeldieren. Aan de ruim 6 km

Amelia Island

lange Swamp Island Drive iets zuidelijker beginnen drie trails. De 1,10 km lange **Chesser Island Homestead Trail** voert naar heringerichte farmgebouwen uit de jaren 30, die een indruk geven van het leven vol ontberingen van de *swampers*.
De 0,8 km lange **Deer Stand Trail** begint bij de farm en slingert zich door een kwelderlandschap aan de rand van het moeras, dat met moerasdennen en -eiken is begroeid. Van een observatietoren zijn vaak roodwild en andere dieren te zien als ze de open plaatsen betreden. Iets verderop begint de **Boardwalk**. Via dit 1,10 km lange plankenpad kunnen bezoekers ca. 80 cm boven het wateroppervlak veilig door het moerasgebied lopen. Dit is een paradijs voor dierenobservaties, met alligators, Amerikaanse slangenhalsvogels, konijnen, reigers, ibissen, wasberen, kikkers, schildpadden en diverse soorten insecten. Van een observatietoren hebt u een mooi uitzicht op Seagrove Lake, waar de trail eindigt.
Vanuit Fargo in het zuidwesten en Folkston in het oosten, maar vooral vanuit Waycross in het noorden kunt u **boottochten** maken in het afgelegen landschap. In het bruinzwarte water weerspiegelen soms wel 30 m hoge moerascipressen, eilanden met een dicht begroeiing van eiken, dennen, hulst en laurierbomen vormen de habitat van talrijke dieren. Andere eilanden bestaan uit veenkussens van wel 5 m dik die op het water drijven en zelfs mensen kunnen dragen. Wie per kano onderweg is, kan na reservering bij een van de rangerstations op drijvende houten platforms kamperen en 's nachts luisteren naar de onheilspellende geluiden, een oehoe die zich op zijn prooi stort, het gekwaak van Amerikaanse brulkikkers en de paringsroep van een alligator.

Van de grill – **Sonny's Real Pit Bar-B-Q:** 2742 S. 8th St., tel. 1-904-261-6632. Rustiek barbecuerestaurant met kruidige ribbetjes en kip, en lekkere salades. Gerechten vanaf $ 7.

Winkelen

Handgemaakt snoep – **Fantastic Fudge:** 218 Centre St., tel. 1-904-277-4801, www.fantasticfudge.com. Hier kunt u zien hoe van natuurlijke ingrediënten roombotertoffees en andere heerlijke zoetigheden worden gemaakt.

Uitgaan

De oudste bar van Florida – **Palace Saloon:** 117 Centre St., tel. 1-904-261-6320, www.thepalacesaloon.com. Traditioneel establissement uit 1848, Nog altijd serveert men hier koel bier en *pirate's punch*, 's avonds met livemuziek.

Actief

Rondritten per koets – **Old Towne Carriage Company:** Centre St., tel. 1-904-277-1555, www.ameliacarriagetours.com. Rondritten per paardenkoets naar de belangrijkste bezienswaardigheden van de oude stad. 30 minuten volwassenen $ 15, kinderen $ 7,50, 60 minuten volwassenen $ 30, kinderen $ 15.
Paardrijden – **Kelly Seahorse Ranch:** Amelia Island State Park, tel. 1-904-491-5166, www.kellyranchinc.net. Op de zuidpunt van het eiland biedt deze manage de in Florida tamelijk zeldzame mogelijkheid om te paard over een breed eilandstrand te rijden. Voor jongeren vanaf dertien jaar en volwassenen met een gewicht tot 110 kg. Ritten van een uur, maximaal twaalf deelnemers, $ 70 per persoon.

Vervoer

Veerboot: St. John's River Ferry, 4610 Ocean St. Atlantic Beach, Mayport, tel. 1-904-241-9969, www.stjohnsriverferry.com. Al meer dan zestig jaar varen de veerboten nabij de riviermonding heen en weer over de St. John's River, tussen Mayport in het zuiden en Fort George op Fanning Island in het noorden. Zodoende kunt u ook via *state route* 1A met de auto van Jacksonville naar Amelia Island rijden (ma.–vr. 6–19, za., zo. 7–20.30 uur op het hele en halve uur. $ 6 per auto, voetgangers $ 1).

Gainesville en Tallahassee

Wie ver van de highways door het noorden van Florida rijdt, komt langs kleine dorpen en een heuvelig landschap met pinda-, tabaks- en katoenvelden. Kleine uitstapjes voeren naar plantagevilla's uit de tijd voor de Amerikaanse Burgeroorlog. Tot de rustige attracties behoren musea over het leven van een componist van volksliedjes of over de terpentijnwinning uit naaldbomen.

Gainesville ▶ 1, H/J 3

De drukte van een grote stad zoekt u hier vergeefs. Het landelijke Gainesville ligt ver van de grote steden van de staat Florida. Van de ca. 125.000 inwoners bestaat bijna een derde uit studenten van de University of Florida. Nog halverwege de 19e eeuw heette de stad Hogtown. Nadat de stad tot bestuurszetel van de county was uitgeroepen, gingen de inwoners echter snel over tot een naamsverandering. De 'indianenvechter' generaal Edmund Gaines, die tijdens de eerste twee Seminole-oorlogen in Florida overwinningen voor de VS had bevochten met grote verliezen, bood een oplossing voor het naamprobleem van de 'Zwijnenstad'.

Florida Museum of National History

Hull Rd./S. W. 34th St., tel. 1-352-846-2000, www.flmnh.ufl.edu, ma.–za. 10–17, zo. 13–17 uur, gratis entree, speciale tentoonstellingen volwassenen $ 10, kinderen 3–17 jaar $ 6
Vooral de campus van de universiteit met zijn uitgestrekte parken en bakstenen gebouwen is een bezoek waard, net als enkele bij de universiteit behorende musea. Het Florida Museum of National History maakt bezoekers van alle leeftijden enthousiast, die in de entreehal door de geprepareerde reusachtige skeletten van een mastodont en een mammoet worden begroet. In de prehistorie bevolkten deze giganten Florida.

Diorama's met voor Florida karakteristieke landschappen, een gereconstrueerde kalksteengrot, het huis van een Timucua-indiaan en een enorm aviarium met tropisch klimaat voor vlinders zijn enkele van de andere attracties. Op zaterdag en zondag worden bij geschikt weer pas ontpopte vlinders bij hun soortgenoten in het Butterfly Rainforest vrijgelaten; in totaal leven daar circa zestig verschillende soorten.

Samuel P. Harn Museum of Art

Cultural Plaza bij de kruising Hull Rd./S. W. 34th St., tel. 1-352-392-9826, www.harn.ufl.edu, di.–vr. 11–17, za. 10–17, zo. 13–17 uur, gratis entree
Het Samuel P. Harn Museum of Art op het terrein van de universiteitscampus geeft met negenduizend stukken en kunstwerken uit alle delen van de wereld, met ook moderne ontwikkelingen, de kunstliefhebbers een goed overzicht.

University Gallery

400 S. W. 13th St., Fine Arts Building B, tel. 1-353-273-3000, www.arts.ufl.edu/galleries, di.–vr. 10–17, do. tot 19, za. 12–16 uur, tijdens collegevrije periode gesloten, gratis entree
De University Gallery in het gebouw van het College of Fine Arts is gericht op hedendaagse en experimentele beeldende kunst, niet zelden met bewust provocerende tentoonstellingen van internationale kunstenaars, die worden opgenomen in het curriculum van de kunstacademie.

Info

Gainesville en Alachua County Visitors & Convention Bureau: 30 E. University Ave., Gainesville, FL 32601, tel. 1-352-374-5260, www.visitgainesville.com.

Overnachten

Romantische getaway – **Magnolia Plantation:** 309 S. E. 7th St., tel. 1-352-375-6653, www.magnoliabnb.com. Victoriaans ingerichte B&B met fijne sfeer. Drankjes en hapjes zijn overdag gratis. Elf huisjes, tevens kamers voor twee personen. Vanaf $ 145, inkl. uitgebreid ontbijt.

Voordelig ketenhotel – **Comfort Inn University:** 3440 Southwest 40th Blvd., tel. 1-352-264-1771, www.gainesvillecomfort.com. Prima kamers, gratis wifi en krant, fitnessruimte, zwembad en vriendelijke service, niet ver van de universiteit. Vanaf $ 90.

Eten & drinken

Alleen de beste regionale ingrediënten – **Mildred's Big City Food:** 3445 W. University Ave., tel. 1-352-371-1711, www.mildredsbigcityfood.com, ma.–do. 11–21, vr., za. 11–22 uur. Overdag een gezellig café met heerlijke sandwiches, 's avonds wisselende verse vis- en wildgerechten. Gerechten $ 9–35.

Caribische keuken – **Emiliano's Cafe:** 7 S. E. 1st Ave., tel. 1-352-375-7381, www.emilianoscafe.com, di.–do. 11–22, vr., za. 11–23 uur. Heerlijke Spaanse en Caribische specialiteiten en tapas. U kunt buiten of binnen zitten. Hoofdgerecht vanaf $ 14.

Ten zuiden van Gainesville

Paynes Prairie Preserve State Park ▸ 1, J 3

100 Savannah Blvd., aan US 441 bij Micanopy, tel. 1-352-466-3397, www.floridastateparks.org/park/Paynes-Prairie, dag. 8 uur tot zonsondergang, $ 6 per auto, voetgangers $ 2

Paynes Prairie Preserve State Park, ongeveer 16 km ten zuiden van Gainesville, heeft een wisselvallige geschiedenis ondergaan. Vanaf een 15 m hoge uitkijktoren hebt u een goed zicht op dit in een kom gelegen beschermd natuurgebied, waar op de savannes net als vroeger kuddes bizons grazen en dennenbossen, moerassen, vochtige gebieden en vijvers te vinden zijn; op wandelpaden kunt u het park verkennen.

Ontdekkingen van stookplaatsen, scherven en werktuigen tonen aan dat de regio sinds ten minste negenduizend jaar door mensen wordt bewoond. In de Spaanse koloniale tijd bevolkten enorme aantallen runderen de prairie. Nadat honderdtwintig jaar geleden een aardverschuiving de afvoer van de bron van de Alachuatrechter had geblokkeerd, lag er tientallen jaren een meer in de kom, waarop zelfs raderstoomboten voeren. Twintig jaar later had het water weer een nieuwe loop genomen; duizenden vissen kwamen om in het slijk op de meerbodem, de schepen lagen op het droge.

Micanopy ▸ 1, J 3

De bijna 20 km ten zuiden van Gainesville gelegen kleine stad Micanopy doet zijn best om de sfeer van een landelijke idylle uit de 19e eeuw te behouden. Micanopy beweert de oudste nederzetting in het binnenland van Florida te zijn; de stad is voortgekomen uit een indiaanse handelspost. Talrijke antiekwinkels en kleine galeries omzomen Choloka Boulevard, de door oude eiken omzoomde hoofdstraat.

Marjorie Kinnan Rawlings State Historic Site ▸ 1, J 3

18700 S. CR 325, 6,5 km ten oosten van de kruising met US 301, tel. 1-352-466-3672, www.floridastateparks.org/park/Marjorie-Kinnan-Rawlings, dag. 9–17 uur, rondleidingen okt.–juli do.–zo. 10–11 en 13–16 uur, $ 3 per auto, rondl. volwassenen $ 3, kinderen 6–12 jaar $ 2

Gainesville en Tallahassee

De mensen in deze regio vormen de kern van de verhalen en romans van de journaliste en schrijfster Majorie Kinnan Rawlings, die in 1928 in het dorpje Cross Creek tussen Orange Lake en Lochloosa Lake ging wonen om daar te schrijven en een kleine citrusplantage te beheren. De Pulitzer Prize-winnaar was bevriend met Margaret Mitchell, Ernest Hemingway en andere kunstenaars, die hier regelmatig te gast waren. Haar als State Historic Site bewaard gebleven woonhuis wekt de indruk dat de schrijfster het pas kort geleden heeft verlaten.

Ichetucknee-Springs, dag. 8 uur tot zonsondergang, $ 6 per auto, voetgangers $ 2, inner tubing $ 5 per persoon, transport naar het beginpunt is tegen een kleine bijdrage makkelijk geregeld

In de zomermaanden is het zogeheten inner tubing op de bronrivier van Ichetucknee Springs een van de bijzondere genoegens, vooral voor de studenten van de ca. 60 km verder naar het zuiden gelegen University of Flo-

Ten noorden van Gainesville

Devil's Millhopper State Geological Site ▶ 1, H 3

SR 232, 4732 Millhopper Rd., tel. 1-352-955-2008, www.floridastateparks.org/park/Devils-Millhopper, wo.–zo. 9–17 uur, tochten met gids za. 10 uur, $ 4 per auto, voetgangers $ 2

In de trechter van de Devil's Millhopper State Geological Site, ongeveer 7 km ten noordwesten van de stad, kunnen bezoekers een blik in de prehistorie van Florida werpen. Het plafond van een kalksteengrot stortte ongeveer tienduizend jaar geleden in, waardoor een doline ontstond met een doorsnede van ca. 152 m en een diepte van 37 m.

Op de vochtige bodem van de doline gedijen varens en planten die normaal gesproken pas 1000 km verder naar het noorden te zien zijn. Een stevige houten trap voert naar de bodem van de kalksteentrechter. Versteende haaientanden en andere vondsten die in het bezoekerscentrum worden tentoongesteld, tonen aan dat Florida vroeger door een oceaan bedekt was.

Ichetucknee Springs State Park ▶ 1, H 2

12087 S. W. US Hwy 27, Fort White, tel. 1-386-497-4690, www.floridastateparks.org/park/

Ten noorden van Gainesville

rida in Gainesville. De opgeblazen binnenbanden van vrachtwagenwielen drijven ongeveer 10 km naar het westen door de ongerepte natuur van het State Park. De Ichetucknee River mondt dan uit in de Santa Fe River, die later overgaat in de Suwannee River. Het heldere, het hele jaar door 22°C warme water wordt door verscheidene artesische bronnen gevoed, waarbij onlangs sporen van indiaanse bewoning zijn ontdekt.

Olustee Battlefield Historic State Park ▶ 1, H 2

5890 Battlefield Trail Rd., Olustee, US 90, tel. 1-386-758-0400, www.floridastateparks.org/park/Olustee-Battlefield, park 9–17 uur, gratis entree

De enige grote slag in de Amerikaanse Burgeroorlog op Floridaanse bodem werd uitgevochten bij Olustee, ca. 25 km ten

Uitgestrekt grasland met moerascipressen en hammocks (hardhoutbosjes) – zo zien ook nu nog grote delen van Midden-Florida eruit

oosten van de huidige kruising van de Interstate Highways I-10 en I-75 bij Lake City. De in Jacksonville gestationeerde generaal van de regeringstroepen wilde met ongeveer vijfduizend man de bevoorradingslinie tussen Florida en Georgia doorbreken en stuitte hier op 20 februari 1864 op het ongeveer even grote contingent van het Geconfedereerde leger onder generaal Finegan.

Na zes uur durende gevechten vluchtten de noordelijken van het slagveld, maar werden niet achtervolgd. In totaal bleven meer dan driehonderd soldaten dood achter, vijfentwintighonderd waren gewond of vermist. Veertien maanden later was de oorlog met de overwinning van de Unie ten einde.

Ieder jaar half februari komen historisch en militair geïnteresseerden bijeen om in kleding uit die tijd en in uniform de slag na te spelen. Een bezoekerscentrum biedt informatie over het verloop van de strijd en over de context.

White Springs ▶ 1, H 2

11016 Lillian Saunders Dr., US 41 N., White Springs, tel. 1-386-397-4331, www.floridastateparks.org/park/Stephen-Foster, dag. 10–17 uur, $ 5 per auto, voetgangers $ 2

De zwavelbronnen van White Springs gelden voor de Timucua en de Seminole als heilig, omdat ze de genezing van gewonde krijgers versnellen. Aan het begin van de 20e eeuw zochten welgestelde kuurtoeristen uit het Noorden de opgepoetste plaats op.

Tegenwoordig is het stadje, waar de Suwannee River doorheen slingert, bekend om het **Stephen Foster State Folk Culture Center Park**, dat gewijd is aan de componist van het 'volkslied' van Florida *Way down upon the Suwannee River* en liedjes als *Old Folks At Home*, *O! Susanna* en *My Old Kentucky Home*. In het bezoekerscentrum van het idyllisch aan de rivier gelegen park biedt het **Foster Museum** met een diashow en liefdevol vormgegeven grafische voorstellingen inzage in het korte, bewogen leven van de componist. Hij stierf op 37-jarige leeftijd volledig verarmd in New York. Vanaf een toren met 97 klokken klinkt regelmatig een potpourri van zijn bekendste songs. Elk jaar in mei komt de folkelite van het hele Amerikaanse Zuiden naar White Springs voor het Florida Folk Festival.

Overnachten

Ruime motelkamers – **Country Inns & Suites:** 350 S. W. Florida Gateway Dr., Lake City, tel. 1-386-754-5944, www.countryinns.com. Comfortabele herberg met fitnessruimte. 74 kamers, vanaf $ 100 incl. ontbijt.

Verzorgd en vriendelijk – **Cabot Lodge:** 3525 US Hwy 90 W., Lake City, tel. 1-386-755-1344, www.cabotlodgelakecity.com. Prettig middenklassenhotel bij de kruising van de interstate I-10 en I-75, met gratis wifi, ontbijt en happy hour met wijn, bier en snacks. 100 kamers, vanaf $ 75.

Eten & drinken

Traditioneel barbecuerestaurant – **Ken's BBQ:** US Hwy 90 W. 32056, Lake City, tel. 1-386-752-5919. Spareribs, kip en steaks, met *baked beans* en coleslaw als bijgerechten. Gerechten $ 5–12.

Amerikaanse klassieker – **Chasteen's Downtown:** 204 N. Marion Ave., Lake City, tel. 1-386-752-7504, www.chasteensdowntown.com. Al meer dan twintig jaar dé *family diner* van de streek, met gerechten als de cordon-bleupanini en de buffaloburger. Gerechten $ 4–7.

Big Shoals State Park ▶ 1, H 2

11 330 S. E. County Road 135, White Springs, tel. 1-386-397-4331, www.floridastateparks.org/park/Big-Shoals, dag. 8 uur tot zonsondergang, $ 4 per auto, voetgangers $ 2

Het Big Shoals State Park op ongeveer 1,5 km ten oosten van White Springs biedt kajakkers en kanovaarders het enige **wildwaterparcours** van categorie III in Florida. Bij een goede waterstand borrelt en schuimt de Suwannee River over de hobbels en keien van Big Shoals en iets verder

Ten westen van Gainesville

stroomafwaarts over de kleinere stroomversnellingen van Little Shoals. De Suwannee wordt geflankeerd door 25 m hoge rotsen, een ongewoon gezicht in Florida. Wie de stroomversnellingen vanaf de oever wil zien, kan ze over de **Mossy Ravine Trail** (vanaf de parkeerplaats van Little Shoals) of de **Big Shoals Hiking Trail** (vanaf de parkeerplaats van Big Shoals) benaderen, twee van de natuurpaden die het park toegankelijk maken. Een paar wegen kunnen ook door mountainbikers worden gebruikt.

Ten westen van Gainesville

Fanning Springs ▶ 1, H 3

18020 N. W. Hwy 19, Fanning Springs, tel. 1-352-463-3420, www.floridastateparks.org/park/Fanning-Springs, dag. 8 uur tot zonsondergang, $ 6 per auto, voetgangers $ 2

Met zo'n tien miljoen liter per uur behoort het brongebied van Fanning Springs aan de Suwannee River tot de grootste van de artesische bronnen van Florida. In de subtropische bossen leven witstaartherten, eekhoorns en uilen, in de Suwannee River zijn af en toe lamantijnen te zien.

De rivier en bron zijn geliefde plekken om te zwemmen. Snorkelen is zonder voorbehoud toegestaan, wie met flessen in het grottenstelsel wil duiken, mag dit echter niet in zijn eentje doen; iedere duik moet worden gemeld en er moet een duikbrevet worden getoond.

Manatee Springs State Park ▶ 1, H 3

11650 N. W. 115th St., tel. 1-352-493-6072, www.floridastateparks.org/park/Manatee-Springs, dag. 8 uur tot zonsondergang, $ 6 per auto, voetgangers fietsers $ 2, verhuur van kano's en kajaks, plus vervoer terug naar het startpunt via Anderson´s Outdoor Adventures, tel. 1-352-493-1699, www.andersonsoutdoor adventures.com/manatee-springs.html of Suwannee Guides and Outfitters, tel. 1-352-542-8331, www.suwanneeguides.com

Minder avontuurlijk, maar rijk aan belevenissen zijn kanovaarten van ongeveer vier uur stroomafwaarts tot aan het 16 km verder gelegen Manatee Springs State Park.

Perry ▶ 1, G 2

De Golfkust van de Panhandle is begroeid met mangroven; in het achterland strekken zich wetlands en uitgebreide naaldbossen uit. Grote bezoekersstromen zult u hier niet tegenkomen. Bij Perry, een rustige plaats met ongeveer zevenduizend inwoners, 146 km ten noordwesten van Gainesville, documenteert het over verscheidene houten huizen verdeelde **Forest Capital State Museum** de geschiedenis van de houtverwerking in Florida. Hier komt u aan de hand van machines, modellen, diorama's, grafische voorstellingen en kaarten alles te weten over de terpentijnproductie, de houtkap en de herbebossing van cipressenwouden, hardhoutbossen- en naaldbossen. Bovendien geven een typisch kolonistenhuis met een veranda en een keukengebouw uit de jaren 60 van de 19e eeuw een goede indruk van het vaak zeer sobere leven van de blanke Floridapioniers (Forest Capital Museum State Park, 204 Forest Park Dr./US 19, 1 mijl ten zuiden van Perry, tel. 1-850-584-3227, www.floridastateparks.org/park/Forest-Capital, do.–ma. 9–17 uur, toegang museum $ 2, kinderen tot 6 jaar gratis).

Overnachten

Betrouwbaar ketencomfort – **Hampton Inn:** 2399 S Byron Butler Pkwy, tel. 1-850-223-3000, www.hiltonhotels.com/hampton-by-hilton. Prima hotel met veel faciliteiten, zoals een zwembad, wifi en fitnessruimte. Vanaf $ 80.

Eten & drinken

Eten met de locals – **Deal's Famous Oyster House:** 2571 US-98, tel. 1-850-838-3325, di.–za. 11–21 uur. Populair, pretentieloos visrestaurant. Zes oesters $ 9.

Het mooie Old State Capitol van Tallahassee dateert van 1839

Tallahassee ▶ 1, F 2

Eigenlijk is het opvallend dat de hoofdstad van Florida in het hoge noorden van de staat ligt. In 1823 was alleen het noorden bevolkt en het dorpje Tallahassee als zetel van de regering van het territoria was in het begin niet meer dan een compromis precies halverwege de twee rivaliserende steden St. Augustine aan de Atlantische Oceaan en Pensacola uiterst westelijk in de Panhandle. Tegenwoordig telt de hoofdstad van de Sunshine State meer dan 180.000 inwoners. De belangrijkste werkgevers zijn de overheidsorganen en de beide universiteiten van de stad.

Stadswandeling

Tallahassee is overzichtelijk gebleven. Op een wandeling door de eikenlanen in het centrum komt u langs diverse historische gebouwen. In de in 1841 geopende **Union Bank** in Monroe Street handelden vroeger de katoenboeren hun financiële transacties af.

In het oudste bewaard gebleven gebleven huis van de stad, **The Columns**, dat de schatrijke bankier William 'Money' Williams in 1830 in Duval Street liet bouwen, is nu de kamer van koophandel van Tallahassee gevestigd. Twee onderzoeks- en onderwijsinstituten, de Florida State University en de in 1887 als onderwijsinstelling voor zwarten gestichte A&M University, zorgen er met meer dan dertigduizend studenten voor dat Tallahassee niet alleen door de overheidsinstanties van de staat wordt gedomineerd.

Museum of Florida History

500 S. Bronough St., tel. 1-850-245-6400, www.museumoffloridahistory.com, ma.–vr. 9–16.30, za. vanaf 10, zo. vanaf 12 uur, gratis entree, een gift wordt op prijs gesteld

De geschiedenis van het schiereiland Florida, van de eerste indianen tot de toeristenstromen van tegenwoordig, wordt gedocumenteerd in het aanschouwelijk ingerichte Museum of Florida History. Bij de ingang wordt u begroet door een geprepareerde mastodont, waarvan het vele duizenden jaren oude skelet in een kalksteengrot werd gevonden. Levendige exposities zijn gewijd aan de ontwikkeling van Florida tot vakantieparadijs, de Seminole en gezonken Spaanse galjoenen.

Tallahassee

Historische architectuur

Het regerings- en parlementsgebouw moest meermaals worden uitgebreid. Een gebouwencomplex met een 22 verdiepingen hoog bestuursgebouw heeft het nu als museum gerestaureerde **Old State Capitol** uit 1845 vervangen (400 Monroe St./Apalachee Pkwy, tel. 1-850-487-1902, www.flhistoriccapitol.gov, ma.–vr. 9–16.30, za. 10–16.30, zo. 12–16.30 uur).

Het **Knott House** met decoratieve zuilenportico stamt nog uit 1843, vóór de Burgeroorlog. Het staat nu als museum open voor publiek (301 E. Park Ave., tel. 1-850-922-2459, www.museumoffloridahistory.com, wo.–vr. 13–15, za. 10–15 uur, rondleidingen steeds op het hele uur, toegang gratis, een donatie wordt op prijs gesteld). Ook het **Meginnis-Monroe House** dateert van voor de Burgeroorlog. Deze villa uit 1852 huisvest de galerie LeMoyne met overwegend werk van in de regio woonachtige kunstenaars en combineert traditioneel met avant-garde (125 N. Gadsden St., tel. 1-850-222-8800, www.lemoyne. org, di.–za. 10–17 uur).

Mission San Luis

2100 W. Tennessee St., tel. 1-850-245-6406, www.missionsanluis.org, di.–zo. 10–16 uur, volwassenen $ 5, kinderen 6–17 jaar $ 2

Opgravingswerkzaamheden bij de Mission San Luis hebben de fundamenten van een versterkte Spaanse nederzetting rond de missiekerk San Luis en sporen van een indiaans dorp voor de palissaden aan het licht gebracht. Een model van het complex in het belendende museum en de reconstructie van afzonderlijke gebouwen geven een aanschouwelijke indruk van het leven in een buitenpost van het Spaanse koloniale rijk. Enkele Spaanse koloniale gebouwen zijn gereconstrueerd, zoals het huis van een smid en de werkplaats van een leerlooier, net als de balspelplaats van de Apalachee-indianen.

Bijzonder indrukwekkend zijn het hoge, op een reusachtige houten tipi lijkende huis van het opperhoofd en het met een doorsnede van 36 m twee keer zo grote vergaderhuis van de indianenstam met een stookplaats in het midden. 's Zomers geven gekostumeerde acteurs een indruk van het leven aan het eind van de 17e eeuw.

Lake Jackson Mounds

3600 Indian Mounds Rd., via US 27 en Crowder Rd., tel. 1-850-922-6007, www.floridastateparks.org/park/Lake-Jackson, dag. vanaf 8 uur, $ 3 per auto, voetgangers $ 2

Niet ver hiervandaan getuigen de woon- en ceremonieheuvels van de Lake Jackson Mounds van een indiaanse nederzetting van de Mississippicultuur, waar voor de komst van de Europeanen in Noord-Amerika duizenden mensen woonden. Informatieborden van het huidige **Archaeological State Park** vertellen over de vondsten, die op handelsbetrekkingen tot aan Midden-Amerika wijzen.

Maclay Gardens

3549 Thomasville Rd./US 319, tel. 1-850-487-4556, www.floridastateparks.org/park/Maclay-Gardens, park dag. 8 uur tot zonsondergang, tuin dag. 9–17 uur, park $ 6 per auto, tuin in de bloeitijd volwassenen $ 6, kinderen 2–12 jaar $ 3

U vindt rust en ontspanning in de meer dan 120 ha grote Maclay Gardens, een paar kilometer ten noordoosten van het centrum van Tallahassee. Azalea's, camelia's, magnolia's en andere kleurige bloemen omzomen de wandelpaden en geven een indruk hoe het er in het park van een herenhuis uit de Burgeroorlog kan hebben uitgezien, al zijn deze tuinen pas in de jaren 20 aangelegd. Bijzonder kleurig is een wandeling in de periode van januari tot april, wanneer veel bloemen in bloei staan. Aan de oever van een klein meer kunt u mooi picknicken.

Info

Tallahassee Area Visitor & Information Center: 106 E. Jefferson St., tel. 1-850-606-2305, www.visittallahassee.com, ma.–vr. 8–17, za. 9–13 uur.

Overnachten

Charmant boetiekhotel – **Governors Inn:** 209 S. Adams St., tel. 1-850-681-6855, www.thegovinn.org. Voornaam onderkomen direct

Gainesville en Tallahassee

bij het Capitool, veertig afzonderlijk in een eigen stijl ingerichte suites en kamers. Vanaf $ 110.

Goede prijs-kwaliteitverhouding – **Cabot Lodge:** 1653 Raymond Diehl Rd., tel. 1-850-386-7500, www.cabotlodgethomasvilleroad.com. Rusitg gelegen, niet ver van het centrum, met cocktailuurtje. 160 kamers, vanaf $ 110.

Camping – **Tallahassee RV Park:** 6504 Mahan Dr., tel. 1-850-878-7641, www.tallahasseervpark.com. Prima uitgeruste camping in het oosten van de stad, zwembad. Staplaats vanaf $ 38.

Eten & drinken

Verse vis – **Barnacle Bill´s:** 1830 N. Monroe St., tel. 1-850-385-8734, www.barnaclebills.com. Ontspannen sfeertje en een grote keus aan vis- en schaaldiergerechten. Gerechten $ 9–20.

Creatieve fusionkeuken – **Kool Beanz Café:** 921 Thomasville Rd., tel. 1-850-224-2466, www.koolbeanz-cafe.com, ma.–vr. 11–14.30, ma.–za. 17.30–22 uur. Bonte Caribische sfeer met bijpassende vrolijke service, trendy. Hoofdgerecht vanaf $ 15.

Populaire lunchtent – **Hopkins Eatery:** 1415 Market St., tel. 1-850-668-0311, www.hopkinseatery.com, ma.–vr. 11–21, za. 11–17 uur. Salades, soepen, sandwiches – goed, goedkoop en populair. Twee filialen. Gerechten vanaf $ 8.

Tradiotoneel én modern – **Andrew's Downtown:** 228 S. Adams St., tel. 1-850-222-3444, www.andrewsdowntown.com. Talloze beroemdheden hebben hier al gegeten. Op de traditionele grill worden lichte gerechten bereid, vaak met biologische ingrediënten. Gerechten $ 15–42.

Uitgaan

Nachtclub – **All Saints Hop Yard:** 453 All Saints St., tel. 1-229-221-8213, tot ca. 1 uur. Hippe plek voor muziek en optredens.

Vervoer

Vliegtuig: Op Tallahassee Regional Airport, ca. 16 km ten zuidwesten van het centrum, vliegen diverse Amerikaanse maatschappijen, tel. 1-850-891-7802, www.talgov.com/airport.

Ten oosten van Tallahassee

Madison ▶ 1, F 2

De hoofdstad van Madison County straalt de sfeer van het Diepe Zuiden uit en zou net zo goed in Georgia of Alabama kunnen liggen. In 1838 ontstond deze nederzetting rond een complex met een katoenzuiveringsmachine. Hier lijkt het of de tijd stil is blijven staan. Net als vroeger wordt op de velden katoen verbouwd. In veel villa's van voor de Burgeroorlog rondom de centrale Confederate Square wonen al generaties lang dezelfde families.

Overnachten

Degelijk – **Holiday Inn Express:** 176 S. E. Bandit St., tel. 1-850-973-2020, www.hiexpress.com. Eenvoudig, maar goed onderhouden ketenhotel, iets buiten de stad gelegen. 60 kamers, vanaf $ 99.

Monticello ▶ 1, G 2

De plattegrond en de koepel van het **gerechtsgebouw** in het ongeveer 50 km ten oosten van Tallahassee gelegen Monticello doen vaag denken aan het gelijknamige huis van Thomas Jefferson bij Charlottesville in Virginia. In de tijd voor de Burgeroorlog lieten rijke plantagebezitters luisterrijke landgoederen bouwen in de klassieke Greek Revivalstijl. Ongeveer veertig hiervan kunnen bezichtigd worden. Ook het **Perkins Opera House** in rood baksteen uit 1890, waar net als vroeger opera- en musicaluitvoeringen werden geboden, getuigt van de toen veel levendiger tijden van de nu nogal rustige stad.

Monticello wordt gezien als een van de steden in het oude Zuiden van de VS waar spoken graag mensen aan het schrikken maken. Daarom zijn Ghost Tours door de opera en andere betoverde gebouwen zeer populair (tel. 1-850-342-0153, www.cityofmonticello.us).

Overnachten

Voordelig – Days Inn: 44 Woodworth Dr., tel. 1-850-997-5988, www.daysinn.com. Prima ketenhotel met een zwembad, 8 km ten zuiden van Monticello, 36 kamers. Vanaf $ 80, incl. ontbijt.

Ten zuiden van Tallahassee

Wanneer u de hoofdstad van Florida in zuidelijke richting verlaat, stuit u al gauw op kleine plaatsen die door vroegere kolonisten als postkoetsstation werden aangelegd. Op de **Canopy Roads**, die de plaatsen met elkaar verbinden, overkappen de dichte kruinen van eikenbomen als een baldakijn, *canopy*, de smalle lanen vol bochten.

Wakulla Springs ▶ 1, F 2

465 Wakulla Park Dr., tel. 1-850-561-7276, www.floridastateparks.org/park/Wakulla-Springs, dag. 8 uur tot zonsondergang, park $ 6 per auto, voetgangers $ 2

Volgens een oude indiaanse sage zouden ooit kleine watermensen in Wakulla Springs hebben geleefd, die in de maneschijn in de bron dansten, totdat een krijger in een stenen kano hen verschrikte. Het bronmeer in het Edward Ball Wakulla Springs State Park, ongeveer 8 km ten zuiden van Tallahassee, bereikt een diepte van 75 m. Gemiddeld komt 11.000 l water per seconde naar boven. De vaart van dertig minuten met een glasbodemboot over de bronrivier door een dichte jungle, waarop u reigers, slangenhalsvogels, alligators en schildpadden kunt observeren, maakt het mogelijk om diep in het heldere water te kijken. Baarzen, brasems, meervallen, oeroude mastodontenbotten en Henry, the pole vaulting fish, die onder water over een boomstam lijkt te huppelen, vermaken, naast verhalen over de bron, de bezoekers.

Die verhalen zijn ook op de tweede, 45 minuten durende vaart – over de bronrivier door een dichte jungle – te horen. Johnny Weissmuller, vijfvoudig goudenmedaillewinnaar en veelvuldig wereldrecordhouder, zwom hier als Tarzan al in 1941 in *Tarzan's secret treasure* met alligators om het hardst. Een bewaakt deel van de bron is veranderd in een natuurzwembad en bezit zelfs een kleine springtoren. Wie niet door het water wil lopen, kan gebruikmaken van een wandelpad door het bos.

Overnachten, eten

Op de oever van Wakulla Springs – **Wakulla Springs Lodge:** 550 Wakulla Park Dr., circa 24 km ten zuiden van Tallahassee, tel. 1-850-421-2000, www.wakullaspringslodge.com. Het in de jaren 40 in Spaans-koloniale stijl gebouwde pension ligt midden in het bronnengebied, omgeven door een 24.000 ha groot beschermd natuurgebied. Restaurant The Ball Room serveert sandwiches, gebraden groene tomaten en visgerechten. 27 kamers, vanaf $ 120.

Apalachicola National Forest ▶ 1, E 2

Wakulla Ranger District, 57 Taft Dr., Crawfordville, tel. 1-850-926-3561, gratis toegang, voor sommige meerstrandjes en kanotrajecten moet worden betaald

Direct ten westen van Wakulla State Park strekt zich over meer dan 2300 km² het grootste van de vier 'nationale wouden' van Florida uit. Dennenbossen, palmettopalmen en diverse scherpe grassoorten bedekken een groot deel van het overwegend vlakke landschap. Op andere plekken groeien rubberbomen en cipressen. In de moerasgebieden en bij een aantal riviertjes leven alligators, in de lucht vliegt regelmatig een Amerikaanse zeearend – hét symbool van de VS. Verborgen meertjes en riviertjes, zoals de **Sopchoppy** en de **Ocklockonee River** zijn populair bij kanoërs. Wandelpaden met verklarende borden voeren door **Leon Sinks,** een gebied met grotten en ingestorte en met water volgelopen onderaardse kalksteenholen. Hier mag u uit veiligheidsoverwegingen niet zwemmen, maar er zijn leuke picknickplekken met een kleine kiosk.

Panhandle

De landtong tussen de Golf van Mexico en de grens met Georgia en Alabama in het westen wordt vanwege zijn karakteristieke vorm ook wel de Panhandle (steel van een pan) genoemd. Aan de kust strekken zich eindeloze witte stranden van fijn kwartszand uit, met goed onderhouden vakantieoorden aan de turquoise zee. Een groot deel van de Emerald Coast (Smaragdkust) en de ervoor gelegen smalle eilanden zijn als Gulf Islands National Seashore een beschermd natuurgebied.

Panama City en Panama City Beach zijn drukbezochte badplaatsen en vooral in de zomermaanden belangrijke vakantiebestemmingen van bezoekers uit de nabijgelegen zuidelijke staten Georgia en Alabama. Anders dan in het zuiden van Florida is de zomer hier het hoogseizoen. Het in het uiterste westen gelegen Pensacola is een van de traditierijke steden van de staat en werd al zo'n 450 jaar geleden door de Spanjaarden gesticht. De kaart van Florida vertoont over het algemeen weinig reliëf, maar in het hoge noorden, aan de grens met Alabama, verheffen zich een paar heuvels.

De Britton Hill in Walton County is met een hoogte van 105 m de Mount Everest van de Sunshine State. En, omdat het landschap van deze county enkele tientallen meters boven de zeespiegel ligt, kunnen bezoekers hier met droge voeten een aantal kalksteengrotten bezoeken. Dergelijke grotten liggen overal in Florida onder de grond en ze maken deel uit van een reusachtig zoetwaterreservoir (zie blz. 340). Gedurende de Tweede Wereldoorlog werden de militaire bases langs de kust sterk uitgebreid; de Eglin Air Force Base in het binnenland achter Fort Walton Beach is tegenwoordig zelfs de grootste luchtmachtbasis van het westelijk halfrond.

De visrijkdom voor de kust is legendarisch. Hengelexcursies met het doel rode snapper en andere verrukkelijke vissen te vangen, behoren tot de geliefdste vormen van vrijetijdsbesteding van veel vakantiegangers. De reusachtige oesterbanken in de Apalachicola Bay voorzien in 10% van de vraag in heel Amerika. Het is dan ook niet vreemd dat gerechten met vis, schaal- en schelpdieren op de kaart van talrijke restaurants zijn te vinden. Met *grits*, een maisbrij, die gezoet of als hartig bijgerecht wordt opgediend, laten de zuidelijke staten ook op culinair gebied hun invloed in Noord-Florida zien.

Apalachicola ▶ 1, E 3

Direct ten zuiden van Tallahassee en Wakulla Springs ligt aan de Golf van Mexico het 275 km² grote **St. Marks National Wildlife Refuge**, een van de eerste wildreservaten van Florida. In de herfst en aan het begin van de winter zijn hier in de bomen honderden monarchvlinders te bewonderen, die net als de tienduizenden trekvogels de Canadese winter ontvluchten en aan de meren een pauze inlassen. Door het uitgestrekte wetlandgebied, waar visarenden, reigers en ongeveer driehonderd andere soorten vogels zich thuis voelen, lopen verschillende wandel- en plankierenroutes. Aan het eind van de 11 km lange autoweg door het reservaat verheft zich de op een na oudste **vuurtoren** van Florida, die in het jaar 1828 werd gebouwd (aan de US 98, 1255 Lighthouse Rd., tel. 1-850-925-6121 www.fws.gov/saintmarks, dag. van

Apalachicola

zonsopkomst tot zonsondergang, bezoekerscentrum ma.–vr. 8–16, za.–zo. 10–17 uur, $ 5).

Highway 98 voert ten zuiden van Wakulla Springs parallel aan de kust naar het westen, doorkruist de zuidpunt van het ruim 2000 km² grote Apalachicola National Forest en loopt ten slotte via het plaatsje Carrabelle naar het ingedutte, ruim 2300 zielen tellende vissersdorp Apalachicola aan de gelijknamige baai. Aan het strand van **Carrabelle** trainden in de jaren 40 Amerikaanse soldaten voor de landing in Normandië. Afgeschermd door barrière-eilanden en op veilige afstand van commercie en toerisme kon in grote delen van het kustgebied de ongerepte natuur behouden blijven: sommige bossen strekken zich zelfs uit tot aan de Golf van Mexico.

Vlak voor de John Gorrie Memorial Bridge, die over de East Bay ligt, het mondingsgebied van de Apalachicolarivier, voert een tolweg naar **St. George Island**. Dit barrière-eiland, waarvan het oostelijke deel door een State Park met prachtige stranden wordt beheerst, is zo smal en vlak dat bij zware storm altijd het gevaar dreigt dat het deels onder water komt te staan.

Historische architectuur

Apalachicola was ooit een haven van betekenis, waar katoen en andere producten uit Georgia en Alabama op zeewaardige schepen werden overgeslagen. Aan deze bedrijvige tijd herinneren in het centrum enkele victoriaanse gebouwen van eind 19e eeuw, zoals de herberg Gibson Inn (zie rechts). In Apalachicola staan in totaal tweehonderd industriële en particuliere panden op de monumentenlijst.

Oesterbanken

De loop van de rivier de Apalachicola vormt op veel plaatsen de grens tussen de tijdzones Eastern Standard Time en Central Standard Time. Het havenstadje is tegenwoordig vermaard om zijn vruchtbare oesterbanken, waarop 90% van de vlezige oesters uit Florida worden geteeld. De tweekleppige weekdieren worden per koeltransport vliegensvlug naar de restaurants en markten – met name in het zuidoosten van de Verenigde Staten – overgebracht. Maar verser dan in Apalachicola zelf zijn de oesters niet te krijgen. Bestel een half dozijn *on the half shell* – rauw of kort in kokend water gedompeld, geserveerd met een pikante saus en met kaas of kruiden gegratineerd.

John Gorrie Museum

46 6th St./Avenue D, tel. 1-850-653-9347, www. floridastateparks.org/park/John-Gorrie-Museum, do.–ma. 9–17 uur, $ 2

De kolonisten van halverwege de 19e eeuw hadden het in de zomermaanden zwaar te verduren door hitte, gele koorts, malaria en muggen. John Gorrie, een arts uit de stad, probeerde de kwalen van patiënten met zijn aanvankelijk belachelijk gemaakte uitvinding van een ijsmachine te lenigen. Een model van deze voorloper van de koelkast is tentoongesteld in het John Gorrie Museum State Park, waar ook een expositie over de geschiedenis van de regio is te zien.

Info

Apalachicola Bay Chamber of Commerce: 122 Commerce St., Apalachicola, FL 32320-1776, tel. 1-850-653-9419, www.apalachicolabay.org, ma.–vr. 9.30–17 uur.

Overnachten

Wie tijdens het Seafood Festival in het eerste weekend van november in Apalachicola wil overnachten, zal een paar jaar van tevoren reserveren.

Historische B&B – **The Gibson Inn:** 51 Avenue C, tel. 1-850-653-2191, www.gibsoninn. com. Onder monumentenzorg gestelde victoriaanse herberg met veel schommelstoelen op de veranda. In het restaurant worden smakelijke visgerechten geserveerd. 31 kamers, vanaf $ 120.

Rutig en ontspannen – **Coombs House Inn:** 80 6th St., tel. 1-850-653-9199, www. coombshouseinn.com. Deze bed and breakfast in een villa is ruim een eeuw oud. 's Ochtends wordt een uitgebreid ontbijt en in het weekend wordt 's middags een glas wijn geserveerd. 10 kamers, vanaf $ 90.

Panhandle

FIETSTOCHT LANGS DE APALACHICOLA BAY

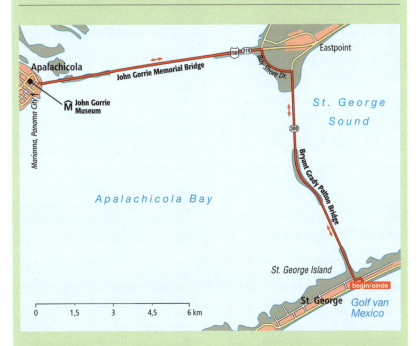

Informatie

Begin: 3345 Cavern Rd., vlak bij de Chipola River, 5 km van het begin van de zijweg van de SR 167.
Lengte: Rondweg van 36 km over vlak terrein, maar er zijn wel enkele bruggen te nemen.

Fietsverhuur: St. George Island Adventures, 105 E. Gulf Beach Dr., tel. 1-850-927-3655, www.sgislandadventures.com of Jolly Roger, 139 W. Gorrie Dr., tel. 1-850-927-2999, www.jollyrogersgi.com.
Belangrijk: Pas tijdens de rit over de bruggen op voor afval in de berm.

Deze fietstocht heeft veel weg van een vlucht boven zee. Van het voor de kust gelegen smalle **St. George Island** gaat de rit eerst over de 6,6 km lange **Bryant Grady Patton Bridge**, die de St. George Sound overspant. In de baai worden Apalachicola-oesters geteeld. Deze worden vanwege de zachte smaak zeer gewaardeerd in de betere restaurants in de grote steden van de zuidelijke staten. Maar ook aan de Panhandlekust worden ze in zogenoemde *raw bars* supervers opgediend – rauw *(raw)*, gestoomd of gegratineerd, met een huisgemaakte saus. Dit zijn vaak eenvoudige zaken met ongedekte tafels en plastic bestek. Een klassiek voorbeeld van zo'n gelegenheid is de Indian Pass Raw Bar (zie blz. 410).

Aan weerszijden van de brede tweebaansweg lopen eveneens brede vluchtstroken, die door fietsers zijn te gebruiken. Las op het hoogste punt van de brug een korte pauze in om van het weidse uitzicht over de baai, zee en het eiland tot aan het vasteland te genieten. Via de CR 655/South Bay Shore Drive bereikt u nu US Highway 98/319 naar het westen. De tocht gaat nu opnieuw verder over het water, ditmaal over de 6,4 km lange **John Gorrie Memorial Bridge**, die de Apalachicola Bay overspant.

In het plaatsje **Apalachicola** krijgt u de gelegenheid een rustpauze in te lassen. Wie totaal uitgeput is, kan hier een hotelkamer boeken. Bovendien verschaft het **John Gorrie Museum** inzicht in het leven van de arts die hier in 1851 de voorloper van de koelkast uitvond (zie blz. 407). Fiets nu over dezelfde route naar St. George Island terug.

Eten & drinken

Seafood met zeezicht – **Blue Parrot Oceanfront Café:** 68 W. Gorrie Dr., St. Georges Island, tel. 1-850-927-2987, www.blueparrotsgi.com. Vis, krab en oesters van goede kwaliteit, dakterras met uitzicht op de Golf van Mexico. In de bijbehorende bar worden ijskoud bier en goede cocktails geserveerd. Hoofdgerecht vanaf $ 20.

Verse oesters – **The Boss Oyster:** 123 Water St., tel. 1-850-653-9364, www.bossoyster.com. Rustiek restaurant met supervers zeebanket. Een aanrader om op verschillende wijzen bereide oesters te proeven. Ook lekker zijn de *Po' Boy-sandwiches* en de gestoomde garnalen. Hoofdgerecht vanaf $ 17.

Apalachicola National Forest ▶ 1, D–F 2/3

Het 2400 km² grote Apalachicola National Forest tussen Apalachicola en Tallahassee behoort tot de grootste staatsbossen ten oosten van de Mississippi. De **Apalachee Savannahs Scenic Byway** loopt tussen de gehuchten Sumatra en Orange over een afstand van 50 km door het zuidoostelijke deel van het bosgebied.

Beekjes en rivieren dooraderen het door wetlands en veengebieden gekenmerkte landschap, waar uitstekend tochten per kano zijn te maken. Tot de talrijke hier voorkomende wilde bloemen en planten behoren vleesetende trompetbekerplanten, die muggen en vliegen vangen en verslinden.

Fort Gadsden ▶ 1, E 3

Fort Gadsden State Historic Site, Route 129, aftakking van de SR 65, gratis entree

Het aan de Prospect Bluff bij de Apalachicola River tussen Sumatra en Apalachicola gelegen Fort Gadsden werd ooit door de Engelsen als bolwerk van het destijds onder Brits bewind vallende Florida tegen de nabije Verenigde Staten opgericht. Het fort deed dienst als toevluchtsoord en basis voor de Seminole-indianen, die een bondgenootschap met de Engelsen waren aangegaan, en gevluchte slaven uit het noorden.

Toen de Engelsen het gebied rond 1815 verlieten, zagen de Amerikanen hun kans schoon. Op bevel van generaal Andrew Jackson, die later president van de Verenigde Staten werd, werden kanonneerboten stroomopwaarts gezonden om de destijds Fort Negro geheten vesting te verwoesten. Van de driehonderd verdedigers van het fort stierf negentig procent onder het granatentapijt. Van het fort is weinig bewaard gebleven. Gedenkstenen vertellen over de geschiedenis ervan.

Panhandle

Port St. Joe ▶ 1, D 3

Niet ver van het Apalachicola National Forest begint het **halvemaanvormige schiereiland St. Joseph**, dat de gelijknamige baai en de vissersplaats Port St. Joe van de Golf van Mexico scheidt. De tot 10 m hoog oprijzende duinen en kilometerslange witte zandstranden die Cape San Blas en **St. Joseph Peninsula State Park** omzomen, trekken maar een beperkt aantal bezoekers. De baai is een paradijs voor watervogels.

Het **Constitution Convention Museum** in Port St. Joe herinnert aan de hoogtijdagen van de stad, de tijd waarin de geoogste katoen uit Noord-Florida en Georgia vanhier naar Engeland werd verscheept en waarin 86 afgevaardigden in 1838 de eerste grondwet van Florida ondertekenden (200 Allen Memorial Way, tel. 1-850-229-8029, www.floridastateparks.org/park/Constitution-Convention, do.–ma. 9–17 uur, $ 2).

Slechts zes jaar later werden het stadje met destijds twaalfduizend inwoners dat hoopte ooit de hoofdstad van Florida te worden, eerst door een orkaan en later door een grote brand verwoest. Een groot aantal van de ongeveer drieduizend inwoners voorziet tegenwoordig weer in zijn levensonderhoud met de visvangst en het kweken van smakelijke st.-jakobsschelpen.

De geruime tijd als gevolg van hun penetrante geur alomaanwezige papierfabrieken van het stadje zijn inmiddels allemaal gesloten. Port St. Joe probeert zich momenteel op de kaart te zetten als vakantiebestemming.

Eten & drinken

Oesterbar zonder pretenties – **Indian Pass Raw Bar:** 8391 Indian Pass Rd., Port St. Joe, tel. 1-850-227-1670, www.indianpassrawbar.com, zo. en ma. gesloten. De oesters worden in dit klassieke restaurant zonder fratsen geserveerd op witte plastic tuintafels. Absoluut geen hippe tent, maar de kwaliteit is fantastisch, zowel van de oesters als van de huisgemaakte rodepepersaus Ed's Red. Gerechten vanaf $ 10.

Panama City/Panama City Beach ▶ 1, C/D 2

In de haven en de marina van het aan de St. Andrews Bay gelegen Panama City – samen met Panama City Beach een stad met een kleine vijftigduizend inwoners – liggen handelsschepen, speed- en vissersboten. In het **Science & Discovery Center of Northwest Florida** geven een handvol boerderijen, met een installatie voor de verwerking van suikerriet, en een natuurleerpad door een broekbos vooral jonge bezoekers een beeld van de leefomstandigheden van de kolonisten van ruim een eeuw geleden (308 Airport Rd., tel. 1-850-769-6128, www.scienceanddiscoverycenter.org, di.–za. 10–17 uur, toegang volwassenen $ 7, kinderen tot 16 jaar $ 6).

Tussen Panama City en Pensacola strekken zich de sneeuwwitte stranden van de **Miracle**

Panama City/Panama City Beach

De Miracle Strip is een 160 km lange kuststrook met sneeuwwitte, vaak verlaten stranden die tot de mooiste van de Verenigde Staten behoren

Strip uit aan de turquoisekleurige, warme, visrijke Golf van Mexico. Op de 16 km tussen Panama City Beach en Laguna Beach kan het 's zomers erg druk zijn. Eetstandjes, restaurants, midgetgolfbanen, amusementshallen en ruim vijftienduizend hotelkamers trekken dan tienduizenden toeristen uit de buurstaten Alabama en Georgia, waaraan het strand zijn bijnaam Redneck Riviera dankt.

Man in the Sea Museum
17 314 Back Beach Rd., Pabama City Beach Pkwy, tel. 1-850-235-4101, www.maninthesea.org, wo.–zo. 10–16 uur, volwassenen $ 5, kinderen tot 7 jaar gratis

Hoe groot de maritieme betekenis van het kustgebied is, laat het Museum of Man in the Sea zien, dat niet alleen schatten uit gezonken Spaanse galjoenen en historische duikuitrustingen toont, maar ook de techniek van offshore-olieboringen documenteert.

Shipwreck Island Water Park
12001 Hutchison Blvd., tel. 1-850-234-3333, www.shipwreckisland.com, eind mei–begin sept. ca. 11–16.30 uur, volwassenen $ 33, kinderen tot 127 cm $ 28

Voor waterpret kunt u terecht in het Shipwreck Island Water Park, met verschillende waterglijbanen, een golfslagbad en wildwatertrajecten.

Gulf World Marine Park
15412 Front Beach Rd., Panama City Beach, tel. 1-850-234-5271, www.gulfworldmarinepark.com, jan.–nov. dag. 9.30–17, juni–aug. dag. 9.30–19 uur, volwassenen $ 28, kinderen 5–11 jaar $ 18, zwemmen met dolfijnen 75–90 min. $ 175, vanaf 5 jaar

In het Gulf World Marine Park zijn dolfijnen- en zeehondenshows bij te wonen en in enorme bassins pijlstaartroggen, haaien en honderden andere vissoorten te bewonderen.

Een avontuur: meevaren op een zeewaardige vissersboot

Zwemmen met dolfijnen behoort ook hier tot de mogelijkheden.

Stranden

Met een beetje geluk krijgt u de dolfijnen ook in hun natuurlijke omgeving te zien, als de dieren met de excursieboten naar het voor de kust gelegen **Shell Island** meezwemmen. Vanwege de sterke zeestroming mag u op veel stranden alleen onder toezicht van de reddingsbrigade zwemmen. Van de vele stranden en duingebieden zijn vooral de schitterende duinen van het **Saint Andrews State Park** aan het zuidoostelijke uiteinde van de Panama City Beach aan te raden (4607 State Park Ln., dag. van 8 uur tot zonsondergang).

Info

Panama City Beach Convention & Visitors Bureau: 17001 Panama City Beach Parkway, FL 32413, tel. 1-850-233-6503, www.visit panamacitybeach.com, dag. 8–17 uur.

Overnachten

Veel activiteiten – **Edgewater Beach Resort:** 11 212 Front Beach Rd., tel. 1-850-874-8686, www.edgewaterbeachresort.com. Omvangrijk complex met appartementen en suites aan het strand, een gevarieerd sportaanbod (bijvoorbeeld golf en tennis) en een royaal bemeten zwembadlandschap. 500 units, vanaf $ 190.

Self catering – **Sunset Inn:** 8109 Surf Dr., Panama City Beach, tel. 1-850-234-7370, www.sunsetinnfl.com. Kleine appartementen met kookgelegenheid in een aan het strand gelegen, eenvoudig complex, op veilige afstand van de toeristendrukte. Zwembad met ligstoelen. 62 kamers, vanaf $ 60.

Eten & drinken

Seafood en Steaks – **Capt. Anderson's Restaurant:** 5551 N. Lagoon Dr., Panama City Beach, tel. 1-850-234-2225, www.captanderson.com, half nov.–eind jan. gesl., ma.–za. vanaf 16.30 uur. Kunnen 250.000 gasten zich vergissen? Dat is onwaarschijnlijk. In dit grote visrestaurant komen jaarlijks velen tandbaars, jumbogarnalen en bot eten. Het gezinsrestaurant trekt al bijna vijftig jaar buurtbewoners en vakantiegangers. Hoofdgerecht vanaf $ 20.

Trendy – **Firefly:** 535 Richard Jackson Blvd., Panama City Beach, tel. 1-850-249-3359, www.fireflypcb.net. Sfeervol restaurant. Uit de keuken komen voortreffelijke steak- en visgerech-

ten. De Firefly werd ook door het presidentiele gezin Obama bezocht. Gerechten $ 9–42.
Oesterbar – **Shuckums Oyster Pub & Seafood Grill:** 15614 Front Beach Rd., Panama City Beach, tel. 1-850-235-3214, www.shuckums.com, 's zomers dag. 11–2, anders tot 21 uur. Zonder poespas worden hier verse Apalachicola-oesters opgediend. In de bar hebben tevreden gasten de muren en het plafond 'behangen' met gesigneerde dollarbiljetten. Let op: Karaoke! Hoofdgerecht vanaf $ 14.

Uitgaan

Hippe club – **Club La Vela:** 8813 Thomas Dr., tel. 1-850-234-3866, www.clublavela.com. Met veertien ruimtes en drie bands per avond is dit vooral tijdens *spring break* in het voorjaar één groot (studenten)feest.

Actief

Vissen en varen – **Capt. Anderson's Marina:** 555 N. Lagoon Dr., tel. 1-850-234-3435, www.captandersonsmarina.com, vistrips en boottochten vanaf $ 25.

Florida Caverns State Park ▶ 1, D 1

3345 Caverns Rd., Marianna, tel. 1-850-482-1228, www.floridastateparks.org/park/florida-caverns, dag. 8 uur tot zonsondergang, $ 5 per auto, voetgangers $ 2, rondleiding door de grotten do.–ma. volwassenen $ 8, kinderen tot 12 jaar $ 5

In het ongeveer 96 km ten noorden van Panama City gelegen **Marianna** ontmoeten plaatselijke boeren elkaar tijdens landbouwfestivals en paardenveilingen. De topattractie van de countyhoofdstad zijn de grotten van het ongeveer 5 km noordelijker gelegen Florida Caverns State Park. Het park dankt zijn populariteit vooral aan de talrijke wandel- (zie Actief, blz. 414) en kanoroutes aan het in de loop van verschillende millennia door koolzuurrijk water gecreëerde grottenstelsel met stalagmieten, stalactieten en een versteende waterval. Videopresentaties brengen de geschiedenis van de grotten en het ontstaan van de Waterfall, Cathedral en Wedding Room in beeld.

Langs de Gulf Islands National Seashore

De Miracle Strip geldt ook als eldorado voor sportvissers, die in de warme Yucatanstroom een zwaardvis, wahoo of tonijn aan de haak trachten te slaan. Ter hoogte van Sunnyside voert een smalle kustweg van Highway 98 door bescheiden badplaatsen als Seagrove Beach, Gryton Beach en Blue Gulf Beach. De witte en pastelkleurige houten huizen van het aan een strand gelegen Seaside herinneren aan badplaatsen in New England. Bijzonder fraaie zwemlocaties zijn te vinden bij Destin in het **Henderson Beach State Park**, met een 3 km lang fijnzandig strand, douches, wc's en dertig staanplaatsen voor tenten.

Gulf Islands National Seashore ▶ 1, B 2

Bij Fort Walton begint de onder natuurbescherming geplaatste eilandenketen van de Gulf Islands National Seashore, die zich over een afstand van circa 225 km tot aan West Ship Island bij Gulfport in de staat Mississippi uitstrekt en de smalle, met duinen en een karige kustvegetatie bedekte barrière-eilanden voor bewoning en commerciële exploitatie behoedt (www.nps.gov/guis).

Fort Walton Beach ▶ 1, B 2

Fort Walton Beach telt bijna twintigduizend inwoners. Nog eens tienduizend luchtmachtsoldaten trainen en werken op het reusachtige terrein van de Eglin Air Force Base, die met een oppervlakte van 1876 m^2 te boek staat als grootste luchtmachtbasis ter wereld. Het **US Air Force Armament Museum** van de militaire basis maakt de geschiedenis van de wapentechniek van de Eerste Wereldoorlog

Panhandle

GROTTENRONDLEIDING IN HET FLORIDA CAVERNS STATE PARK

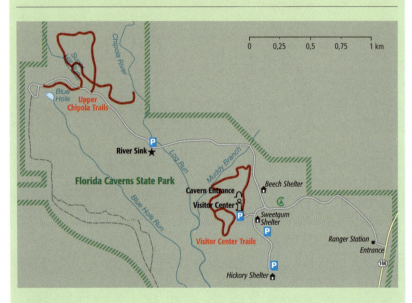

Informatie
Begin: Visitor Center, 3345 Cavern Rd., Marianna, tel. 1-850-482-9598, www.floridastateparks.org/parks/florida-caverns
Route: Neem de zijweg van de SR 167 en rijd nog 5 km verder
Tijden: Dag. behalve di. en wo. ongeveer om het halfuur, de laatste rondleiding begint om 16 of 16.30 uur. Let op: het aantal deelnemers is beperkt tot 25 en de rondleidingen zijn zeer populair. Houd dus rekening met een wachtlijst en meld u van tevoren telefonisch aan!
Duur: Ca. 1 uur, terugweg ca. 30 minuten.
Kosten: Toegang tot het park $ 5 per auto, voetgangers $ 2, grottenrondleiding volwassenen $ 8, kinderen 3–12 jaar $ 5.
Belangrijk: In de grotten is het koel, neem dus een jas mee.

Toen Florida in de prehistorie onder een warme zee schuilging, vormde een kalkskelet van afgestorven micro-organismen een dikke laag op de zeebodem. In het tertiair verhief het land zich; daarbij week de zee nog verder terug en kwam de zeebodem aan de kust droog te liggen. Het kalkgesteente dat zo boven water kwam te liggen, werd blootgesteld aan erosie door

Langs de Gulf Islands National Seashore

grondwater en neerslag. Er ontstonden grotten die bij Marianna, in tegenstelling tot elders Florida, boven de grondwaterspiegel liggen en daardoor zijn te bezoeken. Van de 23 tot op heden in kaart gebrachte grotten zijn er drie ontsloten; andere wachten nog op verkenning. Een deel van het zich onder de grond uitstrekkende labyrint kan tijdens een grottenrondleiding worden verkend. U komt daarbij langs grillige kalksteenformaties die aan orgelpijpen, silhouetten van dieren of een bruidstaart doen denken. Een aantal van de grotten wordt door vleermuizen bewoond – het kan gebeuren dat u tijdens de rondleiding een van deze dieren tegenkomt. De ongevaarlijke zoogdieren voeden zich met insecten, waarvan ze jaarlijks een ongelooflijke hoeveelheid verzwelgen: 380 ton! Na ongeveer een uur staat u weer buiten. Verschillende langs magnolia's en eiken voerende wandelroutes brengen u binnen ongeveer een halfuur naar het beginpunt terug.

De rondleiding door de grotten is beslist een topattractie, maar in het State Park behoren ook andere activiteiten tot het aanbod. Zeer de moeite waard is een **kanotocht** over de Chipola River, die dwars door het beschermde natuurgebied voert. De ook voor beginners probleemloos af te leggen **Chipola River Canoe Trail** begint bij de brug aan de SR 167, die de rivier oversteekt. Deze ligt halverwege de ingang van het park en het noordelijker gelegen kampeerterrein. Het eindpunt is de Magnolia Road Bridge aan de SR 280. Terwijl u stroomopwaarts peddelt, krijgt u alligators, schildpadden, bevers en talrijke soorten vogels in het vizier. De trail heeft een totale lengte van 18 km en is binnen 5 uur af te leggen. Kano's zijn te huur bij de ingang van park en het Visitor Center (huurtarieven: $ 15 voor 4 uur en $ 20 voor 8 uur).

Met droge voeten en boven de grond is via twee netwerken van **wandelpaden** het karstgebied met zijn kalksteenkliffen en bronnen te verkennen. De twee korte **Visitor Center Trails** beginnen bij het bezoekerscentrum en voeren kronkelend over een terrein met hoge loofbomen en grillige kalksteenformaties boven het dal van de Chipola River. De samen bijna 10 km lange **Upper Chipola Trails** leiden door het rivierdal langs de oever van de Chipola River door loofbossen. Op warme dagen nodigt het nabijgelegen **Blue Hole** na de wandeling uit tot een frisse duik in het kristalheldere water.

tot heden inzichtelijk (100 Museum Dr. aan de SR 85, Eglin Air Force Base, tel. 1-850-882-4062, www.afarmamentmuseum.com, ma.–za. 9.30–16.30 uur, toegang gratis).

Indiaanse geschiedenis

Aan de hoofdweg verrijst de **Fort Walton Indian Mound**. Deze indiaanse tempelheuvel getuigt van het feit dat de regio al voor de komst van de Spanjaarden werd bewoond. Tegen de tweeduizend indianen van de Mississippicultuur hadden zich aan de Choctawhatchee Bay gevestigd. De heuvel werd omgeven door een omvangrijke nederzetting, waarin de bewoners niet alleen potscherven, maar ook van steen, botten en schelpen vervaardigde kunstvoorwerpen achterlieten. De heuvel werd tussen de 9e en 15e eeuw aangelegd. Hij is ruim 5 m hoog en heeft aan de voet een dwarsdoorsnede van 70 m. Voor de opbouw van de heuvel waren een half miljoen manden met aarde nodig – gemengd met zand en schelpen. Op de top verrijst een reconstructie van een blokhuis met een puntdak, dat voor de bewoners als cultusplaats fungeerde. In het bouwwerk werden religieuze ceremoniën en politieke overleg gehouden; ook het stamhoofd, die tevens priesterlijke taken vervulde, woonde hier.

Het **Indian Temple Mound Museum** vertelt de geschiedenis van de nederzetting van de indianen bij Fort Walton, waar duizend à tweeduizend mensen woonden. Ook komt u hier meer te weten over de betrekkingen met andere indiaanse nederzettingen en het wereldbeeld en de cultuuruitingen van de bewoners. Tot de tentoonstellingsstukken behoren aardewerk uit een periode van 3500 jaar, cultusbeeldjes, urnen en

Panhandle

gebruiksvoorwerpen. Van de zesduizend objecten tellende collectie, die voornamelijk uit het gebied aan de Golf van Mexico stamt, maken ook pijlpunten deel uit, waarvan de ouderdom op tienduizend jaar wordt geschat (139 Miracle Strip Pkwy, S. E., Fort Walton Beach, tel. 1-850-833-9595, www.fwb.org/museums/indian-temple-mound-museum, sept.–mei ma.–vr. 12–16.30, za. 10–16.30 uur, in de zomer langer).

Florida's Gulfarium

1010 Miracle Strip Pkwy, tel. 1-850-243-9046, www.gulfarium.com, eind mei–begin sept. dag. 9–18, 9–16 uur, volwassenen $ 22, kinderen 4–11 jaar $ 14, Dolphin Splash Encounter $ 155, minimumleeftijd 8 jaar, -lengte 122 cm
Florida's Gulfarium is een van de eerste zeedierentuinen van Florida, waar haaien, murenen, zeeschildpadden en andere zeebewoners zijn te bekijken en dolfijnen hun kunsten vertonen.

Info

Emerald Coast Convention and Visitors Bureau: 1540 Miracle Strip Pkwy, Fort Walton Beach, tel. 1-850-651-7131, www.emeraldcoastfl.com.

Overnachten

Gezinsvriendelijk – **Ramada Plaza Beach Resort:** 1500 Miracle Strip Pkwy, Fort Walton Beach, tel. 1-850-243-9161, www.ramadafwb.com. Groot complex aan het strand met een weelderige tropische tuin en verschillende zwembaden. Ruime kamers met gratis intenet. Vanaf $ 110.

Vakantiehuisjes – **Seaside Cottage Rental Agency:** Rte. 30A, P. O. Box 4730, Seaside, FL 32459, tel. 1-866-966-2565, www.cottagerentalagency.com. Verhuur van goede toegeruste vakantiehuizen en appartementen met een tot zes slaapkamers, waarvan een groot aantal in Seaside, Watercolor en Seagrove. Vanaf $ 1000 per week.

Camping – **Navarre Beach Campground:** 9201 Navarre Pkwy, Navarre, tel. 1-850-939-2188, www.navarrebeachcampground.com. Camping met voortreffelijke voorzieningen zo'n 12 km ten westen van Fort Walton Beach. Staplaats vanaf $ 50.

Eten & drinken

Grillgerechten – **Pandora's Steakhouse:** 1226 Santa Rosa Blvd., Fort Walton Beach, www.pandorassteakhouse.com, tel. 1-850-244-8669. Heerlijke prime ribs van de houtskoolgrill. Ook de *catch of the day* uit zee is lekker. Hoofdgerecht vanaf $ 25.

Italiaanse keuken – **Borago:** 80 E. Scenic 30-A, Grayton Beach, tel. 1-850-231-9167, www.boragorestaurant.com. Stevige, landelijke trattoriakost. Hoofdgerecht vanaf $ 24.

 Pensacola ▶ 1, A 2

De met een inwonertal van 52.000 grootste stad van de Panhandle kent een bewogen geschiedenis. De Spanjaard Grande Don Tristan de la Luna y Arella ging in 1559 – zes jaar voor de stichting van St. Augustine – in het gezelschap van vijfhonderd soldaten en duizend kolonisten in de baai aan land om een kolonie te stichten. Zijn eerste poging daartoe werd echter snel teniet gedaan door strijdlustige indianen, gebrek aan voorzieningen en verwoestende orkanen.

Pas in 1698 slaagden de Spanjaarden erin om op dezelfde plaats, als reactie op de bouw van een Franse nederzetting aan de monding van de Mississippi, een versterkt legerkamp op te bouwen. Tussen 1719 en 1862 wisselde Pensacola keer op keer van eigenaar: in die periode hesen Fransen, Spanjaarden, Engelsen, opnieuw Spanjaarden, Amerikanen en van 1861 tot 1862 de zuidelijke staten hun vlaggen boven het garnizoen van Pensacola, waarna de stad voorgoed in handen van de Verenigde Staten kwam. De landing van Tristan de la Luna wordt jaarlijks in mei en juni als opmaat tot het Fiesta of Five Flags tijdens een kleurige voorstelling nagespeeld.

Rondom Seville Square

In het centrum van de stad ligt rondom Seville Square een historische wijk met huizen uit de 18e en 19e eeuw. Een groot aantal

Pensacola

Pensacola: de bouwstijl van de zuidelijke staten is alomaanwezig

daarvan is met zorg gerestaureerd en vormt nu het **Historic Pensacola Village** (tel. 1-850-595-5985, www.historicpensacola.org, ma.–za. 10–16 uur, volwassenen $ 6, kinderen 4–16 jaar $ 3). Het Dorr House (311 S Adams St.) werd in 1871 in 'Greek revival'-stijl gebouwd en in het uit 1805 stammende Julee Cottage woonde ooit de vrije kleurlinge Julee Panton. Lavalle House, met hetzelfde bouwjaar, is een goed voorbeeld van de Frans-creoolse bouwstijl. De oudste grafstenen op de St. Michael's Cemetery op het adres 6 N Alcaniz Street houden de herinnering aan de overledenen vanaf de Spaanse koloniale tijd levend (www.stmichaelscemetery.org). Wie een indruk wil krijgen van de kunst van de tegenwoordige bewoners van Pensacola, kan terecht in de **Quayside Art Gallery**, waar het werk van ruim honderd plaatselijke kunstenaars is te bekijken en te koop wordt aangeboden (15–17 E. Zaragoza St., tel. 1-850-438-2363, www.quaysidegallery.com, ma.–za. 10–17, zo. 13–17 uur).

Het ten westen van de kunstgalerie gelegen Palafox Historic District was rond het begin van de 20e eeuw het economische en sociale middelpunt van de stad. In de voormalige City Hall is in het **T.T. Wentworth Jr. Florida State Museum** een omvangrijke tentoonstelling over de streekgeschiedenis te zien, van de stichtingsdocumenten van de stad tot een verzameling kroonkurken van de plaatselijke Coca-Colafabriek (330 S. Jefferson St., tel. 1-850-595-5990, www.historicpensacola.org, di.–za. 10–16 uur, toegang gratis).

Naval Aviation Museum

1750 Radford Blvd., tel. 1-850-453-2389, www.navalaviationmuseum.org, dag. 9–17 uur, gratis entree, vliegsimulator $ 6–25

Het National Naval Aviation Museum op het terrein van het Naval Air Station documenteert Pensacola's militaire historie, die met het eerste versterkte kamp van de Spanjaarden begon. Sinds 1914 leidt de marine hier haar piloten op. De Blue Angels, de paradepaardjes van de marinevliegers, hebben hun basis in Pensacola. Het garnizoen telt ruim twintigduizend soldaten en civilisten. In het museum is de collectie van de Amerikaanse marinepiloten te zien. Tot de 170 tentoonstellingstukken behoren dubbeldekkers, watervliegtuigen en de commandomodule van ruimtestation Skylab.

Twee onneembare vestingen

Aan weerszijden van de toegang tot de Pensacola Bay liggen historische vestingen. De muren en bastions van **Fort Barrancas**, dat door

Panhandle

de Spanjaarden werd gebouwd en destijds als Bateria de San Antonio heette, ligt op het terrein van het Naval Air Station. **Fort Pickens**, met 4 m dikke baksteenmuren, is in de jaren 1829–1834 op het voor de kust gelegen **Santa Rosa Island** gebouwd en werd nooit ingenomen. Van 1866 tot 1868 zat stamhoofd Geronimo hier na de capitulatie van de Apaches in Arizona met zijn strijders gevangen; hij werd in het fort als attractie aan toeristen getoond (16 km ten westen van Pensacola, dag. 7–22 uur, dec.–jan. beperkte openingstijden).

Pensacola Beach

De badplaats Pensacola Beach, met een aantal behoorlijke strandhotels en complexen met vakantiehuizen, ligt op de barrière-eilanden die deel uitmaken van het beschermde natuurgebied Gulf Islands National Seashore. Sinds 2006 ligt voor Pensacola het grootste kunstmatige rif ter wereld. Op die dag kreeg het buiten gebruik geraakte vliegdekschip *USS Oriskany* (bijgenaamd *Mighty O*) een vreedzame bestemming. Het moegestreden ongeveer 300 m lange schip ligt tegenwoordig op 70 m diepte voor de kust op de zeebodem.

Info

Pensacola Bay Area Convention & Visitors Center: 1401 E. Gregory St., Pensacola, FL 32501, bij de Pensacola Bay Bridge, tel. 1-850-434-1234, www.visitpensacola.com.
Pensacola Beach Visitor Information Center: 735 Pensacola Beach Blvd., Pensacola Beach, tel. 1-850-932-1500, www.visitpensacolabeach.com.

Overnachten

Behaaglijk boetiekhotel – **The Inn at New World Landing:** 600 S. Palafox St., tel. 1-850-432-4111, www.newworldlanding.com. Een chic hotel in het Palafox-district met veel beroemdheden in het gastenboek. Overdekt terras op de binnenplaats. 16 suites en kamers, vanaf $ 100.

Eten & drinken

Creative fusion – **Dharma Blue:** 300 S. Alcaniz St., Pensacola, tel. 1-850-433-1275, www.dharmablue.com. Café-restaurant met innovatieve menukaart in een victoriaanse villa. Van Aziatische garnalenspecialiteiten en sushi tot vegetarische paella. Gerechten $ 10–30.
Tapavariaties – **Global Grill:** 27 S. Palafox Pl., tel. 1-850-469-9966, www.dineglobalgrill.com, di.–za. vanaf 17 uur. In de tapasbar kunnen gasten kiezen uit vijftig heerlijke hapjes. Tapa $ 4–14, hoofdgerechten $ 10–40.
Voordelig seafood – **Marina Oyster Barn:** 505 Bayou Blvd., tel. 1-850-433-0511, www.marinaoysterbarn.com, di.–do. 11–20.30, vr., za. 11–21 uur. Mooi gelegen aan de oever van de Bayou Texar. Verse vis en oesters uit de baai. Hoofdgerecht vanaf $ 10.

Uitgaan

Entertainmentcomplex – **Seville Quarters**: 130 E. Government St., tel. 1-850-434-6211, www.rosies.com, dag. vanaf 11 uur. Restaurants, pianobars en concertpodia.
Klassieke muziek en ballet – **Saenger Theatre:** 118 S. Palafox Pl., tel. 1-850-595-3880,

COUNTRYMUZIEK IN DE FLORA-BAMA LOUNGE

De legendarische rustieke ontmoetingsplaats voor liefhebbers van countrymuziek ligt op **Perdido Key**, 24 km ten westen van Pensacola en exact op de grens met Alabama. De jamsessies beginnen in het weekend 's middags en eindigen in het holst van de nacht. Tijdens het Songwriter's Festival (begin november) en de curieuze Interstate Mullet Toss & Beach Party (eind april) is het hier een drukte van belang (17401 Perdido Key Dr., tel. 1-850-492-0611, www.florabama.com., dag. 8.30–2.30 uur).

Alabama komt in zicht

www.pensacolasaenger.com. In dit voormalige vaudevilletheater hoort en ziet u tegenwoordig opera, klassiek, musicals en ballet.

Actief
Duiken – **MBT Divers:** Pensacola, 3920 Barrancas Ave., tel. 1-850-455-7702, www.mbtdivers.com. Cursussen en dagtochten naar scheepswrakken langs de kust, ook naar de USS Oriskany.

Termine
Fiesta of Five Flags: mei/juni. Groot feest ter gelegenheid van de stichtingsdag van de stad, www. fiestaoffiveflags.org.

Vervoer
Vliegtuig: Van Pensacola Regional Airport gaan vluchten naar Atlanta, Memphis en andere grote steden in het zuiden van Florida (12 Avenue/Airport Rd., tel. 1-850-436-5000, www.flypensacola.com).

Alabama komt in zicht

De tot het natuurreservaat Gulf Islands National Seashore behorende barrière-eilanden rijgen zich van de Panhandle in Florida tot vlak bij New Orleans aaneen. Maar op **Perdido Key** bent u al in de naburige staat Alabama. Een veerboot pendelt dwars door de baai tussen het westelijke uiteinde van de landtong, waar het van de Franse koloniale tijd daterende, maar nu gerestaureerde Fort Morgan over de toegang tot de Mobile Bay waakte, en Dauphin Island, met het eveneens in het begin van de 19e eeuw gebouwde Fort Gaines.

Theodore ▶ 1, A 2

In Theodore, direct ten zuiden van de stadsrand van de aan de baai gelegen havenstad Mobile, vindt u een van de weelderige subtropische tuinen in het zuiden van de VS. Walter Bellingrath, directeur van The Coca-Cola Company, liet hier in 1917 een 26 ha grote bloementuin aanleggen. In **Bellingrath Gardens** staan het hele jaar een kwart miljoen azalea's, tweeduizend rozenstruiken, camelia's, lelies en tal van andere plantensoorten in bloei (12401 Bellingrath Gardens Rd., tel. 1-251-973-2217, www.bellingrath.org, tuin dag. 8–17, huis dag. 9–16 uur, volwassenen $ 20, kinderen tot 12 jaar $ 12).

Mobile ▶ 1, A 2

'Mobile – the South's best Deal' luidt de reclameslogan van de lokale kamer van koophandel, waarmee investeerders naar het zuiden van Alabama worden gelokt. De in 1702 gestichte stad (200.000 inwoners) behoort met zijn bedrijvige haven, werven, pakhuiscomplexen en aardolie- en aardgasvoorraden in de Mobile Bay tot een van de metropolen in het Amerikaanse kustgebied aan de Golf van Mexico. In 1735 bouwden de Fransen hun Fort Louis de la Louisiane, dat na verwoesting, verbouwing en reconstructie als **Fort Condé** is te bezichtigen. Een andere nalatenschap uit de Franse koloniale tijd is Mardi Gras, de Franse versie van carnaval. Het feest wordt in Mobile al langer gevierd dan in het 240 km westelijker gelegen New Orleans. Veel van de bewaard gebleven historische huizenblokken in de grotendeels moderne stad stammen uit de 19 eeuw. Oudere gebouwen, met uitzondering van Fort Condé, zijn vervallen of gingen in vlammen op (150 S. Royal St., www.museumofmobile.com).

Het aan Toni Square gelegen **Richards DAR House** uit 1860 is een populaire attractie vanwege zijn sierlijke gietijzeren balkon (256 N. Joachim St., www.richardsdarhouse.com). Naast andere schepen is sinds 1965 in het Memorial Park de USS Alabama te bezoeken. Het slagschip werd in de Tweede Wereldoorlog bij zeeslagen in de Grote Oceaan ingezet. Het park behoort tot de patriottisch ingerichte militaire herdenkingsparken die door de Amerikanen zeer worden gewaardeerd (dag. 8–16 uur, www.ussalabama.com, volwassenen $ 15, kinderen 6–11 jaar $ 6).

Info
Fort Condé Welcome & Reception Center: 150 S. Royale St., tel. 1-251-208-2000, www.mobile.org.

Culinaire woordenlijst

In het restaurant

Ik zou graag een tafel reserveren.	I would like to book a table.
Wacht even tot u een tafel krijgt toegewezen.	Please wait to be seated.
Zoveel eten als u kunt voor een vaste prijs	all you can eat
De menukaart, graag.	The menu, please.
wijnkaart	wine list
De rekening, graag.	The check, please.
ontbijt	breakfast
lunch	lunch
avondeten	dinner
voorgerecht	appetizer/starter
soep	soup
hoofdgerecht	entree
nagerecht	dessert
bijgerechten	side dishes
dagschotel	dish of the day
couvert	cover
mes	knife
vork	fork
lepel	spoon
glas	glass
fles	bottle
zout/peper	salt/pepper
suiker/zoetjes	sugar/sweetener
ober/serveerster	waiter/waitress
fooi	tip
Waar is de wc?	Where is the restroom please?

Ontbijt

bacon	bacon
boiled egg	hardgekookt ei
cereals	ontbijtgranen
cooked breakfast	Engels ontbijt
fried eggs (sunny side up/over easy)	gebakken ei (spiegelei/aan twee kanten gebakken)
jam	jam (alle soorten behalve sinaasappelmarmelade)
scrambled eggs	roerei
marmalade	sinaasappelmarmelade

Bereidingswijze

baked	in de oven gebakken
broiled/grilled	gegrild
deep fried	gefrituurd (meestal gepaneerd)
fried	gebakken, vaak gepaneerd
hot	scherp
rare/medium rare	saignant/rosé
steamed	gestoomd
stuffed	gevuld
well done	doorbakken

Vis en zeevruchten

bass	baars
clam chowder	venusschelpjessoep
cod	kabeljauw
crab	krab
flounder	bot
haddock	schelvis
halibut	heilbot
gamba	grote garnaal
lobster	kreeft
mussel	mossel
oyster	oester
prawn	langoustine
salmon	zalm
scallop	jakobsschelp
shellfish	schaaldieren
shrimp	garnaal
sole	zeetong
swordfish	zwaardvis
trout	forel
tuna	tonijn

Vlees en gevogelte

bacon	ontbijtspek
beef	rundvlees
chicken	kip
drumstick	kippenpootje
duck	eend
ground beef	rundergehakt

ham	ham
meatloaf	gehaktbrood
porc chop	varkenskarbonade
prime rib	malse runderkotelet
rabbit	konijn
roast goose	gebraden gans
sausage	worstje
spare ribs	spareribs
turkey	kalkoen
veal	kalfsvlees
venison	hertenvlees
wild boar	wild zwijn

Groenten en bijgerechten

bean	boon
cabbage	kool
carrot	wortel
cauliflower	bloemkool
cucumber	komkommer
eggplant	aubergine
french fries	friet
garlic	knoflook
lentil	linzen
lettuce	(krop)sla
mushroom	paddenstoel
pepper	paprika
peas	erwten
potatoe	aardappel
hash browns	gebakken aardappelen
squash/pumpkin	pompoen
sweet corn	mais
onion	ui
pickle	augurk

Fruit

apple	appel
apricot	abrikoos
blackberry	braam
cherry	kers
fig	vijg
grape	druif
lemon	citroen
melon	honingmeloen
orange	sinaasappel
peach	perzik
pear	peer
pineapple	ananas
plum	pruim
rasberry	framboos
rhubarb	rabarber
strawberry	aardbei

Kaas

cheddar	pittige kaas
cottage cheese	hüttenkäse
goat's cheese	geitenkaas
curd	kwark

Dessert en gebak

brownie	chocoladecakeje
cinnamon roll	opgerold kaneelbroodje
custard	vanillevla
french toast	wentelteefje
maple sirup	ahornsiroop
pancake	pannenkoek
pastries	gebak
sundae	ijs met zoete saus
waffle	wafel
whipped cream	slagroom

Dranken

beer (on tap/draught)	bier (van de tap)
brandy	cognac
coffee	koffie
(decaffeinated/decaf)	(cafeïnevrij)
lemonade	limonade
icecube	ijsblokje
iced tea	ijsthee
juice	sap
light beer	alcoholarm bier
liquor	sterkedrank
mineral water	mineraalwater
red/white wine	rode/witte wijn
root beer	donkere limonade
soda water	mineraalwater
sparkling wine	mousserende wijn
tea	thee

Toeristische woordenlijst

Algemeen

goedemorgen	good morning
goedemiddag	good afternoon
goedenavond	good evening
tot ziens	good bye
pardon/sorry	excuse me/sorry
hallo	hello
Niets te danken/ alstublieft	You're welcome/ please
Dank u	Thank you
ja/nee	yes/no
Wat zegt u?	Pardon?
Wanneer?	When?
Hoe?	How?

Onderweg

halte	stop
bus	bus
auto	car
afrit/uitgang	exit
benzinestation	petrol station
benzine	petrol
rechts	right
links	left
rechtdoor	straight ahead/ straight on
informatie	information
telefoon	telephone
postkantoor	post office
spoorwegstation	railway station
luchthaven	airport
stadsplattegrond	city map
alle richtingen	all directions
eenrichtingsverkeer	one-way street
ingang	entrance
geopend	open
gesloten	closed
kerk	church
museum	museum
strand	beach
brug	bridge
plein	place/square
vierbaanssnelweg	dual carriageway
snelweg	motorway
eenbaansweg	single track road

Tijd

3 uur ('s ochtends)	3 am
15 uur ('s middags)	3 pm
uur	hour
dag/week	day/week
maand	month
jaar	year
vandaag	today
gisteren	yesterday
morgen	tomorrow
's ochtends	in the morning
12 uur 's middags	at noon
's avonds	in the evening
vroeg	early
laat	late
maandag	Monday
dinsdag	Tuesday
woensdag	Wednesday
donderdag	Thursday
vrijdag	Friday
zaterdag	Saturday
zondag	Sunday
feestdag	public holiday
winter	winter
lente	spring
zomer	summer
herfst	autumn

Noodgevallen

help!	Help!
politie	police
arts	doctor
tandarts	dentist
apotheek	pharmacy
ziekenhuis	hospital
ongeval	accident
pijn	pain
pech	breakdown
ziekenauto	ambulance
noodgeval	emergency

Accommodatie

hotel	hotel
pension	guesthouse
eenpersoonskamer	single room

tweepersoonskamer	double room	**Getallen**		
met twee bedden	with twin beds	1	one	21 twenty-one
met/zonder badkamer	with/without bathroom	2	two	30 thirty
		3	three	40 fourty
met wc	ensuite	4	four	50 fifty
toilet	restroom	5	five	60 sixty
douche	shower	6	six	70 seventy
met ontbijt	with breakfast	7	seven	80 eighty
halfpension	half board	8	eight	90 ninety
bagage	luggage	9	nine	100 one hundred
rekening	bill	10	ten	150 one hundred and fifty
		11	eleven	
Winkelen		12	twelve	1000 a thousand
winkel	shop	13	thirteen	
markt	market	14	fourteen	
creditcard	credit card	15	fifteen	
geld	money	16	sixteen	
geldautomaat	cash machine/ATM	17	seventeen	
bakkerij	bakery	18	eighteen	
levensmiddelen	food	19	nineteen	
duur	expensive	20	twenty	

Belangrijke zinnen
Algemeen

Ik kom uit Nederland.	I am from The Netherlands.
Ik versta het niet.	I do not understand.
Ik spreek geen Engels.	I do not speak English.
Ik heet …	My name is …
Hoe heet u?	What's your name?
Hoe gaat het?	How are you?
Goed, dank u.	Thanks, fine.
Hoe laat is het?	What's the time?
Tot straks (later).	See you soon (later).

Onderweg

Hoe kom ik in …	How do I get to …?
Neem me niet kwalijk, waar is …?	Sorry, where is …?
Kunt u mij … laten zien, alstublieft?	Could you please show me …?

Noodgevallen

Kunt u mij helpen?	Could you please help me?
Ik heb een dokter nodig.	I need a doctor.
Hier doet het pijn.	It hurts here.

Accommodatie

Hebt u een kamer?	Do you have any vacancies?
Hoeveel kost het per nacht?	How much is a room per night?
Ik heb een kamer gereserveerd.	I have booked a room.

Winkelen

Hoeveel kost …?	How much is …?
Ik heb … nodig.	I need …
Wanneer opent/sluit …?	When does … open/… close?

Register

Afro-Amerikanen 47
Ah-Tah-Thi-Ki Museum 195
Ah-Tha-Thi-Ki Museum 147
alcohol 81
Alexander Springs 345, 346, **349**
all-inclusive 12
ambassade 81
Amelia Island 10, 266, **390**
Amerikaanse Burgeroorlog 43
amusementsparken 9, 304, 325, 327
Anhinga Trail 181
Apalachee-indianen 40
Apalachee Savannahs Scenic Byway 409
Apalachicola 406
Apalachicola Bay 28, 408
Apalachicola National Forest 405, 407, **409**
Apollo Beach 355
apotheken 85
architectuur 52
Armstrong, Neil 352
art deco 130
Astronaut Memorial Planetarium and Observatory 358
Astronauts' Memorial 354
Audubon, John James 28, 222

Babcock, E.V. 279
Babcock Wilderness 279
Backstreet Boys 58
bagage 62
Bahama's 112
Bahia Honda 266
Bahia Honda State Park 213
Bal Harbour 146
bed and breakfast 67
Bellingrath, Walter 419
besparen 96
bevolking 21
Big Cypress Gallery 192
Big Cypress National Preserve 24, 190, **192**
Big Cypress Seminole Indian Reservation 147, 194
Big Pine Key 216
Big Shoals State Park 400

Billie Swamp Safari 148, 195
binnenlands vervoer 63
Biscayne Bay 198
Biscayne National Park 9, **197**, 202
blokkeren passen 84
Blue Spring State Park 351
Boca Chita Key 198
Boca Raton 156
Bok Tower Gardens 331
boot 63
boottochten 158, 395
Bradenton 273
Brighton Seminole Indian Reservation 171
Britton Hill 406
Buccaneer Bay 265
Buchanan, Edna 56
Buffett, Jimmy 28, 55, 59, 292
Bulow Plantation Ruins Historic State Park 365
bus 63
Butcher, Clyde 59, 192

Cabbage Key 292
Cabot, John 41
Caladesi Island **262**, 266
Caloosahatchee River 280, 282
Calusa-indianen 41, 195, 285, 290
Calusa Nature Center 282
camper 11, 64
camping 11
Canaveral National Seashore 23, 267, **355**
Cape Canaveral 302, **352**
Cape Coral 282
Cape San Blas 410
Captiva Island 287, 289
Caribbean Club 201
Carrabelle 407
Cassadaga 351
Cedar Key **269**
Cedar Key National Wildlife Refuge 272
Charles, Ray 59
Charlie Key 287
Chipola River 415
Chokoloskee 197
Christmas 352

cipressen 24
Citrus Museum 167
Clearwater 10, 262
Clearwater Bay 254
Clearwater Beach **254**, 267
Clearwater Lake 349
Clearwater Lake Recreation Area 349
Clewiston 171
Cocoa 358
Cocoa Beach **358**, 360
Coligny, Gaspard de 386
Collier, Barron 196
Collier-Seminole State Park 195
conchstijl 52
consulaat 81
Convoy Point 198
Coral Castle 189
Corkscrew Swamp 24, **296**
Creek-indianen 42, 390
Crescent Beach 267
Crocodile Lake National Wildlife Refuge 201
Cross Florida Barge Canal 268
Crystal River 268
Crystal River Archaeological Park 268
Crystal River Wildlife Refuge 268
cultuur 52
Curry Hammock State Park 211
Curtiss, Glenn 52

Dade, Francis Langhorne 241
Dagny Johnson Key Largo Hammocks Botanical State Park 201
Dalí, Salvador 9
Daytona Beach 361
DeLand 350
De Leon Springs 350
Delray Beach 157
Demens Landing Park 259
Demens, Peter (Piotr Dementieff) 245
De Soto, Hernando 41
De Soto National Memorial 274
Devil's Millhopper State Geological Site 398

Vetgedrukte cijfers verwijzen naar een hoofdbespreking

diepzeevissen 213, 230
diplomatieke vertegenwoordigingen 81
Disney, Walt 303
Disston, Hamilton 382
douanebepalingen 62
Douglas, Marjory Stoneman 59, 176
Drake, Francis 41
drugs 81, 106
Dry Tortugas National Park 9, 203, 218
Duck Key 212
duiken 76, 204
Dunedin 262
duurzaam reizen 34

economie 21, 32
Edison-Ford Winter Estates 282
Edison, Thomas Alva **280**, 282
elektriciteit 82
Elliot Key 198
Emerald Coast 406
ESTA-vergunning 62
Estefan, Gloria 58
Estero Bay 286
Estero Island 285
Estero River 286
eten en drinken 69, 420
evenementen 79
Everglades 22, 29
Everglades City 195
Everglades National Park 8, 11, 14, 173, **176**

Faber, Eberhard 269
factory outlet malls 97
Fakahatchee Strand State Park 193
Fanning Springs 401
Fastpass 315
fauna en flora 24, 177
feestdagen 82
feesten 79
feiten en cijfers 20
Fernandina Beach 391
Fern Hammocks 346
fietsen 75, 258, 408
film 59
First Coast 370

Fisher, Carl 47, 105
Fisher, Mel 170, 222
Five Mile Wildlife Drive 289
Flagler Beach 365
Flagler, Henry M. 32, 46, 104, 116, 146, 200, 382, 390
flamingo 188
flora 23
Floribbean Cuisine 71
Florida Aquifer 346
Florida Caverns State Park **413**, 414
Florida City/Homestead 189
Florida East Coast Railroad 200
Florida Keys 11, 14, 22, 173, **200**
Florida Keys Reef 204
Florida National Scenic Trail 77, 193
floridapanter 25
Fontaneda, Hernando d'Escalante 290
fooi 74, 82
Fort Caroline 386
Fort de Soto Park 250
Fort Gadsden 409
Fort George Island 389
Fort Lauderdale 148
– Bahia Mar Yacht Center 148
– Bonnet House 149
– Fort Lauderdale History Center 149
– International Swimming Hall of Fame 150
– Las Olas Boulevard 150
– Museum of Discovery and Science 149
– New River Walk 150
– NSU Art Museum 149
– Pompano Beach 151
– Port Everglades 149
– Stranahan House 150
– Swap Shop Flea Market 152
Fort Matanzas 380
Fort McCoy 348, 349
Fort Myers 281, **282**
Fort Myers Beach 285
Fort Pierce 166
Fort Walton 413
Fort Walton Beach 413
Foster, Stephen 400

fotograferen 84

Gaines, Edmund 396
Gainesville 396
Gamble Plantation 273
Gamble, Robert 272
Gamble Rogers Memorial Recreation Area 365
Garden Key 218
Gasparilla Island 279
Gatorland 326
gehandicapten 92
geld 84
geografie 20
geschiedenis 20, 40, 386
gezondheid 84
Gold Coast 13, 146
golfen 75, 384
Golfkust 233, 262
Golf van Mexico 22, 29, 262
gordeldier 25
Gore's Landing 349
Gorrie, John 47
Grapefruit League 284
Grassy Key 211
Graves, Michael 54
Great White Heron Refuge 216
Gulf Coast 14
Gulf Islands National Seashore 10, **413**, 419
Gumbo Limbo Trail 182

Hall, James W. 56
hammocks 24, 176
handicap 92
Hanson, Duane 59
Haulover Beach Park 143
Hemingway, Ernest 55, 217, 223, 229, 230
Henderson Beach State Park 413
Hiaasen, Carl 56
Hidden Coast 262
hightech 332
Hispanics 47, 116
Hobe Sound Wildlife Refuge 165
Hollywood 147
Holy Land Experience 325

Register

Homestead 197, 198
Homestead-Miami Speedway 189
Homosassa Springs Wildlife State Park 265
Honeymoon Island 263
honkbal 284
Hontoon Island State Park 350
hostels 68
hotels 67
hugenoten 386
Hurricane Alley 124
Hurston, Zora Neale 59, **168**
Hutchinson Island 267
huurauto 64

Ichetucknee River 399
Ichetucknee Springs State Park 398
immigranten 106
indianen 40, 47, 50, 290, 386
Indian Key 210
Inglis 268
inlineskaten 75
internet 85, 88
Intracoastal Waterway **158**, 365, 375
inwoners 20
Islamorada 206

Jackson, Andrew 42
Jacksonville 47, **381**, 382
Jacksonville Beach 388
jai-alai 154
Jai, Anna 389
Jensen Beach 165
jeugdherberg 68
J. N. 'Ding' Darling Wildlife Refuge 289
Johnny Weissmuller 10
John Pennekamp Coral Reef State Park 9, 11, **201**, 202
Jonathan Dickinson State Park 165
Juniper Springs **345**, 346, 349
Juno Beach 163
Jupiter 164

kaarten 86
kajakken 75, 286, 400

kamperen 68
kanoën 75, 183, 184, 211, 348, 400, 415
Katzenbach, John 56
Kelly Slater 361
Kennedy, John F. 352
Kennedy Space Center 11, **352**
Key Largo 200
Key West 11, **217**
– Audubon House 222
– conch house 220
– Conch Tour Train 222
– East Martello Fort 227
– Florida Keys Eco-Discovery Center 223
– Fort Zachary Taylor 226
– Hemingway Home 223
– Key West Aquarium 222
– Key West Butterfly & Nature Conservatory 226
– Key West Cemetery 227
– Key West Lighthouse Museum 223
– Key West Museum of Art & History 222
– Key West Shipwreck Historeum 222
– Little White House Museum 223
– Mallory Square 222
– Mel Fisher Maritime Museum 222
– Old Town Trolley 222
– Pelican Path 221
– Southernmost Point 227
– State Historic Park 226
Key West National Wildlife Refuge 216
kinderen 86
Kingsley Plantation 389
Kingsley, Zephaniah 389
Kinnan Rawlings, Marjorie 55
Kissimmee 327
– Live Stock Market 328
– Monument of States 328
– Pioneer Museum 327
– Reptile World Serpentarium 329
– Silver Spurs Arena 328
kleding 86

klimaat 87, 91, 124
Klondike Beach 355
Klooster St. Bernard 113
koraalrif 202
Koreshan State Historic Site 283, 286
kunst 52

Lake Kerr 346
Lake Ocklawaha 349
Lake Okeechobee 22, 159, **171**, 177, 346, 347
Lake Okeechobee Scenic Trail 171
Lake Rousseau 268
Lake Wales 331
Lake Woodruff National Wildlife Refuge 350
Lamantijnkust 268
landbouw 33
landnummer 20
Laudonnière, René de 386
Legoland Florida 326
Leigh, Douglas 107
Leonard, Elmore 56
Leon Sinks 405
Lido Key 279
Lignumvitae Key 210
links en apps 88
literatuur 55, 56, 89
Little Palm Island 217
Longboat Key 279
Long Key 251
Long Key State Park 211
Looe Key Reef 216
Lover's Key 267, 285, 287
Lover's Key State Park 285
Lower Keys 213
Lower Matecumbe Key 206
Lower Suwannee National Wildlife Refuge 272
Loxahatchee National Wildlife Refuge 157
Lynyrd Skynyrd 58

maatschappij 32, 50
Madira Bickel Mounds 274
Madison 404
Magic Kingdom 304
Mahogany Hammock 183

Maitland 331
manatee 26
Manatee Coast 268
Manatee Park 282
Manatee River 236
Manatee Springs State Park 401
Manatee Village Historical
 Park 274
mangroven 24, 177
Marathon 211
Marco Island 297
Marianna **413**, 414
Marineland 380
Marjorie Kinnan Rawlings State
 Historic Site 397
Marsh, Fred Dana 364
Marti, José 46
Matanzas River 41, 376
maten en gewichten 89
maximumsnelheid 65
Mayport 388
media 91
medische verzorging 85
Melbourne 170
Melbourne Beach 170
Menéndez de Aviles, Pedro 41, 370, 386
Merrick, George 52
Merrick, George E. 119
Merritt Island National Wildlife
 Refuge **354**, 356
Miami 11, 13, **101**
– Bayfront Park 110
– Bayside Marketplace 110
– Biltmore Hotel 118
– Biscayne Nature Center 126
– Botanischer Garten
 Kampong 122
– Brickell Avenue 107
– Calle Ocho 115, 117
– Calle Ocho (8th Street) 118
– Cape Florida State Park 126
– Coconut Grove 119
– Coconut Grove
 Playhouse 122
– CocoWalk 119
– Coral Gables 118
– Coral Gables Congregational
 Church 119
– Crandon Park 126

– Deering Estate at Culter 127
– Domino Park 118
– Downtown
– Fairchild Tropical Garden 126
– Flagler Street 107
– Freedom Tower 110
– Hialeah 113
– Hialeah Race Track 115
– Hobie Beach 123
– Key Biscayne 123
– Kloster St. Bernard
– Little Haiti 113
– Little Havana 115
– Lowe Art Museum 119
– Margulies Collection at the
 Warehouse 111
– Máximo Gómez Park 118
– Mayfair in the Grove 122
– Metromover 107
– Miami Avenue 107
– Miami City Hall 123
– Miami-Dade Cultural
 Center 107
– Miami International
 Airport 144
– Miami Seaquarium 126
– Miami Tower 107
– Miracle Mile (Coral Way) 118
– Monkey Jungle 127
– Museum History Miami 107
– Museum of Contemporary Art
 (MOCA) 114
– Olympia Theater 107
– Opa-Locka 114
– Patricia and Philip Frost
 Museum of Science 123
– Perez Art Museum 110
– Plaza de la Cubanidad 117
– Rubell Family Art
 Collection 111
– The Barnacle 122
– The Olympia Theater
– toeristeninformatie
– Venetian Pool 118, 120
– Villa Vizcaya 123
– Virginia Key 123
– Wildlife Center 123
– Wynwood Arts District 111
– Wynwood Warehouse
 Project 111

– Zoo Miami 127
Miami Bass 58
Miami Beach 11, **127**
– ArtCenter/South Florida 137
– Art Deco District 134
– Art Deco Welcome
 Center 134
– Bass Museum of Art 137
– Clevelander Hotel 134
– Colony Hotel 135
– Delano Hotel 135
– Española Way 137
– Fisher Island 133
– Holocaust Memorial 137
– Jungle Island 129
– Lummus Park Beach 267
– Miami Children's
 Museum 133
– Ocean Front Auditorium 134
– Port Miami
– Sanford L. Ziff Jewish
 Museum 135
– South Beach 130, **133**
– Tides Hotel 134
– Winterhaven Hotel 135
– Wolfsonian Museum 136
– World Erotic Art Museum 137
Micanopy 397
Miccosukee-indianen 192
Miccosukee Indian
 Reservation 192
Miccosukee Indian Village 192
Michener, James A. 55
Midden-Florida 15
Middle Keys 211
migranten 50
milieu 22
milieubescherming 28
Miracle Strip **410**, 413
Mississippicultuur 403, 415
Mizner, Addison 146, 156
mobiel bellen 93
Mobile 419
moerascipressen 183
Montiano, Manuel 377
Monticello 404
Morse, A. Reynolds 245
motels 67
Mote Marine
 Laboratory 279

Register

motorfiets 64
Mound Key 286
Mound Key Archaeological State Park 285
Mount Dora 341
Mrazek Pond 183
Mudd, Samuel 219
munteenheid 20
Museum of Drag Racing 344
Museum of the Everglades 196
muziek 55
Myakka River State Park 278

Naples 293
Narváez, Panfilo de 236
National Key Deer Refuge 26, 216
Nature Coast 262
naturisme 267
natuur 22
natuurbescherming 28, 33
netnummers 93
Newport Beach 146
New Smyrna Beach **359**
Nine Mile Pond 184
noodnummers 91
North Captiva 292
Norton, Ralph H. 59
N'Sync 58

Ocala 340, **344**
Ocala Hiking Trail 349
Ocala National Forest 10, 23, 24, 340, **345**, 348
Ochopee 193
Ocklockonee River 405
oesters 207
Okeechobee Waterway 159
Okefenokee National Wildlife Refuge 394
Okefenokee Swamp 22, 394
Olustee Battlefield Historic State Park 399
openbaar vervoer 65
openingstijden 91
orkaanseizoen 49
orkanen 87, 171
Orlando 10, 15, **299**, 332
– amusementsparken 323
– Charles Hosmer Morse Museum 331
– Church Street 329
– Cornell Fine Arts Museum 331
– Harry P. Leu Gardens 330
– Lake Eola 329
– Orange Avenue 329
– Orange County Regional History Center 330
– Orlando Museum of Art 330
– Orlando Science Center 330
– SeaWorld 323
– Universal Orlando Resort 318
– Universal Studios 319
– Walt Disney World 303
– Winter Park 330
Ormond Beach 361
Osceola 43
outdoor 75
overnachten 66
Overseas Highway 173, **200**
Overseas Railroad 383

paarden 342
Pahayokee Boardwalk 183
Palatka **381**
Palm Beach 11, **159**
Panama City 410
Panama City Beach 410
Panhandle **406**
Paynes Prairie Preserve State Park 397
Pei, I.M. 107
Pensacola 416
Pensacola Beach 418
Perdido Key 418, 419
Perry 401
Pigeon Key 212
Pine Island 282
Pine Island Sound 292
Pinellasschiereiland 249
Pinellas Trail 75, 258
Plantation Key 206
Plant, Henry B. 32, 146, 236, 237, 245, 254, 382
Playalinda Beach 355
politiek 32
Ponce de León, Don Juan 8, 20, 41, 104, 116, 218, 236, 290, 370

Ponte Vedra Beach 381
Port Charlotte 279
Port Miami 133
Port Orange 363
Port St. Joe 410
Port St. Lucie 166
post 92
pretparken 304, 325, 327
prijsniveau 92
Punta Gorda 382

raketlanceringen 354
Ravine Gardens State Park 381
Rawlings, Majorie Kinnan 398
reis en vervoer 62
reisinformatie 81
reistijd 87
religie 21
Reynolds, Burt 59
Ribault, Jean 386
Richard Petty Driving Experience 326
Ripley's Believe it or not! 325
Rockefeller, John D. 382
roken 92
Roosevelt, Theodore 46

Saint Andrews State Park 412
Salt Springs 349
Sand Key 254
Sanford 351
Sanibel Historical Village and Museum 289
Sanibel Island 10, 267, **287**
San Pedro Underwater Archaeological Park 210
Santa Rosa Island **267**, 418
Sarasota 10, **275**
Scott, Richard 37
SeaWorld 10, **323**
– Aquatica 323
– Discovery Cove 324
Sebastian 170
Seminole-indianen 20, 42, 147, 194
Seminole-oorlog 42, 242, 396
senioren 260
Seven Mile Bridge 212
Shark River Island 346
Shark River Slough 183, 192

Vetgedrukte cijfers verwijzen naar een hoofdbespreking

Shark Valley 191
Shuttle Launch Experience 354
Siesta Key 279
Silver Springs **350**
Smallwood, Fred
snorkelen 76, 204
snowbirds 260
Solomon, Howard 279
Solomon's Castle 279
Soto, Hernando de 236
South Florida Museum 275
South Hutchinson Island 164
souvenirs 97
Space Coast 352
spoorwegen 46, 382
spoorwegpioniers 382
staat en politiek 21
St. Armands Key 279
St. Augustine 10, **370**
– Anastasia Island 376
– Anastasia State Park 377
– Castillo de San Marcos 372
– Colonial Spanish Quarter 373
– Flagler College 374
– Fort Mose Historic State Park 377
– Fountain of Youth National Archaeological Park 375
– Gonzáles-Alvarez House 374
– Government House Museum 374
– Gracia Real de Santa Teresa de Mose 377
– Lightner Museum 374
– Living History Museum 373
– Manucy Museum 374
– Memorial Presbyterian Church 374
– Mission of Nombre de Dios 375
– Oldest House Museum Complex 374
– Oldest Store Museum 372
– Oldest Wooden Schoolhouse 372
– Shrine of Our Lady de la Leche 375
– Spanish Military Hospital Museum 374
– St. Augustine Alligator Farm 376
– St. Augustine Lighthouse 376
– St. Augustine Pirate and Treasure Museum 372
– Ximenez-Fatio House 372
– Zorayda Villa Museum 375
St. Augustine Beach 267, **380**
steaks 242
St. George Island **407**, 408
Stiltsville 199
St. John's River 23, 159, 350, 370, 381
St. John's River 346, 348
St. Joseph Peninsula State Park 267, 410
St. Joseph-schiereiland 410
St. Marks National Wildlife Refuge 406
St. Marys River 22, 394
Stock Island 217
St. Petersburg 10, **244**
– Chihuly Collection 248
– Clearwater 254
– Clearwater Marine Aquarium 254
– Demens Landing Park 258
– Florida Holocaust Museum 249
– Fort de Soto Park 249
– Great Explorations 248
– John's Pass Village and Boardwalk 251
– Museum of Fine Arts 247
– Museum of History 247
– Pass-a-Grille Beach 251
– Pinewood Cultural Park 254
– Safety Harbor Museum & Cultural Center 255
– Salvador Dalí Museum 245
– Suncoast Seabird Sanctuary 254
– Sunshine Skyway Bridge 249
– The Pier 247
St. Petersburg Beach 10, 249
Straat Florida 23
stranden 9, 93, 266
Stuart 166
Sugarloaf Key 216
Sunshine Key 212
surfen 360

Surfside 146
Surreque-Indianer 355
Suwannee River 22, 272, 400

Tallahassee 48, **402**
Tamiami Trail (US 41) **190**, 195, 382
Tampa **237**
– Big Cat Rescue 241
– Busch Gardens 239
– Centennial Park 239
– Dade Battlefield State Historic Park 241
– Florida Aquarium 237
– Henry B. Plant Museum 237
– La Sétima 239
– Museum of Science and Industry (MOSI) 241
– Tampa Bay History Center 239
– Ybor City 239
– Ybor City Museum 239
– Ybor Square 239
Tampa Bay 14, 233, 236
tanken 65
Tarpon Springs 258, 259, **263**
Tavernier 205
Teed, Cyrus 284
telefoneren 93
televisie 59
tennis 76
Ten Thousand Islands 177, 190, 195, 297
Tequesta-indianen 41, 104, 198
Theodore 419
Tiffany, Louis Comfort 9, 54, 374
tijd 93
tijdsverschil 93
tijdzone 20
Timberlake, Justin 58
Timucuan-indianen 40, 236, 355, 376, 386, 390
Titanic – The Experience 326
Titusville 356
Tocobaga-indianen 41, 236
toerisme 21, 33
toeristeninformatie 94
toeristische woordenlijst 422
tolwegen 65
Tomoka State Park 364

Register

Treasure Coast 146, **163**
trein 63
Tristan de la Luna y Arella, Don 416
Truman, Harry S. 223
Turtle Mound 355

uitgaan 95
uitrusting 87
Universal Orlando Resort
– Islands of Adventure 321
– Universal City Walk 322
Universal Studios 10
Upper Keys 200
Upper Matecumbe Key 206
US Astronaut Hall of Fame 354
Useppa Island 292

Vaca Key 211
vakantiewoningen 68
veerboot 63
veiligheid 96
Venice 279
verkeersregels 65
Vero Beach 167
verstedelijking 46
Vilano Beach 380

vissen 75
visserij 35
vliegtuig 62

Wakulla Springs State Park 10, 23, **405**
Walt Disney World 10, 314
– Animal Kingdom 316
– Blizzard Beach 318
– Disney's Hollywood Studios 313
– Downtown Disney 317
– Epcot 311
– Magic Kingdom 306
– Marketplace 317
– Typhoon Lagoon 318
– Wide World of Sports 318
wandelen 77, 356, 415
Weeki Wachee Springs State Park 265
Weissmuller, Johnny 150, 405
Wekiva River 340
Wekiwa Springs State Park 340
West Palm Beach 161
Wet 'n' Wild 326
White, Randy Wayne 57
White Springs 400

wifi 85
Wilderness Waterway 188, 196
Willeford, Charles 57
Williams, Tennessee 55, 225
Windley Key 206
Windley Key Fossil Reef Geological State Park 206
windsurfen 76
winkelen 97
Wonderworks 326
woordenlijst 422
World Golf Hall of Fame 381, 384
World Golf Village 384

Ybor, Vicente Martinez 46, 236, 239
Yulee, David Levy 390
Yulee Sugar Mill 267

zeekoe 26
zeeschildpadden 164, 262
zeilen 76
zika-virus 85
zwemmen 266

Vetgedrukte cijfers verwijzen naar een hoofdbespreking

Colofon

Hulp gevraagd!
De informatie in deze reisgids is aan verandering onderhevig. Het kan dus wel eens gebeuren dat u ter plaatse een andere situatie aantreft dan de auteur. Is de tekst niet meer helemaal correct, laat ons dat dan even weten: anwbmedia@anwb.nl of Uitgeverij ANWB, Postbus 93200, 2509 BA Den Haag

Omslagfoto's: Voorzijde omslag: Miami (iStockPhoto); achterzijde omslag en rug: Miami (Huber-Images, Kremer)

Fotoverantwoording
Catch the day/Manfred Braunger, Freiburg: blz. 232; Corbis, Berlin: blz. 318/319 (Fleming), 147 (Keystone View Company), 366 (van der Wal); f1-online, Frankfurt a. M.: blz. 379 (Corbis); Franz Marc Frei, München: blz. 38/39, 46, 182/183, 288; Getty Images, München: blz. 58/59 (AFP/Jordan), 19, 136/137 (Brady), 387 (Lettick), 23 (Lloyd), 214/215 (Melford), 199 (Nickelsberg), 218 (Panoramic Images), 194 (Raedle), 398/399 (Randklev), 230 (Sports Imagery/Modra), 78 o. (Tamargo), 371 (Townsend); Huber-Images, Garmisch-Partenkirchen: blz. 276/277, 294/295, 314 (Cogoli), 90 o., 111, 363 (Gräfenhain), 305 (Kreder), 10/11, 100 (Kremer), 90 b. re. (Mackie), 61 o., 178/179 (Schmid); laif, Köln: blz. 203 (Amsler/Jacana), 333 (Cineliz/Allpix), 70/71, 417 (Le Figaro Magazine/Delance), 61 b., 90 b. li., 248/249, 281, 298, 373, 412 (Heeb), 256 (hemis.fr), 61 m. (Lass), 162, (Meier), 17, 57, 103, 120/121, 140, 143, 208/209, 226/227, 229, (Modrow), 51 (More/VWPics/Redux), 261, 347 (Neumann), 155, 191, 343 (The New York Times/Redux), 225 (Polaris/Hennessy), 186/187 (Polaris/Quesada), 74 (Redux/Peterson), 45 (Rodtmann), 150/151, 312 (Sasse), 125 (UPI), 82/83 (Zuder); Look, München: blz. 27, 53, 78 b., 114/115, 117, 172, 238, 328/329, 402 (age fotostock), 76/77 (Dirscherl), 99, 338 (Fleisher), 145, 252/253, 297, 375 (Frei), 131 (Holler), 24/25, 66, 104/105, 235, 242/243, 270/271, 410/411 (Limberger), 94/95, 223 (Pompe) ; Mauritius Images, Mittenwald: blz. 360 (age), 158, 320, 392/393 (Alamy), 266 (Delimont), 264/265 (Krabs), 353 (Photri Images), 30/31 (Science Source), 291 beide (United Archives); Picture-Alliance, Frankfurt a. M.: blz. 169 (Everett Collection), 383 (HIP), 166 (O'Neill); Axel Pinck, Hamburg: blz. 9; SeaWorld Parks and Resorts, Orlando: blz. 324/325

© VG Bild-Kunst, Bonn 2015: *Sculptures of the American Dream* van Duane Hanson
De afbeeldingen op blz. 291 zijn afkomstig uit: Paul Hulton, *America 1585. The complete Drawings of John White*, The University of North Carolina Press, 1984

Productie: Uitgeverij ANWB
Coördinatie: Els Andriesse
Tekst: Axel Pinck
Vertaling: Amir Andriesse, Diemen
Eindredactie: Quinten Lange, Amsterdam
Opmaak: Hubert Bredt, Amsterdam
Grafisch concept: Groschwitz, Hamburg
Ontwerp omslag: Yu Zhao Design, Den Haag
Cartografie: © DuMont Reisekartografie, Fürstenfeldbruck

© 2016 DuMont Reiseverlag, Ostfildern
© 2017 ANWB bv, Den Haag
Tweede, herziene druk
ISBN: 978 90 18 04012 3

Alle rechten voorbehouden
Deze uitgave werd met de meeste zorg samengesteld. De juistheid van de gegevens is mede afhankelijk van informatie die ons werd verstrekt door derden. Indien de informatie onjuistheden bevat, kan de ANWB daarvoor geen aansprakelijkheid aanvaarden.

www.anwb.nl.